国家社科基金重大项目"先秦诸子综合研究"

(批准号:15ZDB007)阶段性成果

先秦诸子研究论文集

高华平 张永春 编

凤凰出版社

图书在版编目（CIP）数据

先秦诸子研究论文集 / 高华平，张永春主编. -- 南京：凤凰出版社，2018.10
（暨南哲学文库）
ISBN 978-7-5506-2836-6

Ⅰ. ①先… Ⅱ. ①高… ②张… Ⅲ. ①先秦哲学－文集 Ⅳ. ①B220.5-53

中国版本图书馆CIP数据核字(2018)第225216号

书　　　名	先秦诸子研究论文集
主　　　编	高华平　张永春
责 任 编 辑	林日波　许　勇
装 帧 设 计	徐　慧　陈贵子
出 版 发 行	凤凰出版社(原江苏古籍出版社) 发行部电话 025-83223462
出版社地址	南京市中央路165号,邮编:210009
出版社网址	http://www.fhcbs.com
照　　　排	南京凯建图文制作有限公司
印　　　刷	江苏省句容市排印厂 句容市春城镇南,邮编:212404
开　　　本	880×1240毫米　1/32
印　　　张	16.625
字　　　数	432千字
版　　　次	2018年10月第1版　2018年10月第1次印刷
标 准 书 号	ISBN 978-7-5506-2836-6
定　　　价	90.00元

(本书凡印装错误可向承印厂调换,电话:0511-87871135)

"暨南哲学文库"编辑委员会

（以姓氏笔划为序）

刘绍瑾　孙向晨　李明华　陈少明
高华平　郭齐勇　景海峰　程国赋

《暨南哲学文库》总序

暨南大学是中国第一所由政府创办的华侨学府,是国务院侨办、教育部、广东省共建的"211工程"重点综合性大学,直属国务院侨办领导。"暨南"二字出自《尚书·禹贡》:"东渐于海,西被于流沙,朔南暨,声教讫于四海。"意即面向南洋,将中华文化远播到五洲四海。学校的前身是1906年清政府创立于南京的暨南学堂,后迁至上海,1927年更名为国立暨南大学。抗日战争期间,迁址福建建阳。1946年迁回上海,1949年8月合并于复旦大学、交通大学等高校。新中国成立后,暨南大学于1958年在广州重建,"文革"期间一度停办,1978年在广州复办。改革开放后,学校快速发展。1996年6月,暨南大学成为全国面向21世纪重点建设的大学。2011年4月,国务院侨办、教育部、广东省政府签署共建暨南大学协议。2015年6月,学校入选广东省高水平大学重点建设高校。2017年9月,学校入选国家"双一流"建设高校。

暨南大学哲学学科的发展,差不多与学校的创建同时起步。学校创立之初,各系初设,哲学即为暨南大学文学院历史社会学系的公共课程。从1928年初到1929年暑假这一年半时间,著名学者、中共早期领导人张申府一直在国立暨南大学文学院历史社会学系任教,担任伦理学、论理学及西洋哲学史讲师;在1932年,暨南大学于教育学系下设立有哲学心理组,著名哲学家、心理学家李石岑任暨南大学教育系主任,主讲哲学与心理学。此后,亦每聘名师于文、史各系讲授哲学课程。1958年,暨南大学在广州重建及1978年复办以后,皆有马列主义哲学教研组(室)负责全校的马克思主义哲学的教研工作。2006年,由中文系刘绍瑾教授领衔成功申报哲学一级学科下的美学硕士学位点,2017年以来共招收硕士生104人,已有80多人被授予哲学硕士学位。2013年,成立了专门的"哲学与社会学研究所"。沧海桑田,世事屡迁,但九十年间暨南人对哲学的热爱与渴望一直不变。2017年,"暨南大学哲学与社会学研究所"正式更名为"暨南大学哲学研究所",暨南大学哲学学科开始了其高水平、高起点建设的新征程。

哲学(Phylosophy),在希腊文中意为爱智慧,即"爱智之学"。通俗地说,哲学就是一种使人聪明、启发智慧的学问。人生天地之间,面对宇宙人生,"念天地之悠悠",世事之茫茫,不能不有所考究。特别是今天这样一个人类"从未有之大变局的时代",科技的发达使我们的目光能达到数亿万光年之外的宇宙空间,已实现了天地间几乎同步的量子通讯,对生命的胚胎能够进行自由的基因编辑……。但这些,却似乎只是在我们面前设置了更多的难题,而并未让我们找到关于宇宙人生的满意答案,使人们烦燥不安的心神获得更多的安宁。要寻找宇宙人生从何而来、又向处而去的奥秘,解决现实世界面临的严峻挑战和纷繁复杂的难题,除了科技的进步之外,我们必须要有哲学的智慧,要有世界观和方法论的指导,有伦理学价值体系的支撑,有宗教和审美的慰藉……。

恩格斯曾说:"一个民族要想站在科学的最高峰,就一刻也不能没有理论思维。"哲学是人类理论思维的精华,是一切思想的指针与方法。即使从最狭隘的学科建设的角度来讲,即使是以"实验"为特征的自然科学,同样也需要哲学的指导。哲学的"智慧"是人们对物质世界终极探索的不竭动力,缺乏对事物终极思考的任何自然科学门类都是难以想象的。更不用说那些与哲学关系更为密切的人文学科与社会科学了。离开哲学的思维,其它人文学科与社会科学的认识将难以达到其应有的理论深度和高度。为了现实的人文学科与社会科学各学科的更好和更健康的发展,我们也需要哲学学科。

暨南大学哲学学科的发展正处于一个重新启步的新的历史阶

段。为了进一步推进我们哲学学科的建设,展现我们不断的科学探索精神,我们特组织了这套《暨南哲学文库》,将不定期推出暨南大学哲学学人在中国哲学、外国哲学、马克思主义哲学、美学、宗教学等各二级学科的研究成果,从而为暨南大学"双一流"学科建设添砖加瓦,贡献出我们的全部力量。

"路漫漫其修远兮,吾将上下而求索。"

愿以此与暨大哲学学科同仁共勉,并期待海内外同道给我们提出批评和建议,促进我们事业的发展。谢谢!

高华平

2018年6月20日于暨南大学哲学研究所

综合研究是先秦诸子研究的创新之路
（代前言）

高华平

若以西汉刘向、刘歆父子撰《别录》《七略》为起点，我国的先秦诸子研究已有两千多年的历史。可以说，此后的学者若在先秦诸子研究深度和广度上取得突破，必须首先在研究方法和视野上进行创新。近代西学东渐以来，西方分科治学的方法传入我国，先秦诸子主要被划入哲学学科，开始了文史哲分科而治的格局。近二三十年间，学者重新注意到先秦诸子时代本无文史哲的分别，先秦诸子包含了更多综合性的内容。此后，先秦诸子研究出现了两种趋势：一是除文史哲外，出现了从政治、经济、法治、管理、生态等不同学科研究先秦诸子的现象，二是出现了同时从文史哲多学科综合研究先秦诸子的要求。笔者认为，这种进行文史哲多学科综合研究的要求，应是未来创新先秦诸子研究的必由之路。

以文史哲多学科综合研究创新先秦诸子研究，并非先秦诸子文学、史学和哲学研究的简单相加，而要从研究视角、研究方法乃至思维方式上真正实现文史哲多学科研究的深度融合，从研究内容、研究方式、研究过程等方面对先秦诸子进行整体研究。从研究的内容上来讲，这种对先秦诸子的综合研究，至少应包括如下几个方面：

一、先秦诸子"九流十家"思想及其源流关系研究。对于先秦诸子"九流十家"的思想源流，自刘《略》班《志》以来，学者多持"诸子出于王官"之说。现代胡适则提出了"诸子不出王官说"，影响颇大。但若从文史哲多学科综合研究视角看,这两说实际皆有偏颇。先秦诸子思想的源流应是多源头和多根系的。可以说,是由于官方学术的传承、民间学术的流布、哲学思想自身的演化、历史文化的积淀、文人文学思潮的流变、地域文化背景的影响等众多因素的相互作用,以及"九流十家"思想的相互激荡,才导致先秦诸子"九流十家"思想的发生、兴盛与演变。单一学科或某一特定视角都无法真正解释先秦诸子"九流十家"思想的发展演变及其源流关系。

二、先秦诸子百家争鸣研究。"百家争鸣"是先秦诸子思想最重要的特征,主要表现为各诸子学派之间的学术批评与反批评,既发生在某一学派内部,更发生在各诸子学派之间。《荀子·非十二子》对思孟的批评,《韩非子·显学》中的"儒分为八,墨离为三",多属于发生在同一学派内部的学术批评;而孔、老的相绌,杨、墨的互"非",墨家的"非儒",孟子的"辟杨"、墨及农,庄子对儒、墨、名、法等的批评,《管子》对"立政九败"的批评等,则属于先秦诸子各学派之间的"百家争鸣"。这种"争鸣",既有哲学思想的批评,又有政治经济的论争,还有历史文化以及文学观念的碰撞,须从多学科角度综合研究。

三、先秦诸子著作文本研究。先秦诸子著作文本是先秦诸子思想的载体,研究传世的各种先秦诸子著作文本,乃是研究先秦诸子思想最重要的方式之一。但对先秦诸子著作文本研究,并不等同于古已有之的对先秦诸子著作目录版本的研究;而是要探讨先秦诸子著作文本和先秦诸子思想之间的复杂关系。例如,先秦诸子著作文本在文体形式上,既有所谓属于文学"散文"的"语录体"(如《论语》)和"对话体"(如《墨子》《孟子》)等,也有属于哲学著作的"论文体"(如《荀子》《韩非子》)和属于历史著作的"春秋体"(如《晏子春秋》《吕氏春秋》)等不同种类;各种不同文体中还有不同小类之分。这些先秦诸子著作文本的文体形式与先秦诸子思想之间的关系,则是必须回答的问题。同时,先秦诸子著作文本有"内篇""外篇""杂篇","内书"、"外书"或"经言"、"外言"、"内言"、"短语"、"区言"、"杂篇"(《管子》中另有《管子解》和《管子轻重》)之别,还有

综合研究是先秦诸子研究的创新之路(代前言)

"经"、"说"、"解"的差异,这就不仅是文体形式的问题,还涉及文本作者、写作年代、写作地点及其各自表达的不同思想内容。这里既有语言修辞的文学问题,又有作者和写作时代的历史问题,还有学术思想的学派归属等哲学问题。必须通过多学科综合研究,才能实现创新与突破。

对先秦诸子进行文史哲多学科综合研究,当然并非只有对先秦诸子以上几方面的分别研究,更不是先秦诸子以上几方面内容文史哲研究的简单叠加,而是强调对其进行整体研究和交叉研究。对先秦诸子"九流十家"思想及其源流关系的研究,重点在于哲学思想,但这一研究首先离不开对先秦诸子著作文本的研究,因为这是研究先秦诸子思想最基本的文献材料;对先秦诸子百家争鸣的研究,也是考察先秦诸子"九流十家"思想特点的重要途径之一;而先秦诸子"九流十家"思想源流关系研究中,本身还包含对先秦诸子学发生、发展、传播地域历史文化背景的研究。这说明,对先秦诸子以上几方面的分别研究,本身就是互相联系、密不可分的。对先秦诸子思想的研究主要属于哲学研究范围,对先秦诸子思想各种源流关系的探讨主要属于历史学研究领域,对著作文本的研究则应更多借助于文学研究的方法。只有文史哲各学科互相补充、密切配合,多视角多维度全面考察,才能突破学界原有研究模式的局限,建构一个全面整体的先秦诸子学。相信经过我们对先秦诸子各种思想流派、所有人物、事件及其与地域文化和学术源流的错综复杂关系的全面深入研究,能够描绘出一幅先秦诸子学思想的全息图和一部丰富立体而鲜活的中国先秦思想文化史。

(原刊于《光明日报》2017年01月04日11版)

目　录

文本解读与历史语境:《大学》格致说本义探析 …… 常　森（1）
客卿政策与周秦易代之际文学思想的变化
　　——以韩非、李斯为例 ………………………… 孙少华（24）
子书编集、经典生成与"轴心时代"的再认识
　　——以《韩非子》为个案的考察 ……………… 马世年（45）
诸子文献与子学研究 ………………………………… 刘佩德（63）
从出土文献看先秦"圣"观念的起源与演变 ………… 蔡树才（70）
关于孔子办学的几个基本问题 ……………………… 王齐洲（92）
孟子"久假而不归"的王霸之辨 ……………………… 杨海文（121）
《春秋》的文本性质及记事原则 ……………………… 董芬芬（128）
再论《中庸》的成书及作者问题 ……………………… 黄　效（163）
协调与服从:早期儒墨的政治学 …………………… 孔德立（181）
墨家三书略考 ………………………………………… 赵建成（194）
"学"、"术"之间:梁启超的墨学观及其思想主张
　　的演变 ………………………………………… 张永春（222）
老子哲学的生存论特征及与儒家的分判 …………… 罗传芳（243）

《老子》第三十六章新研……………………曹　峰　裴健智（254）
语词损益与哲理变迁
　　——读《老子》札记………………………………张丰乾（279）
道家无为观的思想内涵、诠释倾向与现代转化……白延辉（299）
公孙龙"指物论"新解………………………………杜　嫱（311）
今本先秦诸子书与《庄子》之关系…………………方　勇（327）
论《庄子》内篇中"圣人"的基本涵义………………刘韶军（347）
楚简《恒先》分章与语译……………………………张固也（361）
《论语》"君子"意义分疏……………………………张　涅（377）
先秦文献中的"太一"概念及相关问题………………白　奚（416）
《汉志·诸子略·农家》通考………………………司马朝军（429）
《吕氏春秋》的阴阳五行思想………………………俞林波（451）
谈谈《吕氏春秋》"十二纪"之"三秋"思想
　　——兼论杂家与中国文学观念的确立…………汪春泓（459）
论《吕氏春秋》对先秦诸子百家的学术批评………高华平（479）

文本解读与历史语境:《大学》格致说本义探析

常 森

《大学》云:"古之……欲诚其意者,先致其知。致知在格物。"又谓:"物格而后知至,知至而后意诚……""格物"、"致知"究为何意,是前儒颇为懵懂且争拗甚多的重要问题。我们先检视一下前人的代表性观点。

郑玄(127—200)释"致知在格物"云:"格,来也。物,犹事也。其知于善深则来善物,其知于恶深则来恶物,言事缘人所好来也。此'致'或为'至'。"郑玄的解读有一个严重问题,即颠倒了"致知"和"格物"的逻辑关系。钱穆批评道:"此则说成'格物在致知'矣。可证'格物'一解,汉儒已失其义。"①——汉儒失却"格物"、"致知"本义的关键原因,在于他们失却了这一学说的历史语境,这一点下文再作细论。

郑注之后,影响深远也备受争议的,是朱子章句及补传。朱子注"欲诚其意者,先致其知。致知在格物",云:"致,推极也。知,犹识也。推极吾之知识,欲其所知无不尽也。格,至也。物,犹事也。穷至事物之理,欲其极处无不到也。"注"物格而后知至,知至而后意诚,意诚而后心正",云:"物格者,物理之极处无不到也。知至者,吾心之所知无不尽也。知既尽,则意可得而实矣,意既实,则心可得而正矣。"朱子补传则说:"所谓致知在格物者,言欲致吾之知,在即物

---

① 钱穆《大学中庸释义·大学古本》,《四书释义》,九州出版社 2013 年版,第 300 页。

而穷其理也。盖人心之灵莫不有知,而天下之物莫不有理,惟于理有未穷,故其知有不尽也。是以《大学》始教,必使学者即凡天下之物,莫不因其已知之理而益穷之,以求至乎其极。至于用力之久,而一旦豁然贯通焉,则众物之表里精粗无不到,而吾心之全体大用无不明矣。此谓物格,此谓知之至也。"钱穆曾经评价说:"……朱子格物补传,实为尊信程朱学者之圭臬。今纵谓朱子补传无当于《大学》原本之真相,然自朱子以来七百年,此格物补传固已与旧本《大学》凝成一体,已为一尽人必读之经典矣,固不应忽昧而不知。"①从思想史角度看,钱氏此说堪称的评,可是对《大学》本旨而言,至少其立场有一点暧昧。本文更关注的是朱子补传在多大程度上掘发了《大学》本义。从现有材料来看,说《大学》原有这一部分文字固然缺乏实证,可朱子释"致知在格物"为"欲致吾之知,在即物而穷其理也",大旨当不谬,惟不够具体明晰而已。刘宗周《大学杂言》云:"朱子之补传,善会之即古本之意也,以为支离而斥之者,亦过也。"②殆是。

朱子格物补传之大旨是循物求知,反其意者则往往倾向于遗物而求心。王阳明释云:"物者,事也;凡意之所发必有其事,意所在之事谓之物。格者,正也,正其不正以归于正之谓也。正其不正者,去恶之谓也。归于正者,为善之谓也。夫是之谓格。"③又云:"'格物'如《孟子》'大人格君心'之'格',是去其心之不正,以全其本体之正。但意念所在,即要去其不正以全其正,即无时无处不是存天理,即是穷理。天理即是'明德',穷理即是'明明德'。"④简言之,王氏以为格物即格意念所在之事,正其不正以归于正。王阳明还强调,"……天下之物本无可格者。其格物之功,只在身心上做";"……圣人之道,

---

① 钱穆《大学中庸释义·例言》,《四书释义》,第 278 页。
② 吴光主编《刘宗周全集》第一册经术七,浙江古籍出版社 2007 年版,第 659 页。
③ 王阳明《大学问》,吴光等编校《王阳明全集》第三册续编一,上海古籍出版社 2014 年版,第 1071 页。
④ 《传习录上》,吴光等编校《王阳明全集》第一册语录一,第 7 页。

吾性自足,向之求理于事物者误也"①。刘宗周认为朱熹、王阳明所代表的两条路径,均有缺失。他说:"自格致之旨晦,而圣学沦于多歧:滞耳目而言知者,徇物者也;离耳目而言知者,遗物者也。徇物者,弊至于一草一木亦用工夫,而遗物求心,又逃之无善无恶,均过也。故阳明以朱子为支离,后人又以阳明之徒为佛、老,两者交讥而相矫之,不相为病。入《大学》之道者,宜折衷于斯。"②刘氏之批评颇有可取之处,但仍未回归《大学》文本所确立之系谱。实际上,王说最根本的问题是,就《大学》所立系谱而言,"格物"一节尚未及"知止"、"知至"阶段,何以论正与不正、善与不善呢?

而湛若水(1466—1560)《答阳明》书称:"鄙见以为,'格'者至也,'格于文祖'、'有苗格'之'格'。'物'者天理也,即'言有物'、'舜明于庶物'之'物',即道也。'格'即造诣之义,'格物'者即造道也。知行并造,博学、审问、慎思、明辨、笃行,皆所以造道也。读书,亲师友,酬应,随时随处,皆随体认天理而涵养之,无非造道之功……"③此论之弊,与上揭阳明之说颇类。就《大学》所立系谱而言,"格物"一节尚未及"知止"、"知至",道为何物尚且未知,何有"造道"可言呢?

刘宗周《大学杂言》综评,云:"格物之说,古今聚讼有七十二家,约之亦不过数说。'格'之为义,有训'至'者,程子、朱子也;有训'改革'者,杨慈湖也;有训'正'者,王文成也;有训'格式'者,王心斋也;有训'感通'者,罗念庵也。其义皆有所本,而其说各有可通,然从'至'为近。"复云:"诸生讲《大学》。一夕,偶思而得之,因谓诸生曰《大学》一篇是人生全谱。试思吾辈坐下只此一身,渐推

---

① 分别参见《传习录下》,吴光等编校《王阳明全集》第一册语录三,第136页;《年谱一》,吴光等编校《王阳明全集》第四册,第1354页。
② 刘宗周《大学古记约义》"格致"条,吴光主编《刘宗周全集》第一册经术六,第648—649页。
③ 湛若水《湛甘泉先生文集》卷七书,《四库全书存目丛书》集部第56册,齐鲁书社1997年版,第568页下。

开去,得家、国、天下,渐约入来,得心、意、知。然此知不是悬空起照,必寄之于物,才言物,而身与家、国、天下一齐都到面前,更无欠剩。即尔诸生身上,此时知在起居,便有起居之物理可格;知在饮食,便有饮食之物理可格。推此以往,莫不皆然。物无不格,则知无不至,至于意得诚,至于心得正,至于身得修,至于家得齐,至于国得治,至于天下得平,而先后之序,自不容紊,真是天造地设规模,一了百当道理,非人道全谱而何?"①《大学》"格物"之"格"确当为至之义,然刘氏似将"格物"解为"物格(至)",将"物格而后知至"解为"知至而后物格",而基于"格物"之"知至",则与夫"诚意"、"正心"、"修身"、"齐家"、"治国"、"平天下"混同为一了。

宋翔凤(1779—1860)在郑玄释"致知在格物"的基础上,引祥瑞之说,解"格物"之意,云:"郑君释此文云,'格,来也';言'知于善深则来善物','知于恶深则来恶物'。是格物者,诚、正、修、齐、治、平之效验也。故言'在'而不言'先',言其效验无往不在。'天降膏露,地出醴泉,山出器车,河出马图,凤皇麒麟皆在郊椒,龟龙在宫沼,其余鸟兽之卵胎皆可俯而窥',此格物之谓也。"②这是完全不顾《大学》本旨的想象,尽管号称"古义",在旧说中可能是最为怪异的。就《大学》所立系谱而言,"格物"尚未及"知止"、"知至"阶段,更无论诚、正、修、齐、治、平,何有"诚、正、修、齐、治、平之效验"可言呢?宋氏一如郑玄等学者,直把入道成德过程之始端当成了终了。

要之,自汉迄清,论"格致"之意者甚多,然犹治丝而棼之也。现代学者依违于旧说之间,左支右绌,往往不能免捉衿而肘见、纳屦而踵决之窘境。饶宗颐先生一九五〇年作《格物论》,云:

---

① 吴光主编《刘宗周全集》第一册经术七,第 657、654 页。案:杨简(1141—1225),世称慈湖先生。王守仁(1472—1528),世称阳明先生,卒谥文成。王艮(1483—1541),号心斋。罗洪先(1504—1564),号念庵。

② 宋翔凤《大学古义说》上篇,《续修四库全书》159,经部四书类,上海古籍出版社 1995 年版,第 220 页下。案:其所引瑞应,见载于《礼记·礼运》篇。

"格物"者,谓成于物,而动不失其正也。《乐记》云:"人生而静,天之性也;感于物而动,性之欲也;物至知知,然后好恶形焉;好恶无节于内,知诱于外,不能反躬,天理灭矣。夫物之感人无穷,而人之好恶无节,则是物至而人化物也。人化物也者,灭天理而穷人欲者也。……是故先王之制礼乐,人为之节。乐者天地之和也,礼者天地之序也。和,故百物皆化;序,故群物皆别。"千古阐"格物"之义,无如此段之深切。"格物"者,物来而应之以正。必也能化物而别物。化物者,乐之事;别物者,礼之事。是言"格物"而礼、乐赅其中矣。夫化物斯能和,别物斯能序。和,故百物不失节而合爱;序,故百物皆纳轨(《左传》所谓纳民轨物)而合敬。爱自中出,敬由外作,如是则物周不格矣。《乐记》云:"礼乐皆得谓之〔有〕德。"德者,得也,斯即明明德矣。故曰教之以德,齐之以礼,则民有格心。以是立己,则物来无碍(格物之格之训来,犹庶民来子之来,谓不期而至,不期而会,不期而得。格物亦犹不期而有得于物,以本乎天道,循乎德性,故能如此。仁民爱物,物我之间,固一致也。益知郑注陈义之精)。以是化民,则民诚悦而有格心;是格物者,其事必先乎礼。《仲尼燕居》云:"礼者何也?即事之治也。君子有其事,必有其治。治国而无礼,譬犹瞽之无相与?伥伥乎其何之?"礼所以治事,物犹事也;事治则物格,物格固莫尚于礼矣。故曰格物必先齐之以礼。以《礼记》证《礼记》,则《大学》"格物"一义,可了然无滞碍矣。[①]

[①] 饶宗颐《选堂文集·格物论》,《饶宗颐二十世纪学术文集》卷十四文录、诗词,新文丰出版股份有限公司2003年版,第52—53页。案:饶文上引《礼记·缁衣》篇记子曰:"夫民,教之以德,齐之以礼,则民有格心;教之以政,齐之以刑,则民有遁心。"郑注:"格,来也;遁,逃也。"又谓:"《学记》论为学程序,而殿以语云:'夫然后足以化民易俗,近者说服而远者怀之,此大学之道也。'注:'怀,来也'。是大学之道,其效不离齐之以德,使人心悦诚服而来归已耳,而其道莫重于格物。"(同前注,第51页)所谓"郑注陈义之精"即对此而言。"庶民来子"当作"庶民子来",见《诗经·大雅·灵台》。

饶先生之论究竟是否得《大学》"格物"本义,恐怕还需要商榷。《大学》所陈系谱始言"格物",至"致知"一节方及知所止,亦即于格物阶段,礼乐为何物尚且未定,何者为正且亦未明,更无论持之守之了,故认为"言'格物'而礼、乐赅其中"或"'格物'必先齐之以礼",认为"'格物'者,谓成于物,而动不失其正也"或"'格物'者,物来而应之以正",等等,终究与《大学》原意有隔。

钱穆一九五三年撰《大学中庸释义》,其论有曰:"'格物'一义,自明儒以下,纷纷无定论。孟子曰:'万物皆备于我。'古书如此'物'字甚多,如曰'言有物而行有则',又'孝子不过乎物'。不过于物,即'格物'也。'格物',即'止于至善'也。'为人君止于仁,为人臣止于敬',此即君与臣之至善。在未能致知以前,尚未能真知其为至善之义,则变其辞曰'格物'。"①案孟子云:"万物皆备于我矣。反身而诚,乐莫大焉。强恕而行,求仁莫近焉。"(《孟子·尽心上》)孔子曰:"言有物而行有格也,是以生则不可夺志,死则不可夺名。"(《礼记·缁衣》)②孔子又说:"仁人不过乎物,孝子不过乎物。是故仁人之事亲也如事天,事天如事亲,是故孝子成身。"(《礼记·哀公问》)郑玄注云:"物,犹事也。事亲、事天,孝、敬,同也。《孝经》曰:'事父孝,故事天明。'举无过事,以孝事亲,是所以成身。"疏云:

> "仁人不过乎物"者,物,事也;言仁德之人不过失于其事,言在事无过失也。○"孝子不过乎物"者,言孝子事亲,亦于事无过也。○"是故仁人之事亲也如事天"者,言仁人事亲以敬,如与事天相似,言敬亲与敬天同。○"事天如事亲"者,言仁人事天以孝爱,如人事亲孝爱相似,言爱亲与爱天同。○"是故孝子成身"者,上称"仁人",则"孝子"也,据其泛爱,则称"仁

---

① 钱穆《大学中庸释义·大学古本》,《四书释义》,第300页。
② 郭店简文《缁衣》所载为:"君子言又(有)勿(物),行又迻(格),此以生不可敓(夺)志,死不可敓名。"

人",据其事亲,则称"孝子"。内则孝敬于父母,外则孝敬于天地。其间无所不行孝敬,故云"孝子成身"也。

钱穆基于传世儒典所载"孝子不过乎物"等说法,将《大学》"格物"解释成"止于至善",认为只是因为"在未能致知以前,尚未能真知其为至善之义",变其辞而曰"格物"。然而据《大学》本文,"止于至善"当指"明明德"(具体落实为格→致→诚→正→修)与"亲(新)民"(具体落实为齐→治→平)两面均达至善之地而不移,"格物"仅仅为"明明德"一面遥远微细之始端,将"格物"等同于未被真知的"止于至善",还是抹杀了《大学》强调"先后"之意,有本末倒置之弊。

那么,《大学》"格物"、"致知"两个具有生成性关联的环节究竟为何义呢?要准确回答这一问题,必须坚持以下两点:

一是回归《大学》文本所含的小语境。既然要阐释文本,那么文本就是第一义的,要善于把握其中互相关联、互相发明、互相证成的元素。毛奇龄《大学证文》卷一有云:"予读《大学》,以为'格物'、'致知'安有如后儒之纷纷者乎?既而读'此谓知本,此谓知〔之〕至'之文,亦恍然曰,格致之义前圣自解之矣……"①毛奇龄的认知方法无疑是正确的,不过具体说解仍有待完善。

依《大学》本文,格物致知,简单地说就是通过格物使知至(原文申说部分尚存留着结语"此谓知之至也",惜乎前面的申说亡佚)。《说文解字·木部》云:"格,木长貌,从木各声。"段注称:"木长貌者,'格'之本义。引申之,长必有所至,故《释诂》曰'格……至也',《抑》诗传亦曰'格,至也'。凡《尚书》'格于上下'、'格于艺祖'、'格于皇天'、'格于上帝',是也。此接于彼曰'至',彼接于此则曰'来'。郑注《大学》曰:'格,来也。'凡《尚书》'格尔众庶'、'格汝众',是也。"究其实际,"格"虽有"来"义,郑解《大学》"格物"之

---

① 《景印文渊阁四库全书》第二一〇册,经部第二〇四册四书类,台湾"商务印书馆"1986年版,第280页上。

"格"为"来",却并不确当。《大学》"格物"之"格"当为"至"义,强调的是主体接物(即段注所谓的"此接于彼"),而非物来接于主体。朱熹补传释"格物"为"即物而穷其理",以"即"释"格",同样强调主体之接物,堪称得之。战国学者对认知之机理有所认识。《墨子·经上》篇谓"知,接也",就是说知意味着人以其智与物(即认知对象)交接;《墨子·经上》又谓"知(智),材也",是说智是人所以知的资质。在传世《大学》文本中,"格物"的具体申说虽然缺失,但其本旨还是有迹可寻的。要之,"格物"即主体主动接物以考察、探究之,为"致知"之门径(揆之以理,"格物"未必能"致知",但欲"致知",则必须"格物",故曰"致知在格物")。论及这种意义上的"格"以及"格物致知",需要高度关注《尚书·大诰》篇所谓"格知"。其文曰:"洪惟我幼冲人,嗣无疆大历服。弗造哲迪民康,矧曰其有能格知天命!"一般认为《大诰》为周公作①,其所谓"格知"常被理解为度知。实际上,"格知天命"可以理解为交接天命,探究而知之。《大学》"格物"、"致知",与《大诰》之"格知"当不无联系。其所格之物,既包括主体之身心以及主体之外的天地万物,也包括典籍、圣言、师教等等②。以前者为对象之格物致知,可称作"直接格物致知";以后者为对象之格物致知,可称作"间接格物致知"(乃是通过探究典籍或他人言语中呈现之物,达成对价值的认知;或说是藉助典籍与他人之言谈,获取他人格物所得之价值)。"致知"一词原本不难理解,这里仅仅强调,《大学》所欲致之知为何,在文本中落实于"知止"与"知本"(所谓"知止而后有定"、"于止,知其所止"以及"此谓知本")。前者之要删为:"为人君止于仁,为人臣止于敬,为

---

① 杜勇列三条内证,证明《史记·周本纪》《书序》说周公作《大诰》之可信,并判断《大诰》为"周公东征前发布的政治宣言书"(见氏著《〈尚书〉周初八诰研究》,中国社会科学出版社 2017 年版,第 28—34 页),可以参考。

② 许慎《说文解字·牛部》:"物,万物也。牛为大物,天地之数起于牵牛,故从牛勿声。"裘锡圭《说"格物":以先秦认识论的发展过程为背景》一文(《裘锡圭学术文集》第五卷《古代历史、思想、民俗卷》,复旦大学出版社 2012 年版,第 313—315 页),采撷相关文献甚富,颇可见"物"字无所不包之义。

人子止于孝,为人父止于慈,与国人交止于信";后者之要删为:"子曰:'听讼,吾犹人也,必也使无讼乎!'无情者不得尽其辞。大畏民志。此谓知本。"①"致知"在过去同样遭到滥解,但它在文本中的界定和立意是相当明确的,即不是指追求一般、泛泛的知,而是指追求安身立命、修齐治平之知。这种取向,在孔子那里已经显露了端倪。《论语·子路》篇记载:"樊迟请学稼。子曰:'吾不如老农。'请学为圃。曰:'吾不如老圃。'樊迟出。子曰:'小人哉,樊须也!上好礼,则民莫敢不敬;上好义,则民莫敢不服;上好信,则民莫敢不用情。夫如是,则四方之民襁负其子而至矣,焉用稼?'"《荀子·儒效》篇云:"匹夫问学不及为士,则不教也。"先秦儒家所谓"致知"之要本,由此亦可知矣。

《大学》云:"富润屋,德润身,心广体胖,故君子必诚其意。"前三语意谓,富有则其屋修饬,有德则其身修饬,心宽宏则体舒泰。此三事皆可证成"有实于内,显见于外"(郑玄注),一如其上文所说"诚于中形于外",故结之以"君子必诚其意"。这是《大学》中直接格物致知的显例,观照的是世间富者之事象、有德者之事象、心宽者之事象,证成的是内心与外形的必然性关联以及"诚其意"的重

---

① 案:传世《大学》"自天子以至于庶人,壹是皆以修身为本,其本乱而末治者,否矣;其所厚者薄,而其所薄者厚,未之有也",之后有"此谓知本",《伊川先生改正大学》谓"四字衍"(见程颢、程颐《二程集·河南程氏经说卷第五》,中华书局2004年版,第1130页),是。又:"子曰听讼"以下一段文字,旧说往往就听讼一事作解,郑玄《礼记》注、朱熹《大学章句》等,莫不如此。笔者以为当系三事,其意为:"听讼"固然重要,使民不起争讼才是根本。"情"之于"辞"为根本,故"无情者不得尽其辞";《周易·系辞传下》"交象动乎内,吉凶见乎外,功业见乎变,圣人之情见乎辞",可证成"情"与"辞"之关系。《尚书·泰誓》云"民之所欲,天必从之";"天视自我民视,天听自我民听";"天聪明自我民聪明"(分别见《左氏春秋》襄公三十一年〔前542〕所记穆叔引《大誓》、《孟子·万章上》所记孟子引《太誓》以及《诗经·大雅·烝民》郑笺引《书》,——正义以为《泰誓》文)。凡此足见"民志"之为根本。故《大学》谓"必也使无讼"、"无情者不得尽其辞"、"大畏民志"三者为"知本"。

要性。《大学》又说:"《诗》云:'邦畿千里,惟民所止。'《诗》云:'缗蛮黄鸟,止于丘隅。'子曰:'于止,知其所止,可以人而不如鸟乎?'《诗》云:'穆穆文王,於缉熙敬止。'为人君止于仁,为人臣止于敬,为人子止于孝,为人父止于慈,与国人交止于信。"这段文字,主要是通过探究经典及圣人言教,来达成人不可不知所止的认知,为《大学》中间接格物致知的显例①。

二是将《大学》格致观念放到它形成的大的历史语境中来审视,——该语境部分地见于传世文献,而主要见于出土简帛。如此,其意指才更加确切和显白。宋明儒者将其过度形上化,玄而又玄,葛藤胶戾,不过是师心立说罢了。

毫无疑问,直接格物致知在学说创立时期十分重要,故儒家创始人孔子致力于此。古人尝评论道:"求诸孔圣之言,惟子曰'岁寒,然后知松柏之后凋也',此一句最于致知格物极其渊妙。盖松柏,物也;察其因何而岁寒之际独后凋,是欲格其物理也;苟能格之,则'然后知'之三字为真致其知矣。何以见其格之正?如《礼器》所谓如松柏之有心,居天下之大端,故贯四时而不改柯易叶,则知其为得气之本而岁寒后凋矣,是也。"②事实上,认定孔子"岁寒"一句"最于致知格物极其渊妙",至少有一点偏狭、不全面。孔子屡屡论析"君子"、"小人"德行之异,如谓"君子成人之美,不成人之恶。小人反是"(《论语·颜渊》),"君子固穷,小人穷斯滥矣"(《论语·卫灵公》),等等,彰显了他对芸芸众生的深刻认知;——千百年来,以及千百年后,世人之基本人格绝不外乎"君子"、"小人"两种。其他如孔子谓子夏曰"无欲速,无见小利。欲速则不达,见小

---

① 徐复观说:"由《大学》所反映的学问内容,未曾受到西汉以经典为学问中心的影响。"(见氏著《中国人性论史·先秦篇》,九州出版社2014年版,第245页)《大学》未受西汉学术思想之影响是毋庸置疑的,但儒家以经典为中心建构学问体系,自孔子创立儒家之时便开始了,至战国中晚期,六经业已被确立为学问之核心,《大学》之"格物→致知"实亦包含自经典获取价值的一面,甚至是更为重要的一面。

② 史绳祖《学斋占毕》卷一"致知格物"条,中华书局1985年版,第20页。

利则大事不成"(《论语·子路》),又曰"人无远虑,必有近忧"(《论语·卫灵公》),彰显了他对社会人生的洞察。凡此之类,均可见孔子直接格物致知之功,而在《论语》诸儒典中俯拾皆是,毋庸一一举列。

需要说明的是,直接格物致知应当包括主体对己身以及他者的省察。孔子论仁与恕,均谓"己所不欲,勿施于人"(见《论语·颜渊》《卫灵公》),又谓"夫仁者,己欲立而立人,己欲达而达人。能近取譬,可谓仁之方也已"(《论语·雍也》)。仁意味着以己之所欲、所不欲,为对待他者的准则,把他者当成另外一个自我来体贴,其前提自然是针对己身的格致①。对早期儒家学者来说,只有以确立政教伦理价值为目的来探究己身,才有格致的意义。子曰:"见贤思齐焉,见不贤而内自省也。"(《论语·里仁》)曾子曰:"吾日三省吾身:为人谋而不忠乎?与朋友交而不信乎?传不习乎?"(《论语·学而》)这种自省,主要是根据原已确认的价值,省察己身是否与之契合,大致当归结于《大学》八目中的修身。而孔子所谓"见贤思齐",包含从他者发现价值的意义,此即以他者为对象的格物致知。子曰:"臧文仲其窃位者与?知柳下惠之贤,而不与立也。"

---

① 孔子对仁的如下诠释,"夫仁者,己欲立而立人,己欲达而达人。能近取譬,可谓仁之方也已",回答的是子贡所问:"如有博施于民而能济众,何如?可谓仁乎?"孔子所谓"近取譬",是就相对于"人"之远的"己"之近而言的,指言本"己欲"而事人。徐复观提出:"'能近取譬'的'近',是指可以具体实行的工夫、方法而言。仁的自觉的精神,必须落实于工夫、方法之上;而工夫、方法,必定是在当下生活中可以实践的,所以便说是'近'。'近'是针对博施济众之'远'而言。"(见氏著《中国人性论史·先秦篇》,第85页)其解"近取譬"显然是一大误会。《中庸》第十三章载子曰"道不远人。人之为道而远人,不可以为道",之后即倡言"违道不远"之"忠恕",谓"施诸己而不愿,亦勿施于人"云云。孟子则曰:"万物皆备于我矣。反身而诚,乐莫大焉。强恕而行,求仁莫近焉。"(《孟子·尽心上》)凡此均是将践行推己及人之恕道作为求仁德最近之途径,均可为孔子"近取譬"一说之注脚。简单地说,对于孔、孟而言,践行仁取则在自身,故或谓其"方"为"近取譬",或谓"强恕而行"为求仁最近之途,其所谓"近",与"博施济众之'远'"无涉。

(《论语·卫灵公》)"知柳下惠之贤"便属于这一类格致。

　　孔子自创立儒学时,便高度重视间接格物致知。他自称"述而不作,信而好古"(《论语·述而》),以传旧好古为职志,实即以往古典籍或圣贤为知之源。他光大了《诗》《书》《礼》《乐》《易》等经典的一部分价值,辅之以儒学价值转换,且又属辞比事撰作了《春秋》,将这六部经典建构为儒学价值之渊薮,用以教育三千弟子,并开化世间众生。郭店、上博儒典对孔子这番事业有极明确的总结。比如《眚自命出》上篇云:"凡衍(道),心述(术)为宝(主)。衍四述,唯人衍为可衍也。亓(其)厽(三)述者,衍之而已。《时(诗)》《箸(书)》《豊(礼)》《乐》,亓訋(始)出皆生于人。《时》,又(有)为为之也。《箸》,又为言之也。《豊》《乐》,又为昰(举)之也。圣人比亓頪(类)而仑(论)会之,蓳(观)亓(之)迹〔先后〕而逆训(顺)之,体亓宜(义)而即(节)曼(文)之,里(理)亓青(情)而出内(入)之,肰(然)句(后)复以教。教,所以生悳(德)于中者也。"(同样的文字也见于上博《眚意论》)而《语丛一》谓:"《易》,所以会天衍(道)人衍也。《诗》,所以会古含(今)之恃(志)也者。《春秋》,所以会古含之事也。《豊(礼)》,交之行述(术)也。《乐》,或生(性)或教者也。《书》,□者也。"凡此皆可与传世文献互相印证。《史记·孔子世家》云"孔子以《诗》《书》《礼》《乐》教,弟子盖三千焉,身通六艺者七十有二人";上博《诗论》当即孔子以《诗》教的记录。[①] 总而言之,

---

[①] 《史记·十二诸侯年表》序谓,孔子次《春秋》,"七十子之徒口受其传指",可知孔子又曾以《春秋》教弟子。《史记·仲尼弟子列传》谓:"孔子传《易》于瞿(鲁人商瞿),瞿传楚人馯臂子弘(前儒疑为子弓之误),弘传江东人矫子庸疵,疵传燕人周子家竖,竖传淳于人光子乘羽,羽传齐人田子庄何,何传东武人王子中同,同传菑川人杨何。何元朔中以治《易》为汉中大夫。"《汉书·儒林传》则说:"自鲁商瞿子木受《易》孔子,以授鲁桥庇子庸。子庸授江东馯臂子弓。子弓授燕周丑子家。子家授东武孙虞子乘。子乘授齐田何子装。……汉兴,田何……授东武王同子中、雒阳周王孙、丁宽、齐服生。……同授淄川杨何……元光中征为太中大夫。"二说之差别主要是第三世第四世互易,而孔子以《易》授徒一事则确凿无疑。要之,六经均在孔门授受之列。

孔子视六艺为真知之渊薮,六艺被他确立为间接格物致知的核心对象。孔子尝曰:"(加)〔假〕我数年,(五十)〔卒〕以学《易》,可以无大过矣。"(《论语·述而》)又曰:"小子何莫学夫《诗》?《诗》可以兴,可以观,可以群,可以怨。迩之事父,远之事君。多识于鸟兽草木之名。"(《论语·阳货》)孔子还对伯鱼(孔鲤,前532—前482)说:"女为《周南》《召南》矣乎?人而不为《周南》《召南》,其犹正墙面而立也与?"(《论语·阳货》)作为致知之门径,阅读经典的重要性从孔子创派之初就被确认了,儒家经典建设和授受的基础也由孔子奠定。上博《诗论》第五章云:

孔子曰:虐(吾)㠯(以)《蔦䎭》得氏(祇)初之甞(志),民眚(性)古(固)然,见丌(其)䒑(美),必谷(欲)反丌本。夫蔦(葛)之见诃(歌)也,则㠯䋅(缔)綌(绤)之古(故)也。后稷之见贵也,则㠯文、武之惪(德)也。虐㠯《甘棠》得宗审(庙)之敬,民眚古然,甚贵丌人,必敬丌立(位),敓(悦)丌人,必好丌所为,亚(恶)丌人者亦然。虐㠯 木苽 昃(得)希(币)帛之不可迲(去)也,民眚古然,丌隁(隐)志必又(有)㠯俞(喻)也。丌言又(有)所载而后内(纳),或前之而后交,人不可卑(触)也。虐㠯《斨杜》得雀□之不可无也,民眚古然,□□□□女此可,斯雀之矣。儠(御)丌所悉(爱),必曰:虐奚舍之?宾赠氏(是)也。

这是孔子间接格物致知的显例。他基于人性省察《周南·葛覃》《召南·甘棠》《卫风·木瓜》以及《唐风·有杕之杜》,确认了德之重要性以及宗庙、币帛诸礼之根源。

在阅读经典以外,春秋战国时期学术思想之传播特赖口耳授受,故通过"闻"而知"道"分外重要。仅就《论语》所记,樊迟、颜渊、仲弓、司马牛、子张问仁(见《论语·雍也》《颜渊》《子路》《阳货》),宰我问三年之丧(见《论语·阳货》),鲁大夫孟懿子、其子孟武伯以及子游、子夏问孝(见《论语·为政》),林放问礼之本(见《论语·八佾》),子贡问"贫而无谄,富而无骄,何如"(见《论语·学而》),樊迟问知(见《论语·雍也》),原宪问耻(见《论语·宪问》),子张问行(见《论语·卫灵公》),子贡问友(见《论语·颜渊》),子路问成人(见《论语·宪问》),子贡、司马牛问君子(见《论语·为政》《颜渊》),子贡、子路问"何如斯可谓之士矣"(见《论语·子路》),子贡问为仁(见《论语·卫灵公》),季路"问事鬼神"、"问死"(见《论语·先进》),子路、冉有问"闻斯行诸"(见《论语·先进》),子张问"崇德、辨惑"(见《论语·颜渊》),子路问事君(见《论语·宪问》),颜渊问为邦(见《论语·卫灵公》),子张问"何如斯可以从政矣"(见《论语·尧曰》),子贡、子张、子路、仲弓、子夏、叶公、季康子、齐景公问政(见《论语·颜渊》《子路》),鲁哀公问"何为则民服"(见《论语·为政》),鲁定公问"君使臣,臣事君,如之何"(见《论语·八佾》),季康子问"使民敬、忠以劝,如之何"(见《论语·为政》),定公问"一言而可以兴邦,有诸"(见《论语·子路》),子贡问"有一言而可以终身行之者乎"(见《论语·卫灵公》),凡此之类,不一而足,孔子每每因其材、就其事而施以不同的教诲。

作为认知道术的途径,"听—闻"异常重要,尝以高度理论化的形态出现在儒、道诸家之体系中。《五行》经文第十八章云:"闻君子道,恩(聪)也。闻而知之,圣也。圣人知(而)〔天〕道〔也〕。知而行之,(圣)〔义〕也。行之而时,德也。"《五行》说文第十八章释之曰:"'闻君子道,嚶(聪)也':同之闻也,独色然辩于君子道,(道)〔嚶也〕;〔嚶也〕者,圣之臧(藏)于耳者也。'闻而知之,圣也':闻之而遂知亓(其)天之道也,是圣矣。圣人知天之道。道者,所道也。'知而行之,义也':知君子之所道而搂然行之,义气也。'行之而时,惪(德)也':时者,和也。和也者(惠)〔惪〕也。"这是说以"听—闻"获取对道的认知,而后付诸道德之修为。庄子云:"若一志,无听之以耳而听之以心,无听之以心而听之以气!(听)〔耳〕止于(耳)〔听〕,心止于符。气也者,虚而待物者也。唯道集虚。虚者,心斋也。"(《庄子·内篇·人间世》)①"听之以气"实即秉持心之虚来听,看似玄奥,但说到底还是以听为获取道的途径。显然,在儒学授受的历史交接中,听师教或圣言以获取安身立命、修齐治平的道术,也是间接的格物致知。

在学派成熟以后,因为其观念、价值体系臻于成熟和完备,负载该体系的经典臻于定型,直接格物致知的重要性自然会有所下降,而以经典授受为核心的间接格物致知则愈发占据主导地位。儒家以六经为教材始于孔子创派之时,至孔门七十子,六经的位置已牢固确立(新见郭店、上博儒典可以为证)。其后,孟子进一步突出《春秋》,曾说:"世衰道微,邪说暴行有作,臣弑其君者有之,子弑其父者有之。孔子惧,作《春秋》。《春秋》,天子之事也。是故孔子曰:'知我者其惟《春秋》乎!罪我者其惟《春秋》乎!'……昔者禹抑洪水而天下平,周公兼夷狄驱猛兽而百姓宁,孔子成《春秋》而乱臣贼子惧。"(《孟子·滕文公下》)《春秋》对孔子本人及天下之意义,被推到了无以复加的地步。至荀子之时,六经地位已经坚确无疑。故《荀子·劝学》篇云:"学恶乎始?恶乎终?曰:其数则始乎诵经,终乎读《礼》;其义则始乎为士,终乎为圣人。真积力久则入,学至乎没而后止也。故学数有终,若其义则不可须臾舍也。为之,人也;舍之,禽兽也。故《书》者,政事之纪也;《诗》者,中声之所止也;《礼》者,法之大分,类之纲纪也,故学至乎《礼》而止矣。夫是之谓道德之极。《礼》之敬文也,《乐》之中和也,《诗》《书》之博也,《春秋》之微也,在天地之间者毕矣。"荀子明显以读经为第二义,以为士、为君子、为圣人为第一义,然而他并不脱离第二义来空谈第一义,因为不读经,第一义便无着手处。荀子又将"经"与《礼》相对,置《礼》于群经之上,推《礼》为学之终竟、"道德之极",称《书》《诗》《乐》《春秋》诸书为"经",但这样说只是为了凸显《礼》的特殊性和重要性,《礼》说到底也是"经"。故《荀子·大略》篇云:"礼以顺人心为本,故亡于《礼经》而顺人心者,皆礼也。"《诗》《书》《礼》《乐》

---

① "听止于耳"原当为"耳止于听",参阅俞樾《诸子平议·庄子一》。

《春秋》诸经均为"道"之渊薮。因此《荀子·儒效》篇更明确地说:"圣人也者,道之管也。天下之道管是矣,百王之道一是矣,故《诗》《书》《礼》《乐》之〔道〕归是矣。《诗》言是,其志也;《书》言是,其事也;《礼》言是,其行也;《乐》言是,其和也;《春秋》言是,其微也。故《风》之所以为不逐者,取是以节之也;《小雅》之所以为《小雅》者,取是而文之也;《大雅》之所以为《大雅》者,取是而光之也;《颂》之所以为至者,取是而通之也:天下之道毕是矣。乡是者臧,倍是者亡。乡是如不臧,倍是如不亡者,自古及今,未尝有也。"读经以知"道",与《大学》所说格物以致知同趣。《荀子》并不漠视《易》。其《大略》篇云:"善为《诗》者不说,善为《易》者不占,善为《礼》者不相(杨注云:相,谓为人赞相焉),其心同也。"拿《易》来与《诗》《礼》两经并列,当非偶然。总之自孔子至荀子,六经逐渐成为儒家核心典籍,读经以致知越发成为格物以致知的根本方式。正如徐复观所说,"在先秦时代,由孔子所开创出来的一个伟大的教化集团,是以《诗》《书》《礼》《乐》《春秋》《易》为中心而展开的"①。

朱熹云:"读书是格物一事。今且须逐段子细玩味,反来覆去,或一日,或两日,只看一段,则这一段便是我底。脚踏这一段了,又看第二段。如此逐旋捱去,捱得多后,却见头头道理都到。这工夫须用行思坐想,或将已晓得者再三思省,却自有一个晓悟处出,不容安排也。书之句法义理,虽只是如此解说,但一次看,有一次见识。所以某书,一番看,有一番改。亦有已说定,一番看,一番见得稳当,愈加分晓。故某说读书不贵多,只贵熟尔。然用工亦须是勇

---

① 徐复观《中国人性论史·先秦篇》,第70页。案:徐复观认为:"六经的成立,是先有《诗》《书》《礼》《乐》;到了孟子,才加上了《春秋》。而《周易》之加入,恐在荀子以后。《荀子·儒效》篇'《诗》言其志也'一段,总言五经而未及《易》。但这是《易》的重要性尚未被荀子这一派人所承认,并非《易》尚未成为传习的教材。"(同前注,第70页注2)徐复观又说:"……六经的成立,可能是在秦博士之手,或其并世的儒者。"(同前注,第326页)徐复观显然缺乏新出战国儒典的知识背景,也忽视了《荀子·大略》篇将《易》与《诗》《礼》并列的重要性,因此严重偏离了事实。

做进前去,莫思退转,始得。"又说:"读书乃学者第二事。"还说:"读书已是第二义。盖人生道理合下完具,所以要读书者,盖是未曾经历见许多。圣人是经历见得许多,所以写在册上与人看。而今读书,只是要见得许多道理。及理会得了,又皆是自家合下元有底,不是外面旋添得来。"①朱子把读书以致知的道理说得十分明白和透彻。

师教作为间接格物致知的重要一途,至荀子时也已确立。《荀子·修身》篇云:"礼者,所以正身也;师者,所以正礼也。无礼,何以正身?无师,吾安知礼之为是也?礼然而然,则是情安礼也;师云而云,则是知(智)若师也。情安礼,知若师,则是圣人也。故非礼,是无法也;非师,是无师也。不是师法而好自用,譬之是犹以盲辨色,以聋辨声也,舍乱妄无为也。"其《性恶》篇也说:"夫人虽有性质美而心辩知,必将求贤师而事之,择良友而友之。得贤师而事之,则所闻者尧、舜、禹、汤之道也;得良友而友之,则所见者忠信敬让之行也。身日进于仁义而不自知也者,靡(顺服)使然也。"毫无疑问,以师教为致知之途,与以读书为致知之途有很高的同一性,因为师教的核心也是经典。

以上史实,从一定程度上证成了《大学》"格物"、"致知"的本意。而确认这些论断,需要特别关注见于新出简帛、与《大学》差不多同时代的儒典。

在以载录孔子《诗》说为核心的上博《诗论》中,有不少材料堪为间接格物致知的注脚。比如,《诗论》第五章记载,孔子透过《周南·葛覃》《召南·甘棠》《卫风·木瓜》《唐风·有杕之杜》,而认知

---

① 黎靖德编《朱子语类》卷第十,《学》四《读书法上》,中华书局1994年版,第167、161页。案:刘宗周《大学杂言》云:"朱子格物之说,其大端从《诗》《书》六艺穷讨物理,原是学问正项工夫,士舍此无以入道者。但其工夫已做在小学时,至十五而入大学,则自小学之所得者,由身而达之天下国家,其第一义在格物,即就此身坐下言。通《大学》一书,何尝有学文游艺之说?"(吴光主编《刘宗周全集》第一册经术七,第656页)

人性的各种面相,并以此为基础解释宗庙、币帛诸礼之所以然。这是间接格物致知的显例。而《诗论》第一章云:

> 孔子曰:《诗》,亓(其)猷滂门与?戋(残)民而豫(逸)之,亓甬(用)心也酒(将)可(何)女(如)?曰《邦风》氏(是)已。民之又(有)戚(戚)惓(惓)也,上下之不和者,亓甬心也酒可女?曰《少雅》氏(是)已。□□□□□可女?曰《大雅》氏已。又城(成)工(功)者可女?曰《讼》氏已。

孔子通过读《诗》,读《邦风》《大雅》《小雅》以及《颂》,认知政教伦理之得失与民心之向背,也是间接格物致知的典型个案。

尤其值得注意的是,载录子思体系的《五行》直接凸显了《大学》"格物→致知"的本旨,或说基于《五行》,可以发前人千百年未发之覆。《五行》经文第二十三章云:"目(侔)而知之,胃(谓)之进之。"其说文第二十三章曰:

> "目(侔)而知之,胃(谓)之进之":弗目也,目则知之矣;知之则进耳。目之也者,比之也。"天监在下,有命既杂(集)"者也,天之监下也,杂命焉耳。遁(循)草木之生(性)则有生焉,而无(无)好恶焉。遁禽兽之生,则有好恶焉,而无礼义焉。遁人之生,则巍然知亓(其)好仁义也。不遁亓所以受命也,遁之则得之矣。是目之已。故目万物之生而知人独有仁义也,进耳。"文王在上,於昭于天",此之胃也。文王源耳目之生(性)而知亓好声色也,源鼻口之生而知亓好犟(臭)味也,源手足之生而知亓好劳(佚)余(豫)也,源心之生则巍然知亓好仁义也。故执之而弗失,亲之而弗离,故卓然见于天,箸(著)于天下。无他焉,目也。故目人膛(体)而知亓莫贵于仁义也,进耳。

文本解读与历史语境:《大学》格致说本义探析

《五行》经文第二十三章文字极为简括,然而很明显,所谓"目(侔)而知之,胃(谓)之进之"即落实为说文第二十三章中的"目(侔)万物之生(性)而知人独有仁义"、"目人體(体)而知亓(其)莫贵于仁义",此二说堪称《大学》"致知在格物"、"物格而后知至"的具体呈现。具体说来,《五行》说文第二十三章一系列申释和论证,如"循……(某某对象)则知……(某某道理)"、"源……(某某对象)而知……(某某道理)"等等,均亦呈现出"格物→致知"的理念和模式。《五行》经、说第二十三章中的"目"通"侔";"目……(某某对象)而知……(某种道理或价值)",意指主体接物,比较之而达成某种认知,如"目(侔)万物之生(性)"即主体交接草木、禽兽以及人之性而比较之,"目人體(之性)"即主体交接耳目、鼻口、手足以及心之性而比较之。《五行》说文该章中,"遁(循)"和"源"意指探究;"遁……(某某对象)"和"源……(某某对象)"意指主体接物而探究之,比如探究草木之性、禽兽之性、人之性(概言之即万物之性),探究耳目之性、鼻口之性、手足之性、心之性(概言之即人体之性)等等。"目(侔)"、"遁(循)"、"源"三字之义均可包括在《大学》"格物"之"格"中,均可呈现"格物"之"格"的实际意涵。而此处所格之"物"包括草木、禽兽、人类以及人体,后者又具体化为作为大体的心与作为小体的耳目、鼻口、手足等等。

《五行》经文第二十四章云:"辟(譬)而知之,胃(谓)之进之。"说文第二十四章解释道:

> "辟(譬)而知之,胃(谓)之进之":弗辟也,辟则知之矣,知之则进耳。辟丘之与山也,丘之所以不如名山者,不责(积)也。舜有仁,我亦有仁,而不如舜之仁,不责也。舜有义,而我亦有义,而不如舜之义,不责也。辟比之而知吾所以不如舜,进耳。

这是以丘因不积而不如名山,类比而得知"我"之仁义因不积而不如舜之仁义,以此确认积仁义之为要务,简单言之"辟比……(某某对象)而知……(某某道理)",这是《五行》"格物→致知"的又一种具体形式。

与此相似,《五行》经文第二十五章"谕而知之"以及说文第二十五章给出的说解、《五行》经文第二十六章"鐖(几)而知之"以及说文第二十六章给出的说解,也都与《大学》格致观念密切相关。

以上所举是直接的格物致知。在《五行》体系中,以言教为认知对象的间接格物致知也有所表现。比如其经文第十七章云:"未尝闻君子道,胃(谓)之不悤(聪)。未尝见贤人,胃之不明。闻君子道而不知亓(其)君子道也,胃之不圣。见贤人而不知亓有德也,胃之不知(智)。见而知之,知(智)也。闻而知之,圣也。明明,知(智)也。窒窒,圣〔也〕。'明明在下,窒窒在上',此之胃也。"该章有一个论断是见贤人而知其有德谓之智,即"见……(某某对象)而知……(某某道理或价值)",这是直接的格物致知;另有一个论断则是闻君子道而知其君子道谓之圣,即"闻……(某某对象)而知……(某某道理或价值)",这是间接的格物致知。《五行》在这两个层面上均承袭了孔子及其弟子认知道术的模式,其德行生成的系谱往往基于此建构。战国末期,《荀子》偏重于张扬基于"见—知"而践履价值、提升人格的一面。故其《儒效》篇云:"不闻不若闻之,闻之不若见之,见之不若知之,知之不若行之,学至于行之而止矣。行之,明也(杨注:行之则通明于事也)。明之为圣人。圣人也者,本仁义,当是非,齐言行,不失豪厘,无它道焉,已乎行之矣。故闻之而不见,虽博必谬;见之而不知,虽识必妄(杨注:见而不知,虽能记识,必昧于指意);知之而不行,虽敦必困(杨注:苟不能行,虽所知多厚,必至困踬也)。不闻不见,则虽当非仁也(杨注:虽偶有所当,非仁人君子之通明者也),其道百举而百陷也(杨注:言偶中之道,百举而百陷,无一可免也)。"

除《五行》之外,郭店竹书《叴惠义》之系谱"叴(察)→智(知)吕(己)→智人→智命→智道→智行"、《语丛一》之系谱"智忌(己)→

智人→智豊(礼)→智行"等,亦莫不蕴含格物致知之意。

所有的历史都有其土壤;找不到历史的土壤,就找不到真正的历史。将《大学》格致观念孤立于其前后的传世文献之外,尤其是孤立于大致与它同时的新出儒典之外,显然是不科学的。《大学》文本与上博《诗论》、郭店及马王堆《五行》等新见儒典的互证关系,为上文对《大学》格致观念的诠释提供了力证。

道德修为无法摸着石头过河,必须先达成认知,才能进一步将它落实到修为或践履中。由格物而致知未必轻松简易,《中庸》第二十章所谓"博学之,审问之,慎思之,明辨之",便是"致知"的一系列工夫。而知之不当,则行之必妄。《论语·阳货》篇记:

> 子曰:"由(仲由,子路)也,女(汝)闻六言六蔽矣乎?"对曰:"未也。""居!吾语女。好仁不好学,其蔽也愚;好知(智)不好学,其蔽也荡;好信不好学,其蔽也贼;好直不好学,其蔽也绞;好勇不好学,其蔽也乱;好刚不好学,其蔽也狂。"

又记:

> 子路曰:"君子尚勇乎?"子曰:"君子义以为上。君子有勇而无义为乱,小人有勇而无义为盗。"

凡此均夫子矫正弟子之知也。故前人或评价说:"搔着子路痒处,亦搔着子路痛处,亦搔着天下万世痛痒处。"[①]而朱子云:"子路之勇,夫子屡箴诲之,是其勇多有未是处。若知勇于义,知大勇,则不

---

① 李贽《四书评》,《论语》卷之九,上海人民出版社1975年版,第148页。案:此书颇有学者怀疑为叶昼所作,反驳的意见可参考刘建国编《中国哲学史史料学概要》,吉林人民出版社1983年版,第509—511页。

如此矣。"①一言以蔽之，知有偏差，则践行愈笃实卖力，问题便愈大。"格物→致知"作为《大学》八目及儒家道德修为之始基，良有以也。

朱熹解"格物"为"即物而穷其理"（见其补传），或者"穷至事物之理"（见其章句），解"致知"为"推极吾之知识，欲其所知无不尽也"（见其章句），其说在思想史上自有极重要之价值。徐复观云：

> 朱元晦对致知格物的补义……实含有两大意义；尽管未必为《大学》原义所有，但亦可谓为《大学》原义的引申推拓；最低限度，这是儒家重知识一面的重大发展，所以并不必为《大学》原义所拒绝。……第一，他把求知识的知性，及求知识的对象，很清楚地表达出来。并且在"即物而穷理"的这句话里，把道德的主观性所加于求知的制约，与以取消或压小；因之，使知性从道德主体的主观性中完全解放出来，直接面对客观之物而活动，这便为求知识开出一条大路。第二，因为上述知性的解放，于是把求知的对象，从"伦理"、"事理"，扩充到"物理"；伦理不待说，即是事理的"事"，是由人的主观意志向客观对象的活动而成立；若此种客观对象，只限于身、家、国、天下，则此时的"事理"，是在伦理与物理之间所成立的理。这若完全站在知识的立场说，此时的事理，便算是不纯不净，对于知识自身的发展，即形成一限制。中国传统所说的理，多半是属于此种性格。程朱说"天下之物，莫不有理"，说"即物而穷其理"；这里所说的物，已突破了《大学》原有的范围，而伸向"凡天下之物"，连一草一木，都包括在内的自然方面；理之客观性，始彻底明了，求知的限制亦随之打破；这是中国文化，由道德通向科学的大关键。必如此，而学问的性格乃全，且亦为孔

---

① 黎靖德编《朱子语类》卷四十七，《论语》二十九《阳货篇》，第1191页。

子思想所蕴蓄而未能完全展出的。①

这些论述相当正确。可凡事往往都存在另外一面。从先秦儒家立场上说,朱子章句及补传只能说是得其大略,其严重缺陷,在于未意识到先秦儒家讲格物致知,绝非泛言致一般之知识,而是聚焦于致为人君、为人臣、为人父、为人子、事君、敬长、使众、与国人交等修齐治平之知。徐复观说"朱元晦因未能把握性理而偏重事理、物理,故其释《大学》,使'正心'、'诚意'二辞落空"②,准确地提挈了朱子诠释《大学》"格物"、"致知"的弊端。以朱说为代表的对《大学》"格物"、"致知"的新认知、新观念,暗含了格致学说蜕变为科学性求知而偏离安身立命之本的可能性。这一点在后来成了大势所趋。1876年2月,英国传教士傅兰雅(John Fryer,1839—1928)在上海创办《格致汇编》,作为"近代中国第一份完全以科技知识为内容的报刊"③,它被命名为"格致",可以说就是前一偏向的自然发展。前进的代价无疑是巨大的。在科学日益进步的同时,安身立命问题也成了中国人越来越严重的问题。

(作者单位:北京大学中文系)

---

① 徐复观《中国人性论史·先秦篇》,第272—273页。
② 徐复观《中国人性论史·先秦篇》,第282页。
③ 赵晓兰、吴潮《传教士中文报刊史》,复旦大学出版社2011年版,第216页。

客卿政策与周秦易代之际文学思想的变化
——以韩非、李斯为例

孙少华

战国时期的客卿制度,在为各国输入大量人才的同时,也影响到本国客卿政策的制定与实施。而各国贵族与客卿、不同客卿之间的矛盾,又会影响到该国客卿政策的变化。客观上说来,客卿政策的变化,会给当时的文章写作思想带来变化,进而赋予文学作品以不同的风格与思想。

秦始皇时期,韩非、李斯客秦,后来二人的悲剧命运,也给秦始皇与二世时期的客卿政策带来了不同的改变。从韩非《初见秦》至李斯死前的《上二世书》,期间文学思想几经转变,为我们认识秦代文学提供了重要途径,同时为我们认为周秦之际文学思想的变化提供了参考。

本文即以韩非、李斯为例,由秦代客卿政策的变化,讨论周秦汉易代之际文学思想与风格的变化。

一 秦客卿制度与韩非、李斯之客秦

秦国的客卿制度,春秋时期虽无其名,然已有其实[1]。胡三省称:"秦有客卿之官,以待自诸侯来者。其位为卿,而以客礼待之

---

[1] 袁礼华《秦客卿制述论》,《南昌大学学报》2000年第4期。

也。"①这是较早的"客卿"定义。有人认为,所谓"客卿之制",就是"任客为客卿的制度",并且一般经历"客—客卿—相"的升迁路线;而李斯则经过了一个更长的升迁路线:客—舍人—郎—长史—客卿—廷尉—丞相②。按照这种说法,韩非在秦"未信用",至多属于"客"一列,并未成为"客卿";而李斯至客卿也经过了一个曲折的历程。这是秦代的情况,汉代以后,"客卿"内涵又有变化,理由有两点:第一,《汉书·百官公卿表》并无"客卿"一职;第二,西汉扬雄撰《长杨赋》,有"借翰林以为主人,子墨为客卿"之说,显然未以"客卿"为官职,而是将"卿"作为一种尊称。另外,秦代的客卿人数很少,且一般没有同时出现两位客卿的情况。笔者推测,所谓"客卿",应为"客中之卿"、"众客之长"。

韩非、李斯皆死于秦,二人命运悲剧亦源于其"客秦"。虽然二人"客秦"的初衷有被动、主动之别,然从后来"主动为秦"这一点看,二人在"客秦"的事实上、"客"的身份上,并无差别。

韩非作为韩人,李斯作为楚人,后来都为秦灭其宗国出谋划策,其品德与屈原形成鲜明对照,终为后世所诟病。然而,结合二人出身来看,他们这种选择,似乎尚不能简单以"奸臣"论之,而是有着复杂的人性本能或其他综合的因素在其中。

韩非,韩公子,出使秦被囚。秦始皇帝十四年(前233)被杀。李斯,楚上蔡人,秦二世二年(前208)被杀。同为法家人物的重要代表,二人之死,前后相差26年。

韩非与李斯,同师事荀子,然韩非才高于李斯。据《史记·老子韩非列传》记载:

> 韩非者,韩之诸公子也。喜刑名法术之学,而其归本于黄老。非为人口吃,不能道说,而善著书。与李斯俱事荀卿,斯

---

① (宋)司马光编著,(元)胡三省音注《资治通鉴》卷二《周纪二》,上海古籍出版社1987年版,第13页。

② 黄留珠《秦客卿制度简论》,《史学集刊》1984年第3期。

自以为不如非。①

从学术本源上说,韩非、李斯同门同派;从个人性格上看,二人也有相同之处,如韩非"引绳墨,切事情,明是非,其极惨礉少恩"(《史记·老子韩非列传》"太史公曰"),李斯"严威酷刑";从政治策略上看二人也大同小异,即皆以统一六国为目标,韩非申论统一大计即"举赵,亡韩,臣荆、魏,亲齐、燕,以成霸王之名,朝四邻诸侯之道"②,李斯陈灭六国之计亦是"请先取韩以恐他国"③。

统一六国首灭韩,这或者并非李斯、韩非二人之独识。根据战国时期的地理形势,与秦接壤的国家,有赵、魏、韩、楚四国,其中以韩面积最小、实力最弱。要达到李斯所言"恐他国"的目的,韩国当然是最佳目标。这种说法有其合理性。本来各自独立的山东六国,如果其中一个被西方的强秦吞并,很容易形成对其他五国强大的心理震撼。

韩非,本来并无忠秦、灭韩之心。当初,韩非见韩不断被削弱,屡次进谏韩王,终不被用。韩非就此对韩的一些政治弊端产生了深深的厌恶之情。《史记》韩非本传记载:"于是韩非疾治国不务修明其法制,执势以御其臣下,富国强兵而以求人任贤,反举浮淫之蠹而加之于功实之上。以为儒者用文乱法,而侠者以武犯禁。宽则宠名誉之人,急则用介胄之士。"④从这里我们清晰看出韩非的政治思想:痛恨韩不重视"法制"("疾治国不务修明其法制")、韩王对乱臣不能约束("执势以御其臣下")、国家不能选贤任能("富国

---

① （汉）司马迁《史记》卷六三《老子韩非列传》,中华书局 2014 年修订本,第 7 册,第 2612 页。

② 《韩非子·初见秦》,(清)王先慎《韩非子集解》,中华书局 1998 年版,第 12 页。司马光据此指出韩非"首欲覆其宗国"(《资治通鉴》卷六《秦纪一》"司马光曰"),《史记》记载李斯、姚贾说韩非"终为秦",由此处所言看,或为污蔑之辞。

③ 《史记》卷六《秦始皇本纪》,第 1 册,297 页。

④ 《史记》卷六三《老子韩非列传》,第 7 册,第 2613 页。

强兵而以求人任贤"）、政治上任用那些夸夸其谈的文学之士。韩非作为失意的"诸公子"，对韩王提出如此苛刻的批评，体现了他爱恨交织的复杂心理。

韩非这种心理，既是典型的法家实用主义的表现，也是那个时代具有政治抱负的士人的真实心态。在社会剧烈动荡的时期，他们迫切想以自己的聪明才智谋取功名利禄。但他们作为本国之中社会政治利益的"局外人"，个人政治意见不被接受或政治理想不能实现之时，就会转投所谓的"明主"，哪怕是自己宗国的敌对国。在这一点上，韩非、李斯没有差异。

《史记》韩非本传记载，秦王见其所著《孤愤》《五蠹》之书，想见其人，故"秦因急攻韩。韩王始不用非，及急，乃遣非使秦"。这种记载，说明秦攻韩是为了获得韩非，似乎有抬高韩非才能、夸大李斯杀韩非罪孽之重的作用。例如，西汉人大多质疑韩非"说"与"智"之间的能力差异：秦汉之际有人以韩非为圣人，孔鲋则以为"世多好事之徒，皆非之罪"[①]，桓宽《盐铁论》记载说"韩非非先王而不遵，舍正令而不从"、"不通大道而小辩，斯足以害其身"[②]；扬雄《法言》有"韩非作《说难》之书而卒死乎说难"[③]之问。东汉的说法则出现了变化，如王充《论衡》说"李斯妒同才，幽杀韩非于秦"[④]，王符说"韩非明治于韩，李斯自秦作思，致而杀之，嗟士之相妒岂若此甚乎"[⑤]。从先秦至东汉对韩非记载的态度变化看，韩非形象有一个从"圣"、"人"至"贤"的演变。但无论如何，后人对韩非很高的关注度，说明他确实是周秦之际非常重要的人物。

---

① 《孔丛子·答问》，孙少华《孔丛子校正》（未刊本）。
② （汉）桓宽著，王利器校注《盐铁论校注》卷十《刑德》，天津古籍出版社1983年版，第580页。
③ 汪荣宝撰《法言义疏》，中华书局1987年版，第209页。
④ 黄晖撰《论衡校释》，中华书局1990年版，第1册，第279页。
⑤ （汉）王符著，（清）汪继培笺，彭铎校正《潜夫论笺校正》，中华书局1985年版，第44页。

李斯的政治理想,与韩非基本一致。由《史记·李斯列传》记其"从荀卿学帝王之术"看,韩非之学,与其相同。李斯观察当时七国,能使其建功立业者,非秦莫属。他在"西说秦王"之前,有一段向荀子的表白,主要宣扬了对权势的渴望、对贫穷与卑贱的排斥、对无为思想的批判。他提出的"处卑贱之位而计不为者,此禽鹿视肉,人面而能强行者耳。故诟莫大于卑贱,而悲莫甚于穷困",简直是赤裸裸的功利主义者的表现。又说"久处卑贱之位,困苦之地,非世而恶利,自托于无为,此非士之情"①,也道出了当时部分士人内心真实的想法。

李斯的表白,或者有后世增益成分,但他称当时是"布衣驰骛之时而游说者之秋",当合事实。纵横之士,以游说博取名利、富贵,是当时普遍的社会心理。可以说,正是六国并弱、西秦独强的政治形势,给当时的士人提供了展示抱负的最佳舞台。韩非的不惜背叛宗国、李斯的西说秦王,都是这种思想的反映。

根据李斯向荀子的告别之辞,可知他的入秦,荀子没有阻止。其时"会庄襄王卒",即在秦始皇元年(前246)。李斯始为吕不韦舍人,因说秦王,被拜为长史、客卿。

韩非在秦始皇十四年(前233)才使秦、上书说秦王,但并未被秦王信用。《史记》韩非本传也说"秦王悦之,未信用",那么为何会出现了"李斯、姚贾害之毁之"的情况?

李斯本楚人,姚贾本魏人,二人皆客秦。宋林之奇认为,李斯毒杀韩非,理由与其《谏逐客书》本意完全相反:"当秦人下逐客之令,已在逐中,则上书以为秦之所以霸者以客,而客之自诸侯来者皆有益于秦也。及其妒韩非而欲杀之,则又以非韩之公子,非终为韩不为秦,其与前日之谋,何其相反如此也?"同时,他认为,韩非之所以被杀,完全在于其所学之"刑名法术":"苟其所学者刑名,则不知有己之亲而亲他人之亲,不爱己之国而谋他人之国,无适而非刻薄也。非之所学者刑名法术之学,故其出使于秦,乃为秦画谋以首

---

① 《史记》卷八七《李斯列传》,第8册,第3083—3084页。

覆其宗国而售其言,虽作《说难》之书十余万言,而卒死乎《说难》者,其操术有以取之也。"他还将韩非与同为韩人的张良比较,以为韩非智识不如张良:"韩非、张良,皆韩人也。张良当秦人灭韩之后,散家财以求刺客,欲为韩报仇。以五世相韩,故卒得力士,为铁椎,击秦帝于博浪沙中,虽冒死而不悔。而非当韩之未亡,乃为秦人谋破韩之策,人之智识,其相去之远一至于此。"①在这里,林之奇显然从士人气节与道义层面,对韩非进行了批判。

林之奇的说法,在宋代或者不无道理。但在今天看来,可能还需要从更深的层面认识这一问题。

李斯、屈原同为楚人,一为秦灭楚竭尽心智,一为楚亡投江殉国;韩非、张良同为韩人,一为秦灭韩出谋划策,一为韩亡预谋报仇。这种差异,首先在于李斯、韩非与屈原、张良之身世不同。李斯早年为郡小吏,出身低下;韩非虽为"诸公子",然而他作为前韩王之子,不过是韩国政治生活中被边缘化的人物。屈原、张良就不同了,一个位在上卿,一个"五世相韩",他们对国家的忠诚度显然远远高于韩非、李斯之流。李斯、韩非的选择,在当时并非个案。二人后来的被杀,其实归根结底,都是秦国上层旧贵族与外来且出身底层的新兴士人之间斗争的结果。包括韩非,表面上是被李斯谗言所杀,其实背后也隐含着秦国旧贵族的排斥与敌视。

从社会地位和个人出身看,李斯与韩非,并无屈原与张良的政治地位,所以他们能够离开宗国,甚至做出毁灭宗国而毫无悔意的行为。从中国古代历史上看,自秦以降,凡是参与或者直接毁灭上层贵族统治的人,多出于社会下层或本阶级集团中政治上的失意者,例如建立汉王朝的刘邦,推翻王莽建立东汉的刘秀,皆是。南北朝时期这种例子就更多了。虽然宋明学者总是对李斯、韩非背叛宗国的行为多有指责,但这却是封建社会中较为常见的一个现象。

---

① (宋)林之奇《拙斋文集》卷一三《史论》"李斯杀韩非"条,《景印文渊阁四库全书》,台湾"商务印书馆"1986年版,第1140册,第473页。

因此，如果置身于那个时代的大环境中来说，韩非、李斯背叛父母之邦，与其说他们"气节有亏"或者有"道德瑕疵"，倒不如说这是他们的人性本能在特殊历史时期与社会阶段的自然反映。韩非在韩不被重用，因使秦而甘愿为秦所用，是当时很多政治上不得意士人的共同选择。李斯所言"诟莫大于卑贱，而悲莫甚于穷困"，也代表了当时最底层士人最真实的声音。尤其是，对于那些自以为具有政治抱负的士人而言，"卑贱"、"穷困"是他们所不能容忍的。李斯的这种"诟悲"论，应该代表了战国士人的一种特殊心态（包括韩非之辈）。此前的吴起、苏秦之流，无不如此。

二　秦始皇时期客卿政策的三次变化

秦客卿制，自秦惠王时期的张仪始，或惧诛而奔他国（如张仪），或因事被诛（如范雎）。蔡泽历事秦昭王、孝文王、庄襄王、始皇帝，算得上是善终者。从中我们知道，秦每一次严重的政治事件尤其是客卿被诛之后，都会对客卿政策带来暂时的影响。例如，秦诛商鞅之后，秦惠王就拒绝了苏秦的来奔①；吕不韦死后，秦始皇有逐客之举。这都反映了政治事件与客卿政策变化的紧密联系。

秦始皇时期，韩非之死至李斯之死之间的二十余年，有"逐客"、杀韩非、李斯上书"焚书"三事，其间既可见秦上层贵族与客卿之间、秦攫取权力的新兴客卿与旧客卿之间的矛盾关系，也能看出秦客卿政策的细微变化。

秦始皇时期客卿政策的第一次变化，与吕不韦死后、秦始皇逐客有关。《史记·李斯列传》与李斯《谏逐客书》，已经透露了秦国贵族对外来之"客"的排斥与敌意，并且能够反映秦客卿政策的第一次变化。

李斯出身卑微，旧为新蔡小吏，《史记索隐》以为其曾"掌乡文

---

① 《史记·苏秦列传》说苏秦："乃西至秦。秦孝公卒。说惠王曰……方诛商鞅，疾辩士，弗用。"

书"。至秦后,李斯求为秦相吕不韦舍人,被任以为郎。吕不韦与嫪毐应该是一个利益共同体。秦始皇十年,吕不韦为嫪毐事牵累,被秦始皇免官;一年之后又受命迁蜀,饮鸩自杀。李斯起家,有吕不韦之功,无论他后来如何表现,身上总有吕不韦的标签。这是不争的事实。宦者嫪毐失势后,得势者即赵高。吕不韦和嫪毐死后,尤其是秦二世当政后,无论是吕不韦的对立面,还是嫪毐的对立面,都将李斯置于极端凶险的政治环境中。这里有一个细节值得注意:吕不韦当政时,主要的政治力量就是这些客或辩士。秦始皇欲杀吕不韦时,出面求情的也是这批人。《史记·吕不韦列传》称:"王欲诛相国,为其奉先王功大,及宾客辩士为游说者众,王不忍致法。"①此处之"宾客辩士",可以说明这个道理。而吕不韦死后,这些曾经受到吕不韦信任的"宾客辩士",必然成为吕不韦政敌打击的对象。

李斯的《谏逐客书》,其实就是在宗室大臣对客秦士人的极端敌视下写成的。《史记·李斯列传》记载,"会韩人郑国来间秦,以作注溉渠,已而觉。秦宗室大臣皆言秦王曰:'诸侯人来事秦者,大抵为其主游间于秦耳,请一切逐客。'李斯议亦在逐中。斯乃上书曰"②云云。这里有五个关键信息值得我们注意:

第一,"秦宗室大臣皆言秦王曰"、"臣闻吏议逐客,窃以为过矣",说明提出大规模驱逐秦客者,并非外来客卿,实际上是出于秦"宗室大臣"与上层权贵的意见;这是一个非常强大的政治力量,以后肯定也是李斯强大的政治对手。

第二,逐客的理由是"诸侯人来事秦者,大抵为其主游间于秦",除了其中可能有一定事实,秦王对客卿的重视与信任,肯定也引起了宗室大臣的嫉恨;这也反证当时背叛本国的士人并非只有韩非、李斯。

第三,"请一切逐客",说明这次逐客的规模很大,并非个别宗

---

① 《史记》卷八五《吕不韦列传》,第 8 册,第 3049 页。
② 《史记》卷八七《李斯列传》,第 8 册,第 3085 页。

室大臣的意见,证明秦宗室对外来之客(即背叛本国的士人)敌意甚浓。同时,这也从另一个方面证明韩非、李斯之流在秦的尴尬处境。

第四,并非所有客都在被逐之列,"李斯议亦在逐中",这个"议"字,说明还有协商的余地。

第五,当然,秦客的上书之路并未被封,"斯乃上书曰",说明秦王对于宗室大臣的建议并未完全采信或立即施行。

通过上述分析我们可以这样认为:这个事件,是秦王宫大臣与部分秦客(尤其是逐渐进入秦政治权力中心的客)之间的一次尖锐冲突。李斯的《谏逐客书》算得上是秦客的一次成功的危机公关,秦始皇最后接纳了李斯的建议,既说明他调整了自己的客卿政策,也说明秦客与王公大臣之间的矛盾虽未彻底解决,但毕竟一定程度上得以缓解。

李斯的《谏逐客书》写得很巧妙。他并未正面指责宗室大臣的"逐客"建议,也并未批评秦王或宗室大臣的昏庸之举,而是从客对秦国强盛的贡献、秦国从其他诸侯国获得的利益、逐客的弊端三个角度展开论述,有理有据,说服力强。最终,"秦王乃除逐客之令,复李斯官,卒用其计谋。官至廷尉"[①]。这是一种较为取巧的做法,也能够避免秦始皇的客卿政策引起王公大臣的激烈反对。

表面上看,李斯因一篇《谏逐客书》保住了自己乃至大批秦客的政治利益,但必然招致提出逐客动议的宗室大臣的更大的愤恨,其实也为他后来被杀埋下了祸根。

秦客卿政策的第二次变化,就是韩非之死。这反映了秦"旧客"中的新兴势力,对外来"新客"的敌视与排斥。韩非入秦,虽然有被动的成分,但韩非并无"存韩"、"忠韩"之心,其实"是有心用秦的"[②]。韩非客观上就处于秦客的位置。韩非的著作,受到秦上层

---

① 《史记》卷八七《李斯列传》,第 8 册,第 3086—3091 页。
② 郭沫若《十批判书·韩非子的批判》,《中国古代社会研究》(下),河北教育出版社 2000 年版,第 966 页。

贵族的普遍喜爱，如秦二世杀李斯、李斯上书二世自辩，皆曾引韩非之语，即可为证①。李斯作为客卿，在秦的地位并不稳固。韩非不仅文名超过李斯②，出身也好，自然比他更容易受到秦国贵族的欢迎和重视。韩非大概内心是看不起李斯之流的。如与李斯联手杀害韩非的姚贾，是一个看门人的儿子（"监门子"），韩非即评价他是"取世监门子，梁之大盗，赵之逐臣"。而据《战国策》的记载，姚贾与秦王一番辩解，竟然说服秦王"复使姚贾而诛韩非"③。姚贾为看门人的儿子，由此可见，同为秦客，也有"贵族客"与"下层客"之间的矛盾。

《史记》《战国策》记载，韩非之死，似乎出于李斯、姚贾的谗言，其实从《战国策》记载的秦始皇将韩非指责姚贾的话完全转述给姚贾看，秦始皇内心的天平已经开始偏向姚贾之辈。再结合后来秦始皇接受了李斯的《谏逐客书》、同意诛死韩非分析，秦始皇当时已经在客卿的态度上有了自己的决定，即政治上依靠来自底层的客。对于贵族客，仅仅保留其著述或学说，但在国家管理上并不信赖、使用他们。按照现在的话说，就是秦始皇在知识分子的使用政策上发生了变化。

《史记·韩非列传》记载称韩非为李斯所杀，然此事值得怀疑。《史记·李斯列传》对李斯的记载，主要开始于三件事：第一，"从荀卿学帝王之术"之后，"西入秦"；第二，为吕不韦舍人，为郎，上《谏逐客书》；第三，上书禁《诗》《书》百家语。前两件事，在其发迹之前，但在秦之事主要记载，又在始皇三十四年其为左丞相后，对李斯杀韩非后至秦始皇三十四年之间的事情，毫无记载。

韩非之死，事不见《李斯列传》。《史记·韩非列传》记载："秦

---

① 郭沫若《十批判书·韩非子的批判》，《中国古代社会研究》（下），第967页。

② 《史记·老子韩非列传》称韩非"与李斯俱事荀卿，斯自以为不如非"。

③ 《战国策·秦策五》，上海古籍出版社1998年版，上册，第294页。

王以为然,下吏治非。李斯使人遗非药,使自杀。韩非欲自陈,不得见。秦王后悔之,使人赦之,非已死矣。"①又《秦始皇本纪》:"韩非使秦,秦用李斯谋,留非,非死云阳。"②《秦始皇本纪》并未明确记韩非为李斯所杀,那么,李斯杀韩非之说,就仅见于《韩非列传》。

韩非见杀,在秦始皇十四年(前233)。上推两年(即前235),文信侯吕不韦自杀。李斯因吕不韦见用,韩非死之年,正好是他政治上较为困难的时期。可以肯定的是,即使李斯没有杀韩非之心,如果此时有人提出建议,相信李斯不敢反对。但从《韩非列传》所记"秦王后悔之,使人赦之"分析,显然是将韩非之死的责任,完全推卸到了李斯身上。这个材料,也不见于《秦始皇本纪》。如果排除司马迁为避免重复,未在《秦始皇本纪》《李斯列传》记载李斯杀韩非的可能性,将李斯定为杀韩非凶手的说法,就主要见于《韩非列传》。值得注意的是,《韩非列传》记韩非之死,还有一个凶手就是姚贾。从这里推测,即使李斯不是主谋,但至少应该是韩非之死的知情人。这也从某种程度上说明了韩非死于秦客卿政策的事实。这是秦客卿政策的第二次变化。

"下层客"之所以能打败"贵族客",受到秦王的信任,关键在于一个"忠"字。秦王将韩非指责姚贾的理由一一摆出,针对"以寡人财交于诸侯",姚贾以"曾参孝其亲,天下愿以为子;子胥忠于君,天下愿以为臣;贞女工巧,天下愿以为妃"为例,证明自己"忠王而王不知"的道理;针对"子监门子,梁之大盗,赵之逐臣",姚贾以太公望、管仲、百里奚、中山盗为例,说明"皆有垢丑,大诽天下,明主用之,知其可与立功"的道理③。这两点都是秦王非常看重的东西。韩非被杀,一个重要的原因就是因为秦始皇也认为他有"存韩"、"忠韩"之心。虽然韩非在《初见秦》中开篇即言"知而不言,不忠;

---

① 《史记》卷六三《老子韩非列传》,第7册,第2621页。
② 《史记》卷六《秦始皇本纪》,第1册,第232页。
③ 《战国策·秦策五》,上册,第295—296页。

为人臣不忠,当死"①,但在秦王眼里,没有背景、出身较低的客(如李斯、姚贾),或许具有更高的忠诚度。

韩非死之年(始皇十四年,前233),韩王臣服于秦。此后,秦国加快了统一的步伐:秦始皇十七年(前230),灭韩;十九年(前228),灭赵;二十二年(前225),灭魏;二十四年(前223),灭楚;二十五年(前222),灭燕;二十六年(前221),灭齐。此时,李斯为廷尉。七年以后(秦始皇三十四年,前213),李斯为丞相,上书建议"焚书"。这是秦客卿政策的第三次变化。

这次李斯上书,非常值得注意。我们知道,秦始皇十四年韩非死开始,秦国专心征伐六国,士人不闻有上书事。也就是在本年,韩非上书说秦王,引起李斯嫉恨。此后,至秦始皇三十四年(前213)李斯上书,中间相隔20年。可以肯定的是,韩非死后,客上书大为减少,并且被逐渐排除在主流权力之外。很多儒生,不敢言或不能言,甚至在儒生之中出现了发表意见而不下结论的可能。秦始皇二十八年(前219),秦始皇封泰山,诏儒生议封禅之礼,"议各乖异",这一方面可能有众说意见不统一的因素,但慑于秦政淫威,或者也是一个原因。

李斯上书"焚书",历代被认为是他与秦始皇对中国古代学术的巨大戕害。明代李贽则另有一种看法。他认为:"当战国横议之后,势必至此,自是儒生千古一劫,埋怨不得李丞相、秦始皇也。"②这种评论,在封建社会无疑是被认为非常叛逆的思想。但站在今天的立场反观历史,当时的情况确实如李贽所言,"战国横议",舆论混乱,"诸生不师今而学古,非当世",给嬴秦新王朝带来了很大的压力。为了适应天下初定的政治形势,使得思想上也如"法令出一",获得政治上的完全统一优势,秦始皇和李斯必然会严厉打击战国诸侯并争时召集的游学之士,为秦王朝夺取政治上的统一的话语权。从学术上看,这种做法具有很大危害性。但李斯、秦始皇

---

① (清)王先慎《韩非子集解》,第1页。
② (明)李贽评纂《史纲评要》,中华书局1974年版,第90页。

本身是出于政治上的考虑,故李贽虽然承认这种做法"下手太毒",又不得不认为这"大是英雄之言"。从当时的形势看,儒生厚古薄今思想,秦推行的郡县制以及"书同文、车同轨"等新政,很可能引起了守旧腐儒的非议。从历史进程看,儒生此类思想,显然不利于秦王朝的统治,也不利于中国大一统思想的形成与巩固。汉初藩国制度,类似于先秦封建制,最终导致了七国之乱。从这里推测,秦国的"焚书坑儒",或者并未完全彻底消灭周代封建制思想。汉代陆贾、贾谊、晁错等人在削藩、推行郡县制方面遇到很大阻力,就说明了这个问题。

三 李斯之死与秦二世时期客卿政策的变化

秦二世时期,秦客卿政策发生变化,标志性事件应该是"李斯之死"。李斯之死,除了客卿之间尔虞我诈的斗争,还反映了秦国旧贵族对秦客卿新兴士人的排斥。

李斯之死,表面上是因为个人贪图富贵而最终被赵高陷害致死,深层次的原因,还是背后有秦国王公大臣的力量在起作用。也就是说,秦国贵族与客的较量,一直持续到秦二世时期,并且最终采取了与秦始皇不同的客卿政策。否则,区区一个赵高,如何会将位高权重、足智多谋的李斯逼上绝路?当初赵高矫诏立秦二世之时,不可能是赵高一人之谋;作为客卿之楚人李斯,且还曾为罪臣吕不韦舍人,怎么会有能力、有胆量抗拒以秦二世和赵高为核心、包括秦王公大臣在内的利益集团?在李斯之死的过程中,我们会看到各种政治力量、利益集团的博弈与士人人心的险恶、奸诈。

秦二世上台之后,以李斯为首的秦客集团,与以赵高为首的宦官新贵或秦保守势力产生了矛盾。赵高攫取权力,主要有两个基础,第一,他曾经是胡亥的师傅,属于秦二世的心腹人物[①];第二,

---

① 《史记·秦始皇本纪》称"赵高故尝教胡亥书及狱律令法事"。

他有长达二十余年的宫廷政治经验,积累了大量的政治资本①。

要从政治上彻底打倒热衷于权势的人,就必须切割他与所依附权力的政治联系,并将其置于他所寄予希望且依赖其发达的权力的对立面。这就是自古以来的"政治陷害"。赵高诛杀李斯的一个重要理由,就是李斯之子李由为三川守,而不能禁止陈胜、吴广之乱,并暗中勾结暴乱之徒。这是足以对李斯"一击致命"的"政治陷害"。

这里至少有两股力量参与了李斯冤案的制造,第一,"李斯子由为三川守,群盗吴广等西略地,过去弗能禁。章邯以破逐广等兵,使者覆案三川相属,诮让斯居三公位,如何令盗如此",这个使者很可能是赵高所委派,属于宦官集团甚至是旧贵族势力的代表;章邯显然也参与了这个阴谋,说明秦国部分旧军官也加入到反对李斯的阵营。第二,赵高以为"丞相长男李由为三川守,楚盗陈胜等皆丞相傍县之子,以故楚盗公行,过三川,城守不肯击。高闻其文书相往来,未得其审,故未敢以闻"②,这说明赵高和章邯很可能联手制造了李由勾结陈胜、吴广的冤案。李斯乡里上蔡属沛,与陈胜邻县,其中的"闻其文书相往来",是非常严重的一个构陷。

本来,以赵高为首的势力,要谋害李斯家族是非常不容易的事情。这里除了李斯本人是丞相之外,李斯的子女,实力也非同小可。《史记》李斯本传记载他"诸男皆尚秦公主,女悉嫁秦诸公子",这是一个非常庞大的、盘根错节的利益群体。赵高区区一个宦官,即使背后有秦二世支持,如果仅仅靠一个"虚构"的政治指控,没有其他强力宗室的支持,要彻底族灭李斯显然也是不可能的。可以说,正是借助这一个"政治陷害",赵高足以对李斯周围的秦国王公大臣形成心理震慑、不敢轻举妄动。同时,他又联合一贯反对李斯

---

① 《史记·李斯列传》:"高固内官之厮役也,幸得以刀笔之文进入秦宫,管事二十余年。"

② 《史记》卷八七《李斯列传》,第 8 册,第 3099、3104 页。

的王公大臣,展开了对李斯家族的政治绞杀。

在造成李斯被杀的过程中,客也起到了恶劣的作用:"赵高使其客十余辈诈为御史、谒者、侍中,更往覆讯斯。"①此处之"客",既然能够"诈为御史、谒者、侍中",显然也是赵高网罗的客卿。李斯凭借客卿至秦相的吕不韦与宦者起家,最后也死在客与宦者之手,这实在是历史跟李斯开的一个玩笑。

李斯之死与韩非之死非常相似的一个历史情景是:当初秦始皇将韩非指责姚贾的话转述给姚贾,终致其身死;后来李斯批评赵高之时,竟然发生了相同的事情,李斯指责赵高"故贱人也,无识于理,贪欲无厌,求利不止,列势次主,求欲无穷,臣故曰殆",而"二世已前信赵高,恐李斯杀之,乃私告赵高"②,并且"以李斯属郎中令",将李斯的案子交给他的对手去办理,与当年秦始皇"复使姚贾而诛韩非"如出一辙。另外,李斯死前曾想通过上书二世自辩,被赵高阻止。正如当年韩非欲自辩被李斯阻止一样,李斯也受到了宿命的嘲弄。这真是历史的可笑、可怕的循环。

李斯在回应秦二世的怀疑的时候,提出了"灭仁义之涂,掩驰说之口,困烈士之行,塞聪掩明,内独视听,故外不可倾以仁义烈士之行,而内不可夺以谏说忿争之辩",暂时缓解了自己的危机,出现了"杀人众者为忠臣"的局面,得到了秦二世的欢心。但即使如此,李斯最终仍然没有逃脱被杀的命运。从此处这个"忠"字看,客卿政治尴尬的症结,即在于此。同时,笔者怀疑,赵高"所杀及报私怨众多,恐大臣入朝奏事毁恶之"之"所杀"、"报私怨"者与所"恐大臣"之中③,可能包括很多客。至此,秦二世改变了秦始皇采取的客卿政策,底层崛起的客,被宦官为首的赵高集团、秦二世为首的秦王公大臣集团联合绞杀了。此后,我们在史书中,已经很难看到客在秦亡国过程中的任何记载。

---

① 《史记》卷八七《李斯列传》,第 8 册,第 3107 页。
② 《史记》卷八七《李斯列传》,第 8 册,第 3105 页。
③ 《史记》卷八七《李斯列传》,第 8 册,第 3102—3103 页。

客卿政策与周秦易代之际文学思想的变化

李斯被杀后,最大的一个影响,就是"指鹿为马"闹剧的产生。《史记》记载:"李斯已死,二世拜赵高为中丞相,事无大小辄决于高。高自知权重,乃献鹿,谓之马。二世问左右:'此乃鹿也?'左右皆曰'马也'。"①这个"左右",除了赵高的信用之人,当然主要还是一些客卿或近臣,但肯定也有李斯的盟友。此时,他们已经被赵高的淫威所慑服。从某种程度上说,底层崛起如李斯一样的客卿,在政治上完全"失声"了。秦国客卿政策的变化,不仅见证了客卿在秦国政治命运的变化,也见证了秦国政权由兴至衰的整个过程。

李斯死前上书,显示他对"死亡"具有深深的恐惧;而按照王夫之的说法,还有他"患失"之心过重。而正是这种"畏死患失"之心,才造成了他本人的人生悲剧②。而韩非的"欲自陈,不得见",说明了他在残酷的政治斗争面前的无奈与首鼠两端,符合王夫之所说的"畏死患失"。其实,除了韩非、李斯,周秦之际的士人,大多程度不同地具有这种类似的心态。

后世对韩非、李斯之死多有讨论。王夫之称李斯的悲剧就在于"畏死患失",这是基于人性的深刻评价。其实,将这句话放在韩非甚至其他客卿身上,同样适用。他们面对利禄,本能上产生了患得患失之心,尤其是对死亡产生了深深的畏惧。

司马光则有他自己的认识,《资治通鉴》曾称:

> 扬子《法言》曰:或问:"韩非作《说难》之书而卒死乎说难,敢问何反也?"曰:"'说难'盖其所以死乎。"曰:"何也?""君子以礼动,以义止,合则进,否则退,确乎不忧其不合也。夫说人而忧其不合,则亦无所不至矣。"或曰:"非忧说之不合,非邪?"曰:"说不由道,忧也。由道而不合,非忧也。"
>
> 臣光曰:臣闻君子亲其亲以及人之亲,爱其国以及人之

---

① 《史记》卷八七《李斯列传》,第8册,第3107页。
② (清)王夫之《读通鉴论》,中华书局2013年版,第4页。

国,是以功大名美而享有百福也。今非为秦画谋,而首欲覆其宗国以售其言,罪固不容于死矣,乌足愍哉!①

扬雄以为韩非之死,在于其"说"不合"礼义","说不由道"。司马光则以为韩非不懂的"亲其亲以及人之亲,爱其国以及人之国"的道理。这实际上也可以归结到"畏死患失"上。

李斯杀韩非、赵高杀李斯,二人身份相同,结局亦相同。在封建社会士人看来,二人皆背叛宗国,罪不可恕。对于我们而言,韩非、李斯之死,是他们本人的悲剧,也是一种时代悲剧。但作为士人,在国难家仇与荣华富贵面前如何选择,是一个非常重要的问题。

四 秦代文学思想与风格的变化

客卿政策变化之后,处于不同政治环境中的文人心态及其文章写作,也会相应发生变化,同时对文学风格、文学思想带来一定影响。结合以上对秦客卿政策四次变化的分析,我们可以借助韩非、李斯的作品以及《吕氏春秋》,来讨论客卿政策发生变化的大背景下,秦代文学思想与风格的变化,以及由此对汉代文学作品的影响。

秦始皇初期,尤其是吕不韦为相时,客卿政策较为宽松,文章写作较为自由,所以吕不韦才有"一字千金"之诺。当时的文章风格,显得自由、洒脱。《吕氏春秋》的语言色彩,体现了秦统一之前秦代文学的特殊风格。该书未必成于一时,但总体上能够反映秦始皇时期的文学思想。以其中的"论"为例,《吕氏春秋》六"论",具有明显的"以说为论"的特点,即在"论"中较少使用"议论",而是借用很多历史或寓言故事来说明道理。这在"八览"、"十二纪"中也多有反映,并且被《韩非子》以及汉代著作如《韩诗外传》《说苑》《新

---

① 《资治通鉴》卷六《秦纪》,第43—44页。

序》等所继承。从文学角度看,这种文本风格给《吕氏春秋》带来的文学特征就是典雅、庄重,并且具有类似于后来汉赋的"讽谏"风格,体现了秦王朝统一前夕包容万千的政治气魄。也正是因为这种气度,吕不韦采取的客卿政策,才招致李斯之流进入秦国,为秦所用。

秦始皇逐客之时,政治形势较为严峻,李斯的《谏逐客书》既有很高的文学色彩,也体现了其文学风格"峻急"特征的变化。李斯此文,大致代表着当时众多客秦者的共同认识,故可以将其作为例子,讨论当时客秦士人的文学作品风格。

从文学性分析,李斯《谏逐客书》大量运用排比、用典、比喻、反问等不同修辞手法,体现了与《吕氏春秋》截然不同的说理方式。最值得注意的是,其中大量用典,存在不少后来汉赋常用的句式,如:"孝公用商鞅之法,移风易俗,民以殷盛,国以富强,百姓乐用,诸侯亲服,获楚、魏之师,举地千里,至今治强。惠王用张仪之计,拔三川之地,西并巴、蜀,北收上郡,南取汉中,包九夷,制鄢、郢,东据成皋之险,割膏腴之壤,遂散六国之众,使之西面事秦,功施到今。昭王得范雎,废穰侯,逐华阳,强公室,杜私门,蚕食诸侯,使秦成帝业。"①三、四、五、六言穿插使用,给人汉赋俳俪之美感。

还有一些语句,大量列举奇珍异宝,完全是后来汉赋表述方式:"今陛下致昆山之玉,有随和之宝,垂明月之珠,服太阿之剑,乘纤离之马,建翠凤之旗,树灵鼍之鼓。此数宝者,秦不生一焉,而陛下说之,何也?必秦国之所生然后可,则是夜光之璧,不饰朝廷;犀象之器,不为玩好;郑、卫之女不充后宫,而骏良駃騠不实外厩,江南金锡不为用,西蜀丹青不为采。所以饰后宫,充下陈,娱心意,说耳目者,必出于秦然后可,则是宛珠之簪,傅玑之珥,阿缟之衣,锦绣之饰不进于前,而随俗雅化,佳冶窈窕,赵女不立于侧也。"②其

---

① 《史记》卷八七《李斯列传》,第 8 册,第 3086 页。
② 《史记》卷八七《李斯列传》,第 8 册,第 3088 页。

中的"昆山之玉"、"随和之宝"、"明月之珠"、"太阿之剑"、"纤离之马"、"翠凤之旗"、"灵鼍之鼓"以及"宛珠之簪,傅玑之珥,阿缟之衣,锦绣之饰",都能在司马相如、扬雄、班固等人的赋中找到影子。

还有些排偶句式,则在后世汉赋中被反复模拟,成为汉赋的基本体式之一,如:"臣闻地广者粟多,国大者人众,兵强则士勇。是以泰山不让土壤,故能成其大;河海不择细流,故能就其深;王者不却众庶,故能明其德。"①这在一些主客问答的汉赋中,多能找到明证。由此而言之,探寻汉赋的起源,不能仅仅从先秦《诗经》《楚辞》中寻找线索,还应该从先秦这些应用文中寻找渊源。

总体上看,《谏逐客书》大量排比、对偶句式的使用,在增强文章语气的同时,也反映了秦代文学初期文学风格的变化,即变"以说为论"到直接以议论说理。西汉初期陆贾、贾谊的作品,就具有此类风格。

韩非子的某些作品,其实也能反映秦代文学思想的实际情况。其《初见秦》,虽然是韩非后学编纂《韩非子》一书时搜集其原始材料而成②,但该文应成于秦始皇时期。从本篇文字看,开篇即提出观点,行文中除了直接的议论,还有简化的历史典故(如武王伐纣、智伯伐赵)以及对前代成词或谣谚的引用(如"不知而言,不智;知而不言,不忠","战战栗栗,日慎一日,苟慎其道,天下可有")。这种文学写法,与李斯《谏逐客书》相似,同时在西汉桓宽的《盐铁论》中有所反映。

李斯的《上二世书》,即与韩非《初见秦》写法相仿,如开篇即点明主题"夫贤主者,必且能全道而行督责之术者也",然后引申子、韩非语佐证自己的观点,其中也有简略的历史典故。这种文学思想,孕育于先秦,而秦代作品中有更多体现,并影响到汉代文学的写作。如李斯此文中"是故城高五丈,而楼季不轻犯也;泰山之高

---

① 《史记》卷八七《李斯列传》,第 8 册,第 3089 页。
② 孙少华《孔丛子与秦汉子书学术传统》,中国社会科学出版社 2015 年版,第 200 页。

百仞,而跛䍽牧其上"句式①,在汉代诸子著作尤其是汉赋作品中多有继承。

另外,秦始皇时期石鼓文的创制,与《史记·秦始皇本纪》记载的"与鲁诸儒生议刻石颂秦德"有关。这种歌功颂德体,从体式上为"颂",属于"典雅"一路。这种"颂德"思想以及石鼓文这种特殊的文体,为后世文学之歌功颂德思想提供了范式。唐宋元明之石鼓歌或石鼓诗,显然具有文体继承与模拟意义。

后世总以为"秦世不文",从目前看到的秦代作品的匮乏看,这或者是一个事实。但我们不能不承认,秦朝统一六国,统一文字,为汉王朝文化、文学的繁荣奠定了基础,这也是不容否认的。秦代产生了丰富的文学思想,直接影响了汉代文学的繁荣。而从学术著作看,一部《吕氏春秋》,不仅仅是对此前诸子百家学说的综合著录,而且也为后世学术思想的发展起到了启蒙作用。

战国末年至嬴秦,是中国古代士人思想发生剧烈变动的时期。面对卑贱、穷困、利禄与荣华富贵,他们在国家与个人、人性与道义等问题上曾有不同的抉择。而"畏死患失",使得韩非、李斯等人做出了属于他们自己的选择,最终造成了他们的个人悲剧。

有人或者会提出疑问:战国时期许多士人远离宗国,奔秦为"客卿",他们的行为是否与韩非、李斯一样呢?笔者认为,他们与韩非、李斯有所不同,原因有两点:第一,周为各诸侯宗主国、其他国家(包括本宗国)为诸侯国,这种意识,使得他们可以自由出入各国为客卿;第二,秦一直作为替周御边的形象出现,秦与西方各少数民族政权的征伐,一方面保障了周王朝的安全,另一方面使秦成为了周室某种意义上的"边塞",并为各诸侯国士人提供了便于建功立业的舞台。这两点,使得战国时期的士人并无助秦亡周或灭本宗国的意识。周秦之际,秦鲸吞六国与代周之心已暴露无遗,此时的韩非、李斯,为秦统一六国出谋划策,其行为已经涉及"气节"问题,其"畏死患失"之心带来的道义上的问题,以及由此导致的人

---

① 《史记》卷八七《李斯列传》,第 8 册,第 3099 页。

生悲剧,至今仍然具有深刻的警醒价值。

西汉建立之后,也曾有韩非、李斯类似的"畏死患失"之人,如李陵、扬雄,后人在给予他们悲剧命运的深深同情之余,仍然不免会对其投降、附逆之举有所鄙弃。宋代以后,忠奸之辩更趋激烈,民族大义成为主流。纵观整个中国历史,每当面对外侮,国家利益与个人利益发生矛盾的时候,总有人挺身而出,不惜牺牲自己的生命;当然也不乏"畏死患失"之徒,选择了另一条可耻的人生道路。韩非、李斯离我们很远,但他们的人生选择与历史教训,离我们仍然很近。

(作者单位:中国社会科学院文学所)

子书编集、经典生成与"轴心时代"的再认识
——以《韩非子》为个案的考察

马世年

一 "经典生成"视野下的古书体例

"轴心时代"是德国哲学家卡尔·雅斯贝尔斯(Karl Jaspers)提出的一个极有意义的命题。他认为,公元前600至前300年之间,是人类现有文明的原始积累期,这一时期,人类文明精神有着重大的突破,古希腊、以色列、印度和中国的古代文化都发生了"终极关怀的觉醒",各个文明都出现了伟大的精神导师——古希腊有苏格拉底、柏拉图、亚里士多德,以色列有犹太教的先知们,古印度有释迦牟尼,等等。此时期的中国则诞生了孔子与老子,"中国所有的哲学流派,包括墨子、庄子、列子和诸子百家,都出现了"[①]。雅斯贝尔斯说:

> 直至今日,人类一直靠轴心期所产生、思考和创造的一切而生存。每一次新的飞跃都回顾这一时期,并被它重燃火焰。自那以后,情况就是这样。轴心期潜力的苏醒和对轴心期潜力的回忆,或曰复兴,总是提供了精神动力。[②]

[①] (德)卡尔·雅斯贝尔斯《历史的起源与目标》,魏楚雄、俞新天译,华夏出版社1989年版,第8页。

[②] 《历史的起源与目标》,第14页。

这一时代大体相当于我国历史分期中的春秋战国时期。毫无疑问,先秦诸子正是我国思想文化发展中"轴心时代"的产物与标志,即雅斯贝尔斯所说的"精神导师";而先秦子书则正是这一时期所产生的文化元典①。

以往对于中国"轴心时代"的理解,学者们主要着眼于思想史,更为关注孔、孟、老、庄等思想家个人的思想史意义。然而,倘若更进一步追问:这些精神导师的思想到底是如何呈现出来并影响到后来社会的?则问题便回归到诸子著述的层面,也就回到了先秦子书的编集与成书上。

先秦子书的成书是一个颇为复杂的问题。余嘉锡先生在《古书通例》一书中谈及汉、魏以上的古书——特别是先秦典籍——的时候,有一些很重要的论断,尤其是说到与先秦子书的成书相关的意见:一、古书不皆手著;二、古书单篇别行之例;三、诸子即后世之文集②。大略说来,余先生的意思是指,先秦古书的体例与汉、魏以后的书籍有着甚大的差异:就作者而言,先秦时期的著书是不自我署名的,"周、秦古书,皆不题撰人。俗本有题者,盖后人所妄增"③。因此,题为某氏某子之书者,乃是从学术渊源上"推本其学之所自出言之",而不都是出自某人之手,其中还附有其后学之作。就流传而言,先秦古书大都是作者"随时所作,即以行世":

> 既是因事为文,则其书不作于一时,其先后亦都无次第。随时所作,即以行世。论政之文,则藏之于故府;论学之文,则为学者所传录。迨及暮年或其身后,乃聚而编次之。其编次也,或出于手定,或出于门弟子及其子孙,甚或迟至数十百年,

---

① 姜广辉等人称之为"经典现象",见《重新认识儒家经典——从世界经典现象看儒家经典的内在根据》,刊《中国哲学》二十三辑《经学今诠续编》,辽宁教育出版社 2001 年版。
② 余嘉锡《古书通例》,上海古籍出版社 1985 年版,第 119、93、51 页。
③ 《古书通例》,第 18 页。

乃由后人收拾丛残为之定著。①

因而多单篇的流传，非如后世书籍那样汇成一编之后才开始传播；就性质而言，西汉之前并无后来意义上的"文集"一类，故"诸子即后世之文集"：

> 周、秦、西汉之人，学问既由专门传受，故其平生各有主张，其发于言而见于文者，皆其道术之所寄……则虽其平日因人事之肆应，作为书疏论说，亦所以发明其学理，语百变而不离其宗，承其学者，聚而编之，又以其所见闻，及后师之所讲习，相与发明其义者，附入其中，以成一家之学。故西汉以前无文集，而诸子即其文集。②

如此，则汇编有师徒之作、"成一家之学"的诸子之书就相当于后世的文集了。

余先生的这些看法的确是通人之解，深得先秦古书的实际。以这种眼光去审视先秦子书，则其编集与成书当中原本一些较为复杂的问题也就不难理解了。进一步说，先秦子书的结集多非一次完成，而是经历了一个较长的过程，期间则不断有补充、增益及改动的情况。整个诸子的著述在这一点上大致都相近或者相似，自有其共通性在内。郑良树先生说："根据个人的浅见，有些子书恐怕是多次、多人、多时及多地才结集而成。"③这一意见是很对的。

《韩非子》的成书正是如此。作为先秦诸子的代表性著作，《韩非子》的编集过程尤能体现出先秦子书的成书状况，我们以之为个

---

① 《古书通例》，第93页。
② 《古书通例》，第51—52页。
③ 郑良树《诸子著作年代考》，北京图书馆出版社2001年版，第276页。

案,也正是立足于这些基本的认识。

二 《韩非子》成书诸说平议

今本《韩非子》共 55 篇,分 20 卷①,与《汉志》著录"《韩子》五十五篇"、《七录》著录"《韩子》二十卷"以及历代史志的记载是一致的②。由前人所辑录佚文情况看,其文字散佚并不多,因此,本书在流传过程中残缺甚少,保存是较为完好的。可以肯定,本书在刘向之后再无大的改变③。这也是我们讨论问题的前提。关于《韩非子》的成书,学者们曾做了大量的工作,也取得了重要的成绩。总体来说,主要有以下一些看法:

(一)《韩非子》的编定者是韩非的弟子或后学。《四库全书总目》说:"疑非所著书本各自为篇。非殁之后,其徒收拾编次,以成一帙。故在韩、在秦之作均为收录,并其私记未完之稿亦收入书中。名为非撰,实非非所手定也。"认为其书的编者是韩非的弟子。今人郑良树先生也认同此说,并补充说编纂者是韩非的"学生或后学"④。

(二)由秦朝主管图书档案的御史编定。张觉先生说:"《韩子》应在公元前 230 年到 208 年间已由秦朝的御史编定成书"⑤,

---

① 本文所谓"今本",是指清嘉庆二十三年(1808)吴鼒根据南宋乾道黄三八郎刻本《韩非子》影刻的乾道本《韩非子》,即影宋乾道本。

② 《七录》已亡佚,此处引文见《史记·老子韩非列传》张守节《正义》所引。但张守节误《七录》为《七略》。《隋书·经籍志》"经籍二"史部著录梁阮孝绪之《七录》(《隋书》卷三三,并参卷三二、四九、五八);又,《广弘明集》卷三保存阮孝绪《七录序》,此皆可证张守节之误。

③ 宋王应麟《汉书艺文志考证》云"今本二十卷五十六篇",其所说"五十六篇"究竟所指为何无法知晓,且并未见"五十六篇"的本子,故而学者们认为"六"为"五"字之误,"殆传写字误也"(《四库全书总目》)。

④ 郑良树《韩非之著述及思想》,学生书局 1993 年版,第 600 页。

⑤ 张觉《〈韩非子〉编集探讨》,《贵州文史丛刊》1990 年第 3 期。

"而到汉朝文帝、武帝之时,它已广为流传了"①。

（三）《韩子》的基本面貌在秦灭六国之后已整理编成,成为秦皇室图书馆的藏书,不过其规模还不完善。其中李斯也参与了编集的工作。本书最后的校定者则是刘向,《初见秦》一文便是这时候编进去的。徐敏先生即持此论。②

（四）汉初的民间已有一些初步编就的韩非著作,但仍无《韩子》一书,《韩子》的编者是刘向。周勋初先生认为《韩子》的编者应当是汉代主管中秘书者,这个人就是刘向③。此前,陈启天先生曾说:"至刘向校录《韩非子》,始定全书为五十五篇,而弁以序文,载于《别录》。"④但并没有论证。

此外,日本学者町田三郎《关于〈韩非子〉的编成》一文认为,《韩非子》是由早期"说客派"与"理论派"两种"韩非之书"合并而成的,其最终编成则在汉初⑤。此说虽新,但却只是猜测而已,并不可从。

以上诸家之说尽管都有一定的依据,但也有一些问题无法解决,因此分歧较大。从先秦古籍成书的体例看,诸子的著作一般不是某一个人编成的,尽管它最后的定型可能由专人完成,但其编集成书却经历了一个较长的过程。因此,需要对本书的编集阶段作具体的分析。

韩非生前尽管已经有著作传播,但都是以单篇的形式流传开来的。《史记·老子韩非列传》载:"非见韩之削弱,数以书谏韩王,韩王不能用……故作《孤愤》《五蠹》《内外储》《说林》《说难》十余万言。"又载:"人或传其书至秦。秦王见《孤愤》《五蠹》之书,曰:'嗟

---

① 张觉《韩非子全译》,贵州人民出版社1992年,前言,第6页。
② 徐敏《〈韩非子〉的流传与编定》,《社会科学战线》1982年第1期。
③ 周勋初《韩非子札记》,江苏人民出版社1980年版,第13—20页。
④ 陈启天《韩非子参考书辑要》,中华书局1945年版,第1页。
⑤ （日）町田三郎《关于〈韩非子〉的编成》,《人民大学学报》1991年第6期。

乎,寡人得见此人与之游,死不恨矣。'李斯曰:'此韩非之所著书也。'"①从中可知,尽管韩非的著述在其第二次使秦前已基本完成,但这些文章并未结成一书。至其使秦后不久即遇害,时间仓促且心情窘迫,更是无暇编集成书的。余嘉锡先生说:"古人著书,多单篇别行;及其编次成书,类出于门弟子或后学之手。"②就《韩非子》而言,是否门弟子或后学编成尚可讨论,但非其本人编次却是毋庸置疑的。

本书是否由韩非的弟子或后学编成呢?周勋初先生认为"《韩子》不可能是韩非的学生编定的",因为本书的编者将《初见秦》编入集中,并且列为第一篇,而该篇经现代学者的考证,已被证实为伪作。韩非的门徒是不会连老师的文章真伪都分辨不清的。另外,《存韩》一文又是韩非入秦之后的作品,"想来韩非的门徒那时也不可能在秦国从容的编定先师韩非的著作了"③。不过,《初见秦》只能说明韩非的门徒没有编定先师的遗著,却尚不足以否定他们没有整理过老师的著作。先秦诸子的作品大多经过弟子门徒的整理才得以流传下来,《韩非子》也不会例外。这个整理工作是初步的,很可能只是将老师的文章简单地汇集起来而已,因此,郑良树先生依然将编者确定为"学生或后学"。如果将"学生或后学"的整理工作理解成《韩非子》编集与成书过程的第一个阶段,而不是最后的编定,则郑氏的说法还是可以成立的。其时代大体上应当还是距离韩非不远。至于《存韩》,根据我们的考证,当是韩非在初次使秦时的上秦王书,并附录了李斯上秦王书与李斯上韩王书,其作时均在公元前237年④,这组带有秦廷档案性质的文书被收录到《韩非子》当中,更不是韩非的门徒所能完成得了的,它们被收入

---

① (汉)司马迁《史记》卷六十三,中华书局1982年版,第七册,第2145页。
② 《古书通例》,第30页。
③ 《韩非子札记》,第14页。
④ 马世年《韩非二次使秦》,《中国文化研究》2008年第4期。

的时间显然要晚一些。

　　再来辨析其他的观点。徐敏先生认为尽管《韩子》的最后校定者为刘向,但其基本面貌已在秦灭六国之后整理编成,成为秦皇室图书馆的藏书,其中李斯也参与了编集的工作。张觉先生更认为本书是由秦朝主管图书档案的御史编定的。这也是值得商榷的。之所以将李斯或秦朝史官看作《韩非子》的编纂者,是因为《存韩》这组文书的被编入。它不是一般人所能接触得到的,只有见到秦廷档案文书者才可将其收入。但是,尽管秦朝史官们能见到《存韩》等文书,却并不能断定他们还能够完整地搜集到韩非的其他著作。《本传》载秦始皇见到《孤愤》《五蠹》等书尚不知是何人所著,李斯赖与韩非同学之故才得以知晓,可见先秦书籍的传播绝非一件易事。从《史记》的记载看,尽管秦二世胡亥与李斯多次引到韩非的言论,但只是局限于《五蠹》与《显学》之内,则秦朝管理档案的的史官们恐未必能及时地搜集到韩非在韩国已完成的著作。另一方面,如果秦朝便已编成《韩子》,则司马迁在《史记》中不会不提到它。可是在他《本传》中只是列出了单篇的篇名,却并没有提到《韩子》一书,很显然,当时并无"韩子"之类的书名。至于《史记》中所提到的"韩子",据周勋初先生考证,"都指韩非其人"而"不能理解为书名",其说是很有道理的①。

　　那么,本书是否直到刘向时才编定呢?我们认为,刘向校书时《韩子》一书已经存在。因为《初见秦》一文既不是韩非之作,却被刘向列为《韩非子》的首篇,同时,又被他当作"张仪说秦王书"而收录到《战国策·秦策一》中。学者们将这一点多看作是刘向的失

---

① 《本传》"申子、韩子皆著书……余独悲韩子为《说难》而不能自脱耳",又"太史公曰:韩子引绳墨,切事情,明是非,其极惨礉少恩",其中"韩子"都是指韩非其人;不仅如此,《史记》中其他凡提到"韩子"的地方,都是指韩非与其《五蠹》《显学》两文,而非《韩子》一书。见《韩非子札记》,第15页。

误①。固然,我们不能苛求古人无错误,但是像《初见秦》这样的问题实在是过于明显了,以刘氏的学养断不会糊涂至此,因此,合理的解释是《韩非子》在此时已基本成型,刘向虽已将《初见秦》当作张仪之作编入《战国策》中,但是因为《韩非子》中也有此文,在他无法明确作者的情况下,便以审慎的态度将其分别保存了下来,以见古籍的旧貌,同时也有"存疑"的意思。这要比"错误"更令人信服一些。刘向对本书所作的具体工作,则主要是内容的校订,并且撰写了"书录"②。

要之,韩非去世之后,开始有门徒整理师说,将其著述搜集汇为一编。但是此本与今本相比并不完整,《初见秦》与《存韩》等秦廷档案文书并未收入进去。这是《韩非子》编集的第一阶段。而《显学》一篇,对当时很有影响的儒、墨两个学派作了严厉的批判,因而具有学术专论的意义与书序性质,当是该书的后序,就如同《庄子·天下》《荀子·大略》以及后来的《淮南子·要略》《史记·太史公自序》等书序一样。另外,今本之中一些作者明显有问题的篇章——如《显学》之后的《忠孝》《人主》《饬令》《心度》及《制分》等五篇——很可能就是韩非弟子、后学的习作,他们在初步编成先师的集子之后,遂将自己的作品附在其后,犹如《楚辞》的成书;或者他们又搜集到了相关的文章,遂以附录的形式编在《显学》之后。这也是合乎古籍成书体例的。

---

① 徐敏说:"像刘氏父子这样博学的人,也会出现如此歧出的错误,可见编校先秦古籍之难。"(《〈韩非子〉的流传与编定》)周勋初也认为"刘向对《韩子》作品的内容已有隔膜之处"(《韩非子札记》,第 18 页)。

② "书录"原文已亡佚,而今本前有《韩非子序》一文,只是对《本传》的抄录,严可均《全汉文》卷三十七录入《刘向集》,题作《韩非子书录》。清人王先慎反对之,而余嘉锡则维护严说。周勋初先生也认为这不是刘向之作,而只是乾道本刻主黄三八郎节录《本传》作为书序的。王、周之说是。唐代马总《意林》辑有《韩非子书录》的残文。

三 《韩非子》的二次编集

前已指出,韩非的门徒与后学已经初步将先师的遗作汇集起来。有秦一代对于韩非的学说是较为推崇的,甚至将其尊为"圣人之论"、"圣人之术"(《史记·李斯列传》),从秦始皇对韩非思想的赞叹以及秦二世、李斯等人屡屡引用韩子言论的情况看,韩非的著作所受秦火的影响不是很大。司马迁说"申子、韩子皆著书,传于后世,学者多有"(《本传》),既然"学者多有",则其书应当不是很难见到的。降及汉代,韩非的学说依然受到很大的重视。汉初尽管尊崇黄老之学,但那只是官方的统治思想,而且按照司马迁的说法,韩非的思想本身也是"归本于黄老"的。因此,研究韩非思想的人还是很多的,《史记·韩长孺列传》就说韩安国"尝受韩子杂家说于驺田生所"①。又,《汉书·武帝纪》载罢黜申、商、韩非、苏秦、张仪之言,也从另一个角度反映了韩非思想的影响。既然有专门的学习者,则必然会有韩非著作的编集藉以研究,这就是从其弟子或后学那里流传下来的本子。及至司马迁作《本传》,还明确说到韩非著作的篇目,可见他一定见过当时人们所研习的本子。关于司马迁所见本的面貌,我们试图从它与今本的联系中予以探测。

先来分析《本传》的著录情况。唐司马贞《索隐》在"《孤愤》《五蠹》《内外储》《说林》《说难》十余万言"后,对以上篇目——进行了注解,尽管有些说法尚嫌勉强②,但可以肯定,司马贞是见到《韩非子》中的这些文章才下结论的,而非其向壁虚造之说。这里需要注

---

① (唐)司马贞《索隐》:"案谓安国学韩子及杂家说于驺县田生之所。"这个田生很可能就是《史记·儒林列传》"言《易》自菑川田生"的田生;又《荆燕世家》有"高后时齐人田生",南朝宋裴骃《集解》云:"晋灼曰《楚汉春秋》田子春。"当另是一人。

② 如《内外储说》之"内、外"并非如其所说的"制之在己"与"赏罚在彼",而只是为了分篇的需要。

意的是他对《说难》的解释:"《说难》者,说前人行事与己不同而诘难之,故其书有《说难篇》。"①《说难》本是《韩非子》中的一篇,司马贞所谓的"说前人行事与己不同而诘难之"是否就指它呢?《本传》下文又说:"然韩非知说之难,为《说难》书甚具,终死于秦,不能自脱。"并录《说难》全文。司马贞又于此处的《说难》作注:"说音税,难音奴干反。言游说之道为难,故曰《说难》。其书词甚高,故特载之。"专门从读音上予以辨别,显然是意有所指的。将此与前面的解释联系起来看,便会发现一个很有意思的问题:上引《本传》之文,前后紧密连接,可是司马贞对同样的文字注释却截然不同,李笠《史记订补》针对这一点说:

> 《索隐》云:"《说难》者,说前人行事与己不同而诘难之。故其书有《说难篇》。"诘难之难,当读乃惮反,与奴干音异。一人之言,前后歧异,令人何所适从乎?又案《五帝纪》"存亡之难",《索隐》云:"难犹说也。所以韩非著书有《说林》《说难》也。"以难训说,更谬矣。今综上三说,以奴干反为正读,《说难》文意自明。②

李氏看到了《索引》中存在的矛盾,故指责说"一人之言,前后歧异",这是其目光的敏锐之处;但他又"以奴干反为正读",认为司马贞所注两处"说难"的文字应当统一,则又是削足适履,未作深究而将问题简单化了。李氏所说"以奴干反为正读"非但不能使"《说难》文意自明",相反,恰恰在他错误的解释中掩盖了问题的本来面目。

事实上,《索引》中前后解释的不同,并不是"一人之言,前后歧异"的缘故,根本的原因在于:它实际上涉及《韩非子》中两篇(类)不同的文章。"言游说之道为难"所说,无疑就是《本传》所

---

① 《史记》卷六十三,第2146页。
② 李笠《史记订补》,北京大学图书馆藏,1924年横经室刻本。

录的《说难》,而"说前人行事与己不同而诘难之"一句,与"游说之道"的《说难》绝不相涉,它应当另有所指。考《韩非子》一书中,有《难一》《难二》《难三》《难四》诸篇,其篇题中的数字只是为了分篇的方便,并无具体的含义,则这几篇的题目实际上就是《难》。此类文章结构很独特,均先陈述前人的行事、言论,然后再以"或曰"对其进行责难与辩驳,这与《索引》"说前人行事与己不同而诘难之"是一致的。

看来,司马迁列举韩非的著述,并不是"只随举数篇,以见其大凡"①,而是有其原因的。从文体分类的角度看,这些篇目或者是《韩非子》中某一体裁文章的代表,或者自成一体,具有很强的概括性和代表性。《史记》的这种列举方法在《屈原贾生列传》中也有所体现,司马迁所说"余读《离骚》《天问》《招魂》《哀郢》,悲其志"的《离骚》《天问》等篇目,其实也代表了屈原作品的不同文体形式。如果再结合《本传》所说韩非"数以书谏韩王"以及"其归本于黄老"等,我们有理由相信司马迁所见到的本子当中还有《难言》《爱臣》等上帝王书与《解老》《喻老》等文章。也就是说,《本传》中已涵盖了今所存《韩非子》的各类文章。由此也可推断,司马迁所见本已经对韩非的作品予以分类编排,将不同类别、不同形式的文章归纳整理在一起了。

这个结论也可以通过今本的篇目次序予以说明。比较《本传》著录篇目与今本的目录次序,我们会发现一些很有意思的问题。今本中,《说林上》与《喻老》为第七卷,《说林下》与《观行》等六篇文章合为第八卷,分卷形式颇为杂乱。这便让人怀疑:今本《说林》的分卷是有问题的。这一点通过今本与《道藏》本的比较便可明确。《道藏》本与乾道本乃是两种不同系统的版本,其差异早在宋代便

---

① 《古书通例》,第30页。

已形成,因此,《道藏》本对于《韩非子》旧貌的保存,有着重要的意义①。《道藏》本《韩非子》没有总目录,从各卷所录的具体篇章来看,今本第七卷"《喻老》第二十一",《道藏》本列于第六卷,与"《喻老》第二十"同为一卷②。在《道藏》本中,第七卷的目录只有"《说林上》第二十二",但文章却包含了《说林下》的大部分内容,第八卷直接从"《观行》第二十四"起。很显然,中间脱去了"《说林下》第二十三"的题目以及部分内容③。因此可以确定《道藏》本当中,《说林》上、下是列在同一卷的。虽然顾广圻在校"《说林下》第二十三"时说:"《藏》本连前为卷,非。"其实是以他所见乾道本为准则而言之,并未考虑到乾道本在流传中有所窜乱④。

我们还要看到,《本传》所著录的篇目在今本中,或是位于各卷之首,如《孤愤》《五蠹》;或是一文一卷(或数卷),如《内外储说》《说林》《难》。这种耐人寻味的现象更是进一步启发我们,《本传》的著录就是对韩非所列各类文章的概括。我们知道,东汉以后,随着纸张的大量使用,改变了过去的书写方式,纸简替代,图书的载体发

---

① 此处的《道藏》指刻于明代正统九年至十年的版本,上海涵芬楼1923—1926年影印。据陈国符考证,正统《道藏》虽系明刻,渊源却来自宋代的政和《道藏》(《道藏源流考》,中华书局1963年版)。故而周勋初认为乾道本与《道藏》本"乃是两种系统不同的本子"(《韩非子札记》,第6页)。《道藏》不用旧称李瓒所作的旧注,而用谢希深注。

② 卢文弨已注意到此,他在《群书拾补》中就说《喻老》第二十一"《藏》本连六卷中"。

③ 《道藏》本散佚《说林下》的题目与部分内容。从《道藏》本的篇目顺序看,"《说林上》第二十二"后紧接第八卷"《观行》第二十四",则"《说林下》第二十三"当是传抄过程中所脱。内容方面,《说林上》最后一则"田伯鼎好士而存其君"后紧接《说林下》"虫有虺者",中亡"伯乐教二人相踶马"至"三虱相与讼"等十六则故事。

④ 顾广圻之所以如此论断,是因为他认为《道藏》本出自乾道本。周勋初批评他是"佞古成癖"(《韩非子札记》,第6页)。

生了很大变化①,古籍的传抄形式也随之改变,从而使得书籍的形体更多由"篇"向"卷"演变。《韩非子》的分卷只是图书载体的变迁而已,与内容并无多大关系,分卷后的篇目次序依然保存着未分卷时的面貌②。因此可以判定,司马迁所见的本子中,《孤愤》与《说难》《和氏》《奸劫弑臣》便已编排在一起,同样,《五蠹》与《显学》《内外储说》六篇、《说林》两篇、《难》四篇也应各自编排在一起。这已经涵盖了今本20卷当中的12卷。如果再将《解老》《喻老》以及上书再算进去,其所占比例就更大了。这就使我们确信:司马迁所见到的本子已与今本基本一致。

四 《初见秦》与《存韩》的意义

现在需要讨论《初见秦》与《存韩》等秦朝的档案文书被编入的问题了。秦亡之后,其图书档案都被萧何所接管,《史记·萧相国世家》载:"何独先入收秦丞相府御史律令图书藏之……以何具得秦图书也。"《汉书·高帝纪》也载:"萧何尽收秦丞相府图书文书。"这些材料都被保存在宫廷内府,其中自然包括秦廷文书《初见秦》与《存韩》等。汉初,研习者韩非学说者很多,其中必有能见到宫廷内府藏书即中秘书者,比如前文所揭御史大夫韩安国就是这样的人。自然,由这些人将秦廷档案中有关韩非的文书编入韩非书中就是一件顺理成章的事。这个过程应该在武帝建元元年(前140年)罢黜申、商、韩非等诸学说之前。《汉书·武帝纪》载:"建元元年冬十月……丞相绾奏:'所举贤良或治申、商、韩非、苏秦、张仪之言,乱国政,请皆罢。'奏可。"故而,《初见秦》《存韩》等档案文书的

---

① 参查屏球《纸简替代与汉魏晋初文学的新变》,《中国社会科学》2005年第5期。

② 陈奇猷、张觉说:"汉代开始,书籍制度逐步发生变化,帛、纸作材料的卷子渐渐代替了竹、木简作材料的编策,《韩子》大概也在魏晋以后被抄上了卷子。"很是中肯。《韩非子导读》,巴蜀书社1990年版,第32页。

编入当在此前。

进一步说,编集者之所以将这些档案文书列在全书之首,本身便有"以史实为序"的用意。刘汝霖先生指出:"汉人搜求遗书,以多为贵,得记载著书人事迹资料,往往采入而置篇首,如《公孙龙子》首篇之《迹府》,《韩非子》首二篇之《初见秦》《存韩》是也,《商君书》之首篇《更法》,亦此例也。"①其言极有见地。郑良树先生也说:

> 《韩非子》作为一部韩集,编纂者使用过一番苦心的;《存韩》就是一个佳证。它能被编入韩集,并且将李斯的批语及上韩王书一起附在《存韩》之后,除表示编纂者"来路不简单"之外,也表示他有意将此文作为韩非生平事迹的史料,列在书前。至于《初见秦》,用意大概也是如此,以为是韩非第一次见秦始皇时所写的奏书,可作生平史料看待,所以列在书前……②

他所说"可作生平史料看待,所以列在书前"的意见,与刘汝霖是一致的。可以说,编集者正是试图通过这种方式,来交待韩非的政治活动。

《初见秦》的真伪自北宋时已有人怀疑,其后或否定,或赞同,众说纷纭。近人刘汝霖先生在其大著《〈韩非子·初见秦篇〉作者考》中,详列多条证据证明该文非韩非之作,最能服人③。因此,以之为《韩非子》的首篇,表明编集者对于韩非之著述已不能完全确定。但也说明编集者对于韩非的生平事迹——尤其是两次出使秦

---

① 刘汝霖《周秦诸子考》,文化学社 1929 年版,第 100 页。
② 《韩非之著述及思想》,第 602 页。
③ 刘汝霖《〈韩非子·初见秦篇〉作者考》,罗根泽编著《古史辨》四,上海古籍出版社 1982 年版。

国的经历①——是有着基本了解的。该文篇题"初见秦"三字,由《战国策·秦策一》"张仪说秦王曰章"可知并非最初所有,而是后来的编集者所加②,意即初次求见秦王。编集者将此文定名为"初见秦",其实也是有深意的——既点明初次"见秦"之意,同时又暗含了后来的"再见秦"。

《存韩》一文也很有意思,文章共分为三部分:"韩非上秦王政书"、"李斯上秦王政书"与"李斯上韩王安书",所谓"存韩"只能概括全文三分之一的内容。由文中记录之辞"秦遂遣斯使韩"、"李斯往诏韩王,未得见,因上书曰"以及李斯上秦王书自称"臣斯"等句,可知后两章上书作者为李斯。至于前一章上书,"李斯上秦王政书"云:"诏以韩客之所上书,书言韩之未可举,下臣斯,臣斯甚以为不然……非之来也,未必不以其能存韩也,为重于韩也……夫秦韩之交亲,则非重矣,此自便之计也。"③其中明言"韩客"即韩非,故可肯定为韩非上秦王政书。

这样,我们就可以理解《初见秦》与《存韩》在编集者看来,是可以作为韩非生平史料看待的。《初见秦》是韩非第一次求见秦王时所上之书;而《存韩》及所附李斯上书的被编入,"除表示编纂者'来路不简单'之外,也表示他有意将此文作为韩非生平事迹的史料,列在书前"④,从中可见编集者的良苦用心。

总之,司马迁所见到的韩非著作编集已与今本很接近,这个本子是在汉初至武帝建元元年之间完成的。从时间上看,编集者距离韩非已近百年,故而虽对韩非的生平事迹有大致的了解,例如他的二次使秦,但对于一些具体的作品已很难分清了,所以才会将

---

① 《韩非二次使秦考》,《中国文化研究》2008 年 4 期。
② 陈奇猷说:"上书本无篇名,此所谓'初见秦'者,乃后人所加。"这个意见是对的。不过他又解释"初见秦"为"初见秦国",因而说此三字"不词"、"不通之至",则显得过于拘束了。见其《韩非子新校注》,上海古籍出版社 2000 年版,第 2 页。
③ 周勋初《韩非子校注》,江苏人民出版社 1982 年版。
④ 郑良树《韩非之著述及思想》,第 602 页。

《初见秦》这样的文章收录到韩非的编集中。这个过程应该是《韩非子》的编集与成书当中的第二个阶段，也是最为重要的一个环节。此后，其面貌便基本定型。

五 "轴心时代"的再认识

与《韩非子》相类，整个先秦子书结集成书的实际情况，都是非常复杂的。譬如《老子》一书，随着近年来出土文献的不断发现，关于其成书问题的讨论就越来越深入。1973年长沙马王堆西汉墓出土的帛书本《老子》、1993年湖北郭店楚墓出土的简本《老子》以及2000年北大所藏简本《老子》等，与今本在文字、义理、章次等方面都有较大的差别，可见该书的流传在战国时已经很复杂了。伏俊琏先生说，"《老子》最初由老聃口述大义，其弟子整理成最早的传本"，其书"非一人一时一地写成，而是经过后学多次阐释、整理、加工、补充后定稿的"①，这个看法是很有道理的。又如《论语》，其结集也至少在两次以上。前人将其中的《学而》至《乡党》10篇称之为"上论"，《先进》至《尧曰》10篇称之为"下论"，并且认为"上论"精粹而"下论"驳杂。其实所谓的"上、下论"的差异与分别，不过是《论语》成书过程中不同的结集而已——因为编集者、编集时间及搜集内容的不同，自然形成了文本的差异。再如《墨子》一书，本是先秦墨家学派著作的汇编，非一人一时之作，由墨子弟子及后学记录编纂而成，大部分篇章的编集在战国中期。其内容颇为庞杂，大部分是墨子与弟子讲学或谈话的记录。全书今存53篇，大致可以分为5组，各部分的写成时间也是不同的，有些则晚到战国末期，譬如《备城门》以下11篇，其中涉及的官职和号令就采用秦国后期的制度，可见也经过了不断的附益。

《荀子》一书也颇具代表性。因荀子"倡言性恶，兼法后王，王

---

① 伏俊琏《先秦文献与文学考论》，上海古籍出版社2011年版，第82、77页。

道与霸道并重,义利兼顾"以及"特别反对孟子"等原因,其书自刘向校定之后,一直受到正统思想的排斥,少有人为其整理作注。故直到杨倞时,《荀卿新书》依然是"编简烂脱,传写谬误",因此对该书的篇次、卷数等"以类相从",作了较大的调整:"以文字繁多,故分旧十二卷三十二篇为二十卷,又改《孙卿新书》为《荀卿子》,其篇第亦颇有移易,使以类相从云。"(杨倞《荀子序》)今本《荀子》的篇目次序也基本上体现了杨倞变动原书篇第的基本原则与指导思想。尤其值得注意的是书末6篇文章的归置。杨倞在《大略》与《宥坐》篇题下分别作注说:"此篇盖弟子杂集荀卿之语。""此以下皆荀卿及弟子所引记传杂事,故总推之于末。"在杨倞看来,《大略》等6文已非荀卿之自著,因而作为全书附录置于书末,诚如梁启超所说:"疑非尽出荀子手,或门弟子所记,或后人附益也。"①

回过头来再来讨论有关"轴心时代"的问题。

以《韩非子》的"二次成书"为个案,考察先秦子书的成书问题,实质上是对"轴心时代"经典生成问题的探索。先秦子书的编集经过,其实也就是"轴心时代"的经典生成过程。在此视野下重新审视《韩非子》及整个先秦子书的成书通例,则其意义便不仅仅局限在诸子之一家或子书之一种,而是与那个"唯一性"的时代联系了起来,因而也就有了不同寻常的意味。

前文也说到,学术界对于"轴心时代"的关注,更多着眼于思想家个人的意义。现在的问题是,这些伟大的思想家——精神导师——到底是指怎样的一些人?譬如老子,是指《史记》中所记载的老聃,还是指《老子》一书的著者?如果是就后者而言,则所指将不止是老聃,还要涉及《老子》一书后来的增补与改动者——或者说,涉及整个老子学派。显然,这二者并不是等同的。同样,孔子的思想,更多是门弟子的记叙,这也就与《论语》以及整个孔门学派联系了起来。至于韩子,我们不仅要关注《本传》所记载"为人口

---

① 梁启超《汉书艺文志诸子略考释》,《梁启超全集》,北京出版社1999年版。

吃,不能道说而善著书"、"引绳墨,切事情,明是非,其极惨礉少恩"以及"终为韩不为秦"的韩非,更要关注《韩非子》一书的著者——韩非以及他的门弟子,或者整个韩非子学派。显然,以往的研究者对这个问题思考得尚不够周密。我们更需要从诸子著作的角度去理解"精神导师"的意义。

  如果考虑到先秦古籍的成书通例与文化元典的经典生成过程,那么,我国的"轴心时代",其实更多是就先秦子书那些元典类的著作而言的;所谓"轴心时代"的"精神导师",也更多是指那些"元典"的创制者——它固然主要是学派的创始人,却也离不开其门人后学,或者说,是与整个学派相关的。余嘉锡先生说:"盖古人著书,不自署姓名,惟师师相传,知其学出于某氏……即为某氏之学。"也就是"推本其学之所自出",从而"明其为一家之学"①。这里的"一家之学"才是"精神导师"的本质所指。钱存训先生也说:"采用某人名义作为书名的书籍,不一定完全是某人的著述,也许是他的门人记述他的言行,也许是某一学派的学者,用其学派中最权威的人名作为所著的书名。流传今日的先秦著作,都多少曾经汉代学者删定,因此很难确定在某一部书中,哪些是原著,哪些是后人所增添。"②其意与余先生大致相同。只有从"一家之学"、"一家之书"的角度认识"轴心时代"的思想家及其思想史意义,从古书体例及学派传承的视野去考察"轴心时代"元典的生成过程,我们关于"轴心时代"意义的理解,才会深刻得多。

(作者单位:西北师范大学文学院)

---

① 《古书通例》,第23页。
② 钱存训《书于竹帛》,上海书店出版社2006年版,第9页。

诸子文献与子学研究

刘佩德

任何研究都要以文献资料为基础,对先秦诸子而言就更是如此。由于诸子文献的先天性缺陷,其本身存在诸多不确定性。就目前我们所接触到的文献资料而言,对于这些千百年来一直争论不休的真伪问题,如果没有新的、更有说服力的佐证材料出现的话,已经很难再有新的研究成果。既然如此,那么我们应当如何看待这些文献?现在的诸子研究又如何展开呢?笔者认为,诸子研究应当建立在广泛的文献资料基础之上。

一 诸子文献之界定

"文献"两个字最早合起来用是在《论语·八佾》中,郑玄解释这两个字说:"献犹贤也。我不以礼成之者,以此二国之君文章贤才不足故也。"据此看来,古人思想中的"文"与"献"是不同的。元代的马端临在《文献通考·自序》中进一步说明了"文"与"献"的含义,他说:

> 凡叙事,则本之经史而参之以历代会要,以及百家传记之书,信而有证者从之,乖异传疑者不录,所谓文也。凡论事,则先取当时臣僚之奏疏,次及近代诸儒之评论,以至名流之燕谈,稗官之记录,凡一话一言,可以订典故之得失,证史传之是非者,则采而录之,所谓献也。

且不论其"文"与"献"的具体含义如何,至少我们可以从这段话中得知古人已经将凡是可兹利用的所有资料都看作是学术研究的基础,这里所说的"订典故之得失,证史传之是非"即是。随着后世文献资料的丰富以及学术思想的进步,逐渐形成了文献学。王欣夫认为马端临所说的文献即广义上的文献学,包括了后世一切文献资料。而我们现在所接触到的文献学则属于狭义上的文献学,他将其界定为目录、版本、校雠三个方面,这是文本研究的基础。

笔者认为,将文献的范围界定为广义还是狭义则要根据研究对象而定。若是唐诗宋词或明清小说,则狭义的文献学便足以应付。若是以先秦诸子为研究对象,则需要从广义上界定其范围。当然,王欣夫所说的目录、版本、校雠则是研究的基础。因此,这里所谓的诸子文献,不仅包括目录、版本、校雠的内容,还包括其他一切与之相关的文献资料。

二 诸子文献的搜集与整理情况

受正统儒学的影响,历史上对于诸子之学的重视程度始终不够。也正是这个原因,对诸子文献的搜集与整理一直处于一种似有若无的状态。

历史上最早整理先秦诸子著作的是西汉的刘向、刘歆父子。刘向奉汉成帝命负责校理群书,每一部书整理完毕,均有一篇序随书献上,后世习惯性地称为"书录",这些序大多数都亡佚了,目前存世的有《管子序录》《晏子春秋序录》《荀子序录》《列子序录》等,但学界对这些序的真实性仍存在分歧。刘向殁后,他的儿子刘歆继续整理图书,在他父亲《七录》一书的基础上,编成《七略》一书,将全部文献分为六大类,其中专列诸子略。班固修《汉书》,立《艺文志》,删节刘歆《七略》,基本保留了刘歆原著的结构。尽管刘氏父子并非专门整理诸子著作,但他们将诸子类著作专列一类,足见其对子书的重视。刘氏父子的校书工作,可以看做是对先秦诸子著作的系统整理。

刘向、刘歆之后,许多诸子著作都有了定本,尽管受经学影响子书并非真正成为学者们的研究对象,但在读经之余人们也开始关注子书。南北朝时期梁朝的庾仲容编有《子抄》一书,是对诸子著作的摘抄,这是目前所知最早的一部诸子著作的节选本,此书已经亡佚。唐代时尚有传本,马总曾将这部书删节而编有《意林》一书。

从唐代开始,对于先秦诸子的研究逐渐增多,唐初较为著名的是魏徵等人编纂的《群书治要》,尽管这部书并非专门的诸子研究著作,但其中也涉及许多诸子著作,从一个侧面反映了初唐时期子书的面貌。中唐时期,柳宗元有诸子辨,辨析先秦诸子的真伪问题,开后世辨伪学之先河。自此以后,对于先秦诸子的真伪问题,学术界一直都在争论。唐玄宗开元时期编纂了中国历史上第一部《道藏》,尤其是他将先秦道家诸子及其著作也纳入道教经典范围内,由此开启了道家研究的新篇章。唐代以后,历代皆有纂修《道藏》,根据陈国符先生《道藏源流考》一书的考证,历代《道藏》皆有先后承继关系。由现在存世的明代正统《道藏》我们可以知道,这部大型道教典籍丛书内所收的除道教经典之外,还收录了许多先秦诸子著作,也为我们保存了众多的子书文献。后世流传的子书版本,《道藏》本是无法跨越也是无法忽视的。这些书籍缘何混入这样一部道教丛书内,从何时起开始混入,目前还没有明确的研究。但从这样一个现象,我们可以知道,作为传统文化不可或缺的组成部分,先秦子书具有巨大的影响。

宋代开始,雕版印刷术发展,伴随着科举制的需要,子书的整理也成为当时学者的研究目标之一。现在存世的有许多宋版先秦诸子著作,可以想见当时诸子研究之盛。

自明代开始,学术思想进入综合期。八股文严重束缚了文人的思想,儒学开始走向没落。伴随着明代资本主义萌芽的产生,出现了一批活跃的思想家,他们开始主动吸收先秦诸子思想当中的有益成分,因此也带来的诸子学研究的新发展。在目前存世的诸子学研究著述中,以明代居多,如《诸子汇函》《诸子品节》《诸家俊语》《二十九子品汇释评》《子汇》等等。这些众多丛书的产生,带来了诸子学研究的兴起。

清代学术以乾嘉之学为主,乾嘉学者在治经之余也兼及诸子。这一时期众多的学者如黄丕烈、阮元、顾广圻、毕沅、惠栋、江藩、钱大昕等人,或致力于收藏子书,或以乾嘉学校勘诸子,由此也带来了子书整理的高潮。著名的如陈春的《湖海楼丛书》、蒋凤藻《铁华馆丛书》等,这些经乾嘉学者之手整理过的子书无论在刊刻还是校勘上,都足以成为历代子书文献中的善本。此外,这些学者还留下了很多校语和抄本文献,这些都是我们研究先秦子书的基础。

清末民国时期,尽管受到西学的冲击,中国的学术环境也开始发生巨变,但对子书的重视程度仍然持续着乾嘉学术以来的研究路子。首先出现的大型子书整理丛书是清光绪元年湖北崇文书局编纂的《子书百家》,收录自先秦以来诸子著作101种。民国时期,上海扫叶山房又编有《百子全书》,因其所选底本及校勘均不甚精审,也引起了学术界的诟病。光绪间,浙江书局还编有《二十二子》,收录先秦至魏晋时期子书二十二种,这部书因为底本及校勘都较为精审,在学术界影响较大。民国时期国学整理社编有《诸子集成》,收录先秦至汉魏时期译注或校本28种,本世纪初中华书局将其影印出版。这部书对学界影响也较大。后来,中华书局在此基础上又编有《新编诸子集成》,收书范围更广,内容也更丰富,是现在研究诸子学的必读书目。

近些年来,随着子学的逐渐兴起,越来越多的文献整理丛书不断问世。台湾学者严灵峰编著的《周秦汉魏诸子知见书目》以目录的形式系统整理了先秦至汉魏时期的子学著述,共收入道、儒、法、墨、名、兵等诸子63家,涉及相关文献数千种,是目前为止较为全面的系统梳理诸子著述的著作。此外,他还编有《无求备斋诸子集成》,选取老子、庄子、列子、论语、韩非子等历代传本或注本影印出版。这两部文献整理著作传入大陆后,在学术界影响很大。进入九十年代以后,国家开始逐渐重视古籍文献的价值。越来越多的古文献整理丛书或单部文献陆续被影印出版,同时各大公共图书馆也逐渐开放了古籍阅览的权限,为广大学者和古籍爱好者提供了很大的方便。

纵观自古以来的子书文献整理情况,从先秦诸子争鸣时代开始就有了对诸子思想及文献的整理,如孔子对古代文献的修订,庄子《天下》、韩非子《解老》《喻老》、荀子《非十二子》、吕不韦《吕氏春秋》、刘安《淮南子》等对诸子思想或文献资料的研究。随着子书的不断增多,学术研究的范围也越来越广。结合学术发展脉络,我们发现,每一次思想大变革的发生,都伴随着大量文献资料的问世。也正是这些文献资料的出现,才为学术思想的发展奠定了基础。

三 诸子文献在子学研究中的应用情况

根据诸子文献的特点,其在研究中的应用无外乎以下两种:一是支撑某个论点,起到论据的作用;二是成为学术史中的一部分,起到关键节点的作用。我们研治诸子,尤其是先秦诸子,文献的重要性不言而喻。现在应用较多的就是学术史的梳理。目前我们所看到的学术史多以某一子为研究对象,如熊铁基《中国老学史》、方勇《庄子学史》、王其俊《中国孟学史》、郑杰文《中国墨学通史》等,这些著作的共同特点是对某一部子书研究著述的历时性梳理,其间涉及众多的文献资料,这些研究著作构成了上下几千年的研究史,反映出学术研究的发展历程。当然,也必须承认,因为不同学者研究特点的不同,有的倾向于思想探究,如王其俊《中国孟学史》;有的侧重在学术研究中体现文献的价值,将文献看作是支撑学术史发展的基础,如方勇《庄子学史》。客观来讲,学术史的发展是建立在文献基础上的,纯粹的理论探讨会逐渐陷入空谈的误区,提出的理论会失去支撑其存在的基础。

此外,学术界也发表了许多相关的论文,大多侧重于文献层面的探讨,主要以校勘为主。尽管校勘也是涉及文献研究时所不可逾越的阶段,但纯粹的校勘会限制诸子研究的空间。况且,今人的文献校勘从整体上无法与乾嘉学派的校勘相比。因此,从诸子学的特点及发展规律来看,以文献为基础的子学研究是研究诸子之学的正确方向。

总体来看,目前学界还未能充分利用各种子书文献,文献学家更注重版本、题跋,而思想研究者则侧重学理探讨,不重视版本、题跋。学术史著作就是要文献与理论并重,理论要以文献为基础,文献也要借助理论发挥其应有的价值。所以,笔者认为,学术史研究是一种综合研究,是以史的宏观视野将文献与理论结合到一起的一种研究。子的研究,就应该树立这样一种研究理念,既要注重个性也要注重共性,努力发掘相关文献的价值。

四 诸子文献在子学研究中的价值与意义

前面已经提到,文献是一切研究工作的起点,尤其是诸子的研究,仅仅对文本本身的解读是不够的,这就涉及学术史的梳理。一种子书,也只有将它放在历史的宏观视野中才能更好的体现它的价值。整个的学术史,也就是因为这些单个子书的存在而形成了滔滔大河。我们这里所说的文献,是一种宽泛的概念,不仅包括相关的研究资料,也包括文献学意义上的版本、题跋、校勘等等。笔者认为,子学研究应当建立在这样一个既宽泛又坚实的文献基础之上。综合来看,诸子文献的价值与意义主要体现在以下几点:

第一,支撑子学研究与学术思想。在学术史上,子学一直受到儒学的压制,尽管明代有所发展,但并未能如儒学一样深入人心,子学也仅仅是处于补儒学之不足的地位。有鉴于此,诸子文献的价值便凸现出来。子学是一门系统学科,主要是其自身所具有的无限张力,为后人提供了宽广的解读空间。但是,文本的解读并不是子学研究的全部。伴随着子书的问世,诸多的传本、注本、批校本以及与之相关的著述、文章、地下文献等的大量出现,这些都是展开子学研究不可或缺的组成部分。也正是因为这些文献资料的出现,才使得子学研究具有更为广阔的研究领域。而学术思想的发展,也正是建立在这些文献基础之上的。

第二,开拓广泛的学术视野。我们现在对诸子的界定有狭义与广义之别,狭义的诸子仅指先秦诸子,广义的诸子指秦汉以来被后人尊称为子的学者,其下限可以一直延续到清代。从狭义的角度来讲,诸子们以他们独特的眼光观察着历史的变迁,同时提出了不同的治世之策。随着时代的变迁,在大一统政治环境之下,诸子们的思想已经不再适应社会的需要。在后世学术思想比较发达的背景下,对于子的界定自然也会发生变化,其内涵与外延都已经不同于先秦时期的子,实际上子的范围扩大了。子学著作本身范围的扩大,也带来了与之相应的传世文献范围的扩大,无形中为后世提供了更为广阔的研究空间,涉及的范围也越来越广。

第三,再次奠定新时代文化复兴的基石。春秋战国时期是我国历史上第一次民族大融合时期,战国时期出现的诸子争鸣,更是为后来华夏文化的发展奠定了坚实的基础。无论是文学、艺术、教育、科技等,其源头均可追溯到先秦诸子。随着后来儒学的兴起,诸子逐渐退出了历史舞台。随着历史的发展,诸子思想越来越体现出它的魅力。在当今社会国力崛起的背景下,儒学已经不再适应时代的需求,我们更多地需要恢复先秦时期百家争鸣的局面,再次创造辉煌灿烂的文化。这就要求我们重新整合诸子文献,展开更为全面、广泛的研究,建构适应时代发展的新的子学研究体系,再次奠定新时代文化复兴的基石。

基于以上认识,笔者认为,子学研究必将成为新时期学术研究的重镇,不仅仅是因为子学著作本身具有无限的张力,更因为其思想本身具有儒学无法具备的活力。对于诸子思想的研究,不能脱离文献,诸子文献与诸子思想研究应当是互为补充、相互促进的。只注重文献,必然会湮没其先进的思想;仅注重思想,又必然会使许多重要的文献逐渐消亡,同时也会失去思想存在的基石。子学研究必须从史的角度考察某种文献或某子思想的价值,也只有在史的视野之下,才能更为全面的体现出诸子著作与诸子文献的价值与意义。

(作者单位:泰州学院人文学院)

从出土文献看先秦"圣"观念的起源与演变[*]

蔡树才

"圣(聖)"是中国传统文化价值观的核心范畴之一,古人将"圣人"、"圣贤"视为理想人格的典范。前贤从文字学方面对"圣"的研究取得了很大成绩,但未能详备地爬梳其思想观念的演变历程。而且,"圣(聖)"和思想史上的其他观念一样,并非自始就具有完备的体系,其内涵经历了一个长期的历史积淀和演变过程,笼统地谈论战国以降才渐趋成熟的"圣"或"圣人"理念,那就会同先秦相关文化观念演进的实际状况有一定的差距。同字形与习惯用法上的变化相适应,"圣"观念也经历了前后相沿的几个演变阶段。本文不避谫陋,力图借助近年出土的简帛文献,结合传世文献,沿着"圣"自身演变的理路,重新阐释其字形与字义的演化及相互关系,发掘与之关联的先秦"圣"观念衍生的思想文化背景与轨迹。

一

现有文献中"圣(聖)"的写法有很多种,可分为四类:(一)如甲骨文(后下三〇·一八)作"",亦作"",

---

[*] 资助基金:高华平主持国家重大招标项目"先秦诸子研究"、国家社科一般项目"出土文献与东周文学观念研究"(15BZW006,主持人:蔡树才)、教育部一般项目"《上海博物馆藏战国楚竹书(七)》研究"(主持人:蔡树才)。

或支作"",(后上七·一○);帛书《老子》乙本作"耵",《古文四声韵》与之相近;《华岳碑》作""。从"口"从"耳",或从双"口"并从"耳"(聅)。(二)甲骨文(乙五一六一)作"",《克鼎》作"",从"口""耳"下为"人"。(三)作"聖",如《师望鼎》《睡虎地秦简·日乙》,郭店楚简《语丛一》《成之闻之》《老子》甲本等;上博简多写作"聖",是"耳"下之"人"演化为"壬"而成,后世繁体"聖"即由此而来。(四)甲骨文(粹一二二五)作"",乃声(聲)之初文。赵诚先生认为"像以殳击,会声闻于耳之意,当是声之本字"①。

"听(聽)""圣(聖)""声(聲)"三字义本关联,故古以一字表示。郭沫若先生称:"案古听、声、圣乃一字,其字即作耵,从口耳会意,言口有所言,耳得之而为声,其得声之动作则为听。圣、声、听均后起之字也。《左传》圣姜,《公》《谷》作声姜,知声、圣为古今字,后乃引申为贤圣字,三字遂分化矣。"②于省吾先生解释:"耵亦作聅,从二口与从一口同,古文有繁省耳。魏三体石经《书·无逸》'此厥不听',古文听作。《古文四声韵》下平十八青引《义云章》听作,是以耵为听也。又去声四十七'劲'引古《老子》,圣作,是以耵为圣也。又下平十七清引《华岳碑》,声作,是以聅为声也。金文圣字,早期作耵,晚期加壬为声符作圣。此以形证之知古听、圣、声之本作耵、聅也。"并广引《礼记·乐记》,秦《泰山刻石》《墨子》《史记》等,以传世载籍证之,"古听、圣、声之通用也",谓"契文聲字仅一见,《粹》1225 有字,上已残,应补作,从耵,殳声,即古声字"③。"听""圣""声"三字相通之说,郭沫若、于省吾、顾颉刚、李

---

① 赵诚《甲骨文简明词典》,中华书局 1988 年版,第 179—180 页。
② 郭沫若《卜辞通纂》,科学出版社 1983 年版,第 137 页上。
③ 于省吾《甲骨文字诂林》,中华书局 1996 年版,第 658—659 页。

孝定、唐兰等先生都作了文字学的研究①，我们将在此基础上，紧扣先秦思想文化背景与近年出土简帛文献，对"圣"的使用情况做综合考察，把他们的努力推向深入。

随着人们辨别能力的加强以及观念和命名的日趋繁富，孳乳分化，遂言有所言、耳得之而为"声"，其得声之动作则为"听"，得声之官能敏锐而为"聪"、"圣"。这种观念上的细分积淀在字形上，就表现为"声""耴""聑""听""圣"等不同写法②。

从历史的角度看，商以前是否有了"圣"的观念呢？"耴""聑""耴"等字形本身已经透露了文字出现以前某些文化观念的消息。从上举第一类字形来看，"圣"之初义应是"入于耳而出于口"、或"出于口而入于耳"，乃是指口语交流中的"口有所言，耳得之"之"声"，或者"其得声之动作"之"听"，抑或同时包括两个方面的"口口"交流与"口口相传"，故楚简称"人苟有言，必闻其圣（声）"（《缁

---

① 近年出土文献中三字相通之例亦不胜枚举："音（聖）之相和也"（《老子》甲本）、"圣（声），耳司也"（《语丛一》，50）、"人苟有言，必闻其圣（声）"（《缁衣》，40背）、"其圣（声）变则[其心变]，其心变则其圣（声）亦然"（《性自命出》，32、33）、"其言文，其圣（声）善"（上博简《孔子诗论》第九章）、"圣（听）君而会，视朝而入"（《语丛四》，27）、"誉毁在旁，圣（听）之弋母之白"（《穷达以时》，14），等等。参看晏昌贵《郭店儒家简中的"圣"与"圣人"的观念》，《江汉考古》2000年第3期，第86—91页。

② 又如：耴（《睡虎地秦简文字编·日乙·二三八》）、耴（古《孝经》），长沙马王堆帛书《老子》乙本聖亦作耴，从耳从口，与玺文同。更多写法请看《战国文字编》，福建人民出版社2001年版，第786—787页；《古文字诂林》，第571—572页；《甲骨文字诂林》，中华书局1996年版，第657页。而"听（聽）"字形左部为上"耳"下"壬"，显系甲骨文"耳"上"人"下形体之演化，"听（聽）"的左部即是省口形体，右部为后加形体，"㥁"即"德"字，《广雅·释诂三》："德，得也。"《说文·耳部》："听，聆也。从耳，壬声。"段玉裁注："耳听者，耳有所得也。"据此则"人"变为声符"壬"后，"人""耳"分化，又加"㥁"与"耳"配合，表示耳有所得，此即为"听（聽）"。声（聲）"为前举甲骨文耴所演化，殸即"磬"本字，如甲骨文所示，本为以手持槌叩击磬形，磬由石做，故后世加"石"旁。

衣》40背)。因此,"耴""聏""𦕨"正是对文字出现以前的上古口传文明的概括和无意识记录。

但是,久远的口传文化里只有那些与集体文化密切相关的大事才会被留有记忆并被记录下来,而"圣"也从"听闻"中延展出"听政"的相关文化内涵,"听狱"或"听讼"就是其中的重要内容,因为狱、讼之事往往是口传文明时代里头等重要的政治事件。

"契文耴字用法有二……一耴为听(聽)闻之听。《后》下三〇·一八:'方亡耴。'言方国无所听闻。……《续》一·一三·五:'呂方亡．聏(闻)。'听闻同义。《藏》二·三:'归其𠂤(有)耴。'亡听与有听,语有反正耳。一耴为听治之听。《书大传·周传》:'诸侯不同听。'注:'听议狱也。'《书·洪范》:'四曰听。'疏:'听者受人言察是非也。'《周礼·小宰》:'以听官府之六计。'注:'听平治也。'《荀子·王霸》:'要百事之听。'注:'听治也。'《王制》:'听之绳也。'注:'听,听政也。'是古谓听为议狱为平治为听政,均听治之义也。《前》六·五四·七:'王耴。'言王听治也。《戬》四五·九:'王耴不隹囬。'契文言囬与《易》言咎同。言王听不隹咎也。《戬》四五·十:'王耴隹𠂤耂。'言有耂则不利于听治也。《拍》一·九:'王耴不隹于唐ᴅ。'言王之听治唐不耂王也。殷王之动作,无事不占,况临朝听治之大事,岂能无所贞卜乎。……耴古听字。听从壬声,乃后世所加之声符。"① 而《尚书》有关"听"政的记录也很多,如《虞书·益稷》:"予欲闻六律五声八音,在治忽,以出纳五言,汝听。"疏云:我欲闻知六律,和五声,播之于八音,以此音乐察其政治与忽怠者,其乐音又以出纳五德之言,汝当为我听审之。我有违道,汝当以义辅成我。《商书·太甲中》:"视远惟明,听德惟聪。"其中的"视"、"听",即政治治理上的鉴察是非、识知善恶。不难看出,文字还未通行的上古"听政",包括以八音等音声、乐歌来察辨政治忽怠与否、以视听来分辨是非善恶和评断狱、讼等多方面的内容。

---

① 于省吾主编《甲骨文字诂林》,中华书局1996年版,第659页。

可见,"圣"亦是非文字时代里的以"听"之智慧为核心的族群政治的符号化概括。

在后世被尊奉为"圣人"的那些人,往往都是在未有文字时代对华夏文明创造与传播做出过杰出贡献的人。女娲、神农用实物和结绳的方法来记事,伏羲制作八卦符号表征世界——事实上先秦思想家们毫不犹豫地把一切文明和制度的发明权赋予了圣人,或干脆把文明和制度的发明者都称为"圣人"。《周易·观》"圣人以神道设教而天下服矣",《易传》①就作了详细解释:圣人"仰则观象于天,俯则观法于地","近取诸身,远取诸物","作结绳而罔罟","易之以宫室","易之以棺椁槟","易之以书契",等等。《周礼》也说:"知者创物,巧者述之。百工之事,皆圣人之作也。烁金以刀刃,凝土以为器,作车以行陆,作舟以行水。此皆圣人之所作也。"②《左转·昭公六年》"圣作则",《周礼·冬官·考工记》《礼记》就用"作"来界定"圣":"作者之谓圣。"这里透露的与其说是"圣"或"圣人"无所不能的性格③,不如说是以"圣"(耵、聢)来统称文字产生以前的口传文明。《礼记·乐记》说得很明确:"故知礼乐之情者能作,识礼乐之文者能述。作者之谓圣,述者之谓明。"能"识"、能称述、复述已经存在的(礼乐)文明就叫"述",显然,这个"述"仅仅是指用语言文字对口传文化中实际施用的制度和文明进

---

① 而有关"易道"的发现和《易》的创立也被划入圣人名下,如《汉书·艺文志》称:"易道深,人更三圣,世历三古。"也就是说易道的形成经历了上古、中古、近古三个时代,由伏羲、文王、孔子三圣人相继创立、加工完成。然自汉唐以来,经班固、孔颖达等人的研究,又形成了"四圣作《易》"说:包羲氏画卦、文王作卦辞、周公作辞,孔子作《易传》。

② 关于古圣贤创制礼义、法度、斗斛、城廓等文明活动,荀子、韩非子和韩愈等都有过叙说和各自不同的解释。可参看《荀子·性恶》、韩非子《五蠹》、韩愈《原道》篇。

③ 王中江《儒家"圣人"观念的早期形态及其变异》,《中国哲学史》1999年第4期,第27—34页。

行整理和记录。①

"圣(耵、聑)"这个字,记录、沉淀着如此多的文明因子,同如此多的文化巨擘联系在一起,这是它具有超凡和神圣性的原因之一,也是未有文字的语音时代、口传文化的独特魅力所在。而且,"出于口而入于耳"、"声入心通"的独特能力在那个大部分人尚未开化的文明起步时代是如此不同凡响——语音能力意味着拥有至高的权威,"语言就是权力本身",而不仅仅是权力的象征或权力的一部分:话语权。拥有话语的能力也就意味着拥有了已经启蒙、开化的思想能力,这是可以同武力相提并论的力量。巫师正是因为拥有垄断性的话语能力而赢得了同王权和野蛮武力相抗衡的地位,甚至成为师、王合一的独特"巫王"——当然"巫"还必须有一种能沟通神人的独特话语能力。因此,拥有话语,正是"圣(耵、聑)"拥有超凡性和神秘性的基本原因,并成为口传文化的符号性表征。

显然,"圣者声也"、"以圣为听","圣"之初文乃是"入于耳,出于口"的人类语言现象和言语能力的表述,其初是可以同时包括"声"和"听"两个方面的内涵的。未有文字时代,"口"说"耳"听在文化传播中的作用是如此突出,以至于在文字草创之初,人们以"圣"来总结和概括那些在文化族群集体性无意识中尚且依稀可感的口传文化和文明。

---

① 也正是在这个意义上,孔子称自己"述而不作,信而好古",《中庸》也说他"祖述"尧舜、宪章文武。按这个"圣(耵、聑)"之本义,孔子还是的确不能称作"圣"的。后世文人因为不能理解这个"圣"之本义,而按其时的"圣人"观念想尽办法硬要把孔子编入"圣人"谱系。当然,孔子对夏、商、周三代的文明和制度有"损"有"益"地做了创造性的再阐释,将之保存于诗书礼乐,使口传文明时代的先圣之道不至于熄灭,虽未制作,但其功劳不在"作者"之下。故尊孔子为圣人,亦属无愧。其实以孔子为有文字后的"圣",还是区别于口传文明中的伏羲等"先圣"的。

二

"圣"第二个阶段的涵义乃是"闻声知情"、"闻而知之"的特殊慧心和能力,即所谓"闻志耳而知其所以为〔物〕者也",表现在字形上是加上"人"符,楚简则多改作"壬"符。

> 未尝闻君子道,谓之不聪。未尝见贤人,谓之不明。闻君子道而不知其君子道也,谓之不圣。见贤人而不知其有德也,谓之不智。见而知之,智也。闻而知之,圣也。……闻君子道,聪也。闻而知之,圣也。圣人知天道也。(简本《五行》22—28 简)

> 圣者,闻志耳而知其所以为〔物〕者也。"聪也者,圣之藏于耳者也;〔明也〕者,智之藏于目者也。聪,圣之始也;明,智之始也。"

> 闻君子道,聪也。闻而知之,圣也。……见而知之,智也。(《五行》26、27 简)

> 不聪明则不圣智,圣智必由聪明。圣始天,智始人;圣为崇,智为广。①

从中不难发现,"圣"、"圣智"这种独特的心性论中,包含了多方面的重要信息:

(一)"智"是接受过教化、被贤人所濡染过的人,"见"贤人就有所领悟和收获、"见"即开蒙——使自身与世界的存在关系得以"开显",通过目见就自然能有所"知"。这种现象学意义上的意向性活动是直面对象而直接的表象生成过程,因此作为"见而知之"的"智",乃是一种依据先前的实践存在与生命体验而建立起来的

---

① 帛书《五行》第 244 行,《马王堆汉墓帛书》(壹),文物出版社 1980 年版。下引帛书据此。

直觉智慧和综合判断。但听、闻的过程是无形无像、难以捉摸的，或者说"声响"对象在大脑中形成表象的过程更加难以清晰的把捉，故"圣"这种"闻而知之"——通过听、闻而引发精神意识运作活动而有所领悟和收获的智慧被认为是同"思"紧密相连又难以描述和说明的，《五行》"圣之思也轻"等句就是这个意思。《庄子·胠箧》："夫妄意室中之藏，圣也；入先，勇也；出后，义也；知可否，知也；分均，仁也。"猜测、思考人家家里有什么，这就是"圣"；知道能不能（下手），那就是"知（智）"。其中的"圣"就是一种意向性的精神意识运作与生命活动。

出土和传世文献中都不乏对这种入"圣"之"思"的描述："圣形于内谓之德之行，不形于内谓之行"（《五行》3、4）、"不圣，思不能轻"（《五行》11、12）、"圣之思也轻，轻则形，形则不忘，不忘则聪，聪则闻君子道，闻君子道则玉音，玉音则形，形则圣"（《五行》20）、"思曰睿，睿作圣"（《尚书·洪范》）。教导学生要成为"君子"的孔子则把"思"都引导往个人的整体生命修养上来，提出"见贤思齐，见不贤而内自省也"（《论语·里仁》），和前举《五行》所谓见贤人而知其为贤人其实是一个意思。又说："君子有九思：视思明，听思聪，色思温，貌思恭，言思忠，事思敬，疑思问，忿思难，见得思义。"（《论语·宪问》）就是把"思"作为一个人自省与不断"圆成"的重要手段。

需要特别指出的是，古文献中描绘的"圣"、"智"这种"得"，不能等同于西方对象化的认知和知识获得，而是存在论意义上的"成人"、"成己"活动，即"实现自己"[①]、"构成自身"。简单说"圣"是"闻声知情"、"声入心通"，是"闻志耳而知其所以为物者也"，但不是科学认识，而是立基于全部生活世界的身心合一、物我合一的"存在"之开显，是先于主客分离的对象化科学认知而基于生活世界与整个存在基础上的"理解"。这种"理解"同时包含了生命活动（体验）和生命表达（意义），这种慧心和能力，也就是孟子、王阳明

---

① 张汝伦《哲学释义学的发展——利科的哲学释义学》，《复旦学报》1985年第3期。

他们所肯定的"不虑而知"、"不学而能"的"良知"、"良能"。① "圣智"这种"理解",其特别之处在于它强调了所"闻"所"见"与所"知"的乃是"君子道"、"贤人道",是综合了智识、道德、评价等多方面含摄的生命体验和生命表达。正是这种基于存在的"理解",才发展出了后世强调意识特别是道德意志先于推理与思考的智慧,认为若没有基本的道德等意识的积淀和教化,就不可能会有智识的启蒙与开化,即不可能有所见、有所知。②

简言之,"圣"、"智"、"圣智"乃是人文维新和理性觉醒过程中思想家们认知哲学水平的重要体现,是存在论意义上的"理解",天然地包含了心性论的多方面意蕴。我们不能把它们简单等同于现代西方的认识论和认知思考,但它们也不是那么神秘不可解释③。

---

① 狄尔泰说道:"在我们成为历史的观察者之前,我们首先是历史生物,并且因为我们是后者,我们才能成为前者。""这种'知识'并不是从一种内在的自身感知之中才产生出来,而是属于此之在的,而这个此之在本质上就是理解"。伽达默尔认为,"理解就是人类生命本身的原初存在特征",转引自倪梁康《"历史哲学"中的"历史—哲学"关系》,中国现象学网,2008年10月25日。

② 因为这种基于存在的"理解",所以中国古人一切的思考都在为人生寻求安顿之地,即沉思安身立命之本。尽管这样,我们也不可使其中的认知智慧继续湮没不彰,而将古人深广的心性论和"成人"、"立群"的政治哲学直接化约为泛化的道德主义和伦理教义。

③ 刘信芳先生把"圣知"解释为知识,他说:"闻见是人的感觉,聪明是人的能力,圣知是人的知识。"(刘著《简帛五行解诂》,艺文印书馆2000年版,第78页。)郭齐勇先生:"可以反证'圣智'所具有的神秘体验的内涵"、与"聪明"相联的"圣智"是一种"神明""天德",是对"天道"的体悟或神契,是体验、接近超越层的"天德之知"、"切不可从知识论的视域,特别是主客对待的认识论的角度去理解思孟五行。思孟五行是具有终极信仰的、以天道观为背景的'天人圣智五行观',这种圣听、圣思,是对于超越天道的谛听和冥契,是一种精神性的直觉体验,是心灵感应。"(见其《再论"五行"与"圣智"》,《中国哲学史》2001年第3期,第20—26页。)刘著以主客二元分离的认识论来解读《五行》和"圣智",似有未妥,而用"心灵感应"这样的神秘方式或者"体悟本体"这样西方的概念来解释,亦非贴切。

事实上着眼于道德论的泛道德主义与拿主客对立的二元知识论来理解"圣"、"智"以及先秦心性论,都会导致对古人思想的粗暴裁剪。"圣智",它就是一种总体意义上的向上的"善端",是从存在中自然溢出来的,先于道德,先于科学。①

(二)传世文献和出土文献中的"圣""智"总是与"聪""明"联系起来用的②,能成礼乐的"圣智"乃是"闻声而知"与"见而知之"的相对相合。《尚书·虞书·舜典》载"虞舜侧微,尧闻之聪明……",《荀子·非十二子》有"高上尊贵,不以骄人;聪明圣智,不以穷人"一说,《荀子·在宥》引孔子话"聪明圣智守之以愚……",《礼记·中庸》"唯天下至圣,为能聪明睿知",等等。但是从认知的结果看,耳知之"圣"是要高于目知之"智"的,《孟子·尽心下》:"由尧、舜至于汤,五百有余岁,若禹、皋陶则见而知之;若汤,则闻而知之。由汤至于文王,五百有余岁,若伊尹、莱朱,则见而知之;若文王,则闻而知之。由文王至于孔子,五百有余岁,若太公望、散宜生,则见而知之;若孔子,则闻而知之。"可见,即使是孟子的时代,人们还是认为"闻而知之"的"圣"是要高于目知之智的。但其中的最大关键是"圣"可连通天道。

三

"圣"观念演变中的一个特殊标志是它被用来表示"知天道"。马王堆帛书《德圣》:"圣,天知也。知人道曰智,知天道曰圣。圣者,

---

① 如果没有一种对科学思维模式的"悬搁"和"前逻各斯"式的追问,儒家许多观念都难得到合理阐释。中国传统儒学的主流,从先秦至宋明,既非着眼对象化的分析、剖别,从而获得具体的知识,也非一味地追求精神和道德的高尚。当然从某种意义上这影响了智识的发展,使古典哲学带有浓厚的泛道德化色彩。

② 顾颉刚先生举《尚书》等典籍中"圣"字用例,反复强调"圣"就是"聪明""聪明人"的意思。参顾颉刚《"圣""贤"观念和字义的演变》,载《中国哲学》第一辑,生活·读书·新知三联书店1979年版,第81页。

声也。圣者智,圣之智知天,其事化煌。其谓之圣者,取诸声也。"郭店竹简《太一生水》:"君子知此之(指天道,笔者注)谓圣。"《五行》也说:"圣人知天道也。"传世文献中《尚书·说命中》:"明王奉若天道,建邦设都……惟天聪明,惟圣时宪,惟臣钦若,惟民从乂。"《孟子·尽心下》"智之于贤否也,圣之于天道也"①,皆以"圣"为"知天道"、"法天"。古人认为"声"和"风"是天道的某种征象和表述,故表"闻声"、"听风"而有所收获的"圣"就被看成是"知天道",显然这是从其本义"声、听"演化而来的,即"其谓之圣者,取诸声也"。

因为能感通、和合天道,耳听、"闻而知"的主要是天道与天命,所以这种"圣智"②被认为是礼乐产生、创制的源和由,是人与社会和乐有德、邦家兴旺的最根本因素:"圣智,礼乐之所由生也,五〔行〕之所和〕也。和则乐,乐则有德,有德则邦家兴。文王之见也如此。"(《五行》)就是说,正是由于"人"具备能听懂、理解自然、天道所发出的"风"、"声"的圣智,人们才能根据所把握到的自然之天的节律来创制能和合人性人情的礼乐。简书推崇"圣智"而非"仁义",视"圣智"为礼乐、文化的源头,是因为仁、义与"善"属人道(《五行》:"善,人道也。德,天道也。"),而圣、智乃是懂人道与通"德"之天道的前提。法天道的简帛"圣"、"智"观显然是希望通过礼乐政教实践来实

---

① 原文"否"作"者","圣"下有"人"字,据朱熹《四书章句集注》本改。庞朴先生肯定帛书《五行》相关句"圣人"之"人"字为衍字,实际是肯定了"圣之于天道也"以及"五行"为仁、义、礼、智、圣。见庞朴《马王堆帛书解开了思孟五行说古谜》,《文物》1977年第10期,现收入《竹帛〈五行〉篇校注及研究》。后又撰文称"全部五行中,圣又异于其他四行,独以天道为对象"。见《思孟五行新考》,《文史》第7辑;又见《帛书五行篇研究》,齐鲁书社1980年版。证之简本《五行篇》,其说可信。

② 刑文《楚简〈五行〉试论》认为:"楚简《五行》'圣智'的线索,在帛书《五行》中已近不存。"《文物》1998年第10期,第60页;丁四新认为相对于楚简而言,帛书有所弱化、转移,并对此作了简单解释。见其著《郭店楚墓竹简思想研究》,东方出版社2000年版,第129页。另,定州八角廊汉简《文子》一篇亦有"圣智"一说,可为参考。

现和合天人、和谐邦家的至"德"盛世。显然,《五行》所总结的西周理想的礼乐"王"道"圣"治,实践的其实是由礼乐文化来达于天人相合、人神和乐、能得到神与天道眷顾的社会政治理念,而不仅仅是"人道"的天下谐和。它高于以仁义为中心的人道"四行和"的大"善"之世,也高于《礼记·礼运》所谓的"大同"世。因此,它要突出"圣",视之为能否走向五行和的至"德"世的头等要义。

"圣"之"知天道"观念的传承和被强化、"圣智"说、以及与之关联的"五行"说,同三代礼乐文化、特别是西周"王"道礼乐政教文化有深刻的内在联系。前引《礼纪·乐记》即认为能制礼作乐者方为"圣"。《礼记·丧服四制》则以仁义礼知作为丧礼的伦理依据[1]。这也是有了特定含义的"圣"、"智"观念能和仁、义、礼并为礼乐文化之五行的内在原因。

礼乐政教文明有大量的文献可资证明[2],而简、帛《五行》等新出文献则为我们阐明了礼乐文化五行的内在义理。《五行》大段讨论"金声而玉振之"等音乐与礼仪操持问题,即通过由圣智而生的礼乐和合众人之心,自然,"和则乐,乐则有德,有德则邦家兴",要阐明的就是圣智、礼乐、天道以及政教文明的内在关系[3],即如何

---

[1] 《礼记·丧服四制》:"凡礼之大体,体天地,法四时,则阴阳,顺人情,故谓之礼。……有恩,有理,有节,有权,取之人情也。恩者仁也,理者义也,节者礼也,权者知也。仁义礼知,人道具矣。"

[2] 可参看杨向奎《宗周社会与礼乐文明》,人民出版社1992年版;张岩《从部落文明到礼乐制度》"夏商西周的礼乐文化和制度"部分,上海三联书店2004年版;方建军《商周乐器文化结构与社会功能研究》,上海音乐学院出版社2006年版。近年出土文献中,上博简《采风曲目》记载了唱诗时乐器伴奏的四声与九音调,还抄写了40种诗的篇名,与吟唱、演奏诗曲的各种音高相配谐。而郭店简《性自命出》与传世文献《荀子·乐论》和《礼记·乐记》等都探讨了乐与礼、礼乐与性情的关系。

[3] 至于将之解释为精神品行方面的道德规范,则不过是后起的观念了。梁涛《郭店竹简与思孟学派》则以为:"金声玉振在这里实际代表了道德实践的整个过程。"中国人民大学出版社2008年版,第393页。

以音乐贯通人伦与天道①。与之相似,上博简《性情论》也认为乐教是沟通、和合天道与人伦的方式。《礼记·乐记》谓:"圣人作乐以应天。"《韩诗外传》:"汤作《镬》,闻其宫声,使人温良而宽大;闻其商声,使人方廉而好义;闻其角声,使人恻隐而爱人;闻其徵声,使人乐养而好施闻;其羽声,使人柔敬而好礼。"也是当时礼乐政教思想的一部分。而《孔子诗论》也表明当时诗、乐合一,诗乐是修养身心、淳化人心与风俗,关乎政教的重要手段。

周朝和早期儒家都是极其重视乐礼的政治教化意义的,认为"乐音"不仅是通神祭仪、和合人神的重要媒介,而且也是协和社会、兴邦安家的力量。不仅诗歌、音乐、礼仪与政治、教化密不可分,而且礼乐被认为是直接关乎性情的培养和"自我"的生成。这在出土楚简中得到了明确的佐证:"凡圣(声),其出于情也信,然后其入拨人之心也够。闻笑声,则鲜如也斯喜。闻歌谣,(则陶如也斯)奋。听琴瑟之声,则悸如也斯欢。观《赉》《武》,则懠如也斯作。观《韶》《夏》,则勉如也斯敛。"②就是说"声(圣)"具有"动荡血脉、流通精神"的功能而成为"兴"发情感的表达形式③。西周礼乐教化的实质问题是通过音乐仪式来疏导、调和与净化个人的情感、心灵与整个生命世界,以及和同所有音乐表演者和观赏者的思想与情感,也即和合众人之心,进而实现整个文化族群和社会的大融合、大和谐。西周礼乐的人文世界,以凝结个体生命,形成稳固的群体生

---

① 张显成《简帛文献学通论》一书以及"'集大成'与'金声而玉振之'训释补正——帛书研究札记"一文对二词有辨释,但仍以为是"儒家所崇尚的道德规范"。前书,中华书局 2004 年版,第 302—305 页;后文见《古籍整理研究学刊》1996 年第 2 期。

② 郭店楚简《性自命出》23—26 简。

③ 因此,"兴"这一后世最为重要的诗学思想也是从礼乐、乐教文化中的"圣"观念所延展出来的,要完全理解孔子"兴、观、群、怨"的"诗"说就必须挖掘其产生的礼乐、乐教文化背景。可参王小盾《诗六义原始》,《扬州大学中国文化研究所集刊》第 1 辑,第 1—56 页;又载《中国早期艺术与宗教》,东方出版中心 1998 年版。

命、宗族生命,乃至民族生命为旨归;在礼乐的践履和操持过程中,个人生命融入到礼制之中,进而融入到氏族、宗族、乃至整个民族生命之中。故"圣"之所以能通天道,正在于礼乐政教的特殊效果。

概而言之,"圣"之所以有这么大的神秘魅力,实在也是因为"圣智"乃是礼乐政教文明的真正起点。而且,作为把握音乐这一特殊"声响"的特别能力,"圣"又是体认与和合天道、理解天命的符号概括。后世所言"圣人",特别是文王、周公等,正是能体认天道、制礼作乐、谐和万民与万邦的"立德"者、礼乐政治文明的杰出代表。

而且,"圣"被理解为能上达天道、"知天道",又是因为其中汇集、融通了商朝乃至更早时代的某些天人关系感悟。

四

历史地讲,"知天道"之"圣"其实是上古历史中巫术文化、祭仪文化的某种传留。

"圣"从耳从口,被认为是巫祭仪式上的"巫"对神祝咒、聆听神之意旨的活动。白川静先生则认为圣(聖)所从之"口"是收纳祝祷的器皿,本义是向神祝祷,聆听神的应答[1]。与此类似,窪田忍先生也推断圣(聖)字中的"口"是表示器皿,与祭祀有关[2]。而且,由于风、声(圣)和气被认为是天道、天命、神或帝的意思表示,而闻、听也就被认为是了解天道、天命和神的方法,因此,语言、语音就成了通神的手段,在初民世界里作为极少数掌握了语言、能解读自然之声(圣)——各种自然现象的"巫"也就成了沟通神人的中介。

相应地,后世所谓的"圣",往往的确有着"巫"的身份或能力。《礼记·祭义》:"唯圣人为能飨帝。"《周易·鼎卦·彖》:"圣人亨以享上帝。"唯独"圣人"有事神的能力,这种"圣人"其实就是"巫"。

---

[1] 参阅〔日〕白川静《字统》,平凡社1984年版。
[2] 〔日〕窪田忍《中国哲学思想史上的"圣"的起源》,载《学人》第一辑,江苏文艺出版社1991年版,第27页。

不管怎么说,事神都是巫、觋的职司或能力。① 而《管子·心术下》则直接说:"圣人,一言以解之:上祭于天,下祭于地。"

作为公共生活中的巫、圣往往有着部族一般成员甚至是武力象征的"王"都不具备的较高语言能力和思想能力,掌握着本部族或国家的历史(传说或典册),具有较丰富的天文、历法、哲学和医学等知识,又是宗教性活动的专断者。因此,巫、圣也具有了在政治生活中的特殊地位,甚至可以同时是部族首领。陈梦家就商代巫术与政治说过:"王者自己虽为政治领袖,同时仍为群巫之长。"②"坐于方坛之上"听风画八卦的伏羲似乎就是巫、王合一③;古籍中的黄帝、蚩尤也是部族巫师,或又兼部落首领。④

部分"巫"之所以能在理性和人文觉醒的文化氛围下仍被尊为"圣",除了他必须有特殊能力——如能理解、分辨"神"的意思表示外,还应当有"大德":盛德广业⑤,即"博施于民而能济众",治德崇高、对文明和族群发展有杰出贡献。神话中,鲧、禹驱使异兽神怪治水,显然是巫,但他们对族群发展也有着史诗般的贡献。《墨子·兼爱下》等文献记载商汤"剪其发,磨其手,以身为牺牲"祷告鬼神上帝

---

① 《国语·楚策》:"在男曰觋,在女曰巫。"
② 陈梦家《商代的神话与巫术》,《燕京学报》(20),第535页。
③ 《太平御览》卷九引王子年《拾遗记》:"伏羲坐于方坛之上,听八风之音,乃画八卦。"古巫者沟通神人的一个手段似乎是伺、听"风"。
④ 《山海经·大荒北经》载黄帝战蚩尤故事:"黄帝使应龙攻之冀州之野。应龙畜水,蚩尤请风伯雨师,纵大风雨。黄帝乃令下天女曰魃,雨止,遂杀蚩尤。"又,《韩非子·十过》:"昔者黄帝合鬼神于西山之上。"《文心雕龙·祝盟》:"黄帝有祝邪之文。"而这种巫师兼部族首领现象的存在,已得到文化人类学研究成果的充分证实,可参看〔英〕弗雷泽《金枝——巫术与宗教之研究》,徐育新译,大众文艺出版社1998年版;〔法〕列维-布留尔《原始思维》,丁由译,商务印书馆1981年版。
⑤ 这里所说的"德"不是后世所谓的内部自修的仁义诚敬之类,而是指效法天地的"生生之大德"。有关"德"观念在先秦的发展演变,可看晁福林《先秦时期"德"观念的起源及其发展》,《中国社会科学》2005年第4期,第192—204页。

以祈雨,既是其巫师身份的表现,又是他崇德广业的体现。即便真实的动机没有描述的这般好,但巫祭传说还是被提炼为为民祈命、"杀身成仁"的崇高准则。因此,先秦载籍多呈现为神秘的"巫"文化传唱与"理性"的文字阐释并存的局面。看来,"圣"即是后世思想家们依据他们自己时代的相近观念标准,对早期那些有崇高人格、为集体做出过巨大文化贡献、并具有非凡"卡里斯玛"灵性的部族代表的一个称名——它同更早时期的巫术文化有内在的关联。

概而言之,"巫"是较早时期实际存在的历史文化现象,而"圣"具有生成上的想像性和阐释性,是后世对前世巫卜文化、礼乐政教文化以及理性文化中的巨匠及其文化体系再阐释的过程中生成的观念。而将巫术文化以及政教性的礼乐与"圣人"和"圣"联系起来,或者说"圣(聖)"从与"听(聽)"、"声(聲)"相通的原初意涵里孳乳而得"知天道"、"通神"这样的新义,乃是立基于巫术文化和乐教文化传统的基础之上的。"圣"观念不仅沉淀着神秘性的巫术文化及其历史制度性因子,而且是礼乐文化制度下成熟的、有相当合理性的"天人感应"宇宙论哲学、自然哲学紧密关联的核心部分。

"圣"作为天人关系观念演变的这个过程,同孔子论析的夏、商、周三代文化递相沿展的特性若合符契。《礼记·表记》记载:"夏道尊命,事鬼敬神而远之……殷人尊神,率民以事神,先鬼而后礼……周人尊礼尚施,事鬼敬神而远之,近人而忠焉。"① 夏人尊奉自然天道,依照四时变化等自然节律而生产生活,神、人混然一体;殷人凡事决于龟蓍,"先神而后礼",以巫通神主导了公共性政治生活;周人"尊礼尚施",重视礼乐教化,祭祀的神性皈依和宗教功能

---

① 据《太史公自序》"(孔子)因史记作《春秋》……据鲁,亲周,故殷,运之三代",《春秋》所推崇的三代之德也即孔子所追迹的三代之礼。孔子还指出了礼在三代的相因与损益关系:"殷因于夏礼,所损益,可知也;周因于殷礼,所损益,可知也"(《论语·为政》)。因此,上引《礼记·表记》记载孔子述夏、殷、周对政教及鬼神所持态度应当是可信的。

逐步弱化①,《周礼》中"巫"的地位已明显下降,并且分工很细,祭祀活动也日益功用化、伦理化,成为西周政治和宗法礼仪体系的一部分,这是礼乐政教文化下的必然情况。人自身特别是宗族群体的努力空前受到重视,文治武功、忧患意识在成周的过程中表现得尤为明显且收效显著②。随着巫术文化向政教礼乐文化转型,巫术祭仪中的实用目的和具体内容虽然已经被遗忘,但其中神秘性的集体无意识却在巫、卜、史、圣等语言中得以传承。因此,"圣"观念里层累、浸透了夏、商、周乃至春秋时期的历史文化思想,是先秦社会意识形态的高度结晶,认为"圣"或"圣人"乃是"神"围困时代、"巫"文化③、人文主义或理性觉醒等任何一种文化的重要标志,抑或象征,都是不够全面的。

"圣"观念的这种多层文化沉累结构④,相当典型地体现在作为三代文化精髓的《周易》一书中⑤。《周易》中的"圣""圣人"最重

---

① 《礼记·祭统》:"夫祭有十伦焉,见事鬼神之道焉,见君臣之义焉……见上下之际焉。"祭祀有十个方面的内容和意义,鬼神之事只居其一。

② "周人以蕞尔小邦,崛起渭上,不仅代替文化较高的大邑商,成为古代中国的主流,而且开八百年基业,为中国历史上重要的一个时代",不能不说是周人励精图治的结果。参看许倬云《西周史》相关章节,生活·读书·新知三联书店1994年版。

③ 如何长文《巫与圣的文化关联》一文探讨了"圣"与"巫"的文化互渗关系,至于其他文化意蕴则未加措意。刊《北方论丛》2004年第3期,第89—93页。当然论文本节也受到何先生论文启发,特致谢意。

④ 顾颉刚先生将古史一概否定虽未必高明,但其"层累"说在思想史的意义上确是十足的创见。

⑤ 有关《周易》成书的年代问题学界尚有争论,但研究表明,书中包含了春秋以前中国文化不同时代和族群的文化精髓。具体可参看李学勤《周易经传溯源》,长春出版社1992年版(巴蜀书社2006年增订本,名《周易溯源》);李镜池《〈周易〉探源》,中华书局1978年版;蔡尚思《十家论易》,上海人民出版社2006年版。

要的特点是"与天地合其德"①,始终把天地大道作为人类安身立命与盛德广业的最高依据,这其实是上古直至西周所继承的自然天道和宇宙论哲学观。其次,《周易》"其起源是在于卜筮,其施用亦在于卜筮"②,书中包含大量的祭祀内容,从中提炼出来的"圣"观念也多少残留着巫师、巫王的文化烙印。再者,其中又含有"修身"、"践礼"等"人道"义理③,《说卦传》:"昔者圣人之作《易》也,幽赞于神明而生蓍……和顺于道德而理于义,穷理尽性以至于命。"这又是西周所突出发展的超越一部一族的天命观念以及随着道德性天命而衍生的理性主义④。

五

西周的礼乐属于政治生活的一部分,着眼于社会和民心。但是,"礼崩乐坏",具体的礼乐政教制度及其实践已然消亡,通过礼乐践履和教化来激发、净化与调谐情志意的功能也从记忆中消退了,于是人们只能作义理的阐发,并将其内在的原理,包括声(聖)、乐、圣智在联接天道与人伦中的关键作用,概括为"五行":《五行》由"圣"、"德"的和合人道与天道,到"智"与"善"的"人道",发展、下落到人伦中的"爱人"之"仁"——人与人之间的和谐相容与同感共

---

① 前人对《周易》中的"圣人"多有研究,惜乎未能结合不同历史时期具体辨析其不同文化因素,只作了逻辑性的特点分类和经验性的归纳。如谭德贵《〈易传〉的圣人观及其他》,《孔子研究》2004年第5期;辛亚民《君子与圣人——论〈周易〉的理想人格》,《同济大学学报(社会科学版)》2004年第4期;韩星《〈易传〉圣人观及其现代意义》,《安阳大学学报》2004年第3期。
② 朱熹:"《易》本卜筮之书,后人以为止于卜筮。至王弼用老庄解,后人便只以为理,而不以为卜筮,亦非。"《朱子语类》卷六六。
③ 陈鼓应《易传与道家思想》,生活·读书·新知三联书店1996年版,第44—46页。
④ 许倬云《西周史》(增订本),生活·读书·新知三联书店1994年版,第317页。

生,以及"义"、"礼"等行,这就是礼乐政教"五行"的内在脉络。但在《六德》篇,人们已经没法正确解释或者不愿回溯产生于并依附于礼乐"王化"政教文明的"五行"及其相互关系,罔顾"圣"之所以能沟通天道与人道、人伦的具体原因——礼乐"王化"政治文明中的"知天道"之"圣"在"道术而为天下裂"的合理性、世俗性和功利化新文化氛围中已然变得不好合理解释,遂依据"五行"被赋予的和谐人伦与社会的基本功用,对"五行"作道德教义化或宗族伦理化的新解释①,本作为"礼乐之所由生"、沟通"天道"的"圣"行,被《六德》篇重新解释、并落实为纯伦理教义化的人伦之一行:"父"德。说到底,后世的伦理教义或道德律令还是从西周礼乐政教实践中脱胎而来的。②

《六德》34 简:"父圣,子仁,夫智,妇信,君义,臣忠。圣生仁,智率信,义使忠。"简文这样解释"父圣":"既生畜之,或从而教诲之,谓之圣。圣也者,父德也。"就是说,作为"父"德的"圣"乃是指对待儿女不只要生养,还要有教诲。万物为天地所生养,人为父母所生养,"圣"既为天德,连类而及,固宜为父德。父之为德,关键是要效天道"生生"之大德和先圣"则天化行"的教化万民之德。《六德》所着意强调的父德乃是生养之外还要有类似"师"的教化,从而

---

① 与此相应,"五行"也被彻底修改成了精神性的道德教义或伦理规范。也因此,在文字思辨的新文化格局中,这些道德教义或伦理规范本身才会出现不尽相同的多种版本《六德》34:"父圣,子仁,夫智,妇信,君义,臣忠。圣生仁,智率信,义使忠。"前引《周礼》:"六德";《语丛一》16、17:"有仁有智,有义有礼,有圣有善。"前引《大戴礼记》:圣、智、仁、信、义、利;贾谊《新书·六术》:"人有仁、义、礼、智、圣之行,行和则乐,与乐则六,此之谓六行。"《孝经注》"六德":仁智、信义礼忠。《孟子·公孙丑上》"四端":仁、义、礼、智;董仲舒《贤良对策》"五常":仁、义、礼、智、信。另《淮南子·兵略》言"将"之五行:柔而不可卷也,刚而不可折也,仁而不可犯也,信而不可欺也,勇而不可凌也。

② 需要说明的是,孔子及其弟子们所着眼的乃是如何培养"人"、成"人",在当时依然不是后世所理解的单纯精神道德律之狭隘一面。

使其摆脱蒙昧状态,能知人伦甚至天地大道。① 孟子曾引子贡话:"学不厌,智也,教不倦,仁也。仁且智,夫子既圣矣。"(《公孙丑上》)也是说有"智"而又能不倦地教化他人者方为"圣"。礼乐文化从实际的生活变成了纯义理化的总结,相应地,《六德》篇也将"圣"从天道拉回到了人道,变成了伦理生活的教义之一。

六

春秋战国以降,"却魅"的趋势愈发猛烈,在由巫术文化向理性文化转型、口传文化向书写文化转型的过程中,"圣"观念中原有的"巫"文化和口传文化的神秘"灵"性以及集体性礼乐政教文明的"神圣"感逐渐削弱,世俗、理性与个体感成为不可阻挡的滚滚洪流。"圣"由一种对属性的摹状也彻底转变成了墨、荀等的人文理性和实践理性的"圣人"、"圣贤"或"圣王",并开始从多个分裂的类别上来一一要求:如道德品格、智慧和实践事功等多方面,而其中关键的"圣"性往往首先是内在道德上的至善与完美,而上古一切先祖也被解释成了道德完美的化身。这种单纯的精神与道德律令,不仅与作为礼乐文化"五行"之一的"圣"相去甚远,而且同《六德》等作为亲族伦理生活教义之一的"圣"也有了差别②。

相比墨子、荀子等人,郭店简中的"圣人"仍表现为一种过渡形态:(一)圣人天德。《成之闻之》简37、38曰:"'圣人天德'何?言慎求之于己,而可以至顺天常矣。"是说圣人能通明天道并能顺应天常。(二)圣人法天则地,教化万民。《唐虞之道》简4、5云:"夫圣人上事天,教民有尊也;下事地,教民有亲也;时事山川,教民有

---

① 在这里,作者注意的是为人父的责任和荣耀,与荀子、《吕氏春秋》劝人学习、提高自己和传为曾子的《孝经》重视子之孝有所不同,这也可能是简文较荀子、《孝经》等早出的缘故。

② 荀子为何批评思孟五行,学界有多种意见,而愚以为这是文化语境的变迁造成的,笔者将另撰文详述之。

敬也;亲事祖庙,教民孝也。""教民大顺之道。"(《唐虞之道》简6)(三)圣人与普通人的差距已经被凸显出来了。《成之闻之》简28:"民皆有性而圣人不可慕也。"圣人也就成了理想化的以"道"治民的"王"。《尊德义》简6:"圣人之治民,民道也。"(四)尧、舜等远古人物及其"禅而不传"的"圣、仁"道已经被刻意宣扬,先秦圣人统系及其道统渐渐清晰。《唐虞之道》简1、2:"禅而不传,圣之盛也;利天下而弗利也,仁之至也。故昔贤仁圣者如此。"

学派纷争的激烈时期,思想家们各自强调、发展着"圣"观念的某些方面,"圣人"也就有了许多差异,但又无不抱有"圣人"理想,相互之间也有相通相应之处,这是由早期的"圣"观念所决定了的。这些方面的研究著作很多,这里就不展开讨论。

综合上述,先秦"圣"观念的发展大致可以厘定出这样一个线索:在夏代以前,已经萌生了构成后来"圣"思想的某些义素,其人类早期观念的混成性典型地体现在"圣(聖)"、"声(聲)"、"听(聽)"相混相通。"圣"沉淀了中国远古时期的听政制等口传文明因子,可算是那个时代为族群发展做出过杰出贡献的文化巨子们的一个总符号,也是人们奉行自然天命,依风、声、气、四时等自然节律生产生活的反映,记录了早期素朴的自然宇宙哲学观。随后,当人们从混沌的原始性生活状态中走出来,观念上的日趋复杂所呈现的是更为细致的符号分工。"圣"脱离"声"、"听"以及"口口相传"、"口说耳听"这样的原初涵义而衍生出"闻声知情"、"知天道"、"圣智"等思想观念。同历史的演生进程相应合,这些特定的"圣"思想也深刻地打上了上古自然哲学、商朝及其前后的巫祭文化、周朝礼乐文明以及春秋文字整理时代的理性智慧的烙印。再往下才有了春秋中叶以后各家各派既有差异又相通相应的圣人、圣贤、圣王理念。伏羲、尧、禹、汤、文、周公、孔子等之所以能被尊为"圣",就在于他们被认为是或能以巫通神、卜知天命,或能听声辩风、把握自然大道,或能创制礼乐,使邦家、天下和同于天道、天命,并得到天、神的眷顾,他们自己也有了与"道"同体的"玄德"。

中国古代思想既没有完全走向通过偶像膜拜的方式来表达虔

诚的信仰,也没有走向主客体二元分离的科学认识,当然也不是如后世所片面理解的道德主义,而是始终执着于作为一切意义之源的生活世界,坚持推进"存在"的澄明之境,以及包括智识、道德等全面的生命和世界之道的整体开显与敞亮,保持人和自然以及人和人之间和谐与平衡的"关系"之在,力求非"实体"、非"主体"性的本真存在,与"圣"观念的发生与发展有一定的关联。反过来可以说,"圣"观念的发生与演变正体现着和实现着中国思想这一"存在"论的特点。欲理解"圣""圣智"等观念,就不能不深刻了解中国思想上的这一关键性特征。进一步讲,想要真正理解中国古代思想,不能不抱持一种前"逻各斯"式的存在之思和现象学方法论上的"还原"与"悬搁"①。

(作者单位:九江学院文传学院)

---

① 这不是提倡用西方的时髦理论和方法来简单比附或"逆格义",拿自然科学式的认识范型来裁剪中国古代文化,而是希望对中国古代思想有一个确实的理解和掌握。"逆格义"一语见林安梧先生《当代新儒家关于"格义"与"逆格义"方法论的探讨——以牟宗三先生的康德学与中国哲学研究为例》,刊于洪汉鼎、傅永军主编《中国诠释学》第6辑,山东人民出版社2009年版。刘笑敢先生称"反向格义",参见《"反向格义"与中国哲学研究的困境——以老子之道的诠释为例》,《南京大学学报》2006年第2期;以及梁涛《诠释和定向——中国哲学方法论的思考——访刘笑敢教授》,《哲学动态》2008年第7期。李明辉等先生亦有相关阐述,此不赘举。

关于孔子办学的几个基本问题

王齐洲

孔子是中国历史上最伟大的教育家,开创了私人办学的先河,影响中国教育发展两千多年。然而,对于孔子办学的一些基本问题,如办学的时间地点、层次规模、组织管理、经费来源等,今人知之甚少,即使有所了解,也都语焉不详。这一方面是因为相关材料太少,难有确切的结论,另一方面也是因为大家的关注点多集中在孔子的教育思想、教学方法、培养目标等更为重要的问题上,忽视了对这些基本问题的探讨。然而,对这些基本问题的了解,能够帮助我们更加深入地研究孔子的教育思想、教学方法、培养目标。因此,笔者不揣谫陋,拟对上述基本问题加以探讨,希望能够促进对孔子教育研究的深入。需要说明的是,由于直接可以说明问题的材料太少,有些问题只能采用间接材料,或者进行必要的逻辑推论,还望读者鉴谅。

一 孔子办学的时间地点

在讨论孔子办学的时间地点之前,先要确定孔子的生年,以便于我们的叙述。《春秋公羊传》《春秋谷梁传》《史记·孔子世家》等所记孔子生年不同,现今学界多认可《史记·孔子世家》所记孔子生于鲁襄公二十二年(前551年),本文即以此作为叙述的基点。

关于孔子办学的时间,一说在孔子17岁时。《史记·孔子世家》载:"孔子年十七,鲁大夫孟釐子病且死,诫其嗣懿子曰:'孔丘,圣人之后,灭于宋。其祖弗父何,始有宋而嗣让厉公。及正考父,佐戴、武、宣公,三命兹益恭,故鼎铭云:"一命而偻,再命而伛,三命而俯,循墙而走,亦莫敢余侮;饘于是,粥于是,以糊余口。"其恭如是。吾闻圣人之后,虽不当世,必有达者。今孔丘,年少好礼,其达者欤!吾即没,若必师之。'及釐子卒,懿子与鲁人南宫敬叔往学礼焉。"①按《史记》所述,孔子在17岁就招收了孟懿子和南宫敬叔两个弟子,故有人将孔子办学起始时间定在其17岁那年,即鲁昭公七年(前535年)。然而,司马迁的这个说法其实是错误的。且不说17岁的孔子是否已有"好礼""达者"的声誉,是否有能力招生授徒,只需要指出此时孟懿子和南宫敬叔尚未出生②,而孟釐子活得还很健旺,就足以否定这一说法。之所以出现这样的错误,是因为司马迁误会了《左传》的记载。《左传·昭公七年》载:"九月,公至自楚。孟僖子病不能相礼,乃讲学之,苟能礼者从之。及其将死也,召其大夫曰:'礼,人之干也,无礼无以立。吾闻将有达者,曰孔丘,圣人之后也,而灭于宋。其祖弗父何,以有宋而嗣授厉公。及正考父,佐戴、武、宣,三命兹益共(恭),故其鼎铭云:"一命而偻,再命而伛,三命而俯,循墙而走,亦莫敢余侮;饘于是,鬻(粥)于是,以糊余口。"其共(恭)也如是。臧叔纥有言曰:"圣人有明德者,若不当世,其后必有达人。"今其将在孔丘乎!我若获没,必属说与何忌于夫子,使事之,而学礼焉,以定其位。'故孟懿子与南宫敬叔师事仲尼。"③文中的孟僖子即孟釐子,僖、釐二字古通;说一作阅,即南宫敬叔,又称南宫阅、仲孙说,为孟僖子次子;何忌即孟懿子,为孟僖子长子,嗣爵。看得出来,《史记》所记是对《左传》此段记载的改

---

① 司马迁撰,裴骃集解、司马贞索隐、张守节正义《史记》卷四十七《孔子世家》,《二十五史》本,上海古籍出版社、上海书店1986年版,第225页。
② 孟懿子和南宫敬叔生于鲁昭公十一年(前531年)五月,是双胞胎。见《左传·昭公十一年》有关记载。
③ 杜预注,孔颖达疏《春秋左传正义》卷四十四,《十三经注疏》本,中华书局1980年版,第2051页。

写。由于司马迁的疏忽,他将孟僖子于昭公七年陪同鲁昭公访问楚国之事与其死前嘱咐大夫之事当成了同一年中发生的事。其实,孟僖子死于鲁昭公二十四年(前518年),《左传》虽无记载,但《春秋》有明确记载:"(昭公)二十四年,春,王三月,丙戌,仲孙貜卒。"①仲孙貜即孟僖子。《春秋》还有昭公九年(前533年)"秋,仲孙貜如齐",昭公十年(前532年)"秋七月,季孙意如、叔弓、仲孙貜帅师伐莒",昭公十一年(前531年)"五月……仲孙貜会邾子盟于祲祥"等记载;而《左传》也有昭公九年(前533年)"秋八月……孟僖子如齐,殷聘礼也",昭公十一年(前531年)"五月……孟僖子会邾庄公盟于祲祥,修好,礼也。泉丘人有女,梦以其帷幕孟氏之庙,遂奔僖子,其僚从之,盟于清丘之社,曰:'有子,无相弃也。'僖子使助薳氏之簉,反(返)自祲祥,宿于簉氏,生懿子及南宫敬叔于泉丘人。其僚无子,使字敬叔"②等记载。由于《左传》昭公二十四年(前518年)未记孟僖子事,故其死前遗嘱便附记于昭公七年(前535年),从而造成了司马迁理解的错误。此外,孟僖子死前嘱咐其大夫被司马迁改成"诫其嗣懿子",南宫敬叔是孟僖子的次子,却被说成鲁人,以与其嗣子孟懿子做分别,这些改写都是错误的。③

《左传》为何要将孟僖子死前的遗嘱附记于鲁昭公七年(前535年)呢?这是因为,这年三月,孟僖子陪同鲁昭公访问楚国,途经郑国时,郑国国君在国都的城门慰劳鲁君,孟僖子作为副宾,不知该如何答礼;到楚国后,楚王到郊外迎候,孟僖子也不知如何答谢郊劳礼,这使他感到非常难堪和沮丧。正是由于此次出访因不

---

① 杜预注,孔颖达疏《春秋左传正义》卷五十一,《十三经注疏》本,第2105页。

② 杜预注,孔颖达疏《春秋左传正义》卷四十五,《十三经注疏》本,第2056—2060页。

③ 因为有孔子17岁收徒之说,故《礼记·檀弓上》载有孔子合葬父母于防,其弟子与他一起封土造墓,"孔子先反(返),门人后,雨甚至,孔子问焉"等事,《孔子家语·曲礼公西赤问》记载略同。然而,这些记载都是不可靠的。

知礼仪而丢尽了面子,所以孟僖子回国后便开始重视讲习礼仪,死前更遗命其儿子去向孔子学礼。《左传》所记"孟僖子病不能相礼",即指其深恨自己随同国君出访期间没有做好相礼工作。病者,恨也。正因为有此切肤之痛,所以临死前孟僖子才有要自己的两个儿子去向孔子学礼的遗命。这两件事联系非常紧密,故《左传》一并书之。司马迁不察,导致在其撰写《孔子世家》时出现时间错误,我们自然不能为他掩饰。

如果孟懿子与南宫敬叔听从父亲的遗命,在其父逝世后立即师事孔子,那么,孔子接收弟子的起始时间应该在鲁昭公二十四年(前518年),时年34岁。综合考虑,这种可能性非常大。一是孟懿子与南宫敬叔领父亲遗命拜孔子为师,是履行孝道,势在必行;二是孟僖子去世时,孟懿子与南宫敬叔只有十三四岁,如何守孝,如何答礼,他们不懂,需要学习,更需要有人随时指点,此时拜孔子为师以学礼正当其时。有了这两个理由,我们确定孔子34岁时开始接收弟子,大概不会有问题。不过,如果将此事说成是孔子办学之始,其实是大有疑问的。这是因为,私下接收弟子与公开办学毕竟不是一回事,没有办学的人同样可以接收弟子,指导他们学习,为他们解答疑难。所谓办学,应该有稳定的教学时间,固定的教学场所,一定的教学规模,公开的招生程序,有效的教育管理,等等。如果只要形成师生关系就可认定是在办学,那么,我们将无法进行相关问题的讨论。例如,传说中的尧、舜曾以务成子为师,那务成子是否也在办学呢?孔子向不少人请教学习过,包括老子、苌弘、师襄、郯子,那这些人是否也都是在办学呢?显然不能这样认为。虽然孟懿子与南宫敬叔向孔子学礼,形成了事实上的师生关系,这自然不容否认,但这与开办学校招收弟子是有所不同的,所以司马迁写《史记·仲尼弟子列传》没有列入孟懿子和南宫敬叔,无疑是正确的。

现在的问题是,鲁昭公二十四年(前518年)前,孔子是否已经开始办学了? 有学者认为,孔子讲过"吾十有五而志于学,三十而立"①,所以孔子30岁可能已经开始创办学校,招生授徒。这种可能性当然不能排除,然而,这需要提出证明材料,以证实孔子30岁时确已创办学校并招生授徒。钱穆曾举《左传》所记鲁昭公二十年(前522年)琴张事,认定"琴张乃孔子弟子,殆在当时已从游。知孔子三十岁后即授徒设教"②。据《左传·昭公二十年》载:"琴张闻宗鲁死,将往吊之。仲尼曰:'齐豹之盗,而孟絷之贼,女何吊焉?君子不食奸,不受乱,不为利疚于回,不以回待人,不盖不义,不犯非礼。'"杜预注以为:"琴张,孔子弟子,字子开,名牢。"③然而,《史记·仲尼弟子列传》不载此人,清代学者多以为琴张和琴牢是两人,以琴牢为孔子弟子,即《论语》所载"牢曰:子云'吾不试,故艺'"④之人,如王念孙《读书杂志》和刘宝楠《论语集释》皆主此说。⑤《左传·昭公二十年》所载琴张是卫人,齐豹、孟絷、宗鲁也都是卫人,宗鲁死于齐豹、公子朝等人针对公孟絷(卫灵公兄)的一次叛乱。宗鲁本是齐豹推荐给公孟絷做随从的,说明他们原来的关系不错,而齐豹与公孟絷发生矛盾并激化有一个过程,即公孟絷"夺之(指齐豹——引者)司寇与鄄,有役则反之,无则取之"⑥。当齐豹与公孟絷矛盾激化后,宗鲁事先已从齐豹那里知道了他们要

---

① 何晏集解、邢昺疏《论语注疏》卷二《为政》,《十三经注疏》本,第2461页。
② 钱穆《孔子传》第四章《孔子之中年期》,九州出版社2003年版,第16页。
③ 杜预注,孔颖达疏《春秋左传正义》卷四十九,《十三经注疏》本,第2092页。
④ 何晏集解、邢昺疏《论语注疏》卷九《子罕》,《十三经注疏》本,第2490页。
⑤ 参见程树德《论语集释》卷十七《子罕》,中华书局1990年版,第584页。
⑥ 杜预注,孔颖达疏《春秋左传正义》卷四十九,《十三经注疏》本,第2091页。

关于孔子办学的几个基本问题

杀公孟絷的消息,但他既没有阻止齐豹等人的行动,也没有告诉公孟絷身处的危险,而是选择了与公孟絷一同赴死。琴张是宗鲁的朋友,宗鲁死后,琴张想去吊唁。孔子不赞成,讲了一番道理。这里是否可以判断琴张一定是孔子弟子呢?其实很难判断。综合各种因素考虑,琴张、宗鲁、孔子的年龄可能不相上下。孔子的话既可以理解是对琴张想去吊唁的劝阻,不过,这需要一个前提,要么孔子当时在卫,要么琴张当时在鲁;也可以理解为是《左传》作者引用孔子对琴张想要吊唁宗鲁的评论,就如本年郑国执政子产去世后《左传》作者引用孔子的评论一样。退一步讲,即使琴张这时确已拜了孔子为师,那也与孟懿子和南宫敬叔四年后拜孔子为师相似,可以视为孔子接收了一个弟子,而不能断定他已经开始创办学校。当然,《左传·昭公二十年》记下孔子的这段话非常重要,它证明这时的孔子已经以知礼而得到社会的关注和认可,他的话已经具有了某种权威性。此外,《史记·孔子世家》所载此年齐景公与晏婴来适鲁,景公曾向孔子问秦何以霸,孔子的回答颇令景公满意[①],即使此事是捕风捉影,也说明时人以为孔子的政治思想开始为列国统治者所关注。

尽管如此,我们仍然不能将孔子开始办学的时间定在鲁昭公二十年(前522年)或二十四年(前518年),因为其时孔子办学的主、客观条件仍然还不成熟。鲁昭公二十四年春,孟僖子死,孟懿

[①] 《史记·孔子世家》载:"鲁昭公二十年,而孔子盖年三十矣,齐景公与晏婴来适鲁,景公问孔子曰:'昔秦穆公国小处辟(僻),其霸何也?'对曰:'秦国虽小,其志大;处虽辟(僻),行中正身;举五羖,爵之大夫,起缧绁之中,与语三日,授之以政。以此取之,虽王可也,其霸小矣!'景公说(悦)。"清人江永《乡党图考》、崔述《洙泗考信录》、梁玉绳《史记志疑》均以为此为六国传说,不可靠。

子和南宫敬叔拜孔子为师,接着孔子与南宫敬叔适周,向老子问礼①。鲁昭公二十五年(前517年)秋九月,鲁国发生内讧,昭公帅师攻伐季孙氏,三桓(季孙、叔孙、孟孙均为鲁桓公后裔,故称)联合反抗,昭公师败奔齐。这一年孔子也到了齐国,"为高昭子家臣,欲以通乎景公"②。《论语·微子》载:"齐景公待孔子,曰:'若季氏,则吾不能,以季、孟之间待之。'曰:'吾老矣,不能用也。'孔子行。"③这段话隐括了孔子在齐的全部经历。起初,齐景公两度问政于孔子,准备重用他。当时齐国晏婴为相,景公不可能让孔子像季孙氏执掌鲁国政权那样在齐执政,但准备给孔子以低于季孙氏而高于孟孙氏的待遇,即在上卿与下卿之间,还"将欲以尼溪田封孔子"④,这应该是很高的待遇。由于受到晏婴和齐国贵族的反对,景公的计划没能实现,只好用"吾老矣,不能用也"来搪塞。孔子本想在齐国获得施展政治才华的机会,但最终学无所用,甚至有齐大夫扬言要加害于他,他不得不狼狈离开齐国。孟子说:"孔子之去齐,接淅而行。"⑤淅指淘米,"接淅而行"意为淘好的米来不及做饭,装进袋子就走,可见走得多么匆忙。值得注意的是,孔子在齐国并没有招生办学,也无弟子随行⑥,反证了此前的孔子一直希

---

① 司马迁《史记·孔子世家》:"鲁南宫敬叔言鲁君,曰:'请与孔子适周。'鲁君与之一乘车、两马、一竖子。"(《二十五史》本,第225页)对于此事之是否实有,或者实有而发生在何时,历来都有争议。钱穆《先秦诸子系年·孔子与南宫敬叔适周问礼老子辨》有详细讨论,认为不大可信,可以参看。

②④ 司马迁撰,裴骃集解、司马贞索隐、张守节正义《史记》卷四十七《孔子世家》,《二十五史》本,第225页。

③ 何晏集解,邢昺疏《论语注疏》卷十八《微子》,《十三经注疏》本,第2528—2529页。

⑤ 赵岐注,孙奭疏《孟子注疏》卷十《万章章句下》,《十三经注疏》本,第2740页。

⑥ 《孔子家语·六本第十五》载有"曾子从孔子之齐,齐景公以下卿之礼聘曾子,曾子固辞"之事,似乎孔子赴齐时已有弟子随行。其实,这种记载是靠不住的。曾子小孔子46岁,当时尚未出生,如何从孔子之齐?一望而知其杜撰。

望着能够在政治上有所发展,并未想到要创办学校,而齐国的经历给了他深刻的教训,为他回鲁国后决心私人办学以培养人才坚定了信念。所以,从逻辑上讲,孔子的正式办学是在他离开齐国回到鲁国之后。

孔子何时自齐返鲁,史无明文,故众说纷纭。不过,有一事可做参照。据《礼记·檀弓》载:"延陵季子适齐,于其反(返)也,其长子死,葬于嬴、博之间。孔子曰:'延陵季子,吴之习于礼者也。'往而观其葬焉。"郑玄注:"季子名札,鲁昭二十七年,吴公子札聘于上国是也。"①《左传·昭公二十七年》也载:"二十七年,春……吴子欲因楚丧而伐之,使公子掩余、公子烛庸帅师围潜,使延州来季子聘于上国,遂聘于晋,以观诸侯。"②州来季子即延陵季子,季札本封延陵,后复封州来,故称名不一。这次季札聘于上国主要目标是晋,也包括齐、宋、卫、陈、郑等。其适齐既然在鲁昭公二十七年(前515年),如孔子仍然在齐,定会与之见面,因为孔子崇敬季札,这从《檀弓》所载孔子往观其葬子(郑玄注为"往吊之"),并谓"延陵季子之于礼也,其合矣乎"③可以得到证明。且季札长子所葬的"嬴、博之间"在泰山附近,虽系齐地,但地近鲁境,孔子或是返鲁途中得知此事而顺道吊唁和观礼,或是已经返鲁而特地赶去吊唁和观礼。无论何种情况,孔子在鲁昭公二十七年(前515年)必已离开齐国返回鲁国,或者在返回鲁国的路上,则基本可以确定。

孔子自齐返鲁,时年37岁。这时的鲁国没有国君(国君在齐,齐师取郓以居昭公),政治混乱不堪,孔子没有从政,开始创办私人学校,招生授徒,培养人才。《史记·孔子世家》云:"桓子嬖臣曰仲

---

① 孔颖达等撰,陆德明释文《礼记正义》卷十《檀弓下》,《十三经注疏》本,第1313页。

② 杜预注,孔颖达疏《春秋左传正义》卷五十二,《十三经注疏》本,第2115—2116页。

③ 孔颖达等撰,陆德明释文《礼记正义》卷十《檀弓下》,《十三经注疏》本,第1314页。

梁怀,与阳虎有隙。阳虎欲逐怀,公山不狃止之。其秋,怀益骄,阳虎执怀。桓子怒。阳虎因囚桓子,与盟而醳之。阳虎由此益轻季氏。季氏亦僭于公室,陪臣执国政,是以鲁自大夫以下皆僭离于正道,故孔子不仕,退而修《诗》《书》、礼、乐,弟子弥众,至自远方,莫不受业焉。"①司马迁将孔子私人办学、招生授徒的记载置于阳虎乱政之后,在时间上是错误的,而在逻辑上则有一定道理。这是因为,阳虎乱政是鲁国政治演变的必然结果,而孔子办学则是对鲁国乱政的直接回应。自孔子离齐返鲁到阳虎乱政出走,在这一时期发生的主要事件有:鲁昭公三十二年(前510年)冬,昭公病死于晋国乾侯,鲁定公即位;定公五年(前505年),鲁国执政季孙意如(季平子)卒,季氏家臣阳虎(又称阳货)囚其子季孙斯(季桓子)而专鲁政;阳虎欲见孔子,孔子不见,阳虎送孔子蒸熟的小猪,以便孔子拜谢时见孔子,孔子打听到阳虎不在家时去致谢,却在路上巧遇阳虎,阳虎劝孔子出仕,孔子口头答应,而实际并未出仕;定公八年(前502年),阳虎欲取三桓,谋杀季氏未遂,入据讙(今山东宁阳西北)、阳关(今山东泰安东南)以叛鲁。从昭公二十七年(前515年)到定公八年(前502年),孔子一直在专心办学,形成了春秋末期最有影响的私人学校,吸引了鲁、卫、齐、楚、秦、晋、陈、蔡等国的不少学子。定公九年(前501年),阳虎兵败奔齐。孔子出任中都宰,一年后为小司空,进而为大司寇。可以看出,创办私学是孔子在齐国从政无望而又不愿卷入鲁国乱政的情况下所自觉进行的一次政治选择。《论语·为政》载:"或谓孔子曰:'子奚不为政?'子曰:'《书》云"孝乎惟孝,友于兄弟,施于有政",是亦为政,奚其为为政?'"②他是用私人办学的形式来进行他的政治活动,尽管他所创办的私人学校开启了中国文化教育的新纪元,而从孔子的思想逻辑来看,

---

① 司马迁撰,裴骃集解、司马贞索隐、张守节正义《史记》卷四十七《孔子世家》,《二十五史》本,第225页。
② 何晏集解,邢昺疏《论语注疏》卷二《为政》,《十三经注疏》本,第2463页。

他是把私人办学和政治活动紧密联系在一起的。或者换一种说法,其办学也是在从政,在政治混乱的鲁国,办学也许是比从政更好的政治选择。

确定了孔子办学的时间,讨论其办学地点就相对比较容易了。据《史记·仲尼弟子列传》载:"颜无繇,字路,路者颜回父,父子尝各异时事孔子。"司马贞《索隐》云:"《家语》:'颜由,字路,回之父也。孔子始教于阙里,而受学焉。少孔子六岁。'故此传云父子异时事孔子,故易称颜氏之子也。"①说明始教地点在阙里,今传本《孔子家语·七十二弟子解》所载略同。山东曲阜有阙里,是孔子母亲颜徵在所属的颜氏族居地。这里既是孔子少年生活成长之地,也是孔子在鲁国早期办学之地。孔子有颜姓弟子八九人,以颜无繇最年长,仅小孔子6岁,可见孔子办学得到了母族颜氏极大的支持。当然,孔子后来离开鲁国,周游列国,其教学地点在随时变化。68岁后再回到鲁国,继续其办学活动,办学地点也仍然以此为中心。因此,《史记·孔子世家》记孔子去世之后,"弟子皆服三年,三年心丧毕,相诀而去,则哭,各复尽哀。或复留。唯子贡庐于冢上,凡六年,然后去。弟子及鲁人往从冢而家者百有余室,因命曰孔里。鲁世世相传,以岁时奉祠孔子冢,而诸儒亦讲礼乡饮、大射于孔子冢。孔子冢大一顷,故所居堂弟子内,后世因庙藏孔子衣冠琴车书,至于汉二百余年不绝"②。当然,后来的孔里、孔庙、孔林等肯定超过了孔子讲学时的规模,但基本地点则是历史传留下来的,不容怀疑。

---

① 司马迁撰,裴骃集解、司马贞索隐、张守节正义《史记》卷六十七《仲尼弟子列传》,《二十五史》本,第253页。
② 司马迁撰,裴骃集解、司马贞索隐、张守节正义《史记》卷四十七《孔子世家》,《二十五史》本,第228页。

二 孔子办学的层次规模

周代学校有小学、大学之分,不同年龄段的人会进不同层次的学校。孔子所办的学校是小学还是大学?或者是否包括了小学和大学?这属于办学层次问题,需要给予正面回答。然而,对于这样一个基本问题,关心的人似乎不多。其实,只有弄清楚这一基本问题,我们才能对孔子教育做出符合历史实际的正确评价。因为不同层次的学校,其教学形式、教学方法、教育目标乃至教育思想应该是有所不同的。

为了弄清楚孔子办学的层次,我们先来看看周代的官学教育。《礼记·学记》云:"古之教者,家有塾,党有庠,术有序,国有学。比年入学,中年考校。一年视离经辨志,三年视敬业乐群,五年视博习亲师,七年视论学取友,谓之小成。九年知类通达,强立而不反,谓之大成。夫然后足以化民易俗,近者说(悦)服,而远者怀之,此大学之道也。"① 这里不仅介绍了办学的不同层次,而且强调了小学教育与大学教育的不同教学要求。所谓"古之教者",大体以西周官学为依据。"根据已经出土的青铜器铭文,可以肯定,西周在王城和诸侯国都是设有学校的,而且已经明确分为小学与大学两级,教师由国家职官担任,所以称为官学。"② 传世文献对当时的教育也有相应记载。据《礼记·内则》载:"子能食食,教以右手。能言,男唯女俞。男鞶革,女鞶丝。六年,教之数与方名。七年,男女不同席,不共食。八年,出入门户,及即席饮食,必后长者,始教之让。九年,教之数日。十年,出就外傅,居宿于外,学书计。衣不帛襦裤,礼帅初。朝夕学幼仪,请肄简谅。十有三年,学乐诵诗,舞

---

① 孔颖达等撰,陆德明释文《礼记正义》卷十八《学记》,《十三经注疏》本,第1521页。
② 张瑞璠主编《中国教育史研究》(先秦分卷),华东师范大学出版社1991年版,第18页。

勺,成童舞《象》,学射御。二十而冠,始学礼,可以衣裘帛,舞《大夏》,惇行孝弟,博学不教,内而不出。三十而有室,始理男事,博学无方,孙(逊)友视志。"①这里叙述的是一个人学习的全过程,但没有明确区分出小学教育和大学教育。而《大戴礼记·保傅》则云:"古者年八岁而出就外舍,学小艺焉,履小节焉。束发而就大学,学大艺焉,履大节焉。"清人王聘珍解诂引北周卢辩注云:"小学,谓虎闱,师保之学也。大学,王宫之东者。束发,谓成童。《白虎通》云'八岁入小学,十五入大学'是也。此太子之礼。《尚书大传》云:'公卿之太子、大夫元士嫡子,年十三,始入小学,见小节而践小义。年二十,入大学,见大节而践大义。'此世子入学之期也。又曰'十五入小学,十八入大学'者,谓诸子性晚成者,至十五入小学,其早成者,十八入大学。《内则》曰'十年出就外傅,居宿于外,学书计'者,谓公卿已下教子于家也。"②马端临《文献通考》进一步解释说:"今以诸书所载及此注详之,则《保傅》及《白虎通》所言八岁入小学者,乃天子世子之礼。所谓小学则在师氏虎门之左,大学则在王宫之东,亦皆天子之学也。《尚书大传》所言十三年入小学,乃公卿大夫元士适(嫡)子之礼。盖公卿已下之子弟,年方童幼,未应便入天子之学,所以十年出就外傅,且学于家塾,直至十五,方令入师氏所掌虎门小学。而天子则别无私学,所以世子八岁便入小学欤?"③这里不仅分述了小学、大学,而且将不同层次学校的入学年龄、教学地点也做了相应说明。

综合来看,周代教育存在小学和大学两个办学层次:小学"学书计","学幼仪","学乐诵诗";大学"始学礼","惇行孝弟,博学不

---

① 孔颖达等撰,陆德明释文《礼记正义》卷二十八《内则》,《十三经注疏》本,第1471页。书计,原作"书记",据阮元校勘记改。
② 王聘珍《大戴礼记解诂》卷三《保傅》,中华书局1983年版,第60—61页。谓诸子性晚成者,原文错为"谓诸子姓既成者",据文意改正。
③ 马端临《文献通考》卷四十《学校考·学校一》,中华书局1986年版,第381页。

教"。学校为官方所办,办学地点有所不同,招收不同年龄段的贵族子弟。不过,贵族中不同阶层的子弟入学时间不尽相同,同阶层的子弟也因性格成熟早晚差异而入学时间有所差异。值得注意的是,世子"十五入大学",而其他贵族子弟则"年二十入大学",他们的入大学年龄是以行冠礼为基准的。《礼记·冠义》云:"凡人之所以为人者,礼义也。礼义之始,在于正容体,齐颜色,顺辞令。容体正,颜色齐,辞令顺,而后礼义备。以正君臣,亲父子,和长幼。君臣正,父子亲,长幼和,而后礼义立。故冠而后服备,服备而后容体正,颜色齐,辞令顺。故曰:冠者礼之始也。"①之所以大学要招收已经加冠之人,是因为加冠者服备,服备而后可责以成人之礼,而入大学的学子,所学即是成人之礼。国君世子十五而冠,故十五入大学。士以上及公卿大夫之子二十而冠,故二十入大学。

根据周代小学、大学层次之分,对照孔子办学的实际情况,可以判断孔子所办之学为大学而不是小学,也不是打通小学与大学教育的特殊学校。理由如下:一是冠礼是人生最为重要的礼仪,学者都很重视,但未闻孔子弟子在入学以后有人行冠礼,这可反证他们入学之前都已行过冠礼,即已经成年。二是"子以四教:文、行、忠、信"②,其核心是"礼"与"仁",这些都属于周代大学教育内容而非小学教育内容。三是孔子以"《诗》《书》、礼、乐教弟子",弟子也多与孔子讨论《诗》、礼、乐,这与《礼记·王制》所云"乐正崇四术,立四教,顺先王诗、书、礼、乐以造士"③的官学大学教育是一致的,未闻孔子与弟子讨论学书计和学幼仪等小学教育科目。四是孔子以"成人"、"君子"要求弟子,弟子也关心成人之事,说明其教育为

---

① 孔颖达等撰,陆德明释文《礼记正义》卷六十一《冠义》,《十三经注疏》本,第1679页。
② 何晏集解,邢昺疏《论语注疏》卷七《述而》,《十三经注疏》本,第2483页。清人刘宝楠《论语正义》云:"此四者,皆教成人之法,与教弟子先行后学文不同。"
③ 孔颖达等撰,陆德明释文《礼记正义》卷十三《冠义》,《十三经注疏》本,第1342页。

成人教育,如《论语·宪问》载:"子路问成人,子曰:'若臧武仲之知,公绰之不欲,卞庄子之勇,冉求之艺,文之以礼乐,亦可以为成人矣。'"①五是孔门弟子在学习期间能够参与社会政治活动,并可随时出仕,出仕者或由孔子推荐,或由统治者直接聘请,这自然是大学教育而不是小学教育的结果。六是《礼记·大学》云"大学之道,在明明德,在亲民,在止于至善",孔颖达解题:"郑(玄)《目录》云:'名曰大学者,以其记博学可以为政也。'此于《别录》属通论。此大学之篇,论学成之事,能治其国,章明其德于天下。"②就此通论而言,也说明孔子对其弟子的教育的确是大学教育,而不是小学教育。

不过,如果孔子所办为大学,而其招收弟子多平民子弟,那就需要回答:他们的小学教育是在哪儿完成的?这的确是一个疑问,也是一个具有挑战性的课题。合理的解释也许是,春秋末期的学校教育发生了重要变化,教育对象已不仅限于贵族子弟,有实力的平民已经开始能够接受到乡党里巷师儒的小学教育。孙诒让《周礼正义》释"师以贤得民,儒以道得民"云:"此经之师儒,即《大司徒》本俗六之联师儒,皆通乎上下之辞。师则泛指四民之有德行材艺,足以教人者而言。上者国学,乡遂州党诸小学,以逮里巷家塾之师,固为师而兼儒;下者如嫔妇有女师,巫医农工亦皆有师。盖齐民曲艺,咸有传授,则亦各有师弟之分。以贤得民,只谓师贤于弟子耳,奚必德行纯备之贤乎?儒则泛指诵说《诗》《书》,通该术艺者而言。若《荀子·儒效篇》所谓俗儒、雅儒、大儒,道有大小,而皆足以得民,亦不必皆有圣贤之道也。"③依孙氏之说,春秋时期的教

---

① 何晏集解,邢昺疏《论语注疏》卷十四《宪问》,《十三经注疏》本,第2511页。《孔子家语·颜回》也载有颜回问孔子"成人之行若何"及孔子的回答,可以参看。
② 孔颖达等撰,陆德明释文《礼记正义》卷六十《大学》,《十三经注疏》本,第1673页。
③ 孙诒让《周礼正义》卷三《天官大宰》,中华书局,第112页。

育远比我们的想象丰富,各个层次其实都有师儒之教,孔子弟子的小学教育大概完成于"乡遂州党诸小学,以逮里巷家塾之师",这些"师而兼儒",即使都是俗儒,也对社会教育发展做出了积极的贡献。

由于孔子开办的是大学教育,其办学规模自然不会很大。《史记·孔子世家》云:"孔子以《诗》《书》、礼、乐教弟子,盖三千焉。身通六艺者,七十有二人。如颜浊邹之徒,颇受业者甚众。"①《仲尼弟子列传》又说:"孔子曰:'受业身通者七十有七人,皆异能之士也。'"②司马迁为"颇有年名及受业闻见于书传"的颜回等35人立传,录"无年及不见书传者"姓名42人。人们通常说孔子"弟子三千,贤人七十",则是就大数而言。这些数字是否可信呢?答案是肯定的。所谓三千弟子,七十二(七)贤人,是就孔子一生培养教育学生的总数而言。按照我们的理解,孔子37岁开始招生授徒、开办私学,至73岁逝世,前后从教36年,在他担任中都宰、小司空、大司寇的四五年里,也没有停止办学,在后来周游列国的十四年里,他也一直带领着学生,将学校办在了客舍里和车轮上。从孔子办学的教学管理来看,能够亲炙其教诲,可以登堂入室者,恐怕也只有七十多人,那三千弟子则应该是外围弟子。这七十多人可分为前期、中期和晚期,并不同时。"而见于《论语》者,二十有七人。若确有明征,决知其非误者,颜渊、闵子骞、冉伯牛、仲弓、子路、曾晳、子贡、原思、有若、曾参、宰我、冉有、公西华、子游、子夏、子张、樊迟、子羔、漆雕开、司马牛二十人而已。其无事迹、年岁者,四十有二人,皆不见于《论语》。此四十二人中,有见于《左传》者二人。然确有明征者,秦丕兹一人而已。《史记·仲尼弟子列传》作秦商

---

① 司马迁撰,裴骃集解、司马贞索隐、张守节正义《史记》卷四十七《孔子世家》,《二十五史》本,第227页。
② 司马迁撰,裴骃集解、司马贞索隐、张守节正义《史记》卷六十七《仲尼弟子列传》,《二十五史》本,第251页。

字子丕。其余四十八人,经传皆无可考,阙疑可也。"①

见于《论语》的这些弟子,多为孔子的贴身弟子,或者说核心弟子,他们可以登堂入室,当面聆听孔子教诲。七十二(七)贤人大概就是这类弟子。也有见于《论语》的弟子并非贴身弟子或核心弟子,如陈亢(字子禽)在《论语》中凡三见,记载的都是问学之事,二问子贡,一问孔鲤,但他却始终没有向孔子当面请教过,说明他只是外围弟子,不由孔子亲授,而是由孔门核心弟子转授。《孔子家语·弟子解》将其列为弟子,当然不能算错,然而,他并不属于七十二(七)贤人,则可以肯定,只要熟读《论语》即可知晓。《史记·孔子世家》所说"颜浊邹之徒,颇受业者甚众",就是指这类弟子,他们属于孔门"三千弟子"之列。这种分层教学模式创始于孔子,其中有科学合理的成分,所以两汉时期仍有保留。如东汉马融,"才高博洽,为世通儒,教养诸生,常有千数,涿郡卢植、北海郑玄皆其徒也……常坐高堂,施绛纱帐,前授生徒,后列女乐,弟子以次相传,鲜有入其室者"②;著名学者郑玄"因涿郡卢植事扶风马融,融门徒四百余人,升堂进者五十余生。融素骄贵,玄在门下,三年不得见,乃使高业弟子传受于玄。玄日夜寻诵,未尝怠倦。会融集诸生考论图纬,闻玄善算,乃召见于楼上。玄因从质诸疑义,问毕辞归。融喟然谓门人曰:'郑生今去,吾道东矣!'"③由马融分层授学可以推想孔子当时分层授学的情景,应该大致相似。东汉私人办学,规模也不小,如"济阴曹曾,字伯山,从(欧阳)歙受《尚书》,门徒三千人"④;杨伦"讲授于大泽中,弟子至千余人"⑤;魏应"弟子自远方

---

① 江竹虚著,江宏整理《孔子事迹考》,上海古籍出版社 2008 年版,第 238 页。
② 范晔撰,李贤注《后汉书》卷九十下《马融传》,《二十五史》本,第 975 页。
③ 范晔撰,李贤注《后汉书》卷六十五《郑玄传》,《二十五史》本,第 910 页。
④⑤ 范晔撰,李贤注《后汉书》卷一〇九上《欧阳歙传》,《二十五史》本,第 1026 页。

至,著录数千人"①;杜抚"后归乡里教授,沉静乐道,举动必以礼,弟子千余人"②;丁恭"诸生自远方至者,著录数千人"③;楼望"教授不倦,世称儒宗,诸生著录九千余人"④。以此例彼,说孔子有三千弟子,七十二(七)贤人,就其几十年的办学实践来看,应该不是夸大之辞。当然,东汉后期的私学教育远非春秋末期可比,文化普及程度要高许多,从学者自然更多,不过,这时办学的老师也比春秋末期不知多了多少倍。孔子所办是当时最早最大的私学,各国求学者甚众,其规模自然也不会太小。在春秋末期,像孔子所办的这样规模的私学可谓凤毛麟角,所以更为难能可贵。

三 孔子办学的组织管理

创办一所学校,如果想要它长期稳定发展,不使倒闭,离不开有效的组织管理。举凡招生制度、日常运作、内部协调、毕业分配等等,都是不可或缺的环节。孔子办学究竟是如何进行组织管理的,这也同样需要明确。然而,由于缺少第一手资料,很少有人来讨论这些问题,以致使这些问题一直处在重重迷雾之中。我们这里的讨论,也只能利用一些历史的碎片,以期尽量还原历史真相,就像考古学家利用那些发掘的破碎陶片重建人类的童年那样,以供有兴趣的学者们继续讨论时参考。

前文提到,孔子学校的开办,颜回(字子渊)父亲颜无繇(字路)发挥了重要作用。他在颜家年龄最大,资格最老,与孔子年岁接近(小6岁),作为孔子母族的学子,他能够拜孔子为师,进入孔子学堂,对于孔子办学的支持是不言而喻的,其示范带动作用也十分明显。在孔门的七十二(七)贤人中,属于颜氏家族的除颜路、颜渊父子外,还有颜幸(字子柳)、颜高(字子骄)、颜祖(字襄)、颜之仆(字

---

①②③④ 范晔撰,李贤注《后汉书》卷一〇九下《魏应传》,《二十五史》本,第1027页。

叔)、颜哙(字子声)、颜何(字冉)①。李零还说:"言偃的言,见于上博楚简,和颜回的颜写法一样,如果加上他,孔门就有九个以颜为氏的人","孔门八颜子,恐怕就是由他(指颜无繇——引者)带进门"②。这种分析很有道理。由老弟子带新弟子入门的做法,可能是孔子学校招生的重要制度。这里不妨再举一例:"仲由字子路,卞人也,少孔子九岁。子路性鄙好勇,力志抗直,冠雄鸡,佩猳豚,陵暴孔子。孔子设礼稍诱子路,子路后儒服委质,因门人请为弟子。"③子路是由孔子的哪一个门人请为弟子的,我们不得而知。但子路是孔子早期弟子,仅小孔子9岁,比他年长且先入孔子之门的只有颜无繇。另有冉耕(字伯牛,小孔子7岁)也是早期弟子,是在子路之前还是之后入孔门,我们还无法得知。这个引子路入孔门的人除了颜无繇,实在想不出会是哪一个孔子门人。

孔子招收弟子,除旧门人带新门人入学外,还有门人推荐、孔子考察的招生方法。例如,"子游为武城宰。子曰:'女(汝)得人焉尔乎?'曰:'有澹台灭明者,行不由径,非公事未尝至于偃之室也。'"④子游做武城宰,发现了澹台灭明是可造之才,于是向孔子推荐,孔子将其招于门下。《史记·仲尼弟子列传》载:"澹台灭明,武城人,字子羽,少孔子三十九岁。状貌甚恶,欲事孔子。孔子以为材薄。既已受业,而退修行,行不由径,非公事不见卿大夫。南游至江,从弟子三百人,设取予去就,名施乎诸侯。孔子闻之曰:

---

① 司马迁撰,裴骃集解、司马贞索隐、张守节正义《史记》卷六十七《仲尼弟子列传》,《二十五史》本,第254页。《孔子家语·弟子解》还记有颜刻(一作亥),子子骄,鲁人,少孔子50岁。

② 李零《丧家狗——我读〈论语〉》(附录),山西人民出版社2008年版,第82页。

③ 司马迁撰,裴骃集解、司马贞索隐、张守节正义《史记》卷六十七《仲尼弟子列传》,《二十五史》本,第252页。

④ 何晏集解,邢昺疏《论语注疏》卷六《雍也》,《十三经注疏》本,第2478页。

'吾以言取人,失之宰予;以貌取人,失之子羽。'"①《孔子家语》则载:"澹台子羽有君子之容,而行不胜其貌。宰我有文雅之辞,而智不充其辩。孔子曰:'里语云:"相马以舆,相士以居。"弗可废矣。以容取人,则失之子羽;以言取人,则失之宰予。'"②与《史记》所载有异,但入门弟子需要经过孔子考察确认,这一招生制度则是相同的。这种考察相当于后人所说的面试,面试内容无非是察其容,听其言。孔子以容取人,差点错失澹台灭明;以言取人,差点错失宰予。

要正式进入孔子开办的学校,成为孔门弟子,必须经过一定的程序。一是要改穿儒者的服饰,二是要举行拜师仪式。前引子路后来"儒服委质,因门人请为弟子",便概括了这一程序。所谓"儒服",即当时孔子所穿的服饰。鲁哀公曾问孔子所穿是否儒服,孔子回答:"丘少居鲁,衣逢掖之衣;长居宋,冠章甫之冠。丘闻之也,君子之学也博,其服也乡。丘不知儒服。"③其实,逢掖之衣、章甫之冠正是儒服,不然,哀公何来此问?逢掖,也作缝掖,是鲁国儒者所穿的一种宽袖长衣;章甫,是殷代成人所戴的一种帽子,即缁布冠。因为孔子标榜儒学,所以进入孔子所办的学校,成为孔门弟子,需要改穿儒服,以表示自己是一个儒者。所谓"委质",汉服虔注:"《左氏》云:古者始事,必先书其名于策,委死之质于君,然后为臣,示必死节于其君也。"④《左传·僖公二十三年》"策名委质"杜

---

① 司马迁撰,裴骃集解、司马贞索隐、张守节正义《史记》卷六十七《仲尼弟子列传》,《二十五史》本,第253页。澹台灭明墓在兖州邹城市。
② 郭沂编撰《子曰全集》第三卷《孔子家语·子路初见第十九》,中华书局2017年版,第188页。
③ 孔颖达等撰,陆德明释文《礼记正义》卷五十九《儒行》,《十三经注疏》本,第1668页。
④ 司马迁撰,裴骃集解、司马贞索隐、张守节正义《史记》卷六十七《仲尼弟子列传》,《二十五史》本,第252页。

预注:"名书于所臣之质,屈膝而君事之。"①委质就是通过一定形式确定双方的契约关系,这是一种"示必死节"的君臣关系。孔门的委质显然借鉴了这种形式,除了可能有书名于策的程序之外,也可能还要缴纳一定的学费。《论语·述而》载:"子曰:自行束脩以上,吾未尝无诲焉。"②这便告诉我们,进入孔子所办的学校是要缴纳一定的学费的,"自行"表明自愿,"束脩"大概是最低的收费标准。

孔子所办学校,生源并不单纯,规模也还不小,不少学生来于外地,各人情况颇为不同。而食宿安排,日常维护,教学组织,内部协调,事务管理,资金运作,林林总总,千头万绪。那么,究竟是谁在管理这所学校呢?从根本上说,当然是孔子在主导这所学校的管理工作。但管理工作非常琐碎,无日无之,孔子不可能事必躬亲,忙于应付,必然有自己信任的管理团队。从现有材料来看,子路、冉求参与了学校管理工作,或者说他们是这个学校的主要管理人员。下面我们试着做一下清理。

《论语·子罕》载:"子疾病,子路使门人为臣。病间,曰:'久矣哉,由之行诈也!无臣而为有臣。吾谁欺?欺天乎?且予与其死于臣之手也,无宁死于二三子之手乎?且予纵不得大葬,予死于道路乎?'"③从这段记载可以看出,子路平时一直在协助孔子管理孔门弟子,或者说是孔子学校的事务主管,不然,他不会在孔子病重的时候自作主张,成立一个治丧委员会,要求孔子的门人们行家臣之礼,为孔子准备丧事;孔子也不会在病好后说"久矣哉,由之行诈也!无臣而为有臣"。因为孔子当时已经不是鲁国司寇,他与弟子

---

① 杜预注,孔颖达疏《春秋左传正义》卷十五,《十三经注疏》本,第1814页。
② 何晏集解,邢昺疏《论语注疏》卷七《述而》,《十三经注疏》本,第2482页。
③ 何晏集解,邢昺疏《论语注疏》卷九《子罕》,《十三经注疏》本,第2490页。

只是师生关系,不应该用大夫家臣之礼要求他的弟子们。姑且不论子路的安排是否妥当,是否符合礼制,他实际上是孔门弟子们的领袖,参与了孔子学校的日常管理,则是肯定的。《孔子家语》所载一事可为参证,其载云:"孔子之郯,遭程子于涂(途),倾盖而语终日,甚相亲。顾谓子路曰:'取束帛以赠先生。'子路屑然对曰:'由闻之,士不中间见,女嫁无媒,君子不以交,礼也。'有间,又顾谓子路。子路又对如初。孔子曰:'由,《诗》不云乎:"有美一人,清扬宛兮。邂逅相遇,适我愿兮。"今程子,天下贤士也。于斯不赠,则终身弗能见也。小子行之。'"①孔子在路上遇到程子,想赠以束帛,要子路实施,子路表示反对,孔子耐心做子路的思想工作,以便子路落实。由此可见,子路负有管理学校事务的职责,不然,孔子完全可以安排其他弟子去落实他的指示。

子路不仅是学校事务主管,而且负责孔子安全和学校治安。《史记·仲尼弟子列传》载:"孔子闻卫乱,曰:'嗟乎,由死矣!'已而果死。故孔子曰:'自吾得由,恶言不闻于耳。'"裴骃《集解》引王肃语云:"子路为孔子侍卫,故侮慢之人不敢有恶言,是以恶言不闻于孔子耳。"②这一说法是有道理的。在春秋末年的混乱环境里,学校稳定和师生生命财产安全是办学者需要首先考虑的问题,必须安排得力的人来负责此项工作,子路无疑是最佳人选。《论语·颜渊》载:"子曰:'片言可以折狱者,其由也与(欤)?'子路无宿诺。"③看来,子路处理有争议的问题确有特殊才能,而且处事果断,不轻易许诺别人。这些都是管理学校事务和学校治安者的重要素质,所以孔子有了子路以后能够"恶言不闻于耳"。

如果说子路是孔子学校的事务主管,那么,冉求则是孔子学校

---

① 郭沂编撰《子曰全集》第三卷《孔子家语·致思第八》,第139页。
② 司马迁撰,裴骃集解、司马贞索隐、张守节正义《史记》卷六十七《仲尼弟子列传》,《二十五史》本,第252页。
③ 何晏集解,邢昺疏《论语注疏》卷十二《颜渊》,《十三经注疏》本,第2504页。

的财务主管。《论语·雍也》载:"子华使于齐,冉子为其母请粟。子曰:'与之釜。'请益。曰:'与之庾。'冉子与之粟五秉。子曰:'赤之适齐也,乘肥马,衣轻裘。吾闻之也:君子周急不继富。'"①公西赤(字子华)由孔子派遣出使齐国,冉求为他的母亲请求粮食补贴,说明冉求是孔学的经济主管,处理学校经济事务。遇有重要经济事务,他虽然需要请示孔子,但却有很大的自由裁量权。孔子指示冉求给公西赤家粟一釜,即六斗四升。冉求请求再增加一点,孔子答应给一庾,即十六斗。冉求最后却给了五秉,一秉十六斛,五秉合计八十斛。古代一斛十斗,八十斛为八百斗,超过孔子答应给一庾的50倍。冉求虽然受到孔子批评,但也证明他有很大的经济管理权限,许多事可以自作主张。

孔子办学,不仅招收弟子由其亲自拍板,弟子们的出路即出仕与否(相当于毕业分配),以及重要任务的派遣,一般也由孔子决定或安排。这就决定了这所学校的大权始终掌握在孔子手里。例如,"田常欲作乱于齐,惮高(固)、国(佐)、鲍(叔牙)、晏(婴),故移其兵欲以伐鲁。孔子闻之,谓门弟子曰:'夫鲁,坟墓所处,父母之国,国危如此,二三子何为莫出?'子路请出,孔子止之。子张、子石请行,孔子弗许。子贡请行,孔子许之。"这次派遣,收到了很好的效果,所谓"子贡一出,存鲁、乱齐、破吴、强晋而霸越,子贡一使,使势相破,十年之中,五国各有变"②。孔子弟子出仕,需要得到孔子的许可,有些其实是孔子做出的安排,如冉求受季氏召任季氏宰,子路在卫为蒲大夫,樊迟任鲁左师副将,宓子贱任单父宰,言偃任武城宰,子夏任莒父宰,公西华出使齐国,等等,都是孔子同意或安排的。当然,也有孔子安排,弟子不愿出仕的情况,如《论语·公冶

---

① 何晏集解,邢昺疏《论语注疏》卷六《雍也》,《十三经注疏》本,第2477—2478页。
② 司马迁撰,裴骃集解、司马贞索隐、张守节正义《史记》卷六十七《仲尼弟子列传》,《二十五史》本,第252—253页。

长》载:"子使漆雕开仕。对曰:'吾斯之未能信。'子说(悦)。"①漆雕开认为自己还没有准备好,所以不愿出仕,孔子听了很高兴,大概是赞赏他对自己有严格的要求吧。

这些派遣出仕的弟子,需要经常回校向孔子汇报情况,以便形成孔子学校教育与当时社会政治的良性互动,这是孔子办学的一大特色。例如,《论语·子路》载:"冉子退朝。子曰:'何晏也?'对曰:'有政。'子曰:'其事也?如有政,虽不吾以,吾其与闻之。'"②冉求为季氏宰,退朝后仍然要回到学校,接受孔子问询。孔子要求冉求将朝政情况告诉他,因为他是退休的鲁国大夫,有权利和义务了解。再如,"子贱为单父宰,反(返)命于孔子曰:'此国有贤,不齐者五人。教不齐,所以治者。'孔子曰:'惜哉不齐,所治者小。所治者大,则庶几矣。'"③孔子对于弟子从政的情况,随时关心,给予指导。弟子在赴任之前,也要向孔子问政,求得指教,这也是孔子学校教育的重要内容。如"子路问政,子曰:'先之劳之。'请益。曰:'无倦。'仲弓为季氏宰,问政。子曰:'先有司,赦小过,举贤才。'""子夏为莒父宰,问政。子曰:'无欲速,无见小利。欲速则不达,见小利则大事不成。'"④类似记载,《论语》中还有不少。

从上面的清理来看,孔子学校能够延续开办几十年,与其有效管理密不可分。当然,在学校的日常管理中,也难免会出现不和谐的情况,需要他们师生共同面对,妥善处理。例如,子路有很大的行政事务权力,难免会有越权的情况发生,这和冉求管理学校财务偶有越权的情况发生一样。如《论语·先进》载:"子路使子羔为费

---

① 何晏集解,邢昺疏《论语注疏》卷五《公冶长》,《十三经注疏》本,第2473页。
② 何晏集解,邢昺疏《论语注疏》卷十三《子路》,《十三经注疏》本,第2507页。
③ 司马迁撰,裴骃集解、司马贞索隐、张守节正义《史记》卷六十七《仲尼弟子列传》,《二十五史》本,第253页。
④ 何晏集解,邢昺疏《论语注疏》卷十三《子路》,《十三经注疏》本,第2506—2507页。

宰。子曰:'贼夫人之子。'子路曰:'有民人焉,有社稷焉,何必读书,然后为学?'子曰:'是故恶夫佞者。'"①子路安排子羔去做费宰,显然没有请示孔子获得批准,而是自作主张,孔子自然不高兴,认为子羔还没有学习好,这样安排是在贼害子羔。而子路却辩驳说,实际从政也是学习,不一定非要读书才是学习。孔子认为子路是在利口巧辩,所以严厉地批评了他。为了煞住子路的锐气,让他兢兢业业做好学校管理,孔子不时对他进行批评,较其他弟子多了许多。如《论语·先进》载:"子曰:'由之瑟,奚为于丘之门?'门人不敬子路,子曰:'由也升堂矣,未入于室也。'"②孔子先批评子路弹瑟水平太差,不合雅颂,不像他教育出来的学生。当其他弟子不敬子路,动摇了子路的权威,可能影响到学校管理时,孔子又出来替子路圆场,说他已经升堂,只是没有入室。言外之意,子路的弹瑟水平已经超过了许多弟子,并不是那么差,从而维护住子路的威信。看来,了解了孔子学校的具体运作,再来读《论语》,我们会有许多新的发现,这里所举仅是一例。

四 孔子办学的经费来源

孔子办学,起初规模不大,所收弟子均为鲁人③,食宿问题较易解决,学校经济压力也许不大。然而,随着学校影响越来越大,四方来从学者日众,办学规模也逐步扩大。有不少弟子来自其他诸侯国,如楚、秦、晋等国,距离鲁国都很遥远,他们的食宿问题即使不要学校负担,也需要学校提供相应的条件保障。而

---

① 何晏集解,邢昺疏《论语注疏》卷十一《先进》,《十三经注疏》本,第2500页。

② 何晏集解,邢昺疏《论语注疏》卷十一《先进》,《十三经注疏》本,第2499页。

③ 《史记·仲尼弟子列传》《孔子家语·弟子解》均谓子路是卞人,而卞为鲁邑,卞庄子食邑于此。《左传·僖公十七年》载鲁君"夫人姜氏会齐侯于卞",即此地。

无论教学场所,还是食宿场地,无不需要办学经费。那么,孔子办学经费是如何筹措的?这无疑是研究孔子教育的一个重要而基本的问题。由于可以落实的相关材料太少,我们只能提供一些可能的线索。

首先,孔子在私人办学前已经有了一定的经济基础,或者说积累了一定的办学资金。这些资金主要来源于以下几个方面:一是他年轻时做过小吏,可能有一些积蓄。孟子说:"孔子尝为委吏矣,曰:'会计当而已矣。'尝为乘田矣,曰:'牛羊茁壮长而已矣。'"①司马迁说孔子"尝为季氏史,料量平;尝为司职吏,而畜蕃息"。唐司马贞《索隐》云:"有本作委吏,按赵岐曰:'委吏,主委积仓库之吏。'"②所谓"料量平",大概是记载仓库货物的进出,相当于今天的会计出纳之事。所谓"司职吏,而畜蕃息",《周礼·牛人》:"牛人掌养国之公牛,以待国之政令。凡祭祀共(供)其享牛求牛,以授职人而刍之。"③司职吏即此职人。职读为樴,义与杙同,盖系养牺牲之所。所谓职人实际上就是负责喂养准备祭祀时用于牺牲的公牛的人。这和孟子所说豢养牛羊的乘田也差不太多。二是孟懿子、南宫敬叔拜孔子为师,从其学礼,大概会有一些贽敬之奉。由于孔子影响扩大,鲁国其他贵族也会有所馈赠,以表示他们礼贤下士。据《孔子家语》载:"孔子曰:'季孙之赐我粟千钟也,而交益亲;自南宫敬叔之乘我车也,而道加行。故道虽贵,必有时而后重,有势而后行。微夫二子之贶财,则丘之道,殆将废矣。'"④季孙氏赐赠孔子粟千钟,这可不是一笔小钱,古代六斗四升为一钟,千钟合计六万四千升,可供三四百人一年的粮食之需。南宫敬叔与孟懿子兄

---

① 赵岐注、孙奭疏《孟子注疏》卷十下《万章章句下》,《十三经注疏》本,第 2744 页。

② 司马迁撰,裴骃集解、司马贞索隐、张守节正义《史记》卷四十七《孔子世家》,《二十五史》本,第 225 页。

③ 郑氏注、贾公彦疏《周礼注疏》卷十三《地官·牛人》,《十三经注疏》本,第 723 页。

④ 郭沂编撰《子曰全集》第三卷《孔子家语·致思第八》,第 136 页。

弟师从孔子,孟孙氏的馈赠当不会少于季孙氏。三是孔子赴齐,齐景公准备"以季、孟之间待孔子",甚至打算以尼溪田封孔子,尽管景公的计划没能施行,但也不会不给孔子较高的待遇,让他能够体面地在齐国生活,以体现齐国礼待贤人,以扩大齐国影响。综上各项推测,孔子早期办学是有一定的经济基础的。

其次,孔子招收弟子要收取一定的学费,这也是办学资金来源之一。《论语·述而》载:"子曰:自行束脩以上,吾未尝无诲焉。"脩即干肉,束脩指十条干肉。邢昺疏云:"案《书传》言束脩者多矣,皆谓十脡脯也。《檀弓》曰'古之大夫,束脩之问不出竟(境)';《少仪》曰'其以乘壶酒、束脩、一犬,赐人';《谷梁传》曰'束脩之问不行竟(境)中'。是知古者持束脩以为礼,然此是礼之薄者。其厚则有玉帛之属,故云'以上'以包之也。"①束脩本是古代亲友间相互馈赠的一种礼物,孔子说"自行束脩以上,吾未尝无诲焉",是指求学者自愿缴纳一定的学费,即使是很少的学费,只要诚心向学,他都会接受他们为弟子,并给予教诲,并非一定是必须缴纳十条干肉。后人以"束脩"指称入学或学费,便导源于此。至于有弟子家境富裕,愿意多缴学费,自然是多多益善,来者不拒。例如,孔子在陈,弟子公良孺"以私车五乘从孔子"②,受到孔子欢迎。再如,孔子弟子子贡是个富商,很会做生意,孔子曾说:"回也其庶乎,屡空。赐不受命,而货殖焉,亿(臆)则屡中。"③意谓颜渊为人是很不错的,却总是穷得没办法。而子贡不安本分,囤积货物,猜测行情,却总是被他猜中。《史记·仲尼弟子列传》也说"子贡好废举,与时转货

---

① 何晏集解,邢昺疏《论语注疏》卷七《述而》,《十三经注疏》本,第2482页。

② 司马迁撰,裴骃集解、司马贞索隐、张守节正义《史记》卷四十七《孔子世家》,《二十五史》本,第226页。

③ 何晏集解,邢昺疏《论语注疏》卷十一《先进》,《十三经注疏》本,第2499页。

资"①,即善于买贱卖贵,随时转货,以殖其资,故家累千金。他自然能够提供孔子办学的资金资助。

其三,孔子在鲁国做官期间积累了一定的财富,可以作为其办学资金来源之一。鲁定公九年(前501年),51岁的孔子任中都宰,一年后又出任小司空、大司寇,直到定公十三年(前497年)离开鲁国,这四五年间,孔子有俸禄,有采邑,积累的财富理当不少。孔子在鲁做官俸禄多少,有一条资料可作参考。孔子去鲁适卫,"卫灵公问孔子居鲁得禄几何,对曰:'奉粟六万。'卫人亦致粟六万"。唐司马贞《索隐》云:"若六万石,似太多。当是六万斗,亦与汉之秩禄不同。"唐张守节《正义》云:"六万小斗计,当今二千石也。周之斗升斤两皆用小也。"②即使以小斗计,"奉粟六万"相当于唐代郡守秩禄二千石,待遇也属不低。总之,孔子官鲁期间,待遇是颇为优厚的。除了俸禄,还有采邑的收入,孔子安排弟子原宪(字子思)为邑宰,帮助他管理采邑。据《论语·雍也》载:"原思为之宰,与之粟九百,辞。子曰:'毋!以与尔邻里乡党乎。'"③孔子给原宪(字子思)禄粟九百,一说九百斗,一说九百斛(一斛十斗),反正数量不少,原宪推辞不受,孔子认为是他该得的,要他不必推辞,拿去分给乡党邻居们好了。何晏注引包咸说,此事发生在孔子任鲁大司寇时。不管此事发生在何时,它证明孔子这时已经有相当强大的经济实力,则是可以肯定的。

其四,孔子周游列国期间,得到所居国贵族的支持,这种支持既包括政治上的声援,也包括经济上的资助。例如,孔子居卫期间,不仅有卫国君给予的俸禄,还有卫大夫提供的居处便利。孔子

---

① 司马迁撰,裴骃集解、司马贞索隐、张守节正义《史记》卷六十七《仲尼弟子列传》,《二十五史》本,第253页。

② 司马迁撰,裴骃集解、司马贞索隐、张守节正义《史记》卷四十七《孔子世家》,《二十五史》本,第226页。

③ 何晏集解,邢昺疏《论语注疏》卷六《雍也》,《十三经注疏》本,第2478页。

一行先住在子路妻兄颜浊邹家,后住在卫国大夫蘧伯玉家。蘧伯玉是卫国有名的贤大夫,孔子曾称赞他:"君子哉蘧伯玉!邦有道则仕,邦无道则可卷而怀之。"①蘧伯玉提供居处,不仅是对孔子一行的政治声援,实际上也是一种经济援助。"孔子遂至陈,主于司城贞子家岁余"②,同样得到陈国贵族的资助。人们常说的孔子厄于陈蔡,在陈绝粮,并非孔子办学出现了经济困难,以致到了断炊的地步,而是另有隐情。据《史记·孔子世家》记载:"孔子迁于蔡三岁,吴伐陈。楚救陈,军于城父。闻孔子在陈、蔡之间,楚使人聘孔子。孔子将往拜礼。陈、蔡大夫谋曰:'孔子,贤者,所刺讥皆中诸侯之疾。今者久留陈、蔡之间,诸大夫所设行,皆非仲尼之意。今楚,大国也,来聘孔子。孔子用于楚,则陈、蔡用事大夫危矣。'于是乃相与发徒役,围孔子于野,不得行,绝粮,从者病,莫能兴。孔子讲诵弦歌不衰。"③若果真如司马迁所说,那么,孔子在陈、蔡所遇到的困境就是政治造成的,而不是经济造成的,与办学经费问题自然无关。

鲁定公十一年(前484年)春,齐师伐鲁,孔子弟子冉有"为季氏将师,与齐战于郎,克之",季康子问冉有从谁学来,冉有回说学于孔子,并向他推荐孔子,于是季康子派公华、公宾、公林"以币迎孔子归鲁"④,此时孔子已68岁。孔子回鲁后,鲁尊孔子为国老,给予了丰厚待遇。孔子则接受鲁定公与季康子的政治咨询,并不从事具体政务工作,而是继续办学授徒、整理古籍文献。他的弟子冉有、子贡等早已仕于鲁,宰予仕于齐,子路则先仕于鲁而后仕于卫;仲弓做了季氏宰,宓子贱做了单父宰,子游做了武城宰,子夏做

---

① 何晏集解,邢昺疏《论语注疏》卷十五《卫灵公》,《十三经注疏》本,第2517页。

② 司马迁撰,裴骃集解、司马贞索隐、张守节正义《史记》卷四十七《孔子世家》,《二十五史》本,第226页。

③④ 司马迁撰,裴骃集解、司马贞索隐、张守节正义《史记》卷四十七《孔子世家》,《二十五史》本,第227页。

了莒父宰;而澹台灭明"南游至江,从弟子三百人,设取予去就,明施乎诸侯"①。孔门的弟子春风得意,孔学的影响也如日中天。这时的孔子学校人气旺盛,资金充裕,就更不必怀疑了。

(作者单位:华中师范大学文学院)

---

① 司马迁撰,裴骃集解、司马贞索隐、张守节正义《史记》卷六十七《仲尼弟子列传》,《二十五史》本,第253页。

孟子"久假而不归"的王霸之辨

杨海文

《孟子》13·30①的字数不多,但从王霸之辨的角度看,它在孟学史上的解释难度非同小可。我们把它分成两部分:"尧、舜,性之也;汤、武,身之也"是一部分,"五霸,假之也。久假而不归,恶知其非有也"是另一部分。后一部分是难点之所在。

先看第一部分。《孟子》8·19谈到舜"由仁义行,非行仁义也"。朱熹(1130—1200)的《孟子集注》卷八曾说:"由仁义行,非行仁义,则仁义已根于心,而所行皆从此出。非以仁义为美,而后勉强行之,所谓安而行之也。此则圣人之事,不待存之,而无不存矣。"②所谓"勉强行之"、"安而行之"是孔子的说法,出自《礼记·中庸》:"或生而知之,或学而知之,或困而知之,及其知之一也;或安而行之,或利而行之,或勉强而行之,及其成功一也。"③再剥一层笋子,我们知道孔子说过:"生而知之者上也,学而知之者次也;困而学之,又其次也;困而不学,民斯为下矣。"(《论语》16·9④)

以孟解孟,"性之"是"由仁义行";以孔解孟,"性之"是"生而知

---

① 此种序号注释,以杨伯峻译注《孟子译注》(中华书局2010年第3版)为据,下同。
② (宋)朱熹《四书章句集注》,中华书局1983年版,第294页。
③ (清)阮元校刻《十三经注疏(附校勘记)》下册,中华书局1980年版,第1629页中栏—下栏。
④ 此种序号注释,以杨伯峻译注《论语译注》(中华书局1980年第2版)为据,下同。

之"、"安而行之"。同理,"身之"是孟子说的"行仁义",是孔子说的"学而知之"、"利而行之"。联系《孟子》14·33 说的"尧、舜,性者也;汤、武,反之也"来看,"性之"亦即"性者","身之"亦即"反之"。"性之"是说尧、舜做人做事,自然而然,不假外求,水到渠成;"身之"是说汤、武做人做事,战战兢兢,气养浩然,行守规矩。"性之"的境界高于"身之",这是孟子的本意。

再看第二部分。从道德评价的角度看,从尧、舜与汤、武到五霸是走下坡路,从"性之"与"身之"到"假之"亦然。按照刚才那种以孔解孟的思路,我们能说"假之"就是"困而学之"、"勉强而行之"吗?

《孟子》3·3 说过:"以力假仁者霸,霸必有大国;以德行仁者王,王不待大——汤以七十里,文王以百里。以力服人者,非心服也,力不赡也;以德服人者,中心悦而诚服也,如七十子之服孔子也。"孟子讲王霸之辨,基调是尊王黜霸①,但有没有给霸道留下哪怕是一点点的空间呢?既然只靠拳头难以服人,行霸道的人不傻,就会把仁义加进来,亦即以力假仁。我们能说这是"困而学之"吗?你再看看:把仁义加进来以后,成就的不是小国,而是大国。我们能说这是"勉强而行之"吗?

孟子那个时代叫作战国时代。如果以力假仁做到极至,这个大国不就是整个天下吗?孟子不是孜孜以求天下"定于一"(《孟子》1·6)吗?所以,孟子说五霸"假之"并不是贬义的,而是隐隐约约寄予了某种期望。但是,朱熹未必赞成这一看法。其《孟子集注》卷十三说:"言窃其名以终身,而不自知其非真有。"②孟子说"假之",朱熹说"窃",两者的含义完全一样吗?

---

① 有关研究,参见杨海文《汤武放伐与王霸之辨——从〈荀子·议兵〉看孟荀思想的相似性》,《哲学研究》2014 年第 10 期,第 41—47 页;杨海文《汤武放伐与王霸之辨——〈荀子·议兵〉的孟荀相似度问题》,李承贵主编《儒佛道治理思想与当代社会——全国儒佛道治理思想学术研讨会论文集》,江西教育出版社 2015 年版,第 105—121 页。

② (宋)朱熹《四书章句集注》,第 358 页。

孟子"久假而不归"的王霸之辨

假者,借也。我们试把孟子说的"假之"换成以下情形:有件东西,所有权一直是张三的,使用权一直在李四那里。李四为何一直使用这件东西?盖因他经过张三的同意,把东西借来了,但再也没有归还。既然张三同意把自己的东西借给李四,那么,即便李四再也不归还,我们能说李四是偷吗?朱熹把"假之"理解为"窃",有过度解释的嫌疑吗?

问题来了:我们能把仁义比作实实在在的一把锄头、一头牛吗?假如可以,仁义究竟是谁的?有没有一个叫张三的是仁义的主人?然后,李四从他那里借来仁义?这类提问显然不是好的提问,甚至会让提问者陷入死胡同。按照孟子的逻辑,仁义既是抽象的又是具体的,仁义是具体的抽象、抽象的具体,圣人能把抽象的仁义转变为具体的仁政。五霸之前,尧、舜、汤、武治国理政,靠的就是仁政。所谓"假之",是说五霸出于自身利益的权衡,同样拿仁政来打理国家。

真正的问题包括两方面:一方面,就客观而言,假如五霸一直拿仁政来治国,再也不行暴政,那么,久而久之,仁义会变成五霸自身拥有的东西吗?"黑五霸"会蜕变为"红五类"吗?另一方面,就主观而言,在"久假而不归"的情形下,五霸最终会把仁义当成自己真实拥有的东西吗?若是如此,"黑五霸"不就成了"红五类"吗?

论客观,朱熹说"窃";论主观,朱熹说五霸"不自知其非真有"。换成大白话,五霸再怎么努力行仁义、行仁政,也是白搭。说到这一点,黄宗羲(1610—1695)堪称朱熹坚定的盟友,其态度有过之而无不及。《孟子师说》卷一"齐桓、晋文之事"章就说:"王霸之分,不在事功而在心术:事功本之心术者,所谓'由仁义行',王道也;只从迹上模仿,虽件件是王者之事,所谓'行仁义'者,霸也。"[①]

回溯思想史,有些思想家并不把王霸之辨看成固若金汤的铜墙铁壁。扬雄(前53—18)的《法言·孝至》说:"假儒衣、书,服而

---

① 沈善洪主编、吴光执行主编《黄宗羲全集(增订版)》第1册,浙江古籍出版社2005年版,第51页。

读之,三月不归,孰曰非儒也?"①在此,从假到真,三个月就够了。孟子说的"久假而不归",至少不止三个月吧?赵岐(?—201)说:"五霸若能久假仁义,譬如假物,久而不归,安知其不真有也。"(《孟子正义》卷二十七录)②你客观上行仁义,主观上就有可能把仁义当成自己的东西。赵岐的暧昧之意跃然纸上,但骨子里呢?他显然是肯定五霸最终在主观上也会把仁义当成自己所有的东西。

朱熹的《孟子集注》卷十三注云:"旧说,久假不归,即为真有,则误矣。"③这是含沙射影地批评赵岐吗?注意,赵岐只是骨子里肯定,而"即为真有"是千真万确的肯定语气。那么,朱熹是在批评同时代的思想哥们张栻(1133—1180)吗?张栻的《孟子说》卷七曾说:"若使其久假而不归,亦岂不美乎?夫假之者,未有不归者也。使其假而能久,久之而不归,则必有非苟然者矣。是必因其假而有所感发于中,而后能然也。至其不归,则孰曰非己有乎?有之者不系于假,而系于不归也。孟子斯言,与人为善,而开其自新之道,所以待天下与来世者,亦可谓弘裕矣。"④张栻说《孟子》13·30是孟子"开其自新之道,所以待天下与来世者",不就是"即为真有"的意思吗?

在金代的王若虚(1174—1243)看来,张栻"其说甚好",朱熹"陋哉斯言"。其《滹南遗老集》卷八《孟子辨惑》还说:"天下之人不能皆上性,君子多方教人,要以趋于善而已。故利而行之,勉强而行之,皆在所取,以为成功则一也。若如朱氏之言,自非尧、舜,举皆徒劳而无益,谁复可进哉?方渠未成书时,尝有此义,质于南轩,南轩答之如今所说,而卒从己意。甚矣,好高而不通也。"⑤这番话

---

① (汉)扬雄撰,韩敬注《法言注》,中华书局1992年版,第337页。

② (清)焦循撰,沈文倬点校《孟子正义》下册,中华书局1987年版,第924页。

③ (宋)朱熹《四书章句集注》,第358页。

④ (宋)张栻著,杨世文、王蓉贵校点《张栻全集》中册,长春出版社1999年版,第482页。

⑤ (金)王若虚著,胡传志、李定乾校注《滹南遗老集校注》,辽海出版社2006年版,第98—99页。

说得有点绝:前面一半,旨在呼应张栻说的孟子之"弘裕";后面一半,揭秘了朱熹没有采纳张栻之说的思想史往事。

如果有兴趣,再加上有时间,任何人都可以拿《孟子》13·30说的"五霸,假之也。久假而不归,恶知其非有也",写出一本不薄的小书。思想史是聚讼纷纭的历史,不会有标准答案。要问我的意见,我只能说我们每个人都有"性之"、"身之"、"假之"的成分:首先有至亲之情。天生就爱自己的父母、爱自己的小孩,这是"性之"。所以我们离不开家庭,一定要重情。其次有人伦之礼。"克己复礼为仁"(《论语》12·1),后天的修养、践行十分重要,这是"身之"。所以我们离不开教化,一定要讲礼。第三有社会之法。它们原本不是自己的,而是借来后再也没有归还,慢慢变成自己的美德,这是"假之"。所以我们离不开管理,一定要守法。

我们的一生短暂、甚至不免有些局促,但这三种成分缺一不可。我们必须切记:"性之"、"身之"、"假之"均以仁义为本①。现代社会既需要以德治国,更需要依法治国。仔细掂量一下,你能不清楚管理、"假之"占有多大的人生分量吗? 你借得越久越好,甚至

---

① 2017年11月25日,笔者到暨南大学参加高华平教授主持的"先秦诸子高端论坛",与著名学者郭齐勇先生谈起"久假而不归"问题。郭先生觉得:孟子、朱子是必须严王霸之辨的,而我们可以放松一点。由此想到钱穆有关"性之"、"反之"的精辟解释:"孟子言圣人,有性之者,有反之者。'性之'则自'诚'而'明',自发自悟,开教创义者也。'反之'则自'明'而'诚',因人之教,反之吾心而知其诚然,信教服义者也。"(氏著《中国近三百年学术史》下册,商务印书馆1997年版,第506页)有论者认为:"……钱穆主张对传统文化应秉持'性之'的态度,重视人本精神与道德精神,以此为中西文化之鸿沟。"(吴海《学案体与作为理想境界的宋学——钱穆〈中国近三百年学术史〉之清学观再探》,《中山大学学报》〔社会科学版〕2018年第2期,第111页)笔者大体认可这一阐释,缘由在于:"科学文化做'始条理'之事,人文文化做'终条理'之事;科学操作地优先于人文,人文逻辑地优先于科学;知识是力量,良知是方向。"(杨海文《人文优先于科学的逻辑卫护》,《学术评论》2016年第3期,第18—19页)换句话说,"假之"是饥饿感,"反之"是危机感,"性之"是使命感,三者步步提升而又集于一身,方能即凡而圣、优入圣域。

一辈子不归还,此乃孟子之喜;你借一下就还回来,甚至根本就不借,此乃孟子之忧。至此,我也终于在朱熹、张栻之间做出了自己的抉择。

(2017年10月16日上午据10月15日晚为网上公益"孟子读书会2017"第126次《孟子》13·26—13·30解读做的点评整理修订而成)

【附录】
中国孟子研究院殷延禄先生 2017年10月16日中午微信评论:

前几天在群里发言,有以下表达:"尧、舜由仁义行,汤、武行仁义,五霸假仁义。久假而不能归,遂不知真仁义为何物也。"先生所论甚好!"假之"之说正我之谬。重情、讲礼、守法的论述,得乎道且益乎行。道不玄,其根植于日用。究日用而述道理,可极高明而接地气!绘画强调留白,书法调和疏密,有对待方有艺术。朱熹之论,欲求纯之又纯,如画不留白,书不留疏,水至清则无鱼,欲求道反而失道。可以做为学之戒。孟子曰:"先王有不忍人之心,斯有不忍人之政矣。"(《孟子》3·6)只是从仁心到仁政毕竟需要一个转化。从个人修身说,朱说或可;从国家治理说,朱说不免有隔。

西北政法大学李智福博士 2017年10月16日下午微信评论:

此文学习一过,可谓探赜索隐、烛照有微。孟子一方面强调"仲尼之徒无道桓、文之事者"(《孟子》1·7),因为他深知五霸之非,这是"经";但另一方面指出:"五霸者,三王之罪人也;今之诸侯,五霸之罪人也。"(《孟子》12·7)五霸固然不如三王,但毕竟还是高出诸侯很多。《告子下》所载齐桓公葵丘之会(《孟子》12·7),所谓"初命—三命—五命"皆能看出桓公宅心仁厚,即便是"以力假仁",亦非一无所取。此也正好给文中的反问"(孟子)有没有给霸道留下哪怕是一点点的空间"提供一答案。孟子的确给了五霸一点历史空间,杨老师的判断没有错,但这仅仅是"权"。孟子游说诸侯,不得不以"王天下"、"定于一"为方便施设,但其根本动机在天下之民而不在天下本身。他虽然充满王道三代之理想,但不得不面对那些"望之不似人君"(《孟子》1·6)、"顾左右而言他"(《孟子》2·6)、一言不合就"勃然变乎色"(《孟子》10·9)的现实人君。因此,他给五霸留下一点余地也是出于现实的考量,但其精神图腾依旧神往于尧、舜、禹那个"性之"的时代。对于现实的人君来说,推崇五霸也许比推崇三代更有意义。既然不能"性之",也不能"身之",但若能"借"一下,亦聊胜于无!

(作者单位:中山大学哲学系)

《春秋》的文本性质及记事原则*

董芬芬

一 《春秋》的作者群体和时间框架

《春秋》自古就像个谜,有人奉之为经,呕心沥血搜寻其"微言大义",为之皓首,但很难建立贯通始终的书法义例;有人视其为史,而"断烂朝报"式的模糊表述又让人困惑不已。《春秋》文本到底是什么?本文拟抛开经与史的成见,试着探一探这个谜。

引起笔者兴趣的,首先是《春秋》的作者群体。

《左传》有两则著名的故事,宣公二年载:

> 赵穿攻灵公于桃园。宣子未出而复。大史书曰:"赵盾弑其君。"以示于朝。宣子曰:"不然。"对曰:"子为正卿,亡不越竟,反不讨贼,非子而谁?"宣子曰:"乌呼!'我之怀矣,自诒伊戚。'其我之谓矣。"

襄公二十五年载崔杼弑君:

> 大史书曰:"崔杼弑其君。"崔子杀之。其弟嗣书,而死者

---

* 本文是 2017 年国家社科基金"《春秋》《左传》文本的性质、生成及关系研究"(17BZW074)的阶段性成果。

二人。其弟又书,乃舍之。南史氏闻大史尽死,执简以往,闻既书矣,乃还。

以刘知几所言先秦史书四体来衡量①,晋太史所书"赵盾弑其君"与齐太史所书的"崔杼弑其君",同鲁国《春秋》的表述风格及书法最为近似,这应该是载于晋、齐两国《春秋》简策上的文字。春秋时代列国《春秋》类文本,是由各国太史负责记载,如果太史缺位,也可以由南史或其他史官记载。这两则故事常被人们提及,用来说明古代史官不畏强权、坚持"书法不隐"的可贵精神。而笔者感兴趣的是:既然赵盾、崔杼之流不满意太史的记载,为什么他们不按照自己的意愿让亲信、爪牙们强行记录,却要听任史官们载其恶行?

这两则故事说明只有史官才能记事于《春秋》简策,只有史官的文字才能生效,才能被认可。那么,史官凭什么具有如此特殊的权力呢?因为史官具有不同凡响的通神功能和身份。上古史官是从巫分化出来的,巫中一些人发明并掌握了文字,从事文书之事,慢慢分化成史官,他们掌握了巫们没有的知识和技能,但依然保持着巫能通神的功能。在沟通人神方面,史与巫没有本质的区别,史用来通神的媒介是文字,而巫是靠歌舞或者别的什么法术技巧而已。

春秋时代,史官依然是能沟通人神、预知吉凶的神秘人物,清汪中归纳春秋史官的职掌为天道、鬼神、灾祥、卜筮、梦等五项②,皆涉鬼神之事。席涵静先生认为汪中所说并不全面,他说:"汪氏

---

① 刘知几《史通·六家篇》条述古代史书之六体:"一曰《尚书》家,二曰《春秋》家,三曰《左传》家,四曰《国语》家,五曰《史记》家,六曰《汉书》家",前四体皆属先秦史籍。(刘知几著,浦起龙通释《史通通释》,上海古籍出版社2009年版,第1页。)

② 汪中《左氏春秋释疑》,《述学 内外篇·补遗·别录二》,中华书局1991年版,第28页。

之说失之重于神道,而略于人道,盖其说之五项:天道、鬼神、灾祥、卜筮、梦之等皆属于事鬼神者,而史官之册命、记事等诸要职掌,或略而不述,是有所偏失。"①席涵静先生特意指出史官的记事和册命两项,以为属人道之事,不涉鬼神,这种看法恐怕未必尽然。比如策命,在宗庙进行,未必不涉鬼神。《礼记·祭统》说:"古者明君爵有德而禄有功,必赐爵禄于太庙,示不敢专也。故祭之日,一献,君降立于阼阶之南,南乡,所命北面,史由君右执策命之,再拜稽首,受书以归,而舍奠于其庙。此爵赏之施也。"在太庙举行策命礼仪,"示不敢专",表示策封赏赐皆是祖宗之意,史官是传达祖宗之意的人,所以,周代策命礼仪必须有史官参加,他们的职责就是"执策命之"。周代铜器铭文中宣读策命的有内史、史、尹、作册尹等,他们都是史官。史官在策命礼仪上是祖先神意的代表,策命文书由他们宣读才具有神圣性,才能生效。所以,史官的策命表面上是人事,其本质亦属于鬼神之道。

同样,史官记事也未必皆属人道之事。赵盾、崔杼的故事中,只有史官才能记事于《春秋》,只有史官书写的文字才能被认可,说明记事于《春秋》亦属神道之事。赵盾、崔杼之流是世俗的贵族,虽然掌握着国君的废立生死,甚至可以剥夺史官的生命,却没有直接与鬼神沟通的能力和身份,他们必须通过史官才能给鬼神传达信息。如果不想让祖宗知道他们的恶行,他们能做的就是胁迫史官作伪,但当史官们如董狐、齐太史那样宁死不屈时,世俗权臣们亦无能为力。史官们宁死不屈,秉笔直书,从根本上是出于对祖宗的忠诚,他们背后有着强大的宗教力量。

所以,史官记事于《春秋》,是他们的本分、职责,更是因为他们被认为有通神的特殊能力和身份。从这个角度来说,我们有理由推测,《春秋》本是写给鬼神的文本。

另外一个值得注意的是《春秋》关于时间的记载。

---

① 席涵静《周代史官研究》,台湾福记文化图书有限公司1984年版,第140页。

《春秋》"以日系月,以月系时,以时系年"的时间体系,也是其通神特质的体现。《春秋》"有事则道在事,无事则存天时、正王朔"①,当没有什么事情可记的时候,《春秋》依然要记下"春正月"、"夏四月"、"秋七月"和"冬十月"等等,有意构建着一年四时的完整。有学者统计《春秋》中有关时间的文字就有4273字,为全部正文的四分之一②,先秦史书虽然都重视时间的记载,但都没有《春秋》如此严格、完整。如此特别的时间构架,显示《春秋》文本有着不同寻常的用途和意义。傅道彬先生说:"原始文化中四时意识不是世俗的,四时运转是上天情感意志的显现,具有神圣的意义,属于神圣的时间。"③过常宝先生说:"'天时'是一种具有宗教意义的社会规范。"④时间和历法知识,上古人们以为出自神示,谁拥有它,谁就是得天命者,能合法拥有至高无上的统治权。《尚书·尧典》说尧"乃命羲和,钦若昊天,历象日月星辰,敬授人时"。《论语·尧曰》:"尧曰:'咨!尔舜!天之历数在尔躬,允执其中,四海困穷,天禄永终。'舜亦以命禹。"尧、舜、禹相禅的秘密武器就是"天之历数",就是"敬授人时"。掌握了时间历法这个法宝,就能实现与神灵的沟通、得到神示,就能走向宗教和政治的最高宝座。

《春秋》对时间超乎寻常的强调,肯定是有超乎寻常的用途和目的。《春秋》的名称已经显示了天时的宗教意义。"春秋"既指四时,也指四时的祭祀活动。"春秋匪解,享祀不忒"(《诗·鲁颂·閟宫》),"春秋祭祀,以时思之"(《孝经》),楚共王用"春秋窀穸"(《左传·襄公十三年》)委婉指自己死后之事,杜预说:"春秋,谓祭

---

① 程颢、程颐《二程集》第四册,中华书局1981年版,第1201页。
② 雷戈《〈春秋〉观发微——以〈春秋〉纪传为中心》,《史学月刊》2009年第3期。
③ 傅道彬《〈月令〉模式的时间意义与思想意义》,《北方论丛》2009年第3期。
④ 过常宝《先秦散文研究——早期文体及话语方式的生成》,人民出版社2009年版,第137页。

祀。"①韦昭也以为"春秋"指春禘秋祫的宗庙祭祀②,则关于宗庙祭祀的文本亦称《春秋》。《春秋》构建的时间框架,相当于搭建与神灵沟通的神秘通道,人间的信息可以从此通道传递到先祖那里,这种观念同现代穿越小说通过神秘的时空隧道可以到达另一个时空的想象有异曲同工之妙。《春秋》如此严格的四时次序,体现着上古人神沟通文本的独有特质。先民用来与鬼神沟通的时间通道,却成就了古代编年史的严密体例。从这个角度来说,早期的编年史不是为历史而历史,而是宗教的产物,起源于祖宗崇拜。

晋朝出土《竹书纪年》记述夏、商、周以及春秋晋国和战国魏国之事,杜预说:"盖魏国之史记也……其著书文意,大似《春秋经》,推此足见古者国史策书之常也。"③《竹书纪年》是后人改编过的魏《春秋》,但记事风格与鲁《春秋》相类,说明东周列国皆有自己的《春秋》,也说明《春秋》类文本非常古老。刘知几说:"《春秋》家者,其先出于三代。"还说:"知《春秋》始作,与《尚书》同时。"④所以,流传到今天的《春秋》,并非鲁《春秋》的全貌,鲁《春秋》也像《竹书纪年》一样源远流长,今天看到的只是其春秋时代的内容。宋人郑樵⑤、清人顾炎武⑥等皆以为鲁《春秋》不始于隐公,杨伯峻总结说:"韩起所见鲁《春秋》,必自周公姬旦以及伯禽叙起,今《春秋》起隐公,讫哀公,自惠公以上皆无存。"⑦所以,《春秋》类文本的形式和通神功能并非始形成于春秋时代,更非创自孔子,而是起源很早、夏商周三代相沿、东周列国通用的文本现象。后来,各国的《春秋》皆湮没不见,只有鲁《春秋》的春秋时期这一部分比较完整地保存

---

① 《春秋左传正义》卷三二,第1954页。
② 徐元诰《国语集解》,中华书局2002年版,第487页。
③ 杜预《春秋经传集解后序》,严可均校辑《全上古三代秦汉三国六朝文》第二册《全晋文》卷四十三,中华书局1958年版,第1703页。
④ 刘知几《史通·六家篇》,《史通通释》,第7页。
⑤ 郑樵《六经奥论》卷四"春秋总辨"。
⑥ 顾炎武《日知录》卷四"鲁之春秋"。
⑦ 杨伯峻《春秋左传注》,第1227页。

下来,所以,它成了现存的唯一且名副其实的"圣经"。

春秋战国的史官在《春秋》简策上记下一笔的时候,也许为子孙后代作史的意识增强了,但作为从上古三代承传下来的特殊文本,其通神性质的传统惯性依然深刻而强大。《春秋》依然沿袭着上古三代的文本形式和书法,但它的通神功能和宗教意义渐渐被忘却,而其编年体例的历史价值却越来越凸显。《春秋》这种古老的文本从上古三代一路走来,同许多上古神话的一样,沧桑得让人认不出本来面目,于是,揭示其书法义例就成了后人的课程,《春秋》三传都力图在这方面有所发明和建树,以后历代的经师也努力寻找片言只语背后的深刻含义。两千多年的经学史证明了一件事,那就是《春秋》文本的确散发着无穷魅力,简单的大事记背后肯定隐藏着不为人知的奥秘。但经师们皓首穷经,所发明的书法义例却支离破碎,对经师无比失望的学者索性放弃的对奥秘的探索,只把它看做是一部简单的编年史,而他们"断烂朝报"的讥讽也表达出一种不甘。所以,无论视其为史还是为经,总会出现一些扞格不通的地方。现在我们明白,二者都忘却了它曾经的人神沟通功能和用途。也许只有摆脱经与史的纠缠,回归《春秋》文本的原始宗教意义,才能真正触摸到它的真相。

二 《春秋》:鲁国的告庙文本

《春秋》是否是人神沟通的文本,仅凭上文所述两点当然不够。作者的通神身份和独特的时间框架只是从外围提供了一种文化的思考,真正的讨论应该具体分析《春秋》所载事类的内容和性质。前人对《春秋》的内容做了比较详细的分类,如灾异、祭祀、即位、出境、回国、朝聘、盟会、战争、田物、城筑、嫁娶、出奔、卒葬等,杜预《春秋释例》甚至归纳了四十多类。但这种分类都过于细致,反而遮蔽了一些重要的信息。《春秋》归根到底以鲁国为主,所以本文先把《春秋》的内容分成两大类:一是鲁国的信息,二是列国的信息(包括王室)。然后再按不同的事类考察,看看被载于《春秋》的人和事,都有什么样的背景。

(一) 鲁国的信息

《春秋》记载鲁国的事情最多,有国君即位,国君或夫人出境、入境、卒葬、鲁公室的婚娶,贵族大夫们出使、出征及亡故,鲁国发生的灾异,等等,我们发现,这些事情之所以被书于《春秋》,是因为它们都是宗庙之事,都要举行告庙仪式。

1. 国君即位。

《春秋》共记载鲁国十二公,其中桓公、文公、宣公、成公、襄公、昭公、哀公共七公皆有"元年春王正月,公即位"的记录,他们都在宗庙举行过即位大典。

在宗庙举行即位大典是周代的传统。《尚书·顾命》篇记载了周成王去世后太子钊在宗庙即位的仪式。王国维《周书顾命考》说:"古礼经既佚,后世得考周室一代之大典者,惟此篇而已。"①春秋时代的诸侯,也要在本国的宗庙举行即位仪式,得到先祖的认可,才算拥有主持祭祀、发号施令的正统、合法地位。晋君一般在武宫举行即位之礼,武宫即曲沃武公之庙。鲁庄公十六年曲沃武公取得了晋国的政权,以后晋国历代国君皆出自曲沃武公,他们的即位之礼皆在武公庙举行,如重耳流亡十九年后回国,"即位于武宫"(《国语·晋语四》);晋成公即位时亦"朝于武宫"(《左传·宣公二年》)。郑国国君也在宗庙即位,郑穆公"盟于大宫而立之"(《左传·宣公三年》),杜预注:"大宫,郑祖庙。"②宋元公死前"梦太子栾即位于庙"(《左传·昭公二十五年》),梦见自己的儿子在祖庙即位,说明宋国国君即位,皆于宗庙举行。鲁国也不例外,国君即位必定要在宗庙举行即位告祭仪式。

《春秋》有七次"元年春王正月,公即位"的记载,杜预认为这意味着即位之君于第二年正月正式改元,并非此月才举行即位仪式。

---

① 王国维《观堂集林》第一册,中华书局1959年版,第50页。
② 《春秋左传正义》卷二十一,《十三经注疏》本,中华书局1980年影印,第1869页。

他说:"嗣子位定于初丧,而改元必须逾年者,继父之业,成父之志,不忍有变于中年也。遭丧继立者,每新年正月必改元正位,百官以序,故国史皆书即位于策以表之。"①初丧时举行即位之典以定位,新年正月改元,当史官把"元年春王正月,公即位"书于《春秋》之策上时,完整的即位仪式才算完成。当然也有例外,鲁定公先改元,等鲁昭公之丧回国后才行即位之礼,故《春秋》于定公元年六月载:"夏六月癸亥,公之丧至自乾侯。戊辰,公即位。"尽管对常规即位礼仪的程序有所改变,但也没有违背父死逾年改元的传统。

《春秋》隐、庄、闵、僖四公只书"元年春王正月",而无"公即位"三字,后人对此议论纷纷。比如闵公元年《公羊传》和《谷梁传》皆解释说:"继弑君不言即位。"意思是之前的国君被弑,继位者就不能有"公即位"的记载。然而,鲁桓公也是继弑君,桓公元年却有"公即位",正好与公羊、谷梁发明的书法相矛盾,于是《公羊传》说:"继弑君不言即位,此其言即位何?如其意也。"《谷梁传》说:"继故而言即位,则是与闻乎弑也。""是无恩于先君也。"两家的意思都是说桓公参与了弑君的阴谋,以此表示谴责。公羊、谷梁的解释明显是前后矛盾,左支右绌。《左传》的解释各自不同,杜预概括说:"隐、庄、闵、僖虽居君位,或有故而不修即位之礼,或让而不为,或痛而不忍,或乱而不得,礼废事异,国史固无所书,非行其礼而不书于文也。"②从传统礼制来说,这些解释也是站不住脚的。如果不在宗庙举行即位礼仪,则名不正言不顺,不能成为合法的国君。尽管因为各种各样的原因,有些国君即位之礼可能仓促简单,但肯定会举行的。没有即位仪式,又怎能改元?杜预的"礼废事异"显然不能成立。至于《春秋》为何在隐、庄、闵、僖四公之元年没有"公即位"的记载,缘由已不可考,也许流传过程中简策遗失,也许有别的什么原因,但不会是"礼废"的缘故。颖子严说:"鲁十二公国史尽

---

①② 杜预《春秋释例》,《文渊阁四库全书》第146册,台湾"商务印书馆"影印本,第6页。

书即位,仲尼修之,乃有所不书。"①其"鲁十二公国史尽书即位"的判断比"三传"的说法更符合春秋礼制。

所以,春秋鲁国历代国君,都要在宗庙举行即位典礼,之后由史官以"元年春王正月,公即位"的格式载于《春秋》,正式以文字的方式向列祖列宗通报,国君即位的一整套仪节才算完成。

2. 国君出境、入境。

鲁公出境,或参加朝聘盟会,或率师征伐,《春秋》都有记载。如:

> 春王二月,公会齐侯、郑伯于中丘。(《春秋·隐公十年》)
> 公会齐侯、陈侯、郑伯于稷以成宋乱。(《春秋·桓公二年》)
> 冬,公会晋侯、宋公、卫侯、郑伯、曹伯于黑壤。(《春秋·宣公七年》)

《春秋》对国君出境之事一一记载,是因为皆举行过告庙仪式。《礼记·曾子问》说:"诸侯适天子,必告于祖,奠于祢,冕而出视朝,命祝史告于社稷、宗庙、山川,乃命国家王官而后行,道而出。"祖,指太祖之庙。祢,指父殡宫之主。宗庙中地位最特殊的是祖庙和祢庙,二者是告庙礼仪举行的重点地方。诸侯朝天子,必须要告于祖庙和祢庙。诸侯彼此相见,要告于祢庙等宗庙及山川神灵,《曾子问》说:"诸侯相见,必告于祢,朝服而出视朝,命祝史告于五庙、所过山川,亦命国家王官道而出。"国君出境参加朝聘盟会,必须告庙。

国君率师出征亦如此。《礼记·王制》说:"天子将出征,类乎上帝,宜乎社,造乎祢,祃于所征之地,受命于祖,受成于学。"孙希旦注曰:"受命于祖,告于太祖之庙而卜之也。"②战前告庙,不仅要

---

① 杜预《春秋释例》,第8页。
② 孙希旦《礼记集解》,中华书局1989年版,第333页。

报告战争的消息,更重要的还要向先祖祷告。哀公二年铁之战,卫太子蒯聩向先祖祷告"无绝筋、无折骨、无面伤,以集大事,无作三祖羞"(《左传·哀公二年》)。除了祷告,还要在宗庙举行"授兵"仪式,把兵器分发给士兵,如《左传·隐公十一年》记载,"郑伯将伐许,五月甲辰,授兵于大宫"。大宫,郑国祖庙。杨伯峻说:"古者兵器藏于国家,有兵事则颁发,事毕,仍须徼还。"① 庄公八年《春秋》记载:"春王正月……甲午,治兵。"据《左传》:"八年春,治兵于庙,礼也。"此次鲁国同齐国将共同出兵讨伐郕,战前在太庙授兵。古代战争,不仅要动员人力,更要动员众神。授兵于太庙,希望得到先祖的佑助。

朝聘盟会或征讨活动结束回国,亦要告庙。《礼记·曾子问》说:"反必亲告于祖、祢,乃命祝史告至于前所告者,而后听朝而入。"国君回国的第一件事就是亲自告于祖庙、祢庙,还要派祝史逐一告于出境时祭告过的神灵,然后才可以进行其它朝治之事。比如鲁襄公于十二年冬到晋国朝聘,《春秋》载:"公如晋。"次年回国,《春秋》又载:"十三年春,公至自晋。"鲁襄公朝晋回国后,举行了告庙仪式,《左传》说:"十三年春,公至自晋,孟献子书劳于庙,礼也。""书劳于庙",就是在告庙的时候,孟献子让人把有关随行人员的功劳记下来,予以嘉奖。鲁桓公二年九月,桓公与戎在唐盟会,冬季回国,《春秋》桓公二年都有记载:"公及戎盟于唐。""冬,公至自唐。"《左传》解释说:"公至自唐,告于庙也。凡公行,告于宗庙,反,行饮至,舍爵,策勋焉。"关于"公至"的解释,《左传》的"告庙"之说合礼且能贯穿始终,而公羊、谷梁的却很难令人信服。比如《公羊传》本来有"桓公之会不致"之例,意思是鲁公与齐桓公会面不用书"公至",因为齐桓公诚信,鲁公没有危险。但庄公二十三年、僖公十五年都有"公至"的记载,已经破了"桓公之会不致"之例,《公羊传》解释前者说:"危之也。何危也?公一陈佗也。"意思是怕庄公成为又一个陈佗(陈侯佗因与蔡女有私情被蔡人所杀),解释僖公

---

① 杨伯峻《春秋左传注》,中华书局 2009 年版,第 72 页。

十五年"公至自会"说:"桓公之会不致,此何以致,久也。"言僖公离开鲁国有点久,故"书至"。公羊、谷梁的解释花样百出,却无一例能贯彻始终,相比之下,还是《左传》"告庙"说有道理。城濮之战晋国大捷,晋文公帅师凯旋,"振旅,凯以入于晋,献俘、授馘、饮至、大赏"(《左传·僖公二十八年》),战争胜利后回国告庙,礼除了饮至、舍爵、策勋外,还有献俘、授馘等内容。杜预发扬《左传》说:"凡反,行饮至必以嘉会而昭告于祖祢,有功则舍爵、策勋,无勋无劳,告成事而已。"①胜利则摆宴庆祝、记录功勋,无功则向祖宗汇报结果,史官皆要据实而书于《春秋》,如:

> 八月庚申,及齐师战于乾时,我师败绩。(《春秋·庄公九年》)
> 十年春,王正月,公败齐师于长勺。(《春秋·庄公十年》)

以"我师败绩"向祖宗报告战败的消息,背后隐藏着许多沮丧与无奈。而"公败齐师于长勺"一句,又包含着多少喜悦与骄傲,齐鲁为邻国,齐大鲁小,鲁国经常受齐国欺压侵凌,长勺之战让鲁国人终于扬眉吐气了一回。史官如此记,则告庙时亦如此告,人神共欢,上下同庆。

国君出境、入境皆属于国家大事,皆要告庙,告庙仪式之后,史官则要书于《春秋》。国君除了亲自要告庙外,还要派祝史告于社稷、山川等神灵,但《春秋》只针对祖宗,是宗庙礼仪的文本。

3. 公室嫁娶。

公室嫁娶之事,《春秋》多有记录,因为这也是需要告庙的大事。周人对婚嫁之礼非常重视,认为婚嫁不仅是两个人的事,更是两国、两姓之间的大事,"昏礼者,将合二姓之好,上以事宗庙,而下以继后世也。故君子重之"(《礼记·昏义》)。"上以事宗庙",这是古代男子娶妻最崇高的理由。儿子娶妇,其父说:"往迎而相,承我

---

① 杜预《春秋释例》,第58页。

宗事。勖帅以敬,先妣之嗣。"(《仪礼·婚礼》)"先妣之嗣",新妇乃顺承我祖宗祭祀的关键人物,故嘱咐儿子要夫妻相敬。周人认为婚嫁皆关系宗庙之大事,一定要在宗庙举行仪式。《仪礼·昏义》说:"是以昏礼纳采、问名、纳吉、纳征、请期,皆主人筵几于门外,入揖让而升,听命于庙,所以敬慎,重正昏礼也。"和婚礼有关的各种仪节皆要"听命于庙",以示郑重。

新妇迎来,首先要在宗庙举行告祭祖宗的"庙见"仪式。鲁庄公为了迎娶哀姜,"丹桓公楹","刻桓公桷"(《春秋》庄公二十三年、二十四年),用红漆刷新桓公庙的楹柱,雕刻其椽头,因为大婚仪式要在桓公庙举行,届时新夫人要祭拜桓公。如果未行庙见仪式,则不能算合法夫妻。郑公子忽娶陈国之女,在迎娶的路上二人同居,到郑国之后才行庙见之礼,时人批评其"先配而后祖":"是不为夫妇,诬其祖矣,非礼也,何以能育?"(《左传·隐公八年》)未行庙见之礼就自行同居,被斥为欺诬祖宗、非礼,得不到祖宗的祝福。

在鲁国宗庙举行拜祭先祖的庙见仪式之后,史官就在《春秋》上书写一笔,正式承认其尊贵的"夫人"身份,如桓公娶文姜,《春秋·桓公三年》书曰:"夫人姜氏至自齐。"庄公娶哀姜,《春秋·庄公二十四年》书曰:"八月丁丑,夫人姜氏入。"国君夫人与国君共同敬事宗庙、主持祭祀,她们的信息自然也备受关注,夫人有什么重要活动,也必须告庙,必须载于《春秋》。纵观整个《春秋》,夫人信息最多的就是文姜。鲁桓公因文姜之潜死于齐,而文姜之后与齐襄公频频会面,《春秋》皆有记录,如:"夫人姜氏会齐侯于禚。"(《春秋·庄公二年》)"夫人姜氏享齐侯于祝丘。"(《春秋·庄公四年》)"夫人姜氏会齐侯于防。"(《春秋·庄公七年》)"夫人姜氏会齐侯于谷。"(《春秋·庄公七年》)这些记载给文姜身后惹来骂声一片。并非鲁国史官像现代娱记一样爱好报道绯闻,而是当时礼制所致。文姜地位尊贵,每次出境随行人员浩浩荡荡,告庙之后,才能成行,《春秋》也不得不记录,就算史官想遮掩、隐讳,也做不到。

除了娶妇,《春秋》也记载一些鲁公嫁女的消息。如隐公元年的"伯姬归于纪",隐公七年的"叔姬归于纪",成公九年的"伯姬归于宋",等等。鲁公嫁女何以能书于《春秋》,因为春秋时代女子也是从宗庙被接走的。《左传·昭公元年》载,楚公子围娶郑国大夫公孙段氏女,郑国怕楚兵入都于国不利,建议在郊外除地为墠以代公孙段家的祖庙,遭到楚国的拒绝。楚方代表说:"围布几筵,告于庄、共之庙而来。若野赐之,是寡大夫不得列于诸卿也。不宁唯是,又使围蒙其先君,将不得为寡君老,其蔑以复矣。"意思是楚公子围出发时祭告了楚庄王、楚共王,依礼也应该从女方的祖庙迎娶,如果不能从女方祖庙接新娘,则公子围无法向先祖和楚王交代。可见春秋时代女子出嫁,也要行告庙之礼。《春秋》载鲁女出嫁之事,也是这个原因。

《春秋》记载了几个被休弃的公室之女,如宣公十六年:"秋,郯伯姬来归。"成公五年"杞叔姬来归。"鲁女被他国国君遗弃者,要在鲁宗庙举行"来归"之礼。据《礼记·杂记》,外诸侯派使者把鲁女送回鲁国,使者要说:"寡君不敏,不能从而事社稷、宗庙,使使臣某敢告执事。"娶妻本为敬事先祖,既然不能同奉社稷、宗庙,则可以冠冕堂皇离婚,两国大夫要在鲁宗庙举行"来归"仪式,"有司官陈器皿,主人有司亦官受之"。在宗庙所陈器皿为鲁女出嫁时的陪嫁之物,夫家派人如数送还,而娘家亦有专人清点收回。被弃的郯伯姬、杞叔姬之所以书于《春秋》,就是因为在宗庙举行了"来归"之礼。

4. 国君与夫人的卒葬。

国君与夫人的卒葬也要载于《春秋》,也是因为卒葬大礼皆在宗庙举行。国君去世,要殡于宗庙。《礼记·檀弓下》说"殷朝而殡于祖",殡庙的做法殷商已在实行。春秋时代国君死后也要在宗庙举行殡庙仪式,相当于告诉列祖列宗,某公已魂归祖宗之所。晋文公卒,"将殡于曲沃"(《左传·僖公三十二年》),曲沃乃晋宗庙之所在。宋景公卒,"大尹立启,奉丧殡于大宫"(《左传·哀公二十六年》)。此大宫,即宋之祖庙。杨伯峻说:"而殡于大宫者,当时之礼固如此。"[①]夫人的卒葬亦有殡庙仪节,《左传》对夫人卒葬的书法

---

① 杨伯峻《春秋左传注》,第1730页。

有很好的解释,如僖公八年说:"凡夫人,不薨于寝,不殡于庙,不赴于同,不祔于姑,则弗致也。"夫人如果没有寿终正寝,没有殡于宗庙,没有给同盟友好之国发讣告,其主没有祔于祖姑,缺此四者,则其主不能而列于宗庙。同样,如果不满足这四个条件中的三条,就不能在《春秋》上书"夫人某氏薨",比如隐公三年《春秋》云:"君氏卒。"《左传》说:"不赴于诸侯,不反哭于寝,不祔于姑,故不曰薨。"杜预总结《左传》的释经文字说:"夫人丧礼有三,薨则赴于同盟之国,一也;既葬日中自墓反虞于正寝,二也;卒哭而祔于祖姑,三也。若此,则书曰'夫人某氏薨','葬我小君某氏',此备礼之文也。其或不赴、不祔,则为不成丧,故死不称'夫人薨',葬不言'葬我小君某氏'。"①以《春秋》所载夫人卒葬来看,《左传》及杜预的这些解释能够成立。"君氏卒"的君氏指声子,声子是隐公生母,但不是鲁惠公的嫡夫人,不能用夫人之丧礼,故不能用"薨"字。但《左传》隐公三年的解释文字中没有"不殡于庙"这一条,说明声子还是有殡庙之礼,所以才能在《春秋》简策上书其卒。毕竟是国君生母,地位高于惠公其他姬妾,史官用"君氏卒"的书法以示重视与区别。《春秋》"君氏卒"及哀公十二年的"孟子卒"诸例用"卒"外,夫人与国君一样皆用"薨"。可见,《春秋》书法皆有相关礼仪在背后支撑着,礼仪的规格、级别不同,其书法自然不同。

5. 鲁大夫信息。

大夫们的活动也关乎国家大事,他们经常奉命参加列国的朝聘盟会、庆吊、出兵等,是国君倚重的股肱。《春秋》也记载了他们的许多活动与信息,如:

> 翚帅师会宋公、陈侯、蔡人、卫人伐郑。(《春秋·隐公四年》)
> 季孙宿会晋侯、郑伯、齐人、宋人、邾人于邢丘。(《春秋·襄公八年》)

---

① 《春秋左传正义》卷三,第1722页。

> 夏,叔弓如滕,五月,葬滕成公。(《春秋·昭公三年》)

大夫们代表鲁国参加朝聘、盟会、庆吊、送葬等活动,出入亦须告庙。《仪礼·聘礼》说:"厥明,宾朝服释币于祢。有司筵几于室中。祝先入,主人从入。主人在右,再拜,祝告,又再拜。"说的就是使者临行前的告庙之礼,表示大夫出使不仅奉君命,亦奉先君之命。受聘国的国君也要在宗庙接待使者,如《仪礼·聘礼》所说,主国国君"及庙门,公揖入,立于中庭,宾立接西塾"。聘礼必须在主国之宗庙进行,如果不能在宗庙接待使者,则可以不举行正式聘礼。如卫灵公因内乱逃出国都,齐国使者公孙青前往聘问,卫灵公说:"君若惠顾先君之好,照临敝邑,镇抚其社稷,则有宗祧在。"(《左传·昭公二十年》)意思是正规的聘礼应在卫国宗庙举行,现在流落在外,聘礼仪式还是免了吧。于是公孙青就客随主便不行正式聘礼。

"朝聘有珪,享覜有璋。"(《左传·昭公五年》)大夫出使所执最重要的礼物为玉币。玉在上古本是沟通人神的圣物,玉作为聘问的礼物,包含深刻的宗教含义。春秋时代,诸侯之间缔结友好盟国,一般都从两国的先公说起:"先君之好是继"(《左传·僖公四年》),"君不忘先君之好"(《左传·文公十二年》),所以,缔结友好关系,不仅是两国国君的意愿,更是"先君之好"的体现,玉正是传达两国先君之意的圣物,使者临行前于宗庙释币告庙,在受聘国的宗庙举行授玉、辞玉仪式,意味着两国先君之意通过玉得以传递。聘问时所带别的礼物要送给受聘国的国君和大夫,只有这玉最终还是要带回本国宗庙复命的。使者的这一来回,就完成了两国先君之意的传递。鲁国大夫出聘,列国大夫聘鲁,皆以玉作为传递先君之意的信物,都要在宗庙举行聘问仪式,自然都会书于《春秋》。

《春秋》也记载鲁大夫之卒,如隐公元年"冬,十有二月,公子益师卒",文公十四年"九月甲申,公孙敖卒",等等。大夫卒后,国君要在宗庙哭临。《左传·襄公十二年》之凡例说:"凡诸侯之丧,异姓临于外,同姓于宗庙,同宗于祖庙,同族于祢庙。"像公子益师、公孙敖等这些公子、公孙皆属于同族,鲁公要在祢庙举行哭临仪式,故亦要书于《春秋》。但《左传》有些解经文字与其凡例相左,如解释"公子益师卒"说:"众父卒,公不与小敛,故不书日。"意思是鲁公参与死者小敛,则要书日,否则,就不书日。但公孙敖死于齐,鲁文公不可能为其小敛,《春秋》却记录了公孙敖的卒日,明显与《左传》的"五十凡"不合,应该是后人所增。《谷梁传》也不能自圆其说:"大夫日卒,正也。不日卒,恶也。"公子益师之恶,三传皆未言,公孙敖的确有恶于鲁,然而其卒书日,已经自破其例,《谷梁传》就说:"奔大夫不言卒,而言卒何也?受其丧,不可不卒也,其地于外也。"因为发现与前面发明的书例相矛盾,只好在丧从外来上做文章。两传解经随心所欲、漏洞百出也就一目了然了。而《公羊传》的解释相比有点道理:"公子益师卒,何以不书日?远也。所见异辞,所闻异辞,所传闻异辞。"意思是公子益师之卒时间久远,日子记不得了,从情理上来说,比前二者的解释稍近情理,但"所见异辞,所闻异辞,所传闻异辞"的"三世"说也未得要领,顾颉刚认为《春秋》"三世"之义无据①。《左传》"五十凡"从礼仪的角度解经,明显优于三传随心所欲是解经文字。

6. 灾异。

灾异,如日食、星孛、星陨、水火、地震、山崩等,《春秋》记载了许多灾异消息,发生在鲁国疆域、分野的灾异,则需要告庙。

古人认为灾异是上天对人的警告或惩罚。作于周幽王时的诗作《十月之交》写到当时的一次日食,"日有食之,亦孔之丑","日月告凶,不用其行。四国无政,不用其良"。把日食的原因归于当权者施政的过错。春秋时代人们对待灾异的态度也是这样,认为灾异是"不善政之谓也。国无政,不用善,则自取谪于日月之灾,故政不可不慎也"(《左传·昭公七年》)。日食,被认为是针对某个重要人物,《春秋》昭公七年载:"夏四月甲辰朔,日有食之。"晋平公很害

---

① 顾颉刚《春秋三传及国语之综合研究》,第13—14页。

怕,问:"谁将当日食?"大夫士文伯说:"鲁、卫恶之。卫大鲁小。"这次日食发生的区域在鲁国和卫国的分野,故时人以为卫国国君和鲁国上卿皆有性命之虞(《左传·昭公七年》)。彗星出现也一样,《春秋》文公十四年载:"秋七月,有星孛入于北斗。"周内史叔服说:"不出七年,宋、齐、晋之君皆将死乱。"(《左传·文公十四》)北斗为人君之象,彗扫北斗,时人以为不利国君,根据彗星出现的分野,认为宋、齐、晋三国之君将蒙受灾祸。

面对灾异,人们的心里充满着疑惧,发生灾异的国家,要举行禳灾的祭祀。《左传·昭公元年》子产说:"山川之神,则水旱疠疫之灾于是乎禜之,日月星辰之神,则雪霜风雨之不时,于是乎禜之。"则"禜"是专门针对灾异的祭祀。《周礼·春官》大祝"国有大故、天灾,弥祀社稷,祷祠",小祝"以祈福祥,顺丰年,逆时雨,宁风旱,弥灾兵,远罪疾"。昭公二十六年,齐现彗星,齐景公使禳之。庄公二十五年鲁国日食、水灾,伐鼓于社,用牲于社,希望以隆重于常的祭祀来消弭灾祸(《左传·庄公二十五年》)。《左传》记载,鲁襄公九年宋国水灾,在组织人力积极救火的同时遍祀群神。昭公十八年郑国大火灾,使祝史徙主祏于周庙,告于先君,还让"郊人助祝史,除于国北,禳火于玄冥、回禄,祈于四墉"。当天降灾异时,统治者会大为紧张,一般会举行隆重的祭祀仪式以消除灾祸,遍祀群神中,宗庙祭祀必不可少。

把灾异事件书于《春秋》,这是向祖宗报告,也许还有卜问、谴责的因素包含其中。所以,《春秋》对灾异的记录包含着古人浓厚的天人感应的思想因素,董仲舒利用这些零零星星的记载,构建了系统的天人感应理论,这是他为限制君主专制、增加儒家的话语权而做的努力,他的理论和思想源自《春秋》却未必尽合于《春秋》。董仲舒、刘向、刘歆等对《春秋》灾异背后的天意言之凿凿,皆是对《春秋》《左传》所载历史事件的附会。如《春秋·庄公二十四年》"大水","董仲舒以为夫人哀姜淫乱不妇,阴气盛也。刘向以为哀姜初入,公使大夫宗妇见,用币,又淫于二叔,公弗能禁。臣下贱之,故是岁、明年仍大水。刘歆以为先是庄公饰宗庙、刻桷丹楹,以夸夫人,简宗庙之罚也"①。三人对同一灾情的解释各不相同,但都属于事后诸葛亮式的附会,而对当时在《春秋》上写下这条消息的史官来说,他们尚处于懵懂疑惑甚至恐惧之中,不知眼前的灾异因何事而来,只能如实向先祖报告,希望先祖能斡旋、佑助。

由此看来,鲁国书于《春秋》的事情,皆是宗庙之事,都要在宗庙举行相关的仪式。国君即位、大婚,国君及夫人的出境、入境,甚至卒葬,皆关乎宗庙香火;大夫们代表国君参加朝聘、盟会、庆吊,或帅师出征,皆关乎社稷安危;姑娘出嫁,或被休弃,关乎公室面子、嫡女福祉;日食地震等天灾人祸,关乎政治成败。这种种事类,是国家大事,也是先公关注的事情。史官记事于《春秋》,就是以文字告庙的环节。

(二)列国的信息

列国的消息,鲁国如何得知并载于《春秋》呢?《左传·隐公十一年》说:"凡诸侯有命,告则书,不然则否,师出臧否,亦如之。及灭国,灭不告败,胜不告克,不书于策。"鲁国之外的消息来自各国自己的通报。列国有通报,则书于《春秋》,无通报,无论多么重大的消息皆不书于《春秋》,俞正燮《春秋不告不书义》一文说的就是这个意思。考查《左传》《春秋》的相关记载,这个说法是对的。所以,列国的信息能载于《春秋》,亦有相应的礼仪在支撑着。

《春秋》记载了列国国君卒葬的消息,如:

> 夏,许男新臣卒。(《春秋·僖公四年》)
> 夏六月庚寅,齐侯昭卒。(《春秋·僖公二十七年》)
> 元年冬十有一月己酉,楚子麋卒。(《春秋·昭公元年》)

我们就外诸侯之卒为例,看看这样的消息何以能书于鲁国的《春秋》。

首先,列国国君去世,要给同盟国发讣告,这是春秋的通例。

---

① 《汉书·五行志》,班固《汉书》,中华书局1962年版,第1344页。

"凡诸侯同盟,于是称名,故薨则赴以名,告终称嗣也,以继好息民,谓之礼经。"(《左传·隐公七年》)讣告上还要具已卒国君之名。鲁国的史官要根据收到的讣告予以记载。"凡诸侯同盟,死则赴以名,礼也。赴以名,则亦书之,不然则否,避不敏也。"(《左传·二十三年》)如果讣告不具名,史官怕弄错,书于《春秋》时亦不具诸侯名。杨伯峻统计说:"《春秋》记外诸侯之卒凡一百三十三,而不书名者十次而已。"①《礼记·杂记》还保留了讣告辞的简单样本:"君讣于他国之君,曰:'寡君不禄,敢告执事。'"按《左传》所述,讣告应该比这更为详细,还须有亡者之名及亡故的时间。

其次,仅仅有讣告还不足以书于《春秋》,接到列国的讣告,鲁公要在宗庙某个适当的地方举行哭临之礼。如吴王寿梦去世后,鲁襄公在文王庙哭临:"秋,吴子寿梦卒,临于周庙,礼也。凡诸侯之丧,异姓临于外,同姓于宗庙,同宗于祖庙,同族于祢庙。是故鲁为诸姬临于周庙,为邢、凡、蒋、茅、胙、祭,临于周公之庙。"(《左传·襄公十二年》)根据逝者与鲁国的亲疏关系,鲁公要在宗庙选择不同的地方哭临,在宗庙门外哭临异姓诸侯,在宗庙哭临姬姓诸侯,在祖庙(即周公庙)哭临如邢、凡、蒋、茅、胙、祭等同宗诸侯。鲁襄公在周庙(即文王之庙)哭临吴王,故《春秋》书曰:"秋九月,吴子乘卒。"《春秋》记载外诸侯之卒,皆以赴告之礼和告庙哭临仪式为其条件。

《春秋》记载列国的其他消息,情况也是这样:列国要派人到鲁国行赴告之礼,鲁国方面也要有相关告庙仪式。

《春秋》对列国的所有记录皆应据其赴告文书。如周灵王卒,《春秋·襄公二十八年》载:"十有二月甲寅,天王崩。"而《左传》记载其亡故时间是十一月癸巳,还说"天王崩,未来赴,亦未书,礼也",后又解释说:"十二月,王人来告丧,问崩日,以甲寅告,故书之。"周灵王于本年十一月癸巳去世,因为王室没有派人来告丧,鲁国史官就未加记载,这是合乎礼制的。十二月,王室才派人来告

---

① 杨伯峻《春秋左传注》,第404页。

丧,说周灵王于甲寅日卒,故鲁《春秋》按王室正式讣告的时间予以记载。

《春秋》还记载列国内乱、大夫被杀或出奔的消息。这些消息也是依据列国的通报记载的。如僖公五年晋献公因骊姬之谮杀掉太子申生,《左传》说:"晋侯以杀太子申生之故来告。"故《春秋》僖公五年载:"五年春,晋侯杀其世子申生。"宣公十四年,卫卿孔达得罪晋国,晋国兴师问罪,孔达以自杀来保全卫国。孔达死后,卫国通告列国说:"寡君有不令臣达,构我敝邑于大国,既伏其罪矣。敢告。"(《左传·宣公十四年》)杜预说:"诸杀大夫亦皆告。"①故《春秋》宣公十四年载曰:"卫杀其大夫孔达。"列国内乱、杀太子、杀大夫,告则书,不告则不书。

记载他国发生灾异、战争胜败等消息,也依据列国的通报。如昭公十八年五月,宋、卫、陈、郑四国发生火灾,《左传》说:"数日皆来告火。"四国都派人来鲁国通报火灾。所以《春秋》记载说:"夏五月壬午,宋、卫、陈、郑灾。"此乃承四国之告而书。不仅如此,鲁国接到灾情的通报,还要派大夫吊灾。列国之间"贺其福而吊其灾"(《左传·昭公十一年》),乃春秋常礼。庄公十一年宋国水灾,鲁国派人去吊,《春秋》记载:"秋,宋大水。"杜预说:"公使吊之,故书。"②但《公羊传》对外灾的解释很奇怪,比如《春秋》宣公十六年:"夏,成周宣榭火。"《公羊传》说:"外灾不书,此何以书?新周也。"又解释襄公九年的"春,宋灾"条说:"外灾不书,此何以书?为王者之后记灾也。"《谷梁传》也说:"外灾不志,此其志何也?故宋也。"首先"外灾不书"就不符合《春秋》的书法,"新周"、"故宋"也无从说起,穿凿之迹显然。

告则书,不告则缺。当时许多列国之大事《春秋》未载,就是这个原因。公羊、谷梁学者往往以隐讳和褒贬等随心所欲来解释,大开《春秋》学的穿凿之风。后人发挥的"三科九旨"等大义,大多数

---

① 《春秋左传正义》卷二十四,第1886页。
② 《春秋左传正义》卷九,第1769页。

也让人莫名其妙。《春秋》记录周王室及列国的各种消息，不是为了隐讳什么事，也不是要褒贬什么人，而是据"礼"而书。其一，如果没有接到对方的正式通报文书，史官不能根据臆测和传闻载录；其二，即使接到了对方的通报，如果鲁国没有在宗庙举行相应的仪式，也不能载录。列国之事书于《春秋》者，必须满足这两个条件。

综上所述，无论是鲁国的信息，还是列国的信息，只要是书于《春秋》者，皆是宗庙之事，皆要在鲁国宗庙举行告祭仪式。所以，《春秋》是鲁国宗庙告祭文本。昭公二年韩起聘鲁，见鲁《春秋》，说："周礼尽在鲁矣。"(《左传·昭公二年》)此言已经指出《春秋》的"周礼"本质。杜预说："韩子所见，盖周之旧典礼经也。"①用"旧典礼经"一语定位《春秋》非常准确，甲骨文的"典"字是会意字，指双手捧简册置于几案上，此乃用文字告祭先祖之意。《春秋》正是这种宗庙告祭之"旧典礼经"。清人毛奇龄说："鲁史记事全以周礼为表志，而策书相传谓之礼经。凡其事其文一准乎礼，从而比之属之。"②苏舆也说："《春秋》原于礼。"③这些说法都抓住了《春秋》的本质。"春秋"本指四时，但古人结合四时的宗教活动把它与祭祀礼仪紧密联系在一起，过常宝先生认为"这是'春秋'作为文献名称的真正来源"④，"春秋"指宗庙的祭祀活动，而宗庙告祭简策也就叫做《春秋》。所以，《春秋》的礼仪性和神圣性与生俱来。

《春秋》是鲁国宗庙告祭文本，它的作者是鲁国历代史官，那么，孟子、司马迁等所说"孔子作《春秋》"是怎么回事呢？其实孟子、司马迁所言孔子《春秋》并非我们讨论的鲁《春秋》。《孟子·离娄下》云："王者之迹熄而《诗》亡，《诗》亡然后《春秋》作。晋之《乘》，楚之《梼杌》，鲁之《春秋》，一也：其事则齐桓、晋文，其文则

---

① 《春秋左传正义》卷一，第1704页。
② 毛奇龄《春秋属辞比事记》卷一，《文渊阁四库全书》本。
③ 苏舆《春秋繁露义证》，中华书局1992年版，第3页。
④ 过常宝《〈春秋〉的生成、文体及其功能》，《第十一届海峡两岸先秦两汉学术研讨会论文集》，2014年12月，第86页。

史。孔子曰：'其义则丘窃取之矣。'"孟子明言孔子《春秋》非"鲁之《春秋》"，孔子《春秋》兴起于《诗》亡之后，即春秋战国之交，且阐发的是孔子之"义"，而鲁《春秋》"其文则史"，只是记事，字里行间读不出什么孔子之"义"，后人挖空心思读出的"微言大义"未必就是孔子之"义"。《史记·太史公自序》论孔子《春秋》说："《春秋》文成数万，其指数千。万物之散聚皆在《春秋》。"①孔子《春秋》有数万字，而鲁《春秋》也只有一万八千字，离"数万"还有一大截，故孔子所作《春秋》非此万八千字的《春秋》，还有，司马迁所言《春秋》大多数指《左氏春秋》，难道依此也要判定《左氏春秋》亦为孔子所作吗？所以，孟子、司马迁所说孔子《春秋》并非指万八千字的鲁《春秋》。何况，三传解释《春秋》的书法义例，皆引用过孔子之言，但都未有一语直接说《春秋》为孔子所作。经学统治时代，质疑孔子作《春秋》者大有人在，如刘知几、郑樵、朱熹、刘克庄、石蕴玉等，他们"怕背负得罪圣人之名，不敢直说，只能婉曲说出。纵是说得婉转，他们的真意还是可以看出"②。今人胡念贻③、杨伯峻等对孔子与《春秋》的关系皆有辨析，"《春秋》和孔子有关，仅仅因为孔丘用过鲁《春秋》教授过弟子"④，此结论令人信服，其实还可以进一步推断：孔子《春秋》就是讲习鲁《春秋》的过程中所作的发挥，即孟子所说的"其义则丘窃取之"。晁岳佩说："孟子之言，实际上可以证明的是，孔子对《春秋》作过解读……通过解读《春秋》表达自己的见解，这或者就是孔子作《春秋》的真相。"⑤孔子尽管名望很大，对后世的影响深远，但他毕竟不是史官，不具备通神的功能和身份，因而不会是告庙文本《春秋》的作者。

---

① 司马迁《史记》卷一百三十，中华书局1982年版，第3297页。
② 杨伯峻《春秋左传注·前言》，第15页。
③ 胡念贻《〈左传〉的真伪和写作时代问题考辨》，《文史》第十一辑。
④ 杨伯峻《春秋左传注·前言》，第16页。
⑤ 晁岳佩《春秋三传义例研究·前言》，线装书局2011年版，第2页。

三 《春秋》的记事原则

"圣经"类文本都拥有无穷的阐释价值和魅力,《春秋》也不例外。古人认为《春秋》是通过某种特别的"书法"寓示其"微言大义",三传都致力于对《春秋》"书法"的探究,后人更是把《春秋》"书法"与孔子笔削联系在一起。上文已知《春秋》是鲁国的告庙文本,作者是鲁国历代史官,与孔子关系不大,当然就谈不上孔子的褒贬之义。洪业说:"求其微言大义于字里行间,殆未得其实矣。"[①]《春秋》三传条述的书法义例,有得者,也有不得者。我们从告庙文本的角度重新审视,《春秋》"书法"将不再神秘。《春秋》是宗庙告祭文本,但并不是所有在宗庙举行过告祭仪式的事情都能载于《春秋》,《春秋》记事又遵循着一些原则。

(一)《春秋》的礼仪实录性原则

有告庙仪式,鲁国之事才能载入;有正式赴告文书,也有告庙仪式,列国之事才能载入。春秋时代列国有许多重要的事件未见载于《春秋》,有些是因为未行赴告之礼,鲁国史官尽管知道事情的原委,但也不能擅自书于《春秋》。《左传》所发的"从告"、"从赴"之例对后人理解这些现象很有帮助。杜预用此例作注,也无往而不利,如成公十八年春,晋杀胥童,杜注:"《传》在前年,《经》在今春,从告。"俞正燮说也说:"周大事多不见于《春秋》,实由不告。"[②]说得很对。诸侯有事,赴告同盟各国是当时的礼制,体现对他国的尊重友好。该告而不告,可能影响外交关系。如庄公十六年,郑厉公入郑即位,"缓告于楚。秋,楚伐郑,及栎,为不礼故也"(《左传·庄公十六年》)。比如诸侯卒葬赴告同盟国,也是希望同盟国派人吊唁、会葬。《白虎通·崩薨》说:"诸侯薨,赴告邻国何?缘邻国欲有礼也。"周王及外诸侯的卒葬,皆据赴告及相关礼仪而记录,俞正燮

---

① 洪业《春秋经传引得序》,哈佛燕京学社引得编纂处 1937 年刊。
② 俞正燮《癸巳类稿》,商务印书馆 1957 年版,第 55 页。

发挥《左传》之例说:"其他非会葬,虽周王亦不书,无所据以书也。"①《公羊传》《谷梁传》的解释不得要领,隐公三年《公羊传》说"天子记崩不记葬",本已属胡说,因为《春秋》记载桓、襄、匡、简、景既记崩又记葬。周王有崩有葬者,《谷梁传》所言外诸侯"失德不葬,弑君不葬,灭国不葬"(《谷梁传·昭公十五年》)更是信口开河。至于"为尊者讳、为亲者讳、为贤者讳"(《公羊传·闵公元年》),皆是言过其实,公、谷二传所言《春秋》讳例数以百计,多穿凿附会。正如刘知几所批评的:"国家事无大小,苟涉嫌疑,动称耻讳,厚诬来世,奚独多乎!"②还是《左传》的凡例可信:"凡崩薨,不赴则不书;祸福,不告亦不书。"(《左传·文公十四年》)杜预、孔颖达皆承《左传》之说,以"不告"来解释诸侯一些重要事件未载的原因。

《春秋》记列国之事必须依据列国发送的通报文书,即杜预所说的"从赴"。有时,列国的赴告文书提供了错误的信息,《春秋》也只能将错就错。所以,《春秋》礼仪实录性原则有时未必符合历史实录性原则。

比如,春秋二百四十多年间,被弑的国君很多,大多数以正常死亡记载于《春秋》,并不是鲁国史官有意作伪,而是"从赴"之故。只要有使者来告,史官皆要依据讣告上的信息通报先祖。齐桓公于僖公十七年十月乙亥去世,但他的儿子们忙于争位互相残杀,无暇顾及桓公之卒葬,一直到公子无亏即位,才给列国发讣告,讣告上说齐桓公卒于十二月乙亥,所以《春秋》书曰:"冬十有二月乙亥,齐侯小白卒。"(《春秋·僖公十七年》)齐桓公之卒日完全按照齐国的讣告而载,比实际的卒日晚两个多月。更出奇的是,《春秋》所载陈哀公之卒日,比实际卒日早了十天。据《左传》,当时陈国权臣公子招、公子过杀陈哀公太子而立公子留,陈哀公于五月辛亥被逼自缢,可《春秋》说其卒于"四月辛丑",说明陈哀公活着的时候,公子留他们就已经给各国发讣告说他死了!

---

① 俞正燮《癸巳类稿》,第55页。
② 刘知几《史通·惑经》,(清)浦起龙《史通通释》,第377页。

《春秋·昭公十三年》载楚灵王之卒说：

> 夏四月，楚公子比自晋归于楚，弑其君虔于乾溪。

此条信息有诸多不实。据《左传》，楚灵王并不是被公子比所杀，也不是死于四月，也没死于乾溪，实于五月癸亥这天，自缢于大夫芊尹申亥之家，申亥以自己的两个女儿为其殉葬。《春秋》所载楚灵王亡故的时间、情节皆与实情不符。杨伯峻说："阮芝生《杜注拾遗》云：'经书四月，从赴也。平王杀囚以欺国人，自必诡为日月以赴列国。芊尹未以柩告之先，灵王之定死与否尚未知。日以四月，地以乾溪，一皆平王假设以赴告。及既得其实，又无重赴之礼，故列国所书俱仍初告之日月耳。'"①这个解释很有道理。当时楚国大乱，楚灵王生死不明，公子弃疾杀死囚扮灵王，欺骗国人，嫁祸公子比，逼得公子比自杀，而自己则顺利窃取楚王之位，并给列国发布虚假讣告，说灵王于夏四月被公子比弑于乾溪。鲁国史官就是据此载于《春秋》的。过了好久，申亥才说出真相，献出灵王之柩，楚国按国王之礼重新安葬。鲁国后来也知道了真相，但还是没有修改《春秋》之前的记录。

后人会感到奇怪，鲁国明明知道真相，为什么还要保留一个错误的日期？因为《春秋》是告庙的文本，是宗庙礼仪的记录，有其礼则书，无其礼则不书，告庙时这样通报了列祖列宗，也只能将错就错。何况，有些事件的真相可能要过几年、十几年乎甚至几十年后才能大白于天下。后来的史官尽管知道《春秋》记录了错误的信息，但也不能改动，也不必改动，一切都时过境迁了。《春秋》记载的是宗庙之礼，而不是纯粹的历史，以历史的体例和标准衡量《春秋》，注定是会令人困惑失望。

《春秋》的礼仪实录性，是出于对祖宗的诚信和虔敬。收到别国通报的消息，真假无从分辨，又必须向先祖报告，告庙不能依据

---

① 杨伯峻《春秋左传注》，第1347页。

传闻和臆测,"从赴"是当时唯一的选择。关于《春秋》与《左传》记录的差异,杜预多以"从赴"来解释,他说:"周德既衰,官失其守。上之人不能使《春秋》昭明,赴告策书,诸所记注,多违旧章。"①孔颖达也说:"《经》《传》异者,多是《传》实《经》虚。"②这个结论是对的。《春秋》所载列国的信息皆依据当时各国的通报文书,而《左传》记事往往是水落石出后的真相。所以,在历史的准确性方面,应以《左传》为准。归根到底,《春秋》本质是礼,而《左传》是史。

(二)《春秋》的宗法等级原则

在宗庙举行的大大小小的仪式很多,但不是随便什么人什么事都可以载入《春秋》。《庄子·天下》篇说:"《春秋》以道名分。"名分就是内外、亲疏、尊卑的界限。《春秋》作为鲁国的告庙文本,所载人与事必定被认为是先祖们关注的,要么与鲁公室有血亲关系,要么是鲁公室的姻亲或同盟兄弟。

《春秋》记事内外有别、亲疏有别,鲁国能载入《春秋》的人事范围显然比其他诸侯国要宽泛许多。鲁国能书于《春秋》者有国君、国君夫人、贵族卿大夫、公室之女(包括王室之女从鲁国出嫁者),而列国载于《春秋》者只有国君、贵族大夫。同样是国君,鲁国国君要记载其即位、出境、入境、婚娶、卒葬等消息,而列国诸侯只记其卒葬,其他的活动消息是与鲁国有交集时顺便带出来的。《公羊传》《穀梁传》都注意到《春秋》不记载外夫人、外大夫卒葬,不记载外诸侯嫁女。同样记载国君去世,鲁国国君及夫人用"薨",而外诸侯皆用"卒",《春秋》记载外诸侯去世的措辞与鲁国大夫的相同。《春秋》内外有别,厚此薄彼,毫无疑问因为鲁国先祖更关注自己的子孙。《公羊传·隐公十年》说:"《春秋》录内而略外。"《史通·曲笔》说:"略外别内,掩恶扬善,《春秋》之义也。"《公羊传·成公十五年》说:"《春秋》内其国而外诸夏,内诸夏而外夷狄。"

"三传"皆认为《春秋》有为鲁国讳的意思,还是有一定道理,隐

---

① 杜预《春秋序》,《春秋左传正义》,第1704页。
② 《春秋左传正义》卷四十四,第2052页。

公、桓公、闵公皆被杀,《春秋》皆书"公薨"。文公二年"三月乙巳,及晋楚父盟",没有明言"公及晋阳处父盟","三传"皆认为与晋大夫盟乃鲁公之耻,如此书法是为公讳。为鲁国讳的倾向,但《公羊传》所说的"为尊者讳,为亲者讳,为贤者讳"(《公羊传·闵公元年》),又发挥太过。

《春秋》关心的女人只有两种,一是鲁公之女,一是鲁公夫人,其他无论多么重要、显赫的女人,一般都不会出现在《春秋》中。如《左传·昭公十五年》说:"秋八月戊寅,王穆后崩。"晋国大夫荀跞与籍谈赴周室参加王后的葬礼,但王后的卒葬,《春秋》皆不载。又如昭公二年,晋平公宠妾少姜去世,鲁昭公竟然要亲自去晋国吊丧,后来被晋国劝回,而鲁国上卿季孙宿还是去晋国参加葬礼。尽管少姜之丧规格极高,惊动了各国诸侯、政要,但《春秋》对少姜只字未提。如果不是鲁国之女或妇,《春秋》一般都不予记载,因为她们与鲁国先祖们没有关系,先祖对她们的信息也毫无兴趣。《谷梁传》也认识到这点,解释庄公四年的"纪伯姬卒"与襄公三十年的"葬宋共姬"时说:"吾女也。"因为都是鲁公之女,《春秋》才予以记载。

不仅内外有别,上下尊卑的界限更是不可逾越。历代鲁公都拥有妻妾一群,一般只有嫡夫人才能被书于《春秋》。如桓公三年记载迎娶文姜的几条:"公子翚如齐逆女。""九月,齐侯送姜氏于讙。公会齐侯于讙。""夫人姜氏至自齐。"

鲁桓公派叔父公子翚到齐国迎娶文姜,齐僖公依依不舍送女至鲁国之境,亲自把女儿交给来亲迎的鲁桓公。文姜大婚礼仪规格之高、场面之大可以想见。其他的媵妾,如果她们的儿子没有成为国君的话,就永远没有载入《春秋》的资格和机会。古代与国君一起主持宗庙祭祀的只有嫡夫人,史官只向先祖报告嫡夫人的消息。如鲁庄公有妾叫孟任,庄公当年追求她的时候许诺以其为夫人,孟任为此与庄公割臂歃血盟誓。孟任生有一子叫子般,刚即位就被庆父杀死(《左传·庄公三十二年》),《春秋》没有载录孟任的任何信息,因为庄公后来迎娶的是更为尊贵的齐国公室女子为夫人。对孟任这样的妾来说,被书于《春秋》就成了永远不可企及的梦。

尽管鲁国的消息很多,但鲁国地位不高的大夫也不会留名于《春秋》,下层平民更是永远不可能进入《春秋》。鲁国大夫凡是能在《春秋》上留名的,皆是公室贵胄,以隐公十一年间《春秋》所载鲁国大夫的信息为例:

> 公子益师卒。(《春秋·隐公元年》)
> 无骇帅师入极。(《春秋·隐公二年》)
> 翚帅师会宋公、陈侯、蔡人、卫人伐郑。(《春秋·隐公四年》)
> 冬十有二年辛巳,公子弧卒。(《春秋·隐公五年》)
> 冬十有二月,无骇卒。(《春秋·隐公八年》)

公子益师,字众父,是鲁孝公的儿子,鲁隐公的叔叔,鲁国众氏之祖;无骇,卒后被赐氏为"展",故明代傅逊以"展"为无骇本人之字①,则无骇就是公子展,鲁国展氏之祖;公子翚,字羽父,鲁孝公之子;公子弧,即臧僖伯,鲁孝公之子,鲁国臧氏之祖。隐公十一年间所载大夫皆是公子。不仅如此,纵观《春秋》二百四十多年所载鲁国大夫,尽此流矣。季孙、孟孙、叔孙皆出自鲁桓公,鲁文公以后,三桓把持鲁国朝政,成为鲁国之世卿,长期握有实权,他们在《春秋》中留下的记录最多。《春秋》所载鲁国大夫皆是贵族,要么是执政卿,要么是公子、公孙,地位尊贵,都与公室有血亲关系。

所有来聘的列国大夫都要在鲁国宗庙举行授玉、辞玉或相关的外交仪式,但不是所有来聘者都可以书名于《春秋》,从隐公十一年间聘鲁大夫的记录可以看出端倪:

> 秋七月,天王使宰咺来归惠公、仲子之赗。(《春秋·隐公

---

① 杨伯峻《春秋左传注》,第62页。

元年》)

冬十有二月,祭伯来。(《春秋·隐公元年》)
春,郑人来渝平。(《春秋·隐公六年》)
夏,齐侯使其弟年来聘。(《春秋·隐公七年》)
冬,天王使凡伯来聘。(《春秋·隐公七年》)
春,天王使南季来聘。(《春秋·隐公九年》)

隐公在位十一年间,《春秋》所载周室来聘者有宰咺、祭伯、凡伯、南季,皆是周天子的同宗贵族,爵位与诸侯相当,很尊贵。齐国来聘者乃齐僖公的同母弟,杜预《春秋释例》言:"母弟之宠,异于众弟。""其兄为君,则特称弟,殊而异之,亲而睦之。"① 母弟见于《春秋》者二十。诸侯派尊贵的母弟来聘,是对鲁国的重视,《春秋》不厌其烦地标出"弟"的身份以示荣耀。《春秋》记载这些重要来聘者的名爵,为了让祖宗感受鲁国受重视的那份荣耀。

如果来聘者地位不高,不足以让鲁国感受尊荣,也就不必让祖宗知道其名爵,要么略而不载,要么泛称其为"人"。如隐公六年春,郑国派使者来谈媾和之事,之前两国一直处于敌对状态,此次郑国首先向鲁国伸出橄榄枝,乃破冰之举,这件事意味着从此两国有了友好往来,值得郑重向祖宗汇报,但郑国只派来一个地位不高的大夫,故《春秋》仅书"郑人来渝平",用泛泛"郑人"一语来指称郑国的使者。

一些小国的执政卿,在鲁国眼里也属于位卑人微者,往往也被称为"人"。如《春秋·襄公二年》:"冬,仲孙蔑会晋荀䓨、齐崔杼、宋华元、卫孙林父、曹人、邾人、滕人、薛人、小邾人于戚。"其中同鲁国仲孙蔑一样被书名者皆为大国及中等国家的执政卿,而曹、邾、滕、薛、小邾这些小国的代表,虽然也是该国的执政卿,但据当时礼仪,小国之卿相当于大国的大夫,级别较低,还不够留名《春秋》的资格,故只泛泛书"人"。《谷梁传》也说:"卑者不志。"(《庄公十七年》)

---

① 杜预《春秋释例》,第19页。

位卑者干了特别严重的坏事而不得不向祖宗报告时,《春秋》就蔑称他们为"盗"。如鲁襄公十年郑国的尉止、侯晋、堵女父、子师仆等人作乱杀死三位贵族,郑国通报列国,鲁国《春秋》因而记载此事说:"冬,盗杀郑公子骓、公子发、公子辄。"作乱之人罪大恶极,列国震惊,但因地位卑微,名氏依然不能载于《春秋》,只留以蔑称"盗"。鲁定公八年阳虎弄权失败后逃往他国,还偷走了鲁国的国宝,兹事体大,必须禀告祖宗,然而《春秋》书曰:"盗窃宝玉、大弓。"不可一世的阳虎在《春秋》中也只落得一"盗"而已。杜预说:"家臣贱,名氏不见,故曰盗。"①说的极是。

春秋人有"五大"、"五细"的说法:"五大不在边,五细不在庭。"(《左传·昭公十一年》)孔颖达引贾逵说:"五大谓大子、母弟、贵宠公子、公孙、累世正卿也。"②大夫留名于《春秋》者,皆属于这样"五大"之类。地位卑微的一般大夫和普通民众,他们的名字和信息很难进入《春秋》。

《春秋》记事严格地尊奉着宗法等级原则,古人也早注意到这点,杜预的《春秋释例》还进行过一些归纳。但人们一般知其然不知其所以然,主要是因为他们视《春秋》为经或为史,纠结于经与史之间,有些书法现象很难解释。现在明白了《春秋》是鲁国的告庙文本,其内外、亲疏、尊卑界限不能逾越的书法就很好理解。《春秋》只记载与鲁公室有血亲、姻亲关系的人事,只记载能给鲁公室带来荣耀的人事,因为这些人事才被认为是鲁国先祖们关注的,《春秋》皆鲁公室的家族之事。往大里说,《春秋》记录着列国之间政治、军事、外交等大事;往小里说,其实是鲁公室与其门当户对的姻亲们、兄弟们之间的事情。剥去君臣、同盟之类的外衣,《春秋》中的人物之间无非是父子、夫妻、兄弟、叔侄、甥舅,完全体现着家族、姻亲之间的伦理关系。明白了这一点,也就能理解汉代之所以奉《春秋》为解决伦理关系的法律依据。董仲舒撰《春秋决事比》二

---

① 《春秋左传正义》卷五十五,第2141页。
② 《春秋左传正义》卷四十五,第2061页。

百三十二条,多涉父子、夫妻、兄弟之类的伦理亲情①,《春秋》在解决伦理亲情案件方面具有一定的可操作性,原因也就在这里。

(三)《春秋》的新闻即时性原则

史官要在最短的时间内,让先祖知晓国内外发生的大事。《春秋》的每一条记录都是即时的,当时都具有极高的新闻价值。列国《春秋》类文本,皆具新闻即时的特点。赵穿弑晋灵公,太史董狐书曰"赵盾弑其君",以示于朝(《左传·宣公二年》);齐国崔杼弑君,太史书曰"崔杼弑其君"(《左传·襄公二十五年》)。两国太史都在事件发生之后立即书之于策,还要公布于朝,让人神共晓。鲁国的《春秋》也是这样一笔一笔即时记录下来的。

《春秋》记载各国诸侯之卒,一般称爵与名,如僖公十七年书齐桓公之卒:"冬十有二月乙亥,齐侯小白卒。""侯"为爵,"小白"是名。而僖公十八年载其葬,则书其谥号:"秋八月丁亥,葬齐桓公。"《春秋》记载外诸侯的卒与葬,皆遵循这样的书法。何也? 因为卒时尚未制定谥号,故只能书爵与名,而葬时已经拟定了谥号,所以书谥。这都是《春秋》记事即时性的痕迹。

"常事不书"也是《春秋》即时性新闻价值的体现。《公羊传》多次提到"常事不书"②,常事,即常规的告朔、视朔、祭祀仪式,一般能按时按点进行,不用载于《春秋》。而像突发灾异,或者该告朔而未告朔,或者不该祭祀而祭祀,这些都是"非常"之事,都要及时向先祖报告,因为这些"非常"之事才具有新闻的价值,才能引起先祖们的关注。

比如祭祀,《春秋》所载皆属于"非常"之祭。按当时礼制,天子祭祀天地及四方众神,诸侯只能望祭其封内山川、分野之星辰及其

---

① 程树德的《九朝律考》中保存有董仲舒《春秋决事比》的数个案例,借此可以窥见董仲舒借《春秋》决狱的情形。(程树德《九朝律考》,中华书局1963年版,第164—165页。)

② 《公羊传》桓公四年"公狩于郎"、桓公八年"八年春正月乙卯,烝"、桓公十四年"秋八月壬申,御廪灾。乙亥,尝"三处,都提到"常事不书"。

列祖列宗。鲁国因为周公的缘故,可以被特许郊祀。常规祭祀还包括四时之祭,"春曰祠,夏曰礿,秋曰尝,冬曰烝"(《公羊传·桓公八年》)。"凡祀,启蛰而郊,龙见而雩,始杀而尝,闭蛰而烝。过则书。"(《左传·桓公五年》)意思是按时举行的常规祭祀,《春秋》皆不予记载,《春秋》所载者,大多为不时之祭,如桓公五年秋大雩,八年春烝祭,夏又烝,僖公三十一年夏四月"四不郊,不从,乃免牲,犹三望",哀公元年夏四月"辛巳郊",等等。《春秋》所载郊、雩、尝、烝的信息,多非常规、常时之祭。比如,雩是祭天求雨的祭祀,一般在夏正四月,遇旱灾而临时举行的祈雨之祭,皆不是常规雩祭,必须通报祖宗。从鲁桓公五年至鲁定公元年,《春秋》共记录非常规之雩二十多次。有学者也注意到《春秋》中"没有祠、礿,且烝、尝多违时"①,但因为在《春秋》中找不到四时常祀,就得出四时祭名"可能是战国以后逐渐确立的"②的错误论断,皆因不明《春秋》"常事不书"所致。

告朔、视朔,亦是诸侯们每月初必做的政事,但《春秋》不载常规告朔、视朔,只载不告朔、不视朔的消息。比如僖公五年《左传》说:"五年春王正月辛亥朔,日南至。公既视朔,遂登台以望,礼也。"朝庙告朔之后,在太庙听治一月之政事,谓之"视朔"。此月鲁僖公按常规进行了告朔、视朔,但《春秋》并无记载,是因为"常事不书"。应该告朔、朝庙却没有按常规举行,史官才应及时载于《春秋》,给先祖报告。如《春秋·文公六年》:"闰月不告朔,犹朝于庙。"依礼闰月也要告朔,此次不告朔为异常,所以史官书之,寓谴责之意。杜预说:"诸侯每月必告朔、听政,因朝宗庙。文公以闰非常月,故闰不告朔,怠慢政事。虽朝于庙,则如勿朝。故曰'犹','犹'者可止之辞。"③认为史官的批评暗含在"犹朝于庙"的"犹"字中。

---

① 刘源《商周祭祖礼研究》,商务印书馆2004年版,第60页。
② 詹鄞鑫《神灵与祭祀》,江苏古籍出版社1992年版,第339页。
③ 《春秋左传正义》卷十九,第1843页。

《春秋·文公十六年》说:"夏五月,公四不视朔。"据《左传》,鲁文公因病连续四个月未视朔,事出"非常",故《春秋》载录。后世就有人说告朔之礼废于鲁文公,这并不正确。孔颖达说:"告朔谓告于祖庙,视朔谓听治月政。视朔由公疾而废,其告朔或有司告之,不必废也。"杨伯峻赞成孔颖达的说法,他说:"鲁文公仅此年二月至五月四次不视朔,六月以后仍视朔。若永不视朔,是不为君矣,安有此理乎?告朔之礼,或自定、哀之间渐废,视朔之礼则不得废。前人议论此事,多混告朔、视朔为一。"①这些说法是对的,《春秋》之所以记录这一条,因为"公四不视朔"的情况实在罕见,"非常"之事必书于《春秋》,鲁文公病愈后正常视朔,则《春秋》不再记录。

在宗庙举行的常规祭祀与告朔、视朔,有固定的时间与仪式,一般延续着上古三代的传统,对祖宗神灵而言,这些事算不上新闻,但那些非常规的、事出有因、不得不减省或增加的礼仪,一定要向祖宗通报,或者想获得祖宗的谅解与支持,一如既往给予佑助,或者史官借祖宗的威灵,对国君进行委婉的批评与劝诫。

《春秋》记载鲁国的信息,好事坏事都有,但列国的信息,多为"讳恶"之事,如诸侯卒葬、杀太子、杀大夫、大夫出奔、战败等。原因有二:一是政治方面的用心,他国"讳恶"之事多,无形中显出鲁国的政情良好,可以取悦于先公。二是这类事件具有新闻价值。看看今日世界各国的新闻如何报道别国的消息,就容易理解《春秋》列国为何多"讳恶"之事。

结　语

《春秋》所载皆为宗庙之事,它是春秋时代鲁国宗庙礼仪的记录,是史官的告庙文本,把世间发生的事情及时向祖宗通报,让先祖时刻关注世俗世界并给予佑助和暗示,《春秋》是先祖神灵与人间子孙保持联系、影响世俗政治的工具。它既不是普通的史,也不

---

① 杨伯峻《春秋左传注》,第615页。

是通常人们理解的经。王安石称之为"断烂朝报"①,其中的"朝报"二字已经揭示出了《春秋》的新闻特质。钱锺书也说:"《经》之与《传》,尤类今世报纸新闻标题之与报道。"②《春秋》不仅仅是"尤类"、本来就是新闻标题,只不过它们不是给世俗人众阅读的,而是献给祖宗神灵的。过常宝先生说:"这种形式肯定不是供社会阅读的。"③《春秋》在流传过程中简策损失,字迹磨灭,王安石说它"断烂"也没什么不合适。《春秋》尽管有"朝报"的功能,但称其为"庙报",更符合它的文本性质。

《春秋》记事时间、地点、人物和事件齐备,而无具体的因果和过程,客观简略,质木无饰,不带任何感情色彩。这种文风既不是书写工具落后、汗青刻简不易所致④,也不是古代散文处于萌芽阶段的缘故⑤,而是由《春秋》的"庙报"性质所决定的。无论好事坏事,无论史官心里有多么强烈的褒贬观念,在向先祖报告的时候,必须冷静、客观,不能掺杂任何个人的喜怒哀乐,要把人间的是是非非交给先祖去评判,相信先祖能做出最公正的仲裁。文字要清晰,要尽可能的简略,无需详述事情的来龙去脉,因为先祖的英灵将会通过超自然的力量洞明一切。《春秋》的文风与甲骨文很相似,因为它们有相似的语境。甲骨文也"不是俗界的记录,而是神人之间的神圣的记录"⑥。正是这种人神沟通的宗教语境,造就了

---

① 脱脱等《宋史·王安石传》,中华书局1977年版,第10550页。
② 钱锺书《管锥编》第一册,第162页。
③ 过常宝《"春秋书法"与古代史官的话语权力》,《北京师范大学学报》2007年第4期。
④ 前人如孙鑛、章学诚、阮元等多以为是汗青刻简不易所致,故钱钟书说:"文不得不省,辞不得不约,势使然尔。"(钱钟书《管锥编》第一册,第163页。)
⑤ 一般的中国古代文学史教材从散文发展的角度认定《春秋》是历史散文萌芽阶段的作品。
⑥ 贝塚茂树、高振铎《古代历史记述形成的变化》,《松辽学刊》1985年第2期。

《春秋》特殊的表达方式和文体风格。

《春秋》的礼仪性与神圣性与生俱来,它是传统经典中名符其实的"圣经"。"三传"皆致力于《春秋》"书法"及其背后的"微言大义",有些说法如"大一统"、"尊王攘夷",如"吴、楚之君不书葬,辟其号也"(《公羊传·宣公十八年》)等是能讲通的,但汉以后人们视其为"圣经",却是把它当成孔子的作品,妄意揣测圣人的褒贬之义,生发出许多穿凿附会之说,其中关于"书不书"、"时不时"、"言不言"之类的解释尤其荒唐。当我们从"庙报"的角度观照《春秋》,以前那些因纠结于经或史而生的迷雾焕然消散,所谓的"书法"也并不神秘。《春秋》是宗庙告祭文本,但并不是所有宗庙之事皆能载于《春秋》,我们从礼仪实录性、宗法等级性、新闻即时性的原则去解读的时候,《春秋》不再"为射覆矣"①。

(作者单位:西北师范大学文学院)

---

① 永瑢等《四库全书总目》,中华书局1965年版,第210页。

再论《中庸》的成书及作者问题

黄 效

关于《中庸》的成书及其作者问题,自从宋代开始,聚讼千年,莫衷一是。宋代之前,大多数人认为它是出自子思之手。司马迁在《史记·孔子世家》中记载:"子思作《中庸》。"①《汉书·艺文志·礼》中与《中庸》直接有关的记载为:"《中庸说》二篇。"②但《汉志》里并没有明确《中庸》与《中庸说》的关系,后人多认为其乃"经"与"说"的关系。郑玄在《三礼目录》中认为:"名曰《中庸》者,以其记中和之为用也。庸,用也。孔子之孙子思伋作之,以昭明圣祖之德也。"③明确认为《礼记》中的《中庸》为子思所作。南朝沈约对此也曾有过论述:"《中庸》《表记》《坊记》《缁衣》,皆取《子思子》。"④也间接认为今传本《中庸》乃子思所作。

而在沈约之后,陆德明、李翱、朱熹等人相继认为,今传本《中庸》即子思所作。但是,自从欧阳修开始,便不断有人怀疑《礼记》本《中庸》非子思所作。欧阳修在《进士策问》中便质疑《中庸》"虚言高论";陈善认为它羼入"汉儒杂记";王柏质疑《中庸》部分引孔

---

① (汉)司马迁《史记》,中华书局 2010 年版,第 331 页。
② 张舜徽《汉书艺文志通释》,华中师范大学出版社 2004 年版,第 212 页。
③ (清)姚振宗《二十五史补编·汉书艺文志条理》,开明书店 1936 年版,第 27 页。
④ 张舜徽《汉书艺文志通释》,华中师范大学出版社 2004 年版,第 257 页。

子语"似非孔子之言"①。俞樾认为其乃"孔子之徒为之",日人武内义雄、近人蒋伯潜、冯友兰对此认同;袁枚则认为其出自汉儒之手②。崔东壁认为"《中庸》不但非一篇也,亦不似出于一手者"③。钱穆认为《中庸》染有老庄习气,所以晚出;而徐复观等人则反对钱说④。劳思光则在其《新编中国哲学史》中认为:"其用字造语,无一处可证其早于战国末期者;另一面可证其为晚出者则甚多。"⑤可见关于《中庸》作者及成书问题的争论异常热闹。正是如此,今人杨少涵在《中庸哲学研究》中甚至认为从文献学角度去研究《中庸》的作者及成书问题已进入死胡同了,要从哲学概念的发展史角度去考证,其得出的观点是今传本《中庸》至少部分是子思所作。⑥

但是经过对这些质疑的详细梳理之后,笔者依然认为《中庸》的大部分内容,还是可能出自子思之手,而且它仍然有可能是一篇颇具逻辑的文献,只不过是由于历史的原因,它原来的顺序失传了而已。对于《中庸》的文本问题,我们并不否认它在一些地方遭到了后人篡改,但我们认为这些部分不足以否定它原来的作者就是子思。

一 关于《中庸》文本的争议

关于《中庸》的争议非常之多,在上面我们已经列举了种种否定它是子思所作的意见,在此我们不再重复。下面我们再详细看

---

① 按:以上几种说法参见蒋伯潜《诸子通考》,岳麓书社 2010 年版,第 262 页。
② 杨少涵《中庸哲学研究》,花木兰文化出版社 2013 年版,第 384 页。
③ 崔东壁《崔东壁遗书》,上海古籍出版社 1983 年版,第 398—399 页。
④ 杨少涵《中庸哲学研究》,花木兰文化出版社 2013 年版,第 394 页。
⑤ 劳思光《新编中国哲学史(二)》,上海三联书店 2015 年版,第 45 页。
⑥ 按:以上内容参见杨少涵《中庸哲学研究》,花木兰文化出版社 2013 年版,第 381—430 页。

看关于它的具体争议：

首先，我们来看关于它是否是一篇文献，还是多个文献的杂糅体的争议。宋王柏谓：

> 《中庸》者,子思所著之书……愚滞之见,常觉其文势时有断续,语脉时有交互。一日偶见《西汉艺文志》有曰《中庸说》二篇。……惕然有感,然后知班固时尚见其初为二也。合而乱之,有出于小戴氏之手乎？①

按,《汉志》中著录有《中庸说》二篇,王柏据此认为《礼记·中庸》也应该分成两篇。今人冯友兰、武内义雄、徐复观、郭沂、梁涛等,都觉得《中庸》应该分成两篇。但他们关于这两部分的作者却意见不一。具体而言,王柏认为上下两篇都为子思所作；冯氏认为第二章至"道前定则不穷"为子思所作,第一章及其余为孟子后学所作；日人武内义雄则认为二至十九章乃子思所作,其余则为子思后学所作；徐复观则从"道前定则不穷"中分,前一部分为子思所作,后一部分为子思或其后学所作,但至迟不会在孟子之后；郭沂则认为有"子曰"部分为孔子门人所记,其余则为子思所作。② 可谓众说纷纭,莫衷一是,但大部分人认为至少它有一部分是出于子思之手。而关于《中庸》的真实篇章问题,还是留待下文结合《中庸》具体文本作详细分析后再作探讨。

其次,我们再来看关于它的用语造句的争议。第一,关于文中"车同轨,书同文,行同伦"这一句的争议。宋王十朋对这句质疑道："是书乃曰：'书同文,车同轨。'孔子之时,天下何尝同车书

---

① 杨少涵《中庸哲学研究》,花木兰文化出版社 2013 年. 第 392—393 页。
② 按：以上内容参见梁涛《郭店楚简与思孟学派》,中国人民大学出版社 2008 年版,第 266 页。

乎?"①清俞樾据此认为《中庸》"虽孔氏遗书,要是七十子后学者所为"②。后来他在《湖楼笔谈》中更进一步地认为:

> 子思作《中庸》,汉时已有此说,太史公亦信之。然吾谓《中庸》或孔氏之徒为之,而非子思所自为也。《中庸》盖秦书也。何以言之?……当是时,天下大乱,国自为政,家自为俗,而《中庸》曰"今天下车同轨,书同文,行同伦",此岂子思之言乎?吾意秦并六国之后,或孔氏之徒传述绪言此书。秦始皇二十八年《琅琊刻石》文曰"普天之下,传心一志,器械一量,书同文字",二十九年《之罘刻石》文曰"黔首改化,远迩同度",皆与《中庸》所言合。故知《中庸》作于此时。③

武内义雄继承此说,并增加两条证据:一是《史记·秦始皇本纪》里记载,始皇二十六年"一法度衡石丈尺,车同轨,书同文字";二是许慎在《说文解字·序》中提到当时的情况:"分为七国,田畴异亩,车涂异轨,律令异法,衣冠异制,言语异声,文字异形。"近人崔东壁、蒋伯潜及冯友兰认同此种说法。④

但是,针对王十朋的这种质疑,朱熹在《中庸或问》中有过较为直接的批驳:

> 或问:子思之时,周室衰微,礼乐失官,制度不行于天下久矣,其曰"同轨同文",何耶?曰:当是之时,周室虽衰而人犹以为天下之共主,诸侯虽有不臣之心,然方彼此争辩,不能相尚,

---

① (宋)王十朋《王十朋全集·文集·策问》,上海古籍出版社1998年版,第704页。
② (清)俞樾《湖楼笔谈》卷二,《续修四库全书·子部》,上海古籍出版社1995年版,第372页。
③ (清)俞樾《湖楼笔谈》卷二,《续修四库全书·子部》,上海古籍出版社1995年版,第356页。
④ 杨少涵《中庸哲学研究》,花木兰文化出版社2013年版,第384页。

> 下及六国之未亡,犹未有能更姓改物,而定天下于一者也。则周之文轨,孰得而变之哉?曰:周之车轨书文,何以能若是其必同也?曰:古之有天下者,必改正塑,易服色,殊徽号,以新天下之耳目,而一其心志,若三代之异尚,其见于书传者详矣。……古语所谓"闭门造车,出门合辙",盖言其法之同;而《春秋传》所谓"同轨毕至"者,则以言其四海之内政令所及者,无不来也。……《周礼》司徒教民道艺,而书居其一……是以虽其末流,海内分裂,而犹不得变也。①

按照朱熹的说法,"三同"不是非得秦统一六国之后才有,而是每个朝代为了统治方便,都会对社会的习俗制度作出统一的规定。笔者认为,朱熹所说,似无空言。因为《左传·隐公元年》载:"天子七月而丧,同轨毕至。"②可证,周朝已经"车同轨",而不必待秦一统后;《史记·五帝本纪第一》载:"于是帝尧老,命舜摄行天子之政,以观天命。……遂见东方君长,合时月正日,同律度量衡……"③可见,早在舜之时已经对制度进行过较为统一的规范,何况经过周公变革的周朝。也由此可知,我们统一多民族国家的形成,它是一个历史的、动态的过程,是一直都在进行的,而不是靠秦朝一时之力完成的。而当时战国变革最彻底的改革,可能要算秦国的变法了,其它的变革似乎大多停留在政治、经济和军事制度等层面,似对车轨、文字的变革极少。如果当时的社会变革真如一些人所宣称的彻底和广泛,则变革以前的各国兵车使节,通讯往来岂不都无从谈起。且就伦理而言,子思之时,诸侯虽都失礼,但伦理意识大致还保留。而无论是孔子或子思,其生活时代虽然礼崩乐坏、诸侯各自为政,但是他们无疑都对没落的周朝持认可的态

---

① (宋)朱熹《四书或问》,《朱熹全书》(六),上海古籍出版社 2002 年版,第 601—602 页。
② 杨伯峻《春秋左传注》(一),中华书局 2015 年版,第 16 页。
③ (汉)司马迁《史记》,中华书局 2010 年版,第 3 页。

度。孔子曾说:"周监于二代,郁郁乎文哉,吾从周。"(《论语·八佾》)子思作为孔子之孙又是儒家学说的坚定维护者,说出此类话语,似乎合于情理。故朱熹此说,获得了大量的认同者。如明人胡友信、近人王国维、今人郭沫若。笔者于此也较为认同朱熹的说法。①

第二,关于《中庸》中"载华岳而不重,振河海而不泄"这句的质疑。袁枚在《又答叶书山庶子》中转述叶氏的看法说:

> 《中庸》填砌拖沓,敷衍成文,手笔去《论语》《大学》甚远,尚不如《孟子》。是汉儒所撰,非子思作也,其隙罅有无心而发露者。孔、孟皆山东人,故论事就眼前指点。孔子曰"曾为泰山,不如林放",曰"泰山其颓",孟子曰:"登泰山而小天下,挟泰山以超北海。"就所居之地,指所有之山,人之情也。汉都长安,华山在焉。《中庸》引山称华岳而不重,明明是长安之人,引长安之山,此伪托之子思之明验,已无心而发露矣。②

叶氏"眼前指点"一说,确有其合情合理的地方。故引来一片支持者,如袁枚、俞正燮、武内义雄、蒋伯潜、冯友兰等人。③ 但是,若说作书言事只能陈言眼前,似非确论。《楚辞》中屈原上天入云,此又何说?故此说亦不乏众多反驳者,如郭沫若、徐复观等人。④ 笔者也认为这种说法过于牵强。

再次,《中庸》中一些字词用语常被人怀疑带有秦汉痕迹。如杨泽波先生在《孟子评传》中认为:

---

① 杨少涵《中庸哲学研究》,花木兰文化出版社2013年版,第385—387页。

② (清)袁枚《小仓山房书牍·又答叶书山庶子》,《袁枚全集》(五),江苏古籍出版社1993年版,第163页。

③ 杨少涵《中庸哲学研究》,花木兰文化出版社2013年版,第388页。

④ 杨少涵《中庸哲学研究》,花木兰文化出版社2013年版,第389页。

再论《中庸》的成书及作者问题

今本《中庸》前后两个部分在使用复词方面有很大的不同,相对而言,前19章较少,首章和后13章较多,其中不少复词,在前19章中从没有出现过。为了方便说明问题,我们选取化育、经纶、洋溢、成己、成物、中和、温柔、妖孽、悠久、高明等10个复词进行分析。①

其得出的结论是把前19章定为子思所作,把后13章定为秦汉人士所为。而依据同样的原理,郭沂却认为"凡此种种,皆证明今本《中庸》必在《孟子》之前"②。笔者认为,这两种近乎截然相反的结论,恰恰反映了《中庸》成书的复杂性。且在秦汉文献已经大量失传的情况下,依据历史遗留不多的文献对其进行所谓的用词统计,是否有以偏概全的嫌疑。故其真实情况如何,还有待下文进一步的考证。

最后,今本《中庸》文中似存在诸多疑点及矛盾的地方。元陈天祥在《四书辨疑》中认为"道其不行矣夫"疑有缺文,还说:"自'天地之大'以下,义多难晓,其间或有脱误衍文。"③考之今传《中庸》,其文意多有断续和突兀之处,如上文的"道其不行矣夫",朱熹把它单列一章,显得非常突兀。但是这些缺文和突兀,只能说明其在流传的过程中佚失或顺序错乱失传,我们并不能单凭此点来否定它的年代和作者。

综上所述,虽然《中庸》一文在许多问题上存在种种疑问,但以上的种种质疑没有一条可以彻底否定《中庸》的作者为子思,故《中庸》仍然有可能为子思所作。当然到底是不是,我们还需要有其它佐证。

---

① 杨泽波《孟子评传》,南京大学出版社2004年版,第36页。
② 郭沂《郭店竹简与先秦学术思想》,上海教育出版社2002年版,第439页。
③ (元)陈天祥《四书辨疑》,《影印文渊阁四库全书》经部196,上海古籍出版社1995年版,第520—522页。

二　文本特征

现传本《中庸》最古老的版本是《礼记》中的版本。但是,后来朱熹经过详细揣摩之后,形成了《四书章句集注》的版本,这两个版本的差异主要在中间的一些章节顺序。因为对《中庸》的质疑基本上是从北宋欧阳修开始的,而他们所据的版本乃是《礼记·中庸》,故今亦以此为底本,作具体的分析。

(一) 各章的行文及结构

详细分析《中庸》的行文特点,我们不难发现,其各章行文无非有三种形式:无引用的直接论述性语言、用"子曰"引起的行文、引用《诗》中的语句。而引《诗》还有一个特点,即有些地方用"《诗》曰",有些地方用"《诗》云",但在第三十二章中共存着"《诗》曰"和"《诗》云"的形式,可见"曰"、"云"的转换或许未必有什么特别的含义。

但是对比沈说四篇的开篇部分我们发现,《中庸》的开篇形式有他的特别之处。其中除《中庸》用"天命之"开篇外,另外三篇都用"子言之"开篇,郭简《缁衣》用"夫子云"开篇。因为郭简乃战国时期文献,而《礼记》乃经汉人之手文献,故今传本《缁衣》的开篇或遭汉人篡改,或是遗失后补上去。但是无论是"子言之"或"夫子曰",它们都不会直接用叙述性语言开篇。故从文体一致性的角度来看,《中庸》的第一章极有可能不是原本的第一章。

那么《中庸》的第一章又该是哪一章呢？文中有没有出现类似"子言之"或"夫子曰"的词语呢？统计可知,有且只有第二章用了"仲尼曰"开头,且第二章的内容谈的就是"中庸",而不是第一章所说的"中和"。而就上文中的引《诗》的体例来看,"曰"、"云"本来就是通用。那么在这里认为"仲尼曰"和"夫子曰"、"子言之"也是通用的,应该是没什么问题的。故现在的《中庸》的第二章,按理来说,应该就是原来的第一章,这才符合子思著作的体例。

但是,我们也注意到了,在被认为是子思所作的《五行》中,是没有用"子言之"或"夫子云"开篇的,而是直接用论述性语言开篇。那么这是否说明《中庸》亦是如此呢?关于《五行》篇的特点,荀子在《非十二子》中曾说其"案往旧造说",也就是说,《五行》是子思抒发自己见解的作品,非代圣人立言。《孔丛子·公仪》载:

> 穆公问子思曰:"子之书所记夫子之言,或者以谓子之辞。"子思曰:"臣所记臣祖之言,或亲闻之者,有闻之于人者,虽非其正辞,然犹不失其意焉。其君之所疑者何?"①

按,《孔丛子》虽被认为是伪书,但近来学者认为其多有合理的地方,不全是伪作。而此处关于子思著作的记载,就十分符合子思著作的特点。故由此我们可以知道,子思著作可能有两种体例,一种是像沈说四篇那样的代圣人立言;另一种则是像《五行》那样的"造说",即子思直接阐述自己的见解。而从《中庸》的文本特点来看,《中庸》无疑是属于代圣人立言的一种。故《中庸》中的第二章还是极有可能是原来第一章的。

除此之外,我们还发现了一个现象,即其无引用作直接论述者有八章之多,这和沈说中的另外三篇都是不同的。一些学者据此怀疑这两部分为不同的作者,像上文中提到的郭沂就这样认为。但是我们若拿它和郭简《五行》对比我们就会发现,《五行》也没有过多的引用,而基本上是作直接的阐释和论述。故我们由此可以推断,子思著作存在多种风格,并不拘于某一种。

另外我们发现《中庸》文本自身及其与沈说中的另外三篇的共同点。第一,《中庸》全文的结构构成,也无非三种形式:纯用以上一种形式,杂用以上两种形式,杂用以上三种形式。故就整体而论,全文都没有过多地跳出这几种形式,则不能不说文风存在一致的地方。第二,全文对典籍的引用,只是《诗》一种。但考察沈说中的其它三篇的引文特点后,我们不难发现,其它三篇除引"子曰"和

---

① 傅亚庶《孔丛子校译》,中华书局2011年版,第164页。

"《诗》曰"之外,还大量引了《书》《易》等著作,这就反过来说明了《中庸》一文引文的特殊性和统一性。第三,就其和沈说中的另外三篇行文特点的对比来看,它们都大量运用"子曰"作为引起。故在行文风格上,《中庸》完全有可能是出自一人之手。

(二)全文的主题和顺序

表1 《礼记·中庸》全文的主题表

章数	一	二至七	八	九	十	十一至十三
主题	"致中和"	大概在讲"中庸"之道	"道不远人"、"君子之道"和"素位而行"	"君子之道"	"诚之不可掩"	"孝"
章数	十四至二十	二十一至二十六	二十八至三十、三十二至三十三	三十一		
主题	"哀公问政"	"诚"	"圣人之道"	"王天下之道"		

由上述表格可知,从整体上看,它的主题基本上是无序的,犹如杂记。它虽名为《中庸》却有多个主题,且有些主题是混合在一起的,难怪后来诸人要对它进行种种质疑,朱熹等也要对它进行重新排序。但是,既然朱熹能对它进行重新排序,那么编定《礼记》的汉人是否也可能对它进行了重新排序呢?《隋书·音乐志》载南北朝梁沈约奏曰:"汉初典章灭绝,诸儒捃拾沟渠墙壁之间,得片简遗文与礼事相关者,即编次以为《礼》,皆非圣人之言。"可见,汉人可能也并没有见到完整的《中庸》,现在的顺序可能是他们自己编定的。但是它是否就像后人所说的那样是由"两个部分"组成的呢?由上表所列出的主题复杂性可知,我们无法断定它是由两部分组成的,倒像是多个部分组成的。

那么它到底是由多少各部分组成的呢?我们在上文中已经论

述,子思代圣人立言的著作开篇都有一个统一的体例。就沈说四篇而言,除《表记》中多次出现"子言之"外,其它如郭简中战国时期的可以确定是一篇而不是由多篇文献构成的文献《缁衣》,也只有开篇"夫子云"一处是较为特别;《坊记》也是只有开篇一处"子言之"较为特别。而综观《中庸》全文,也只出现了一处"仲尼曰"。这是否说明《中庸》本来就只是一篇文献,而只不过是顺序被打乱了而已呢?

笔者认为这是完全有可能的。因为,不仅在体例上它只出现了一处"仲尼曰",而且它看似各个复杂的主题本身就有较强的联系性。而根据新出土《缁衣》的主题分布情况来看,竹简本《缁衣》的主题基本遵循"以类相从"的原则,现传本《缁衣》的主题顺序则显得杂乱无章,故《中庸》的情况也极有可能是如此。

如果我们对它杂乱无章的主题按照竹简本《缁衣》一样"以类相从",重新进行合理的排列,我们就会发现它遵循一定的规律。就其首章而言,我们按照子思代圣人立言中的体例,把现在的第二章作为第一章。那么第一部分自然就是讲"中庸"之道,我们把文中有关"中庸"的论述都按照一定顺序放在这一部分。在"道"明确之后,自然涉及"明道"的问题,而"明道"的途径又可以分为从自身的先天性的"性"和内心的"诚"出发与从外界悟入的方式。故我们把现在的第一章和原文中有关"诚"的论述按照一定顺序放在一起,作为一部分。这一部分的实质是讲,若要明"中庸"之道,则需"诚心正意"。"诚心正意"的实质就是用"中庸"之道来"修身"。而原文中有关"君子之道"、"道不远人"的部分主要是讲"君子之道""造端乎夫妇",故这部分可对应"修身"和"齐家";而在"修身"和"齐家"之后即为"治国",故原文中"哀公问政"等可以作为一部分;"治国"之后为"平天下",故"王天下之道"部分自然可以作为一部分;"王天下"之后成"圣人",故原文中有关"圣人之道"的章节自然可以作一部分。据笔者考察及上表的统计,《中庸》全文主题无非是以上几种,即"中庸"之道、"诚"、"君子之道"、"道不远人"、"哀公问政"、"王天下之道"、"圣人之道"。其中"道不远人"部分多次提到家庭伦理,故划入"齐家"部分应该没有多大问题,而十一至十三章所讲的"孝"本出自舜、文王、武王和周公,自然可以归入"王天下之道"部分。而在"君子之道"、"道不远人"、"哀公问政"、"王天下之道"、"圣人之道"的主题中,无一不是在讲"中庸"之道在以上各个层次的运用。这样的划分当然也不是在盲目地比附《大学》的篇章,而是古人学说本来就存在一个传承的系统。朱熹将《大学》《中庸》一先一后地放在《四书章句集注》中,恐怕也不是没有理由的。

在对其进行重新排列之后,我们自然会怀疑,"中庸"这个主题能否统摄得了这篇文献?这自然涉及对"中庸"一词的理解问题,而且关键是在古人眼里,所谓的"庸"指的又是什么呢?与子思生活年代相近的庄子在《齐物论》中道:"凡物无成与毁,复通为一。唯达者知通为一,为是不用而寓诸庸。庸也者,用也;用也者,通也;通也者,得也;适得而几矣。因是已,已而不知其然,谓之道。"①在这里,庄子用"庸"字来引出道自然而然的状态。所谓的"庸",实质是指由"用"到"通",再到"得",最后再到"已而不知其然"的自然而然的"道",故庄子已经把"庸"作为混合形而下的"用"和形而上的"道"这两个不同层次状态的词来用。而郑玄在《三礼目录》中说:"名曰《中庸》者,以其记中和之为用也。庸,用也。"②朱熹的解释是:"中者,不偏不倚、无过不及之名。庸,平常也。"③今人梁涛认为其都有偏颇,"中庸一词实是由礼转化而来,是礼的理论化和哲学化"④。但对其进行重新排列后,我们自然可以推出所谓的"中庸"者,当包含着"中庸之道"和用"中庸之道"两个层次,这也符合《庄子》中对"庸"所作的解释的历史语境。故以前论者应该都只是论着一点。

---

① (清)郭庆藩《庄子集释》,中华书局1985年版,第70页。
② (清)朱彬《礼记训纂》,中华书局1998年版,第772页。
③ (宋)朱熹《四书章句集注》,中华书局1983年版,第17页。
④ 梁涛《郭店楚简与思孟学派》,中国人民大学出版社2008年版,第271页。

但是，由于思想渊源与着眼点的不同，《中庸》中的"庸"与《庄子·齐物论》中的"庸"的具体含义，毕竟是有所不同的。《中庸》篇里的"中庸"作为一种"道"时，它应该包括两个方面：一个方面是人类通过自身的作为，使万物的秩序达到理想化状态，这就是文中所说的"致中和，天地位焉，万物育焉"的理想化状态、一种生生不息的圆满。而修身、齐家、治国、平天下和成圣人的最终归宿，也是要达到这么一种理想的秩序状态，达到一种生生不息的圆满。另一方面是人对待礼的理想的态度，这就是"择善而固执之"。而所有修齐治平和成圣人的各个阶段都应该视为"择善而固执"和"致中和"努力的一部分，故也自然应贯彻到修齐治平和成圣人的各个阶段。这样，形而上的"中庸之道"与形而下的用"中庸之道"就发生了联系。于是便有了文中谈"中庸之道"的部分和在修齐治平成圣人的各个阶段中致"中庸"的部分。故即使从"中庸"一词本身的语义来看，它也能统摄全篇的主题。

最后，既然《中庸》一文当以第二章作为全文起点，那么作为编定《礼记》的汉人又如何错把现在的第一章作为了全文的起点呢？据笔者理解，先秦时期，百家争鸣，对师门特重，故用"子言之"、"夫子云"、"仲尼曰"来强调学说的渊源和尊称学派的始祖；但是在汉武帝以后，"天命"观念特重，即使是史学家司马迁，也强调学究天人，更不用说董仲舒和后来的"谶纬"之学。劳思光在论到朱熹版《中庸》第二十四章时说："此种论调，全与汉人符瑞谶纬之说一致，而与孔孟之义大悖。"[1]笔者认为劳思光所说的合乎实际，《中庸》的文本也确有可能受到过阴阳家和谶纬学说的影响。而现在的第一章恰好以"天命"开篇，而其内容又相对全面，故在没有看到原书顺序的汉人眼里，自然成为首选。故有现存《中庸》在谈"中和"之后突然跳到"中庸"，而朱熹等人亦笃信"天命"和"天理"，故曲从其说，附会而论。直到近代，郭沂等人才重新把第二章作为第一章。但他们盲从古人"两部分"之说，所列也并无严谨体系，故无法认识

---

[1] 劳思光《新编中国哲学史（二）》，上海三联书店2015年版，第48页。

到《中庸》本来就可能是一篇文献。

（三）用词和造语

关于《中庸》的用词造语问题，历来争议较大，像前面提到的劳思光、杨泽波、郭沂等人就对《中庸》之文词颇有看法。而劳思光更是说《中庸》"其用字造语，无一处可证其早于战国末期者"①。到底是不是呢？我们需要拿它和先秦文献进行对比之后再来确认。

1. 《中庸》与《论语》之间的关系

表2　《中庸》《论语》相似部分对比表

《中庸》	子曰："中庸其至矣夫！民鲜能久矣。"（第三章）	子曰："道之不行也，我知之矣；智者过之，愚者不及也；道之不明也，我知之矣，贤者过之，不肖者不及也。"（第四章）	子曰："舜其大知也与！……执其两端，用其中于民。"（第六章）	子曰："人皆曰'予知'，择乎中庸，而不能期月守也。"（第七章）
《论语》	子曰："中庸之为德也，其至矣夫！民鲜久矣。"（《雍也》）	子贡问："师与商也孰贤？"子曰："师也过，商也不及。"曰："然则师愈与？"子曰："过犹不及。"（《先进》）	尧曰："咨！尔舜！天之历数在尔躬，允执其中。"（《尧曰》）	子曰："回也，其心三月不违仁，其余则日月至焉而已矣。"（《雍也》）
《中庸》	子曰："君子和而不流。"（第十章）	子曰："国有道，不变塞焉，强哉矫！国无道，至死不变，强哉矫！"（第十一章）	子曰："忠恕违道不远。施诸己而不愿，亦勿施于人。"（第十三章）	子曰："三年之丧，达乎天子。"（第十八章）

---

① 劳思光《新编中国哲学史（二）》，上海三联书店2015年版，第45页。

续表

《论语》	子曰："君子和而不同,小人同而不和。"(《子路》)	子曰："直哉史鱼!邦有道,如矢;邦无道,如矢。"(《卫灵公》)	子贡问曰:"有一言而可以终身行之者乎?"子曰:"其恕乎!己所不欲,勿施于人。"(《卫灵公》)	子曰:"夫三年之丧,天下之通丧也。"(《阳货》)
《中庸》	子曰:"明乎郊社之礼,禘尝之义,治国其如示诸掌乎!"(第十九章)	子曰:"愚而好自用,贱而好自专;生乎今之世,反古之道。如此者,灾及其身者也。"(第二十八章)	子曰:"吾说夏礼,杞不足征也;吾学殷礼,有宋存焉;吾学周礼,今用之,吾从周。"(第二十八章)	子曰:"射有似乎君子,失诸正鹄,反求诸其身。"(第十四章)
《论语》	或问禘之说。子曰:"不知也。知其说者之于天下也,其如示诸斯乎!"指其掌。(《八佾》)	子绝四:"毋意、毋必、毋固、毋我。"(《子罕》)	子曰:"夏礼,吾能言之,杞不足征也;殷礼,吾能言之,宋不足征也。文献不足故也。足,吾能征之矣。"(《八佾》) 子曰:"周监于二代,郁郁乎文哉!吾从周。"(同上)	子曰:"君子求诸己,小人求诸人。"(《卫灵公》)

据上表的对比,我们不难发现,它们在思想上都比较相似,如第一条,几乎一模一样。但是其中的区别也是显然异见的。笔者认为,上表文献大致可以分为以下几类:第一类,两者几乎相同,如第一条,但这在《中庸》中极少。第二类,《中庸》比《论语》更为抽象化。如表中的第二条,《论语》只是提到孔子对"师"与"商"的评价。但在《中庸》里,其变成了抽象化的概念"智"与"愚"。但它思想要求的实质似乎没有变,都是要求刚刚合适。第三类,《中庸》和《论语》似乎是转借关系。如第四条,《论语》中只是具体地论述颜回坚持"仁"与大众的区别,但到了《中庸》却是被用来讨论对"中庸"的坚持,具体的对象发生了变化。第四类,《中庸》与《论语》有出入的

地方。如第十一条。《中庸》说"吾学殷礼,有宋存焉",与《论语》中的"殷礼,吾能言之,宋不足征也"差异甚大,前人多有怀疑。譬如王十朋等人[①]。但阎若璩又认为这是间接证实子思作《中庸》于宋之说,因为其要避宋讳[②]。笔者认为,假如从《论语》中所述,不用"殷"礼自是顺理成章。但《中庸》中的说法,马上会产生另一个疑问,既然"殷"礼为"有宋存焉",那么为什么不用殷礼呢?于是《中庸》接着说"吾学周礼,今用之,吾从周"。这句话的意思是说,"从周"的原因就是"今用之"。那么这就间接可以证明,至少这句话,不似成于秦汉。为什么呢?因为秦汉都不用周礼,且《论语》中都没有这样的说法,这里完全可以照搬《论语》的说法、或将《论语》中语句稍作变化即可,又何用造出一句与时代大异的话来呢?但是子思却不一样,子思虽然生于礼崩乐坏的时代,但周礼在当时尚未彻底瓦解,况尊周又向来是儒家的传统。最后一类,就是笔者没列出部分,即两者相差甚远的部分。

故由上述对比可知,劳思光说《中庸》"其用字造语,无一处可证其早于战国末期者",实为有失考察。而且我们从它对《论语》的抽象化及转借的关系可以看出,《中庸》中虽有许多"子曰"部分似借孔子立言,实则迟于孔子时代,是对孔子言论的发展。这和上文引述《孔丛子》中的内容是一致的。

2.《中庸》与《孟子》对比

表3 《中庸》与《孟子》中相似部分

《中庸》	在下位不获乎上,民不可得而治矣。获乎上有道:不信乎朋友,不获乎上矣。信乎朋友有道:不顺乎亲,不信乎朋友矣。顺乎亲有道:反者身不诚,不顺乎亲矣。诚身有道:不明乎善,不诚乎身矣。诚者,天之道也。诚之者,人之道也。诚者,不勉而中不思而得:从容中道,圣人也。诚之者,择善而固执之者也。(第二十章)

---

① 杨少涵《中庸哲学研究》,花木兰文化出版社2013年版,第405页。
② 杨少涵《中庸哲学研究》,花木兰文化出版社2013年版,第405—406页。

续表

《孟子》	孟子曰:"居下位而不获于上,民不可得而治也。获于上有道,不信于友,弗获于上矣。信于友有道,事亲弗悦,弗信于友矣。悦亲有道,反身不诚,不悦于亲矣。诚身有道,不明乎善,不诚其身矣。是故诚者,天之道也。思诚者,人之道也。至诚而不动者,未之有也。不诚,未有能动者也。"(《离娄上》)

上表中《中庸》与《孟子》的材料,众人引述较多。崔东壁认为这是《中庸》抄袭《孟子》的明证①。而郭沂得出的观点恰恰相反②。从出土文献中子思所作的《五行》来看,《中庸》文中有"诚者,不勉而中不思而得;从容中道,圣人也"对"圣"的强调,而《五行》中对"圣"等德行,都强调"形于内",和这里的"圣"形于"诚"有内在一致的地方。而《孟子》的材料中则明显没有这样的论述,当然《孟子》中其它地方也有对"圣"的论述,如"孟子曰:'伯夷,圣之清者也;伊尹,圣之任者也;柳下惠,圣之和者也;孔子,圣之时者也。'"③把"圣"与"清"、"任"、"和"、"时"联系起来,与《五行》中强调"形于内"的思想相去甚远。故此处为《孟子》继承《中庸》明矣。故《中庸》中"哀公问政"部分也应该比《孟子》早出。

三 余论

故从上文对《中庸》所作的文本分析来看,我们大致可以得出三点结论:第一点,它的行文风格和形式较为一致,因此它完全有可能为同一篇文献。第二点,就它自身的主题和参照出土文献《淄衣》篇的情况来看,它各段之间的主题具有较强的联系性,因此它也有可能是同一篇文献。以往诸君之所以会认为《中庸》的主题杂

---

① 崔东壁《崔东壁遗书》,上海古籍出版社 1983 年版,第 398—399 页。

② 郭沂《郭店竹简与先秦学术思想》,上海教育出版社 2002 年版,第 437 页。

③ (宋)朱熹《四书章句集注》,中华书局 1983 年版,第 315 页。

乱无章，多是由于对"中庸"一词含义把握失准导致的。根本上不明白所谓的"中庸"者实应该包括"中庸之道"和用"中庸之道"两个层次，加上秦火之后，先秦典籍往往失去了它原有的状态，又不注意参照出土文献《缁衣》篇的情况，故造成了误解。第三点，从上文中《中庸》与《论语》及《孟子》的对照来看，其绝大部分内容应该是成书于孔子之后和孟子之前的，而且就应该是出自子思之手。

这从思想的发展史上也完全说得通。从孔子开始，人性开始逐步觉醒，人类自身的作用越来越得到重视。《论语》中说夫子少谈天命，而《论语》中却有大量内容谈到学及自身的态度问题，如我们再熟悉不过的"性相近，习相远"的论断。但是孔子虽然重视人自身的力量，但他还没有明确谈及"心"的作用的问题。直到孟子的"四端"说，才明确把人价值觉醒的根源归结到人自身的内心。于是儒学从孔子到孟子经历了一段内转化的过程。但是，子思和孟子，历来被视为同一学派的人物，即所谓的"思孟学派"，而子思无疑生于孟子之前，故子思完全可能是由孔子到孟子的过渡性人物。今观《中庸》中谈"诚"的部分，完全是就人的主观方面而言，比孔子更进一步、比孟子的"四端"说则退一步，故《中庸》一文完全可能出于子思之手。

但这是否等于说《中庸》是一篇完完全全的古文献，只是它的顺序被打乱了而已呢？笔者从来没有这样认为。从出土文献《缁衣》与《礼记·缁衣》篇的对照情况来看，今传本《缁衣》多有被篡改的部分，那么《中庸》篇是否也遭遇了同样的命运呢？由以上对其顺序的推测和对其文本的用语造句等详细的分析来看，它应该是遭到了汉人的篡改。只是现在由于证据缺乏，谁也无法确指。故综上所述，《中庸》一文虽然充满争议，但是有些争议显然是后人的牵强附会或误解所致而已。

（作者单位：中共钦州市委党校）

协调与服从:早期儒墨的政治学

孔德立

在古代君主制时期,君臣关系是涉及政治成败与国家兴亡的大问题。大体来说,君臣关系可分为协调型与服从型。为此,古代政治可以分为"协调型"与"服从型"两种政治模式。协调型政治是君与臣共同遵循"道"的原则,群策群力、共商国是,共同推进社会进步、促进社会和谐。服从型政治是通过自上而下的政令、下级对上级的绝对服从来实现政治目标。早期儒家"以道自任",主张"得君行道","从道不从君",其"和而不同"的政治理念与社会实践正是协调型政治的体现。墨家试图建立"尚同"体制,其内部的"钜子"制度可以说是服从型政治体制的雏形。先秦儒墨在"和"、"同"问题上的不同认识彰显出两家深层次的思想差异。

在当下视阈中,人们对儒学的关注多集中在"和谐"的一面,而忽略其协调型政治学的内涵;论墨家多关注"兼爱"思想,而罕论"尚同"的服从型政治学。但表层的"和谐"与"兼爱"很容易遮蔽早期儒墨政治学的真实意蕴。本文以儒家之"和"与墨家之"同"的政治学为主线,对早期儒墨"协调"与"服从"两种政治学加以探讨,以期推进先秦儒墨思想的深层次研究。

一 弃同求和:西周到春秋时代政治学的演进

《说文》曰:"和,相应也","同,合会也"。"和"、"同"的意思从表面上看是相近的,都是指两者或者两者以上的人与人或者物与物之间相合的关系,但有本质区别。"和"指"相应"关系,是本质的相合;"同"指"合会"关系,是表面的相合。本质上的"和",前提是"不同"。"和"是矛盾双方相互作用的结果,"同"是以取消各方差异后实现的一致。政治上的"和",前提是承认不同政治层级的差异性,在多种政治因素协调作用下,实现和谐共处。政治上的"同",则是忽略不同政治层级的差异性,使之全部服从统治者。概言之,协调型政治是以不同求"和",服从型政治是以"同"求"同"。

夏、商、西周建立了以天子为核心的一元政治结构。在这种一元政治结构中,氏族、邦国、诸侯对中央王朝的政治认同与服从,优先于氏族之间、邦国之间的和谐。西周时期,"礼乐征伐自天子出",周天子通过宗法制把族权与政权结合起来,把对长辈的服从与对诸侯、天子的服从统一起来。"溥天之下,莫非王土;率土之滨,莫非王臣。"(《北山》)①自上而下的命令,容不得臣子质疑,等级与秩序之下的服从是毋容置疑的。这种一元政治结构之所以能长期稳固存在,是因为在世袭制社会,尚未出现一个非世袭的独立智识阶层。但是,进入春秋霸政以后,王权衰微,"礼乐征伐自诸侯出",一元政治名存实亡,一些率先觉醒的贵族精英对于社会结构的重大变化进行了深刻反思,他们认为周王权衰落的原因是政治出了问题,最有代表性的说法是出自《国语·郑语》的记载:

> (郑桓)公曰:"周其弊乎?"对曰:"殆于必弊者也。《泰誓》曰:'民之所欲,天必从之。'今王弃高明昭显,而好谗慝暗昧;恶角犀丰盈,而近顽童穷固,去和而取同。夫和实生物,同则不继。以他平他谓之和,故能丰长而物归之;若以同裨同,尽乃弃矣。"

郑桓公问史伯,周王室是否衰败了?史伯以周王弃"和"而取"同"为例,说明周王室已经衰败。身为周王室的史官,史伯对周王权衰

---

① 高亨《诗经今注》,上海古籍出版社 2009 年版。

落有亲身体会。史伯认为,统治者"弃高明昭显"、"恶角犀丰盈",却"好谗慝暗昧"、"近顽童穷固"(即亲小人、远忠臣),正是"去和而取同"。"多种元素、成分和局部形成一种稳定的和谐的秩序,就是'和',用哲学的语言来说,'和'是集合许多不同的对立面而求得的矛盾统一。"①聪明的统治者善于采纳忠言,与忠臣和谐相处,"和乐如一"。如果偏听偏信,弃"和"而取"同",则危及国家社稷。"和,谓可否以相济。同,同欲也。"②"相济"即"生物","同欲"则"不继",可见,"和"具有融合忠臣的意义,"同"则是苟同奸佞小人的行为。

《国语》的这段记载深刻反映了春秋时期社会精英的政治自觉。他们认为,只有奸佞的小人才会苟同于君主的好恶,忠臣却不会盲从君主,而是敢于发表不同意见,与君共同推动政治进步。在西周一元政治结构解体之后,史伯不仅分析了周王权衰落的原因,而且还指明了改良政治的途径——弃"同"求"和"。

春秋时代,霸权迭兴,诸夏的崛起打破了西周的一元政治结构,形成了诸夏并存的多元政治共同体格局。当多元政治力量相对均衡的条件下,各方可以通过盟约形式相协调,共同维护社会稳定与和平。黄河中下游流域先后崛起的各国霸政,由霸主带领其他诸侯国,组成一个类似现代国际联盟的政治组织,以政治协作的方式代行周天子职能。春秋霸政时期,中国虽然出现了多元政治的格局,但并没有建立起一个多元政治结构的国家。这个原因要追溯到西周初年的一场宗教改革。周初政治家以"皇天无亲,惟德是辅"(《蔡仲之命》)③的革命口号瓦解了殷人狭隘的上帝观念,使"天"成为新的至上神。天命没有固定的亲戚,只保佑有德的政权,殷人失德,周人有德,于是天命就由殷转到了周。"西周天命论奠

---

① 鲁成波《和:中国古代辩证法的核心范畴》,《齐鲁学刊》2004 年第 4 期。
② 徐元诰《国语集解》,中华书局 2002 年版,第 470 页。
③ 黄怀信《尚书注训》,齐鲁书社 2002 年版。

定了中国古代一元化政治思想的基本格局,确立了中国古代政治伦理的某种根源性的预设。"①一旦多元政治力量的均衡被打破,强大的一方就会借助预设的天命观念,以各种政治与军事的方式建构新的一元政治结构。实际上,即使在春秋霸政与战国争雄时期,周天子作为天下共主的身份一直存在,直到秦朝统一前夕。这表明,东周时期的多元政治格局中,名义上的一元政治体制仍然存在。

春秋霸政以后,诸夏的社会精英阶层普遍意识到"和"是宝贵的政治资源。《左传》中"和"出现 82 处,其中鲁襄公、昭公时期就有 53 处之多。"和戎有五利焉。"(襄公四年)"四军无阙,八卿和睦。"(襄公八年)"和诸戎狄,以正诸华。八年之中,九合诸侯,如乐之和,无所不谐。"(襄公十一年)"宽以济猛,猛以济宽,政是以和。"(昭公二十年)②可见,"和"是处理好族群关系、政治关系的基本原则。诸夏与戎狄之间以协调的方式实现和谐,诸夏君臣之间也以协调关系来维持。

随着西周至春秋时期一元政治结构的解体,政治关系也由服从转为协调。这个广阔的历史背景是先秦诸子共有的思想来源。儒家吸收春秋时期的贵族精英文化,主张士人应主动"以道事君",与君主建立协调型的政治关系,实现士人修己安人的理想。墨家则以兼爱为理想,以纪律为保障,试图建立社会各层级之间的服从型政治体制。

二 和而不同:孔子的协调政治论

随着春秋世袭体制的瓦解,辅助国君的不再是自己的亲戚与子弟,而是逐步由非血缘关系的社会精英所取代。面对这种社会

---

① 颜世安《试论儒家道德主义的和平理想》,《南京大学学报》2005 年第 5 期。
② 杨伯峻《春秋左传注》,中华书局 1990 年版。

政治结构的大变局,孔子以"仁"予"礼",通过兴办教育,培养文质彬彬、仁礼兼备的儒家士君子作为治国平天下的中坚力量。在孔子心目中,理想的政治结构由典范的国君、治国的贤臣、教化的百姓三个层级组成的一元政治结构。真正的贤臣"从道不从君"。在作为典范的国君引领下,贤臣教化百姓,"重德礼,轻政刑,以教为先"①。国君与贤臣、贤臣与百姓之间的关系是协调而非服从,是引导而非命令。

为什么臣与君之间的关系是协调,而不是服从?究其根源,是因为此时的臣不再是西周时期的世袭贵族之臣,而是由社会精英组成的新的社会智识阶层。余英时先生指出,春秋时期崛起的士阶层具有"志于道"的信念。"从理论上说,知识分子与君主之间的结合只能建立在'道'的共同基础上面","以道自任的知识分子只有尽量守住个人的人格尊严才能抗礼王侯"②。余先生对中国古代知识分子的论述,对于理解儒家"协调型"政治学具有重要的启示意义。早期儒家"重视社会秩序的稳定、关注民生,注重以教化来提升人的品质与价值"③。人道是判断一切行为的准则,在"道"面前,君臣都是实践主体,只有分工不同,没有人格差异。"君子和而不同,小人同而不和。"(《子路》)君子之"和"源于内心之德,小人之"同"是趋于私利。君子有公义之心,故"据于德"而"志于道",不为私利而苟同。小人却不会"据于德",更不可能"志于道"。为了私利而结党营私,故小人苟同而不"和"。

"和"在政治关系中的运用,本质上是执政者个人"和"之德的外在延伸。孔子一以贯之的思想主旨是修己安人。在整个修己安人的过程中,"和"始终贯穿其中。在以往研究中,"和而不同"往往被误认为没有矛盾、和谐相处的状态,其实,这种认识恰恰掩盖了

---

① 李建《论孔孟的教化思想及其意义》,《齐鲁学刊》2006年第4期。
② 余英时《士与中国文化》,上海人民出版社2003年版,第93页。
③ 孔德立《早期儒家人道思想的形成与演变:以子思为中心》,巴蜀书社2010年版,第2页。

"和而不同"的真实意涵。从本质上说,政治上的"和而不同"正是承认矛盾与差异,并且直面之,并设法处理之。没有矛盾与差异,事物就失去了前进动力。"和而不同"正是以"道"为目标,以协调方式处理矛盾的结果。"和而不同"的协调政治学首先承认与尊重政治主体的不同,然后再实现"和"。只有承认差异性,才能保障独立性,彰显主动性,从而最大限度的发挥朝野之士的政治作用。

以道自任的士对君主不依赖、不盲从,而是以劝谏与协调方式与君主合作。"君使臣以礼,臣事君以忠。"(《八佾》)①"事君尽礼,人以为谄也。"(《八佾》)"事君数,斯辱矣。"(《里仁》)以牺牲"道"与人格为代价服从君主的个人意志,为孔子所不耻。"富与贵是人之所欲也,不以其道得之,不处也;贫与贱是人之所恶也,不以其道得之,不去也。"(《里仁》)真正的君子"谋道不谋食",不会以不正当的手段取得富贵,即使颠沛流离也毫不动摇弘道的意志。"饭疏食饮水,曲肱而枕之,乐亦在其中矣。不义而富且贵,于我如浮云。"(《述而》)"道不行,乘桴浮于海。"(《公冶长》)正是士人"弘道"的坚韧意志,中国文化才能保持持久而旺盛的生命力。

在《论语·季氏》篇"季氏将伐颛臾"章,孔子更加明确地阐释了士的作用与责任。冉有、子路向老师汇报,季氏将伐颛臾,孔子批评冉有为何没有阻止。冉有辩解说,此事为季氏所决定,他与子路并不希望这么做。孔子说,既然你们不同意,就该劝阻季氏,如果季氏不听,你们就可以离去,不必再与他合作,季氏的过错,就是你们没有尽到责任而导致的。冉有不仅没有发挥士的协调作用,而且还放任季氏所为,显然违背了"以道事君"的基本前提。

三 尚同:墨子的服从政治学

墨子之学出于儒家,但墨子不满儒家学说,起而"非儒"。墨子

---

① 黄怀信、周海生、孔德立《论语汇校集释》,上海古籍出版社 2008 年版。下引《论语》均出此。

认为,天下混乱纷争,每个人的想法不同,难免互相争斗攻伐,如果能统一人们的思想与行动,问题就迎刃而解了。墨子高举"尚同"旗帜,旨在通过自上而下的"尚同"体制,实现政令统一、社会安定、国家富强。"尚同"即"下与上同",下级服从上级,与上级保持思想与行动上的高度一致。墨子希望选择"天下贤良、圣知、辩慧之人,立为天子"(《尚同中》)①,但从墨子的整个思想体系来看,尚同体制的终极发号施令者,不是天子,而是"天"。"'尚同'是天之志,人的行为必须法天决定了'尚同'是为政必须遵循的原则。"②"天下之百姓皆上同于天子,而不上同于天,则灾犹未去也。"(《尚同上》)"天子未得次己而为政,有天政之。"(《天志上》)为了使政治层级的最高者——天,享有不可动摇的威信,墨子努力使人们相信天的伟大力量无以伦比,天是人世间最高的赏罚裁判,至善的,完美的。但是,春秋霸政以来,人道之路渐成,墨子重建神道设教的做法已经失去了现实意义。

墨子的"尚同"主张作为统一思想与行动的朴素政治纲领,试图解决社会失序问题,不失为一种新的尝试。但由于处在尚同体制最顶端的"天"无法保证天子的贤德,天子亦无法保证选择的臣都是贤德之人。这样看,"尚同"体制的出发点就有问题。既然从理论根源上尚同学说就有问题,那么,在现实实践中,"尚同"体制又怎能保证公平与正义呢?《淮南子·泰族训》载:"墨子服役者百八十人,皆可使赴火蹈刃,死不还踵。"墨家全然不顾个人利益的牺牲精神诚然可贵,但无原则的盲从丧失独立人格与独立思考,危害更大。在"尚同"体制中,不需要政治势力的协调,不需要独立的思考,只要下服从于上就可以实现尚同的政治体制。

"尚同"体制虽然没有机会、也不可能成为国家政治体制,但是在墨家内部,却实现了短暂的推行。墨家的"钜子"制度是服从型

---

① 孙诒让《墨子间诂》,中华书局 1986 年版。下引《墨子》均出此。
② 魏义霞《论墨子"以赏贤使能为政"的政治哲学》,《齐鲁学刊》2010 年第 1 期。

政治体制的雏形。墨家子弟尊其首领为"钜子","以钜子为圣人,皆愿为之尸,冀得为其后世"(《天下》)①。在钜子领导下,墨家子弟"能谈辩者谈辩,能说书者说书,能从事者从事"(《耕柱》),各自发挥所长,投入到改造社会的运动中。他们令行禁止、扶危救困,在战国舞台上上演了一幕幕悲壮的历史剧。《墨子》书中的《备城门》《迎敌祠》等篇的军事学内容,从一个侧面反映了墨家的尚同体制。军事上是最讲"同",否则军令无法贯彻。"尚同"思想直接推动墨家发展成为一支游离于政府之外的准军事集团组织。

"尚同"精神渗透于兼爱、非攻、尚贤、节葬、节用、非乐等墨子的整个思想体系中。墨家以无差别的兼爱反对儒家的仁爱,以节葬、节用、非乐等主张反对儒家的礼乐制度。墨子说:"官无常贵,民无终贱。"(《尚贤上》)这种在等级社会发出的异端之音,无疑表达了普通百姓要求官民平等的诉求。墨子并不满足于在墨家集团内部推行这种平等制度,还希望墨家大义能在全社会得到实现。但后期墨家的分裂,宣告钜子尚同体制在墨家内部已经行不通了。口口声声要求尚同的墨家子弟尚且如此,要使整个天下尚同又如何可能?

荀子对墨子的"尚同"主张提出了尖锐批评:"不知壹天下、建国家之权称,上功用、大俭约而僈差等,曾不足以容辨异、悬君臣;然而其持之有故,其言之成理,足以欺惑愚众,是墨翟、宋钘也。""僈差等,即无差等。"②就是"使君臣上下同劳苦",但这样做就"不足以容辨异"。墨子消除君臣与等级差别,不仅打破了贵族与平民之间的物质界限,而是也弥合了社会分工与矛盾双方差异性。在墨家内部,老师与学生之间基本上没有讨论的空间。墨家虽有较为发达的辩学,但其辩学只是行天下大义的手段,而非学派内部自由的辩论,其服从体制与严明的纪律注定墨家弟子不可能有独立的个性与意志。

---

① 王先谦《庄子集解》,中华书局 1987 年版。
② 王先谦《荀子集解》,中华书局 1998 年版,第 92 页。

四　人性之"同"与政治之"和"：孟、荀的政治学

孟子为了捍卫儒学，必须对墨子的批评进行回应。孟子"辟墨"进一步发展与改造了儒家学说。① 孔子讲"和而不同"，大力提倡士以独立性为前提，与君主保持协调的关系，孟子也倡导士人主张存德性而行大义。但孟子与孔子不同之处在于，他试图以人性之"同"来求政治之"和"。

孟子说："天时不如地利，地利不如人和。"(《公孙丑上》)②"人和"关乎民心向背。君臣各司其职，"和而不同"，才能实现"人和"的和谐政治。"和"在《孟子》中出现 3 次，"同"出现 58 次。"禹、稷、颜回同道"，"曾子、子思同道"，"尧舜与人同耳"(《离娄下》)。"与民同乐"，"王如好色，与百姓同之"(《梁惠王》)。"口之于味，有同耆也"，"犬马之与我不同类也"，"圣人先得我心之所同然耳"(《告子上》)。以上引文均贯穿着"同类"的概念。圣人与百姓具有相同的人性，只不过圣人是民众中"出类拔萃"的人(《公孙丑上》)。"人皆有不忍人之心"(《公孙丑上》)，"皆有"的逻辑基础即是"同类"，"同"的指向是人们的仁义礼智之善端。

孟子以人人皆有的、同质化的人性之"善"来降低修身的难度，以"同类"言人性，为性善论与仁政学说的出现做好了准备。君主有"不忍人之心"的"同类"意识，就可以推行"不忍人之政"。为了实现"得君行道"的目的，孟子不断地用"王道"、"王天下"等宏伟蓝图来提升君主对儒家思想的兴趣。孟子怀着"有道则现，无道则隐"的信念，特别强调养"浩然之气"的"大丈夫"人格，进一步提升士的人格尊严，强化士的独立性，主张最大程度的发挥朝野士人的主动性。

---

① 孔德立《关于墨子非儒与孟子辟墨》，《北京师范大学学报》2009 年第 6 期。

② 焦循《孟子正义》，中华书局 1987 年版。下引《孟子》均出此。

孟子使用的"类"与"同"等概念,在此前的儒家文献中极为罕见,但频繁出现在《墨子》书中。按照墨子"非儒"与孟子"辟墨"的思想演进理路,孟子"同"的思想应受到了墨子的影响。有学者指出,大同之"同"是儒家后学吸收了墨家的"尚同"学说之后取自于墨家的概念。① 这种推论是有道理的。孟子虽然借鉴了墨子"同类"的逻辑论述方式,但毕竟仍与墨家有鲜明的思想边界。墨子尚同以兼爱为基础,以服从君主行平等之政为运行方式;孟子的同类之善意在推行王道,以人类普遍具有的不忍人之心为基础,以劝说君主行仁政为运行方式。"以德服人"与"以暴制暴"是孟子与墨子的一个显著差异。② 孟子的"以德服人","反求诸己",不断完善自我来求同,以内涵式发展寻求社会和谐。而墨子的"以暴制暴"已经预设了自己代表正义的一方,不需要"反求诸己",只需要压服别人,甚至不惜以武力来解决分歧,其本意在于以外在性的强制获取和平。

荀子与孟子一样,也认为人性有相同之处,但与孟子相反,他的人性之"同"是恶,而不是善。"材性知能,君子小人一也;好荣恶辱,好利恶害,是君子小人之所同也。""凡人有所一同:饥而欲食,寒而欲暖,劳而欲息,好利而恶害,是人之所生而有也,是无待而然者也,是禹桀之所同也。"(《荣辱》)君子与小人趋利避害、好荣恶辱的人性是相同的,禹、纣也不例外。既然如此,就要"化性起伪",对人性之恶加以规范,使之符合社会的整体利益。荀子认为,矫正人性的法宝就是礼。"国无礼不正,礼之所以正国也,譬之犹衡之于轻重也,犹绳墨之于曲直也,犹规矩之于方圆也。"(《王霸》)礼是"圣王之道,儒之所谨守"。"学者以圣王为师,案以圣王之制为法,法其法以求其统类,以务象效其人。"(《解蔽》)在礼法健全的社会

---

① 刘志光《儒家、墨家和道家的和平社会理想》,《齐鲁学刊》2009 年第 1 期。

② 颜世安《试论儒家道德主义的和平理想》,《南京大学学报》2005 年第 5 期。

里,国君、百官、百姓只要各守其礼就行了。但如果我们仅凭此论就得出荀子的政治学说是服从型政治学,那就误解了荀子。荀子所说的学者所师者必须是圣王,所法之礼法必须是圣王所制之礼法,但在现实中,完美的圣王与完备的礼法又是不存在的,所以,荀子认为社会精英必然发挥主动性,积极承担社会责任,帮助君主完成政治使命。

荀子专门阐述了臣的政治职能、地位以及如何辅佐国君的理论。在《荀子·臣道》篇,荀子依据臣在政治上的不同作为,由低到高把臣分为四等:态臣、篡臣、功臣、圣臣。态臣无所作为,只会"巧敏佞说,善取宠乎上";篡臣忠君,并取善于民,但专注于结党营私;功臣"内足使以一民,外足使以距难",忠君爱民,获得士人的信任;圣臣不只是尊君爱民,而且能做到"政令教化,刑下如影,应卒遇变,齐给如响,推类接誉,以待无方,曲成制象"。可见,态臣、篡臣是导致乱世的祸根,功臣、圣臣则是治世的精英。"用圣臣者王,用功臣者强,用篡臣者危,用态臣者亡"。(《臣道》)在四类臣中,荀子最赞赏的是圣臣,而不是功臣。圣臣与功臣的最大区别是,圣臣重在政令教化,功臣重在"使民距难"。圣臣可以推行王道,功臣只能实现霸道。在荀子心目中,叱咤江湖的苏秦、张仪只能算是态臣;奉阳、孟尝为篡臣,管仲、咎犯则为功臣,只有殷之伊尹、周之太公,才可称之为圣臣。荀子的臣道观正与他的儒者观相吻合。在《儒效》篇,荀子描述了俗儒、雅儒、大儒的形象,并以周公为例说明大儒在治国安邦中的重要作用。可见,荀子思想中的圣臣只有大儒能担当。

秦昭王问荀子,儒者对国家有何用?荀子说,儒家居于臣的位置,当谨守臣道,"法先王,隆礼义";如果没有臣的位置,则"退编百姓而悫",做一个谨慎诚实的百姓,虽然穷困冻馁,但并不会走向邪道。秦昭王又问,如果儒者当了官会怎样?荀子说:"志意定乎内,礼节修乎朝,法则度量正乎官,忠信爱利形乎下。……此若义信乎人矣,通于四海,则天下应之如欢。……故近者歌讴而乐之,远者竭蹶而趋之,四海之内若一家,通达之属莫不从服。夫是之谓人师。""儒者在本朝则美政,在下位则美俗。"(《儒效》)大儒为政则为圣臣,行治道;没有机会为政则教化百姓,践行教道。

荀子不仅论述了大儒、圣臣的政治作为,而且还对臣如何行使职能进行了详细阐述。荀子说,当君"过谋过事"将要危及国家社稷的时候,臣就要积极主动地发挥臣的职能。当臣进言于君,君并不听从,有的臣就离开君,这种方式谓之"谏";有的就以死来表示最大的诚意,这种方式谓之"争";有的则率群臣百官给国君施加压力,迫使国君采纳臣的建议,这种方式谓之"辅";有的则干脆违抗君的命令,甚至假传君命。无论臣采用哪种方式,他们的目的都是为了国家社稷,而不是私利。"谏、争、辅、拂之人,社稷之臣也,国君之宝也","谏、争、辅、拂之人信,则君过不远"(《臣道》)。荀子还论述了针对不同水平的君,臣应该采用不同方式与之协调。"事圣君者,有听从,无谏争;事中君者,有谏争,无谄谀;事暴君者,有补削,无挢拂。"(《臣道》)"谏臣、争臣、辅臣、拂臣"与"圣君、中君、暴君"的不同组合,构成了荀子独特的儒家协调政治论。

荀子遵循孔子的协调型政治学,主张社会精英积极发挥作用,"从道不从君,从义不从父"。如果"志以礼安,言以类使",拘泥于固有的礼法与语言表达方式,那么"儒道毕矣"(《子道》)。就此而论,荀子高扬儒家社会之责任,努力捍卫儒者独立之精神,堪称大儒。如果说,孟子为"反求诸己","以德服人"的信念坚持修身,即使不为君之师,亦可得"天下英才而教育之",这种学说适合长期置身民间的儒者,以自己的德行教化民众,那么,荀子争当大儒、立志做圣臣的志向,以谏诤之精神"从道不从君",则对后世有位的儒家的安人派产生了积极影响。

早期儒家是中国精神觉醒时期的社会精英。他们"继往圣,开来学",传承春秋霸政时期的贵族文化,开创了以文化引领政治的新人道之路。作为新的社会智识阶层,他们对上辅佐君主,对下教化百姓,与君相协调,在保持各方政治独立性的前提下,凝聚各方政治智慧的和谐统一体。当"道"与"君"发生冲突时,真正的儒家宁可得罪君,也要存大道。他们正是以"和而不同"的理念、"以道自任"的自觉,给中国政治文化注入了鲜活的生命力。

墨家以救世安民的胸怀,"行天下大义"的无私精神感动了无数百姓,但是,墨家试图同一政治的思想、弥合政治元素差异的"尚同"学说,无疑压制了智识阶层的政治智慧,也势必会导致服从型政治运行模式的出现。与儒家松散的学派特点相比,纪律严明与绝对服从是墨家的鲜明特色,因此,墨家更像一个军事集团,而非学术团体。墨家以兼爱天下的理想,救民于水火,但是墨家尚同的"钜子"制度缺乏"协调"精神,而是以"服从"为原则,并没有给墨家带来长期的繁荣,反而加速了墨家的解体。民国时期,虽然出现了"崇墨学"思潮,但其重点在于墨学中的狭义精神、"兼爱"论、"非命"说[①],而不是"尚同"学说。

秦汉之后,中国政治文化选择了儒家协调型政治学,而墨家"尚同"体制的服从型政治模式由于固有的排他性与狭隘性,逐渐淡出了主流意识形态。因此,先秦时期的"显学"也随之出现了完全不同的命运。历史表明,政治的好坏与士人的作用能否得到充分发挥有密切关系。唐代贞观之治在于唐太宗善于纳谏,能以谦虚的态度广纳良言与批评,朝臣可以毫无顾虑的表达见解。可以说,贞观之治是儒家"和而不同"协调型政治模式的很好例证。反之,暴君一意孤行,不听忠臣谏诤之言,态臣、篡臣与国君苟同,结党营私,国家的衰败就在所难免。回溯早期儒家"和而不同"的协调型政治学与墨家"尚同"的服从型政治学,再对照中国古代政治的大治与危局,不难发现,早期儒家的"和而不同"的协调型政治模式是中国社会进步与文明发展的重要思想资源。

(作者单位:孟子研究院　北京交通大学)

[①] 蒋国保《以墨学收回国魂——论辛亥革命前几年学者何以高度崇墨学》,《齐鲁学刊》2012年第3期。

墨家三书略考

赵建成

一 《胡非子》小考

（一）《胡非子》还是《韩非子》——从李善《文选注》引书谈起

《文选》卷五左太冲《吴都赋》"危冠而出，竦剑而趋"下，李善所采刘渊林注引《胡非子》曰："解其长剑，免其危冠。"①《胡非子》，北宋天圣明道本（国子监本，下简称"北宋本"）、胡克家本《文选》同，而唐钞《文选集注》本（下简称"集注本"）、奎章阁本（秀州本，六家本）、日本足利学校本（明州本，六家本）、茶陵本（六家本）、《四部丛刊》影宋本（建州本，六臣本）、汲古阁本（《四库全书》本）《文选》等皆作《韩非子》。《文选》卷三十五张景阳《七命》八首"樵夫耻危冠之饰，舆台笑短后之服"下李善注引《韩非子》曰："解其长剑，免其危冠。"此处善注引文与前引刘渊林注相同，但书名作《韩非子》。胡克家本、日本足利学校本、茶陵本、《四部丛刊》影宋本、汲古阁本《文选》同，惟奎章阁本《文选》作《胡非子》。

又，《文选》卷四十七王子渊《圣主得贤臣颂》"水断蛟龙，陆剸犀革"下李善注引《胡非子》曰："负长剑，赴榛薄，析兕豹，赴深渊，断蛟龙。"李善注所引书名，北宋本、胡克家本、奎章阁本、茶陵本、

---

① （梁）萧统编，（唐）李善注《文选》，中华书局 1974 年影印本，南宋淳熙八年（1181）尤袤刻本。下文所引《文选》出处同此。

日本足利学校本、《四部丛刊》影宋本《文选》同,惟集注本《文选》作《韩非子》。

建成案:考之今本《韩非子》,皆无前述李善《文选注》之两则引文。然唐马总《意林》卷一"《胡非子》一卷"有语云:"负长剑,赴榛薄,析咒豹,傅熊罴,此猎徒之勇也;负长剑,赴深泉,斩蛟龙,搏鼋鼍,此渔人之勇也。"①宋李昉等《太平御览》卷第四百三十七引《胡非子》曰:"夫负长剑,赴蓁薄,折咒豹,搏熊罴,猎徒之勇也;负长剑,赴深泉,折蛟龙,搏鼋鼍,渔人之勇也。"又曰:"(屈将子)乃解长剑,释危冠。"②故李善《文选注》所引,皆当为《胡非子》无疑。

众多的《文选》版本,从集注本到清胡克家本,都出现了误以《胡非子》为《韩非子》情况。或者更准确地说,没有一个版本的《文选》在《胡非子》书名的问题上是完全正确的。甚至以博洽精审著称的顾千里也未注意到相同的引文在前后被属之于不同的著作,因而在《文选考异》中未置一词。这是颇有意味的。我们当然不能苛责于古人,但这却说明了一个问题,即自唐以来,《胡非子》已经不是一部为人所熟知的著作。

(二)胡非子其人其书

其实,《胡非子》一书,史志目录与其他目录、典籍中多有著录,古籍中亦多有征引。其主要著录情况有《汉书·艺文志》(下文简称《汉志》)墨家:"《胡非子》三篇。墨翟弟子。"③《隋书·经籍志》墨家:"《胡非子》一卷。非,似墨翟弟子。"④《旧唐书·经籍志》《新唐书·艺文志》《日本国见在书目录》之墨家、《意林》,均著录《胡非子》一卷。

胡非子其人,《汉书·古今人表》分人为九等,胡非子列于第四

---

① (唐)马总《意林》,中华书局1991年版,第19页。
② (宋)李昉等《太平御览》,中华书局1960年影印本,第2014页。
③ 《汉书》卷三十,中华书局1962年版,第1738页。
④ 《隋书》卷三十四,中华书局1973年版,第1005页。

等,即中上,在墨翟之后①。唐林宝撰《元和姓纂》卷三"胡非"条云:"陈胡公后有公子非,后子孙为胡非氏,战国有胡非子,著书。"②据《史记·陈杞世家》,陈胡公名满,妫姓,周武王克殷纣,封妫满于陈,是为胡公③。姚振宗《隋书经籍志考证》引梁玉绳由胡非子为胡公之后而判断其为齐人④,当是以此胡公为齐胡公而致误。齐胡公,名静,齐国第六任国君,与陈胡公非同一人。自《汉志》以下,诸目录均将《胡非子》著录于墨家,则《胡非子》为墨家学派之著作,胡非子为墨家学派之人物,殆无疑问。《汉志》云胡非子为墨翟弟子,《隋书·经籍志》于"墨翟弟子"前加一"似"字,有所疑,不知何据。考虑到班固及《汉志》因之而成的《七略》之作者刘歆,其时代距战国更近,所掌握之材料可能更多,还应以胡非子为墨翟弟子为是。若此,则胡非子应早于孟子、庄子、荀子与韩非子等战国诸子。

《胡非子》于《宋史·艺文志》未著录,应已亡佚。除李善《文选注》所引之只言片语外,唐宋类书与其他典籍中对《胡非子》多有采录。今迻录于下,并略考之:

《胡非子》曰:目见百步之外,而不能见其眦。(《艺文类聚》卷十七)⑤

负长剑,赴榛薄,析兕豹,傅熊罴,此猎徒之勇也;负长剑,赴深泉,斩蛟龙,搏鼋鼍,此渔人之勇也;登高陟危,鹄立四望,颜色不变,此陶缶之勇也;剽必刺,视必杀,此五刑之勇也;昔齐桓公以鲁为南境,鲁公忧之,三日不食。曹沫请去颈以血溅

---

① 《汉书》卷二十,第939页。
② 据《文渊阁四库全书》本。
③ 《史记》卷三十六,中华书局1959年版,第1575页。
④ (清)姚振宗《隋书经籍志考证》卷二十八,见《二十五史补编》第四册,中华书局1955年版,第5498页。
⑤ (唐)欧阳询《艺文类聚》,上海古籍出版社1982年版,第314页。

桓公，公惧不知所措，管仲乃劝与之盟。夫曹沫匹夫之士，布衣柔履之人，一怒却万乘之师，存千乘之国，此君子之勇也。（《意林》卷一）①

《胡非子》曰：胡非子修墨子教。有屈将子恃勇，闻墨者非斗，带剑危冠往见胡非子。劫而问之曰：将闻先生非斗，而好勇，有说则可，无说则死。胡非子为言五勇，屈将子悦服。（《太平御览》卷第四百九十六）②

《胡非子》曰：夫曹刿匹夫徒步之士，布衣柔履之人也，唯无怒，一怒而劫万乘之师，存千乘之国。此谓君子之勇，勇之贵者也。

又曰：屈将子好勇，见胡非。□而问曰：闻先生非斗，有说则可，无说则死。胡非曰：吾闻勇有五等：夫负长剑，赴榛薄，折兕豹，搏熊黑，猎徒之勇也；负长剑，赴深泉，折蛟龙，搏鼋鼍，渔人之勇也；登高危之上，鹤立四望，颜色不变，陶匠之勇也。若迕视必杀，立刑之勇也；昔齐桓公伐鲁，曹刿闻之，触齐军见桓公曰：臣闻君辱臣死，君退师则可，不退则臣以血溅君矣。桓公惧。管仲曰：许与之。盟而退。夫曹刿匹夫，一怒而却齐侯之师，此君子之勇。晏婴匹夫，一怒而沮崔子之乱，亦君子之勇也。五勇不同，公子将何处？屈将悦。称善。乃解长剑，释危冠，而请为弟子焉。（《太平御览》卷第四百三十七）③

《胡非子》曰：一人曰：吾弓良，无所用矢。一人曰：吾矢善，无所用弓。羿闻之曰：非弓何以往矢，非矢何以中的？令合弓矢而教之射。（《太平御览》卷第三百四十七）④

---

① （唐）马总《意林》，第19页。
② （宋）李昉等《太平御览》，第2270页。
③ （宋）李昉等《太平御览》，第2014页。
④ （宋）李昉等《太平御览》，第1600页。

以上所录,《太平御览》卷第四百三十七、四百九十六所引实为一则,因其类书之性质而离散之。这些内容与《意林》卷一所录又为同一则内容,但《意林》所录不全,文字亦有所出入,二者可以相互校证、补充。此后尚有诸多典籍如明陈耀文《天中记》等引录《胡非子》,但皆从《艺文类聚》《意林》《太平御览》而来,故不录。所以,今可见之《胡非子》佚文,实际上只有三则内容。

清马国翰《玉函山房辑佚书》子编墨家类有《胡非子》辑本一卷,辑录《胡非子》佚文 4 则①。其第三、第四则即为上文所录《艺文类聚》卷十七、《太平御览》卷三百四十七之内容。其第一则为胡非子为屈将子言五勇之事,系杂糅《意林》《太平御览》《绎史》等书所引之数则佚文而成,出以校语,然其文字忽依《太平御览》,忽依《意林》,又取《绎史》,依《太平御览》之文,亦忽据此则,忽据彼则,取舍并无确凿的依据,颇为淆乱。另外,马国翰辑本并不注明所据版本,武英殿聚珍本《意林》②"傅熊罴",马氏辑本"傅"作"搏";宋本《太平御览》③卷四百九十六"修墨子教",马氏辑本"子"作"以";"屈将子恃勇",马氏辑本"恃"作"好";《太平御览》卷四百三十七"□而问曰",马氏辑本校语"□"作"刻";"闻先生非斗"下,马氏辑本校语多"士而好勇"四字;"胡非曰",马氏辑本"曰"前有"子"字;"登高危之上",马氏辑本校语"上"作"土"或"士"。其第二则辑自隋虞世南《北堂书钞》卷七十七:"善为吏者树德。"考之清孔广陶三十三万卷堂影钞本《北堂书钞》卷第七十七《设官部·吏》,"善树德"下引《胡子》云:"善为吏者树其德。"④"树"后有"其"字,书名作《胡子》。清林国赓等新校语之今案云:"玉函山房辑《胡非子》谓

---

① (清)马国翰《玉函山房辑佚书》,上海古籍出版社 1990 年版,第 2698 页。

② 本文所引中华书局本《意林》即据《丛书集成初编》所收武英殿聚珍本《意林》排印。

③ 本文所引中华书局本《太平御览》即影宋本。

④ (隋)虞世南《北堂书钞》,天津古籍出版社影印本,1988 年版,第 317 页。

《书钞》七十七引,无'其'字。考陈(心抑)、俞(羡长)本,皆与本钞同,其所据者又不知何本也。"①《胡子》是否为《胡非子》,颇可存疑,故本文暂不取《北堂书钞》所引《胡子》之文。又孙诒让《墨子后语》卷下《墨家诸子钩沈》第六亦收《胡非子》佚文②,实承自马国翰辑本,正文除第二则"树"后有"其"字外,全同于马氏辑本,惟校语略作调整、补充。

(三)《胡非子》佚文考论

下面,我们对《胡非子》的三则佚文略加考论。

1. 目见百步之外,而不能见其眦

一个有趣的现象是,与此同样的表述还能在另外三部典籍中找到。一是《文子·上德》:"椎固百内而不能自椓,目见百步之外而不能见其眦。"③二是《韩非子·喻老》庄子曰:"臣患之智如目也,能见百步之外,而不能自见其睫。"④三是《淮南子·说林训》:"椎固有柄,不能自椓;目见百步之外,不能自见其眦。"⑤文子,《汉志》"《文子》九篇"下班固自注云:"老子弟子,与孔子并时,而称周平王问,似依托者也。"⑥汉王充《论衡·自然篇》云:"以孔子为君,颜渊为臣,尚不能谴告,况以老子为君,文子为臣乎?老子、文子,似天地者也。"⑦以孔子、颜渊类比老子、文子,亦以老子为文子之师。则其应早于胡非子、韩非子。而与门客撰著《淮南子》的淮南王刘安,年代上则要晚得多。那么"目见百步之外,而不能见其眦"之语是最早出自《文子》而先后为《胡非子》《韩非子》《淮南子》所采吗?问题并不那么简单。唐柳宗元曾经判断《文子》"盖驳书也",其说云:"其浑而类者少,窃取他书以合之者多,凡孟、管辈数家皆

---

① (隋)虞世南《北堂书钞》,第317页。
② 见(清)孙诒让《墨子间诂》,中华书局2001年版,第761页。
③ 《文子》,上海古籍出版社1989年版,第39页。
④ (清)王先慎《韩非子集解》卷第七,中华书局1998年版,第169页。
⑤ 刘文典《淮南鸿烈集解》卷十七,中华书局1989年版,第556页。
⑥ 《汉书》卷三十,第1729页。
⑦ 黄晖《论衡校释》卷第十八,中华书局1990年版,第783页。

见剽窃。峣然而出其类，其意绪文辞叉牙相抵而不合。不知人之增益之欤？或者众为聚敛以成其书欤？"①自此以后相当长的一段时期里，《文子》一直被主流学术界视为伪书。1973年在河北定县40号汉墓中出土了竹简本《文子》，伪书之说不攻自破。但竹简本《文子》与今本《文子》差异很大，二者对应的只有《道德篇》，竹简本《文子》的许多内容不见于今本，今本却有百分之八十的内容与《淮南子》重合。竹简本《文子》大量采用"平王曰……文子曰"的表述方式，这与《汉书·艺文志》"称周平王问，似依托者也"的描述相合。因此班固，甚至刘歆所见之《文子》，应与竹简本《文子》相近。而今本《文子》把绝大部分"平王曰……文子曰"改成了"文子问……老子曰"或"老子曰"的表述方式，这也是今本《文子》绝大部分内容的引起方式，应该是为了更突出强调老子的地位。目前学术界一般认为，今本《文子》确为"驳书"，其内容大量抄袭了《淮南子》②。"目见百步之外，而不能见其眦"之语，并不见于竹简本《文子》。所以今本《文子》此语是抄自《淮南子》的，殆无疑问。这样的话，《胡非子》就成了此语最早的出处。

下面我们对《胡非子》此语略加分析。眦为眼眶之意。直接的解释是人的眼睛能看到百步之外的东西，却不能看到自己的眼眶。虽然没有上下文的语境，但这句话的含义还是显而易见的，它讨论了认知的局限性即自我认知的缺失与不足问题。汉高诱注云："喻人能有所为，而不能自为也。"③这个解释非常精当。《胡非子》这一见解在《韩非子》中得到了共鸣。《韩非子·喻老》云："故知之难，不在见人，在自见。故曰：'自见之谓明。'"④那么，该如何解决

---

① （唐）柳宗元《柳河东集》卷第四《议辩·辩文子》，上海人民出版社1974年版，第68页。

② 今本《文子》十二篇二百余章，有一百三十余章的全部或部分内容是明显抄自《淮南子》的。

③ 刘文典《淮南鸿烈集解》卷十七《说林训》，第556页。

④ （清）王先慎《韩非子集解》卷第七，第169页。

这个矛盾呢?《胡非子》仅存此一语,是否提出了解决的办法,我们不得而知,但《韩非子》则给出了答案:"古之人目短于自见,故以镜观面;智短于自知,故以道正己。……目失镜则无以正须眉,身失道则无以知迷惑。西门豹之性急,故佩韦以自缓;董安于之心缓,故佩弦以自急。故以余补不足,以长续短之谓明主。"①这个问题的进一步推演,就是人自身的局限性问题,《韩非子》以乌获不能自举、离朱不能自见为例进行说明并作了分析:"故乌获轻千钧而重其身,非其身重于千钧也,势不便也。离朱易百步而难眉睫,非百步近而眉睫远也,道不可也。"②

先秦诸子似乎特别热衷于对认知问题的讨论,除了"自见"的问题外,他们还讨论了客观世界的认知之难,主观、片面、擅长与否,都是影响认知的因素。所以,孟子云:"明足以察秋毫之末,而不见舆薪。"③《鹖冠子》云:"一叶蔽目,不见太山;两豆塞耳,不闻雷霆。"④《淮南子》云:"离朱之明,察箴末于百步之外,不能见渊中之鱼。师旷之聪,合八风之调,而不能听十里之外。"⑤

2. 五勇之说

胡非子为屈将子论五勇的内容相对完整。通过这个故事我们首先能够判断胡非子的确是墨家学派的人物:第一,文中明确说"胡非子修墨子教";第二,胡非子主张非斗,而"非斗"正是墨家的主张,这可以在《墨子》中找到明确的根据。《墨子·耕柱》曰:"子夏之徒问于子墨子曰:'君子有斗乎?'子墨子曰:'君子无斗。'子夏之徒曰:'狗豨犹有斗,恶有士而无斗矣?'子墨子曰:'伤矣哉!言则称于汤、文,行则譬于狗豨。伤矣哉!'"⑥

---

① (清)王先慎《韩非子集解》卷第八《观行》,第197页。
② (清)王先慎《韩非子集解》卷第八《观行》,第197—198页。
③ 杨伯峻《孟子译注》卷一《梁惠王章句》上,中华书局2005年版,第15页。
④ 《鹖冠子》卷上《天则》。据《文渊阁四库全书》本。
⑤ 刘文典《淮南鸿烈集解》卷一《原道训》,第15页。
⑥ (清)孙诒让《墨子间诂》卷十一,第429页。

《胡非子》讲述这个故事，根本上还是为了宣传墨家"非斗"的主张。胡非子论五勇，使一个"带剑危冠"而来的好勇之人悦服称善，从而化解了一场潜在的争斗，本身就是一个最好的案例。同时，五勇之中，胡非子特别强调的是以曹刿、晏婴为代表的君子之勇，前者"一怒却万乘之师，存千乘之国"，后者"一怒而沮崔子之乱"，乃"勇之贵者"。这又是一种君子之勇的主张。

　　从论辩的艺术来看，这段文字也比较成功。首先，作者善于设置悬念，运用对比的手法。屈将子好勇，反对非斗的主张，带剑危冠而来，"劫而问之"，挑衅、逼迫的意味非常明显，并直接将胡非子置于"有说则可，无说则死"的凶险境地，凸显了紧张的气氛，也激起了读者的好奇心。但通过胡非子的论辩，情势急转直下，屈将子悦服称善，"乃解长剑，释危冠，而请为弟子焉"。前后对比，衬托出胡非子雄辩的本领。第二，胡非子关于五勇的议论，运用了排比的手法，排比中又往往连续使用三或四字的短句，富于气势与力量。这也是先秦诸子散文的显著特色之一。

　　就目前所知，五勇之说最早由胡非子提出，其议论可能直接启发了庄子四勇之说。《庄子·秋水》孔子谓子路曰："夫水行不避蛟龙者，渔父之勇也；陆行不避兕虎者，猎夫之勇也；白刃交于前，视死若生者，烈士之勇也；知穷之有命，知通之有时，临大难而不惧者，圣人之勇也。"①虽然表述方式不同，但庄子的渔父之勇与猎夫之勇与胡非子是一致的，其烈士之勇大体相当于胡非子的君子之勇，圣人之勇则是庄子的发明。而汉刘向《说苑·善说》林既对齐景公言五种勇悍②，更是直接继承了《胡非子》的说法，只是具体的解说与表述有所不同。

----

①　（清）郭庆藩《庄子集释》卷六下，中华书局2004年版，第596页。
②　向宗鲁《说苑校证》卷第十一，中华书局1987年版，第275—276页。林既所言五种勇悍为：工匠之勇悍、渔夫之勇悍、猎夫之勇悍、武夫之勇悍（实即为《胡非子》之五刑之勇）、林既之所以为勇悍（实即为《胡非子》之君子之勇）。

《胡非子》的五勇之论,古人评价不一。宋洪迈评之云:"其说亦卑陬无过人处。"①这恐怕是有失偏颇的。然更有甚者,清沈钦韩云:"按其言与《说苑·善说篇》林既语齐景公同。无稽之谈,彼此般演,以是名家,一钱不直。始皇烈火,惜其不分皂白,若此辈恨不尽空之。"②其反应过于激烈,似带有较强的主观色彩。与他们相反,清方浚颐云:"胡非为墨之徒,而论勇则上本《庄》《荀》,下开《说苑》。其以君子之勇为勇,一言折服危冠长剑之人,非不诚勇也哉!血气暴于外而道义馁于中,敌万人者反惧一人,勇固在德而不在力也。非虽为墨之徒,而所言则近乎圣贤,足资采择,正不得以异端目之。静能制动,柔能克刚,张至弱之帆以当至强之风,风为帆用,弱者转强,而篙橹咸听命焉。舟中摊卷,忽有所悟,附记于此,以见善言名理者之当前即是,无事远求也。"③这又似有过度阐释之嫌。另外,胡非子早于庄子、荀子,方浚颐云其论勇上本《庄》《荀》,是错误的,实为下启。

3. 弓矢之寓言

弓与矢,是一而二、二而一的有机体,只有二者结合,才能真正发挥其威力。寓言中的二人,都犯了放大局部功用以遮蔽整体的错误,当然是不可取的。最后,神射手羿出场,指出二人割裂整体的错误,"合弓矢而教之射",摆明了整体性的道理。这则寓言很容易让我们想起《韩非子·难一》所记"自相矛盾"的寓言,但二者除皆以武器的寓言来说理的共同特点外,所要阐明的道理是不同的,后者想说的主要是逻辑性的问题。

当然,《胡非子》的弓矢之寓,还可以有其他的解读。章炳麟《訄书》云:"其(《世本·作篇》)言曰:'牟夷作矢,挥作弓。'一器相

---

① (宋)洪迈《容斋三笔》卷第十五"随巢胡非子"条,《容斋随笔》,上海古籍出版社1960年版,第593页。
② (清)沈钦韩《汉书疏证》卷二十五,"胡非子三篇"条,清光绪二十六年浙江官书局刻本。
③ (清)方浚颐《二知轩文存》卷十三,"读胡非子"条,清光绪四年刻本。

倚依以行,而作之者二人,故郭璞眩之。(见《海内经》'少皞生般,般是始为弓矢'注)余读《胡非子》曰……以此知古之初作弓者,以土丸注发;古之初作矢者,以徒手纵送。两者不合,器终不利。此所谓隐匿良道,不以相教,孹民不知群故也。夫民别而听之则愚,合而听之则圣。故羿合之而械用成矣。"①这是一种社会史性质的解读,可备一说。然而需要注意的是,《胡非子》中二人"吾弓良,无所用矢"、"吾矢善,无所用弓"的表述本身,已经说明弓矢在当时是合用的,所以就《胡非子》本文而言,这只是一则寓言,即用以说理的手段,似不可过于指实。

以上我们对《胡非子》的三则佚文进行了简单的梳理,一斑虽不足以知全豹,但仍能见其先秦诸子之风采:善用寓言进行说理,论辩富于气势和力量。同时,这些内容也些许有助于我们了解墨子之后墨家学派发展的状况。另外,即便仅仅通过三则佚文,我们也能够明显发现和推测,先秦诸子有很多的共同话题和相似之处。我们以往往往过度强调其不同与争鸣及其意义,而忽略了他们的一致性。马国翰辑本《胡非子序》曰:"五勇与《庄子》相出入,说弓矢亦本《韩非子》矛盾之喻,战国人文字相袭,往往而然也。"②胡非子早于庄子、韩非,其五勇之说与《庄子》四勇之论、弓矢之寓与《韩非子》矛盾之喻之关系,前文已述及,不必赘言。其文字自不能袭自《庄子》《韩非子》,马氏误。然其"战国人文字相袭"之观点则认识到了先秦诸子的一致性,是可取的。其实,先秦诸子生活在同一大的历史阶段,有着相同相近的政治、经济、社会与文化环境,他们都力图认识自我,认识其所处的世界,并对现实社会进行反思,寻求解决当下问题的出路与办法,因而往往会产生共同的话题,运用相同或相似表述方式。这是我们在从事相关的研究工作时应该注意的。

---

① 章炳麟《訄书》重订本,《尊史》第五十六,中西书局2012年版,第267—268页。
② (清)马国翰《玉函山房辑佚书》,第2697页。

二 《缠子》小考

（一）

李善《文选注》征引《缠子》4次。其书《汉书·艺文志》《隋书·经籍志》《旧唐书·经籍志》与《新唐书·艺文志》均未著录[①]，但唐马总《意林》著录"《缠子》一卷"[②]，日人藤原佐世（847—898）《日本国见在书目录》墨家类著录"《缠子》一卷"[③]，二者相合，可补汉唐诸志之缺。

缠子其人，史传无载。然见于汉王充《论衡·福虚篇》："儒家之徒董无心，墨家之役缠子，相见讲道。缠子称墨家右鬼，是引秦穆公有明德，上帝赐之十九年。董子难以尧、舜不赐年，桀、纣不夭死。"[④]则缠子为墨家学者，与儒家学者董无心同时。董无心，《汉书·艺文志》儒家著录"《董子》一篇"，注云："名无心，难墨子。"[⑤]难墨的描述正与《论衡·福虚篇》所述一致。当然，"难墨子"未必是与墨子本人相辩难，理解成难墨子之说、难墨家学派更为妥当。《汉书·艺文志》并未言及董子之时代，然置其书于《孟子》《孙卿

[①] （宋）陈彭年等《广韵》下平声卷二："缠，绕也。又姓，《汉书·艺文志》有缠子，著书。"见周祖谟《广韵校本》，中华书局2011年版，第140页。其后（宋）邵思《姓解》（卷二）、（宋）丁度等《附释文互注礼部韵略》（卷二）、（金）韩道昭《五音集韵》（卷四）、（宋）郑樵《通志》（卷二九）、（宋）章定《名贤氏族言行类稿》（卷十七）、（宋）王应麟《姓氏急就篇》（卷上）等，皆同《广韵》，云《汉书·艺文志》有缠子，著书。皆误。

[②] （唐）马总《意林》卷一，中华书局1991年版，第21页。

[③] （日）藤原佐世《日本国见在书目录》（一卷），清光绪中遵义黎氏日本东京使署影刻本，见贾贵荣辑《日本藏汉籍善本书志书目集成》第十册，北京图书馆出版社2003年版，第491页。

[④] 黄晖《论衡校释》卷六，中华书局1990年版，第268—269页。役，黄晖改为"徒"，然"役"本亦不误，故不从之改，仍依原本。

[⑤] 《汉书》卷三十，中华书局1962年版，第1726页。

子》诸书之后,《鲁仲连子》《虞氏春秋》等之前,当是战国诸子之一。又儒墨之辩,正在战国时,秦汉之后,则已寝息,故以之属战国,更无所疑。《隋书·经籍志》儒家著录"《董子》一卷",注云:"战国时,董无心撰。"①正以董无心为战国时人。其后宋晁公武、王应麟、明胡应麟、清钱大昕、姚振宗等承之,均以董无心为战国时人。则缠子亦应为战国时人。

由于史志目录之失载,加之墨家学派的衰落,《缠子》并不受人关注,成为一部冷僻的著作,胡应麟即称"秦汉间子书自有僻甚者如《缠子》之类"②。李善《文选注》所引《缠子》,清何焯即据《汉书·艺文志》对《董子》的著录,以为"或此《缠子》乃《董子》之误"③;而清陈景云《文选举正》考辨陆士衡《文赋》"练世情之常尤"注之《缠子》,一方面据《汉书·艺文志》对《董子》的著录猜测"或此'缠'字乃'董'字之讹耶",一方面又推测"'缠'疑'墨'",云"又陶诗'秋菊有佳色'注亦引《缲子》董无心语,是'缠'正当为'缲'"④。仅据《汉书·艺文志》对《董子》的著录而认为李善所引《缠子》为《董子》,这种判断略嫌轻率与武断。陈景云言陶渊明《杂诗》二首"秋菊有佳色"李善注所引《缠子》作《缲子》,不知其所据版本,但集注本、尤袤本、奎章阁本、《四部丛刊》影宋本、胡克家本《文选》等皆作《缠子》,无作《缲子》者。同时,李善《文选注》所引《缠子》之所有内容,均不见于今本《墨子》,故陈景云"'缠'疑'墨'"、"'缠'正当为'缲'"之说不当。清人判断的失误可以说明,《缠子》已不为知识界所熟知。

---

① 《隋书》卷三四,中华书局1973年版,第997页。
② (明)胡应麟《少室山房笔丛》甲部《丹铅新录》一,明万历刻本。
③ 转引自(清)梁章钜《文选旁证》卷十七,福建人民出版社2000年版,第457页。
④ (清)陈景云《文选举正》,见宋志英、南江涛选编《〈文选〉研究文献辑刊》第三十六册,国家图书馆出版社2013年版,第103页。

（二）

《缠子》一书，李善《文选注》征引 4 次，内容实为 3 则，马总《意林》存录 2 则，《太平御览》存录 1 则，共 6 则，余皆亡佚。除《太平御览》外，《缠子》未见引于其他宋人著作，而《太平御览》未必直接征引原书，所以其书很可能在宋时已经亡佚①。现将诸书所引逐录于下，并作考论。

1. 董无心曰："罕得事君子，不识世情。"(《文选》卷十七陆士衡《文赋》"练世情之常尤，识前修之所淑"下李善注引)②
2. 董无心曰："无心，鄙人也，不识世情。"(《文选》卷二六陶渊明《辛丑岁七月赴假还江陵夜行涂口》"诗书敦宿好，林园无世情"下、卷三十陶渊明《杂诗》二首"泛此忘忧物，远我达世情"下李善注引)
3. 董无心曰："离娄之目，察秋毫之末于百步之外，可谓明矣。"(《文选》卷四五班孟坚《答宾戏》"若乃牙旷清耳于管弦，离娄眇目于毫分"下李善注引)
4. 缠子修墨氏之业，以教于世。儒有董无心者，其言修而谬，其行笃而庸。言谬则难通，行庸则无主。欲事缠子。缠子曰："文言华世，不中利民，倾危缴绕之辞者，并不为墨子所修；劝善、兼爱，则墨子重之。"(《意林》卷一)③
5. 董子曰："子信鬼神，何异以踵解结？终无益也。"缠子不能应。(《意林》卷一)④

---

① 姚振宗认为《缠子》亡于明代，但未提出任何根据，其说不可信。见其《汉书艺文志拾补》卷二《诸子略》"《缠子》一卷"条，《二十五史补编》第二册，中华书局 1955 年版，第 1476 页。
② （梁）萧统编，(唐)李善注《文选》，南宋淳熙八年(1181)尤袤刻本，中华书局 1974 年影印本。下文所引《文选》出处同此。
③④ （唐）马总《意林》，第 21 页。

6. 桀王天下,酒浊而杀厨人;纣王天下,熊蹯不熟而杀厨人。(《太平御览》卷九百八)①

以上所录,第一、二则很可能实为一则,即原文应为:董无心曰:"无心,鄙人也,罕得事君子,不识世情。"这在内容、逻辑上都比较合理。从内容、语气来看,这似乎是董无心在论辩中以退为进的一个开场白。

第三则,董无心曰:"离娄之目,察秋毫之末于百步之外,可谓明矣。"显然,这句话语意未完。但由于上下文的缺失,我们很难判断董无心到底想要阐发什么道理。不过,类似的表述在战国乃至秦汉诸子的著述中很容易找到。如同为墨学著作之《胡非子》曰:"目见百步之外,而不能见其眦。"②其后,《韩非子·喻老》庄子曰:"臣患之智如目也,能见百步之外,而不能自见其睫。"③《淮南子·说林训》:"椎固有柄,不能自椓;目见百步之外,不能自见其眦。"④如果董无心此语之后也是不能(自)见其眦(睫)之类的表述,那么他讨论的是自我认知的缺失与不足问题。又《淮南子·原道训》云:"离朱之明,察箴末于百步之外,不能见渊中之鱼。师旷之聪,合八风之调,而不能听十里之外。"⑤如果董无心此语之后是"不能见渊中之鱼"一类的表述,那么他讨论的则是认知的局限性问题。对客观世界以及人自身的认知是先秦诸子讨论的热点问题之一。

第四则内容颇有意味。首先,此则内容明确交代了缠子与董无心的身份,缠子"修墨氏之业以教于世",董无心为儒者,与《论衡·福虚篇》所载一致。第二,此则内容丑化、矮化了董无心的形

---

① (宋)李昉等《太平御览》,中华书局1960年影印本,第4024页。
② (唐)欧阳询《艺文类聚》卷十七,上海古籍出版社1982年版,第314页。
③ (清)王先慎《韩非子集解》卷七,中华书局1998年版,第169页。
④ 刘文典《淮南鸿烈集解》卷十七,中华书局1989年版,第556页。
⑤ 刘文典《淮南鸿烈集解》卷一,第15页。

象。在《论衡·福虚篇》与下面第五则中,董无心都处于与缠子辩难的平等地位,而此则文字先说他"其言修而谬,其行笃而庸。言谬则难通,行庸则无主",又说他竟"欲事缠子"。这还不算,董无心还遭到缠子的批评,认为他所修的是墨子所反对的"文言华世不中利民,倾危缴绕之辞"。第三,此则内容中,缠子正面宣传了墨子劝善、兼爱的主张。这个故事显然是出于儒墨竞争目的的一种"杜撰",为的是宣扬自己,贬抑对手,就像后世佛道之争中佛教徒与道教徒为自神其教而抬高自己,贬低对方一样。

第五则,董无心用一个形象的比喻攻击了缠子——实际也是墨家——的右鬼思想,说他信鬼神就像以踵解结一样,终究无益。右鬼是墨家的重要思想,《汉书·艺文志》小序云墨家"宗祀严父,是以右鬼"①,《墨子》有《明鬼》三篇,予以系统阐发。此则内容亦可证明缠子是墨家后学。而董无心则从根本上否定了墨家这一思想的价值。在现有文献中,汉应劭《风俗通义》有这样的记载:"董无心云:'杜伯死,亲射宣王于镐京,予以为桀、纣所杀,足以成军,可不须汤、武之众。'"②杜伯射周宣王事,见于《国语·周语》:"周之兴也,鸑鷟鸣于岐山;其衰也,杜伯射王于鄗。"③董无心对其事之陈述本此。但记载杜伯射周宣王事最详的,是《墨子》,董无心所针对的,也正是《墨子》右鬼之思想。《墨子·明鬼下》子墨子言曰:"周宣王杀其臣杜伯而不辜,杜伯曰:'吾君杀我而不辜,若以死者为无知,则止矣;若死而有知,不出三年,必使吾君知之。'其三年,周宣王合诸侯而田于圃,田车数百乘,从数千,人满野。日中,杜伯乘白马素车,朱衣冠,执朱弓,挟朱矢,追周宣王,射之车上,中心折脊,殪车中,伏弢而死。当是之时,周人从者莫不见,远者莫不闻,著在周之春秋。为君者以教其臣,为父者以警其子,曰:'戒之慎

---

① 《汉书》卷三十,第1738页。
② 王利器《风俗通义校注》卷九《怪神》,中华书局1981年版,第410页。
③ 《国语》卷一《周语上》,上海古籍出版社1978年版,第30页。

之,凡杀不辜者,其得不祥,鬼神之诛若此之憯遨也!'以若书之说观之,则鬼神之有岂可疑哉?"①显然,《风俗通义》所载董无心语正是对《墨子》鬼神实有以及报应之速说法的反击与揶揄,与第五则的内容一致。

第五则内容应该引起我们重视的,还有最后一句,即"缠子不能应"。在儒墨竞争的背景下,墨家著作中出现儒者在辩难中战胜墨家人物的情况,是不大可能的。在诸子的著述中,都是通过自己或代表自己一派思想的人取得论辩的胜利,以支持和宣传自己的思想和主张,如庄子之于惠子。如果自曝其短,无异从根本上否定了自己与所在学派的立身基础。因此,我们认为第五则不是《缠子》的内容,应是《董子》的佚文,马总《意林》所录有误。另外,前四则于董无心皆称其名,惟本则尊称之为"董子",亦可为旁证。同样道理,前文所引《论衡·福虚篇》与《风俗通义》之内容,皆应为《董子》之佚文。

第六则内容是对桀纣滥杀的谴责,因为没有上下文的背景,无法判断其具体论述内容。然《墨子·法仪》有语云:"爱人利人者,天必福之;恶人贼人者,天必祸之。曰杀不辜者,得不祥焉。"并举正反两例以证:昔之圣王禹、汤、文、武,兼爱天下之百姓,故天福之,使立为天子,天下诸侯皆宾事之;暴王桀、纣、幽、厉,兼恶天下之百姓,其贼人多,故天祸之,使遂失其国家,身死为僇于天下,后世子孙毁之②。似与此则内容相关。

这样,经过合并与考辨后,《缠子》佚文实际上只有4则。

另外,清马国翰《玉函山房辑佚书》子编墨家类有《缠子》辑本一卷,辑录佚文6则。孙诒让《墨子后语》卷下《墨家诸子钩沈》第六亦收《缠子》佚文,全同于马国翰辑本,惟排列顺序略有差异,各自案语有所不同,应是承马氏辑本而来。其中一则为前引《论衡·

---

① (清)孙诒让《墨子间诂》卷八,中华书局2001年版,第222—225页。
② (清)孙诒让《墨子间诂》卷一,第22—23页。

福虚篇》所引述缠子之语①,马国翰案语云:"案《意林》引《缠子》下节'董子曰子信鬼神'云,则此节确为《缠子》佚文,董难别辑入《董子》书内。"②上文已经分析其应为《董子》之内容,马国翰割取之,以为《缠子》,应误。其中一则为上文所录之第一、二则之合并,上文已有分析,是。其余四则,同于上文所录之后四则内容,惟《太平御览》所引"桀王天下"条,前"王"字,马氏辑本作"为",后"厨人",马氏辑本作"庖人"③。本文所据《太平御览》版本为中华书局用上海涵芬楼影印宋本复制重印本,马氏未标明所据版本。又孙诒让于以"董无心曰"、"董子曰"开头的三则(上文所录一、二则合并为一则,加上第三、第五则)后加案语云:"以上三条并董子难语,今附于后。"④似有所疑。其中第五则上文已分析,应是《董子》之语,而另外两则当是《缠子》之内容无疑。

(三)

《缠子》一书,仅存寥寥数则,不足以窥知全书之大要,但对我们今天认识墨子之后墨家学派的发展及儒墨之争的情况仍有一定的意义。首先,缠子继承了墨子的学说并努力宣扬之,如右鬼、反对妄杀等,而其所涉之自我认知的缺失与不足或认知的局限性问题,则与同为墨家的胡非子相呼应。这在右鬼的思想方面表现得比较突出,我们能够看出,缠子是墨子的忠实信徒。前引《论衡·福虚篇》所载内容,即缠子称墨家佑鬼,引秦穆公有明德,上帝赐之十九年事,实出于《墨子·明鬼下》:"昔者郑穆公当昼日中处乎庙,有神入门而左,鸟身,素服三绝,面状正方。郑穆公见之,乃恐惧,奔,神曰:'无惧!帝享女明德,使予锡女寿十年有九,使若国家蕃

---

① 马氏辑本原文作:"缠子曰:墨家佑鬼神,秦穆有明德,上帝赐之九十年。"见《玉函山房辑佚书》第三册,上海古籍出版社1990年版,第2699页。其中"佑"当作"右","神"字当衍,"九十"当作"十九",详见黄晖《论衡校释》卷六,第269页。

②③ (清)马国翰《玉函山房辑佚书》,第三册,第2699页。

④ (清)孙诒让《墨子间诂》,第761页。

昌,子孙茂,毋失。'郑穆公再拜稽首曰:'敢问神名?'曰:'予为句芒。'若以郑穆公之所身见为仪,则鬼神之有岂可疑哉?"①由此可见缠子对于《墨子》一书的熟悉与信奉程度。但问题也出现了,就是缠子似乎并没有在接受中创新,即他并没有发展墨子的理论,因此面对董子的辩难,有些措手不及,甚至如前录第五则,"不能应"。当然,不能忽略的是,这都仅是《董子》所记的"一面之词"。

其次,我们能够通过《缠子》,并结合《董子》的佚文,略窥战国时期儒墨之争的情况。当时学者以儒墨并称,非儒即墨,因此两派学者在大力宣扬自己学说的同时,也不遗余力地打击对方,如孟子云:"圣王不作,诸侯放恣,处士横议,杨朱、墨翟之言盈天下。天下之言不归杨,则归墨。杨氏为我,是无君也;墨氏兼爱,是无父也。无父无君,是禽兽也。"②而《墨子》专设《非儒》上下二篇,驳斥儒家诸说。就《缠子》而言,其佚文多称引董无心语,虽均无上下文,但我们能够推测其内容很可能是缠子与董无心辩难,正如《庄子》之称引惠子。而如前录第四则,则更是在自我宣传的基础上对董无心大加贬斥。另外,前引《论衡·福虚篇》《风俗通义》以及前录第五则等《董子》中的内容,也都反映了战国时儒墨之争的情况。

《缠子》称引董子,《董子》又称引缠子,二家相互辩难,又相互依存。清姚振宗云:"寻其(《董子》)佚文,盖董子、缠子相诘难,儒墨二家各著为书,各尊其学。"③也许正是由于这个原因,很多学者将二书混淆。《广韵》以《缠子》即《董子》,故云《汉书·艺文志》有缠子,著书。前述何焯、陈景云亦皆误以李善《文选注》所引《缠子》为《董子》。而马国翰辑本《缠子序》据《意林》《汉书·艺文志》《论

---

① (清)孙诒让《墨子间诂》卷八,第225—226页。又引文中"郑穆公"当为"秦穆公"之讹,孙诒让有详尽考辨,见《墨子间诂》第225页。

② 杨伯峻《孟子译注》卷六《滕文公章句下》,中华书局2005年版,第155页。

③ (清)姚振宗《汉书艺文志拾补》卷二《诸子略》,"《缠子》一卷"条,《二十五史补编》第二册,第1476页。

衡》《文选注》对《缠子》的著录、记载或征引推论云:"盖本《董子》之书,墨家取为《缠子》,如孔穿与公孙龙论臧三耳,《孔丛子》《公孙龙》两书并载之类。"①孔穿与公孙龙论臧三耳,《孔丛子》《公孙龙》两书并载,则缠子与董子论辩,《缠子》《董子》并载之,是可能的。读《缠子》,可参考《董子》之文;读《董子》,亦可参《缠子》。但显然不能得出"本《董子》之书,墨家取为《缠子》"的结论。孙诒让受到马国翰的影响,其《墨家诸子钩沈·序》云:"(马总《意林》)而别增《缠子》一家,则即《汉志》儒家董无心之书也。"序之自注又云:"惟《缠子》为《董子》。"②其《缠子》佚文后之案语先述汉、隋、唐、宋诸志及《中兴馆阁书目》对《董子》的著录与记载,然后推论云:"是《缠子》与《董子》确为一帙,主墨言之则题《缠子》,主儒言之则题《董子》,无二书也。《馆阁书目》谓缠子屈于董子,与《意林》缠子不能应之言合,则是书自是先秦儒家遗籍,入墨家为非其实。"③《董子》与《缠子》皆记董子、缠子二人之论难,但显然不能由此断定二书为一书,孙氏之判断过于主观了。《董子》自为儒家、《缠子》自为墨家之典籍,本为二书,故孙氏下文因以之为一书而作其为何家之著作的判断,就没有意义了。

　　附带说一下,与缠子唱反调的董无心,其《董子》一书,除前引《汉书·艺文志》《隋书·经籍志》对其之著录外,《旧唐书·经籍志》、《新唐书·艺文志》、《崇文总目》(卷五)、《通志·艺文略》、《郡斋读书后志》(卷二)、《宋史·艺文志》等均有著录,《崇文总目》将其著录于墨家类,宋郑樵《通志·艺文略》承之,并云董无心"其说本墨氏",二者皆误,其余皆在儒家。除《旧唐书·经籍志》误作二卷外,其余均作一卷。宋赵希弁《郡斋读书后志》、宋王应麟《汉艺文志考证》(卷五)、《玉海·艺文》皆载《董子》有宋朝吴秘注。又据王应麟《汉艺文志考证》(卷五)、《玉海·艺文》,《中兴馆阁书目》著

---

① (清)马国翰《玉函山房辑佚书》,第三册,第2699页。
② (清)孙诒让《墨子间诂》,第753页。
③ (清)孙诒让《墨子间诂》,第762页。

录《董子》一卷,并云:"与学墨者缠子辨上同、兼爱、上贤、明鬼之非,缠子屈焉。"①可见其内容果以驳斥墨家为主,且远较今存佚文丰富。此书明时尚存,明陈第《世善堂藏书目录》著录"《董子》一卷",注云:"周董无心作,以难墨子者。"②然而同为明人,小陈第七十岁的方以智则已云"今其书不传"③,其后亦未见著录,已佚。今所存者,惟上文所确定之3则佚文。马国翰《玉函山房辑佚书》子编儒家类有《董子》辑本一卷,辑录佚文4则,颇可商榷,所涉条目前文多已辨析,不再赘述。

秦汉之后,墨学衰落。自汉世起,儒家独尊。《缠子》亡佚已久,只在浩如烟海的古籍中留下一鳞半爪。但这一鳞半爪仍些许有助于我们了解战国时代思想、学术的发展情况,并可折射出当时诸子百家争鸣的盛况,其价值自不可忽略。

三 《田俅子》小考

(一)田俅子其人其书

李善《文选注》征引《田俅子》6次。《汉书·艺文志》著录《田俅子》三篇,班固自注曰:"先韩子。"颜师古注引苏林曰:"俅音仇。"《隋书·经籍志》云:"梁有《田俅子》一卷,亡。"④两《唐志》后再无著录,亡佚已久。

田俅子其人,清章学诚《校雠通义》卷三《汉志诸子》云:"道家

---

① 引文据(宋)王应麟《玉海》卷五三《艺文·诸子》"《董子》"条,(株式会社)中文出版社1986年版,第1051—1052页。

② (明)陈第《世善堂藏书目录》卷上,中华书局1985年版,第13页。

③ (明)方以智《通雅》卷二十《姓名》,中国书店影印本,1990年版,第263页。

④ 《隋书·经籍志》"俅"原作"休",中华版《隋书》据《汉书·艺文志》改。建成案:据唐作藩《上古音手册》(增订本),俅、休上古音皆在幽部,则二者形音皆近。《隋书·经籍志》原作"休",当是传写中致误,中华版《隋书》改之,是。

祖老子而先有《伊尹》《太公》《鬻子》《管子》之书，墨家祖墨翟而先有《尹佚》《田俅子》之书，此岂著录诸家穷源之论耶？……第《七略》于道家，叙黄帝诸书于《老莱》《鹖冠》诸子之后，为其后人依托，不以所托之人叙时代也，而《伊尹》《尹佚》诸书，顾冠道、墨之首，岂诚以谓本所自著耶？其书今既不传，附以存疑之说可矣。"颇疑田俅子在墨子之前，且以《田俅子》为墨家学说之源头。然《汉书·古今人表》将田俅子列为第四等，即中上，在墨翟、禽屈釐（颜师古注曰："即禽滑釐者是也。"）、我子之后，随巢子、胡非子之前。又《韩非子》《吕氏春秋》均有田鸠，清梁玉绳（清姚振宗《隋书经籍志考证》卷二十八引）、马骕《绎史》卷一百三下《杨朱墨翟之言》下、周中孚《郑堂札记》卷五等皆推测其即为田俅子。建成案：据唐作藩《上古音手册》（增订本），鸠、俅上古音皆在幽部。《说文解字》卷四上释"鸠"："从鸟九声。"徐铉反切："居求切。"卷八上释"俅"："从人求声。"徐铉反切："巨鸠切。"二者读音十分相近。《吕氏春秋》明言田鸠为墨家学者，由《韩非子》所载亦可知其应为墨家。则诸家之推测应是，田鸠即田俅子。《吕氏春秋·孝行览·首时》云：

> 墨者有田鸠。欲见秦惠王，留秦三年而弗得见。客有言之于楚王者，往见楚王，楚王说之，与将军之节以如秦，至，因见惠王。告人曰："之秦之道，乃之楚乎？"固有近之而远、远之而近者，时亦然。①

高诱注曰："田鸠，齐人，学墨子术。惠王，孝公之子驷也。"由此可知，田鸠——也就是田俅子——为齐人，学墨子术，与秦惠王同时，楚与之将军之节而使秦。建成案：田鸠既与秦惠王（前356—前311年）同时，则其自晚于墨子而早于韩非（约前280—前233年）。因此，章学诚疑田俅子在墨子之前的说法是不能成立的。

《韩非子》两次引述田鸠：

---

① 此事又为《淮南子·道应训》所采，内容基本一致。

楚王谓田鸠曰:"墨子者,显学也。其身体则可,其言多而不辩,何也?"曰:"昔秦伯嫁其女于晋公子,令晋为之饰装,从衣文之媵七十人,至晋,晋人爱其妾而贱公女。此可谓善嫁妾而未可谓善嫁女也。楚人有卖其珠于郑者,为木兰之柜,熏以桂椒,缀以珠玉,饰以玫瑰,辑以羽翠,郑人买其椟而还其珠。此可谓善卖椟矣,未可谓善鬻珠也。今世之谈也,皆道辩说文辞之言,人主览其文而忘有用。墨子之说,传先王之道,论圣人之言以宣告人。若辩其辞,则恐人怀其文忘其直,以文害用也。此与楚人鬻珠,秦伯嫁女同类,故其言多不辩。"(《外储说左上》)

徐渠问田鸠曰:"臣闻智士不袭下而遇君,圣人不见功而接上。今阳成义渠明将也,而措于毛伯;公孙亶回圣相也,而关于州部,何哉?"田鸠曰:"此无他故异物,主有度,上有术之故也。且足下独不闻楚将宋觚而失其政,魏相冯离而亡其国?二君者,驱于声词,眩乎辩说,不试于毛伯,不关乎州部,故有失政亡国之患。由是观之,夫无毛伯之试,州部之关,岂明主之备哉!"(《问田》)

田鸠的言论是典型的墨家主张,《墨子·鲁问》云:"公输子削竹木以为䧿,成而飞之,三日不下,公输子自以为至巧。子墨子谓公输子曰:'子之为䧿也,不如匠之为车辖。须臾刘三寸之木,而任五十石之重。故所为巧,利于人为巧,不利于人谓之拙。'"田鸠云"墨子之说,传先王之道,论圣人之言以宣告人。若辩其辞,则恐人怀其文忘其直,以文害用也",又云"二君(宋觚、冯离)者,驱于声词,眩乎辩说,不试于毛伯,不关乎州部,故有失政亡国之患",这与墨子所言"故所为巧,利于人为巧,不利于人谓之拙",是一致的,他们都认为,凡物之用,不在于眩人以视听,而在于其是否有实用,这是其根本所在。这种思想也得到了韩非子的呼应,《韩非子·外储说左上》记墨子为木鸢事,具体内容与《墨子》有所不同,为木䧿(鸢)者也由公输子换成了墨子,但进行分析与总结的还是墨子,其中的道理也是一致的。

(二)《田俅子》辑佚

李善《文选注》5处6次征引《田俅子》。但其中5次所引内容相同,故实际征引之引文仅有2则。除李善注外,《北堂书钞》《艺文类聚》《稽瑞》《太平御览》《白氏六帖》《能改斋漫录》《玉海》等均有引录。笔者据以上典籍所引,辑得《田俅子》佚文12则。需要说明的是,清马国翰《玉函山房辑佚书》子编墨家类、劳格《读书杂识》卷六、孙诒让《墨子后语·墨家诸子钩沈》皆有《田俅子》辑本,分别辑得佚文10、7、11则,以孙诒让本最优。然诸家在所据文献、所用版本、文字校勘等方面都存在一些问题,这是受限于当时的文献条件与检索条件所致,自不可苛责于前贤,本文亦无需备述之。今将《田俅子》佚文迻录于下,并略考校之。其中一些条目,不同典籍引录时有所不同,为保持引文的完整性而皆录之,异文显然,故不加校语,特此说明。

1. 《田俅子》曰:尧为天子,蓂荚生于庭,为帝成历。(《文选》卷三张平子《东京赋》"盖蓂荚为难莳也,故旷世而不觌"下、卷二十应吉甫《晋武帝华林园集诗》"嘉禾重颖,蓂荚载芬"下、卷三十五张景阳《七命》八首"悲蓂荚之朝落,悼望舒之夕缺"下、卷四十六王元长《三月三日曲水诗序》"佞枝植,历草孳"下、卷五十六陆佐公《新刻漏铭》"合昏暮卷,蓂荚晨生"下李善注引,皆同,惟陆铭注所引"为帝成历"后有"也"字)

建成案:"为帝成历",其说过于简略,令人不明所以。《东京赋》"盖蓂荚为难莳也,故旷世而不觌"下薛综注云:"蓂荚,瑞应之草。王者贤圣,太平和气之所生。生于阶下,始一日生一荚,至月半生十五荚;十六日落一荚,至晦日而尽,小月则一荚厌不落。王者以证知月之小大。尧时夹阶生之谓不世见,故云难莳也。"可为此句之注脚。

2. 《田俅子》曰:黄帝时,有草生于帝庭阶,若佞臣入朝,则草指之,名曰屈轶,是以佞人不敢进也。(《文选》卷四十六王元长《三月三日曲水诗序》"佞枝植,历草摹"下李善注引。集注本《文选》"阶"前有"夹"字,"佞臣"作"佞人")

《田俅子》曰:黄帝时,常有草生于庭阶,若佞人入朝,则草屈而指之,名曰屈轶草,是以佞人不敢进也。(唐刘赓《稽瑞》"平露安倾,屈轶安指"下引)

3.《田俅子》云:禹治水毕,天赐玄圭,渠搜之人服禹之德,献其珍裘。(隋虞世南《北堂书钞》卷第一百二十九《衣冠部》下"渠搜献珍裘"条引)

《田俅子》曰:渠搜之人服夏禹德,献其珍裘,毛出五彩,光曜五色。(宋李昉等《太平御览》卷第六百九十四《服章部》引)

4.《田俅子》曰:少昊之时,赤燕一羽而飞集少昊氏之户,遗其丹书。(唐欧阳询《艺文类聚》卷第九十九《祥瑞部》下引)

《田俅子》曰:少昊氏之时,赤燕一衔羽而飞集少昊氏之户,遗其丹书。(宋李昉等《太平御览》卷第九百二十二《羽族部》引)

5.《田俅子》曰:商汤为天子,都于亳。有神牵白狼、口衔金钩而入汤庭。(唐欧阳询《艺文类聚》卷第九十九《祥瑞部》下引)

6.《田俅子》曰:昔帝尧之为天下平也,(蓂荚)出庖厨,为帝去恶。(唐刘赓《稽瑞》"蓂荚夹阶,箑莆生厨"下引)

7.《田俅子》曰:殷汤为天子,白狐九尾。(唐刘赓《稽瑞》"狐何九尾,兽何六足"下引)

8.《田俅子》曰:周武王时,仓庭国献文章驺。(唐刘赓《稽瑞》"文犀骇鸡,冠雀嗛鳢"下引)①

9.《田俅子》曰:尧时获之(獬豸),绩其皮以为帐。(唐刘赓《稽瑞》"触邪獬豸,除害驹䮫"下引)

---

① 建成案:《稽瑞》引《田俅子》,所注为"文犀骇鸡",故引文之"文章驺"颇不可解。孙诒让云:"'章驺'疑当作'犀骇',末又脱'鸡'字。"其说可从。见其《墨子后语·墨家诸子钩沈》。

《田俅子》:尧时有解鹰,缉其毛为帝帐。(唐白居易《白氏六帖事类集》卷第二十九"毛为帐"条引)

《田俅子》曰:尧时获獬豸,缉其毛以为帝帐。(宋李昉等《太平御览》卷第八百九十《兽部》引)

10. (《田休子》)又曰:少昊氏都于曲阜,鞬鞻毛人献其羽裘。(宋李昉等《太平御览》卷第六百九十四《服章部》引)

11. 《休子》曰:少皞生于稚华之渚,渚一旦化为山,郁郁葱葱焉。(宋李昉等《太平御览》卷第八百七十三《休征部》引)

12. 《田俅子》云:少昊金天氏,邑于穷桑,天开日五色,丕照穷桑。(宋吴曾《能改斋漫录》卷六《事实》"赋日五色"条、宋王应麟《玉海》卷第一百九十五祥瑞"少昊日五色"条引)

建成案:此则佚文亦见于《尸子》。《太平御览》卷第三《天部》引《尸子》曰:"少昊金天氏,邑于穷桑,日五色,乇照穷桑。"①据《史记》卷七十四《孟子荀卿列传》"楚有尸子、长卢"下裴骃《史记集解》引刘向《别录》,尸子名佼,秦相商鞅之客。商鞅变法,尸子颇预之。商鞅被刑,尸子恐并诛,乃亡入蜀。作《尸子》二十篇,凡六万余言。《汉书·艺文志》著录《尸子》二十篇,入杂家。尸子早于田俅子,据前引《吕氏春秋》,田俅子亦曾居秦有时,是有机会见到并参考尸子的著述的。

另外,上文所引《韩非子》中二则与《吕氏春秋》中一则关于田鸠的文字,尤其是《韩非子》中的内容,有可能亦出自《田俅子》。马国翰辑本所辑录之十则佚文即包括《韩非子》之二则,又以《吕氏春秋》之一则附录于后。然二书皆未直接称引《田俅子》,为严谨起见,仍以存疑为是。故于此三则文字,本文并不录为《田俅子》佚文。

---

① 案:宋叶廷珪《海录碎事》卷一天部上"日五色"条引《尸子》,"乇"作"下"。

三　余论

　　《田俅子》原书已不可见，今所存之佚文，皆述上古帝王黄帝、少昊、尧、禹、商汤、周武王之祥瑞。孙诒让《墨子后语》卷下《墨家诸子钩沈·序》云："然田俅盛陈符瑞，非墨氏征实之学，与其自对楚王以文害用之论亦复乖忤，或出依托。"然《隋书·经籍志》墨家类小序云墨者"上述尧、舜、夏禹之行"，记其祥瑞应即此类内容之一。清马国翰《玉函山房辑佚书·〈田俅子〉辑本序》曰："述古代祥瑞，与《隋巢》同旨。"则"盛陈符瑞"似不可作为《田俅子》出于依托的证据。且祥异瑞应之事墨家学者未必以虚幻视之，否则墨家右鬼之说又何从谈起？孙氏符瑞"非墨氏征实之学"的说法实为一种以今推古的判断。由此又可知祥瑞之记述与田鸠以文害用之论并不构成矛盾关系。故孙氏的观点很难令人信服。但他注意到《田俅子》佚文内容的单一，这的确是一个问题。马国翰提及的《隋巢》即《随巢子》，《汉书·艺文志》所载墨六家之一，马国翰《玉函山房辑佚书》子编墨家类有辑本，虽亦颇言灾异祥瑞之事，但内容要丰富得多。其他墨家著作，如《胡非子》《缠子》等，据其佚文，内容亦不单一。联系到前引《韩非子》所载田鸠之言论，《田俅子》不应为专记祥瑞之作。

　　前引《隋书·经籍志》，云《田俅子》隋前已亡。那么自虞世南《北堂书钞》以后一直到王应麟《玉海》，包括李善《文选注》在内，众多类书及其他典籍缘何而引之？比较合理的解释是，这些典籍征引《田俅子》，皆是转引自他书。考虑到所存佚文皆为祥瑞之事，这又有两种可能。

　　一是转引自已亡佚类书之祥瑞一类。据《三国志》卷二《魏书·文帝纪》，魏文帝曹丕"使诸儒撰集经传，随类相从，凡千余篇，号曰《皇览》"，是为中国古代编撰类书之始。自此之后，直到清朝，历代皆有类书之编撰。据《隋书·经籍志》《旧唐书·经籍志》《新唐书·艺文志》与《宋史·艺文志》，隋朝之前的类书，主要有魏缪袭等《皇览》一百二十卷、梁刘孝标《类苑》一百二十卷、梁徐勉等

《华林遍略》六百二十卷、梁刘杳《寿光书苑》二百卷、北齐祖孝征等《修文殿御览》三百六十卷、隋虞绰等《长洲玉镜》二百三十八卷、隋杜公瞻《编珠》四卷等。以上诸书，除《皇览》外，李善及其前之虞世南、欧阳询，其后之白居易，年代不详之刘赓，皆可见之。《皇览》著录于《隋书·经籍志》，而两《唐志》不载，则其唐初尚存而亡于开元中之前①。因此隋末唐初的虞世南、欧阳询皆可见之；李善亦存在见到此书的可能性，且《文选》卷五十九任彦升《刘先生夫人墓志》"参差孔树，毫末成拱"下李善注引《皇览·圣贤冢墓志注》，则李善时很可能《皇览》尚存；刘赓年代不详，能否见到此书，暂不可知；白居易则不可见之。至宋，诸书见于《宋史·艺文志》者，惟有《修文殿御览》与《编珠》二种，李昉等编撰《太平御览》之学者、吴曾、王应麟，可见之，其余均已亡佚。

二是转引自已亡佚的专门记载祥异瑞应的典籍。中国古代此类著作较多，李善《文选注》即引有《古瑞命记》《礼瑞命记》《孙氏瑞应图》《瑞应经》《众瑞颂》等多种。《隋书·经籍志》著录此类典籍六种《瑞应图》三卷、《瑞图赞》二卷、《祥瑞图》十一卷、侯亶《祥瑞图》八卷、《芝英图》一卷、《祥异图》十一卷。两《唐志》共著录五种：侯亶《祥瑞图》八卷、孙柔之《瑞应图记》三卷、熊理《瑞应图赞》三卷、顾野王《符瑞图》十卷、《祥瑞图》十卷。

这些已经亡佚的类书与祥瑞类典籍，存在征引《田俅子》的可能，而我们从虞世南《北堂书钞》至王应麟《玉海》等典籍中辑录的《田俅子》佚文，也就有可能是虞世南、王应麟等从这些典籍中转引而来的。

（作者单位：黑龙江大学）

---

① 一般认为，《旧唐书·经籍志》是由毋煚开元中所著《古今书录》四十卷改编而来，而《新唐书·艺文志》亦以《古今书录》为蓝本，增补《旧唐书·经籍志》失载之唐人著述而成。两《唐志》未著录《皇览》，说明实是《古今书录》未载之，则其应亡于开元中之前。

"学"、"术"之间：梁启超的墨学观及其思想主张的演变

张永春

善于自我剖析的梁启超晚年曾向公众表白："我的学问兴味政治兴味都甚浓。两样比较，学问兴味更为浓些。我常常梦想能够在稍微清明点的政治之下，容我专作学者生涯。但又常常感觉：我若不管政治，便是我逃避责任。"[①]谈政治好援引学术，做学术又心系政治，在二者间依违彷徨，清季民初知识界这种纠结于政学的现象虽非梁启超所独有，但在梁启超身上表现得尤为典型，乃梁启超论学谈政包括其墨学研究的鲜明特色。揆诸梁启超思想学术体系，墨学既不如西学、佛学重要，也不如史学、尤其是《清代学术概论》《中国近三百年学术史》那样引人注目，但"却是他的学术兴趣与思想表现之中非常重要的一环"[②]。1896年，梁氏即倡导"墨子之学当复兴"[③]。并宣称："我是心醉墨学的人，所以自己号称'任公'，又自命'兼士'。"[④]所谓自号"任公"、"兼士"，即墨徒之意，足见墨学对其人格之影响。1904年，梁氏在《新民丛报》连载《子墨

[①] 转引自夏晓虹《著论求为百世师——说梁启超的"善变"》，载《阅读梁启超》，生活·读书·新知三联书店2006年版，第15页。

[②] 黄克武《梁启超的学术思想：以墨子学为中心之分析》，《"中央研究院"近代史研究所集刊》第26期，1996年。

[③] 梁启超《西学书目表后序》，载《饮冰室合集》文集之一，中华书局1989年版，第129页。

[④] 梁启超《亡友夏穗卿先生》，载《饮冰室合集》文集之四十四，第22页。

"学"、"术"之间：梁启超的墨学观及其思想主张的演变

子学说》和《墨子之论理学》(后坊间合为《墨子微》出版)，首次把墨学纳入近代西方社会科学体系内，从经济学、政治学、宗教学、逻辑学等方面，对墨子思想进行了系统的阐发，以全新的"义理"之学取代了传统的考据之学，推动了传统墨学的近代转型。尔后，他又于20世纪20年代初整理出版了《墨子学案》《墨经校释》和《先秦政治思想史》等，推动了民国时期墨学的复兴高潮。全面总结梁启超墨学研究的内容与成就非本文主旨，此处主要以《子墨子学说》《墨子学案》和《先秦政治思想史》为中心，着重阐述清季民初其墨学观与社会政治思想演变之间的关联，以此透视梁启超学术思想的部分特征。

一 墨家精神与"新民"的塑造

梁启超虽早在1896年即倡导墨学复兴，但首次涉猎墨家思想是在1902年撰写的《论中国学术思想变迁之大势》系列文章中。是著主要纵论中国思想发展的趋势，其中先秦学派部分即谈到墨家。梁氏受日本当时流行的地理环境决定论影响①，从南北地理环境的不同论述先秦各学派的差异及特征，认为北方崇实，以孔子为代表；南方崇虚，以老子为代表，而墨子二者兼之②。梁氏接着谈到墨家分为兼爱、游侠、名理三派，但未就此深入分析。其原本要撰写《论诸家学说之根据及其长短得失》，或许自感学识不够，遂

---

① 据日本学者石川桢浩的研究，梁启超的地理环境决定论，直接地转自日人浮田和民《史学通论》之《历史与地理》部分，间接地来自博克尔《英国文明史》。参阅氏著《梁启超与文明的视点》，载(日)狭间直树编《梁启超·明治日本·西方：日本京都大学人文科学研究所共同研究报告》，社会科学文献出版社2001年版，第95—119页。有关日本思想对梁氏的影响，还可参阅郑匡民《梁启超启蒙思想的东学背景》(上海书店出版社2003年版)、石云艳《梁启超与日本》(天津人民出版社2005年版)等书。

② 梁启超《论中国学术思想变迁之大势》，《饮冰室合集》文集之七，第19页。

付之阙如①。在随后的《先秦学派与希腊印度学派的比较》一节中,谈及先秦学派之短时亦提及墨家。梁启超认为,和希腊印度学术相较,先秦学派的短处有二:"一曰论理。Logic 思想之缺乏也。……中国虽然有邓析、惠施、公孙龙等名家言,然不过拨弄诡辩,非能持之有故,言之成理,而其后亦无继者。"墨子《大取》《小取》等篇虽不乏名家言,"但其学终不成一科耳"。"二曰物理实学之缺乏也。"墨子虽然有精妙的阐述,"但当时传者既微,秦汉以后,益复中绝"②。

  上述即为1902年梁启超关于墨家的简单看法。可见,此时梁氏对墨学既无系统的研究,对墨家思想也谈不上特别的赞许。其后,梁启超撰写了大量介绍西方哲学、社会学、政治学的文章,积累了相当的知识基础,至少在他看来,已具备了通过中西比较、"以新知商量旧学"从而研治先秦诸子的能力。1904年自美国重回日本后,他再次涉猎先秦诸子领域,首选对象,即为与西学有较多相似之处的墨家学说。

  众所周知,梁启超新学知识多来自日文著作。其流亡日本后,稍学日文,即"广收日本书而读之,若行山阴道上,应接不暇","畴昔所未见之籍,纷触于目,畴昔所未穷之理,腾跃于脑,如幽室见日,枯腹得酒","脑质为之改易,思想言论,与前者判若两人"③。所读不仅有日本翻译的政治、经济、哲学、社会学等西书,还有日本学者按照西学新法撰写的中国文史论著。对于日人所著中国史,梁启超的评价较低,他较为赞许中西比较的史论,从中受到的启发

---

  ① 该节题下云:"此节原本论最要之点,但著者学殖浅薄,综合而论断之,自愧未能,尚须假以时日,悉心研究,非可以率尔操觚也,故从阙如。"但终其一生,此节再没补写。见《论中国学术思想变迁之大势》,《饮冰室合集》文集之七,第29页。

  ② 《论中国学术思想变迁之大势》,《饮冰室合集》文集之七,第33—34页。

  ③ 梁启超《论学日本文之益处》,《饮冰室合集》文集之四,第80页。

较多①。尤其是著述体例及中西比较的方法,对梁氏影响深远。如《子墨子学说》之篇章结构及部分资料安排,即直接采自日人高濑武次郎(Takase Takejirō)所著《杨墨哲学》一书②。毫无疑问,日文有关中国历史与思想的著作帮助梁启超澄清了先秦思想发展脉络的一些问题,明确了阐述墨家思想的整体思路。而通过日文著作所掌握的西学,也使梁启超得以在西学的关照下更好地理解墨学的内容及其在思想史上的意义。

据日本学者末冈宏的研究,梁启超的《子墨子学说》在叙述框架及部分内容的阐述上明显受到高濑武次郎《杨墨哲学》之《墨子哲学》的影响③。高氏《墨子哲学》的大部分是《墨子》的意译和抄意,自己撰写者仅第一章、第二章的第一节、第四节、第九章、附录及其它极少的一些内容。大致而言,《子墨子学说》的第一章、第三章采用了《墨子哲学》所设定的框架和部分内容,并加以自身的见解。而在《子墨子学说》与《墨子哲学》内容相同的部分中,作为论证依据都引用了《墨子》《尚书》《孟子》等古籍,而且引用的部分几乎完全相同,特别是《墨子兼爱说之梗概》中所引《墨子》原文,梁启

---

① 自20世纪初开始,梁氏即多次强调中西比较研究的重要性并付诸于学术实践。他说:"凡天下事,必比较然后见其真。无比较则非惟不能知己之所短,并不能知己之所长。"(《论中国学术思想变迁之大势》,第2页)20年代于《墨经通解序》中说,《墨经》"二千年来沟犹瞀儒之脑识诠之,始终不可索解","时或引申触类,借材于域外之学以相发,亦可有意外创获"(见《墨子学案》,《饮冰室合集》,专集之三十九,第85页)。

② 《子墨子学说》第一章第一节案语云:"本节之编排间采日人高濑武次郎所著《杨墨哲学》,其案语则全出自鄙见。不敢掠美,特著一言。"(见《饮冰室合集》,专集之三十七,第4页)

③ 末冈宏《梁启超与日本的中国哲学研究》,载(日)狭间直树编《梁启超·明治日本·西方:日本京都大学人文科学研究所共同研究报告》,第156—171页。本段相关论述,除注明外,均出此文。

超并没有使用当时最好的参考书,即孙诒让赠与梁氏的《墨子间诂》①。对于国学修养明显高于高氏的梁启超而言,独自引经据典并非难事,但他却模仿《墨子哲学》的形式并直接部分转引前者书中的内容来撰写《子墨子学说》,这一现象表明,梁启超撰写《子墨子学说》,其目的并非简单诠释墨子学说,而另有他想,即借诠释墨家思想来阐述自己对于现实问题的看法,学术追求明显逊于现实的思想宣传需要。如果比较二书主要观点上的差异,则此意图表现尤为明显。比如,高濑武次郎对墨家的兼爱说持否定意见,而梁启超则把墨家的兼爱说作为利他主义给予了充分的肯定;高氏否定进化论及以进化论为基础的加藤弘之的利己主义,而梁启超则处处以进化论为依据对加藤弘之的利己主义加以肯定。

由此可见,《子墨子学说》虽然借鉴了《墨子哲学》的叙述框架和部分内容,但更具有自身的现实取向和独特评价。梁启超认为,墨子所生活的时代是一个"文胜之极敝"、"社会不统一"、"内竞最烈"、"宗教与哲学冲突"的时代,与今日中国极为相似,而墨家的利他主义和实行主义正是拯世救弊的良方。在他看来,前者可克服中国人利己主义泛滥的流弊,"今举中国皆杨也。有儒其言而杨其行者,有杨其言而杨其行者,甚有墨其言而杨其行者,亦有不知儒、不知杨、不知墨而杨其行于无意识之间者。呜呼!杨学遂亡中国!杨学遂亡中国!今欲救之,厥惟墨学"。关于后者,墨家"枯槁不舍、日夜不休","摩顶放踵以利天下"的实行精神远非儒、佛所能比,"呜呼!千古之大实行家,孰有如墨子者耶?孰有如墨子者耶"②?很显然,梁氏撰写《子墨子学说》的目的在于塑造中国人的公德心,培养"新民","苟有新民,何患无新制度、新国家"③!他所

---

① 《墨子哲学》及《子墨子学说》所引《墨子》原文,均为毕校《墨子》,而非初版于1893年的《墨子间诂》。梁启超在1921年出版的《墨经校释》则全面采用了《墨子间诂》。

② 梁启超《子墨子学说》,《饮冰室合集》专集之三十七,第1—4页。

③ 梁启超《新民说》,《饮冰室合集》专集之四,第4页。

"学"、"术"之间:梁启超的墨学观及其思想主张的演变

谓的"新民",就是要人们能认识正确的群己关系,并养成公德心、国家思想、冒险进取、自由、进步、权利等现代国民的精神。这与梁氏大力宣传的新民说有一脉相承的关系,并成为他评述墨家思想的出发点。

梁启超《新民说》的主要目的在于强调中国人具有现代国民所需要的条件,成为"新民",这是中国于国家民族竞争之世立于不败之地的良方。如其所言:"国也者,积民而成。国之有民,犹身之有四肢、五脏、筋脉、血轮也。未有四肢已断、五脏已废、筋脉已伤、血轮已固而身犹能存者。则亦未有其民愚陋怯涣散混浊而国犹能立者。故欲其身之长生久视,则摄生之术不可不明,欲其国之安富尊荣,则新民之道不可不讲。"①

梁氏对新民的重视,自与日本思想的影响有密切关系②,但其论述的着眼点则在中国的国民性尤其是民德的改造上。梁启超认为,无论群体,还是国家,都要求他的成员公德、私德兼而有之。所谓私德,"人人独善其身者";所谓公德,"人人相善其群者","人群之所以为群,国家之所以为国,赖此德焉以成立者"。中国虽然私德发达,但公德不显,故中国人最缺公德心③。而解决之道,即求诸墨家思想,其撰《子墨子学说》,即本此宗旨。

此时梁启超看重的是墨家"损己而益所为"及"摩顶放踵"、"赴

---

① 梁启超《新民说》,《饮冰室合集》专集之四,第1页。

② 梁氏所接触的日本思想家如加藤弘之、福泽谕吉、中村正直都持有类似的观念:国与国的竞争是国民的竞争;西方的进步在于他们的国民都具有特殊的品格等。参阅黄克武《一个被放弃的选择:梁启超调适思想之研究》(新星出版社2006年版,第51页),郑匡民《梁启超启蒙思想的东学背景》(上海书店出版社2003年版,第119页)。

③ 梁启超《新民说》,《饮冰室合集》专集之四,第12—16页。梁启超认为,私德公德均为群体进步、国家富强之所需,缺一不可,"无私德则不能立,合无量数卑微虚伪残忍愚懦之人,无以为国也;无公德则不能团,虽有无量数束身自好廉谨良愿之人,仍无以为国也"。此种看法,表达了其平衡个体与群体的趋向,但在推崇国家主义的20世纪初年,其所重者,显然在后者。

汤蹈火"的自我牺牲精神,他说:"欲救今日之中国,舍墨学之忍痛苦则何以哉?舍墨学之轻生死则何以哉?"①可见其墨学研究所具有的鲜明时代特征和强烈的救世精神。应指出的是,希望发挥墨子兼爱的精神来拯救国人自私倾向的观点,在20世纪初的知识分子中极为普遍。严复在翻译孟德斯鸠《法意》一书有关斯多噶派"其所皇皇者,以拯救社会为唯一天职已耳"一段时,有如下的案语:"吾译此章,不觉心怦怦然,汗浃背下沾衣也。……夫天下当腐败否塞,穷极无可复之之时,非得多数人焉,如吾墨,如彼斯多噶者之用心,则熙熙攘攘者,夫孰从而救之。"②觉佛于《墨翟之学说》也强调:"发明社会学,养成一种侠义敢死,摩顶放踵以利同胞之精神之热力者谁乎?亦墨子也。处民气奄奄,屈伏于专制政体之下,驯如犬羊,毫无反抗力,则不可无墨子;处乐利主义深中于多数人之脑筋,利己心重,公德渐消磨,则亦不可无墨子。"③

前引材料中"举中国皆杨"一语,主要是指国人"知有小己而不知有国群"之弊,亦即缺乏公德心,也缺乏国家思想。梁启超认为,墨子以兼爱为中心的"利他主义",可以帮助国人医治自私自利的毛病,了解正确的群己关系。然而利己乃人之本性,与利他天然相冲突,如何调和二者,将利己与利他合二为一?梁启超认为,墨子主要通过两个观点解释之:一是"利人即所以利己",一是"天志"之所愿。

他很同意墨子所说"利人即所以利己"("兼相爱交相利")的说法,认为墨子之所以放言"利"字,其目的固在利人,而所以达此目的之手段,则又以个人利己之心为基础:"利己者人类之普通性也,骤语以社会全体之利,则以为不亲切而膜视之,故墨子复利用此普

---

① 梁启超《子墨子学说》,《饮冰室合集》专集之三十七,第48页。
② 孟德斯鸠著,严复译《法意》卷二十四,台北商务印书馆1965年版,第11页。
③ 觉佛《墨翟之学说》,原载《觉民》第7期,见《辛亥革命前十年时论选集》第一卷下册,生活·读书·新知三联书店1960年版,第865—866页。

"学"、"术"之间:梁启超的墨学观及其思想主张的演变

通性,而极明利人即利己之义。……盖墨子以实利主义为兼爱主义之后援,其意谓不兼爱者则直接以利己,兼爱者则间接以利己,而直接之利,不如间接之利尤广而完而固也。"①换言之,墨子虽然强调兼爱和利他,但并不否定个人的利益和价值,在个体与群体的关系上,二者兼顾,故梁启超说"墨学者,实圆满之实利主义也"②。

同时,为强化人的利他之心,墨子又以天志说为之立论。梁启超认为,墨子之所以言天志,乃以之为兼爱说之前提。所谓天志,即爱人利己:"天犹父,人犹子。父有十子,爱之若一,利之若一。……十子各各相爱相利,则为父之所欲。否则父之所不欲。……子如父之所欲者,则父亦将如子之所欲,而因以得幸福。反是则祸及之。"③

总之,墨子兼爱主义一如西哲苏格拉底和康德,将利他的道德和利己的实利主义紧密结合在一起,"道德与幸福相调和"乃墨学之特色。所谓"道德",即兼爱主义,所谓幸福,即实利主义。因此,天志、兼爱主义、实利主义为墨学之总纲,而宗教思想又为二者之总纲。墨子以天志导人向善的学说虽不如儒家道德观圆满,但更具实践价值,故"墨子之说,可谓不圆满中之圆满者","孔子学说,亦有圆满中之不圆满者存也"④。很显然,梁启超是从实施效果的角度肯定墨家兼爱学说,认为其在激发国人公德心、国家意识上较儒家更具效应。对于传统儒家从"正其谊不谋其利,明其道不计其功"的角度批评墨家功利的作法,梁启超并不认同,他认为儒家强调道德,墨家强调功利可以互补,但传统儒家的"道德说"只适合君子,却无法影响"中人以下",他说:"众生自无始以来,结习既深,而天行之酷,又常迫之使不得不孳孳谋其私,于此而徒以责任道德之大义律之使行,其不掉头以去者殆希矣。孔教之不能逮下皆坐

---

① 梁启超《子墨子学说》,《饮冰室合集》专集之三十七,第24—25页。
② 梁启超《子墨子学说》,《饮冰室合集》专集之三十七,第19页。
③ 梁启超《子墨子学说》,《饮冰室合集》专集之三十七,第10页。
④ 梁启超《子墨子学说》,《饮冰室合集》专集之三十七,第8—10页。

是。"但是中国舍孔教外无他宗教,而孔教之高尚而不普及也又若此,"此实中国德育堕落之一重要原因哉"①!

职是之故,梁启超虽然认为,"墨子之言天,纯取降祥降殃之义,是宗教家言之本色","原本于绝对的迷信",从学理上讲并非高明,而且,墨家所言报施,"而其报施之范围太狭",导致后来走向衰败,但其以鬼神说导人向善的效果,实为改良社会之一"方便法门"。所以评价其鬼神说,不应从学理而应从实际作用上去探讨②。这里实际涉及梁启超对墨家学说评价上的一个重要特点,学理评价和实践效果间的背离和矛盾,即一方面频繁从理论上指出墨子的不足③,并认为理论上佛教、儒家更高明,但又从实践效果上肯定墨家的学说,因而源于佛教的权、实并用、更具灵活性和适用性的"法门"一词频频出现在对墨家学说的评语中,如认为墨家鬼神说是"检束人心,改良社会之一法门耳","兼爱为维持社会不二法门"等等④。可见,在梁启超看来,为了塑造现代国家所需之新民,应立志于采用当时环境中最适合、最有效的手段。故应将儒、墨、佛三者融合为一,对君子用实法,对小人用权法,以改善全社会的道德状况:"使孔子而如佛之权实并用也(自注:佛大乘法,不厌生死,不爱涅槃,此其目的也,实法也;小乘法专言生死之可怖,涅槃之可歆,此其手段也,权法也),兼取墨子祥不祥之义而调

---

① 梁启超《子墨子学说》,《饮冰室合集》专集之三十七,第27页。
② 梁启超《子墨子学说》,《饮冰室合集》专集之三十七,第8—10页。
③ 如关于墨家宗教观念,梁启超认为,缺乏高级宗教均有的灵魂说是其后世不显的主要原因,而佛教之"涅槃轮回"说、基督教之"末日审判"说、孔教之"善恶报应"说,均比墨家宗教观念高明(《子墨子学说》第18页)。关于墨家实利主义,梁启超认为墨家之"利"过于狭窄,只谈有形的物质而不及无形的精神层面,未免片面,故对其"非乐"主张不以为然(《子墨子学说》第19、24页)。如关于兼爱主义,梁氏认为这种极端的无差别的爱,"所谓爱人身若其身,爱人家若其家,爱人国若其国者",过于忽略个体利益,仅为一至善之理论,而断不可行之于实际(《子墨子学说》第34页)。
④ 梁启超《子墨子学说》,《饮冰室合集》专集之三十七,第11、32页。

和之,则吾二千年来社会之现象,其或有以异于今日乎!"①

在梁氏眼中,以此标准衡量,墨家学说虽然在理论上有种种缺陷,但更具实践效果。明白此点,我们才有可能更好地理解梁启超在20世纪初和20年代对墨家学说评价上的前后不一致。前一阶段乃偏重实践效果,而后一阶段却偏重于学理。20世纪初年,梁启超最醉心于墨家者,实由兼爱、明鬼观念而产生的"轻生死"、"忍苦痛"的献身精神,他认为"欲救今日之中国,舍墨学之忍苦痛则何以哉,舍墨学之轻生死则何以哉"。换言之,出于塑造新民的考量,梁启超认为传统儒家"杀身成仁"、"舍身(生)取义"具有实践上的局限性,"非学道有得者,不能切实体认,其平时养成之既甚难,其临事应用之抑亦不易,以故往往不能逮下"②,故须仰赖墨家的宗教观念,才能让国人具有超越生死的勇气,在关键时刻敢于为国捐躯③。

梁启超对墨家利他主义大加称许以培育国民公德心之外,对墨家的非命说亦赞许有加,认为此点是儒、墨分歧的要点之一,"亦救时最适之良药也"。为说明此点,他从进化论的角度援引西方天演学说和佛教因果说论证墨家非命说有利于摆脱国人顺天安命、无所作为的陋习,激发积极奋进的斗志。关于后者,梁启超认为佛教的因果说是"有力而无命",即人类之力可以左右命:"一社会今日之果,即食前此所造之因,一个人前此之因,亦即为今日所受之果。吾人今者受兹恶果,当知其受之于么匿(即本人)之恶因者若干焉,受之于拓都(即社会)之恶因者若干焉。吾人后此欲食善果,则一面须为么匿造善因,一面须为拓都造善因。"④

---

① 梁启超《子墨子学说》,《饮冰室合集》专集之三十七,第27页。
② 梁启超《子墨子学说》,《饮冰室合集》专集之三十七,第48、44页。
③ 梁启超在《子墨子学说》第五章之末举例对比了中日海军战败后的不同表现(日本军人在日俄战争中宁愿自杀也不愿投降,体现了武士道精神;而丁汝昌在甲午海战中战败投降)后感叹中国缺乏墨家"轻生死"、"忍苦痛"的献身精神。《饮冰室合集》专集之三十七,第47—48页。
④ 梁启超《子墨子学说》,《饮冰室合集》专集之三十七,第17页。

这一说法将梁启超思想中群体盛衰取决于个体努力的看法,以及人类历史演变的决定因素等重要的问题,与本体论结合在一起,从而在推进国民公德心及国家思想方面更具说服力。可见,在20世纪初年梁启超诸多政治主张背后,传统思想如墨学、佛学乃至儒学均为重要的来源。比如以佛教促群治就是这一时期梁启超重要的观点①。

　　关于前者,他说,所谓"优胜劣汰"、"适者生存",看上去似乎是自然的、命定的范畴,只适用于自然界,但对人类世界这样的"灵觉界"而言,"若何而自勉为优者适者,以求免于劣败淘汰之数,此则纯在力之范畴",即取决于个体努力与奋斗的程度,与命无多大关系。所以,"一人在本团体中或适或不适;一团体在世界中或适或不适,皆若此而已。故明乎天演公例者,必不肯弃自力于不用而惟命是从也"。他称赞墨子"非命"说能冲破传统专制政体对国人的束缚,"真千古之雄识哉",因为专制政体宣扬天命说,故使国民彷徨迷惑,有力而不能以自用,然后信风水,信鬼神,信气运,信术数。但一旦以力破坏此制度,则皮不存而毛焉附矣。其他如丧乱也,偏灾也,瘟疫也,皆咸委诸命而无异词者也。"岂知立宪政体定,则丧乱何从生;交通事业盛,则偏灾何从起;卫生预防密,则瘟疫何从行。故以今日文明国国民视之,则如中国所谓有命之种种证据,已迎刃而解。"②

　　很显然,梁启超对"非命"说的赞许,并非单纯要激发国人奋起为国,对外以改变晚清以来中国落后挨打的局面;还有对内以改变传统专制政体的启蒙理念考虑。此点在他有关墨家国家起源说及

---

　　① 梁氏于《论佛教与群治之关系》中明确表示,要培养野蛮时代中国人之群治心,必靠信仰,而信仰必根植于宗教,"吾以畴昔无信仰之国而欲求一新信仰,则亦求之于最高尚者而已。……吾师友多治佛学,吾请言佛学"。见《饮冰室合集》文集之十,第45页。

　　② 梁启超《子墨子学说》,《饮冰室合集》专集之三十七,第12、17、15、16页。

开明专制论的阐述中均有所体现。梁启超曾援引《墨子·尚同》篇中"古者民始生未有刑政之时,盖其语人异议,是以一人则一义,二人则二义,十人则十义,其人滋众,其所谓义者亦众,是以人是其义以非人之义,故交相非也。……夫明乎天下之所以乱者,生于无政长,是故选择天下贤良圣知辨惠之人,立为天子,从事乎一同天下之义"一段话来论证国家自然起源说,并以之与欧洲近代霍布斯和洛克的国家起源论互相印证,以抨击君权神授,提倡民主自由。20世纪初年,梁启超游美归来后,鉴于国人素质太差,政治主张由共和而立宪,并一度倡导"开明专制论"[①],他说:"凡专制者,以专制之主体的利益为标准,谓之野蛮专制;以所专制之客体利益为标准,谓之开明专制。""开明专制之制度,中外诸国皆有行之者。"他一方面列举西方麦加比里、波丹、霍布斯、洛克等人的"开明专制"论,一方面指出"儒墨法三家,皆有主张开明专制主义,而三家中,儒墨皆以人民之利益为标准,法家则以国家之利益为标准"。并一再认为"墨子'尚同'一义实专制之极轨,而以'兼爱'、'尚贤'调剂之,故墨子亦注重人民利益之开明专制家也"[②]。

综上所述,梁启超虽指陈墨家学说的种种理论缺陷,但却对其在塑造新民中的推动作用如公德心、国家思想、"轻生死"、"忍苦痛"的献身精神等方面推崇有加,亦成为梁启超求诸传统以创造现代国民的重要内容。政治追求明显高于纯粹的学术研究实为其撰写《子墨子学说》的显著特色。

---

① 大致而言,梁启超开明专制论,与1903年游美的经历及对国人素质过低的认知密切相关。游美所亲眼目睹共和制度的弊端,使其"深叹共和政体实不如君主立宪者流弊少而运用灵也"。即便如此,立宪政体亦非中国能轻易仿效,原因无它,在于中国人具有的四大缺点:"一曰有族民资格而无市民资格;二曰有村落思想而无国家思想;三曰只能受专制不能享自由;四曰无高尚之目的。"(见《新大陆游记节录》,载《饮冰室合集》专集之二十二,第65、121—124页)其撰《子墨子学说》,倡开明专制说,与此认识不无关系。

② 梁启超《开明专制论》,《饮冰室合集》文集之十七,第20—24页。

二 东方文化视野下的墨学观

自1904年的《子墨子学说》(附《墨子之论理学》)后,梁启超再次撰写墨学方面的著作是在近二十年后,即《墨子学案》《墨经校释》和《先秦政治思想史》中有关墨学的部分,大致代表其晚年治墨的成就。其间,梁氏先是参与了与反满革命派的思想论战,辛亥革命后回国参与政治活动,1917年息影政坛。一战结束初期游历欧洲,中西文化观发生巨大变化,倡导东方文化并潜心学术研究。故其在20世纪20年代从事墨学研究时,无论自身思想,还是所处环境,均与早年不可同日而语,这也直接影响到他对墨家思想评价上的变化及治墨路径的转变。正如其在《墨子学案》自序中所言:"今兹所讲,与少作全异其内容矣。"①"全异其内容",未免夸大,但其墨学观前后有别乃实情,乃至有学者称其有从崇墨到反墨的转变②。而更多学人则更关注梁启超墨学观的前后差异及原因。此处主要探讨梁启超对墨学评价上的变法及与其政治主张间的密切关联。

应先指出的是,梁启超晚年,尤其是在《先秦政治思想史》中对墨家不乏尖锐批评,但多针对其具体内容,如宗教观念、极端兼爱主义、重物质轻精神的"非乐"主张等,而对墨家献身精神及逻辑学思想一直赞许有加,也肯定墨子非命的主张。更重要的是,晚年的梁启超一直把墨学与儒、道并称,其《欧游心影录》共称"孔老墨"三位大圣,一并视为中国文化的主要象征。1922年在《评胡适之〈中国哲学史大纲〉》时还说,"我和胡先生都是极崇拜墨子的人"③。

---

① 梁启超《墨子学案》,载《饮冰室合集》专集之三十九,第2页。
② 蔡尚思《梁启超在政治、学术上和思想上的不同地位》,载《学术月刊》1961年第6期。
③ 梁启超《评胡适之〈中国哲学史大纲〉》,载《饮冰室合集》文集之三十八,第67页。

"学"、"术"之间:梁启超的墨学观及其思想主张的演变

1923年又在《国学入门书要目及其读法》中列举《墨子》时说,"孔墨在先秦时,两圣并称,故此书非读不可,除备城门以下各篇外,余篇皆宜精读"①。可见,就总体而言,梁启超墨学观并不存在从崇墨到反墨的转变②。

一个少为人所注意的问题是,梁启超对墨家思想的批评,明显集中在《先秦政治思想史》中,其尖锐程度不但与《子墨子学说》形成鲜明对比,即便是较之此前出版的《墨子学案》,有些看法上亦差别甚大③。故此处论述其墨学观的变化,不仅仅以早年的《子墨子学说》与《墨子学案》相对照,还与《先秦政治思想史》进行比较,分析从1904年的《子墨子学说》到1921年的《墨子学案》,再到1923年的《先秦政治思想史》这两个时间段中梁氏有关墨学重要评价的曲折变化并探究其中原因。

(一)关于墨家"兼爱"

《墨子学案》著于1921年。是年梁氏应清华研究院之请,以《国学小史》为题进行演讲,后将其中有关墨家部分整理,以《墨子学案》之名刊行。是著之叙述框架及理论体系,与《子墨子学说》差别较大,其中关于墨家根本观念,由此前的"天志纲领说"变为"兼爱中心说",即认为"兼爱"乃墨家的中心观念,其非攻、节葬等十项主张均源于"兼爱":由兼爱而讲交利;由兼爱交利而讲非攻;出于

---

① 梁启超《国学入门书要目及其读法》,载《饮冰室合集》专集之七十一,第3页。

② 对此,罗检秋有相当详细的辨析,参阅氏著《近代诸子学与文化思潮》,中国社会科学出版社1998年版,第129—133页。

③ 方授楚较早注意到这一问题,他说:"梁氏为人,有才学而无特识,故主张屡变而无一贯宗旨。距《墨经校释》印行后一年,梁氏发布《先秦政治思想史》,一名《中国圣哲之人生观及其政治哲学》,言及墨家者几及四分之一,而对于墨子之态度则大变矣。"并举例比较了《墨子学案》与《先秦政治思想史》有关墨学评价上的反差,然于其原因并未深究,仅谈及受到胡适和梁漱溟的不同影响。见氏著《墨学源流》上卷,商务印书馆1932年版,第220—223页。

兼爱天下百姓的目的而讲节用、节葬、非乐；天志以限制少数人挥霍浪费；明鬼说是推行兼爱的手段；墨家恐不利于兼爱推行故讲非命。并说墨家兼爱常常"兼相爱交相利"连用，"兼相爱是托尔斯泰的利他主义，交相利是科尔璞特金（克鲁泡特金）的互助主义"①。在《子墨子学说》中，梁启超说墨家极端的兼爱主义虽然如柏拉图理想中之共产主义社会和佛教涅槃境界一样实行起来非常难，但认为：一、墨家兼爱，最重要的是当行不当行，而非能行不能行的问题；二、墨家为解决实行问题，援引两大理论作为后援，即"利他所以利己"和"天志之所愿"。可见，此时的梁启超出于培养国民公德心及国家主义思想的考虑，对墨家兼爱基本上持肯定态度，也反映了他于群己关系看重群体一面。在《墨子学案》中，梁氏亦强调墨家兼爱社会实行非难，并举十月革命后的俄国为例来证明："现在俄国劳农政府治下的人民，的确是实行墨子'兼以易别'的理想之一部分。他们是否是出于道德的动机，姑且不论。已足以证明墨子的学说，并非'善而不可用'了。"②

然而到《先秦政治思想史》中，梁启超则转而批评墨家这种极端利他主义会导致过于重视群体而抹煞个人之弊，他认为，"墨家思想之俊伟而深挚，吾侪诚无间然"。但对于个人生活方面，所谓"其道大觳，天下不堪"。要而论之，墨家只承认社会，不承认个人，个人惟以"组成社会一分子"之资格而存在耳，离却社会，则其存在更无意义。墨家此义，不能不谓含有一部分真理，然太趋极端，诚有如庄子所谓"为之太过已之太顺"者，结果能令个人全为社会所吞没，个性消尽，千人万人同铸一型，实非社会之福③。

梁启超进而认为，这种重群体而轻个体的倾向发展到政治制度领域，极易流为专制。墨子之国家起源论，与欧洲初期的民约

---

① 梁启超《墨子学案》，载《饮冰室合集》文集之三十九，第8页。
② 梁启超《墨子学案》，载《饮冰室合集》文集之三十九，第11页。
③ 梁启超《先秦政治思想史》，载《饮冰室合集》文集之五十，第130—131页。

论,尤其是霍布斯的观点极为相似。"霍氏既发明民约原理,却以为既成国以后,人人便将固有之自由权抛却,全听君主指挥。……墨家却纯属霍氏一流论调,而意态之横厉又过之。彼盖主张绝对的干涉政治,非惟不许人民行动言论之自由,乃并其意念之自由而干涉之。夫至人人皆以上之所是非为是非,则人类之个性,虽有存焉者寡矣。"①

可见,此时梁启超所强调者,是个体利益及个人自由的重要性。细究其因,自与其游欧后自国家主义到世界主义的思想转变(此点在《欧游心影录》中表达得尤为明显)及五四时期个性解放运动的影响有关,国家民族间的竞争意识趋于淡化,转而偏重群己关系中个体的一面。他在《先秦政治思想史》的结论部分就特别强调了这一点。依他的看法,个人与社会之间,应以个人为中心,方可达致"仁的社会":"宇宙进化之轨则,全由各个人常出其活的心力,改造其所欲至之环境,然后生活于自己所造的环境之下,儒家所谓'欲立立人,欲达达人'、'能尽其性则能尽人之性',全属此旨,此为合理的生活,毫无所疑。"而墨法两家"主张以机械的整齐个人使同冶一炉、同铸一型,结果至个性尽被社会性吞灭,此吾侪所断不能赞同者也"②。

更进一步,梁氏对孟子斥墨之言由此前的不以为然变为某种程度的赞同。《墨子学案》说:"孟子以距杨墨为职志……他说兼爱便是无父,因此兼爱便成了禽兽。这种论理学,不知从哪里得来?"而《先秦政治思想史》中则云:"今欲质墨子者……假令爱利有实际不能兼施之时。例如凶岁,二老饥欲死,其一吾父,其一人之父也。墨子得饭一钵,不能'兼'救二老之死,以奉其父耶?以奉人之父耶?吾意'为亲度'之墨子,亦必先奉其父矣。信如是也,则墨子亦'别士'也。如其不然,而曰吾父与人父等爱耳,无所择,则吾以为,

---

① 梁启超《先秦政治思想史》,载《饮冰室合集》文集之五十,第128页。
② 梁启超《先秦政治思想史》,载《饮冰室合集》文集之五十,第184页。

孟子'兼爱无父'之断案不为虐矣。"①

以此为出发点,梁启超批评苏俄政府太重群体与平等的理想,而忽略个人自由:"墨子的新社会,可谓之平等而不自由的社会,揣想起来,和现在俄国的劳农政府,很有点相同,劳农政府治下的人民,平等算平等极了,不自由也不自由极了。章太炎很不佩服墨子,他说,墨学若行,一定闹到教会专制,杀人流血,这话虽然太过,但墨子主张'上之所是,必皆是之,上之所非必皆非之',却不免干涉思想自由太过,不如孔子讲的'道并行而不相悖'了!"②

应指出的是,20世纪初,把源于西方的社会主义学说与墨家思想相比拟乃知识界的普遍作法,包括孙中山、梁启超、吴虞、蔡和森等人都曾作如是比附。如把墨子的"赖其力则生",比作社会主义的"人人劳动";把"有余力以相劳,有余财以相分"比作"财产公有";把"兼"以易"别"比作"消灭阶级差别",等等。故在社会主义传入中国过程中,墨家思想实为重要的传统媒介(另一为大同学说)③。然而梁启超在20年代的墨学著作中,对墨家学说及马克思主义、社会主义的批评直接与此一时期参与的社会主义论战密切相关,至少某种程度上表达了他对于中国该不该实行社会主义的看法。

(二)关于墨家实利主义及经济学说

对于墨家"非乐"主张,梁启超延续了《子墨子学说》中的批评并加以引申发挥。他说墨子学说最大的缺点,"莫如'非乐',他总觉得娱乐是废时失事,却不晓得娱乐和休息,可以增加'物作的能率'。若使墨子办工厂,那'八点钟制度'他定然反对的,若使墨子办学堂,一定每天上课十二点钟,连新年也不放假,但这种办法对

---

① 梁启超《墨子学案》,第78页;《先秦政治思想史》第117页,载《饮冰室合集》之三十九。
② 梁启超《墨子学案》,载《饮冰室合集》文集之三十九,第30页。
③ 刘桂生《晚清"墨学复兴"与社会主义学说传入中国》,载《教学与研究》1986年第4期。

不对,真可以不烦言而决了"。他更将墨家经济思想与马克思主义及俄国劳农政府相比拟,如墨家主张节葬、节用,认为少数人的奢侈会侵害大多数人的利益,梁氏评论说:"近代马克思一派,说资本家的享用,都是掠夺而来,这种立论根据,和二千年前的墨子正同。"又说:"现在俄国劳农政府治下的经济组织,很有几分实行墨子的理想。"他批评这种只重物质不重精神的弊端时说:"彼似只见人生之一面而不见其它一面,故立意不免矛盾。"在另一段话里,他的批评及针对性更为明确:"墨子是个小基督,从别方面说,墨子又是个大马克思。马克思的共产主义,是在'唯物观'的基础上建设出来。墨子的'唯物观',比马克思还要极端。他讲的有用无用有利无利,专拿眼前现实生活做标准,拿人类生存必要之最低限度做标准,所以常常生出流弊。"①

显然,这一类批评与他对物质与精神生活并重的看法是一致的。在《先秦政治思想史》之"结论"部分,他着重讨论的问题,除上述"个性与社会性之调和问题"外,就是"精神生活与物质生活之调和问题":"吾侪确信'人之所以异于禽兽者'在其有精神生活。但吾侪又确信人类精神生活不能离却物质生活而独自存在。吾侪又确信人类之物质生活,应以不妨害精神生活之发展为限度。"②而这一认识的形成,自与其一战后游欧所感受的欧洲物质主义文化破产有关。他觉得欧战后西方文化的危机与"纯物质、纯机械的人生观"有密切的关系,因此特别突显精神生活与物质生活之调和的重要性,大力倡导发扬光大东方式的人生观,与西方文化相调和,以拯救全世界。在他看来,先秦的学术和西方近代的实用哲学、创化哲学一样,都注重心物调和。而且,孔、老、墨三家学派的共同归着点是"求理想与实用一致","我们若是跟着三圣所走的路,求'现代的理想和实用一致',我们不知有多少境界可以辟得出来嘿"!他大声疾呼"要人人存一个尊重本国文化的诚意","用那西洋人研

---

① 梁启超《墨子学案》,载《饮冰室合集》文集之三十九,第 18、20 页。
② 梁启超《先秦政治思想史》,载《饮冰室合集》文集之五十,第 182 页。

究学问的方法去研究他",从而组成一个"新文化系统","叫全人类都得着他的好处"①。《先秦政治思想史》又名《中国圣哲之人生观及其政治哲学》,原本就是要挖掘和张扬优于西方近代物质文明的人生哲学及政治哲学②。1923年,梁启超加入当时盛嚣一时的"科学与人生观"论战时,其基本主张早已成形。

(三)对墨家宗教观念的批评

在《子墨子学说》中,梁启超认为宗教观念乃墨家思想之宗纲,其虽然不如佛教、基督教高明,但肯定其在引导中下之人向善方面极具功效。到20年代,梁氏依旧以宗教家视墨子,在概论先秦诸子之别时,称之为"新天治主义"③。然对其宗教观念持批判立场。大致而言,梁启超认为墨子讲天志,作为兼爱主义的后援,但效果很"微弱",原因有四:"第一层,墨子证明天志一定是兼爱。他的论据就是'天兼有兼食'。何以能证明天是'兼有兼食'呢?毕竟拿不出证据来。……第二层,'疾病祸福'是否由天作主。若如近世科学昌明后,找出非由天作主的证据,墨子立论的基础,便完全破坏。第三层,墨子不讲良心上的道德责任,专靠祸福来劝惩,是否圆满?……第四层,墨子的天志,和基督教很相像,但有一点大不同处。基督教说灵魂,说他界,墨子一概不说。……墨子提倡苦行,和基督教及印度各派之教相同,但他们都说有灵魂,所以在极苦之中,却别有个安慰快乐的所在。"

梁启超的结论是,"墨子本是一位精于论理学的人,讲到'天志',却罅漏百出。所论证多半陷于'循环论理'。我想都是因'天志论'自身本难成立。墨子要勉强把来应用,未必不是他失败的一

---

① 梁启超《欧游心影录》,《饮冰室合集》专集之二十三,第36—37页。
② 梁启超认为先秦诸子政治思想有三大特色:世界主义、平民主义或民本主义、社会主义。多为20年代初中国知识界讨论较多的话题,可见梁氏此时评述墨家思想时的现实取向。见《先秦政治思想史》,第1页。
③ 梁启超著,夏晓虹编《〈饮冰室合集〉集外文》,北京大学出版社2007年版,中册,第925页。

原因呢。"他更称墨家"明鬼说"是徒然奖励"非理智的迷信"。①

从上引对墨家宗教观念的批评看,梁启超立论,明显受西方近代科学观念的影响,故将墨家"天志"贬为"迷信"。这也从一个侧面表明,梁启超虽属于"科学与人生观"论战中的玄学一派,但如张东荪、张东劢等人一样,所反对者乃绝对的科学至上主义而非科学本身。另外,此时梁启超对墨家宗教观念的贬低,是与基督教、佛教,尤其是佛教这类"高级"宗教比较的结果。这至少反映了梁启超一直以来推崇佛教,特别是大乘佛教的思想②。

综上所述,梁启超20年代对墨家思想评价上的变化乃其思想变动的反映,包括对欧洲"物质"与"机械"文化的反省及对东方精神文化的推崇,对社会主义不适合当下中国的认知,等等。

三 小结

陈寅恪于20世纪30年代批评当时古学研究中的比附之风时说,今人"依其自身所遭际之时代,所居处之环境,所薰染之学说,以推测古人之意志。由此之故,今日之谈中国古代哲学者,大抵即谈其今日自身之哲学"。并以墨学为例,说"今日之墨学者,任何古书古字,绝无依据,亦可随其一时偶然兴会,而为之改移,几若善博者呼卢成卢,喝雉成雉之比。此近号称整理国故之普通状况,诚可为长叹息者也"③。揆诸梁氏墨学研究,实不出因现实需要而条理墨学、墨学亦成自身思想注脚之巢臼。无论是20世纪初对墨家利他主义的倡导,还是20年代对利他主义的批评,均不出现实的考量。在梁氏的笔下,墨学几如一任人打扮的小姑娘,胖瘦美丑,因

---

① 梁启超《墨子学案》,载《饮冰室合集》文集之三十九,第22—23页。
② 梁启超对佛教的推崇,可参阅其《论佛教与群治之关系》一文,见《饮冰室文集》文集之十。
③ 陈寅恪《冯友兰中国哲学史上册审查报告》,《陈寅恪史学论文选集》,上海古籍出版社1992年版,第507—508页。

时而异,而其本相,反在其次。墨学研究如此,其他研究亦然。维新运动时期,梁启超出于宣传西方民主共和制度的考量,曾撰《古议院考》一文,从《易经》《周官》《孟子》等古籍中摘录大量材料,以证明议院之设,中国古已有之。严复指为附会,梁启超答复说:"实则启超生平最恶人引中国古事以证西政,谓彼之所在,皆我所有。此实吾国虚骄之积习,初不欲蹈之,然在报中为中等人说法,又往往自不免。"①由此可见,他常常会因现实之需而以古附今或以中附西。

对于这种纠结于政学间的弊端及如何避免,梁启超并非没有意识,或没有做过努力。进入民国后,梁启超曾在《清代学术概论》中批评晚清盛行的比附中西和以古附今的学风,既针对时人,也是自我反省②。

1922年,梁启超又表示:"吾侪既以治史为业,宜常保持极冷静的头脑,专务忠实介绍古代思想之真相,而不以丝毫自己之好恶夹杂其间,批评愈少愈妙,必不得已而用,亦仅采引申说明的态度……尤不容以名实不相副之解释,致读者起幻弊……吾少作犯此屡矣,今虽力自振拔,而结习殊不易尽。"③由此可见梁启超强烈的自我反省意识。然而,意识到问题存在是一回事,能不能解决问题又是另一回事。至少从梁启超的墨学研究看,可以说,终其一生,并没能走出历史与现实、学术与政治的纠结。

(作者单位:暨南大学文学院)

---

① 梁启超《梁启超选集》,第 40 页,转引自陶飞亚、刘天路《晚清"西学源于中学"说》,《历史研究》1987 年第 4 期。
② 梁启超《清代学术概论》,东方出版社 1996 年版,第 79—80 页。
③ 梁启超《先秦政治思想史·序论》,《饮冰室合集》专集之五十,第 12—13 页。

老子哲学的生存论特征及与儒家的分判

罗传芳

一

按照雅斯贝尔斯提出的轴心时代的观点,大约在公元前5世纪前后,世界几大文明地区(如古希腊、希伯来、印度、中国等)都出现了理性的觉醒和哲学的突破,出现了各自的伟大精神导师(如中国的孔子和老子),提出了他们对所处生存境遇和生活意义的根本看法,从而形成了不同的文化形态和传统;或理性或道德或宗教,一直影响后世,为后人不断回溯和仰望①。

雅氏所说的这个时间段,正是中国的春秋战国时期。其时,周天子号令天下的分封制解体,各地诸侯、卿大夫竞相争霸,历史进入一个血与火的变革时代。在经历了前轴心期漫长的文明积累和社会政治组织的分化重组后,正在形成中的新的命运共同体,迫使人们对未来秩序作出思考,"天下同归而殊途,一致而百虑"(《周易·系辞下》)②,催生出一个百家争鸣的诸子时代。以"诸子"相

---

① (德)卡尔·雅斯贝尔斯《历史的起源与目标》,魏楚雄、俞新天译,华夏出版社1989年版。

② 按:《周易》及后文所引《老子》《庄子》《孟子》《礼记》《老子注》《史记》《老子音义》《老子解》《老子注》《解老》《汉书》《老子河上公章句》《道德真经注》《传习录》等,均为通行本。

称,起源于西汉目录学著作《七略》的《诸子略》;"百家",则谓学派众多。按《史记·论六家要旨》的划分,概括为"六家"(阴阳、儒、墨、名、法、道德),后《汉书·艺文志》又衍为"九流十家"(儒、道、阴阳、法、名、墨、纵横、杂、农、小说等)。今天若以思维类型和对后世的影响而论,当首推儒道两家。

"儒"在古代原指有知识、有文化、能行教化之人,"儒之言,优也,和也;言能安人,能服人"(《礼记·周礼》)。孔子以前有儒而无儒家,儒的知识学问和对事物的看法由孔子系统化、体系化而为儒家,故《汉书·艺文志》解释说:"儒家者流,盖出于司徒之官,助人君顺阴阳,明教诲者也,游于六经之中,留意于仁义之际,祖述尧舜,宪章文武,宗师仲尼,以重其言,于道最为高。"由此看,先秦儒家大概具有这样几个特点:一、辅助君主,承担教化职能,是以知识服务于政治的一个群体;二、推崇仁义道德,以伦理作为学说的立足点;三、以《六经》为经典,以孔子为先师,以尧舜文武等圣王为德政之代表。这些表明,儒家是以上古学术文化及理想政治的表彰者和继承者自居的,这是儒家与当时各家相比自感优越的地方,同时也是它易于招致各家攻讦的原因。如早年"学儒者之业、受孔子之术"(《淮南子·要略》)、后来背弃儒学另立学派的墨家就是这样。儒家推崇礼乐,强调爱有差等,墨子则言兼爱;儒家主张隆礼厚葬,墨子则主张节用、节葬和非乐。又比如法家,也是事事与迂阔难行、"博而寡要,劳而少功"(《史记·论六家要旨》)的儒家相反对:儒家主张仁政德治、躬行教化;法家则主张严刑峻法、以吏为师,因而推恩怀柔和"严而少恩"(同上)就成为两种政治风格(王/霸)的不同代表。

在先秦诸子之中,老子率领的道家走了一条完全不同于礼法的道路。虽然就理论框架和话语系统而言,道家与儒家及各家分享了轴心时代大致相同的思想资源,如它们都使用天地、道德、心性等概念,都有关于宇宙的认识模式,有对世界和人世的看法,但是,老子和道家不像儒家和各家那样主要从现实人伦的具体情境考虑问题,而是"反者道之动"(《老子》第四十章。下引该书只注篇名),回溯到事物的原点和根基,从人在宇宙中的位置、人与万物的关系、甚至宇宙间一切构成要素的终极命运这一宏观超越的视角思考问题;其最重要的思想成果,是揭示了存在于宇宙之中为万物共同遵循的恒常规律——"道",以及万物相生相待、生生变化的统一法则——"自然",即使人作为万物之灵,也不可能超然于这一大化流行和法则之外。可见,这是一种大宇宙观,一种宏观生存论,其运思特点是将人与万物放在一个统一的系统中寻找其共同根据,使人获得对世界的恒定认识和稳定的依存感(终极关怀)。老子说:

> 有物混成,先天地生。寂兮寥兮,独立而不改,周行而不殆,可以为天下母。吾不知其名,强字之曰道,强为之名曰大……故道大,天大,地大,人亦大。域中有四大,而人居其一焉。人法地,地法天,天法道,道法自然。(第二十五章)

揆诸《老子》文本,可以看出老子哲学的这一思维方式至少包含这样几个取向:一、以"域中四大(道、天、地、人)"作为整体考察对象,而不是只关注人之一维,人只"居其一焉";二、"道生万物",即域中万物之间不是割裂和分立的,而是有一个发生的总根源,它们均以"道"作为母本,即使天地也不例外,皆由道派生而来;三、"道法自然",即不仅宇宙万物有共同本原,它们还遵守共同的法则(属性)——"自然"。由此看,老子既是从宇宙本原、本体上探讨万物的存在根据,也是从宇宙整体而不是部分来确立其生存法则,其理论视角是一种大生态观,并表现为极强的抽象性和思辨性。这一特征可以概括为三个特性,即整体性、根源性和合规律性,它们构成了老子哲学的独特面貌和基本品格。这或许正是司马谈对道家不同于其他各家而切中鹄的的一段评论的深刻之处:"道家使人精神专一,动合无形,赡足万物。其为术也,因阴阳之大顺,采儒墨之善,撮名法之要,与时迁移,应物变化,立俗施事,无所不宜,指约而易操,事少而功多。"(《史记·论六家要旨》)

老子哲学的这种抽象思辨特征，使其具有极大的方法论意义：老子将人与外部世界统统纳入一个系统和共同原则（道、自然）下求得解释，从而使系统的各个部分只有在相互依存和相互对待前提下才具有存在意义。这种整体依存的宇宙观与现代人追求人与自然和谐共生的科学的生态及环境理论，具有极大的融通性和理论的一致性。现代生态学说以人与自然（物之自然，不同于老子的"自然"概念）的关系为基本出发点，强调人与自然具有同一性，自然价值与人文价值同等重要，摈弃过度追求物欲、忽视生存环境的人类中心主义，追求社会经济的可持续发展。两千多年前的老子虽不可能有这样迫切自觉的生态理念，但因其理论的宏观超越和根性思考，也有着与现代生态学说协洽一致的旨趣，蕴含了人与自然和谐共生的根本道理。也正是在这一意义上，我们说老子哲学本质上是一种生态哲学、生存论哲学①。

　　在今天人类生存环境日渐恶化、亟需改善生存条件的现实诉求下，老子哲学的生存论意义越来越受到重视，不论是现代生态哲学、生态伦理学，还是环境科学，都极为重视老子或道家哲学的智慧②，甚至有人评论说："从生态主义视角看，老子所阐发的文明是最理想的文明，因为它最符合生态学原理，即是最符合生态规律的文明，从而是最可持续的文明。"③但是笔者也注意到，有些论者在阐述老子思想时，由于对老子的上述理论方法缺乏洞察和深入理解，极易陷入误区，或作片面理解。比如一个突出的现象是将老子思想与现代环保理论直接挂钩，或将老子用于方法论描述的具有哲学意义的"自然"概念与物质之自然混为一谈，或认为老子的前瞻性已预见到几千年后工业文明带来的生态危机④。还有一些论

---

①④　参见拙作《老子生存论哲学辩证发微》，《哲学研究》2005年第2期。
②　《中国传统生态智慧研究》（论文集），《南京林业大学学报》编辑部2015年刊。
③　卢风《老子对生态文明建设的启示》，《南京林业大学学报》2010年第12期。

者,不顾老子哲学的内在联系,取其有用的部分任意附会和解释,曲为己用①。以上种种将老子思想简单化庸俗化的做法,既不利于正确解读老子的思想,也妨碍了我们从传统中汲取真正有价值的资源,结果必然是舍本求末,或大本已失。故在笔者看来,重新清理老子思想的本来意义,是一件刻不容缓的工作,并强调老子思想中真正有益于生态伦理和现代生活的,是他的大生态观(生存哲学)和建构哲学体系的方法,能开出现代性价值的正是这一方法,而不是一些被夸大或过度阐释的现代语言。

二

在道家思想率先受到现代生态理论的推崇之后,近年来儒家有关天人和谐的思想也受到重视,如《易传》的"三才"思想,"赞天之地化育"(《中庸》)的生生之德以及宋儒"仁者以天地万物为一体"的博爱观念②,等等,都成为儒家"天人合一"观念的组成部分。这些思想在今天固然可以作为节制人的贪欲的积极资源,但是在笔者看来,儒家的生态观由于与道家在思维方式和宏观视野上的不同,最终还是具有不一样的理论意义及不同的价值层级,这些往往为论者所不察。下面试分析老子宇宙论的几个面相并由此反观儒家,略见二者的差别。

---

① 这样的例子很多。依笔者所见,西安曲江楼观道家文化展示区的大量招贴标语,就是以截取《老子》文本的"非常道"三个字作为商业招揽,其功利性旨趣与园内的巨型仿古建筑赵公明财神庙是一致的。又如,河南鹿邑老子园林的老子铜像,基座上赫然刻有"老子天下第一"的雄文,且这句话还被用作当地某品牌白酒的商业广告,无不令人咂舌。老子说:"我有三宝,持而保之,一曰慈,二曰俭,三曰不敢为天下先。"(第六十七章)而上述现象不仅完全背离了老子哲学的精神,还在弘扬传统文化的掩盖下助推了现实流弊,不能不引起重视。

② 向世陵《王阳明仁说的博爱理念》,《哲学研究》2016年第9期。

(一)"道为本原"与《易传》的宇宙生成模式

关于世界的本原性思考,是轴心时代的思想家和思想流派绕不过的话题。作为我国上古时期最古老的典籍和群经之首的《周易》,在其卜筮预测的八卦系统下,实际隐藏着一个由天、地、人"三才"组成的宇宙论系统和生生不息的流转模式,并提出"太极"这一概念作为终极源头。但是《周易》并没有论证这种整体结构及其运动变化的统一根据是什么。《老子》的贡献就在于,它直接提出并论证了宇宙万物的存在根据和运动变化的唯一法则是"道",一种"先天地生,寂兮寥兮,独立而不改,周行而不殆,可以为天地母"(第二十五章)的"物",此物"吾不知其名,强字之曰道"(第四十二章)。在老子看来,"道"这种本原虽无形无象,却是实实在在的存在,其存在表现为两个方面的功能或属性:一方面,宇宙及其万物从无到有,都生发于"道":"道生一,一生二,二生三,三生万物,万物负阴而抱阳"(同上),"渊兮,似万物之宗"(第四章),整个世界呈现出一个由道而下而来的清晰的逻辑链条;另一方面,由于"道"及其生成无法用语言形容和描述,"视之不见"、"听之不闻"、"搏之不得"(第十四章),也不像万物那样可以找到具象母本,所以"道"又是"无":"万物生于有,有生于无"(第四十章),"道之为物,惟恍惟惚。惚兮恍兮,其中有象;恍兮惚兮,其中有物"(第二十一章)。这里所说的"恍惚",即是一种"无状之象",它看不见、摸不着,却遍在万物之中,如庄子所说"无所不在":"在蝼蚁"、"在稊稗"、"在瓦甓"、"在屎溺"(《庄子·知北游》),在一切地方。可知,"道"既是"物"又不是物之实体;既不可感知,又无时无刻不在宇宙之中,默而在,虚而灵;同时,它也不同于宗教那种超越于万有的人格神——上帝,而是寓于万事万物之中的一种客观必然性,是万事万物藉以存在和变化的根据(或同于西方哲学的"本体"概念)。总之,道以万物为内容,万物以道为依归;"道"既是本原,也是一切事物相互联系、共生共在的纽带,是万物生生不息的动力之源。正是道所具有的这种属性,使宇宙万物得以在道的涵容下连成为一个整体,其形上超越性也保证了它不致流于具象和琐细而失去普遍品格。

老子哲学的生存论特征及与儒家的分判

儒家作为上古文献的直接继承者和整理者,在对《周易》太极—八卦系统的释读中,也提出了一套自己的宇宙论模式,那就是在《易传·序卦》中所表达的"天—人(社会)"衍化图景:"有天地,然后有万物;有万物,然后有男女;有男女,然后有夫妇;有夫妇,然后有父子;有父子,然后有君臣;有君臣,然后有上下;有上下,然后礼仪有所错。"对比《易传·序卦》和上述《老子》第四十二章的文字,我们可看出儒家不同于道家宇宙论的几个特点:第一,如果说道家的宇宙论是一种本体论(道的本原性、绝对性、唯一性),那么儒家的宇宙论则是生成论,它描述了一个由天地而来的衍化过程,这个过程由远及近,最后直接与人和人的生活发生关系,而重点在后者(人伦)。第二,道家的宇宙论是思辨性的,而且极为抽象,不仅用"一"、"二"、"三"代表事物衍化的过程,"阴阳"代表相对待的两个事物或一事物的两个方面,而且"道"如上述还是一种无法用语言表达的最高(本原)和最大(整一)的存在,以至于道大而无形。与此不同,儒家的宇宙论是具体可感的,即使最远(高)的"天"也是可以感知的,至于天后面的"万物"、"男女"、"夫妇"、"父子"、"君臣"等,则无一不在人的经验范围之中,为人所能把握。

(二)"道法自然"与"尊道贵德"

"道法自然"是老子哲学的又一核心命题,它既可以用来帮助理解"道"的内涵,也在道与万物以及万物之间建立起联系,因而是老子宇宙论的关键的一环。

"自然"一词在先秦诸子特别是道家诸派中多见,其意一般指宇宙万物的自然(本然)之理,而以《老子》中使用最早,因此可以说"自然"这一命题是由老子提出来的。如上所说,"道"是老子哲学的最高范畴,是老子用以概括天地万物总根源、总根据的一个抽象概念,很难把握。但是,老子虽然没有给"道"下定义,却给了一个指向性的表述,即"道法自然"(第二十五章);这样,"自然"就成了道的属性(或别名),理解了自然也就理解了道。

对于"道法自然",历来主流的解释或谓"道"取法、效法"自然",或谓"道"以"自然"为法则,说的都是"道性自然"或"道本自然"的意思,故可以把道和自然看成二而一的关系。如河上公即说"道性自然,无所法也"(《河上公章句》);吴澄亦谓"非道之外别有自然也"(《道德真经注》)。

"道法自然"固然使道可以被依循和理解,但与"道"一样,"自然"也有着很强的抽象思辨意味而不易深察和把握。老子的"自然"不是具体的物质实体,而是事物自生自发、自然而然的一种秩序和状态,它存在于一切经验事物之中,是万事万物本该如此的自然之理。所以王弼注曰:"法自然者,在方而法方,在圆而法圆,于自然无所违也。"(《老子注》)正因为"道法自然",而"自然"又与万物同在,"道"就可以周流遍布,存在于一切事物之中;"道"也因"自然"而获得了无限和永恒。这就是吴澄"道之所以大,以其自然"(《道德真经注》)的道理。因此可以说,"自然"是道的属性,同时也是万物的属性(或者反过来也成立),万物在自然法则的统摄下结成了相互对待和依存的普遍性关系。

"道性自然"、"道本自然",也在最后根据上阻止了绝对性的"道"滑向一切人格神(也包括世俗权威)的可能性,从而使道家学说保持了高远的哲学意趣,为其宇宙论立于"自然"之上提供了保证。

与道家强调"自然"不同,儒家始终以"德"作为最高原则。尽管在老子的哲学体系里,与"道"相连也有"德"的命题(《道德经》即包括"道经"和"德经")以及关于德的讨论,但是在道家的理论体系里,德是从属于道的,甚至就是衡量道的一个尺度。如"孔德之容,唯道是从"(第二十一章);"上德无为而无不为"(第三十八章);天下之"玄德"即道,它"生而不有,为而不恃,长而不宰"(第五十一章)。故这样的"德"毋宁说是"道之见"(苏辙《老子解》)、"道之功"(韩非《解老》)和"道之用"(陆德明《老子音义》),是道的表现和功用,与道是一致的。

儒家所推崇的"德"与道家正相反,是人所具有的社会价值属性的各种表征,如仁、义、礼、智、信(五常之德)等,它们是社会对人提出的要求,并需要通过人自身的修为工夫而日渐达成。可见儒家的这种"德"在道家看来就不仅是不自然的,而且是对自然的改变和戕害,毋宁说是反自然的。以这种道德观为基础,在天人关系上,儒家虽然强调天人合德、天道人道相贯通,但它的德不是道家尊道(自然)而行的自然之德,而是可以通过主观努力获得并掌握的属人之德,"德者,得也"(《管子·心术》)。人的德性由内而外上达于"天"的次序是:"尽其心者,知其性也;知其性,则知天矣。"(《孟子·尽心上》)后来《中庸》将其发挥至极致:"唯天下至诚,为能尽其性;能尽其性,则能尽人之性;能尽人之性,则能尽物之性;能尽物之性,则可以赞天地之化育;可以赞天地之化育,则可以与天地参矣。"至此,儒家的天人合德就完成了。

(三)"以万物为刍狗"与"天地之性人为贵"

在道家看来,由于宇宙万物有着共同的生发根源(道)和相同的本质属性(自然),所以万物包括社会、人类就是宇宙这个生态系统中整体的一部分。老子说:"道大,天大,地大,人亦大。域中有四大,而人居其一焉。"(第二十五章)人只是宇宙万物中的一员而已,并没有什么特出之处。这里的"域"字体现了老子着眼于宇宙大视野思考人生的特点,而不是像其他诸子学说一样,局限于一国之小社会与一族之小人群。老子又说:"夫物芸芸,各复归其根。归根曰静,静曰复命。复命曰常。"(第十六章)这即是说,在宇宙这一大的生态系统中,生命形式虽然千差万别,但都脱离不了生死荣枯、往复循环这一基本样态和方式,故它们本质上都是平等的:"天地不仁,以万物为刍狗。"(第五章)老子的这一思想在《庄子》那里进一步阐发为"以道观之,物无贵贱;以物观之,自贵而相贱","天地与我并生,而万物与我为一"(《庄子·齐物论》)的"齐物"论观点,获得了更加明确的表达和意义。

儒家在对待万物的态度上,早在《易传》中就与道家有了明显的分判。如上述《序卦传》刚说完"有天地,然后有万物;有万物,然后有男女;有男女,然后有夫妇;有夫妇,然后有父子;有父子,然后有君臣"之后,立刻作出了如下价值判断:"有君臣然后有上下;有上下,然后礼仪有所错。"《系辞上》将此说阐述得更加清晰:"天尊地卑,乾坤定矣。卑高以陈,贵贱位矣……在天成象,在地成形,变化见矣……乾道成男,坤道成女。乾知大始,坤作成物。乾以易知,坤以简能……易简而天下之理得矣。天下之理得,而成位乎其中矣。"可见,《易传》虽然把自然与人事、自然秩序与社会秩序视为一个整体,世界也是由天地、万物和各种人组成的多层次系统,但是却认为,在这个大系统中,各个子系统都必然地处于不同的等级序列之中("成位乎其中"),世界才能和谐,所谓天生地养,天覆地载,日月同明,四时合序;社会秩序则为:君臣有义,父子有亲,夫妇有别,兄弟有恭,朋友有信,五伦各司其职,各安其位。总之,尊卑贵贱、等差位序的现实原则,是儒家天人和谐的前提。

《易传》之后,儒学史上也一直有大儒为差序原则辩护。早在孟子批评杨墨时,就把儒家的人禽之别与人伦准则高调地确立了:"杨朱利己,是无君也;墨子兼爱,是无父也;无君无父,是禽兽也。"(《孟子·滕文公下》)在亲、民、物之间,孟子还根据亲疏远近来划分情感(仁爱)类别,其原则是:"君子之于物也,爱之而弗仁;于民也,仁之而弗亲。亲亲而仁民,仁民而爱物。"(《孟子·尽心上》)也即在人与人之间,亲亲为大;在人与物之间,以人为大。后儒中,以倡"一体之仁"博爱理想的王阳明,对"爱有差等"原则也有著名的推论,如:"问:大人与物同体,如何《大学》又说个厚薄?先生曰:惟是道理自有厚薄。比如身是一体,把手足捍头目,岂是偏要薄手足?其道理合如此。禽兽与草木同是爱的,把草木去养禽兽又忍得?人与禽兽同是爱的,宰禽兽以养亲与供祭祀燕宾客,心又忍得?至亲与路人同是爱的,如箪食豆羹得则生,不得则死,不能两全,宁救至亲不救路人,心又忍得?这是道理合该如此,又至吾身与至亲更不得分别彼此厚薄。盖以仁民爱物皆从此出,此处可忍更无所不忍矣。《大学》所谓厚薄是良知上自然的条理,不可逾越,此便谓之义;顺这个条理,便谓之礼;知此条理,便谓之智;始终是这条理,便谓之信。"(《传习录》下)可见,儒家的差等原则不是权宜之策,而是基于其理论出发点(亲亲)和价值序列原则所作出的世俗性、实用性考量,并援道德以为说。如果在现实中遭遇了道德困境,儒家不仅会在"类"之间以"义"与"礼"相区隔,还会在类与非类之间表现出明显的人类中心主义的价值倾向,这就使"一体之仁"的先验设定无法贯彻,仁爱理想也就凌空蹈虚了。

从以上分析不难看到,诞生于轴心时代的儒道两家,代表了两种不同的理论风格和价值取向:前者尊道尚自然,后者贵德重伦理。两者虽然在宇宙观上皆有天人合观的整体思维进路,但它们对于宇宙万物的存在方式和相互关系则有不同的预判和认定,这直接影响到"三才"或"域中四大"之一的人的行为和价值选择。如果我们今天只看到传统"天人合一"思维方式各家一致和统一的一面,而不对其中不同的理论意义作仔细分疏,是很难从整体上认识传统文化的,也难以领悟和汲取真正的价值源泉,从而在理论和实践中避免偏差。

(作者单位:中国社会科学院哲学所)

《老子》第三十六章新研*

曹　峰　　裴健智

引　言

《老子》第36章王弼本如下所示，根据对文意的理解，我们认为可以分为上中下三段：

> 将欲歙之，必固张之；将欲弱之，必固强之；将欲废之，必固兴之；将欲夺之，必固与之。
> 是谓微明，柔弱胜刚强。
> 鱼不可脱于渊，国之利器不可以示人。

郭店简本没有此章。除一些文字差异外，马王堆帛书甲乙本、北大汉简本、河上公本、傅奕本等重要版本均大体相同，可见这一章出现之后其内容是比较稳定的[①]。

---

* 本文为国家社科基金重大项目"出土简帛四古本《老子》综合研究"（15ZDB006）阶段性成果。

① 一些关键词的异同如下："歙"字，马王堆帛书甲本作"拾"、乙本作"擒"、北大汉简本作"欱"、河上公本作"噏"、傅奕本作"翕"，收敛之意；"固"字，马王堆帛书甲乙本及北大汉简本作"古"、河上公本、傅奕本同王弼本；"废"字，马王堆帛书甲乙本作"去"、北大汉简本、河上公本、傅奕（注转下页）

《老子》第三十六章新研

如刘笑敢所言,第 36 章是《老子》中"受人误解、诟病最早最多的一部分"[①]。因为对于第 36 章的解释,历来有"阴谋论"和"智慧论"两种解释方向。我们赞同陈鼓应[②]、刘笑敢[③]、邓联合[④]等学者关于第 36 章性质的判断,即这一章主要是一种"智慧论"而非"阴谋论",但需要指出的是"阴谋论"那么早就产生,而且流传甚广,也有其合理性与必然性,不能完全说就是一种曲解或误解。"阴谋论"的产生和其所利用的古之谚语有关。第 36 章是一个有机的整体,上中下三段中,老子自身的语言,只有中段"是谓微明,柔弱胜刚强"两句,但这两句正是此章灵魂。老子之所以引用上段和下段的古之谚语,是为了印证《老子》一书中反复强调的见微知著的重要性以及对于"柔弱"之提倡。因此,读懂读通第 36 章,对于我们深入了解《老子》思想整体,有着很大的帮助。

(续上页注)本同王弼本;"兴"字,马王堆帛书甲乙本作"与"、北大汉简本作"举"、河上公本、傅奕本同王弼本;"夺"字,马王堆帛书甲乙本等各本同王弼本,值得一提的是,《韩非子·喻老》及《史记·管晏列传》索隐所引第 36 章还有范应元本作"取";"与"字,马王堆帛书乙本、北大汉简本作"予",河上公本、傅奕本同王弼本;"柔弱胜刚强",马王堆帛书甲本作"柔弱胜强"、乙本作"柔弱朕胜"、北大汉简本作"㮤弱胜强"、傅奕本作"柔之胜刚,弱之胜强"、河上公本同王弼本;"鱼不可脱于渊",马王堆帛书甲本作"鱼不脱于潚"、乙本与北大汉简本作"鱼不可说于渊"、傅奕本作"鱼不可悦于渊"、河上公本同王弼本;"国之利器不可以示人",马王堆帛书甲本作"邦利器不可以视人"、乙本作"国利器不可以示人"、北大汉简本作"国之利器不可以视人"、傅奕本作"邦之利器不可以示人"、河上公本同王弼本。

① 刘笑敢《老子古今》上册,中国社会科学出版社 2006 年版,第 379 页。
② 陈鼓应《老子注译及评价》,中华书局 1984 年版,第 17—22 页。
③ 刘笑敢《老子古今》上册,第 379—381 页。
④ 邓联合《"阴谋论":老子何以被诬?》,《中国哲学史》2016 年第 1 期。下引此文,不再一一出注。

一　上下两段与古之谚语的关系

与上段"将欲歙之,必固张之;将欲弱之,必固强之;将欲废之,必固兴之;将欲夺之,必固与之"类似的话,古书中早已出现,《战国策·魏策一》有如下记载:

> 知伯索地于魏桓子,魏桓子弗予。任章曰:"何故弗予?"桓子曰:"无故索地,故弗予。"任章曰:"无故索地,邻国必恐;重欲无厌,天下必惧。君予之地,知伯必骄。骄而轻敌,邻国惧而相亲。以相亲之兵,待轻敌之国,知氏之命不长矣!《周书》曰:'将欲败之,必姑辅之;将欲取之,必姑与之。'君不如与之,以骄知伯。君何释以天下图知氏而独以吾国为知氏质乎?"君曰:"善。"乃与之万家之邑一。知伯大说。因索蔡、皋梁于赵,赵弗与,因围晋阳。韩、魏反于外,赵氏应之于内,知氏遂亡。

与之类似的故事也见于《韩非子·说林上》,语言稍有不同,对《周书》的引用是:"将欲败之,必姑辅之,将欲取之,必姑予之。"这个故事说的是,春秋晚期晋国贵族知伯贪得无厌,无故向魏桓子要地,魏桓子不想给,但任章却劝他给,因为只有助长知伯的贪欲和骄横,才能让他尽快走向灭亡,于是魏桓子就给了他拥有一万户的城池。知伯果然接着又向赵王要地,赵王不给,知伯就攻打赵。最后韩、魏、赵三家里应外合,灭了知伯。这故事宣扬的宗旨有点像西方人常说的"上帝让谁灭亡,必先使其疯狂",是人类共有的一种智慧[①]。值得注意的是里面引用了《周书》"将欲败之,必姑辅之;将

[①] 《左传·昭公十一年》有"天之假助不善,非祚之也,厚其凶恶而降之罚也"。也是类似的思维模式和表达方式。只不过没有形成谚语而已。见杨伯峻编著《春秋左传注》,中华书局1990年版,第1323—1324页。

欲取之,必姑与之"。这段话不见于现存的《尚书》与《逸周书》,出自亡佚了的《周书》,虽然意思和第 36 章相通,但长短、用字并不完全相同,所以这提示我们类似的话可能以多种形式早已存在,《老子》也只是引用了其中一种或作了润色而已①。

虽然原文不同,但表达类似智慧的话在古书中并不少见。例如《吕氏春秋·行论》在描述齐湣王种种骄横之举,并因此被燕国灭国的故事后,引用了"《诗》曰:'将欲毁之,必重累之。将欲踣之,必高举之。'"这是一篇逸诗,不见于《诗经》。但可想而知,类似的话作为歌谣早已传唱了。

我们还可以参考马王堆帛书《黄帝四经·十六经·正乱》以下这样一段话:

民生有极,以欲淫溢,淫溢□失,丰而〔为〕□,□而为既,予之为害,致而为费,缓而为□。忧桐(恫)而窘(窘)之,收而为之咎。累而高之,踣而弗救也。②

魏启鹏先生对这段话作如下解释:

那个人(笔者按:指蚩尤)的生涯之所以必定滑向穷途末路,因为他充满贪欲,骄横奢侈,荒淫无度。凡骄奢淫逸者必

---

① 值得注意的是,王弼本《老子》第 36 章的"固"字,《周书》作"姑",意思是"姑且"、"暂时"、"先"。有些学者认为"固"字应该解释为"原来、本来",例如刘笑敢认为这才符合"《老子》中事物本来正反相依、正反互转之意"。参见刘笑敢《老子古今》上册,第 376 页。恐怕没有必要。我们认为王弼本的"固"字以及他本的"古"字,都应该通假为"姑"。因为这段《老子》显然就是在引用谚语,这些谚语体现出强烈的为了实现某个目的而有意使用某种方法的主观意图。当然,如下文所示,老子将其提炼、抽象成了客观的、自然的规律与法则。

② 陈鼓应《黄帝四经今注今译》,台湾"商务印书馆"1995 年版,第 308 页。

定失败,丰盈会变成歉贫,充裕会变成竭尽,给予他好处反而会给他带来危害,大量罗致财货反而会给他带来浪费,宽绰阔气反而会给他带来局促压迫。等到蚩尤面临烦忧困窘之时,就抓捕他惩办治罪。这就是层层抬高他的地位,高到让他自己向前扑倒下来,谁也救不了他。①

《正乱》描述的是黄帝及其辅臣如何利用蚩尤的贪婪轻敌激其叛乱,最后加以平定的故事,这里面的"累而高之,踣而弗救"(层层抬高他的地位,高到让他自己向前扑倒下来,谁也救不了他),和上述《战国策》《韩非子》所引《周书》以及《吕氏春秋·行论》所引《诗》,在性质上没有两样,也属于谚语的一种。相似的话,还见于上博楚简《三德》:"天之所败,多亓賚(赇),而鼚(寡)亓惪(憂)。毉(兴)而记(起)之,思(使)蹟而勿救。"意为上天如果想要一个人失败,反而先增加他的财物,减少他的忧虑,让他兴旺起来,最后让他跌倒而不去救他。这段话的前面有"皇后曰",笔者论证,这里的"皇后"就是"黄帝"②。可见此类话很可能最先出自所谓的黄帝言③。毋容置疑,这些谚语及其相配合的故事所描述的前后关系,都呈现出为满足动机、实现目的而刻意采用某种隐晦或虚假手段的前后关系。因此是典型的权谋论。

再来看下段的"鱼不可脱于渊,国之利器不可以示人"。"鱼不可脱于渊"可能改写自一句古谚,张富祥最早指出见于《列子·说

---

① 魏启鹏《马王堆汉墓帛书〈黄帝书〉笺证》,中华书局2004年版,第138—139页。

② 详见曹峰《〈三德〉所见"皇后"为"黄帝"考》,《齐鲁学刊》2008年第5期。

③ 马王堆帛书《黄帝四经·十六经·正乱》和上博楚简《三德》有非常密切的关系。因此"累而高之,踣而弗救"很有可能取自上博楚简《三德》"兴而起之,使蹟而勿救"。参见曹峰《〈三德〉与〈黄帝四经〉对比研究》,《江汉论坛》2006年11期。

符》及《韩非子·说林上》:①

> 周谚有言:察见渊鱼者不祥,智料隐匿者有殃。(《列子·说符》)
> 古者有谚曰:知渊中之鱼者不祥。(《韩非子·说林上》)

《列子》两句话是说,深渊中的鱼很难被人发觉,如果发现了这个隐匿的秘密,就会出现不祥。靠智巧算出隐藏者的人反而会有灾殃。为了证明这个谚语,《列子》还讲了一个故事,说得是一个叫郄雍的人善于审视强盗的相貌,晋侯就专门派他去识别强盗,强盗无不落网。余下的强盗走投无路,只能把郄雍杀了。《列子·说符》在引用这两句话之后,还有以下的总结:"君欲无道,莫若举贤而任之。使教明于上,化形于下,民有耻心,则何盗之有?"就是说,要想天下无道,只能依赖清明的政治,靠一些小聪明只能起一时的作用,而不可能长久。这里,"举贤而任之。使教明于上,化形于下,民有耻心"之类的话看上去像是儒家的说教,其实未必,因为通过前后文可以得知这里强调的是"恃道化而不恃智巧","举贤而任之。使教明于上,化形于下,民有耻心"正是合于"道化"的符合社会管理规律的行为,而非为儒家张目。总之,"察见渊鱼"、"智料隐匿"之类的行为看上去很聪明,其实并非大智。

《韩非子·说林上》所引谚语只有一句,也配了一个故事,说的是齐国大夫隰斯看透了国君的心思,本想做投其所好的事,但中途又停了下来,因为他觉得如果被国君知道秘密被人看破,那自己就变得危险了,那时讨好不成反而害了自己。因此这里渊中之鱼比喻的是国君的心思。这个故事和《列子》那个故事一样,也讲的是察觉隐秘之类小聪明并非大智。这个谚语和相应故事表现出为躲避不祥或危险而事先刻意采用某种措施的前后关系,当然也是一

---

① 张富祥《老子校释二题》,《中国哲学史》2003 年第 1 期。以下所引张富祥观点均出此文,不一一出注。

种权谋之道。

这两段话里都没有出现"《老子》曰",而且标明是"周谚"、"古者有谚",看来是流传已久的谚语。张富祥说《老子》的"鱼不可脱于渊"实由"察见渊鱼者不祥"的谚语化出,我们认为是很有道理的。由此理解"鱼不可脱于渊"的意思,应该是鱼不可以脱离其藏身的深渊,秘密不可以轻易地将其揭露出来。

"国之利器不可示人"一句,目前并未找到完全匹配的古之谚语。与之形式一致的话有《左传·成公二年》仲尼所言:"唯器与名,不可以假人。"以及《左传·昭公三十二年》史墨所言:"是以为君,慎器与名,不可以假人。"杨伯峻认为:"'唯器与名,不可以假人。'此或古人语,故史墨及孔丘皆言之。"①这说的是国之重器与政治名号是权势的象征,君主必须牢牢地掌握在自己手中,这样君王才不会为臣下所利用或架空。这也是一种权谋论,以此可以启发"国之利器不可示人"的理解,但未必完全合适。因为这里"利器"二字,有不祥之意,应该是刑罚、兵器之类以及由此引申的生杀予夺之权,必须慎用或不用,如《老子》第31章就有"夫佳兵者,不祥之器。物或恶之,故有道者不处。……兵者,不祥之器,非君子之器。不得已而用之。恬淡为上,胜而不美。而美之者,是乐杀人。夫乐杀人者,则不可得志于天下矣"的说法。

除了句式相同,以及都可以朝权谋论方向解释外,似乎"鱼不可脱于渊"和"国之利器不可以示人"并没有直接的关系。那老子为什么会并列引用呢?《六韬·守土》有所谓"无借人利器,借人利器则为人所害,而不终其世"。这样看来,这两句话的着眼点都在为人所害的结局上,要么因为揭穿秘密看破心思而被害,要么因为借人利器而被害,"鱼"和"利器"都是不祥之物,都会导向消极面。而上段所引谚语正好相反,"将欲歙之,必固张之"之类的思维方式、行动方式,最终导致的是积极的成果。老子在引用谚语时,提供一正一反两种例子,中间夹上他的按语,确实是有用心的。

---

① 杨伯峻编著《春秋左传注》,第1520页。

《老子》第三十六章新研

综合以上的分析,可以断言,《老子》第36章上下两段并非老子的发明,而都来自谚语。老子为了打造这部"宇宙第一书",刻意抹杀所有能够透露时间、地点、人物、典籍的信息,从而增强其神秘性与永恒性。但老子作为史官,不可能不引用或化用古代传承下来的知识。因此,仔细爬梳,就可以发现很多引用或化用的痕迹。对于《老子》与典籍的关系,王博作了不少考察,可以参考①。这里,还可以举出一些《老子》中明显来自古代哲言良谚的文句。例如,《老子》第22章有这样的话:"曲则全,枉则直,洼则盈,敝则新,少则得,多则惑。……古之所谓曲则全者,岂虚言哉!"古之所谓"曲则全"者正好透露出"曲则全……多则惑"这一段来自古代的格言警句。此外,第41章有"故建言有之:明道若昧,进道若退,夷道若纇。上德若谷,大白若辱,广德若不足,建德若偷,质真若渝。大方无隅,大器晚成,大音希声,大象无形"。所谓"建言"很可能指的也是古代的谚语歌谣。《老子》中还有很多类似第36章上下两段的句子,例如第64章的"合抱之木,生于毫末。九层之台,起于累土。千里之行,始于足下"②;第73章"天网恢恢,疏而不失";第74章"民不畏死,奈何以死惧之";第58章"祸兮福之所倚,福兮祸之所伏";第9章的"持而盈之,不如其已。揣而棁之,不可长保。金玉满堂,莫之能守。富贵而骄,自遗其咎"。第46章的"祸莫大于不知足,咎莫大于欲得",等等,虽然没有明言来自古语,但应该不是老子自创,很有可能就是对古之谚语的引用。第36章就是在对古之谚语大量引用的基础上,作了老子自己有限但相当精辟的哲学提炼。仔细考察这些谚语的出处、引用的方式、老子的化用和提炼,是研究老子思想产生的一个重要途径。

---

① 王博《老子思想的史官特色》,第二章第四节《老子与太史所藏古代文献之关系》,文津出版社1993年版,第56—78页。

② 例如,与这句类似的谚语也见于上博楚简《凡物流形》:"登高从埤,至远从迩。十围之木,其始生如蘖。足将至千里,必从寸始。"《荀子·劝学》:"故不积跬步,无以至千里;不积小流,无以成江海。"

二 战国秦汉时期对这两组谚语的解释

接下来考察《老子》成书之后,时代最为接近的战国秦汉时期对第 36 章上下两段谚语的引用。先来看上段谚语。

> 越王入宦于吴,而观之伐齐以弊吴。吴兵既胜齐人于艾陵,张之于江、济,强之于黄池,故可制于五湖。故曰:"将欲翕之,必固张之;将欲弱之,必固强之"、晋献公将欲袭虞,遗之以璧马;知伯将袭仇由,遗之以广车。故曰:"将欲取之,必固与之。"起事于无形,而要大功于天下,是谓微明。处小弱而重自卑谓损弱胜强也。(《韩非子·喻老》)

不用说,这是通过越王勾践灭吴国、晋献公灭虞国、知伯灭仇由国三个历史故事,说明想要得到什么必须先付出什么的道理。然后以《老子》之言"将欲翕之,必固张之;将欲弱之,必固强之"、"将欲取之,必固与之"作为佐证。而且还提到了"微明"和"柔弱胜刚强",那就是"起事于无形,而要大功于天下,是谓微明"和"处小弱而重自卑谓损弱胜强也"。但这样的解释,是不折不扣的权谋论,即为了达到某个政治目的而事先以卑弱的姿态作些牺牲与付出是正常而合理的,为了达到某个政治目的有必要在常人看不透的地方建立起因果关系,让事物按照自己预想的方向发展(即所谓"起事于无形,而要大功于天下")。本文在下一节将指出,老子虽然借用了这条谚语,但做出的解释其实是超越权谋论的,而《韩非子·喻老》的解释和《韩非子·说林上》利用《周书》所作解释一样,都用到了具体的现实政治中。因此,《韩非子·喻老》看似在解释《老子》,其实利用的还是古之谚语的原意。这和黄老道家要把《老子》当作一种可以立竿见影付诸实践的政治哲学有很大关系。

战国秦汉时期对第 36 章下段谚语的引用非常多,但基本上也是从权谋的方向展开的。《韩非子·喻老》中有:

> 势重者,人君之渊也。君人者,势重于人臣之间,失则不可复得也。简公失之于田成,晋公失之于六卿,而邦亡身死。故曰:"鱼不可脱于深渊。"
>
> 赏罚者,邦之利器也,在君则制臣,在臣则胜君。君见赏,臣则损之以为德;君见罚,臣则益之以为威。人君见赏,则人臣用其势;人君见罚,人臣乘其威。故曰:"邦之利器不可以示人。"

《韩非子》特别强调君主不能失势。这里把君主比作势重之渊,而把田成、六卿等篡夺或瓜分君位的人比作将势重之渊据为己有的人。张富祥根据《韩非子》这段话,认为"脱"字应该读为脱佚、脱纵或逃脱、逃逸,并且在句中是使动用法,"鱼不可脱于渊"的意思是不可使大鱼逃到深渊中去,使之占据深渊,与解释为脱离恰好相反,我们认为是很有道理的,不然难以说通。但《老子》中的"鱼不可脱于渊"恐怕并不是这个意思,因为如上节所示,作为古谚的"察见渊鱼者不祥"、"知渊中之鱼者不祥"并没有"不可使大鱼逃到深渊中去"的意思,而是"看出隐藏于深渊中的鱼不是好事"的意思,因此《老子》中的"脱"还是应该当"脱离"解释,即不可以让那条隐藏的鱼脱离深渊,使之暴露出来。韩非子为了印证自己强化君主权势的政治哲学,也是为了配合下文的"国之利器不可以示人",而对老子原意作了有意识的改造。使得"渊"变成了象征"势重"的意象。

《韩非子》对"邦之利器不可以示人"的解释,完全遵循上述维护君主集权的政治哲学,原来古谚中并不明确何指的"利器",在他这里成了"赏罚"二柄,君主如果失去专制"利器"(赏罚)的权势,那么就有被臣下架空的危险。

在《韩非子·内储说下》中,韩非子也对这两句做出过说明,但意思是完全一样的:

> 权势不可以借人。上失其一,臣以为百。故臣得借,则力

多;力多,则内外为用;内外为用,则人主壅。其说在老聃之言失鱼也。

势重者,人主之渊也;臣者,势重之鱼也。鱼失于渊而不可复得也,人主失其势重于臣而不可复收也。古之人难正言,故托之于鱼。

赏罚者,利器也。君操之以制臣,臣得之以拥主。故君先见所赏,则臣鬻之以为德;君先见所罚,则臣鬻之以为威。故曰:"国之利器不可以示人。"

从中可以看出,无论是"鱼不可脱于渊"还是"国之利器不可以示人",他都是从"权势不可以借人"角度出发去论证的。因此有用"国之利器不可以示人"去绑架"鱼不可脱于渊"之嫌,把"渊"和"利器"对应了起来,而按照句式,本该"鱼"和"利器"相对应才对。值得注意的是,"老聃之言失鱼"、"鱼失于渊而不可复得也"中的"失"正相当于"脱",如果当作"遗失"、"丢失"就很难理解,因为丢失权臣岂不正合意图专制之君的心意,所以张富祥认为在《韩非子》这里,"失"等同于"佚"或"逸",也是脱纵之义,我们深表赞同。

总之,韩非子对这两句话作了饱含"权谋论"色彩的解释,虽然第一句和古谚本意有很大不同,但为"权谋论"服务这一点和古谚并没有什么两样。之所以引《老子》而不直接引用古谚,和《老子》在战国中后期已经产生很大影响有关。如下节所要论证的那样,这样的解释深受时代环境以及黄老道家的影响,力图把《老子》转化为一种统治之术,其实并不符合老子本意。但事实上,这样的解释在秦汉之际影响巨大,成为主流。例如《淮南子·道应训》记载:

昔者司城子罕相宋,谓宋君曰:"夫国家之安危,百姓之治乱,在君行赏罚。夫爵赏赐予,民之所好也,君自行之;杀戮刑罚,民之所怨也,臣请当之。"宋君曰:"善。寡人当其美,子受其怨。寡人自知不为诸侯笑矣。"国人皆知杀戮之专,制在子罕也,大臣亲之,百姓畏之,居不至期年,子罕遂却宋君而专其政。故老子曰:"鱼不可脱于渊,国之利器不可以示人。"

这里举出宋国君主让出赏罚之权,结果被国相司城子罕控制国家的历史故事,来说明权势对于君主的重要性。最后引用了《老子》,其解释路线和《韩非子》一脉相承,值得注意的是,这里的"鱼"已经从《韩非子》大臣之比喻,变成赏罚之比喻,这样就不用像《韩非子》那样,要把"脱"、"失"解释为鱼(权臣)的纵逸于渊,而只要解释成君主要牢牢掌握赏罚之柄,不能脱手即可,同时也和"国之利器不可以示人"完全配合起来,后世的解释很多都是由此而来的。

这段故事以及对《老子》的引用也见于《韩诗外传·卷七》和《说苑·君道》,内容大同小异,故不在此一一具引。这说明从权谋论角度理解《老子》第36章下段,在当时影响极大。例如河上公注是这样解释的:"鱼脱于渊,谓去刚得柔,不可复制也。"① 显然这里"鱼"代表"刚",是被"柔"所控制的,"鱼"一旦反过来"去刚得柔",就"不可复制",无法控制了。"利器〔者,谓〕权道也。治国权者不可以示执事之臣也,治身道者不可以示其非人也。"② 虽然区别了"治国权者"和"治身道者",但把"利器"释为权道,说君主不能示权道于执事之臣,与《韩非子》等无异。王弼也从"刑"的角度比照"鱼"和"利器","示人者,任刑也。刑以利国,则失矣。鱼脱于渊,则必见失矣。利国〔之〕器而立刑以示人,亦必失也"③。

比较奇特的是《庄子》的引用。《庄子·胠箧》有这样一段记载:

> 圣人不死,大盗不止。虽重圣人而治天下,则是重利盗跖

---

① 王卡点校《老子道德经河上公章句》,中华书局1993年版,第142页。
② 王卡点校《老子道德经河上公章句》,第142页。
③ "刑以利国"前可能脱一"任"字,"则必见失矣"中的"见"字可能是衍文。见楼宇烈校释《王弼集校释》,中华书局1980年版,第89—91页。

也。为之斗斛以量之,则并与斗斛而窃之;为之权衡以称之,则并与权衡而窃之;为之符玺以信之,则并与符玺而窃之;为之仁义以矫之,则并与仁义而窃之。何以知其然邪?彼窃钩者诛,窃国者为诸侯,诸侯之门而仁义存焉,则是非窃仁义圣知邪?……故曰:"鱼不可脱于渊,国之利器不可以示人。"彼圣人者,天下之利器也,非所以明天下也。故绝圣弃智,大盗乃止。

《胠箧》在《庄子》中反儒家、反政治的倾向最为强烈。这段话的宗旨在最后两句,即"绝圣弃智,大盗乃止","绝圣弃智"也是对《老子》第19章的引用①。庄子明确指出,对于天下而言,所谓的"圣人"以及由"圣人"创设的斗斛、权衡、符玺等制度规范以及仁义圣知等道德规范,就是一种不祥的"利器",一旦制作出来,非但不能"明天下",还很快就会被大盗所利用,成为窃国的工具。这种庄子特有的辛辣讽刺,当然不是权谋论,但实际上还是顺着权谋论的思路,只不过从反面作了批判罢了。

值得注意的是,前面所引的典籍中,即使第36章下段两句都被引用,但往往解释的重点放在后一句"国之利器不可以示人",因为这句话的意思并不隐讳,简单易懂,而比较隐讳的前一句则有多种解释的可能,但到了后来,仿佛成为后一句的配衬,意思完全照着后一句的方向去解释,两句成了同样的意思,"鱼"不再是古谚中那个不可揭穿的神秘的东西,也变成"利器"的象征了。

三 老子对于上下两段谚语的哲学提炼

如前所述,《老子》一书利用了大量的古语古谚,有些是直接用

---

① 第19章在抄写于战国中期的郭店本《老子》中作"绝智弃辩,民利百倍;绝巧弃利,盗贼亡有;绝伪弃诈,民复孝慈",因此,今本"绝圣弃智"、"绝仁弃义"有可能是以庄子学派为代表的道家在战国晚期对《老子》作了改造。

来印证自己的观点,有些则作了进一步的提升与改造,第36章属于后者。因为按照古谚之意去解释,上下两段是不折不扣的权谋论。但包括第36章在内的老子思想不能理解为权谋论,这一点邓联合《"阴谋论":老子何以被诬?》辩之最详。他主要从《老子》整体思想和历史的误读两个角度展开。

就老子整体思想而言,首先,他指出:"由雌而雄、由张而歙、由与而夺、由柔弱而刚强、由无私而成其私、由不争而莫能与之争等诸如此类的转化都是外在的客观现实,转化的过程都是'自然史'性质的,其间并无老子本人的私见和私意,当然更没有丝毫的阴谋术考量。"笔者深表赞同,就是说,对立转化现象是天地间普遍存在的自然的、社会的规律。《老子》所引古语古谚或许有着主观的、权谋式的考量,但《老子》在此则上升为客观规律的表述。《周易·系辞》也提到"尺蠖之屈,以求信也;龙蛇之蛰,以存身也",从未有人说这是权谋之术,对老子却大加诬蔑,这是不合理的。其次,如邓联合所言,当老子之道转化为政治之术时,对反范畴之间的转化关系就成为"得道者采取的政治实践方式及其将会产生的客观社会效应"。但是"老子之所以强调为政以弱而不以强、以与而不以夺、以无私而不以有私,是因为惟有如此方符应于天地自然和社会历史之常则,上合天道、下合人道,所以必将产生积极、久远的政治效应"。"老子的深刻独到之处在于,他不仅批评君王独断专行、扩张放纵,更洞察到社会政治中'为人和为己的统一',即君王只有'给万物和百姓空间',才能使自己获得'更大的空间'。……从这个角度说,所谓柔弱谦退、无私无为实际都是君王自我收敛、自我节制的权力使用方式,而并非诡诈机巧的阴谋术。"对此,笔者也深表赞同,也就是说,老子具有超越时空的眼光和悲天悯人的胸襟,而决不是一个通过教人计谋企图获得眼前利益的"智谋之士"。老子之所以教统治者退让、克制、收敛,是因为他认识到只有这样才能建立起一个使社会矛盾降到最低点的和谐社会。这是一种宏大的智慧,绝非斤斤计较的诡诈之术。"权谋论"必然依赖智巧,而老子恰恰是反对智巧的。他说"古之善为道者,非以明民,将以愚之。民之难治,以其智多。故以智治国,国之贼。不以智治国,国之福"(第65章),这里老子鲜明地指出以智巧治国是国家的灾难。"常使民无知无欲,使夫智者不敢为也。"(第3章)如果将第36章视为"权谋论",那岂不是说老子在鼓励"智者"之为,这是自相矛盾的。

"权谋论"也是典型的有为论。所谓有为,指为达到政治目标或获得军事成功,而有意地、故意地采取种种方法与手段。众所周知,老子是崇尚无为的,他虽然希望百姓"成功遂事",但却期待统治者"无为而治",因此为实现目的而不择手段的"权谋论"与他倡导的思想正相反对。明代薛蕙说:"夫仁义圣智,老子且犹病之,况权诈乎!"①是很有道理的。

用"权谋论"来诋毁老子,基本上起于程朱等宋儒之后,是基于儒道之争而有意罗织的罪名或者说道德讨伐。对此邓联合作了详细的分析,可以参考。邓联合指出,从历史上看,把老子之学往阴谋术方向诠释起自战国时期的韩非,这也完全符合上述关于老子注释的文本考察。战国秦汉之际之所以会朝"权谋论"方向去解释,和黄老道家为了因应君主专制以及富国强兵的现实要求,把《老子》从哲学之"道"转变成治国之术,动机、目的与手段的成分被大大强化有很大关系。如邓联合所言,这是"从广义的社会历史规律和治国理政之道狭义地曲解为政治军事斗争中的运筹谋划、克敌制胜之术"。因此有其时代合理性。但是,笔者在此想指出的是,如前文所分析的那样,这种狭义的解释,与古谚本身包含的权谋论倾向有很大关系。这样一来,不仅使得《老子》对权谋论的克服和超越没有得到彰显,反而回到古谚的方向去了。所以,不见得时代越靠近老子的解释越能获得真意。

如果说第36章不是一种权谋论,或者说《老子》克服和超越了古谚包含的权谋论,那么,《老子》所作的哲学提升究竟体现在哪些方面呢?一般对于第36章的解读,都把重点放在上段谚语"将欲……必固……"上,认为体现的是老子关于正反对立统一之理论

---

① 薛蕙《老子集解》,转引自陈鼓应《老子注译及评价》,第19页。

以及与之相应的辩证观念,例如,刘笑敢指出,这里反映出辩证观念的四个命题,即第一,"正反相依及正反相生"的客观事实;第二,"正反互转"的客观事实;第三,"正反互彰或以反彰正"的价值判断和理论主张;第四,"以反求正"的方法论思维①。基于这一判断,第36章往往第2章"有无相生……"、第28章"知其雄,守其雌……"、第58章"祸兮福之所倚,福兮祸之所伏"、第40章"反者道之动;弱者道之用"联系起来考察,把第36章的基调集中于辩证观念和反向思维上。应该说,这有一定的道理,但是,如果我们把第36章看作是一个整体,其诠释倾向就有被上段"将欲……必固……"左右甚至绑架之嫌。如前面分析的那样,第36章由上中下三段组成,上下两段都是谚语,而老子的话,只有中间两句,那就是"是谓微明,柔弱胜刚强"。这一句,学者多标点为"是谓微明。柔弱胜刚强"。即认为这是两个句子,而我们认为,"是谓"所指向的内容一直延续到"柔弱胜刚强"。"微明"是前提,"柔弱胜刚强"是表现方式。这正是老子通过上下两段谚语所提炼出的宗旨。所以我们对于第36章的分析应该依照这两个概念展开。

何谓"微明"?《老子》书除第36章外没有再出现第二次。历代注解大体分为两种,其一,既微又明,或者说似微实明。例如《韩非子·喻老》在引用"将欲取之,必固与之"之后,提出"起事于无形,而要大功于天下,是谓微明"。河上公注曰:"此四事,其道微,其效明也。"②宋范应元注曰:"几虽幽微,而事已显明也,故曰'是谓微明'。"③清高延第注曰:"首八句即祸福盛衰倚伏之几,天地自然之运,似幽实明。'微明'谓微而显也。"④

而另一种则把"明"理解为智慧、预见。例如任继愈就把"微

---

① 刘笑敢《老子古今》上册,第381—382页。笔者对原文作了概括。
② 王卡点校《老子道德经河上公章句》,第142页。
③ 范应元《老子道德经古本集注》,华东师范大学出版社2010年版,第63页。
④ 高延第《老子证义》,转引自陈鼓应《老子注译及评价》,第206页。

明"解释为"深沉的预见"①。我们赞同这种观点,因为《老子》中多次出现"明",都理解为高级的智慧或境界。如第 16 章、第 55 章"知常曰明"、第 27 章"是谓袭明",尤其是第 52 章有"见小曰明"的说法,把能察觉细微之处的智慧叫作"明"。由此,我们得知,"微明"实际上一种微妙的、玄妙的、不可思议的神明或智慧。之所以是微妙的、玄妙的、不可思议的,在于"微明"能够通过"无形"看到"有形",通过"无形"把握"有形"。"微明"就是在"无形"的阶段把握事物发展趋向的能力,在常人看不到的地方建立事物间因果关系的智慧。这种思维当然建立在物极必反的辩证观念以及由反求正的反向逻辑基础之上,但重点已经不是对于事物由正反两极构成以及从反向把握事物更为有效的认识上,而是在对事物发展趋势的把握上。因此老子对"将欲……必固……"的引用,其目的可能主要不在于说明反向思维的重要,而在于强调知微见著、善于预见矛盾发展方向的重要,在于强调防患于未然,或让矛盾朝自己预见方向发展的超能力。正因为这样的洞察力、行动力不被常人所认识、所把握,因此也是"小"的、"无形"的、"柔弱"的。但"小"必将胜过"大","无形"必将胜过"有形","柔弱"必将胜过"刚强"。

"柔弱胜刚强"是《老子》反复渲染的"道"之体现,例如第 40 章说"弱者,道之用"。第 52 章说"守柔曰强",即只有持守柔道的人才是真正的强者。第 76 章说"坚强者死之徒,柔弱者生之徒。……强大处下,柔弱处上"。第 78 章说"天下莫柔弱于水,而攻坚强者莫之能胜,其无以易之。弱之胜强,柔之胜刚。天下莫不知,莫能行"。在第 36 章中,老子再次通过"微明"证明了"柔弱"的原理和好处,因此也可以说"柔弱胜刚强"是"微明"的作用与体现。

依据上述的分析,历代注释中,我们认为这些见解都是比较精到的。例如王弼对"微明"是这样理解的:

> 将欲除强梁,去暴乱,当以此四者。因物之性,令其自戮,

---

① 任继愈《老子新释》,上海古籍出版社 1985 年版,第 138 页。

不假刑为大,以除将物也。故曰"微明"也。①

就是说,"微明"具有这样一种"四两拨千斤"的柔软功夫,充分利用将欲除去的对立物自身的性质和发展的趋势,不借助强力的手段,就达到了除暴去乱的目的。我们注意到,王弼对于下段两句话的解释,依然沿用的是"微明"的思路:

唯因物之性,不假刑以理物,器不可睹,而物各得其所,则国之利器也。②

即尽量不采用"刑"等不得已的、最后的暴力手段,而是采用"因物之性"、使"物各得其所"的顺应自然的方法来解决问题。这里,虽然王弼没有明说,但可以推论"微明"就是"国之利器"。由此理解,"柔弱胜刚强"其实就是"柔弱"之法高明于"刚强"之法。

范应元的诠释可以说也是比较深刻的:

天下之理,有张必有翕,有强必有弱,有兴必有废,有与必有取。此春生夏长,秋收冬藏,造化消息,盈虚之运固然也。然则张之、强之、兴之、与之之时,已有翕之、弱之、废之、取之之几伏在其中矣。几虽幽微而事已显明也。故曰是谓微明。或者以数句为权谋之术,非也。圣人见造化消息盈虚之运如此,乃知常胜之道,是柔弱也。

惟圣人于其幽微而见其显明,指物壮则老,故常以柔道自处。③

---

① ② 楼宇烈校释《王弼集校释》,第 89 页。要注意的是王弼对第 36 章解释的背景全部设定在除暴去乱的政治实践上。

③ 范应元《老子道德经古本集注》,华东师范大学出版社 2010 年版,第 63—64 页。

范应元虽然也指出"将欲……必固……"这一段涉及"物极必反"、"势强必弱"这一"天下之理"的"固然"。但重点强调了认识"几伏在其中"以及"几虽幽微而事已显明"的"微明"之道的重要性。同时还指出通过"微明"获得的"常胜之道",正是"柔弱"的表现。我们除了不赞成他用"幽微"加"显明"来理解"微明"外,其他认识可以说都非常到位。

高亨说:"此诸句言天道也。或据此斥老子为阴谋家,非也。老子戒人勿以张为可久,勿以强为可恃,勿以举为可喜,勿以与为可贪耳。故下文曰'柔弱胜刚强'也。"①就是说老子跳出了常人的俗套。常人只知使用强硬的手段、直接的手段,而不知柔和的、间接的、迂回的手段更为有效。"这种先予后取的做法,看来首先是柔弱的,但是柔弱却能战胜刚强。"②

因此,老子对"将欲……必固……"的哲学提炼,其实落实到了对于微妙变化的认识、对于无形征兆之把握上。从这个角度通览《老子》全书,可以发现这和"为之于未有、治之于未乱"的原理相通。第63章说"图难于其易,为大于其细。天下难事,必作于易。天下大事,必作于细。是以圣人终不为大,故能成其大",这是赞扬圣人能够从小事、琐事、易事入手,所以能成就大事。第64章说"其安易持,其未兆易谋。其脆易泮,其微易散。为之于未有,治之于未乱。合抱之木,生于毫末。九层之台,起于累土。千里之行,始于足下",这是说事物还安定的时候容易掌握、把持。问题还没有出现苗头的时候,容易设法对应。事物还脆弱的时候,容易化解。事物还细微的时候,容易消散。所以要在事情没有发生之前就做出处理、采取行动,要在混乱没有出现之前就做好准备、开始着手。老子希望人注意观察事物发展变化的征兆,把握契机,将不利因素消灭于萌芽状态,以免招致大的困难和祸患。顺应事物变

---

① 高亨《老子正诂》,收入《高亨著作集林》第五卷,清华大学出版社2004年版,第120页。
② 高亨《老子注释》,收入《高亨著作集林》第五卷,第324页。

化发展的趋势,及早看清形势,预见结局,以占据先机和主动,这正是"微明"之体现。这种微弱的,却又深远的、常人难以把握的明知,当然是难以言说的,只有得道之人才有可能把握。对此,第36章虽然没有提及和"道"的关系,但通观全书,便知这不言而喻,因为"道"正是不可言,不可见,无形无名,却可以以小见大的。所以,河上公注会说:"此四事,其道微,其效明也。"

沿着这样的思路,再来考察下段,就可以知道在《老子》这里,这两句谚语既不是韩非子等人宣扬的权谋论,也无法从辩证原理和反向思维去解释,显然,这里讲的也是因为"微明"导致的"柔弱胜刚强"。以往对第36章的理解因为过于注重阐明辩证原理和反向思维,使得下段两句谚语很难和上段形成通贯的解释,仿佛游离于第36章整体主旨之外。如果把第36章主旨定位于"微明"和"柔弱胜刚强",下段两句谚语的解释就顺畅了。

以往注释中,有一些学者注重从"柔弱"与"刚强"之关系的角度对下段作出说明,但我们发现,他们所设想的"柔弱"与"刚强"的对应物很难一致。例如河上公注云:"鱼脱于渊,谓去刚得柔,不可复制也。"显然这里"鱼"代表"刚","渊"代表"柔","鱼"平时被"柔"所控制,但如果"鱼"一旦反过来"去刚得柔",就"不可复制",无法控制了。北宋苏辙的说法则不同:

> 圣人居于柔弱,而刚强者莫之能伤,非徒莫能伤也,又将以前制其后,此不亦天下利器也哉?鱼惟脱于渊,然后人得制之。圣人唯出于柔弱而不厌,故终能服天下,此岂与众人共之者哉?[①]

这是通过鱼不能脱离水来说明柔弱的重要性。圣人如果居于柔弱,就既不会被刚强者所伤,而且还能够做到"以前制后",控制刚强者。鱼一旦离开了渊,就会被人控制。但这里不能简单地说

---

① 苏辙《道德真经注》,华东师范大学出版社2010年版,第45页。

"渊"就代表柔弱,"鱼"就代表刚强,苏辙实际上把"渊"和"鱼"组合成了柔弱的意象,而把离"渊"的"鱼"视为刚强的意象,所以范应元才会说"苏辙以柔弱为利器"①,这一推导的思路和王弼把"微明"视作"国之利器"有点像。范应元也有类似的解释:

> 利器,兵器也。此起譬也。……是知鱼以喻人,渊以喻道。鱼悦于渊则终,人离道则死矣。故有邦家者,当以道自重,不可以利器示人也。……遂使后世疑此章为权谋之术,皆不得老氏之意也。盖老氏谓兵事好还,不得已而禁暴除乱,不可以兵取强;谓强梁者不得其死,不如柔弱……故切切明夫人不可离于道,譬之鱼不可悦于渊也。此岂权谋之术哉? 为人主者不以道德化人,而以利器示人,则是鱼悦于渊也。②

这里,"鱼不可脱于渊"说的是人不能离开道,与人一样,治国也不能离开道。如果统治者背道而行,就象鱼离了水,而变得刚强,过多地使用兵器、发动战争,让人民遭受苦难,统治者也最终尝到"强梁者不得其死"的恶果。这是把"鱼"和"渊"、不离于"道"的人和其手中的"利器"共同组成柔弱的意象,把脱于"渊"的"鱼"和失控的"利器"比作刚强的意象,除了没有视"柔弱"为"利器",其他和苏辙是一样的。

清代魏源认为,"鱼不可脱于渊",喻必然之密用不可失,失则非柔弱矣;"利器不可以示人",喻将然之杀机不可露,露则不善用其刚强矣。他的推导逻辑是,"密用"、"杀机"都应该藏在柔弱之中,"不可失"、"不可露",不然就会使"柔弱"不起作用、使"刚强"不得善用。这样看来,他把"鱼"和"利器"比作"刚强";把"渊"和掌握

---

① 范应元《老子道德经古本集注》,第64页。
② 范应元《老子道德经古本集注》,第63—64页。

"利器"的人比作了"柔弱"。"柔弱"为体,"刚强"为用①。

高亨接近魏源,没有把"刚强"视为否定的对象,同样把"鱼"和"利器"比作"刚强",把"渊"和掌握"利器"的人比作"柔弱"。但他的观点更为调和,他认为老子不光要柔弱也要刚强,刚柔相济,但柔弱是刚强的前提。"自己的刚,要隐蔽在柔之中,不可暴露,比如鱼不可脱离水,因为水是鱼的生存条件。国君的政权不可显示给别人,因为政权是国君的生存条件。"②

上述这些注释都试图通过"刚强"与"柔弱"的关系来解释下段两句谚语,似乎各自成理,但也难以确定哪一家更合理。问题在于,在他们那里,"柔弱"和"刚强"的所指常不一致,对"刚强"的价值评判也不一致;其次,他们的解释也都无法和"微明"关联起来。早期文献如《韩非子》《淮南子》等都不从"柔弱"与"刚强"之关系做出解释,结合这一现象,我们认为很有可能是后世之人为了配合"柔弱胜刚强"一句,而造出了种种牵强的说法。

此外,过去的解释,喜欢把"微明"归于上段,把"柔弱胜刚强"归于下段,这不利于判明整体文意。如前文指出的那样,第36章中,只有"是谓微明,柔弱胜刚强"是老子之言,也是全章宗旨,拆开解读是不合理的。"微明"是前提,"柔弱胜刚强"是"微明"的体现,也是方法、过程与结果。有些学者对此有较清醒的认识,例如董平指出:"'柔弱胜刚强',这一句实际上即是讲'微明'之用。既能洞烛玄微而通达道体之用,即能以柔弱而胜刚强。"③可惜他未能结合第36章整体文意和文本诠释的历史作出详细有力的说明。

现在我们回到下段所引谚语的古义,再把"微明"和"柔弱胜刚

---

① 魏源《老子本义》,收入《魏源全集》第十二册,岳麓书社2011年版,第55页。原文为:"柔弱者其体,刚明者其用。然鱼无一时可离于水,此圣人智勇深沉之机,而慎于临时者也。非明不能见,非微明不能守,故切譬以明之。"

② 高亨《老子注释》,收入《高亨著作集林》第五卷,第324—325页。

③ 董平《老子研读》,中华书局2015年版,第162页。

强"结合起来考察,就可以发现其实没有必要非得把"柔弱"、"刚强"同"鱼"、"渊"、"利器"等物象对应起来。

如前所述,"鱼不可脱于渊"的古义是,如同鱼不可以脱离其藏身的深渊,秘密不可以轻易地将其揭露出来,如果揭露出来就会有不祥和危险。"国之利器不可以示人"的古义是,可能会害人害己的不祥之物不要交给别人。老子引用的这两句话,其共同点在于为人所害的结局上,即要么因为揭穿秘密看破心思而被害,要么因为借人利器而被害。因此,老子的着眼点在于,只有具备高度洞察力的人才能知微见著、防微杜渐,将矛盾消灭于无形之中,以免招致巨大的困难和祸患。这种洞察力正是"微明"。如果"将欲……必固……"是通过"微明"最终导致了积极的结果,那么"鱼不可脱于渊"、"利器不可示人"则是通过"微明"最终避免了消极的结果,两者正好是呼应的。借助"微明"所代表的柔弱的力量,将使局面不再限于危险的境地,这比任何事后的、强力的措施都有效、都及时,这就是"柔弱"胜于"刚强"之意。后世之人在"鱼"和"渊"之间、"利器"和不以"利器"示人者之间寻求"柔弱"与"刚强"的关系,看来是没有必要的。很多解释因此越发复杂、走上歧途。

总之,老子通过第 36 章下段两句谚语的引用,也出色地诠释了"微明"及"柔弱胜刚强"的宗旨。

余 论

通过以上分析,我们认识到,第 36 章是一个整体,上段和下段都是古之谚语,老子加以引用,是为了发明"微明"和"柔弱胜刚强"这两大理念。只有这样才能排除因为历代种种原因造成的误读、误释,为第 36 章找出通贯的、合理的解释。

由"微明"体现的洞察玄妙、见微知著的超能力以及"柔弱胜刚强"的方法和原理,是《老子》一书反复强调的主题,第 36 章也是其中之一。因此,第 36 章《老子》所引谚语虽然与权谋论关系密切,但《老子》却超越了权谋论,使其为"微明"和"柔弱胜刚强"的主题服务。辩证观念和反向思维虽然是第36章的思想基础之一,但非论述的重点,将此视为第36章主旨是错误的。上段谚语的引用旨在说明通过"微明"可以导致积极的结果,下端谚语的引用旨在说明通过"微明"可以避免消极的结果,这些都是"柔弱"胜于"刚强"的体现。没有必要在下段各物象之间专门找出"柔弱"和"刚强"的对应关系,历代朝这个方向所作解释是牵强的,和战国时代之后黄老道家把老子思想具体化为治国用兵之术有很大关系。

值得注意的是,虽然"微明"在《老子》中仅此一现,但一定是非常重要的概念。因为在后世道家中"微明"作为一个重要的主题,得到了集中的、全面的推阐,这由两个现象可以得到证明。一是河上公注《老子》把第36章直接命名为"微明",可见后世道家认为这就是第36章的主旨。其次是《文子》中出现了《微明》篇,可见"微明"在后世道家中得到充分的发挥。限于篇幅,我们无法在此对《文子·微明》作出详细论述,但关于此篇主要内容,大致可以总结出以下几点。第一,如宋杜道坚在《文子缵义》中说:"微明者,其道乎?视不以目,听不以耳,得之天而著之心,故能包裹天地,应对无方,不可以智知力求,惟知不知,为不为,言不言,则得之矣。"①此篇突出了"微明"作为"道"之体现,不可言不可知不可为,却又"能包裹天地,应对无方"的神秘性。第二,《文子·微明》内容虽然庞杂,但尤其强调了"察其终始、见其造恩"、"见其所始,则知其所终"、"先[见]福于重关之内,虑患于冥冥之外"、"见本而知末、执一而应万"、"从事于无形之外,而不留心于已成之内"、"祸福之数微而不可见,圣人见其始终,故不可不察"、"祸福之门,利害之反,不可不察"的重要性,即只有掌握"微明"者才能"敬小微、不失时"、"戒祸慎微",察知祸福转换之玄机,在冥冥中知微见著、及早行动、把握先机。第三,如何才能培养"托期于灵台,而归居于物之初,视

---

① 李定生、徐慧君校释《文子校释》,上海古籍出版社2004年版,第263页。对于《文子》的引用均见此书。

于冥冥,听于无声,冥冥之中独有晓焉,寂寞之中独有照焉"的真人。可见《文子·微明》虽然发挥甚多,但基本精神和第 36 章的"微明"是完全一致的。后世道家有意选出"微明"一词,来总括和代表老子思想中深察事物消长之势,通过无形把握有形,通过未然把握已然的丰富内容、宏大智慧。

(作者单位:中国人民大学哲学院)

语词损益与哲理变迁
——读《老子》札记

张丰乾

如果不带偏见的话,我们应该承认老子是中国的第一个大哲学家。而《老子》一书的版本之多,注解之多,翻译之多及相关文献出土之频繁,在古今中外的经典中都是罕见的;与此相应,关于老子其人和《老子》其书的争论也是此起彼伏,乃至纷繁芜杂。

然而,争论繁多并不意味着无所适从;相反,我们可以从诸多《老子》具体文本的语词损益中,了解到相关哲理变迁的线索,以使其思想和文献相得益彰。

一 "天下"与"神器"

王弼本《老子》二十九章:

> 将欲取天下而为之,吾见其不得已。天下神器,不可为也。为者败之,执者失之。①

这是通常的句读。论者在这段话中一直关注于"不可为"之下是否应该有"不可执"之类的语句,似乎没有注意到"天下神器"前后虚词的损益所引起的重大的思想分歧。

---

① (魏)王弼注《老子》,《二十二子》本,上海古籍出版社1986年版。下引此书,不再一一出注。

关于"天下神器",《永乐大典》本作"天下神器也",朱谦之谓:"遂州、景福、敦煌三本均无'也'字。"又"天"字上,傅、范本有"夫"字,河上公、王弼无。范应元曰:"'夫'字,阮籍同古本。"①这样传世本《老子》中就有了三种句式:"天下神器"、"天下神器也"、"夫天下神器"。

关于"天下神器"的含义,王弼注:"神,无形无方也;器,合成也。无形以合,故谓之神器也。万物以自然为性,故可因而不可为也,可通而不可执也。"王弼把"天下神器"解释成"以自然为性"的万物。《老子河上公章句》却说:"器,物也。人乃天下之神物也。神物好安静,不可以有为治。"②河上公注颇有市场,蒋锡昌认为河上公注比王弼注简明,"言天下乃万民所组成,人君不可以施以有为"③。高明认为:"老子所谓器,指万物而言,如第二十八章朴散则为器。"④人为万物之灵,故谓神器。陈鼓应把"天下神器"解释为:"天下是神圣的事物。天下,指天下人。"⑤

不管是哪种解释,普遍的看法都是把"神器"视为主语,"天下"被当成修饰、限定"神器"的形容词"天下的",那么"神器"就是"不可执,不可为"的对象。但是,从上下文来看,前面是讲"将欲取天下而为之,吾见其不不得已","天下"是"取"和"为"的宾语,既然"取天下而为之"是出于"不得已",那么,从逻辑上讲,就应该对这个"天下"作一些解释,以证明其"不可为,不可执"。而在后文如果讲"神器"如何如何,就会夺主之嫌,不太通顺。和王弼本相应的这段话,在帛书本中是这样的:

---

① 转引自朱谦之《老子校释》,中华书局1984年版,第115页。
② 王卡点校《老子道德经河上公章句》,中华书局1993年版。下引此书,不再一一出注。
③ 蒋锡昌《老子校诂》,成都古籍书店1988年影印本。
④ 高明《帛书老子校注》,中华书局1996年版。
⑤ 陈鼓应《老子注释及评价》,中华书局1984年版。

甲本:将欲取天下而为之,吾见其弗□□□□□器也,非可为者也。为者败之,执者失之。
乙本:将欲取□□□□□□□□得已。夫天下神器也,非可为者也。为之者败之,执之者失之。

这也是通常的句读。"天下神器"前面的"夫"和后面的"也"似乎并未引起大家的注意。但是,其他古籍中有关的语句却使我们发现通常的句读有失精确。如《大戴礼记·礼察》:

问:"为天下如何?"
曰:"天下,器也。今人之置器,置诸安处则安;置诸危处则危,而天下之情与器无累,在天子所置尔。"①

这里的意思很明确:所谓"天下"就是一种"器",天下的治乱也就是"器"的安危与否,关键是看统治者把它放在什么样的政治体制之中。《大戴礼记·礼察》进一步举例说,汤武是"置天下于仁义礼乐",而秦王是"置天下于法令刑罚","夫用仁义礼乐为天下者,行五六百年犹存;用法令为天下者,十余年即亡"。同样是讲"为天下"的原则。这里的"天下"是讨论的中心议题,"器"、"仁义礼智"、"法令刑罚"都是围绕着"天下"而言的。《庄子·让王》中更以"大器"解释天下:"故天下,大器也,而不以易身,此有道者之所以异乎俗者也。"②那么,《老子》中的这段话就应该读为:

夫天下,神器也,非可为者也。为(之)者败之,执(之)者失之。

---

① (清)王聘珍《大戴礼记解诂》,中华书局 1983 年版。
② (晋)郭象注《庄子》,《二十二子》本,上海古籍出版社 1986 年版。下引此书,不再一一注明。

显然,"神器"本来就是一个比喻,是对"天下"的说明,在句子中作谓语(表语)。儒家认为天下这个"器"应该置之于"仁义礼乐",而不能像法家那样置之于"法令刑罚",道家却认为"天下"是"神圣的器物","非可为者也","为者败,执者失",言下之意还是强调"为无为"。"神器"可以用来形容"天下",也可以用来形容其他东西,如《后汉书·河间孝王开传》:"窥觎神器。"王俭《褚渊碑文》"桂阳失图,窥觎神器","神器"被用来指代帝位。而把"神器"解释成"万物"或者"天下人"则是主谓颠倒。八角廊简《文子》中也说"万物者,天地之谓也","〔夫天〕地,大器也,不可执,不可为。为者贩(败),执者失"。这里的"大器"和"神器"是一个意思,突出天下与天地的"大"和"神",是为了强调它们的"不可为,不可执",主要也是一种政治哲学。《荀子·王霸》谓"国者,天下之大器也"①,大致的意思也和《老子》一样。

从语法上讲,《老子》前文讲"取天下"如何如何,接着说天下是神圣的器物,更是顺理成章。由此看来,帛书本问世以后,它们和通行本在句式上的差异并没有引起重视。大概在很早的时候,抄手或者刻书者就认为虚词是可有可无的,有的失了"夫",有的丢了"也",王弼本干脆掐头去尾,剩下了一个孤零零的"天下神器",大家都认为老子讲的是天下的神器如何如何,而不知老子本义就是要讲天下乃神圣的器物,这样的误会,大概从河上公那里就已经产生了。

后人对《老子》原文中虚词的轻视俯拾皆是。郭店楚简《老子》中有这样的语句:

夫亦牺智,智足以束,万勿牺自定。②

---

① (唐)杨倞注《荀子》,《二十二子》本,上海古籍出版社1986年版。下引此书,不再一一注明。

② 荆门市博物馆编《郭店楚墓竹简》,文物出版社1998年版。

廖名春校释曰：

"夫",河上公注本,景龙本、易玄本、景福本、庆阳本、楼观台本、磻溪宫本、赵孟頫本、楼正本、敦煌文书 P2548 等皆脱,于省吾也认为"《老子》'夫'字多为后人所增",大概是以"夫"为发语辞,认为不当居重出之文"无名之朴"后。其实这里的"夫"是指代辞,作"彼"讲。①

廖说良是。在"夫天下,神器也,非可为者也"之中,"夫"也是指代词,作"彼"讲。根据文献材料,《老子》中的"夫"、"也"等虚词并非后人所增,反多为后人所删,造成了文意纰缪。

现在,我们借助于帛书本和其他古籍,可以较有把握地说,《老子》中的原文应该是：

夫天下,神器也,非可为者也。

在先秦乃至汉初,把"天下"看成是一种"器",或者是比喻成某种"器"来阐明自己的政治哲学是很普遍的。这个"器"是什么样的,该"放"在什么地方,该怎样对待,儒、道、法诸家的答案各有千秋,特色鲜明。

王孝鱼在点校王夫之的《老子衍》时把"天下"与"神器"断开,但是前无"夫",后无"也",语意虽通,读起来却别扭,自然属于极少数派的地位,也没有引起注意。② 王敔在解释这句话的时候,说"天下虽器也,神常流荡之",也是没有注意原文的结构。可见,虚词的地位不可小视。

同样是在《老子》这段话中,"非可为"之后,帛书甲乙本都有

---

① 廖名春《楚简老子校释之一》,《华学》第三辑,紫禁城出版社 1998 年版,第 191 页。

② （清）王夫之撰,李申译注《老子衍》,巴蜀书社 1992 年版。

"者也"二字，传世本均脱。诸多学者力证传世本"不可为"之后脱漏了"不可执"，因为下文有"执者失"之语，而且今本《文子·道德》言："天下，大器也。不可执也，不可为也，为者败之，执者失之。"① 前文所引八角廊简《父子》和今本出入不大，似乎更为论者提供了依据。但《文子》毕竟是《文子》，根据帛书本的句式，"夫……也……者也"是一个非常完整的判断句，也就是说"夫天下，神器也，非可为者也"一句中"神器"和"非可为"都是"天下"的谓（表）语，翻译过来就是："那个天下，是神妙的器物啊，而不是可以随便摆弄的东西啊！"②

王夫之发挥了老子的思想："以我测天下，天下神。以天下遇我，天下不神。不神者使其神，而天下乱。神者使其不神，而我安。"非常值得留意。

至于下文"持之"和"为之"，"失之"和"败之"只是说法不同，老子是多用几个同义词来强调"不可为"。如果在"非可为"和"者也"之间加一个"非可执"则显得啰嗦，关键是没有文献根据。所以传世诸本脱了"者也"，而且"非"字被改成了"不"字，又引起了一番猜测，似乎更有理由加上"不可执"一词。"者也"在此，于"非可为"一词之后煞尾，构成一个再完整不过的判断句。力证《老子》原文应有"不可执"一词，实为蛇足之说。至于《文子》中有"不可执"之语，可以说是《文子》的思路和后人有契合之处，但《文子》是引用《老子》，不能替代《老子》原文。可见，《老子》中的虚词很需要加以重视，再举一例：

王弼本七十八章：

天下莫柔弱于水而攻坚强者莫之能胜其无以易之

---

① （宋）杜道坚《文子缵义》，《二十二子》本，上海古籍出版社1986年版。下引此书，不再一一注明。

② 拙文原为"神圣"，李若晖先生认为应当是"神妙"，考虑到老子一般强调事物的性质而不是地位，特此更正，并向李若晖先生致谢。

根据帛书本,这段话应标点为:

> 天下莫柔弱于水,而攻坚强者,莫之能胜也——其无以易之也。

这里的"易"即为替代之意,在《老子》看来,水是天下最柔弱不过的东西,但是所有可以用来攻取"坚强"的东西,都比不上水,没有哪种东西可以替代水。"无以易之"即"无物以易之",而不是"真是不能小瞧它的呀",也不是"而人终无以变易其趋下之本性",更不是"攻取坚强,没有比水更容易了"。王注胜于其他各家之注由此也彰明较著。传世诸本脱漏虚词,引起句式乃至文意的转折,也需要引起注意。

二 "知常"与"袭常"

王弼本五十二章:

> 天下有始,以为天下母。既得其母,以知其子;既知其子,复守其母,没身不殆。塞其兑,闭其门,终身不勤。开其兑,济其事,终身不救。见小曰明,守柔曰强。用其光,复归其明,无遗身殃,是为习常。

"习常"二字,多写作"袭常","袭"与"习"二字通用①。"袭常",马王堆帛书乙本"常"之前缺一个字,但"习"当是后人传抄时用的通假字。"常",朱谦之训为"裳",并引《释名》曰:"裳,障也;所以自障蔽也。"把"袭常"解释为"韬藏其光",转折过多,而且与上文"用其光"不能相合,且此处"常"字,帛书甲乙本皆有。帛书甲本另有"复命,常也;知常,明也。不知常,妄。妄作凶。知常,容。"这些

---

① 见朱谦之《老子校释》,第208页。

"常"字,在帛乙本中亦无缺漏,都未作"裳"。朱说不可从。"常"在老子哲学中用来形容客观的法则和规律,是"知"的对象,"知常曰明"。理解"袭常"之义,关键在于"袭"。

袭,《说文解字》:"左衽袍,从衣。"①其本义是指穿衣加服。古丧礼中以衣敛尸也叫袭,《释名·释丧制》:"衣尸曰袭。袭,匝也,以衣周匝覆衣之也。"《仪礼·士丧礼》:"主人袭反位。"郑玄注:"袭,复衣也。"贾公彦疏:"云'袭',复衣者,以其向袒则露形,则云袭,是复著衣,故云'复衣'。"②衣上加衣也叫"袭",《礼记·内则》:"寒不敢袭,痒不敢搔。"《仪礼·七丧礼》:"商祝袭祭服,褖衣","乃袭三称明衣。"司马相如《上林赋》:"袭朝服。"

袭还有继承、沿袭、因循之意。《墨子·非攻下》:"袭汤之绪。"《左传·昭公二十八年》:"九德不愆,作事无悔,故袭天禄,子孙赖之。"由此而引申出重复、模仿、照搬、全盘接受之义《左传·哀公十年》:"事不再令,人不袭吉。"《荀子·不苟》:"山渊平,天地比,齐秦袭。"杨倞注:"袭,合也。"杨注非,所谓齐秦"袭",就是指齐和秦相互重复,没什么区别。《韩非子·孤愤》:"与死人同病者,不可生也;与亡国同事者,不可存也。今袭迹于齐晋,欲图安存,不可得也。"《国语·晋语》:"大国道,小国袭焉日服;小国傲,大国袭焉日诛。"同样是"全盘接受",却有"服"和"诛"的截然区别,最具保守意义的"袭"因而成了最有威胁"袭取"、"袭击"。真可谓"无为而无不为"。

袭另有退守于、置身于某种状态的意思。《楚辞·宋玉〈九辩〉》:"去白日之昭昭兮,袭长夜之悠悠。离芳蔼之方壮兮,余萎约而悲愁。"朱熹注:"袭,入也。"朱注不确。"去白日之昭昭兮,袭长夜之悠悠"也是一种"去此取彼"的行为,只不过在宋玉的笔下是一种悲愁和无奈,"袭长夜之悠悠"就是置身于悠悠之长夜,而且是在

---

① (汉)许慎《说文解字》,中华书局1984年版。
② (汉)郑玄注,(唐)贾公彦疏,黄侃经文句读《仪礼注疏》,上海古籍出版社1990年版。下引此书,不再一一注明。

相当长的时间内守着漫漫长夜,这个"袭"字可谓意味深长,而"入"可以即入即出,不足以准确阐释作者"萎约而悲愁"的心境。《淮南子·览冥》"虎豹袭穴而不敢咆"①。是说虎豹退守于山洞之中不敢造次,一个"袭"字正说明其被迫之中又有固守之意,岂能用一个"入"字来替代。

《老子》的"袭常"之"袭",首先是指如承袭禄位一样全盘接受,此之谓"知常",在老子看来,"道"作为客观的规律和法则,其特性在于"常"。"知常曰明,不知常,妄作凶"。《淮南子·天文》:"天地之袭精为阴阳。"高诱注:"袭,合也。"高注非。"天地之袭精为阴阳"分开来讲,就是"天之袭精曰阳,地之袭精曰阴","袭"即承袭之意。在老子哲学中,圣人的智慧就体现在他承袭了"常"。"常"之为"常"就在于它不能损益,只能因袭。但是人们常常试图讲解"道之常",宣传"道之常",老子却反复强调"知白守辱"、"知雄守雌"、"知子守母",就是要用"塞其兑,闭其门"、"涤除玄览"的方法"置身于常","退守于常","固守于常",此之谓"袭常",即知常而守常。"常"是"袭"的对象,"袭"是为"常"应有的态度和正确的做法,未知"常"时,如祖形的僵尸一样无所蔽护,当"置身于常","退守于常"时如天地"袭精"一样无所不为,以因袭、重复那样"无为"的态度对待"常",就能达到"明"的状态,达到"无不为"的目标。老子哲学中好言"守",其实,"袭"正是最佳的一种"守",通过"袭"这种方式,圣人和道达到了契合的境界,由此治天下则能抓住要害,无所不袭,不所不取,由"全盘接受"而至"全盘占有",正是老子从不同角度用不同的语言反复申论的理想。圣人之所以能够"无为"、"无以为"而"无不为",其原因和根据就在于"袭常"。老子说"没身不殆","终身不勤",把"袭"看作终生之事,如有背离"开其兑,济其事,终身不救"。可见,"袭常"是老子哲学中一个极为重要的概念,不可等闲视之。

---

① (汉)高诱注《淮南子》,《二十二子》本,上海古籍出版社1986年版。下引此书,不再一一出注。

三 "袭明"与"曳明"

王弼本二十七章：

> 善行无辙迹，善言无瑕。善数不用筹策，善闭无关键而不可开，善结无绳约而不可解。是以圣人常善救人，故无弃人；常善救物，故无弃物，是谓袭明。

这里的"袭明"，《河上公注》解为："是谓袭明天（大）道。"解犹未解。奚侗解为："因顺常道。"把"袭常"和"袭明"混为一谈。前文已经论及，"常"意指客观的规律和法则，而在《老子》中，"明"乃是主体固有的智慧，"见小曰明"、"自知者明"、"不自见，故明"、"自见不明"、"用其光，复归其明"、"知常曰明"，既然是主体固有的、内在的智慧，那就无所谓"袭"与"不袭"的问题。看来，"袭明"另有他意。

"袭明"在帛甲本中作"愧明"，在帛乙本中作"曳明"，曳和袭有什么区别，似乎无人留意，注释者多以"古音近"来解释。愧与曳相通应该是没问题的，但在传世本与帛甲本同，均未曾写作"曳常"。看来有必要对"曳"之意作一些探讨。

帛书乙本"曳明"之前的相关语句和传世诸本在意旨上并无大的出入，"明"的涵义也比较清楚，关键是怎样理解"曳"。

《说文解字》："曳，臾曳也。从申，丿声。"关于"丿"，《说文解字》："抴也，明也，象抴引之形。"徐锴曰："象丿而不举首。"《庄子·齐物论》有"以明"之说，"以"与"丿"相通倒有充分的理由，《庄子》所言应该是引用了《老子》中的话。所以，"曳明"之意更有商讨的必要。

《诗·唐风·山有枢》："子衣裳，弗曳弗娄。"毛传："娄亦曳也。"孔颖达疏："曳者，衣裳在身，行必曳之。"《盐铁论·刺权》："妇女被罗纨，婢妾曳绨纻。"《汉书·食货志》："千里敖游，冠盖相望，乘坚策肥；履丝曳缟。"无论是"衣裳"、"丝缟"还是"绨纻"，牵引起来都用不着花很大的力气，似引而非引，有"引"的意识即可。

《仪礼·士相见礼》："执玉者，唯舒。武举前曳踵。"郑玄注："唯舒者，重玉器也，慎也，武，迹。举前曳踵，备足蹶跌也。今文无者，古文曳作抴。"贾公彦疏："云备足蹶跌者，足蹶跌则颠倒，恐损玉，故徐趋也。"

《楚辞·刘向〈九叹·远逝〉》："曳慧星之皓旰兮，抚朱爵与骏鸷。"司马相如《大人赋》："重旬始以为惨兮，曳慧星而为髾。"可见，"曳"、"抴"通用是较普遍的。"曳踵"即轻轻地抬起脚后跟，小心翼翼之貌。"曳慧星之皓旰"和"曳慧星而为髾"都是指用很轻易的手段得到极难得的东西。

《荀子·非相》中有"度己则以绳，接人则有抴"的说法，对我们进一步了解抴（曳）的含义颇有助益。

> 凡说之难，以至高遇至卑，以至治接至乱。未可直至也，远举则病缪，近世则病佣。善者于是间也，亦必远举而不缪，近世而不佣，与时迁徙，与世偃仰，缓急嬴绌，府然若渠匽檃栝之于己也，曲得所谓焉，然而不折伤。故君子之度己则以绳，接人则用抴。度己以绳，故足以为天下法则矣。接人用抴，故能宽容，因求以成天下之大事矣。故君子贤而能容罢，知而能容愚，博而能容浅，粹而能容杂，夫是之谓兼术。

"君子之度己则以绳，接人则用抴。"杨倞注："抴，牵引也。度己，犹正己也。君子正己则以绳墨，接人则牵引而致之，言正己而驯致人也。""抴"与"绳"相对为文，是一种极为宽松、兼容并包、无所遗弃的"接人"之术。

《淮南子·道应》中所举事例，是这一思想的很好注脚：

> 昔者，公孙龙在赵之时，谓弟子曰："人而无能者，龙不能与游。"有客衣褐带索而见曰："臣能呼。"公孙龙谓弟子曰："门

下故有能呼者乎?"对曰:"无有。"公孙龙曰:"与之弟子之籍。"后数日,往说燕王,至于河上而航在一汜,使善呼者呼之,一呼而船来。故老子曰:"人无弃人,物无弃物,是谓袭明。"

公孙龙把能呼者纳入门下,一是问明弟子中是否有能呼者,然后说"与之弟子之籍",可谓不费吹灰之力,能呼者却在关键时候把在河对岸的船叫过来。公孙龙的这种作法在某种程度上体现了"拽"或曰"曳"的特征。

至此,我们对"曳"可以有较准确的把握。所谓"曳明"者,就是宽容之明,牵引之明,无所遗弃之明,如果用强制、灌输、诱骗的方法则与"明"失之远矣。圣人之所以无弃人、无弃物,是因为善救人,善救物,圣人之善就体现在"曳"上,也是"辅万物之自然而不敢为","这个"曳"字是对"辅"的最好说明。

所以说,《老子》之中,"曳明"(拽明或愧明)乃是《老子》中的原文,也就《庄子·齐物论》中的"以明"。《齐物论》中说"为是不用而寓诸庸,此之为以明",在《庄子》中也是强调不要以己之所好、己之所长去炫耀于人并试图使众人"同乎我之所好",不用的东西蕴含在"用"之中,也是"无弃物"的意思。至于《淮南子》所引作"袭明"有两种可能,一是《淮南子》把"曳明"据"袭常"而改成了"袭明",二是后人在校刻《淮南子》时据被改动的《老子》把"曳明"改成了"袭明"。袭、曳在方言中确有混同的可能,且《老子》中又有"袭常"之说,这大概是"曳明"一词被改为"袭明"的原因。这一改动,使"曳明"之意长久被萌蔽,看来帛书《老子》的价值还有待于进一步的挖掘。

《老子》中的"微明"和"曳明"属同一类型的语词,"微"是幽深、隐匿之意,《周易·系辞下》:"君子知微知彰,知柔知刚。"《逸周书·度训解》:"分微在明。"用《老子》中的语句"搏之不得曰微",帛书本为"视之而弗见,名之曰微"。"鱼不脱于渊","国之利器不示于人"都是一种"微"。《荀子·非相》:"以近知远,以一知万,以微知明。"《老子》言"正言若反",就像极端重视雌、弱、卑、下一样,《老子》把"微"也视为一种"明",一种察微知幽的"明"。

四 "知"与"智"

郭店竹简和马王堆帛书《老子》在用字上有一些有意思的差别。竹简中尽用"智"而帛书中尽用"知"。传世本则有的地方用"知",有的地方用"智"。综合起来,知(智)有二义:一是指领会、理解、把握、洞悉等义,如"知其雄"、"知其白"、"知足"、"知止"、"知和"、"知常"、"自知者明"、"吾不知其名"等等;二是指机智、聪明、诡诈等义,在传世本中常作"智",如"民之难治,以其智多。故以智治国,国之贼也;不以智治国,国之福也"("不以智"帛书本为"以不知")、帛乙本"受国(治)民,能毋知乎"("能毋以知"王弼本作"能无知")、帛甲本"人多知,而何(奇)物兹(滋)"、竹简本"人多智天〈而〉欹勿(物)慈起"等等。对后一意义上的"智",老子是持反对态度的,今本反复强调"不以智治国",不仅愚民,而且愚王,竹简本开篇即说"绝智弃辩"。"知"与"智"通用一般不会引起误解,但有的地方反复出现却要仔细分辨。

王弼本第三章:

> 不尚贤,使民不争。不贵难得之货,使民不为盗。不见可欲,使民心不乱。是以圣人之治,虚其心,实其腹,弱其志,强其骨。常使民无知无欲,使夫智者不敢为也,为无为,则无不治。

该章最后一句有"知"和"智",河上公本与王弼本同,景龙本作"常使民无知无欲,使知者不敢为,则无不治"。"不敢为"有的版本作"不敢不为"。朱谦之谓:"《老子》原意谓常使一般人民无知,无欲,常使少数智者不敢、不为;如是则清静自化,而无不治。又案不敢、不为,即不治治之。"朱说有自相矛盾之处,前者说"不敢、不为"是指"少数智者",后者说"不敢、不为,即不治治之"是指"圣人"而

言,还引用《论衡·自然篇》作为例证:

> 《论衡·自然篇》曰:"蘧伯玉治卫,子贡使人问之:'何以治卫?'对曰:'以不治治之。夫不治之治,无为之道也。'"谊即本此。盖老子之意,以为太上无治。

那么,究竟是谁"不敢、不为"呢?"使夫智者不敢为也"一句,河上公注"思虑深,不轻言者也",王弼注"智者知为",可谓莫衷一是。

帛书本此处与传世诸本皆有差别:甲本残存"使民无知无欲也,使",乙本保存较为完整:

> 恒使民无知无欲也使夫知不敢弗为而已则无不治矣

帛乙本中"知"下并无"者"字,也无"为无为"之说,看来"不敢不为"接近于古本。"不为"即帛乙本中的"弗为",但帛乙本中"而已"二字在传世本中不见踪影。这些差别造成了句意上的不同。高明以为"朱说诚是,帛书乙本则为其说得一确证"①。

笔者以为帛乙本中这句话可作如下理解:

> 恒使民无智无欲也,使夫知不敢,弗为而已,则无不治矣。

圣人要树立榜样(尚贤),则百姓会弄虚作假,争当先进;圣人要看重稀有之物,则百姓会千方百计窃为己有;圣人如果不拿什么东西来刺激百姓的欲望,就能使百姓相安无事。前面的"智"指"争"、"盗"、"乱"的手段和技巧。而后文的"知不敢"即"懂得不敢的道理","弗为"也指百姓而言,意为"不妄为",这样就能达到"无不治"。"使民无智"即竹简本中的"绝智","使夫知不敢"之"知"断

---

① 高明《帛书老子校注》,中华书局1996年版。

不可理解为"智者",《老子》中言"知者不言,言者不知","知者不博,博者不知","知者"或"智者"即有智慧的人,不在被反对之列。

王弼本七十章"知我者希,则我者贵",在帛乙本中为"知者希,则我贵矣",帛乙本前半句并无"我"字,意为有智慧的人很少,那么我就显得很难得,当据帛乙本改正传世本之误。可见,《老子》对"知(智)者"很重视。而从民之中分化出"少数智者"更显牵强。《老子》中言:"勇于敢则杀,勇于不敢则活。""不敢"正是要民"知"的对象。圣人"不尚贤"、"不贵难得之货"、"不见可欲",使百姓"无智无欲"、"知不敢",不妄为(弗为),如此而已,其效果却是无不治矣。今传世本中衍出"者"、"为无为",脱漏"而已",传世本相互干扰,注者亦未能解其真意,帛乙本中留下的"钥匙"更显珍贵。

五 "声"与"圣"

传世本《老子》中的"圣"字,在帛甲本中多写作"声",在帛乙本中多写作"耵"。而在传世本中作"声"的地方,在郭店竹简本中又写作"圣",如"大音希圣"、"音圣之相和也"。和帛书《老子》一起出土的马王堆《五行》篇却和郭店竹简《五行》一样,"圣"、"声"通用。帛书《五行》:"聪者,圣之臧(藏)于耳者也,犹孔子之闻轻者之击而得夏之庐也。"①竹简《五行》:"金圣,善也;玉音,圣也。""金圣而玉晨(振)之。"

"圣"、"声"通用固然可以用音同来解释,但在郭店竹简《五行》、马王堆帛书《五行》、八角廊简《文子》、《大戴礼记》、《新书》等典籍中,都以"闻而知之"来解释"圣","闻"的对象自然是"声",竹简《五行》:"玉音则型(形),型(形)则圣。"帛书《五行》:"闻君子道则玉言,玉言则〔形,形则〕圣。""圣"和"音"、"言"有密切关系。看来"声"和"圣"在语义上亦有内在联系。

郭沫若《卜辞通纂》考释"畋游":"古听、声、圣乃一字,其字即

---

① 庞朴《帛书五行篇研究》,齐鲁书社1980年版。

作'耵',从口耳会意,言口有所言,耳得之而为声。其得声之动作则为听。圣、声、听均后起之字也。圣从耵,壬声,仅于耵之初文附以声符而已。"①《说文解字》:"圣,通也。从耳,呈声。"段玉裁注:"圣从耳者,谓其耳顺。《风俗通》曰:'圣者,声也。言闻声以知情。'按声、圣字古相假借。"②所谓"圣从耳者",应该如郭沫若所言,"古听、圣、声乃一字"。其字作"耵",从口耳会意,段注所引《风俗通》之言,正是以"声"解"圣",马王堆帛书《老子》甲本卷后古佚书之四(《德圣》)也是如此:

圣者,声也。圣者知,圣之知知天,其事化翟。其胃之圣者,取诸声也。知天者有声,知其不化,知也。

郭店竹简中应作"听"的地方,亦写作"圣":

视之不足见,圣之不足听。(《老子》丙)
容色,目司也。圣,耳司也。(《语丛一》)

可见,段注"谓其耳顺"暗引孔子"六十耳顺"之言,偏离了"圣"的本义,而帛乙本《老子》中"圣"写作"耵"更说明"圣"和"声"、"听"皆有内在的同源关系,可证郭说之确。

当然,"圣"之为"圣"不仅在于"闻"或"听",更在于"知"或"智"。

六 "圣"与"知"(智)

《新书·保傅》:

---

① 郭沫若《卜辞通纂》,科学出版社1983年版。
② (汉)许慎撰,(清)段玉裁注《说文解字注》,上海古籍出版社1988年影印本。

"前车覆而后车戒。"夫殷、周之所以长久者,其已事可知也,然而不能从,是不法圣智也。秦之亟绝者,其轨迹可见也,然而不避,是后车又覆也。①

在《大戴礼记·保傅》中也有相似内容,"不法圣知"就是不能依照历史上已有的成功经验,而秦之速亡,"其辙迹可见",必须吸取其教训。《大戴礼记·四代》解释说:"圣,知之华也。"在郭店竹简、马王堆帛书和八角廊简中对"圣"、"知(智)"也都有讨论。

八角廊简《文子》:

平王曰:"何谓圣知?"文子曰:"闻而知之,圣也。……知也。故圣者闻而知择道,知者见祸福而知择行。故闻而知之,圣也……知也。成刑(形)者可见而未生,知者见成……"②

今本《文子·道德》相关内容有助于我们了解"圣知"的概念。

文子问圣智。
老子曰:"闻而知之,圣也;见而知之,智也。故圣人常闻祸福所生而择其道,智者常见祸福成形而择其行;圣人知天道吉凶,故知祸福所生;智者先见成形,故知祸福之门。闻未生圣也,先见成形智也,无闻见在愚迷。"

郭店竹简《五行》对"圣""智"有明确的定义:

见而智之,智也;声而知之,圣也。

帛书《五行》篇对"圣""知"的理解和郭店楚简相似:

---

① (汉)贾谊《新书》,《二十二子》本,上海古籍出版社1986年版。
② 释文见《文物》1995年第12期。

> 闻君子之道,聪也;闻而知之,圣也;圣人知天道,知而行之,圣〔义〕也。见而知之,知也,知而安之,仁也。安而敬之,礼也。
>
> 圣始天,知始人。
>
> 圣为崇,知为广。

帛书《老子》甲本卷后古佚书之四(《德圣》)则进一步把"圣"和"天"、"知"(智)和"人"联系起来:

> 圣,天知也。知人道曰知,知天道曰圣。

综合以上诸文,对"圣"和"知"(智)的理解大体相同,所谓"圣"是一种水平很高的"知",是"知之华",能根据间接的、历史的、遥远的信息把握事物的要害,得出正确的结论,选择合适的行为;而"知"(智)则是对直接的、现实的、就近的事物作出判断。"圣"和"知"(智)显然都是有认识论的意味。郭店竹简《六德》又把"圣智"纳入"六德","圣"在帛书《五行》和竹简《五行》中,和仁、义、礼、信等行为准则和道德标准有密切关系。《大戴礼记·盛德》则把道、德、仁、圣、义、礼作为"六政",申论其治国安民的重要意义。后儒有"闻见之治"和"德性之知"的分别,伦理道德的意味日盛一日,而"圣人"也似乎成了道德完满者的代名词,殊不知,至少在先秦以乃汉初,"圣"的主要特点却是"知"(智),是最高水平的"知"(智)。而且在这一时期,"圣知"似乎是颇为流行的概念。

传世《老子》诸本皆有"绝圣弃知"之说,在帛书本中已是如此,属道家著作的竹简《文子》对"圣知"也有讨论。郭店竹简《老子》没有"绝仁弃义"、"绝圣弃知"之说。这种情况被称之为儒道两家在郭店竹简中的"和平共处"。事实上,《老子》思想的核心是"无为之治"、"不言之教",强调"为无为,事无事,味无味",这一点在郭店竹简中反映得很充分,儒墨两家曾被视为先秦的显学,这并非指《老子》哲学不被看重,而应理解为《老子》之中并无明显而激烈的学派偏见,这是郭店竹简给我们的启示。

黄老之学兴盛于战国后期至西汉初年,被喻之为"采儒墨之善,撮名法之要",但是郭店竹简之后,马王堆帛书之前(或同时),《老子》之中却出现了"绝圣弃知"、"绝仁弃义"这样针对性很强、很有"来头"的提法。这种显著的变化似乎说明道家思想在战国后期以至秦汉之际并非都向儒家靠拢,那么,对道家思想尤其是《老子》思想流传的复杂性就应该有所注意。这是郭店竹简给我们的又一启示。

饶宗颐先生业已指出:

> 我以为我们应该提倡"训诂哲学",历史上若干重要观念的疏通证明,非采用训诂学方法难以解决问题,"贞"之一义正是其中之例。
>
> 窃以为治中国古代哲学,宜除开二障,一是西方框框之障,二是疑古过甚之障。东方思想的源泉由本土茁长而生,有自己的 pattern,不必套取西方的模式。文献上的资料,经典上的语言,不仅要处理文字的表面意义,还须进一步理解它内在的深层意义,和其他相关的经典语言的同义异辞。……古文资料还是很有用的。①

窃以为饶先生此言厚积薄发,语重心长,意义重大。《老子》其书,旨深辞奥,发挥余地很大,注译解析者数不胜数。然而,如果没有训诂的根据,往往是越说起远,失之毫厘,谬以千里;同时,《老子》毕竟是讲哲学的书,没有哲学的眼光亦难以把握其遣词造句的精义。今日学者,得见地下文献多矣,这些文献在当时或许只是赝品,于今日却弥足珍贵。地下文献与传世典籍相互比照,重新考察

---

① 饶宗颐《"贞"的哲学》,《华学》第三辑,紫禁城出版社1998年版,第13页。

和检讨学术史、思想史，或许"训诂哲学"的路子最为可取①。汉宋之风的融会贯通似乎比套用西方模式解析中国哲学的方法更为可行，也比彼此之间的相互鄙薄更为明智。当然，"哲学"一词本来也是日本人在翻译"Philosophy"时的发明，今日之学术，比照和汲取西方的思想和方法也是不可或缺的，只是不要变成"框框"就好。

【附记】

本文之最初写作，颇受庞朴、王博二先生的启发及郑万耕、廖名春二先生的促动，王葆玹先生所与指点和帮助尤多，谨致谢忱。并恳请方家赐正。

【又记】

本文原题《老子索隐》，发表在饶宗颐主编《华学》第四辑（中山大学出版社 2000 年版），亦被一些网站转载，此次修订，在资料的取舍和论断的陈述上略有润色。为阅读方便，简帛文字尽量使用通行字。

【再记】

本文承蒙刘笑敢先生垂青，于其《老子古今》中提及。刘先生之《老子古今》现已出版修订版，诚为《老子》研究集大成之作。笔者以"敝帚自珍"为借口，不揣冒昧，提交本次论坛，对刘先生的诸多高见和学界的最新研究成果暂未引用，仍祈盼方家不吝指正，以资日后全面之修订。

（作者单位：中山大学哲学系）

---

① 拙文《训诂哲学初论》（《现代哲学》2004 年第 3 期）对此略有阐发。

道家无为观的思想内涵、诠释倾向与现代转化

白延辉

作为道家的一个重要概念,无为不仅是天道的规律和特征,也是人的现实存在方式。道家思想家们将无为向上推之于天道,向下贯穿于人类社会以及个人行为方式,使得无为观念成为道家价值体系中最重要的概念之一,但也因为其独特的思维方式经常被世人诟病为消极退缩。仅从字面上理解道家的"无为"势必引起误解,事实上,道家的"无为"观有它独特的内涵与语境,也有它存在的合理性。本文试图回到道家无为观念的历史语境中,探索其基本含义,并分析其变化的倾向,思考其转化创新的途径,使古老的道家概念焕发出新的活力。这就要求我们回到无为观念本身,对无为观念的提出、基本内涵、诠释倾向作一番追根寻源的思考。

一 无为观念的提出及其基本内涵

道家哲学尤其是老子哲学有一个巨大贡献,那就是不仅在中国哲学史上第一次提出了系统的本体论学说,而且第一次用否定性的概念描述了存在本体,并由此形成了道家哲学独特的哲学思维方式——否定性的思维。老子从有、无入手考察道体的存在方式,道的特性即"道法自然",而"自然"以"无形"、"无声"、"无象"、"无为"为特征,"无"就成为道的根本特性,避免了对道这个最高本体做出片面的、有限的认识,所以"无为"与"自然"观念一样具有超

越性特征，是宇宙的根本法则和存在状态。在否定了天道自然的有限性基础上，老子将否定性思维方式进一步贯彻到世道和人道，指出人生和社会应该遵道、行道，与道浑然一体，即"惟道是从"（第二十一章），因而无为既是治国方略，也是人生境界和修养身心的原则。若将无为作为治国方略，则治国要像道任由万物那样顺任自然，不要乱发政令而搅扰人民，处无为之事，行不言之教，不强迫人民做违反自然本性的事，要让人民在自然而然的状态中自我生息化育而感觉不到统治者的存在，推行有具有自然、顺任的特性的治国方式。若要将无为作为人生境界，老子认为人应保有自己的自然本性，像初生婴儿般纯真质朴、柔弱不争，在精神追求问题上追求超越洒脱，从而融合复归于天地造化之中，与宇宙自然冥合一体，坚持"抱一"、"同于道"的理想人生状态。如果将无为作为身心修养的方法，老子则提倡虚静自然、见素抱朴、少私寡欲，减少五色、五味等外在欲望，指出治人事天莫若"啬"，用爱惜精神的方法保持身心健康。

经过老子以及后世道家学者的反复阐释，无为成为道家哲学中内涵最为丰富的观念。概括而言，其含义主要有三：一是"顺自然而为"；二是"无为无以为"；三是"无意识而为"。

（一）顺自然而为

以"顺自然而为"理解无为从王弼就开始了，王弼通过对《老子》的注解，表达了对"自然"和"无为"的见解。在注解《老子》第五章的"天地不仁，以万物为刍狗"时，王弼说："天地任自然，无为无造，万物自相治理，故不仁也。仁者必造立施化，有恩有为。造立施化，则物失其真。有恩有为，则物不具存。"[①]在王弼看来，天完全是一种自然存在，所以"天地任自然"就是告诉人们，天地本无所谓仁与不仁的价值判断，因而也就不具有道德和善恶的价值。王弼在解释"道法自然"的说法时，明确地把自然看成是道所遵循的

---

① 楼宇烈《王弼集校释》，中华书局 1980 年版。下引此书，不再一一注明。

道家无为观的思想内涵、诠释倾向与现代转化

对象,并认为道的根本特性就是不违背"自然","道不违自然,乃得其性。法自然者,在方而法方,在圆而法圆,与自然无所违也"。在解释《老子》"功成事遂,百姓皆谓我自然"时,王弼注解说:"自然,其端兆不可得而见也,其意趣不可得而睹也……居无为之事,行不言之教,不以形立物,故功成事遂,而百姓不知其所以然也。"所以,从王弼开始,将"无为"与"自然"相联系,指出无为并不是"什么事都不要做",而是"什么违反自然规律的、勉强的事都不要做",使得道家无为所特指的"所为之事"的范围越来越明确,也成为道家解释"无为"之含义的主要倾向。的确,道家的"无为"观念,包含着不妄为、不乱为、不反自然而为的含义,其目的仍然在于上通天道而下明人事。这也是老子道家在看到现实社会中过多的积极有为反而为人类带来过多灾难的现实之后得出的结论。老子看到,与统治者的"朝甚除,田甚芜,仓甚虚;服文采,带利剑,厌饮食,财货有余"(五十三章)的穷奢极欲相比较,人民的状态却是"民之饥"、"民之难治"、"民之轻死"(七十五章)。所以,老子所以才向往那种"太上不知有之"(十七章)的理想社会,在这个社会中,"圣人无常心,以百姓心为心"(四十九章),是一个顺任百姓之自然的、无为而治的理想社会。

(二) 无为无以为

从字面上看来,"无为"就是否定了"做事",提倡"无所作为"、"不做事"、"不需要做事"。学术界为了阐明道家无为观念的宗旨,往往反对这样的理解。但事实上,道家的无为观念,确实包含着"无所作为"的含义。这不是仅仅从字面理解的望文生义,老子、庄子等人提倡的"无为"都含有"不需要做事"的意义。在老子那里,他把"无为而无以为"归之于"上德",反复强调"处无为之事",目的在于强调政府或者圣人"不要做"那些搅扰百姓的"事",即可达到人民"自化"的结果。可以发现,在老子这里的"无为"的确包含着"不做事"的意义,只是这些"事"是有所指的,并不是"不做所有事",而是"不做某些事"。道家的继承者庄子将无为与天道自然紧密联系在一起,天道自然无为,人道亦应无为,"无为名尸,无为谋

府,无为事任,无为知主。体尽无穷,而游无朕。尽其所受乎天而无见得,亦虚而已!至人之用心若镜,不将不迎,应而无藏,故能胜物而不伤"(《庄子·应帝王》)[①]。"用心若镜"、"不将不迎"、"胜物而不伤",恰恰也是"不做事",是在高扬天道自然化育万物的基础上,对人的某些行为的反对。所以,理解无为,不能因为无为含义的丰富性而否认无为的"无所作为"的字面意义,关键在于要透过字面意义去挖掘其更深层的含义,那就是老子道家为什么要提出这样一个与普遍价值相反的理念,而不去肯定积极有为的重要意义。如果从思想产生的背景看,老子的史官身份是一个重要原因。老子看遍了人类祸福古今存亡之道,看到了文明对于人类社会的负面影响,因此具有了更加冷静的、理性的思维方式,从否定性思维出发,提出一个与众不同但是也发人深省的思维方式和价值理念。

(三)无目的而为

无为还具有"无意识"、"无目的"的含义。因为意识性和目的性是人所具有的特性,但如果将无为确定为"天"和"道"所具有的性质,将无为形上化,那么就不应该有人的意志的东西在里面。在道家看来,只可"因顺"不可"违逆"的"自然"是事物本性中内在的、本然的东西,与意识无关。在道家这里,"天地"和"道"完全按照它本然的样子自然运行,本来就无所谓仁与不仁的意识与目的,也不会对人的行为或者表彰或者惩罚,也不会因为顾及人的各种愿望而改变运行状态。如果将无为归之于现实世界的方法和原则,仍然具有抽象性,成为外化于人的方法或者规律,也应该不出现个人的目的或者意识在里面,也不会具体参与到人间事务中。犹如"天地不仁,以万物为刍狗",万物自生自化。事实上,对主观意志的否定式,既否定了天道的意志,也为限制了人间君主的意志,道家希望统治者既不要做也不要去想那些违背自然的事。所以,老子主

[①] (清)郭庆藩《庄子集释》,中华书局 2004 年版。下引此书,不再一一注明。

张圣人"去甚,去奢,去泰"(二十九章),不尚贤、不贵难得之货、不见可欲(第三章),不以兵强天下,否则就会出现"大灾之后必有凶年"(三十章)的后果。从老子开始,道家学者对于现实社会的思索,总是从控制统治者的各种欲望、目的、意志的角度出发,提倡与民休息、轻徭薄赋、清静无为的政治主张,成为在每一次经历长时间的战争以后急需要恢复社会经济和发展生产的特定时期内中国历代王朝所认可的治国政策。但是,这并不代表无为可以始终为统治者所用,一旦国家生产恢复、经济强盛,道家的无为治国理念就会成为消极退守、不合时宜的代名词,最终会被更激进的思想即儒家思想所取代。所以,无为作为一种否定性思维方式和价值理念,总是成为"在野之思",与被统治者作为意识形态的"在朝之思"的儒家思想相呼应,成为中国古代社会一阴一阳、或隐或显的两种治国理念和价值取向。

二 无为观念的诠释倾向

无为是道家人生观、价值观的基本体现和主张,自老子高度关注无为的概念并将无为观念形上化以后,无为开始被道家的继承者反复诠释。由于无为观念内涵的丰富性,在后世的传承过程中出现三种不同的倾向:一是将无为精神化,如庄子;二是将无为制度化,如黄老;三是将无为修养化,如道教。与之相应的实现路径表现于形上层面的精神超越、社会层面的王道政治、个人层面的身心修养。

(一)精神化的无为

庄子侧重发挥无为在人生境界追求问题上的运用,对无为思想的继承和发展呈现出明显的精神化、内向化的特征。庄子在《逍遥游》中区分了人的不同的"在"世方式。"故夫知效一官、行比一乡,德合一君而征一国者,其自视也亦若此矣。而宋荣子犹然笑之。且举世而誉之而不加劝,举世而非之而不加沮,定乎内外之分,辩乎荣辱之境,斯已矣。彼其于世,未数数然也。虽然,犹有未树也。夫列子御风而行,泠然善也,旬有五日而后反。彼于致福者,未数数然也。此虽免乎行,犹有所待者也。若夫乘天地之正,而御六气之辩,以游无穷者,彼且恶乎待哉?故曰:至人无己,神人无功,圣人无名。""知效一官、行比一乡"是对于政治、伦理的积极探索,这是依据外在的道德系统而形成的评价系统,在庄子看来,这是最受限、最不自由的生活方式和价值理念。宋荣子进了一步,他不为外在的评价系统所干扰,不为毁誉所束缚,以自我的价值取向为优先选择,拒斥外在的影响,但他仍然执着于内外之分、荣辱之境的分别和界限,从而难以达到真正的逍遥和自由。列子御风而行,尽管看似自由自在,其实仍有所待、有所限制。只有超越限定、摆脱限制,即"乘天地之正"、"游于无穷"、走向"无待"的境界,即顺乎事物内在的本性、遵循存在自身的法则,避免对事物作人为的分别、划界,这才是真正的逍遥与自然。

庄子以上的几种"在"世方式,是从外向内、从形下到形上、从政治伦理到精神自由、从人为到自然的逻辑进展过程,也是人生境界的不断提升过程。在庄子这里,"自然"表现为合乎人本身的天性或者人性的存在,所以,与"人为"是相对的。在庄子看来,礼仪文明和世俗社会对人而言是束缚或者压抑,在礼乐文明的形势下,人会失去其本真的状态而否定自我本性,走向非人化,此时的人难以成为真正意义上的人。所以庄子提倡"不与化为人,安能化人"(《庄子·天运》)。与天性为一才能达到人的本真状态。所以,庄子提倡的"逍遥无为"是远离政治生活与世俗的伦理道德的精神化的、内在化的无为,是对人生更高境界的不懈追求。《逍遥游》中庄子所谓"无何有之乡,广莫之野,彷徨乎无为其侧,逍遥乎寝卧其下,不夭斤斧,物无害者,无所可用"的描述,就是对超越社会、超越政治、超越自我的、趋近于天道的理想境界的憧憬。在庄子看来,"无为而尊者,天道也。有为而累者,人道也"(《在宥》)。人世间中的政治、伦理、追求,都是所谓"有为而累"之人道,只有无为方值得尊重,因为无为是属于天道自然的。

当然,作为道家的继承者,庄子所说的无为与老子一样,有时也是指政治人格和圣人具备或者应具备的优秀智慧。如"夫帝王之德,以天为宗,以道德为主,以无为为常。无为也,而用天下而有余;有为也,则为天下用而不足。故古人之贵夫无为也。上无为也,下亦无为也,是上与下同道"(《天道》)。但从总体而言,庄子的"无为"具有内向化、精神化的倾向,将老子"无为"思想中的追求精神洒脱、自然的倾向大大推进。

(二)制度化的无为

黄老道家对的无为阐释和运用更倾向于一种治国理论。黄老道家学者与庄子不同,他们关心政治,希望拥有一套更加完备的治国方略。无为通过黄老道家学者的反复阐释和运用,具有明显的制度化的特征。黄老道家学者对《老子》的无为进行新的解析,并增添了诸多新的含义。在黄老道家这里,无为不是无所作为,而是指要顺任自然、遵循自然的规律而不妄为,无为在黄老道家看来并非"不做",而是"照着做"更确切地说,是按照既定的法律和规则办事。汉代的"萧规曹随",就是指在已经制定好的制度之下,不要妄为。所以黄老的无为,如果针对君主而言,要求君主去除个人私意、清心以待,在政令上清静不烦,循名责实,使得群臣各司其职、百姓各安其事。针对臣下和百姓而言,无为则是在不违背自然规律和社会法则的前提下,尽职尽责,照章办事。因此,"无为"在黄老道家这里变成"君无为而臣有为","有条件而为",是另一种意义上的"有为"。

黄老道家无为观的制度化倾向,是由黄老道家本身的兼采儒、墨、名、法、阴阳等各家学派的综合性特色决定的,尤其是对于法家思想的采纳。先秦黄老著作《黄帝四经·道法》说:"道生法。法者,引得失以绳,而明曲直者也。故执道者,生法而弗敢犯也,法立而弗敢废也。能自引以绳,然后见知天下而不惑也。"[①]《管子·心上》也说:"事督乎法,法出乎权,权出乎道。"这可以说是"道生法"的申释。都在强调圣人既然制定了法律制度就不要违反它,法度

---

① 陈鼓应《黄帝四经今注今译》,商务印书馆2007年版。

一旦设立就不要废弛，要按照法度、法则办事。有些学者称黄老道家学派是"道法家"，这也证明了黄老思想中包含了大量的法家思想因素。道家的无为观也在这个时期开始发生转变，将道家的清静无为与的法家的严刑峻法结合起来，从而缓和社会矛盾，为民众提供发展生产、休养生息的包容环境，也在汉代创造了"文景之治"的盛世景象。

汉代在学术领域对无为进行新的发展和诠释的主要是《淮南子》。《淮南子》中思考的无为也具有黄老道家特色。首先，无为与有为相对，《诠言训》说："何谓无为？智者不以位为事，勇者不以位为暴，仁者不以位为患，可谓无为矣。"①这种无为的理念反对那些违背自然规律强行而为的"有为"，"若夫以火旱井，以淮灌山，用此已而背自然，故谓之有为"（《修务训》）。那些不尊重时势而行个人私志的行为是《淮南子》所极力反对的。其次，无为是因而无为，不要因为个人的私欲而轻举妄动，不要以私害公，要"循理"、"因资"、"推自然之势"来行事，遵循社会的自然法则而为，因顺物之自然趋势以推助之，使事物在不违背自然之理的前提下得到人主体性的指导，从而得到合理发展。对于因而无为的实质，《淮南子·原道训》说："是故圣人内修其本而不外饰其末，保其精神，偃其智故，漠然无为而无不为也，澹然无治而无不治也。所谓无为者，不先物为也；所谓无不为者，因物之所为。所谓无治者，不易自然也；所谓无不治者，因物之相然也。"这里的无为而无不为、无治而无不治，是在遵循既定的法令和规则的前提下的"助推之"，无为变成了另一种形态的有为。

可见，黄老道家无为而治的思想与庄子对于无为的理解有着明显的不同。黄老道家吸收了儒、法的尊君、重法等思想并加以变革，将无为制度化，形成一种新的道法结合的无为理论，这里的无为变成了君主按照规矩、规则办事的治国之术，使得黄老道家融合

---

① （汉）高诱注《淮南子》，上海书店出版社1986年版。下引此书，不再一一注明。

儒、墨、法各派思想而为己用的特点更加突出地显示出来。同时，经过黄老道家改造过的无为思想作为治国方略在汉初被统治者所接受，民众得以休养生息，使得汉初出现了六十年左右的太平盛世。这也证明，黄老改造过的无为而治的思想主张，是适应学术发展、时代特色的需要而出现的。

（三）修养化的无为

道家对生命和身体的关注从老子就开始了。老子所谓"卫生之经"就是对生命本身的关怀。在老子这里，无知无欲无为但却精神充沛的婴儿或赤子，才是圣人体道的最高境界，也是个人保养身心应该追求的状态。所以，无为也是道家修养身心的原则。庄子也十分关注身体如此，《庄子》中"神人"、"至人"、"真人"等得道者的形象，以及"不食五谷，吸风饮露"的神女，有的是介乎神与人之间，有的是神仙形象，并且明确给出了一套保养身体的道理。比如南伯子葵与女偊的对话中提出的"外天下"、"外物"、"外生"、"朝彻"、"见独"、"无古今"，而后能入于不死不生、物我两忘的境界，使得道家的生命本体论与仙术的修炼相联系。其他黄老著作比如《吕氏春秋》[①]、《淮南子》均秉承"治国"与"治身"二而一的思维方式，文中均有大量的修身学说。

黄老道家无为而治的治国理念在经历了汉初盛极一时的大行其道以后，逐渐被汉代新儒家所取代。这是因为尽管汉初在政治统治层面无为而治的思想曾经获得官方的大力支持，但是清静无为的治国理念随着汉朝的崛起已经不再适合新的社会现实了，需要一种适合秦汉以来专制主义大一统帝国的新型价值观。随着汉武帝和董仲舒提出的"罢黜百家，独尊儒术"，黄老之学退出政治舞台，道家思想开始与神仙方术相结合，逐渐出现了道教。道教典籍中出现很多将无为作为身体修养的方法加以阐释的论著。出现于汉代的《老子道德经河上公章句》对于后世道教的发展影响很大，被认为是《道德经》由道家学说向道教理论过渡的重要标志。该书

---

① 参见（汉）高诱注《吕氏春秋》，上海书店出版社1986年版。

提出"常道以无为养神"(《体道第一》),因为"道"本身是"安静"而"无为"的,所谓"法道安静,无所改为也"(《论德第三十八》),所以保养身体必须"无为",因为"人载魂魄之上得以生,当爱养之。喜怒亡魂,卒惊伤魄。魂在肝,魄在肺。美酒甘肴,伤人肝肺。故魂静志道不乱,魄安得寿延年。……内无思虑,外无政事,则精神不去"(《能为第十一》)。"人精神好安静;驰骋呼吸,精神散亡,故发狂也。""多事害神,多言害身,口开舌举,必有祸患。……不如守德于中,育养精神,爱气希言。"(《虚用第五》)"情欲断绝,德与道合,则无所不施,无所不为也。"(《忘知第四十八》)在《河上公章句》看来,情欲会伤害人的精神,必须去除那些有损于人的健康的欲望,这些保养身体的手段都可以看作是无为,因为"法道无为,治身则有益于精神,治国则有益于万民,不劳烦也"(《偏用第四十三》)。顺从天道而治身治国,这是道家道教一以贯之的推天道而明人事的思维方式,这里是把无为作为减少欲望、减少劳烦、保持内心安静、培养精神气血从而保养身体的方法,这是从修养的角度对无为观念的引申。后来的道教经典《太平经》和《周易参同契》也都有这样的论述,比如《太平经》提出"爱气养神"、《周易参同契》的"养性延命"的"长生久观"等思想,都渗透着清静无为、修身养气的身体保养智慧。

无为观念内涵十分丰富,后世道家对其阐释和理解也各有不同的倾向。本文按照精神化、制度化、修养化概括无为观念的阐释倾向,并不代表这些倾向在同一时间只会以一种状态显现,而是说,在某一时期某一倾向比较显著罢了。事实上,无为同时作为天道、人道、世道的规律而存在,既是人生境界的追求,也是王道政治的方法,还是身心修养的方法和手段,这是始终是道家派别共同的特征,但是在具体执行和理解上有所差别、各有特色。

三 无为观念的现代转化

道家的无为观念,是中华民族往圣前贤的智慧卓识,实现了天

道家无为观的思想内涵、诠释倾向与现代转化

道、人道、治道一体贯通,为人类治国、治身提供了一套特殊的、否定性的古代中国方案,为中国传统社会提供了除了作为主流价值的儒家价值观以外的独具特色的价值信念系统,作为儒家思想的补充,始终深深影响着中国人的价值观念。每当个体、人生、社会政治出现现实无法抗拒的压力时,道家无为观念总是为现实提供另一种思路和价值,为儒家崇尚的激进的人生进程、滚滚的社会车轮寻找缓冲带、避难所。

然而这一具有丰富内涵的道家价值观没有得到合理继承,却不断被作为消极退守的代名词遭到批评和误解。通过对无为观念的基本内涵及其诠释倾向的考察,我们可以清楚地看到,无为观念具有不可替代的独特价值,是当前我国价值观建设的精神资源,也是传统道家价值观中可以实现现代转换的重要概念。因此,用新的眼光重新审视"无为"的概念,发掘其真正内涵,实现无为观念的转化创新,使之成为现代价值观系统的一部分,将具有重要意义。本文初步认为,至少在身心修养问题和人与自然的关系问题上,无为的观念在现代社会仍然值得借鉴。

其一,无为的修养观。如上文所述,为了达到身心的和谐平衡,道家遵循无为的方式,发展出了一套注重身、心修养的修炼方法。一些哲学家注重精神修炼,他们称之为"心术",体现为精神上的自由和超然,如庄子提倡的逍遥自在和净化自我的"心斋"、"坐忘"。但也有一些哲学家注重人的形体的修炼,以致发展出了道教徒追求肉体成仙和不死的信仰。道教徒相信通过不懈的修炼,人体可以达到一种最好的状态并且永远保存。所以,对道家来说,安顿身心、减少欲望、清静无为,从而达到平衡和适度,这是对待生命最好的方式和态度。道家对待生命的方式和态度仍值得现代人借鉴。现代人由于压力大、生活节奏快,导致了一系列的身体和心理上的问题。而道家的无为观念,能够为现代人提供一种更健康、更轻松的生活方式,使得人们不仅获得心理上的轻松愉悦,追求精神的超越境界;同时也能在身体保养问题上获得养生智慧,就像《淮南子·精神训》所说,高台层榭,人之所丽也;珍

怪奇异,人之所美也;文绣狐白,人之所好也。这些外在的物质欲望处处牵引诱惑着人,使人深陷其中不能自拔。现代人正是处于这样一个欲望多、诱惑多的时代,应该遵循"不以养伤身"、"以不养为养"、反对"生生之厚"的无为观念,不要过分保养形体,反而能长生久视。

其二,无为的消费观。无为的消费观就是要调节人类的欲望,建立起合理的消费观,用珍惜或者感恩的态度对待作为人类生存环境的自然,化解人类与自然的冲突,使得人类与自然共生共存。现代文明对自然近于竭泽而渔和杀鸡取卵式的掠夺,对自然环境的破坏是有目共睹的,其危害是显而易见的。必须停止掠夺性开发和利用,同时迫切需要在价值伦理的重建问题上取得重大进展,树立合理的消费观念。按照道家天道自然无为、人道亦应自然无为的观念推而论之,人类必须节制对自然的过度开发行为,使得自然本身得到休养生息,提倡从高消费走向适度消费,这对于处理与生态和环境的关系来说非常重要。

(作者单位:内蒙古大学哲学系)

公孙龙"指物论"新解

杜 嫱

名辩思潮在我国先秦诸子百家争鸣时代曾盛极一时,然而因其论说往往难以理解、"苛察缴绕,使人不得反其意,专决于名,而失人情",被认为是脱离了主流的实用主义哲学传统,被冠以"琦辞怪说"之名,因而在清季以前鲜有提及。现存的有关这场名辩思潮的资料大多只是散见于先秦诸子著述中的一些只言片语和独立论题。清末以后,在西方文化的冲击压力之下,随着人们对中西文化反思的日益深入,科学和逻辑日益为人们认识并认可。与西方哲学具有相通之处但在此前一直处于非主流地位的许多思想日益得到复兴,《公孙龙子》研究则是这一复兴潮流中的重要部分,对《公孙龙子》的研究也出现了前所未有的新景象。考察这些研究成果,其中最富争议的当属《指物论》一篇,其文本佶屈聱牙,其中"指"、"物"、"物指"、"非指"等概念内涵及逻辑关系也晦涩难明,比起《公孙龙子》的其它篇章,可谓是最为难解。研究者要么常常和西方哲学进行生拉硬扯的比附,要么忽略了文本本身一些逻辑关系而前后矛盾。学术界对《指物论》的研究可以说还存在很多有待解决的问题。本文试参稽各家说法,略叙已见如下。

一 公孙龙"指物论"研究现状

《指物论》全文无非在说一个命题:"物莫非指,而指非指"。纵观历代诸家研究,对此命题解说大致可分为"名实分离说"、"物德说"、"概念说"、和"意识说"等四种说法,下面本文将试图对这些作具体的诠释。

(一) 名实分离说

此说以宋人谢希深所释《公孙龙子》中以《庄子·齐物论》中"彼亦一是非,此亦一是非,果且有彼是乎哉"的"是非"释"指"开其先河。其后的傅山和《四库全书总目》皆引用了该观点。海外学者成中英和理查德·斯万亦引《庄子·齐物论》中"是非"之说,认为"指"对应的解释为"指称行为"和"指称对象"。周山在《子学思潮》中以老庄"常名"和"可名"关系解释"指"与"物指"之间①。吕思勉认为公孙龙之指物要旨在于"破常人实物自实物,空间自空间之谬想耳"②。以上诸家均以老庄"名实分离"之说诠释指物论中"指非指"命题。虽然从《庄子》诸篇多次引公孙龙子之文来看,将二者联系起来或许不失为一个研究思路,但在多大程度上老庄思想和公孙龙子之说具有相似性则应细加辨析。

除去老庄一派,以"名实分离"解释"指非指"还有俞樾一派③。"指,谓指目之也。见牛而指目之曰牛,见马而指目曰马,此所谓物莫非指也。然牛马者,人为之名耳,吾安知牛之非马、马之非牛欤?故指非指也。"俞樾将"指"理解为事物的"名",认为我们在命名的过程中,事物之"名"并不是固定的。因而"指"不是"所指",这种说法实际上就是将事物的名、实相分离,赞同其说法者甚多,如王琯、金受申、伍非白、陈柱、谭戒甫等④。然而持此说者将"指"释为

---

① 周山《子学思潮》,上海社会科学出版社2006年版,第434页。

② 吕思勉《经子解题》,中国书籍出版社2006年版,第192页。

③ 刘体胜在《公孙龙〈指物论〉悬解》中将谢希深等人和俞樾等人分为"援引老庄"和"指谓说"两派,笔者认为,此二派之说实是同一意趣,即以"名实分离"来解释"指非指"。故而在刘体胜的基础上,笔者将两个学派并为一派。

④ 参见王琯《公孙龙子悬解》,中华书局出版社1992年版;金受申《公孙龙子释》,商务印书馆1931年版;伍非白《中国古名家言》,中国社会科学出版社1983年版;陈柱《公孙龙子集解》,商务印书馆1937年版;谭戒甫《公孙龙子形名发微》,武汉大学出版社2006年版。

"名",这就模糊了"指"与"名"之间的关系,而据《指物论》的原文:"天下无指者,生于物之各有名,不为指也。""指"与"名"应当是区别开来的。因而在论述上或许稍显不足,"指"、"名"之别还有待进一步厘清。

(二) 物德说或属性说

此说主要代表人物为胡适、虞愚、钱穆等。胡适在《先秦名学史》释《庄子》中所记载名家二十一事之一——"指不至,至不绝"认为:"这个字用在《公孙龙子》的《指物篇》中。……'指'这个字,在这里意即'标志'或'标记'……把'指'理解为'标志'或'事物的属性'……'物莫非指'意即事物事物就是其属性所指明的那种样子。……'而指非指',即指本身不是实体,而是事物的记号。'天下无指,可谓指乎?'"①"指"是事物本身所具有的让我们得以认识的属性。虞愚和钱穆则皆以英国经济学家约翰·穆勒所谓"指,物之表德"来解释"指"。其后谭戒甫则在综合胡适和俞樾观点的基础上提出:"物莫非指,言吾人五官所感觉之物,皆属形色性等等之物德。……物者不过指之表现,故曰物莫非指。……指既为物,物名得专,则物非指。物既非指,则指亦非指。"②主要从胡适之说。

(三) 概念说

又可以叫作共相说。此说以冯友兰为代表,认为公孙龙所讨论的"物"即"空间时间中之位置者,即现在哲学所谓具体的个体也"③。而"指"则是"名之所指",包含具体之名和抽象之名两层含义:抽象之名即是共相;具体之名,则是"指个体而包涵共相"④,并以柏拉图所说之概念(Idea)比附公孙龙之"指"。此外,持共相说

---

① 胡适《先秦名学史》,上海学林出版社 1983 年版,第 109 页。

② 谭戒甫《公孙龙子形名发微》,武汉大学出版社 2006 年版,第 18—19 页。

③ 冯友兰《中国哲学史》,华东师范大学出版社 2000 年版,第 157 页。

④ 参见冯友兰《中国哲学史》,华东师范大学出版社 2000 年版,第 157 页。冯友兰认为:"指所指之个体,及其外延(denotation);其所涵之共相,即其内涵(connotation)也。"

或概念说的还有郭沫若、侯外庐、任继愈、劳斯光①等人。然而此说仍然无法将"指"和"名"严格的区分开来。"抽象之名"和"具体之名"究其根本仍然属于公孙龙"名"的概念,后文将具体解释。

另有一种"属性共相"之说,与冯友兰等人的说法稍有差异,认为"共相"是"属性共相"而不是"具体之物的共相",以杜国庠和沈有鼎为代表。杜国庠认为:"(物)可分解为颜色、形状、硬度等等'物指'(即物的属性)……'指'是物的属性的抽象概念,故'物'有多少的属性,便有多少的'指'。"②他将抽象概念"坚(硬度)"、"白(色)"、"石(形)"解释为"指",而"指"又必须通过具体的事物对象表现出来,如具体的"石"的硬度、颜色、形这三个概念就是"物指"。翟锦程《先秦名学研究》中将"指"解释为"形色"、"数目"、"大小"等③亦是此类说法。持此说者还有栾星、胡曲园、陈进坤、黄克剑等④,但在这里不再详细讨论。持此说者,其"指"与《坚白论》"坚"、"白"、"离"等概念则并为一类,其内涵和命题旨向也有所重复,使得《指物论》一篇最终沦为《坚白论》的附庸。

(四)意识说

持此说者为庞朴、辛从益和徐复观。将"指"解释为物在人意识中所形成的映像。"指非指"是说人们对事物所形成的映像不是意识的对象(实体)。《指物论》"回答的是物质和意识的关系问题。所谓'物',就是物质或存在;所谓'指'就是意识和思维"⑤。"指系

---

① 参见郭沫若《十批判书》,人民出版社1954年版;侯外庐《中国思想通史》,生活·读书·新知三联书店1951年版;任继愈《中国哲学史》(第1册),人民出版社1954年版;劳斯光《新编中国哲学史》(一卷),广西师范大学出版社2005年版。

② 杜国庠《先秦诸子的若干研究》,生活·读书·新知三联书店1955年版,第23—24页。

③ 翟锦程《先秦名学研究》,天津古籍出版社2005年版,第156页。

④ 参见胡曲园、陈进坤《公孙龙子论疏》,复旦大学出版社1987年版;黄克剑《名家琦辞疏解——惠施公孙龙研究》,中华书局2010年版。

⑤ 庞朴《公孙龙子研究》,中华书局1979年版,第20页。

认识能力及由认识能力指向于物时所得映像"。"天下若无由指而见之物,则根本不能认识有某物。既不能认识有某物,即无法得知某物之名而加以称谓"①。将"指"解释为意识,而不是加以抽象后所形成的概念或名,这似乎避免了前面几种说法所遇到的"指"、"名"不分的问题。然而《指物论》中有"不可谓指者,非指也"一语,若按照庞朴等人的说法,那么"不可谓指者"就是一个根本不存在于意识中的东西,既然如此,那么连意识中都不存在的东西,它又如何成为意识呢?换言之,"不可谓指者,非指也"一句就前后矛盾了。

二 《指物论》疏解

历来对《指物论》的研究,重点主要在对"指"和"物"概念意义的界定上。因为《指物论》一篇并没有对这两个概念作过明确的界说,因而本文在考察这两个概念的时候,将对公孙龙所在时代背景下共同认可的语境进行考证。另外,在考察这些概念的含义之后,也会结合《公孙龙子》文本的相关论说来对进一步的分析和疏解,使得文意畅达,与公孙龙子整体的思想体系相契合。下面采用的是《道藏》本《公孙龙子》的文本:

1.【主】物莫非指,而指非指。
2.【客】天下无指,物无可以谓物。非指者天下,而物可谓指乎?指也者,天下之所无也;物也者,天下之所有也。以天下之所有,为天下之所无,未可。
3.【主】天下无指,而物不可谓指也。不可谓指者,非指也?非指者,物莫非指也。天下无指而物不可谓指者,非有非指也。非有非指者,物莫非指也。物莫非指者,而指非指也。

---

① 徐复观《中国思想史论集续编》,上海书店出版社 2004 年版,第 322—323 页。

4.【客】天下无指者,生于物之各有名,不为指也。不为指而谓之指,是无不为指。以有不为指之无不为指,未可。

5.【主】且指者,天下之所兼。天下无指者,物不可谓无指也。不可谓无指者,非有非指也;非有非指者,物莫非指。指非非指也,指与物非指也。

6.使天下无物指,谁径谓非指? 天下无物,谁径谓指? 天下有指无物指,谁径谓非指、径谓无物非指?

7.且夫指固自为非指,奚待于物而乃与为指?①

《指物论》开篇即表明主方十分诡奇的命题:"物莫非指,而指非指",而后通过设问与答难的层递推绎,围绕此论点展开深刻详细的解说。笔者认为,第2、3段论述的是"物莫非指"命题,而4、5、6、7段论述的则是"指非指"命题。此二命题在逻辑上是对比关系:前者论述的是"物"与"非指"之间的关系,而后文论述的则是"指"与"非指"的关系,如此,则将"指"和"物"进行了对比。通过这层对比,其论述重点又将落于对"非指"概念的辨析之上,下面将结合文本详细展开说明。

(一)"物莫非指"

第2段是客方顺承主方"物莫非指"逻辑而提出的诘难。他认为,主方所谓"物莫非指"即是说:"天下如果没有了'指',物将无法被称作某物。(天下无指,物无可以谓物。)"紧接着,客方提出一个疑问:"(但是)天下之物皆是'非指',那么物还能被称作'指'吗?(非指者天下,而物可谓指乎?)"其理由是:"'指'是不存在于天下的,而'物'是存在于天下的。用不存在于天下的'指'来称谓存在于天下的'物',这是不可以的。(指也者,天下之所无也;物也者,天下

---

① 《公孙龙子》中《白马论》《坚白论》《通变论》《指物论》四篇皆采用设问、应答体,原文本无"主曰"、"客曰"字眼。现依其脉络、语势并参酌诸注本校释,在答、问交接处补"主曰"、"客曰",并分段加上序号,以方便参阅和叙述。

之所有也。以天下之所有,为天下之所无,未可。)"①客方认为"物"与"指"是对立的。因为"指"是不实存之物,"物"是实存之物。并提出了"非指"的概念,根据上下文来看,客方认为"非指"与"物"当是同义。

主方则以归谬法回应客方诘难:"(既然)'指'不实存于天下,'物'就不可以用'指'来称谓。不可以称作为'指'的那个东西,不也是一种'指'吗?(天下无指,而物可谓指也。不可谓指者,非指也?)"可见主方没有否认实存于天下之"物"和不实存于天下之"指"相异,而是顺承客方观点,推出了一个矛盾的结论——"不可谓指者"。"者"前"不可谓指"当作为形容词来理解,强调我们用"不可谓指"去形容的那个"者"中所蕴含的那个形容行为——主方将客方笼罩在这样一种思路下:你说"物"不可谓"指",或者这"物"那"物"如何如何与"指"没有关系,你就是在"指"着"物"在形容"物"是一个什么样的"物",而这样就必须先承认"指"的存在。谭戒甫所谓"不可谓指者,以其物无指可谓而为非指也。然其物非指,则非指亦即为物之指"②亦是此意。因而,主方得出结论:"(客方所说)'非指',恰好可以说明'物莫非指'啊。(非指者,物莫非指也。)"由此我们知道"指"一定存在于人们形容事物的行为中。

"(所谓)天下不存在'指',那么'物'就不可以被称作'指'(这一命题),还是在说没有'物'不是被'指'的。(天下无指而物不可谓指者,非有非指也。)""没有'物'不是被'指'的,正是物总是被'指'的。(非有非指者,物莫非指也。)"

主方通过归谬回答了客方的诘难,最终回到了"物莫非指"的命题上——人在认知"物"时,不可能不凭借"指"这种行为。前文已经提到的"名实分离说"以及"概念说"都将"指"理解为"命名"行为和"名"。但在人认知"物",与"物"相联系的过程中,并不是单纯

---

① 此处"天下"当取包含万物在内的"世界"义。
② 谭戒甫《公孙龙子形名发微》,武汉大学出版社2006年版,第18—19页。

的"命名"活动,我们仍然不足以得出"指"为"指目"或者"概念"的结论。将"指"理解为"命名"与后面的文本义有矛盾之处,这将会在后面的论述中详加探讨。

这部分的结尾,主方重申了其论点:"'物'没有不是在'指'的行为中存在的,但是'指'又不是'指'。"("物莫非指者,而指非指也。")因为前文并没有对"指非指"进行任何详细的阐释,"指非指"当是主方再一次提及其论点以作强调用。

总之,第 2 段到第 3 段主客双方围绕"物莫非指"展开辩论,论述的是"物"与"指"之间的关系:在人的认知行为中,对于世界万物的把握是通过"指"来操作的,没有"指",则认知的触角无从伸向世界的森然万象。但这个"指"是否是"名"或者"概念"又或者是其它的什么含义,则还需要考察下文,得到更多的信息。

(二)"而指非指"

第 3 段客方接着提出驳难:"所谓'天下无指',是说在人们可以认知的世界里,存在的物都是各自有其'名'的,而这'名'并不是指。(天下无指者,生于物之各有名,不为指也。)而若是把本来不可以被'指'的事物也当作可以被'指'的事物,那么就没有什么是不能被'指'的了。(不为指而谓之指,是无不为指。)而从不能被'指'的事物变成可以被'指'的事物,这段逻辑,是不能成立的。(以有不为指之无不为指,未可。)"

到这里,前文所提及的"概念"、"指目"难以成立了:客方将"指"和"名"区别开来,这就说明在当时的语境下"指"和"名"并不是相同的概念。根据"物各有名"一句的意义来看,这里的"名"当是指的具体的事物之名,此"名"比较接近俞樾、冯友兰等人所说的"概念"、"共相"。因此俞樾、冯友兰等人所说的"指"的含义其实是"名"而非"指"。俞樾的"指目"与"物之各有名"之"名"并无区别。冯友兰所谓"名亦只为共相之代表,非即共相"[①]。以"名"为共相之代表,而"指"为共相,这就好比将"概念"和"概念之内涵"区别开

---

① 冯友兰《中国哲学史》,华东师范大学出版社 2000 年版,第 160 页。

来,诚然在定义上二者有所区分,在本质上却并无区别。在使用这两个概念的过程中,也很难明确地分开。

客方认为,主方所说"物莫非指"是将"名"和"指"的概念混淆了,而天下之中所存在的"物"都是"名"而不是"指"。此说对反驳主方"物莫非指"命题来说是无力的:"物"诚然各自有其名,但"物"却不能自申其名,"物之各有名"是人们命名行为的结果,而命名行为则决不能离开人的认知行为,也就离不开"指"。"物之各有名"其实最终导向的还是"物莫非指"。主方"物莫非指"的逻辑从头到尾都是一个,即:"指"是人与"物"之间的唯一连接,没有"指"人就无从说"物",也无从讨论任何概念或是名称。

因而在后面辩述里,主方都在反复阐述这个观点,不再回应"物之各有名"之说。

"'指'是天下万物所共有的东西。(且指者,天下之所兼。)""所谓'天下不实存指'的论点,也不过是说明了'天下万物是不能不被'指'称谓的。(天下无指者,物不可谓无指也。)""既然天下万物是不能不被指谓的,这就是说没有不是指的事物。(不可谓无指者,非有非指也。)""没有不是'指'的事物,这就是说物没有不是'指'的。(非有非指者,物莫非指。)"

到了这一段,我们又可以得知"指"的另一个特质,即:"指者,天下之所兼。"它是那样一个抽象的、天下万物通行或者都具有的事物。而其实,不管是"指"区别于"名"还是"指者,天下之所兼",都是在为"指非指"进行一个铺垫。

主方阐述完"物莫非指"便直接进入到对"指非指"的阐述中,第 5 段结尾说道:"'指',不是'非指','指'一旦出现与具体事物相结合就不再是是'指了'。(指,非非指也;指与物非指也。)""与(與)"字当作"结合"、"一起"解。《说文》云:"党與也。"段注曰:"與当作与。……共举而与之也。"[①] 应是此意。因为

---

① (汉)许慎撰,(清)段玉裁注《说文解字注》,上海古籍出版社 1988 年版,第 319 页。

"指"指的是人们在认识事物的时候所进行的一系列活动,因而所谓"'指'与'物'"当是在说当"指"一旦出现在对具体事物的认知活动中,"指"就不再是"指"。

"如若天下没有'物指',谁能直接来说'非指'呢?如若天下没有'物',谁能直接来说'指'呢?如果天下有'指'却没有'物指',谁能直接来说'非指';谁能直接来说'没有什么物不是指呢'?(使天下无物指,谁径谓非指?天下无物,谁径谓指?天下有指无物指,谁径谓非指?谁径谓无物非指?)"

为方便理解,笔者将原文中"物指"、"非指"、"指"、"物"概念直接引用,以强调这四者之间的对应关系,并做表格如下:

文 本	对应关系
使天下无"物指",谁径谓"非指"?	①"非指"等于或属于"物指"
天下无"物",谁径谓"指"?	②"指"属于或等于"物"
天下有"指"无"物指",谁径谓"非指"?谁径谓"无物非指"?	"指"不等于或不属于"非指" "指"不等于或不属于"无物非指" "无物非指"等于或属于"物指"

综合以上5个命题,再结合最后一段话:"'指'这概念本身就不是我们所理解的那个'指',根本不需要我们将它与'物'这概念结合再得出一个'指'的概念?(且夫指固自为非指,奚待于物而乃与为指?)"笔者认为,"指非指"这一命题的理解关键其实在"非"字上。而这个"非"也并非公孙龙第一次提出,其《白马论》中有:

  马者,无去取于色,故黄、黑马皆所以应①;白马者,有去

---

① 《道藏》本原文为:"故黄、黑皆所以应。"黄克剑在《名家琦辞疏解——惠施公孙龙研究》中根据胡适《先秦名学史》校改,在"黄、黑"后补一"马"字,现取其说法。

取于色,黄、黑马皆以所色去①,故唯白马独可以应耳。无去〔取〕者非有去〔取〕也,故曰:"白马非马。"

这是说,"马"这一概念,没有颜色上的选择,那么黄马、黑马都可以被当做马;"白马"这一概念,如果有了颜色上的选择,那么黄、黑马则因其所具有颜色而被排除,因此,唯独白色的马才可以被称作白马。黄克剑提出:"人们通常认为'白马非马'的说法带有'诡辩'的性质,那是因为习惯化了的思维往往把'非'理解为不是或'不属于',而这里的'非'原是'不等于'或'不同于'的意思。"②而"指非指"的"非"实际上也当作"非"此解,它包含"不等于"、"不属于"两层意思。

如此,"指"的概念实际上就包含了两层含义:1. 指,即"非非指",即不等于"非指"的指,它是"指"概念所对应的整体范围的那个"指"。2. 物指,即"非指"。"物指"被包括在整个"指(非非指)"的范围内,它是与物结合的那个"指"。总之,"物指"仍然是属于"指",但是因"物"限定了"指"的范围,比"指"所对应的整体范围要小。而"物莫非指"中的"指"虽然用这两种"指"的含义都说得通,但是应该更多的强调的是第二种"指",即"物指",因为此"指"才是直接与物联系,并作用于物的。"物"是不能脱离人的认识活动而存在的,没有"指"就没有"物",但没有"物","指"的存在就毫无意义。因此,"物指"是"与物之指"亦是"所指之物"。

"指"一方面包含了本身的全部含义,另一方面又往往被当做"物指"而用。这是因为在人们使用指的过程中,通常没有意识到"物莫非指",没有意识到我们所能认识的世界其实也只是我们意识的世界。我们所以为的那个"指",其实只是"物指",但

---

① 《道藏》本原文为:"黄、黑马皆所以色去。"黄克剑据胡适《先秦名学史》将"以"调至"所"之前,今从其校改。

② 黄克剑《名家琦辞疏解——惠施公孙龙研究》,中华书局2010年版,第120页。

是我们却没有意识到这一点,反而自顾地创造了一个更为抽象和广泛的"指"。

以上是对《指物论》全文进行的一个逻辑上的梳理,并指出了一些前人学者在研究中的一些疏忽和遗漏。而"指"究竟指什么仍悬而未决,下文将展开对"指"意义的考辨。

三 "指"、"物"概念之辨析

（一）"指"

前文已经提到,"指"字向无定诂,是历家分歧之所在。笔者在第一、二部分已经详细考察了"指"所具有的特质以及历来诸家说法在训"指"上的不足,即:1."指"不是"名",前辈学者大多忽视了这一点;2."指"存在于人的认知活动中;3."指"本身是一个抽象概念,且包含两层意思(指非指)。下面我们来考察先秦语境下"指"的常用说法。

《说文》:"指,手指也。"[①]"指"的本义是"手指"。《孟子·告子上》:"今有无名之指。"[②]《诗·鄘风·蝃蝀》:"蝃蝀在东,莫之敢指。"[③]《管子·白心》:"故口为声也,耳为听也,目有视也,手有指也,足有履也。"此处"指"是动词"用手指"。《广雅》云:"谓,指也。"因而,"指"又因"以手指"之意而有"指物而谓之"之意[④]。根据这层意思,又引申出其名词性意义。《墨经》:"有指于二而不可逃,说在以二参。"[⑤]笔者认为,不管是"指"的"用手指"意义还是"指物而谓之"的意义,和《指物论》"物莫非指"之"指"的意味是相符合的。

---

① （汉）许慎撰,（宋）徐铉校订《说文解字》,中华书局2013年版,第251页。
② （宋）朱熹《四书章句集注》,中华书局1983年版,第340页。
③ （唐）孔颖达疏《毛诗正义》(第1册),中华书局1957年版,第197页。
④ （清）王念孙《广雅疏证》,钟宇讯点校,中华书局2004年版,第155页。
⑤ 方勇译注《墨子》,中华书局2011年版,第337页。

实际上,古文"指"大可以理解为多种词性,本就不必强加区分。"指"这个词,除本义"手指"之外,本身是一个相当抽象的词。我们知道,由于古人用词常常不分词性:一个概念则通用于各种语句结构中,根据对话情景的不同有不同的意义指向,却不会造成沟通上的混淆混乱。因此,若以现代汉语言的语境来对古人的概念强加以词性和意义上的区别,虽便于理解,却也容易出现的训诂上的不足,这正是我们在研究公孙龙这样一位名家辩者所应该避免的。"以手指物"、"指而谓之"、"事物名称"都不能单独对应于"指"的意涵。

《世说新语·文学四》有这样一段对话:

> 客问乐令"旨(指)不至"者,乐亦不复剖析文句,直以麈尾柄确几曰:"至不?"客曰:"至。"乐因又举麈尾曰:"若至者,那得去?"于是客乃悟服。乐辞约而旨达,皆此类。①

"客"与乐广所谈论的"指不至"其实就是《庄子·天下》所记载的名家"二十一事"其中之一:"指不至,至不绝。"乐广的解释简明扼要,却启发甚多。"指"本身不必非要给出一个确切的定义,更无需谈论其词性。根据先秦语境来看,"指"的意向中当是包含了以人为主体的含义(这样一来,胡适等人所谓的"物德"说则因其主体为"物"而将"指"解释为"物"所具有的能够让人类认识的属性,则稍微显得难以成立),"指"与人类的认知行为当是密不可分的。但是正是因为它是作为人类认识的产物,即不得不囿于人类知识文化的维度之内,其在多大程度上能够契于我们所认为的那个"物"则是值得怀疑的。因而乐广说:"若至者,那得去?"正如公孙龙子所谓"物莫非指"说明了所谓"物"不过是人所认识之物,超出了人类认识范围的物是不存在的。总之,"指"的本义是"手指"。但是

---

① (南朝宋)刘义庆撰,(南朝梁)刘孝标注《世说新语》,上海古籍出版社2013年版,第81页。

在人们的使用过程中逐渐抽象,而被使用到人类对于事物的认识活动中。因为当人们意识作用于"物"的时候,最为简单常用的肢体语言即是用手指去指那个对象,而意识最终形成的那个产物也被包括到了"指"的使用范围中。我们无需给"指"规定一个具体的词性,这是因为"指"本身具有抽象性,在先秦语境下"指"的使用范围也非常复杂多样。

对"指"的进一步认识我们还需通过"指非指"来理解。"指非指"说的是我们在"指"到"物"的过程中,其内涵发生的变化。笔者认为,"指"的意义,更接近于我们日常语言中所使用的"这"。我们"指"一个苹果,我们会说:"这是一个苹果。"其"指"行为体现在代词"这"上,而二者以系动词"是"联系起来,"是"代表的意义在此使用情境中应为"等于"义。可以说,在此情境下,"这"就等于"一个苹果",但就"这"本身来说,"这"本身却不必为"一个苹果",因为,"这"相对于"一个苹果(具体的苹果)"更抽象,是一个"天下之所兼"的抽象概念。但"这"在与物的过程中确确实实也就成为了"一个苹果",也就是前文所提到的"物指","这"在具体的指物过程中成为了非"这"的概念,而"这非这"所其实就是"指非指"。

"指"就是"指",它联系着人之认知和认知对象,因其概念的抽象性,很难用一个具体的含义去解释这个"指",但若一定要说,它接近于我们所说的"这"。唯有用"这"来解释这个"指",它才能与"名"相区别,又存在于我们认知的过程中,且"天下之所兼"。

(二)"物"

《说文》云"物,万物也"[①],其实并不准确。《诗·小雅·无羊》:"三十维物,而牲则具。"毛传:"异毛色者三十也。"[②]"物"从牛从物,其本义实际上是"杂色牛",而后又被引申为牲畜的种类和品

---

① (汉)许慎撰,(宋)徐铉校订《说文解字》,中华书局2013年版,第24页。

② (唐)孔颖达疏《毛诗正义》(第6卷),中华书局1957年版,第945页。

级。《周礼·地官·牧人》有:"牧人掌牧六牲,而阜蕃其物,以共祭祀之牲牷。"孙诒让正义云:"物犹言种类也……凡牲畜,区别毛色,各为种类,通谓之物。"①于是又引申指形色。《字源》云"凡事物各有形色,因之引申指万物。……秦汉简帛中均引用为'万物'义"②,则"万物"之义似乎是当时之通说。这也是历来研究《指物论》的学者基本一致的观点。《庄子·达生》有:"凡有貌、象、形、色者,皆物也。"③因此又有人将其归结为"物"之名义下的那些"不可感知的"或"抽象的"事物。《国语·楚语下》:"九黎乱德,民神杂糅,不可方物。"韦昭注曰:"物,名也。"④《齐物论》云:"道,形之而成;物,谓之而然。"⑤"物"又具有了"物名"之义。"物"也有作动词的用法。《左传·昭公二十九年》:"《周易》有之:'若不朝夕见,谁能物之?'"⑥此句中的"物"即作"称名"讲。

实际上,在《公孙龙子·名实论》一篇中有这样的表述:"天地与其所产焉,物也。"这似乎是说"物"即天地万物之意。又云:"物以物其所物而不过,实也……"这一段文字,历来也被认为是《公孙龙子》中难解者。这是因为,大多学者都将"物"作"万物"讲,这样往往造成文意不通,令人费解。笔者认为,"物"和"指"一样,公孙龙在使用"物"这一概念的时候也并没有特定的用法,也没有具体的词性。而结合前文所考辨先秦"物"的使用范围来看,"物"和"指"在公孙龙《指物论》一篇中都是十分抽象的概念,"指"是人的认知过程,而"物"当是人认知后的所有内容。正如前文在考辨"物"字之义时,我们能看到:人以形色来认识其对象,而形色又引

---

① (清)孙诒让撰《周礼正义》(第3册),中华书局1987年版,第914—915页。
② 约斋撰,李学勤编《字源》,天津古籍出版社2012年版,第73页。
③ (清)郭庆藩撰《庄子集释》,中华书局2012年版,第632页。
④ (东吴)韦昭《国语注》,上海古籍出版社2008年版,第264页。
⑤ (清)郭庆藩撰《庄子集释》,中华书局2012年版,第75页。
⑥ (晋)杜预注,(唐)孔颖达疏《春秋左传正义附校勘记》,上海古籍出版社1990年版,第924页。

申为"物"。"物莫非指,而指非指"这个命题走到这一步,则恚然而解。"指"的对象就是"物"的范围。然而人的认知活动"指"总是未尽的,它不仅指向过去、现在还有未来;而"物"却是已经完成了"指"的物。因为"物"和"指"作为抽象概念而人们赋予二者的意涵本身就不同。因而公孙龙在"物莫非指"之后还要强调"而指非指"的意义之所在:"指"一旦落入已经完成的行为中,就和"指"概念本身所具有的意义不再相同。

《指物论》揭露了在人类认识范围内所可能认识的对象"物",只是我们所能"指"之物,脱离了我们所能"指"范围的事物,"物"也就不再存在。森然万象也不过是我们的认识世界。公孙龙子正是敏锐地发现了这一点,提出了"物莫非指"这一命题。而比之更为深刻的见解是,在人的认知过程"指"之中,我们的"指"一旦落入"具体有形"之"物","指"概念就会发生变化——因为"指"是我们抽象出的一个"这",它没有具体对应的对象,却在我们此时此情此景得到认知中具有了具体的含义——"这"可以是一个"苹果"、"一本书"等等。但一旦如此,抽象的"指"就变成了"物指"。但"这"作为一个抽象的概念所具有的意义仍然不变,它具有的无限可能性和已经完成了的成为了固定内涵的"苹果"和"书"的"这"不同。所以说,"指非指"其实就是"这非这"。对"指"抽象性的把握,而不仅仅单纯的理解为共相或者名,正是公孙龙区别于西方经验主义的一个重要的创见。

(作者单位:武汉大学国学院)

今本先秦诸子书与《庄子》之关系

方 勇

清章学诚云:"古人不著书,古人未尝离事而言理,六经皆先王之政典也。"(《文史通义·易教上》)但自从"道术将为天下裂"(《庄子·天下》)的春秋末年以来,却出现了诸子纷纷著书言治的局面,一时蔚为大观。不过,今所见诸子著作,多非一人一时所著,而往往为师徒文章之结集,亦不乏步武者之增损,且又经汉儒之整理删削,或后人之辑佚校勘,故皆已非其旧貌。况且,诸子各派之间互相影响吸收,彼此杂糅者有之,使情况显得更为复杂。今选择世所传《管子》《慎子》《鹖冠子》三书,从一定角度予以阐述,以见其与《庄子》之关系。

一 《管子》与《庄子》之关系

《管子》一书,旧题管仲著。《汉书·艺文志》著录为八十六篇,归入道家。《史记·管晏列传》张守节正义引刘歆《七略》,谓"《管子》十八篇,在法家"。《隋书·经籍志》著录为十九卷,列为法家之首。清《四库全书》著录为二十四卷,亦列入法家类。对于此书,前人多认为非出自一时一人之手。如晋傅玄说:"《管子》书过半是后之好事者所加,《轻重》篇尤鄙俗。"(王应麟《汉书艺文志考证》卷六引)宋朱熹说:"《管子》之书杂。管子以功业著者,恐未必曾著书。如《弟子职》之篇,全似《曲礼》,它篇有似《庄》《老》;又有说得也卑,直是小意智处,不应管仲如此之陋。其内政分乡之制,《国语》载之却详。《管子》非仲所著。仲当时任齐国之政,事甚多,稍闲时,又有三归之溺,决不是闲功夫著书底人;著书者,是不见用之人也。其书老、庄说话亦有之,想只是战国时人收拾仲当时行事言语之类著之,并附以它书。"(《朱子语类》卷一百三十七)这些说法,确实很有道理,引起了后人的重视。

今本《管子》凡七十六篇,分为八类,内容庞杂,包含有法家、儒家、道家、名家等家思想,以及天文、历数、舆地、经济、农业等知识。近百年以来,学者对于它与道家的特殊关系有了新的认识。如刘节说:"《庄子·天下》篇言:'不累于俗,不饰于物,不苛于人,不忮于众,愿天下之安宁,以活民命,人我之养,毕足而止,以此白心。古之道术有在于是者,宋钘、尹文闻其风而悦之。作为华山之冠以自表,接万物以别宥为始。语心之容,命之曰心之行。'由此知《心术》上下及《白心》三篇出宋钘或尹文之手。"(罗根泽《〈管子〉探源》引)郭沫若认为"《心术》《内业》是宋子书,《白心》属于尹文子","两人毫无疑问是属于道家的"(见《十批判书·稷下黄老学派的批判》)。罗根泽则认为,《内业》一篇"多道家言,诠发大道之蕴",疑为"战国中世以后混合儒道者作",而《心术》上下及《白心》三篇"以思想系统而论,必在老庄之后",其中"《心术下》有与《庄子·庚桑楚》篇相袭者",则是"此袭《庚桑楚》,非《庚桑楚》袭此明矣"(见《〈管子〉探源》)。李存山也认为,《心术》上下、《白心》《内业》四篇有明显因袭《庄子》的痕迹(见《中国气论探源与发微》)。王叔岷曾列举"《管子》所引《庄子》之文"凡数十条,基本上都出自此四篇[①]。崔大华除了认为此四篇有因袭《庄子》迹象而外,还指出《枢言》篇同样存在"援引《庄子》论点,阐释《庄子》的观点,变更《庄子》的意境"的现象(见《庄学研究》第八章)。总之,许多学者都认为《管子》有不少因袭并发挥《庄子》的地方,并且集中地指向了《心术》上下、《白心》《内业》四篇。如:

[①] 《读庄论丛》,载于陈鼓应主编《道家文化研究》第十辑,上海古籍出版社1996年版。

能抱一乎？能勿失乎？能无卜筮而知吉凶乎？能止乎？能已乎？能舍诸人而求诸己乎？（《庄子·庚桑楚》）

能专乎？能一乎？能毋卜筮而知凶吉乎？能止乎？能已乎？能毋问于人而自得之于己乎？（《管子·心术下》）①

对于这两条文字，罗根泽分析说："'能抱一乎？能勿失乎'与'能专乎？能一乎'，时代前后，一望可知。'能舍诸人而求诸己乎'与'能毋问于人而自得之于己乎'相较，则此文实有嫌于彼文未能显明，遂易'舍诸人'为'毋问于人'，'求诸己'为'自得之于己'。则此袭《庚桑楚》，非《庚桑楚》袭此明矣。"（《管子探源》）《内业》篇也有类似的一条文字："能抟（一作搏）乎？能一乎？能无卜筮而知吉凶乎？能止乎？能已乎？能勿求诸人而得之己乎？"罗根泽分析说："《庄子》此文之先曰'老子曰卫生之经'。此文之后，续以'能儵然乎？能侗然乎？能儿子乎？儿子终日嗥而嗌不嗄，和之至也；终日握而手不掜，共其德也；终日视而目不瞚，偏不在外也。行不知所之，居不知所为，与物委蛇而同其波，是卫生之经已。'词意联贯，绝无割裂他书之迹。此篇此文之前曰：'抟（一本作搏）气如神，万物备存。'此文之后，续以'思之，思之，又重思之，思之而不通，鬼神将通之，非鬼神之力也，精气之极也'。语意不若《庄子》之衔接，故疑此钞《庄子》，非《庄子》钞此。"（同上）王叔岷《读庄论丛》、崔大华《庄学研究》、李存山《中国气论探源与发微》等，也都认为《管子·心术下》和《内业》篇的这两条文字抄袭于《庄子·庚桑楚》。又如：

昔吾闻之大成之人曰："自伐者无功，功成者堕，名成者亏。"孰能去功与名，而还与众人？（《庄子·山木》）

故曰：功成者隳，名成者亏。故曰：孰能弃名与功，而还与众人同？（《管子·白心》）

---

① 此节凡引《管子》之文，皆据《文渊阁四库全书》本。

在这里,《白心》篇将《庄子·山木》的相关文字分离为两截,并加上两个"故曰",因袭之迹甚为明显。《白心》有语云:"为善乎,毋提提;为不善乎,将陷于刑。"王叔岷在《读庄论丛》中指出:"提,借为'题'。《说文》:'题,显也。'为善而无显,即'无近名'之意。"并由此推断,认为《白心》此两句即是对《庄子·养生主》"为善无近名,为恶无近刑"之因袭。王氏此处对"提"字的解释虽然未必正确(尹知章注:"提提,谓有所扬举也。"),但其指出《白心》此两句袭自《庄子》,却应当是可信的。

　　从思想内容方面看,《管子》中的《心术》上下、《白心》《内业》及其他部分篇章对《庄子》"道"观念的接受最为明显。如庄子说:"夫道,有情有信,无为无形;可传而不可受,可得而不可见;自本自根,未有天地,自古以固存;神鬼神帝,生天生地;在太极之先而不为高,在六极之下而不为深,先天地生而不为久,长于上古而不为老。"(《大宗师》)说明"道"作为客观的实在,是产生宇宙世界的总根源,并决定着天地万物的存在和发展,正所谓"道者,万物之所由也。庶物失之者死,得之者生;为事逆之则败,顺之则成"(《渔父》),"惛然若亡而存,油然不形而神,万物畜而不知,此之谓本根"(《知北游》),道即是"万物之所系而一化之所待"(《大宗师》)的大根大本。对于庄子的这一观念,《管子》显然有所承因。如云:

　　　　夫道者,所以充形也,而人不能固。其往不复,其来不舍,谋乎莫闻其音,卒乎乃在于心;冥冥乎不见其形,淫淫乎与我俱生。不见其形,不闻其声,而序其成,谓之道。……所以修心而正形也,人之所失以死,所得以生也;事之所失以败,所得以成也。凡道无根无茎,无叶无荣,万物以生,万物以成,命之曰道。(《内业》)

　　　　道在天地之间也,其大无外,其小无内。故曰:不远而难极也。(《心术上》)

　　　　道之大如天,其广如地,其重如石,其轻如羽,民之所以知者寡。故曰:何道之近而莫之与能服也?(《白心》)

《管子》这里所说的"道",与庄子所谓的"道"一样,不仅是天地万物生成的根源和依据,"夫道者,所以充形也","万物以生,万物以成","人之所失以死,所得以生也;事之所失以败,所得以成也",而且还有无所不在的特征,"道在天地之间也,其大无外,其小无内","道之大如天,其广如地,其重如石,其轻如羽",但它本身却是虚无的,"道无根无茎,无叶无荣","其往不复,其来不舍,谋乎莫闻其音,卒乎乃在于心;冥冥乎不见其形,淫淫乎与我俱生",不能用感官去感知,不能用语言来表达,而只能以虚静的心灵去冥悟。关于"道"的虚无特征,《管子》还有更多的表述:

> 道也者,通乎无上,详乎无穷,运乎诸生。是故辩于一言,察于一治,攻于一事者,可以曲说而不可以广举。(《宙合》)
> 道不远而难极也,与人并处而难得也。虚其欲,神将入舍;扫除不洁,神乃留处。……虚无无形谓之道……道也者,动不见其形,施不见其德,万物皆以得,然莫知其极。故曰可以安而不可说也。(《心术上》)
> 心静气理,道乃可止。……彼道之情,恶音与声;修心静音,道乃可得。道也者,口之所不能言也,目之所不能视也,耳之所不能听也。(《内业》)

这些文字主要阐述了"道"具有无法感知的特性,它"虚无无形","动不见其形,施不见其德","口之所不能言也,目之所不能视也,耳之所不能听也",只可以"曲说"(谓间接譬喻),"不可以广举",如能修心静音,摒弃言说,则"道乃可得"。《管子》对于"道"的这种表述,与庄子所谓"夫道""可传而不可受,可得而不可见"(《大宗师》)、"道不可闻,闻而非也;道不可见,见而非也;道不可言,言而非也"(《知北游》)等说法相当吻合,表明其与《庄子》"道论"有一定渊源关系。

但在对待"道"与"气"的关系问题上,《管子》与庄子并不太一致。在一般情况下,庄子以"气"为"道"的派生之物,是一种构成宇宙万物基始的半物质因素,如所谓"杂乎芒芴之间,变而有气,气变而有形,形变而有生"(《至乐》)之"气",即是指杂乎无形的"道"与有形的物之间的一种半物质因素。而在《管子》中,有时会使"道"与"气"的概念变得模糊起来。如《内业》篇说:

> 凡人之生也,必以其欢。忧则失纪,怒则失端。忧悲喜怒,道乃无处。爱欲静之,遇(愚)乱正之。勿引勿推,福将自归。彼道自来,可藉与谋。静则得之,躁则失之。灵气在心,一来一逝。其细无内,其大无外。所以失之,以躁为害。心能执静,道将自定。得道之人,理丞(通"蒸")而屯泄,匈(通"胸")中无败。节欲之道,万物不害。

裘锡圭指出:"这一条'道'字五见,除'节欲之道'一例外,从上下文看也都应该理解为精气。"①崔大华则根据《心术下》《内业》《枢言》等篇中的其他一些材料,认为《管子》中已"出现可以以'气'释'道'、以'道'释'气'的情况"②。应该看到,《内业》等篇作者以"气"、"道"互释,在一定程度上反映了其要求通过加强"道"的物质属性来解释世界的愿望,这正是黄老学的自然哲学的思想特征。

二 《慎子》与《庄子》之关系

《慎子》一书,各家著录不一。《史记·孟子荀卿列传》称"慎到著十二论"。《汉书·艺文志》则著录"《慎子》四十二篇"。《史记集解》引徐广曰:"今《慎子》,刘向所定,有四十一篇。"《隋书·经籍志》《旧唐书·经籍志》《新唐书·艺文志》均载"《慎子》十卷",《宋史·艺文志》载"《慎子》一卷"。宋王应麟《汉书艺文志考证》曰:

---

① 《稷下道家精气说的研究》,载于陈鼓应主编《道家文化研究》第二辑,上海古籍出版社1992年版。
② 《庄学研究》第八章,人民出版社1992年版。

"今三十七篇亡,惟有《威德》《因循》《民杂》《德立》《君人》五篇。"元陶宗仪《说郛》卷四十收《慎子》五篇,明周子义万历初刊《子汇》本亦为五篇,两者所录篇名与王应麟所记同,则宋以后《慎子》仅馀五篇。清嘉庆二十年,严可均以明《子汇》本为底本,成《慎子》辑本。清光绪十九年,钱熙祚重辑《慎子》,他参照《子汇》本与《群书治要》,进一步补充《慎子》内容,将其扩充为《威德》《因循》《民杂》《知忠》《德立》《君人》《君臣》等七篇,并增辑佚文六十条。目前,钱氏辑本流传较广。

明慎懋赏曾辑《慎子内外篇》,内篇四十事,外篇五十六事,内、外篇末皆附直音。从内容上看,慎懋赏所辑本子的内容,超出其他残本者甚多,但往往来源不明。民国时,上海涵芬楼借江阴缪氏滿香簃写本《慎子内外篇》,影印收入《四部丛刊》内。此写本乃是以慎懋赏本为底本,重作整理增损而成,内篇凡三十六事,外篇凡五十六事,无慎本序跋及直音,有缪荃孙所补《知忠》《君臣》二篇,及所辑《慎子佚文》若干事,而收入《四部丛刊》时,书末还附有孙毓修《慎子内篇校文》及跋语,内容较为完备。本节凡引《慎子》文字,如无特别说明,皆据此影印本。

慎到学派的归属问题,历来颇有争议。《庄子·天下》《荀子·天论》《韩非子》等均称慎到为道家。《荀子·非十二子》《解蔽》,及《吕氏春秋·慎势》《汉书·艺文志》等皆将慎到归入法家。《史记·孟子荀卿列传》谓其"学黄老道德之术"。要而言之,慎到思想明显渊源于道家,但能确立慎到思想家地位的却是由他从道家思想衍生创立出的法家理论。就现存的文献资料来看,较早、较系统地论述慎到思想的是《庄子·天下》:

> 公而不当,易而无私,决然无主,趣物而不两,不顾于虑,不谋于知,于物无择,与之俱往。古之道术有在于是者,彭蒙、田骈、慎到闻其风而悦之。齐万物以为首,曰:"天能覆之而不能载之,地能载之而不能覆之,大道能包之而不能辩之。"知万物皆有所可,有所不可,故曰:"选则不遍,教则不至,道则无遗

者矣。"是故慎到弃知去己,而缘不得已。泠汰于物,以为道理,曰:"知不知,将薄知而后邻伤之者也。"謑髁无任,而笑天下之尚贤也;纵脱无行,而非天下之大圣。椎拍辊断,与物宛转;舍是与非,苟可以免。不师知虑,不知前后,魏然而已矣。推而后行,曳而后往,若飘风之还,若羽之旋,若磨石之隧,全而无非,动静无过,未尝有罪。是何故?夫无知之物,无建己之患,无用知之累,动静不离于理,是以终身无誉。故曰:"至于若无知之物而已,无用贤圣,夫块不失道。"豪桀相与笑之曰:"慎到之道,非生人之行,而至死人之理,适得怪焉。"

自清末以来,多数学者根据《天下》篇的思想内容、语言风格与《庄子》中其他篇章有明显差异等现象,便认为其为庄周后学的作品,当作于战国晚期。从此篇对慎到的评论来看,可以发现其学说与庄子思想有较为密切的关系。《天下》篇作者指出,慎到等人"齐万物以为首",即站在"道"的立场上,以齐同万物为第一要义,由此来发展其学说。应当说,慎到等人的这一哲学思想与庄子的"齐物论"有一定的关系。基于这种哲学观念,慎到认为,"大道能包之而不能辩之",即大道能派生宇宙万物,但不去区别万物的差异,视万物为一律平等,因为"万物皆有所可,有所不可",如对事物有所区别取舍,就仅能得其一偏,却会遗其全体。所以,他"弃知去己"、"不师知虑"、"舍是与非"、"与物宛转",一切任其自然而已。但《天下》篇作者指出:慎到"笑天下之尚贤","非天下之大圣",心中不免有是与非的观念存在;他还对老庄的体"道",片面地理解为"块不失道",未免过于极端,不能为活人所实行,所以被豪杰所嘲笑。正如后来郭象说:"夫去知任性,然后神明洞照,所以为贤圣也。而云土块乃不失道,人若土块,非死而何?豪杰所以笑也。"(《庄子注》)

《庄子·天下》所论述的,可能是慎到早期的哲学思想,与他由"道"入"法"后的情况有所不同。清四库馆臣云:"《庄子·天下》篇曰:'慎到弃知去己,而缘不得已。……'是慎子之学,近乎释氏,然《汉志》列之于法家。今考其书,大旨欲因物理之当然,各定一法而守之。不求于法之外,亦不宽于法之中,则上下相安,可以清净而治。然法所不行,势必刑以齐之。道德之为刑名,此其转关,所以申韩多称之也。"① 这里从《天下》篇对慎到的评论看出其学术思想"近乎释氏",不可谓之知言。但其认为慎到的思想存在着一个由"道"向"法"的转变,将道家的哲学思想发展为面向现实社会的法治理论,即所谓"转关"的过程,却非常符合实际。如慎到说:

> 民杂处而各有所能者不同,此民之情也。大君者,太上也,兼畜下者也。下之所能不同,而皆上之用也。是以大君因民之能为资,尽包而畜之,无能取去焉。是故必执于方以求于人,故所求者无一足也。大君者不择其下,故足;不择其下,则为下易矣。易为下,则莫不容,容故多下,多下谓之太上。君臣之道,臣有事而君无事也。君逸乐而臣任劳,臣尽智力以善其事,而君无与焉,仰成而已,事无不治,治之正道然也。(《慎子》内篇)

冯友兰阐释这段话说:"如果把这段话同《天下》篇'齐万物以为首'那一段比较研究,就可以看出来,这两段话的思想基本上是一致的。不同的是,《天下》篇的那一段话讲的是'大道'和自然界中的事物;这一段话讲的是社会中的统治者和老百姓。合起来看,慎到的意思是说,统治者在社会中的地位,就好像在自然界中的地位。万物都'有所可',人们也都'有所能'。虽然'所能不同',但都可为'上'之用,都是'上'的凭借。道尽包万物,无所选择;统治者也应该'兼畜'老百姓,无所选择。这样,为他用的'下'就多了。'下'越多,'上'的地位就越稳固,力量也就越大。就是说,'大道'对于万物'包而不辨'。统治者对于老百姓也应该包而不辨。越包得多,拥护的人就越多,拥护的人越多,统治者的凭借就越大。所以称为'大君',称为'太上'。《慎子》接着说:'君臣之道,臣事事而君无

---

① 《四库全书总目》"慎到《慎子》"提要。

事……'这是说，人都有所能，统治者应该像'大道'那样，自己无为而让在他下面的人各自努力做他们所能做的事。这样，什么事都可以办了。这是治国的'正道'。这就是法家所主张的'君道无为，臣道有为'的道理。"①冯友兰的这一阐释，已把慎到由道家向法家转化，以道家的大道观、尤其是庄子齐物思想来表述其法理的特征说得非常清楚。但应该加以指出，冯氏所谓"法家所主张的'君道无为，臣道有为'的道理"，其实并非法家所创始，追溯理论渊源，也显然出自道家，特别是《庄子》外篇之《天道》篇等。

慎到所谓的"齐万物"、"与物宛转"一个重要内容还表现为"因循"。他说："天道因则大，化则细，因也者，因人之情也。"（《慎子》内篇）认为立法治国，只有"因人之情"，遂自然之性，则其功至高至大；若违背自然法则，硬要百姓从我而化，则其功必细必小。慎到的这一法治观念，既受到了老子"道法自然"（《老子》二十五章）思想的影响，也是对庄子"因是"（《齐物论》）、"因于物"（《在宥》）"因其固然"（《养生主》）、"常因自然"（《德充符》）、"因其所大而大之"（《秋水》）、"因其所小而小之"（同上）等因循思想的延续与转化。在部分吸收老庄思想的基础上，慎到还提出了"任自然者久"的法治思想。他说：

> 鸟飞于空，鱼游于渊，非术也。故为鸟为鱼者，亦不自知其能飞能游。苟知之，立心以为之，则必堕必溺。犹人之足驰、手捉、耳听、目视，当其驰、捉、听视之际，应机自至，又不待思而施之乎！苟须思之，而后可施之，则疲矣。是以任自然者久，得其常者济。（《慎子》外篇）

在慎到看来，鸟在高空中飞翔，鱼在深渊中畅游，并不是它们有特殊的技能，而是本能使然。如果它们要知道其中的所以然，并刻意

---

① 《中国哲学史新编》第一册第十六章《慎到和稷下黄老之学》，人民出版社1999年版。

要去这么飞这么游,就一定会以失败告终。这好比人的足驰、手捉、耳听、目视,也是天机使然,如果刻意为之,一定会疲惫不堪。因此他得出结论,"任自然者久,得其常者济",若立法治国能遵循自然规律,就一定会得到多方帮助,从而达到长治久安。可以清楚看出,慎到这里作为他的政治、法律思想的哲学基础,当与《庄子》有一定关系。如《齐物论》篇谓影子不知其行止何以如此而天机自尔,《秋水》篇蚿谓"予动吾天机而不知其所以然",等等,当给慎到等提供了"任自然者"之哲学启示。

在慎到的理想世界里,认为如果真能"任自然"以治世,则一定会出现一个纯朴、简约、和睦、安定的"至安之世"。他说:"故至安之世,法如朝露,纯朴不散,心无结怨,口无烦言。故车马不疲弊于远路,旌旗不乱于大泽,万民不失命于寇戎。豪杰不著名于图书,不录功于盘盂,记年之牒空虚。故曰:利莫长于简,福莫久于安。"(《慎子》外篇)这种说法固然与老子"小国寡民"(《老子》八十章)思想有渊源关系,但也当受到《庄子·马蹄》所描绘的"至德之世"社会图景的启示:"故至德之世,其行填填,其视颠颠。当是时也,山无蹊隧,泽无舟梁;万物群生,连属其乡;禽兽成群,草木遂长。是故禽兽可系羁而游,鸟鹊之巢可攀援而窥。夫至德之世,同与禽兽居,族与万物并,恶乎知君子小人哉?同乎无知,其德不离;同乎无欲,是谓素朴,素朴而民性得矣。"而其中所谓"不著名于图书,不录功于盘盂,记年之牒空虚",更像是对《庄子·天地》"是故行而无迹,事而无传"数语的演绎。慎到认为,在这种纯朴、简约、和睦、安定的理想社会里,人们皆以修身养性为第一要务,而对富贵、虚名则避之唯恐不及。他说:

> 尧让天下于许由,许由……不受而逃去。……人以让子州子父,子州父曰:'以我为天子,犹之可也。虽然,我适有幽忧之病,方且治之,未暇治天下也。'舜以天下让善卷,卷曰:'……予立宇宙之中,冬衣皮毛,夏衣缔葛。春耕种,形足以劳动;秋收敛,身足以休食。日出而作,日入而息,逍遥于天地之

间而心意自得。吾何以天下为哉！悲夫！子之不知予也。'禹让天下于奇子，奇子……于是负妻携子，以入于海，终身不返也。夫天下重物也，而不以害其身，又况于他物乎？惟不以天下害其生者，可以托天下。世之人主，以贵富骄得道之人。其不相知，岂不悲哉！故曰：道之真以持身，其绪馀以为国家，其土苴以治天下。由此观之，帝王之功，圣人之馀事也，非所以完身养生之道也。今有人于此，以隋侯之珠，弹千仞之雀，世必笑之。是何也？所用重，所要轻也。夫生岂特隋侯珠之重也哉？（《慎子》外篇）

这段话果真为原本《慎子》佚文的话，则作者也不无庄子超尘脱俗之情怀。今案《庄子·让王》云："尧以天下让许由，许由不受。又让于子州支父，子州支父曰：'以我为天子，犹之可也。虽然，我适有幽忧之病，方且治之，未暇治天下也。'夫天下至重也，而不以害其生，又况他物乎！唯无以天下为者，可以托天下也。……舜以天下让善卷，善卷曰：'余立于宇宙之中，冬日衣皮毛，夏日衣葛絺；春耕种，形足以劳动；秋收敛，身足以休食；日出而作，日入而息，逍遥于天地之间而心意自得。吾何以天下为哉！悲夫，子之不知余也。'遂不受。于是去而入深山，莫知其处。舜以天下让其友石户之农，石户之农曰：'卷卷乎后之为人，葆力之士也。'以舜之德为未至也，于是夫负妻戴，携子以入于海，终身不反也。……故曰：道之真以治身，其绪馀以为国家，其土苴以治天下。由此观之，帝王之功，圣人之馀事也，非所以完身养生也。……今且有人于此，以随侯之珠弹千仞之雀，世必笑之。是何也？则其所用者重而所要者轻也。夫生者，岂特随侯之重哉！"两相对勘，可知《慎子》作者不仅是在借鉴庄子思想，而且还在摘录改写《庄子》大段文字。慎到又说：

盗跖曰：人上寿百岁，中寿八十，下寿六十，除病瘦死丧忧患，其中开口而笑者，一月之中不过四五日而已。天与地无穷,人死者有时,操有时之具,而托于无穷之间,忽然无异骐骥之驰过隙也。不能悦其志意,养其寿命者,非通道者也。(《慎子》外篇)

这段话基本照录于《庄子·盗跖》,仅有几个字不同。《慎子》作者引用的目的是为了说明,生活在"至安之世"中的人们,应该尊重自然生命,"悦其志意,养其寿命",幸福地度过一生,这才是懂得大道法则的人。

当然,从总体上看,慎到毕竟属于法家人物,而今本《慎子》虽不一定全出于慎到一人之手,可能有后人的文字掺杂其间,但也无疑属于一部法家著作。所以其借鉴、改写《庄子》,必定会着眼于与立法治国相关的资料。如慎到说:"贱而不可不因者,众也;刚而不可不用者,兵也;惨而不可不行者,法也;小而不可不防者,盗也;劳而不可不劝者,农也;冗而不可(不)啬者,财也。"(《慎子》内篇)这段话本于《庄子·在宥》:"贱而不可不任者,物也;卑而不可不因者,民也;匿而不可不为者,事也;粗而不可不陈者,法也;远而不可不居者,义也;亲而不可不广者,仁也;节而不可不积者,礼也;中而不可不高者,德也;一而不可不易者,道也;神而不可不为者,天也。"可见两者文字虽有较大不同,但前者因袭后者基本思维的痕迹却十分明显。经慎到改造后的这段话的意思是说,"众"虽低微却不得不顺从,"兵"虽刚武却不得不使用,"法"虽惨酷却不得不实行,"盗"虽为小数却不得不提防,"农"虽劳苦却不得不勉励,"财"虽繁冗却不得不俭啬,这正反映了其由"道"向"法"转化后的思想特征。而且,慎到还利用《庄子》思想资料来为其具体的执法服务。他说:

仲尼曰:凡人心险于山川,难于知天。故君子远使之而观其忠,近使之而观其敬,烦使之而观其能,率然问焉而观其知,急与之期而观其信,委之以财而观其仁,告之以危而观其节,醉之以酒而观其则,杂之以处而观其色。九征至,贤不肖人得

矣。(《慎子》外篇)

这段话出自《庄子·列御寇》,文字基本相同。慎到借用庄子"九征"之法,作为实行以法治国过程中所使用的观人之法和防闲之术,可见其由"道"入"法"的思想轨迹甚为明显。

三 《鹖冠子》与《庄子》之关系

鹖冠子,姓名事迹均不详。《汉书·艺文志》著录《鹖冠子》一篇,班固自注:"楚人,居深山,以鹖为冠。"《隋书·经籍志》著录《鹖冠子》三卷,小注云:"楚之隐人。"说明自汉以来,鹖冠子其人及其事迹均已湮没不闻,所知者唯其为楚人,隐居深山,以鹖鸟羽为冠,故号鹖冠子。据书中多次提及"庞子问鹖冠子",晋袁淑《真隐传》谓"冯煖常师事之",今学者多认为庞子即庞煖,冯煖即为庞煖,"冯"、"庞"古音相近,则鹖冠子曾为庞煖老师。《史记·赵世家》谓庞煖曾为赵悼襄王(前244年至前236年在位)之将,则鹖冠子自是战国晚期人。

其一,对《庄子》文意的援引。

《鹖冠子》一书,《汉书·艺文志》著录为一篇,《隋书·经籍志》作三卷,未言篇数。唐韩愈有《读鹖冠子》一文,称"十有六篇"。宋王尧臣等《崇文总目》著录为:"今书十五篇。"陈振孙《直斋书录解题》著录三卷十九篇,陆佃解,与今本《鹖冠子》合。

关于《鹖冠子》真伪,历来颇多争议。梁刘勰《文心雕龙·事类》称:"唯贾谊《鵩赋》,始用《鹖冠》之说。"同书《诸子》又称:"《鹖冠》绵绵,亟发深言。"刘氏尚以此书为真,但注意到贾谊《鵩鸟赋》和《鹖冠子》文句有相近的地方。唐柳宗元则曾撰《辩鹖冠子》一文,以为此书"尽鄙浅言","唯谊所引用为美,馀无可者",乃断其为伪书。自此之后,《鹖冠子》渐遭冷落。1973年,长沙马王堆汉墓出土大量帛书,有学者研究发现,《鹖冠子》对马王堆出土《老子》乙本卷前古佚书引用有二十三处之多,认为此书当为战国晚期著作,但可能经过后人屡次增损,已非原书旧貌。

《汉书·艺文志》以《鹖冠子》入道家,同时,复于"兵权谋"下云:"省伊尹、太公、《管子》《孙卿子》《鹖冠子》《苏子》、蒯通、陆贾、淮南王二百五十九种,出《司马法》入礼也。"认为《鹖冠子》杂有兵家思想。韩愈《读鹖冠子》谓"其词杂黄老刑名",清四库馆臣称"其说虽杂刑名,而大旨本原于道德"。要之,此书与道家关系密切,故王叔岷著《读庄论丛》[①],特为撰"庄子与鹖冠子"一节文字,以揭明《鹖冠子》"剽剥庄子之文"凡"二十八条"。如认为《鹖冠子》之《天权》篇"知物固无不然",本于《庄子·齐物论》"无物不然";《王铁》篇"不见异物而迁",本于《庄子·德充符》"而不与物迁";《王铁》篇"不为众父",本于《庄子·天地》"可以为众父,而不可以为众父父";《天则》篇"故父不能得之于子,而君弗能得之于臣",本于《庄子·天道》"臣不能以喻臣之子,臣之子亦不能受之于臣";《天权》篇"应物而不穷……谓之无方之传",本于《庄子·天运》"彼未知夫无方之传,应物而不穷者也";《环流》篇"酸盐甘苦之味相反,然其为善均也",本于《庄子·天运》"其犹柤梨橘柚邪?其味相反,而皆可于口";《天权》篇"故一蚋噆肤,不寐至旦。半糠入目,四方弗治",本于《庄子·天运》"夫播糠眯目,则天地四方易位矣。蚊虻噆肤,则通昔不寐矣";《泰鸿》篇"毋易天生,毋散天朴,自若则清,动之则浊",本于《庄子·刻意》"水之性,不杂则清,莫动则平。郁闭而不流,亦不能清,天德之象也";《夜行》篇"芴乎芒乎,中有象乎!芒乎芴乎,中有物乎",本于《庄子·至乐》"芒乎芴乎,而无从出乎!芴乎芒乎,而无有象乎";《王铁》篇"用心不分",本于《庄子·达生》"用志不分";《泰录》篇"神圣乘于道德",本于《庄子·山木》"若夫乘道德而浮游则不然";《世兵》篇"终则有始,孰知其极",本于《庄子·田子方》"始终相反乎无端,而莫知乎其所穷";《天权》篇"昔行不知所如往",本于《庄子·知北游》"故行不知所往";《世兵》篇"夸

---

① 载于陈鼓应主编《道家文化研究》第十辑,上海古籍出版社1996年版。

者死权",本于《庄子·徐无鬼》"权势不尤、则夸者悲";《备知》篇"申徒狄以为世溷浊不可居,故负石投于河",本于《庄子·盗跖》"申徒狄谏而不听,负石自投于河";《王铁》篇"而天下无敌矣",本于《庄子·说剑》"天下无敌矣";《世兵》篇"泛泛乎若不系之舟",本于《庄子·列御寇》"泛若不系之舟",等等。总之,王叔岷认为,就今本《鹖冠子》看来,"推其所言,虽多杂凑,而大旨亦归于道德","其剽剥庄子之文,尚复不少"。

其实,除王叔岷所列二十八条而外,《鹖冠子》中还有一些文字亦当本于《庄子》。如《天则》篇"上下有间,于是设防知蔽并起",陆佃注:"为之斗斛以量之,则并与斗斛而窃之;为之权衡以称之,则并与权衡而窃之。"①陆氏引《庄子·胠箧》文字以为注,说明其已看出《天则》篇此数语本于《庄子》之意。《泰鸿》篇"无钩无绳,浑沌不分",陆佃注:"曲者不以钩,直者不以绳,而浑沌全矣。故曰:擢六律、塞师旷之耳,散五采、胶离朱之目,毁绝钩绳、俪工倕之指,而天下人始舍其朴矣。"陆注告诉我们,《泰鸿》篇此二语,至少暗引了《庄子·应帝王》"浑沌"寓言和《胠箧》篇中有关文字。《世兵》篇"至人遗物,独与道俱",吴世拱注:"《庄子》曰:'不离于真,谓之至人。'又:'孔子谓老聃曰:形体若槁木,似遗物而立于独也。'"(《鹖冠子吴注》)依吴注,则《世兵》篇此二语本于《庄子·天下》及《田子方》篇相关文字。诸如此类的例子,在《鹖冠子》书中还能找出不少,说明其与《庄子》确实有较密切的关系。

在《鹖冠子》中,更有一些较为完整的句群亦本于《庄子》。如《天则》篇云:"同而后可以见天,异而后可以见人,变而后可以见时,化而后可以见道,临利而后可以见信,临财而后可以见仁,临难而后可以见勇,临事而后可以见术数之士。"陆佃于"同而后"二句后注:"天道一而不二,故自其同者视之,夷貊一家也;人道二而不一,故自其异者视之,肝胆楚越也。"今案《庄子·德充符》云:"自其

---

① 本节引《鹖冠子》文(不包括王叔岷所引之文)及陆佃注,皆据《文渊阁四库全书》本。

异者视之,肝胆楚越也;自其同者视之,万物皆一也。"则《天则》篇此二句当本于《庄子》。又陆佃于"变而后"二句后注:"常运而不停。庚桑子曰:'越鸡不能伏鹄卵,鲁鸡固能矣。'越往南见老子,然则道之等级见矣。"说明《天则》篇此二句当从《庄子·庚桑楚》化出,以变动不居的道为化生万物的本原。又王叔岷认为,"临利而后"三句本于《庄子·列御寇》:"故君子远使之而观其忠,近使之而观其敬,烦使之而观其能,卒然问焉而观其知,急与之期而观其信,委之以财而观其仁,告之以危而观其节,醉之以酒而观其则,杂之以处而观其色。"由此可见,《天则》篇的这一句群征引了《庄子》诸篇中的多处文意。再迻录《备知》篇一节文字于下:

伯夷、叔齐能无盗,而不能使人不意己。申徒狄以为世溷浊不可居,故负石自投于河,不知水中之乱有逾甚者。德之盛,山无径迹,泽无桥梁,不相往来,舟车不通,何者?其民犹赤子也。有知者不以相欺役也,有力者不以相臣主也,是以乌鹊之巢可俯而窥也,麋鹿群居可从而系也。

在《庄子》中,伯夷、叔齐是被否定的对象,又《备知》篇此处开头二句也有模仿《庄子》句式诸如"知能能而不能所不能"(《知北游》)、"非汝能使人保汝,而汝不能使人无保汝也"(《列御寇》)等之迹象,说明此二句当与《庄子》有一定关系。又"申徒狄"三句,吴世拱《鹖冠子吴注》已指出其本于《庄子·外物》有关章节。至于"德之盛"十一句,王叔岷谓其出于《庄子·马蹄》:"故至德之世,其行填填,其视颠颠。当是时也,山无蹊隧,泽无舟梁。万物群生,连属其乡。禽兽成群,草木遂长。是故禽兽可系羁而游,鸟鹊之巢可攀援而窥。"可见《备知》篇这节文字,乃是袭用《庄子》句式或文意,加以联缀而成。

其二,对《庄子》思想的借鉴。

鹖冠子融会各家之长,思想内容相当庞杂,但他主要以"道"为中心,以展开其对政治、军事、人生等方面的论述,因此与老庄学说有着一定关系。

在鹖冠子的思想中,"道"作为最高哲学范畴,它能够派生一切,因而是万物的根源和宇宙的本体。他说:"有一而有气,有气而有意,有意而有图,有图而有名,有名而有形,有形而有事,有事而有约,约决而时生,时立而物生。"(《环流》)又说:"故所谓道者,无己者也。所谓德者,能得人者也。道德之法,万物取业。"(同上)这里的"一"与"天之不违,以不离一;天若离一,反还为物"(《天则》)之"一"一样,也就是"道"的另一种称呼。显然,这种把"道"看成是规范天地万物的最高原则和规律的基本观念,主要是来自老庄的哲学思想。而所谓"道者,开物者也"、"道者,通物者也"(《能天》)云云,则更像庄子的口吻:"行于万物者,道也。"(《天地》)

在鹖冠子看来,"道"虽能派生天地万物,可它本身却"随而不见其后,迎而不见其首,成功遂事,莫知其状。图弗能载,名弗能举,强为之说曰:芴乎芒乎,中有象乎!芒乎芴乎,中有物乎!窅乎冥乎,中有精乎!致信究情,复反无貌,鬼不能见,不能为人业"(《夜行》)。即"道"的最基本特征就是虚无,无首无尾,无体无名,超越时间和空间,甚至不能为鬼神所感知。鹖冠子这样来描述"道"的状态,显然也与老庄的表述甚为相似。如老子说:"道之为物,唯恍唯惚。惚兮恍兮,其中有象。恍兮惚兮,其中有物。窈兮冥兮,其中有精。其精甚真,其中有信。"(《老子》二十一章)庄子说:"夫道,窅然难言哉!"(《知北游》)又说:"夫道,有情有信,无为无形;可传而不可受,可得而不可见。"(《大宗师》)又说:"芴漠无形,变化无常,死与生与,天地并与,神明往与!芒乎何之,忽乎何适,万物毕罗,莫足以归。"(《天下》)可见鹖冠子的说法确实主要来自老庄的"道论",也认为作为天地万物根源的"道"本身就是绝对虚无,是自然秩序和社会秩序的永恒依据。

与"道"异名而同实,鹖冠子还提出了"泰一"概念。他说:"泰一者,执大同之制,调泰鸿之气,正神明之位者也。"(《泰鸿》)这里认为,"泰一"是天地元气之始、宇宙之本原,也是圣王施政之依据,其与"道"具有相同的功能。究其学术渊源,这与庄子思想有以相通。如庄子说:"泰初有无,无有无名;一之所起,有一而未形。物得以生,谓之德;未形者有分,且然无间,谓之命;留动而生物,物成生理,谓之形;形体保神,各有仪,则谓之性。性修反德,德至同于初。同乃虚,虚乃大。"(《天地》)又说:"建之以常无有,主之以太一。"(《天下》)成玄英疏:"太者,广大之名;一以不二为称。言大道旷荡,无不制围,括囊万有,通而为一,故谓之太一也。"泰、太古通用,鹖冠子所谓的"泰一"正与庄子所说的"泰初"、"太一"的理念相当,也是化生宇宙万物和规范人类秩序的根本依据,可见其与庄子学说自有一定的渊源关系。

陆佃于《泰鸿》篇"调泰鸿之气"之后注:"鸿蒙,元气也。泰鸿,元气之始也。""鸿蒙"一词见于《庄子·在宥》,司马彪注:"鸿蒙,自然元气也。"(陆德明《经典释文》引)鹖冠子这里所谓的"泰鸿之气",应该就是庄子所说的"鸿蒙"元气,只不过侧重于指称"鸿蒙"元气初始时的浑然状态罢了。而《泰鸿》篇所谓"泰一""调泰鸿之气",即是说"道"("泰一")不仅为元气之本原,还能调节、驾驭、平衡"气"的运行。鹖冠子的这一"气论",将"气"作为"道"生化宇宙万物过程中的第一阶段的产物,与庄子的"气论"相当合拍。如庄子说:"察其始而本无生,非徒无生也而本无形,非徒无形也而本无气。杂乎芒芴之间,变而有气,气变而有形,形变而有生,今又变而之死,是相与为春秋冬夏四时行也。"在庄子看来,"道"是"自本自根,未有天地,自古以固存"(《大宗师》)的,而"气"却是"杂乎芒芴之间,变而有气",但"气变而有形,形变而有生","气"的变化又是影响着此后一切有形者的生死过程的。总之,鹖冠子将"气"描绘成介于"道"与天地万物之间的一个必要环节,认为它既未尽脱"道"的芒芴性质,又已彰显出"物"的朦胧状态,这无疑在一定程度上受到了庄子"气论"的影响。

在鹖冠子的哲学观念中,有时把"天"看成是与"道"、"泰一"相近的概念,也具有本体的意义。如他说:"天者,气之所总出也。"(《泰录》)认为"天"为阴阳二气的本原,与"道"、"泰一"具有相同的派生天地万物的功能。但综观鹖冠子的"天论",主要还是希望圣

王以"天"为参照,以便自然有序地施行其政治。如他说:

> 天者,诚其日德也。日诚出诚入,南北有极,故莫弗以为法则。天者,信其月刑也。月信死信生,终则有始,故莫弗以为政。天者,明星其稽也。列星不乱,各以序行,故小大莫弗以章。天者,因时其则也。四时当名,代而不干,故莫弗以为必然。天者,一法其同也。前、后、左、右,古今自如,故莫弗为常。天诚、信、明、因、一。不为众父易一,故莫能与争先。易一非一,故不可尊增。成鸠得一,故莫不仰制焉。(《王铁》)

陆佃注:"成鸠,盖天皇之别号也。"在鹖冠子看来,"天"的"德"就是"诚"、"信"、"明"、"因"、"一",所以能够"南北有极"、"终则有始"、"列星不乱,各以序行"、"四时当名,代而不干"、"前后左右,古今自如",圣王就具有这种品德。统治者如能像"成鸠"那样,效法天道而施行政治,则整个社会便会得到有序、长久的运行。应该看到,鹖冠子的这些说法与《庄子》外篇所表述的有关天、人思想颇为类似。如《天道》篇云:"天道运而无所积,故万物成;帝道运而无所积,故天下归;圣道运而无所积,故海内服。明于天,通于圣,六通四辟于帝王之德者,其自为也,昧然无不静者矣。……故帝王、圣人休焉。"庄子诸如此类的说法,无非是要求人道效法天道,按照自然无为的天道来治国立政,可见这就是鹖冠子论述天、人关系时的重要思想来源之一。

综上可知,《鹖冠子》一书虽然思想驳杂,但其接受道家的思想仍是主要的,故而不时化用《庄子》文句,或借鉴《庄子》某些思想,也就成了必然的事。

(作者单位:华东师范大学先秦诸子研究中心)

论《庄子》内篇中"圣人"的基本涵义

刘韶军

前　言

　　《庄子》[①]中关于"圣人"的说法多种多样，很不统一，这也证明《庄子》不是一个人写成或编成的，而是成于众人之手，汇编了属于道家某个时期的思想的相关作品。后人虽然把《庄子》分为三部分：内篇、外篇、杂篇，但这三部分也不是由三个作者分别撰写而成，因此，内、外、杂三篇之中，所表达的思想也不是完全一致的，与全书一样，也是汇编混合而成的。

　　在这种情况下，要探讨《庄子》的思想，就不能对《庄子》中的资料不加区分地统称为《庄子》或庄子（庄周）的思想。当然，要真正找出其中属于表达庄周本人思想的资料也非常困难，但至少可以就现存《庄子》中的思想资料中的重要概念进行梳理。笔者主张运用一种相互关联以进行比较的方法来疏理这类概念，为此已撰专文，在2017年4月的华东师范大学先秦诸子研究中心召开的"第二届庄子国际学术研讨会"上发表，并将在该中心的学术刊物《诸子学刊》上刊登。本文即运用上述方法来对《庄子》中的"圣人"概念进行初步的梳理。

[①] 本文所用《庄子》为王叔岷《庄子校诠》本，"中央研究院"历史语言研究所专刊之八十八，1999年影印第三版。

这种方法的基本思路为：以某个重要概念为核心，遍查《庄子》书中与之相关的文本内容，据各处文本上下文弄清楚这个概念在各处文本中的基本涵义，在此基础上，确定何处文本中的这个核心概念的涵义是《庄子》思想中的基本涵义，然后据以关联对照在《庄子》其他篇中出现的这个核心概念的涵义，由此看出这个核心概念的基本涵义与其他涵义之间的关系。

本文的任务是以圣人为《庄子》中的重要概念，并以此为中心，先遍查《庄子》内篇中各处所述圣人的文本，再据这些文本的上下文确定该处的圣人具有什么样的涵义，然后再把内篇中各处的"圣人"及相关的其他名称（如至人、神人、真人等）关联起来加以对照，由此确认《庄子》内篇中所说"圣人"的基本涵义及有关变化。在完成这一任务之后，还应运用同样的方法对《庄子》外篇、杂篇中所述圣人的文本进行遍查与分析，但限于篇幅，这些工作只能另外撰文进行论述，并与本文所论加以关联，而进一步分析论证《庄子》中圣人的基本涵义与种种变义的性质及其相互关系。

一 《逍遥游》与《齐物论》中的"圣人"

《逍遥游》与《齐物论》二篇，是《庄子》书中最重要的两篇，可以说就是庄周本人的思想，因此，要衡量《庄子》书中所有各篇所论问题及所阐述的思想，就只能以这二篇为基准，在探讨《庄子》书中的圣人问题时，也不能例外。在《逍遥游》中，有关于圣人的明确说法：

> 若夫乘天地之正，而御六气之辩，以游无穷者，彼且恶乎待哉！故曰：至人无己，神人无功，圣人无名。

这是《庄子》全书第一次提到"圣人"，且与"至人"、"神人"并列。要理解此处所说"圣人"的涵义，必须把"故曰"这个联接词作为关键：即"故曰"之前说的是"乘天地之正而御六气之辩以游无穷"的人,这种人的特点是"恶乎待",而用"故曰"联接前后所述,就只能理解为"故曰"之后的至人、神人、圣人正是这种"恶乎待"的人,这也说明至人、神人、圣人是同一种人。既是同一种人,为什么又用三个名称?根据这里的行文,只能理解为这种人有三个特点:无己,无功,无名。对这种人的三个特点,分别使用三个名称,各用一个名称表示一个特点。对此必须理解为同一种人,不能机械地被字面的分述所迷惑,以为是三种人。在古代的文章中,用并列的说法来叙述同一件事,乃是非常常见的手法。

《逍遥游》说这种人的时候,先说这种人的特点是"乘天地之正"、"御六气之辩"、以"游无穷"、"且恶乎待",这是这种人的根本特点,然后说这种人可以称为至人、神人和圣人,这三个名称分别代表这种人的一个特点:无己、无功、无名。从前后所述的内容看,后面所说的无己、无功、无名,就是前面所说的"乘天地之正"乃至"恶乎待"。在这里,最核心的思想是"恶乎待",正因为这种人能"恶乎待",所以他才能无己、无功、无名。换言之,己、功、名,都是所要待的东西,抛弃了这类外在于人本身的无关紧要的东西,所以这种人能做到"恶乎待"。而这样的人,就可以称为圣人、至人、神人。

根据以上的分析,可以确定《庄子》书中的圣人的基本涵义是什么了。除了以上的基本论述之外,《逍遥游》中还有一些内容可以拿来说明圣人是什么样的人。如肩吾转述接舆的话:

> 藐姑射之山,有神人居焉。肌肤若冰雪,淖约若处子;不食五谷,吸风饮露;乘云气,御飞龙,而游乎四海之外;其神凝,使物不疵疠而年谷熟。

此处只提到"神人",但他是"乘云气、御飞龙而游乎四海之外"的,这不正与前面说的"乘天地之正、御六气辩以游无穷而恶乎待"相一致吗?因此可知此处说的"神人",就是前面与"至人"、"圣人"并列的"神人",又因此也可以说"至人"、"圣人"也是如此的。

之后连叔又说明这种人是什么样的人：

> 之人也，之德也，将旁礴万物以为一，世蕲乎乱，孰弊弊焉以天下为事！之人也，物莫之伤，大浸稽天而不溺，大旱金石流、土山焦而不热。是其尘垢秕糠，将犹陶铸尧舜者也，孰肯以物为事！

此处说的"孰肯以物为事"，可以说是对前面所说无己、无功、无名的一种解释：无己、无功、无名，归根结底不过是不"肯以物为事"。由此可知并列的至人、神人、圣人是同一种人，所以此处把至人、圣人、神人合称之为"之人"，或者说用"之人"代称并列的至人、圣人、神人。如果至人、神人、圣人是三种人，后面就应该分别说至人、神人、圣人的情况，而不会合称为"之人"。

以上是《逍遥游》中关于圣人、至人、神人的说法及其涵义之分析，再来看《齐物论》，其中也延续了《逍遥游》关于圣人的说法：

> 王倪曰："至人神矣！大泽焚而不能热，河汉沍而不能寒，疾雷破山、飘风振海而不能惊。若然者，乘云气，骑日月，而游乎四海之外，死生无变于己，而况利害之端乎！"

此处说的至人，与《逍遥游》说的神人，在内容上基本一致，且对神字形容至人，也说明神人与至人完全一样。可知两处虽用不同的名称，所指却应是同一种人。这也可证明《逍遥游》中的圣人、神人、至人是同一种人。《齐物论》中又说：

> 瞿鹊子曰："圣人不从事于务，不就利，不违害，不喜求，不缘道，无谓有谓，有谓无谓，而游乎尘垢之外。夫子以为孟浪之言，而我以为妙道之行也。"

此处说的"圣人不从事于务"，与《逍遥游》说的"之人""孰肯以物为事"是同一种意思,可知此处的圣人就是前面说到的"之人",而"之人"就是至人、神人、圣人的合称,两处所说是同一种人。

《齐物论》中还有几处说到圣人:

> 六合之外,圣人存而不论;六合之内,圣人论而不议;春秋经世先王之志,圣人议而不辩。

> 物无非彼,物无非是。自彼则不见,自知则知之。故曰:彼出于是,是亦因彼。彼是方生之说也。虽然,方生方死,方死方生;方可方不可,方不可方可;因是因非,因非因是。是以圣人不由而照之于天,亦因是也。

> 是以圣人和之以是非而休乎天钧,是之谓两行。

> 若是而可谓成乎,虽我亦成也;若是而不可谓成乎,物与我无成也。是故滑疑之耀,圣人之所图也。

> 故分也者,有不分也;辩也者,有不辩也。圣人怀之,众人辩之以相示也。故曰:辩也者,有不见也。

> 长梧子曰:"众人役役,圣人愚钝,参万岁而一成纯。"

根据前述的分析来看这些说法,可知这些说法中的圣人都与《逍遥游》说的至人、神人、圣人是同一种人。根据以上的分析,可知《庄子》中的圣人有如下的特点:

第一,圣人对外在世界的事物或存而不论,或论而不议,或议而不辩,这都是不"肯以物为事"、"不从事于务"的表现。

第二,圣人对外在事物的彼此分别、是非不同等,都采取不论、不议、不分、不辩的态度,这是"照之于天"而"休乎天钧"的态度,即一切顺乎自然,而不采取人为加以区别。由此才能做到不"肯以物为事"、"不从事于务",最终就能做到无己、无功、无名。

第三,圣人的这种态度,表面上看是愚钝,但与众人役役的态度相比,在庄子看来是最可取的,能"参万岁而一成纯",不为外物所累,通过"齐物"而达到"逍遥",因此他把这种人推崇为至人、神人、圣人。

《齐物论》中又说:

> 万世之后而一遇大圣知其解者,是旦暮遇之也。

据曹础基《庄子浅注》的解释,这是说万世之后如果遇到一个大圣人能解释这个道理,他只当作朝夕相遇一样平常的事。"大圣"就是圣人,这种人对事物的区别不作分辨,不重视对物进行区别的思维,所以对上述关于圣人及其涵义的理解,只看作极平常的事,不当做什么高明见解。这种态度与上述的圣人仍然是一致的。

二 《人间世》到《应帝王》的"圣人"

以下分析《人间世》到《应帝王》各篇所说圣人的涵义,以与《逍遥游》《齐物论》所说圣人进行比较。《人间世》中说:

> 名实者,圣人之所不能胜也,而况若乎!

名实就是由区分、分辨引出来的,圣人认为对此类事情不要纠缠,圣人都是如此,何况一般人呢?这种思想与前两篇中的圣人的态度是一样的,不是另一种圣人。

此篇又说:

> 子綦曰:"此果不材之木也,以至于此其大也。嗟乎,神人以此不材。"
> 所以为不祥也。此乃神人之所以为大祥也。

论《庄子》内篇中"圣人"的基本涵义

这是说神人与圣人对待事物的态度一样,不以世俗的区分、分辨为意,所谓的材与不材、祥与不祥,都是世俗对事物加以区分、分辨的观念,为圣人所不取,也是神人所不取的。说明此处的神人与前面的圣人、神人没有不同。

此篇又说:

> 楚狂接舆曰:"凤兮凤兮,何如德之衰也。来世不可待,往世不可追也。天下有道,圣人成焉;天下无道,圣人生焉。方今之时,仅免刑焉!"

此处说的圣人,在"天下有道"与"天下无道"两种不同外在环境中采取了不同态度,但这是楚狂接舆的圣人,与《逍遥游》《齐物论》中的圣人已有不同。根据曹础基《庄子浅注》的注释,"圣人成"是指成就事业;"圣人生",据宣颖的注是说"全其生"。成就事业就不是无功,所以说楚狂接舆的圣人与《逍遥游》的圣人有所不同,应该说这不是《庄子》所说的圣人。在《庄子》书中出现的圣人并不都是庄周的理想人格,此处就是一例。

此篇又说:

> 仲尼曰:"道不欲杂,杂则多,多则扰,扰则忧,忧而不救。古之至人,先存诸己而后存诸人。

此处的圣人虽然是借仲尼口中说出,但也应该看作庄周的理想人格。"先存诸己而后存诸人",是说先由自己认识并掌握道的原理,然后才能用之于他人。所要"存"的是"道",即让人掌握"道",使自己的思想行为符合"道",所以这是庄周的理想人格,符合《逍遥游》所说圣人的基本涵义。

《德充符》说:

> 常季曰:"王骀,从之游者与夫子中分鲁。立不教,坐不

议。虚而往,实而归。固有不言之教,无形而心成者邪?"仲尼曰:"夫子,圣人也,丘将以为师,丘将引天下而与从之。"

此处说的王骀,被孔子称为圣人,他的特点是"不教"、"不议"、"有不言之教",这都与前面说的圣人、至人、神人的特点相符,可知这是庄周的理想人物,故借孔子的口称之为圣人。此篇又有哀公曰:"吾闻至人之言"的说法,所说的至人是指上文的孔子,不是庄周所说的至人。

此篇又说:

无趾曰:"孔丘之于至人,其未邪?彼何宾宾以学子为?彼且以蕲以諔诡幻怪之名闻,不知至人之以是为己桎梏邪?"

此处提到了至人,据上下文可知这是得道的人,是庄周的理想人物。相比之下,孔子是好学和慕教的,这被至人看作自身的桎梏。由此显示出庄周的圣人与孔子的圣人是不同的。

此篇又说:

故圣人有所游,而知为孽,约为胶,德为接,工为商。圣人不谋,恶用知?不斫,恶用胶?无丧,恶用德?不货,恶用商?四者,天鬻也。天鬻者,天食也。既受食于天,又恶用人!

据曹础基《庄子浅注》,知指智谋,孽指妖孽,"知为孽"是把智慧看作孽根。约指结合,胶指胶粘。"德为接",是说有所得是因为有所取。"工为商",是说工巧是为了做生意。而圣人对于知、约、德、工四事,都"不用",对这四种事是靠天鬻,即一切顺乎天然,不尚人为。因此此处的圣人与《逍遥游》《齐物论》的圣人、至人、神人是同一种人。

《大宗师》中说:

> 知天之所为,知人之所为者,至矣!……且有真人而后有真知。

此处第一次出现了"真人"的说法,却是在"至"的前提下说到"真人"的。"知天之所为,知人之所为者,至矣",这个"至"可以理解为"至人"的"至",至人无己、神人无功、圣人无名,都是"知天之所为,知人之所为"的具体表现。知天就是知天道,知人,就是知道人应该顺乎天道,不可另行一套。这样的"知"就是"真知",这样的"人"就是"真人"。因此此处所说"真人"与前面说的至人、神人、圣人相一致,可以说也是同一种人,即得道的人。其后又对真人做了说明:

> 何谓真人?古之真人,不逆寡,不雄成,不谟士。……是知之能登假于道者也若此。

"不逆寡"、"不雄成"、"不谟士",都不过是"无己"、"无功"、"无名"的具体表现,这样的人是真人,也是至人、神人、圣人,总之是知道、得道的人,"登假于道",就是说这种人已经知道、得道了。此篇又对真人进一步描写:

> 古之真人,其寝不梦,其觉无忧,其食不甘,其息深深。真人之息以踵,众人之息以喉。……古之真人,不知说生,不知恶死。其出不欣,其入不距。翛然而往,翛然而来而已矣。不忘其所始,不求其所终。受而喜之,忘而复之。是之谓不以心捐道,不以人助天,是之谓真人。……喜怒通四时,与物有宜而莫知其极。故圣人之用兵也,亡国而不失人心。利泽施乎万世,不为爱人。

整体上看,此处所说真人如何如何,都可以归结为知道、得道而无己、无功、无名,都是说人顺乎天道之理而决定自己对待事物的态度。其中又说到圣人,可以证明真人就是圣人,也就是至人、神人。只是此处说"圣人用兵",在字面上看似乎不是无功、无名,但重点是说圣人不是必然要用兵,只是有时不得已而用兵,就像《老子》三十一章所说"不得已而用之,恬淡为上,胜而不美"。用兵而胜却不美,就是无己、无功、无名的表现。因此这样的用兵是"不失人心,利泽施乎万世"的,这与一般人的用兵是为了求功、求名所不同的,所以仍然可以说这是无功、无名的用兵。

又说:

> 古之真人,其状义而不朋,若不足而不承;与乎其觚而不坚也,张乎其虚而不华也……悗乎忘其言也。……其一与天为徒,其不一与人为徒,天与人不相胜也,是之谓真人。

此处说的不朋、不承、不坚、不华、忘言等,都是无己、无功、无名的表现,而"与天为徒",就是"知天之所为"的"人之所为"要顺乎天道,不与天道相反或对立,所以说"天与人不相胜"。天与人不相胜,重点是人与天不相胜,人不能与天对立而求胜天,这就是顺乎天道的表现。以上都是说真人,此篇后面又说圣人:

> 圣人将游于物之所不得遁而皆存。善妖善老,善始善终,人犹效之,而况万物之所系而一化之所待乎!

此处说的"物之所不得遁而皆存"和"万物之所系而一化之所待",都是指"道",圣人游于道,而不是役役于万物,这就是前面说的"知天之所为,知人之所为",所以这种人能无己、无功、无名。此篇又说:

> 女偊曰:"卜梁倚有圣人之才而无圣人之道,我有圣人之道而无圣人之才。……其为物无不将也,无不迎也,无不毁也,无不成也。其名为撄宁。撄宁也者,撄而后成者也。"

论《庄子》内篇中"圣人"的基本涵义

有圣人之道的人,应该是得道的圣人。圣人之才,是有才而未得道。有才只是成为圣人的可能性,有道就是已经成了圣人,从可能性变成了现实性。后面说的"撄而后成者",就是已经得道的圣人。这种人,物已经不能触犯和干扰他。宁,就是无己、无功、无名的境界。撄而后宁,是摆脱了物的撄,不再为物所累,达到了宁的境界。

《应帝王》中说:

> 狂接舆曰:"夫圣人之治也,治外夫?正而后行,确乎能其事者而已矣。"

这是说圣人之治的关键是靠自己的"正"。所谓"正",就是合乎天道,不逞人为,就是无己、无功、无名,这样来治天下,就是"圣人之治",圣人来治天下,就是"确乎能其事",不会治不好。圣人治天下,与前面说的圣人用兵,都应该看作是不得已而为之。或者是说如果要让圣人来治天下,他就会这样来治,而不会像现实中的那些帝王那样治天下。现实中的帝王费心劳力治天下还治不好,弄得天下总是一大堆问题而无法解决,这都不是"确乎能其事",都不是圣人之治。圣人之治,重点是说圣人如果来治天下,他一定会按道来治,而按道来治,就是顺乎天道,而不要把私心掺杂进去,这仍然是指无己、无功、无名。从这个意义上说,道家《老子》所说的"无为而治",不是不治,而是以无己、无功、无名的心态来治,这就是"无为而治"。这样也可以看出《庄子》与《老子》思想的相通之处,可以更好地理解《庄子》所说的圣人与圣人之治。接着又说:

> 老聃曰:"是于圣人也,胥易技系,劳形怵心者也。明王之治:功盖天下而似不自己,化贷万物而民弗恃。有莫举名,使物自喜。立乎不测,而游于无有者也。"

"胥易技系、劳形怵心",就是现实帝王治天下的方式。"是于圣人也",是说现实帝王治天下与圣人治天下相比而言,他们就是"胥易技系"和"劳形怵心"的。之所以会有这种差别,就在于庄周的圣人是按天道行事的,如果让他治天下,他也会无己、无功、无名,实行《老子》说的"无为而治",而不会像现实中的帝王那样"胥易技系"而"劳形怵心"。而圣人之治又称为"明王之治",明王可以理解为圣明的帝王。这种治理是"无为而治"的,所以"功盖天下而似不自己,化贷万物而民弗恃",而这正是《老子》第二章说的"作而弗始,生而弗有,为而弗恃,功成而不居",第十七章说的"功成事遂,百姓皆谓我自然",第五十一章说的"生而不有,为而不恃,长而不宰",第五十七章说的"圣人云:我无为而民自化,我好静而民自正,我无事而民自富,我无欲而民自朴"等。治天下达到最佳效果但不自以为功,因为这种圣人之治是无为、好静、无事、无欲之治,即无己、无功、无名之治,而不是"胥易技系"、"劳形怵心"之治。这样的圣人之治才能达到"有莫举名,使物自喜,立乎不测,而游于无有"的境界,即"功成事遂,百姓皆谓我自然",因此在这样的治理之下,民物自喜,而治天下的圣人才能"立乎不测,而游于无有"。所以《庄子》与《老子》说的"无为之治",绝对不是什么事都不做,而是在做的时候采取与众不同的态度与思路。这样才能理解《庄子·天下》篇说的"内圣外王"的一致性,才能理解《庄子》内篇为什么会有《应帝王》一篇。

此后又说:

> 无为名尸,无为谋府,无为事任,无为知主。体尽无穷,而游无朕。尽其所受乎天而无见得,亦虚而已!至人之用心若镜,不将不逆,应而不藏,故能胜物而不伤。

前面说现实中的帝王治理天下是"胥易技系"和"劳形怵心"的,"圣人之治"与之相反,是"无为而治",而此处所说的几句"无为",就是"无为之治"的"无为",但更具体地说了哪些事"无为"。

而能做到这些，原因在于这样来治天下的圣人是"体尽无穷而游无朕"的，而这正是圣人"所受乎天"，即得到了天道，据此来治天下。

"无见得"，是说不把所得的道显示出来，仍然是无为、无己、无功、无名。最后又用了至人的名称，说明《庄子》内篇中至人与圣人本来就是一种人，没有区别，所以有时用圣人，有时用至人，有时用真人，有时用神人。不管用什么的名称，其实都是说同一种人。前面说圣人与天是"不相胜"的，而此处说圣人与物是"能胜物"而自己不会受伤，这说明圣人与天以及与物的关系。天指天道，圣人对于天道是顺、从的，物指世界上的万物万事，圣人对于这些事物则要超然于其上，不受它们的约束束缚和限制。所以能不将不迎，能胜物而不伤。而这又都是无己、无功、无名、无为的必然效果。

三 内篇所论"圣人"的主要涵义

根据以上对《庄子》内篇各篇中的圣人、至人、神人、真人等说法的分析，可知内篇中的圣人与至人、神人、真人是同一种人，但在内篇的原文中也会出现属于儒家的圣人，这都可以根据内篇原文的文意来区分，不可混淆。

将内篇说的圣人以及相关名称的种种说法归纳起来，可以看出《庄子》说的圣人主要特点是无己、无功、无名、无为，不从事于务，不肯以事为务，能游无穷而无所待，不计较事物的区分、分辨，对众多的事物不议、不论、不辩、不教、不言，不尚知谋、工巧等，一切顺乎自然。

这种人之所以成为圣人，关键原因是将道"存诸己"，已经"登假于道"，是因此"知天之所为，知人之所为"，能够摆脱了外物的"撄"而达到"宁"的境界。

基于以上的分析，确定了《庄子》内篇中圣人的基本涵义，在此基础上，再来看外、杂篇中的圣人、真人、至人、神人、大人、天人等相产说法,就可以根据处处的原文分析这些名称的特定涵义,再据内篇说的至人、神人、圣人、真人的特点加以辨认、判断和比较,就可看出内篇与外、杂篇的圣人在涵义上的发展变化。限于篇幅,这一问题有待另行撰文加以论述。此文所述,希望得到专家学者的指正。

(作者单位:华中师范大学历史文献研究所)

楚简《恒先》分章与语译

张固也

一　缘起

上海博物馆藏战国楚简《恒先》只有寥寥510个字[①]，却可以说独具三奇。这篇文章书写在十三枚竹简上，除个别简首尾空白处略有破损外，竟然无一简断烂，无一字残泐，基本完整无缺，这在所有新发现竹简文献中绝无仅有，可谓保存状况之神奇。它在思想上具有明显的道家倾向，但与传世的《老子》《庄子》《列子》及出土的《黄帝四经》《太一生水》既相关又不同，其思想之深刻、论述之严密，有过之而无不及，被学界公认为最重要的新出道家文献，这可谓思想内容之奇特。除此以外，笔者认为还有一奇：这十三枚简保存完好，首简、尾简明确，简背既有"恒先"标题，简文字迹又十分清晰，且由古文字学家李零先生作出了比较精审的考释，接下来竹简的编联、文义的解读、思想的分析，应该不会存在太多困难，不会出现太大的分歧。然而事实恰好相反，自从竹简公布以来，庞朴先生等又提出了五种新的编联方案，按李零所标序号表示，其简序如下：

[①] 马承源主编《上海博物馆藏战国楚竹书（三）》，上海古籍出版社2003年版。其中《恒先》部分由李零先生整理。

庞　朴：1—2—3—4—8—9—5—6—7—10—11—12—13。①

顾史考：1—2—4—3—5—6—7—8—9—10—11—12—13。②

曹　峰：1—2—3—4—5—6—7—10—8—9—11—12—13。③

夏德安：1—2—3—4—5—6—7—10—11—8—9—12—13。④

范毓周：1—4—2—3—8—9—5—6—7—10—11—12—13。⑤

至于分章方案更是五花八门，关于文义和思想的说法自然也相差很大。而且与其他简牍研究往往后来居上不同，许多学者倾向于回头接受最早的李零或庞朴编联方案，这可谓研究现状之奇异。

笔者2010年元旦之夜偶读《恒先》，在不知有其他编联方案的情况下，仅凭语感就觉得李零的编联凝滞难通，于是尝试将第八、九号简移到第一、二号简之间，第十、十一号简移到第三、四号简之间，按照1—8—9—2—3—10—11—4—5—6—7—12—13的顺序

---

① 庞朴《〈恒先〉试读》，简帛研究网，2004年4月26日；又见姜广辉主编《中国古代思想史研究通讯》第二辑，中国社会科学院历史研究所思想史研究室，2004年。

② 顾史考《上博竹简〈恒先〉简序调整一则》，简帛研究网，2004年5月8日。

③ 曹峰《〈恒先〉编联、分章、释读札记》，简帛研究网，2004年5月16日；修改后以《谈〈恒先〉的编联与分章》为题发表于《清华大学学报》2005年第3期。

④ 夏德安《读上海博物馆楚简〈恒先〉》，"2007中国简帛学国际论坛"，台湾大学，2007年11月10—12日。

⑤ 范毓周《上博楚简〈恒先〉新释及其简序与篇章结构新探》，《中原文化研究》2015年第1期。

通读简文,似乎文义更顺,上下豁然贯通。由于出土简帛与周秦思想史研究为当今显学,名家如林,笔者畏于涉途,一直没有着笔。只是多年以来,查阅了大量《恒先》研究论文,并持续关注学界的新进展,发现正由于现有六种编联方案不够妥当,尽管研究者在具体文字释读、局部思想分析方面取得了许多重要进展,但是就全文层次结构而言,各家分析都比较牵强,就连认可度极高的上下两部分的粗略划分,也并不可信。因而越来越怀疑,如果连竹简编联都不正确,郢书燕说,怎么可能真正读通全文,怎么可能真正把握其思想脉络呢?然而去年读到陈静先生一篇论文,却认为"提出新的编连方案""意义是有限的,因为没有哪一种编连方案能够因为重排简序而改变文本的思想逻辑。因此,调整简序的意义主要在于重建文本表达的通畅性,并没有发挥扭转《恒先》思想逻辑的作用"①。这一方面反映出思想史学者对于文本研究某种程度上的轻视,另一方面也反映出由于以上后出方案未能转精,学界或许对寻求更佳的编联方案这件事本身已经失去了兴趣和信心。

在这种情况下,笔者不避谫陋,将可能并未考虑成熟的编联意见公之于世,或许对于学界不为无补。但本文目的不仅在于"重建文本表达的通畅性",而恰恰是要"扭转《恒先》思想逻辑"——严格来说应为扭转人们对其思想逻辑的既有认识。因此,这里先不作细节考证,而直接给出重新编联后的整体分章意见,然后将其翻译为现代汉语,最后补充几点简要说明。释文取宽式,公认的通假字直接采用,如"亙"径作"恒",不作说明。许多学者的考释意见,为避免繁琐枝蔓,暂且不作引述,笔者将另撰关于编联问题的专文来作深入细致的讨论。

---

① 陈静《〈恒先〉的文本研究与思想解释》,《中国哲学史》2016年第2期。

二 分章

恒先【3 背】

恒先无有,质、静、虚。质,大质;静,大静;虚,大虚——自厌不自忍,或作。有或,焉有气;有气,焉有有;有有,焉有始;有始,焉有往。〔往〕者未有天地①,未【1】多采物。

先者有善,有治无乱。有人,焉有不善,乱出于人。

先有中,焉有外;先有小,焉有大;先有柔,焉【8】有刚;先有圆,焉有方;先有晦,焉有明;先有短,焉有长。

天道既载,唯一以犹一,唯复以犹复。

——以上第一章

恒气之生,因【9】有作、行。

出生虚静为一,若湿湿梦梦,静同而未或明,未或滋生。气是自生,恒莫生气。

气是自生自作。恒气之【2】生,不独,有与也。或恒焉生,或者同焉。

昏昏不宁,求其所生。异生异,鬼生鬼,韦生非,非生韦,袤生袤。

求欲自复,复【3】言名先。〔先〕者有疑②,荒言之,后者效比焉。举天下之名,虚树,习以不可改也。

举天下之作,强者果。天下【10】之大作,其䍒尨不自若

---

① 李学勤认为"往"字下当泐重文符号,见《楚简〈恒先〉首章释义》一文,先后发表于 confucius2000 网 2004 年 4 月 19 日、简帛研究网 4 月 23 日、《中国哲学史》2004 年第 3 期,并收入梁涛主编《中国思想史前沿:经典·诠释·方法》,陕西师范大学出版社 2008 年版。

② 李零说:"'名先',下有墨钉,应是表示专有名词的符号。"我们认为这个符号兼具表示句断和重文的功能。

作。〔若作〕①,庸有果与不果?两者不废。举天下之为也,无舍也,无与也,而能自为也。【11】

——以上第二章

生之生行,浊气生地,清气生天。

气信神哉,云云相生。信盈天地,同出而异生,因生其所欲。

业业天地,纷纷而【4】复其所欲。明明天行,唯复以不废。知既而亢思不宎。有出于或,生出于有,音出于生,言出于音,名出于【5】言,事出于名。或非或,无谓或;有非有,无谓有;生非生,无谓生;音非音,无谓音;言非言,无谓言;名非【6】名,无谓名;事非事,无谓事。

祥义、利巧、采物出于作,作焉有事,不作无事。

举天〔下〕之事,自作为事,庸以不可赓也?

——以上第三章

凡【7】举天下之生,同也,其事无不复。天下之作也,无忤恒,无非其所。举天下之作也,无不得其恒而果遂。庸或【12】得之,庸或失之?

举天下之名,无有废者。举天下之明王、明君、明士,庸有求而不患?【13】

——以上第四章

三 语译

恒 先

"恒先"(形上的最先,唯有恒即道)还没有"有"(形上的事物),处于一种质朴、宁静、空虚的状态。质朴生出大质朴,宁静生出大

---

① 李零所作释文只在"作"字下标有墨钉,查图版可知,"若"字下也有同样的符号,与上例同样兼具表示句断和重文的功能。

宁静,空虚生出大空虚。(这是由于"恒"虽然自我满足,但并不自我抑制(其蕴涵着的升华、冲动、充实的欲望),于是"或"("恒"的或体)就产生了。有了这个"或"(虽然是大质朴、大宁静、大空虚,却是"恒"的欲望向外发展的开始),于是有了"气"(形上的气);有了"气",于是有了"有";有了"有",于是事物开始运行了;有了事物的开始,于是有了事物的发展。直到事物开始发展的这个阶段,还没有产生天地,还没有出现丰富多彩的事物。

形下世界最先的事物拥有自然和谐的善德,自具其条理秩序而浑然一体,没有混乱失序的现象。有了人类,于是才有了不再自然和谐的乱象,这种乱象出于人类。

先有中心,于是有了外围;先有小的,于是有了大的;先有柔弱,于是有了刚强;先有圆的,于是有了方的;先有黑暗,于是有了光明;先有短的,于是有了长的。

天道运行开始以来,总是一个事物接着一个事物地自己产生出来,总是每一个事物各自按照其规律循环往复地发展。

——以上第一章语译

"恒气"产生,因而才有了创造和运行。

"恒气"刚刚出生时,也是空虚宁静的,是一个混沌未分的整体,仿佛沉寂无声,模糊无形。宁静混同,而没有"或"(气的或体,即"有"、事物)显出光明,没有"或"滋生出来。"气"是自我产生的,"恒"并不直接产生"气"。

"气"是自我产生、自我创造的。"恒气"产生时,并不是孤独的,而有"有"与之相伴而生。("气"和"有"的关系,与"恒"和"或"的关系是一样的。)"或"与"恒"本身相继产生,所谓"或"是等同于"恒"的。

(事物)昏昏噩噩地不断发展,就不能安定下来(即难以定形),于是会寻求其自身是从何处产生的。不同(的气)产生不同(的事物),相同(的气)产生相同(的事物),(质性相同而)正方向(的气)也可以产生反方向(的事物),反方向(的气)也可以产生正方向(的事物),重复(的气)则产生重复(的事物)。

(事物)寻求(到本源以后),就想自我复归,所谓复归是说事物根据其最先产生时的质性给自己命名(即寻求事物的自我规定性)。最先的事物由气凝聚产生以后,就大胆地表达出自己的意志,后来的事物与之进行考核比较(以进一步显现同类事物的共有质性)。全天下所有事物的名称,都是(根据事物的质性)虚拟树立起来的符号,沿袭下来、约定俗成就难以更改了。

全天下所有事物的创造,都是(清气、浊气矛盾统一体中)强大一方取胜的结果。天下所有事物的真正创造,都是朦朦胧胧、不知不觉的,而不是自我有意识地这样(强胜弱地)创造。这样(自我无意识地)创造,哪有什么取胜和失败的区别?(强大的、弱小的都包含在事物内部)双方都没有被废弃消灭。全天下所有事物成为它们最终的样子,没有外物的施舍,没有外力的支持,而是(它们自我创造出来后)能够自己发展成为最终的样子。

——以上第二章语译

恒气的产生,就是产生了气和事物的运行过程。浊气(向下运行而)生成为地,清气(向上运行而)生成为天。

气的沉浮伸展,真是神妙莫测啊!纷纭复杂的事物都是通过气的运动(浊气与清气相互激荡)产生出来的。气到处弥漫,充满天地,(所有的事物)同样出自于气,但各具不同的质性(浊气和清气的成份搭配不一样),因而产生出它们的质性想要生成的最先事物。

(由最先事物的运行发展而形成了)浩繁复杂的天地万物,又纷纷向它们的质性和最先的样子复归。明明白白的天道运行,正是由于这种循环往复的运动才会永不废止息灭。能够知道这个玄妙的道理,就可以深入广泛地思考,而不会受到思维的局限了。"有"(形上的事物)出于"或"(气的或体),"生"(有形事物之始生)出于"有","意"(事物的意志)出于"生","言"(事物意志之表达)出于"意","名"(代表事物质性的符号)出于"言","事"(有形的具体事物)出于"名"。"或"如果不是这种"或",就不要称其为这种"或"。"有"如果不是这种"有",就不要称其为这种"有"。"生"如果不是这种"生",就不要称其为这种"生"。"意"如果不是这种"意",就不要称其为这种"意"。"言"如果不是这种"言",就不要称其为这种"言"。"名"如果不是这种"名",就不要称其为这种"名"。"事"如果不是这种"事",就不要称其为这种"事"。

包括鬼祥人义、货利伎巧等人为之事在内,所有丰富多彩的事物都出于自我创造(即从"有出于或"开始)。有了开始的自我创造,才能一步步形成为最终的事物;没有开始的自我创造,就根本不可能有最终的事物。

全天下所有的事物,都是自我创造、自我形成为这种事物的,哪有事物运行过程中断而不能继续发展下去的呢?

——以上第三章语译

举凡全天下所有事物的生成,都是完全相同的(同为恒气自生自作的结果);事物生成后的运行,也无一不是循环往复的。全天下所有事物的创造,都不能违背"恒",也无一不是其想要生成的样子。全天下所有事物的创造,无一不是得到"恒",并顺利运行而形成为这种事物的。哪会只有部分事物得到"恒",哪会还有部分事物失去"恒"?

全天下所有事物的名称,永远没有偏废的(每一个名称都有它实际指称的质性)。全天下所有的明王、明君、明士,哪会有极力追求这些名号地位,却一点也不担忧(自己能否真正与这些名号地位相称)的呢?

——以上第四章语译

四 说 明

以上分章、语译,参考过大量时贤研究成果,但在许多关键问题上,又与时贤之说大相径庭,篇幅所限,大都未作论证,这里略作几点说明。

之所以如此分章,道理极其简单,可以一目了然。因为第九简末与第二简首编联,出现"恒气之生,因有作、行"两句话,而接下去一段论述"自生自作",不就相当于说"恒气之生,因有作"吗？再下面一段论述"生之生行",不就相当于说"恒气之生,因有行"吗？这两大段占据全文三分之二篇幅,显然属于两章核心论述。逆推"恒气之生"前面一小段,属于开头的第一章；第七号简末"凡"字引出的一小段,属于总结性的第四章。简言之,由于"恒气之生,因有作、行"两句在全文中起着承上启下的关键作用,带出了生成论、运行论两章,加上首尾两章,任何人都只能将全文分成四章,而不存在其他分章的可能性。

与此相反,现有六种方案无一将第九、二两简相次编联的,错失了这个重要的分章参考依据。虽然所有学者都宣称《恒先》结构严整、层次清晰,但其实所有复原文本都可谓结构混乱、层次模糊,这与各种分章方案之纷纭难定互为因果。

比如整理者李零先生作过分章语译①,廖名春②、董珊③、王志平④、陈静⑤、浅野裕一⑥、连劭名等人采用其编联方案⑦,却无一信从其分章,纷纷作出调整：

---

① 李零《上博楚简〈恒先〉语译》,《中华文史论丛》2006年第1期(总第八十一辑)。
② 廖名春《上博藏楚竹书〈恒先〉新释》,《中国哲学史》2004年第3期。
③ 董珊《楚简〈恒先〉初探》,简帛研究网,2004年5月12日。
④ 王志平《〈恒先〉管窥》,简帛研究网,2004年5月28日。
⑤ 陈静《〈恒先〉解读》,见《自由与秩序的困惑：〈淮南子〉研究》,云南大学出版社2004年版,第232—248页。
⑥ 浅野裕一《上博楚简〈恒先〉的道家特色》,《清华大学学报》2005年第3期。
⑦ 连劭名《楚竹书〈恒先〉新证》,《中原文物》2009年第2期。

章末文句	李零	廖名春	董珊	王志平	陈静	浅野氏	连劭名
有始焉有往者	1—2	1—2	1—2	1	1	1	1
未或滋生	3	3	3	2	2	2	
不独有与也	4	4	4	3	3	2	2
生或者同焉	4	4	4	3	3	2	2
衰生衰	4	5	4	4	4	3	
复生之生行	4	6	4	4	4	3	3
因生其所欲	4	6	5	5	5	4	3
唯复以不废	4	6	5	5	5	4	3
知既而亢思不实	4	6	6			4	3
事出于名	5	7	7	6	6	5	
事非事无谓事	5	8	7	6	6	5	
恶宜利亏	6	9	8	7	7	6	4
庸以不可更也	6	9	8	7	7	6	4
乱出于人	6	9	9	8	7	6	4
先有短焉有长	6	10	10	9	8	7	4
唯复以犹复	6	10	10	9	8	7	4
后者校比焉	7	11—15	11—14	10—14	9	8	4
庸有求而不思	7	11—15	11—14	10—14	9	8	4

楚简《恒先》分章与语译

庞朴先生随句作解,没有分章,其编联方案信从者最多,但丁四新①、刘信芳②、赵建功③、季旭升④、郭梨华⑤、邢文⑥、任蜜林等人的分章方案也都各不相同⑦:

章末文句	丁四新	刘信芳	赵建功	季旭升	郭梨华	邢文	任蜜林
有始焉有往者	1	1	1	1		1	上1
未或滋生					1		上2
气是自生自作	2	2	2	2	2	2	上3
生或者同焉							
袭生袭	3	3					
复生之生行							上4
因生其所欲	4			3		3	
乱出于人							上5
先有短焉有长	5	4	3		3		
而荒思不尽						4	上6
事非事无谓事	6	5	4	4	4		下1
不作无事		6—11	5	5	5	5	下2—6
庸有求而不患	7						

---

① 丁四新《楚简〈恒先〉章句释义》,简帛研究网,2004年7月25日;又见丁四新主编《楚地简帛思想研究(二)》,湖北教育出版社2005年版。
② 刘信芳《上博藏竹书〈恒先〉试解》,简帛研究网,2004年5月16日;又见《出土简帛宗教神话文献研究》,安徽大学出版社2014年版。
③ 赵建功《〈恒先〉易解(上、下)》,简帛研究网,2005年1月26日、2月7日。又见《〈恒先〉易解》,《华中科技大学学报》(社会科学版)2006年第2期。
④ 季旭升《〈恒先〉译释》,收入季旭升主编《〈上海博物馆藏战国楚竹书(三)〉读本》,万卷楼图书股份有限公司2005年版。
⑤ 郭梨华《〈亘先〉及战国道家哲学论题探究》,《中国哲学史》2008年第2期。该文首发于"出土简帛文献与古代学术"国际研讨会,台湾政治大学,2005年12月3日。
⑥ 邢文《楚简〈恒先〉释文分章》,《中国哲学史》2010年第2期。
⑦ 任蜜林《〈恒先〉章句疏证》,《中国哲学史》2016年第1期。

曹峰先生极为重视分章问题,最早专门撰文讨论①,其编联方案得到王连成②、叶树勋等人的支持③,但他们同样都对分章作出调整:

章末文句	曹峰	王连成	叶树勋
有始焉有往者	上1	1	1
未或滋生			2
生或者同焉	上2		3
唯复以不废	上3		
智既而荒思不天	上4	2	
事非事无谓事			4
甬以不可赓也	下1	3	5
习以不可改也	下2		
先有短焉有长	下3		6
唯复以犹复			
两者不废	下4	4	
甬有求而不患			7

采用同一编联方案,简序相同,分章却人言言殊,达到如此地步。这说明根据以上三种编联方案复原出来的文本层次结构其实是模糊不清的,才会使得分章难以取得一致意见。而本文根据新的编联只有唯一一种正确的分章,仅此一点,已经足以自证其合理性。

---

① 曹峰《〈恒先〉编联、分章、释读札记》,简帛研究网,2004年5月16日。修改后以《谈〈恒先〉的编联与分章》为题发表于《清华大学学报》2005年第3期。

② 王连成《〈亘先〉通注通译》,简帛研究网2010年7月31日。

③ 叶树勋《楚简〈恒先〉的编联再验与思想新解》,《管子学刊》2017年第1期。

楚简《恒先》分章与语译

从语译方面说,许多学者都随文对一些文句作过解释或语译,但通篇语译而较重要的,主要有前引李零《语译》、季旭升《译释》、曹峰《〈恒先〉研读》[①]。这里仅举四条例证,来比较笔者与以上三家语译之间的区别。

1. 言名先。〔先〕者有疑,怃言之,后者效比焉。举天下之名,虚树,习以不可改也。【10】

《语译》:如果"因言名先者"(疑指"名"在"言"先者),让人疑惑不明,就要用"怃言之后者"(疑指"名"在言后者)去和它对比。天下所有的"名",如果只是形同虚设,人们就会因袭而不改。

《译释》:所有的称"名",先提出来的即使有疑问,只要大力地提倡,后来的人也就学习它、依附它了——天下的"名"都是一个空虚的符号,大家因为习惯了,也就不能更动了。

《研读》:凡"言"、"名"这些人工的产物,一开始出现时不能得到社会的公认,没有确定性,可以随意使用,但后来则经过一个"校比"即整理分类的过程。所有天下之"名",都是虚拟的,约定俗成就难以更改了。

新译:所谓复归是说事物根据其最先产生时的质性给自己命名(即寻求事物的自我规定性)。最先的事物由气凝聚产生以后,就大胆地表达出自己的意志,后来的事物与之进行考核比较(以进一步显现同类事物的共有质性)。全天下所有事物的名称,都是(根据事物的质性)虚拟树立起来的符号,沿袭下来、约定俗成就难以更改了。

按:李氏以为此简上接第九简末"因"字,季、曹二氏以为上接第七简末"凡"字,故语译开头不同,兹可忽略不计。但他们都以为"疑"是疑惑、疑问,"言"、"名"是人类的语言、名称,以致语译凝滞难通。其实首句是在给"复"下定义,"言"、"名"都是动词,意为说、

---

① 曹峰《〈恒先〉研读》,《国学学刊》2014 年第 2 期。

命名,"疑"通气凝为物之凝。这几句话主要是说事物是自我命名的,这是指寻求事物的自我规定性,不是人类所加的名称。这与《老子》十六章"复命曰常"、黄老帛书《经法·论》"名自命也"之说相通,是《恒先》全篇乃至先秦道家十分重要的思想命题。

  2. 举天下之作,强者果。天下【10】之大作,其䍒尨不自若作。若作,庸有果与不果?两者不废。【11】

  《语译》:如果只凭天下创造物中表现为强势的一面,来检验天下最重要的创造物,而不深究其本来创造的原因(即相反表现为弱势的一方),就会有如愿和不如愿两种情况。
  《译释》:天下所有的作为,其中的大作为都由强者包办了。其实强者也是胡里胡涂不是完全由自己规划完成的,如果是完全由自己规划的,那有什么完成不完成呢?不过,人也不可以不有所作为,自然与人为两者都不可偏废。
  《研读》:在全天下之作为中,强者追求实现大的行为,其纯朴无法得以保持。人的作为,其实哪有谁成功谁不成功的区分,两者的结局都是一样的。
  新译:全天下所有事物的创造,都是(清气、浊气矛盾统一体中)强大一方取胜的结果。天下所有事物的真正创造,都是朦朦胧胧、不知不觉的,而不是自我有意识地这样(强胜弱地)创造。这样(自我无意识地)创造,哪有什么取胜和失败的区别?(强大的、弱小的都包含在事物内部)双方都没有被废弃消灭。
  按:李、曹二氏都将"果"字连下读为一句,字义则分别解释为检验、追求实现;季氏句断,字义理解为包办。更关键的是,他们都以为"作"是指人或创造物的创造,"强者"是其中强有力者,而"两者"则指相反的两种人或创造物,这与《恒先》强调"自生自作"的基本思想完全不符。而笔者语译则点明了事物的自我创造实即其内部清、浊二气矛盾斗争的结果,使其与上下文义和思想密合无间。

3. 祥义、利巧、采物出于作,作焉有事,不作无事。【7】

《语译》:对事情的可行性加以斟酌,对主人有利的情况是,要抓住事物的开端,所以有事的时候不必动手,没事的时候反而百事顺成。

《译释》:祥义、利巧、采物这些都是出于人为的造作,有这些人为的造作就会带来很多纷扰,没有这些造作就没有纷扰。

《研读》:祥义、利巧、彩物所代表的礼仪等级制度均出于作(人为),有作(人为)就会有事(人事),不作(人为)就不会有事(人事)。

新译:包括鬼祥人义、货利伎巧等人为之事在内,所有丰富多彩的事物都出于自我创造(即从"有出于或"开始)。有了开始的自我创造,才能一步步形成为最终的事物;没有开始的自我创造,就根本不可能有最终的事物。

按:前一句李氏原释读为"恙宜利主,采勿出于作"。曹氏在廖名春、董珊研究基础上,改读作"祥义、利巧、采物出于作"①,季氏从之。曹氏进一步分析说"祥义、利巧、彩物三者均代表人为即作的产物",并认为此句前后"可以清楚地划分成上下两篇,它的上半部重在论述基本的普遍的原理,下半部侧重于如何依据基本的普遍的原理指导现实政治"②。其说亦可简化为:上言天道,下言人事;或上为生成论,下为政治论。这类说法目前在学界十分通行,几成定论,其实难以成立。因为此三句之前把事物生成运行过程分为"或→有→生→音→言→名→事"几个阶段,下一句说"举天下之事"都是"自作",夹在中间的三句显然是说再高级的事物都得从"作"(即"有出于或")开始。这个"作",是事物"自作",而不是人类作为、创造。

4. 举天下之名,无有废者。举天下之明王、明君、明士,庸有求而不患?【13】

---

① 曹峰《楚简〈恒先〉"祥义利巧彩物出于作"解》,简帛研究网,2004年12月26日。
② 曹峰《谈〈恒先〉的编联与分章》,《清华大学学报》2005年第3期。

《语译》:把天下之名永恒常在者送给天下圣明的国王、君主和臣子,才能有求必应,不用发愁。

《译释》:天下所有的名,难道没有偏废的吗？天下的明王、明君、明士,看起来英明过人,哪有求名而能不遭遇忧患的呢？

《研读》:这样的话,全天下的名(社会的规则、制度)就都是正名,而不是废名。这样的话,全天下的明王、明君、明士,就都能求而有予,实现其理想了。

新译:全天下所有事物的名称,永远没有偏废的(每一个名称都有它实际指称的质性)。全天下所有的明王、明君、明士,哪会有极力追求这些名号地位,却一点也不担忧(自己能否真正与这些名号地位相称)的呢？

按:第二个"举"字简文原作"与",故李氏将前三句连读为一句,将"举……与"译作"把……送给",这与文中其他"举"字用法明显不符。刘信芳先生正确释读出"患"字,却将文意说成"既知得失之理,故求而不患得患失也"[1]。季、曹二氏从其释字,解释各异,都不够准确。患、求对言,可参《论语·里仁》:"子曰:不患无位,患所以立;不患莫己知,求为可知也。"这里是批评明王、明君、明士极力追求这些名号地位,却不担忧自己能否真正与这些名号地位相称。作为篇末结语,起到了画龙点睛、深化主题的作用,可惜迄今没有人真正读懂过。比如上引三家,或说把天下美名送给当权者来换取好处,或说天下之名没有永恒价值不值得追求,或说天下之名存在即合理、提出即实现。随简牍出土而重见天日的早期道家用"名"来约束君权的光辉思想,就这样被这个貌似学术繁荣而精神贫乏的时代彻底地歪曲了,呜呼哀哉！

(作者单位:华中师范大学)

---

[1] 刘信芳《出土简帛宗教神话文献研究》,安徽大学出版社2014年版,第82页。

《论语》"君子"意义分疏

张 涅

"君子"在《论语》中出现 107 次,是孔子和儒家思想的核心概念之一。余英时曾说过:"无论是修己还是治人,儒学都以'君子的理想'为其枢纽的观念:修己即所以成为'君子';治人则必须先成为'君子'。从这一角度说,儒学事实上便是'君子之学'。"[①]这无疑是合乎思想史事实的认识。对于《论语》中的"君子"意义,一般认为有二:(1)在高位的人,(2)有道德的人。[②] 这个认识也大略没有问题,但是尚显得宽泛,因为其中的在高位者若干也是有道德者,而纯粹指示道德意义的"君子"有的是泛指,有的特指低于"仁人"境界的、兼具生活理性的有修养者。后者与一般的相对于"小人"的"君子"意义不同,学界尤其忽略。笔者以为,后学对于《论语》语录意义的异议,许多与对于"君子"指称的理解不同有关,要准确全面地领会孔子思想,有必要作进一步的认识。故而本文择

---

① 余英时《儒家"君子"的理想》,载《现代儒学的回顾与展望》,生活·读书·新知三联书店 2004 年版,第 271 页。

② 参见温裕民《论语研究》,商务印书馆 1930 年版;杨伯峻《论语词典》,载《论语译注》,中华书局 1980 年版。另王向荣《论语要义》分"行为上的君子"、"存心上的君子"(中华书局 1939 年版,第 22—23 页),意近。王缁尘《论语读本》分"在上位者"、"品高有德者"、"妇人称丈夫"(世界书局 1936 年版,第 2 页)三种,其第三种在思想史上无意义。萧公权《中国政治思想史》说:"孔子言君子,就《论语》所记观之,则有纯指地位者,有纯指品性者,有兼指地位与品性者。"(辽宁教育出版社 1998 年版,第 65 页)较前妥当。

取《论语》中所有出现"君子"一词的语录加以分类考释。拟分为四类:(1)指称有官位者,(2)指称兼有德、位者,(3)泛指有道德者,(4)特指有道德又有生活理性者。众所周知,《论语》是语录体,多数语录原来特定的情景和事件背景现在难以确证,后代的阐释又不免从各自时代的需要出发,故而对于诸多"君子"的具体所指存在异议。本文采撷前说,排比辩证,以期探求原旨。偏误之处,祈方家指正!

一 "君子"指称有官位者

"君子"最初就指有官位的人。例如《周书·召诰》:"予小臣敢以王之仇民百君子越友民,保受王威命明德。"郑玄注:"百君子,王之诸臣与群吏。"《周书·无逸》:"君子所其无逸。"朱骏声《便读》:"君子,谓成王也。"①孔子对"君子"一词作了意义改造,更多指示其道德修养的内涵,但是《论语》依然有13条语录的15处"君子"沿用旧义。这里要注意有官位者与兼有德位者的区别。对于有官位者,孔子也告诫其要有道德修养,但是指导性、要求性的,话语时其尚不具备道德修养。而后者,已经在官位上表现出了政治道德。同指称为"君子",对后者是褒扬,对前者是劝诫,且含批评指责义。

(一)有子曰:"其为人也孝弟,而好犯上者,鲜矣;不好犯上,而好作乱者,未之有也。君子务本,本立而道生。孝弟也

---

① 在《今文尚书》中,"君子"只是有地位的人。《古文尚书》中,有2处"君子"指有德者。《虞书·大禹谟》:"蠢兹有苗,昏迷不恭,侮慢自贤,反道败德。君子在野,小人在位。""君子在野"是"反道败德"的表现,此"君子"指有德者无疑。《周书·旅獒》:"德盛不狎侮。狎侮君子,罔以尽人心;狎侮小人,罔以尽其力。"此"君子"也与"德"相关。道德意义的"君子"后来才出现,此也为《古文尚书》伪作的证据之一,可补阎若璩《尚书古文疏证》。

者,其为仁之本与!"(《学而》)

【考释】这里的"君子"要关注"犯上"、"作乱"的社会政治问题,并要从"孝弟"这个根本去解决,则为在位者无疑。《吕氏春秋·孝行》:"凡为天下治国家,必务本而末。""务本莫贵于孝。"《孝经·孝治》:"明王以孝治天下。"程树德《集释》:"有子之言,洵治国之宝鉴也。"①此可知"君子"的身份。但是有子所阐述的政治原则,当时的在位者并没有践行,有子只是告诫、指导而言,故其非有德者,只是在位者。徐天璋《实测》:"君子,德成而临民者。"②误。俞樾《平议》说:"有子之言本自平实,后人耻事功而虚谈心性,于是其说始多矣。"甚是。

(二)子曰:"君子不重,则不威;学则不固。主忠信。无友不如己者。过,则勿惮改。"(《学而》)

【考释】"重"意敦厚、厚重,"威"指威严的仪表。据此形象,当可认定为有官位者。《左传·襄公三十一年》:"有威而可畏谓之威。"如此,"无友不如己者"也能解释得通达,即不要与道德水平不如自己的人相处,以致政事恶劣。《吕氏春秋·骄恣》:"仲虺有言曰:'诸侯之德能自为取师者王,能自取友者存;其所择而莫如己者亡。'"即此意。若为有道德修养的人,"友不如己者",可尽教诲诱导之责。宦懋庸《论语稽》:"君子,谓在位之人也。春秋时世禄世官,或轻浮,或鄙陋,或诈伪,或狎昵小人,或怙恶饰非,皆列国卿大夫之通病。孔子以此戒勉之,较为合理。如训成德之君子,则其德已成,于下文各节戒勉语气不合。如谓君子之自修当如此,则'君子'下宜加'之道'二字。近日讲章解之以为指初学者,则孔子于初

---

① 程树德《论语集释》,中华书局1990年版。
② 徐天璋《论语实测》,林庆彰主编《民国时期经学丛书》第4编第46册影印民国八年铅印本,文听阁图书有限公司2008年版。

学者即称之曰君子,恐无此理。"王思洋《新疏》:"就有志学为君子者言。"①所论甚通达。此为孔子对在位者的劝勉无疑。

(三)子曰:"君子食无求饱,居无求安。敏于事而慎于言,就有道而正焉,可谓好学也已。"(《学而》)

【考释】"有道"是有道德修养的人。何晏《集解》:"有道者,谓有道德者。""就有道而正焉",即是向有道德修养的人学习。邢昺《注疏》:"言学业有所未晓,当就有道德之人正定其是之与非。"王夫之《笺解》:"此乃学识恐未纯,修行恐未善,故待有道决之。"显然,这里的"君子"尚不是有道德修养的人,只是在位者。这条语录的意思是:孔子对在位者说不要贪求物质享受,要有道德修养。李贽《四书评》:"此是训君子如此,不是赞君子如此。"徐天璋《实测》:"言此勉在位者以周公为则效也。"甚合理。

(四)子曰:"君子博学于文,约之以礼,亦可以弗畔矣夫。"(《雍也》)

【考释】"博学于文,约之以礼",乃入门要求。"弗畔",指不违背礼制。戴望《论语注》:"畔,犹反也。反礼即入刑,《春秋》所讥贬绝是也。""亦",表语气的加强。"亦可以",说明其当时尚未达到,可见此不是对有道德修养的人而言。语气加强后还只是期望达到及格水平,可见孔子这里对在位者而言。王夫之《笺解》:"言为君子者,非以成德者。"黄怀信《汇校集释》:"君子,谓在上之人。"②甚是。王闿运《论语训》认为"言君子设教,能使人不违畔也",徐天璋《实测》:"君子,有德位之称。言能博通典籍并克纳于礼仪,所行自使人合于道也。"不妥。

---

① 王思洋《论语新疏》,佛学书局1938年版。
② 黄怀信《论语汇校集释》,上海古籍出版社2008年版。

（五）子曰："恭而无礼则劳,慎而无礼则葸,勇而无礼则乱,直而无礼则绞。君子笃于亲,则民兴于仁,故旧不遗,则民不偷。"(《泰伯》)

【考释】"君子"与"民"相对,则为在上位者无疑。皇侃《义疏》："君子,人君也。"朱熹《集注》、蔡节《集说》："君子,谓在上之人也。"吴棫《续解》、陈天祥《辨疑》等认为"君子笃于亲"后别为一章。《论语详说》："此一节与上文不相蒙,而与首篇'慎终追远'之意相类,吴说近是。"①但上文也有关于政事。王闿运《论语训》："言治民在端本也。"程树德《集释》："此章就治民说,与下章方有连络。"甚是。"君子笃于亲,则民兴于仁"的"则",表示假若关系,意"君子"做到了"笃于亲",那么"民"就"兴于仁"了。如此,这里只是孔子对上位者的告诫,"君子"宜为在上位者。

（六）太宰问于子贡曰："夫子圣者与?何其多能也?"子贡曰："固天纵之将圣,又多能也。"子闻之,曰："太宰知我乎!吾少也贱,故多能鄙事。君子多乎哉?不多也。"(《子罕》)

【考释】包咸注："我少小贫贱,常自执事,故多能为鄙人之事,君子固不当多能也。""君子"与"贱"相对,"贱"是地位低贱,则"君子"为贵,是有官位的人。另,"君子"承"太宰"而言,"太宰"亦是官位。郑玄、皇侃据《左传》《说苑》记有吴太宰与子贡的对话,推断"太宰"是指吴太宰嚭,可备一说。诸多学人以为这里讲君子"不多",非谓君子不当多能,非谓多能必不圣,这是不明白此"君子"只指在位者而已。

---

① 《论语详说》十卷,作者不详。明刻本。收入美国哈佛大学哈佛燕京图书馆编《哈佛燕京图书馆藏中文善本汇刊》第7册,商务印书馆、广西师范大学出版社2003年版。

（七）子曰："先进于礼乐，野人也；后进于礼乐，君子也。如用之，则吾从先进。"（《先进》）

【考释】"吾从先进"，说明孔子肯定的是"先进"，则"后进"的"君子"肯定不是指道德修养很好的人。修养不好但称为"君子"的，只能是在位者。故宋翔凤《发微》注："后进，谓诸侯卿大夫皆世爵禄，生而富贵，以为民上，是谓君子。"甚是。朱熹《集注》引程子曰："先进于礼乐，文质得宜，今反谓之质朴而以为野人。后进之于礼乐，文过其质，今反谓之彬彬而以为君子。盖周末文胜，故时人之言如此，不自知其过于文也。"其也是说"君子"是有官位但修养不足的人。

（八）季康子问政于孔子曰："如杀无道，以就有道，何如？"孔子对曰："子为政，焉用杀？子欲善而民善矣。君子之德风，小人之德草。草上之风，必偃。"（《颜渊》）

【考释】季康子即季孙肥，是春秋时期鲁国大夫。他向孔子问"政"的问题，孔子以有"德"的"君子"为榜样教诲他。这里，"草上之风"喻指在上位者与被管理者的关系。皇侃《义疏》："云'君子'云云者，更为民从上之譬也。君子，人君也。小人，民下也。言人君所行，其德如风也。民下所行，其德如草也。"邢昺《注疏》："在上君子为政之德若风，在下小人从化之德如草，加草以风，无不仆者。"余英时也说："此处的'君子'和'小人'两个名词当然是指'位'而言，'德'字也与'道德'之'德'有别。"①

（九）孔子曰："侍于君子有三愆：言未及之而言谓之躁，言及之而不言谓之隐，未见颜色而言谓之瞽。"（《季氏》）

---

① 余英时《儒家"君子"的理想》，载《现代儒学的回顾与展望》，生活·读书·新知三联书店 2004 年版，第 275 页。

《论语》"君子"意义分疏

【考释】"侍"是侍奉,则被侍奉的"君子"必为在高位者。邢昺《注疏》:"此章戒卑侍于尊,审慎言语之法也。"戴望《论语注》:"'君子'谓人君。"《论语》所言,一部份为对于参与行政者的告诫。与关怀政治的激扬情怀不同,孔子告诫参与行政时要恭敬谨慎,如《为政》的"多闻阙疑"、"多见阙殆"。这条语录的意思也一样。

(十)子之武城,闻弦歌之声。夫子莞尔而笑,曰:"割鸡焉用牛刀?"子游对曰:"昔者偃也闻诸夫子曰:'君子学道则爱人,小人学道则易使也。'"子曰:"二三子!偃之言是也。前言戏之耳。"(《阳货》)

【考释】"君子学道",可知此"君子"尚未是有道德之人。其与"小人"、"易使"相比列,显然对在位者而言。孔安国《训解》:"言欲民易使,亦切于用。"邢昺《注疏》:"言若在位君子学礼乐则爱养下人也。"朱熹《集注》:"君子、小人,以位言之。"甚是。刘宝楠《正义》说"'君子'者,谓王公、士大夫之子孙也;'小人'者,谓凡庶民之子孙也",当以为"学道"只是在年少时。但如此注释,"爱人"、"易使"都为将来词态,与语境不合。

(十一)子路曰:"君子尚勇乎?"子曰:"君子义以为上,君子有勇而无义为乱,小人有勇而无义为盗。"(《阳货》)

【考释】"乱"释为无秩序或叛乱,对社会状态而言,则"君子"当为在位者。若为有道德者,则不可能"无义"。"君子义以为上",是说在位者要讲礼义。邢昺《注疏》:"君子,指在位者。言在位之人有勇而无义,则为乱逆。"朱熹《集注》:"君子为乱,小人为盗,皆以位而言者也。"张鼎《说遗》:"上两'君子'以德言,下'君子'以位言。"①似

---

① 张鼎《春晖楼论语说遗》,林庆彰主编《民国时期经学丛书》第 2 编第 17 册影印周国昌等排印《春晖楼丛书》本,文听阁图书有限公司 2008 年版。

误。"勇"是基本道德,第一个"君子",问"尚勇乎",可见其尚未具备。第二个"君子"的"义以为上",也是告诫教诲而已,否则与下句语意不连贯。

(十二)子夏曰:"百工居肆以成其事,君子学以致其道。"(《子张》)

【考释】"百工"是工匠。皇侃《义疏》:"百工者,巧师也。""君子"与"百工"相对,则应该指有官位的。牛泽群《札记》:"此章以位分。"①其还需要"学以致其道",则又指修养未成。故江熙《集解》注:"君子未能体足也,学以广其思,思广而道成也。"

(十三)子夏曰:"君子信而后劳其民;未信,则以为厉己也。信而后谏;未信则以为谤己也。"(《子张》)

【考释】"劳其民"指统治管理,"谏"指对君王提意见。其犹"以为厉己"、"以为谤己",可见道德修养不足,故"君子"指在位者。邢昺《注疏》:"此章论君子使下事上之法也。"李泽厚《今读》:"上句对民,下句对君,强调信任的重要。"②皇侃《义疏》等认为"君子"专指国君,意义也通。

二 "君子"指称兼有德位者

在高位的"君子"有些是兼有道德修养的。这样的"君子"意义在孔子以前就存在,例如《诗经·有杕之杜》:"有杕之杜,生于道左。彼君子兮,噬肯适我?"郑玄注:"君子之人,义之与比。"《论语》中33条语录的42处"君子"也表示这种意义。把它从在高位者或

---

① 牛泽群《论语札记》,北京燕山出版社2003年版,第520页。
② 李泽厚《论语今读》,安徽文艺出版社1998年版。

有道德者中独立出来,是因为其特别包含着孔子的政治理念。在孔子的认识中,"圣人"即圣王,是兼有至高道德和至上地位的人;而低于"圣人"境界但兼有德位的"君子",是普及教化、实现政治理想的基础。本杰明·史华兹的《古代中国的思想世界》提到:"在《论语》中,毫无疑问,它已经获得了自身应有的道德涵义,但这并不意味着孔子否定了世袭的等级制。与此相反,他仍然怀有这样的深切希望,即那些出身高贵的人会受到熏染,成为真正的君子。"①其已注意到这个"君子"意义。

(一)子曰:"君子不器。"(《为政》)

【考释】这章的"君子"有两种理解。一种认为指有道德修养者,例如邢昺《注疏》:"此章明君子之德也。"韩李《笔解》谓"'君子不器'与下文'子贡问君子'是一段义",也以为指有道德修养而言。另一种认为指有德的在位者,例如戴望《论语注》:"器者,施物而穷,容物有限。君子得位,道备文武,相容并包。"徐英《会笺》:"君子之学,不可拘于一器,必求其才之通识之达,然后可以用周于天下矣。"②从语录本义讲,似以后者为合理。因为"器"喻示用的问题,那个时代"君子"要大用,当然要有位置。

(二)子贡问君子。子曰:"先行,其言而后从之。"(《为政》)

【考释】"其言而后从之",定州简本无"而后"二字,更简达。子贡口才极好,而且外交活动能力强,《史记·仲尼弟子列传》记其曾救鲁、乱齐、亡吴、强晋而霸越。故孔子对他说的"君子"应兼有德

---

① (美)本杰明·史华兹著,程钢译《古代中国的思想世界》,江苏人民出版社2004年版,第77页。

② 徐英《论语会笺》,正中书局1943年版。

位。这里的"行",宜理解为参与社会事务。王郎《论语说》:"言出政令必己所能行,以身先之也。"王闿运《论语训》注:"问君子行政也。"甚是。

(三)子曰:"君子周而不比,小人比而不周。"(《为政》)

【考释】"周"和"比"都在道德范畴内,则"君子"为有道德者无疑。邢昺《注疏》:"此章明君子、小人德行不同之事。"另,"君子"之"周"一般表现在与官员的关系上,故孔安国注:"忠信为周,阿党为比。"《左传·文公十八年》:"顽嚚不友,是与比周。"《国语·晋语》:"吾闻事君者比而不党。夫周以举义,比也;举以其私,党也。"亦为证。则此"君子"又该是在位者。钱穆《新解》:"本章言君子以忠信待人,其道公。小人以阿党相亲,其情私。则本章之君子小人,乃以德别,不以位分。"①似欠周全。

(四)子曰:"君子无所争。必也射乎!揖让而升,下而饮。其争也君子。"(《八佾》)

【考释】"射"为射礼。钱穆《新解》:"古射礼有四,一曰大射,天子诸侯卿大夫,当时之贵族阶层,用以选择其治下善射之士而升进使用之之礼也。二曰宾射,贵族相互间,朝见聘会时行之。三曰燕射,贵族于平常娱乐中行之。四曰乡射,行于平民社会,以习射艺。"此射礼中有"升"有"下","升"是登阶升堂,"下"是由阶下堂,显然不是乡射。参加大射、宾射、燕射者都有地位,故这里的"君子"兼有德位无疑。栾肇《释疑》:"君子于射讲艺明训考德观贤,繁揖让以成礼,崇五善以兴教。"王夫之《笺解》说:"'君子'是言君子之道,与他处言君子之人能成德者不同。乡射、燕射、大射皆先王制礼以纳入于君子之涂者,故虽射者不必成德之人,而所行者必君

---

① 钱穆《论语新解》,生活·读书·新知三联书店2002年版。

子之道。"所言甚是。当然,其道德程度不一定很高。

(五)子曰:"君子之于天下也,无适也,无莫也,义之与比。"(《里仁》)

【考释】刘宝楠《正义》:"言'天下'者,谓于天下之人与事也。"面对"天下","义之与比"的"君子",当属于有道德的在位者。王夫之《笺解》:"'于天下'三字要紧。君子之持身立己,自有所专主,守死不易,有所不肯,一介不苟;惟于处天下之人,应天下之事,则天有时,地有利,人有情,物有材,此之所可者在彼不可,此之所不可者在彼则可,因吾身之安,顺事物之宜,而不执一成之法以强天下,则无往而不合义矣。"另,《白虎通·号》:"君之与臣,无适无莫,义之与比。"《三国志·魏书·陈群传》:"君子在朝,无适无莫,雅仗名义,不以非道假人。"也可旁证。

(六)子曰:"君子怀德,小人怀土。君子怀刑,小人怀惠。"(《里仁》)

【考释】这里的"君子"宜为有道德的在位者。皇侃《义疏》:"君子者,人君也。上之化下,如风靡草。"俞樾《平议》:"君子,谓在上者。此章之义,以怀德、怀刑对举相形,欲在位之君子不任刑而任德也。"王向荣《论语二十讲》:"君子,自治以治人者;小人,待治于人者。知所以自治以治以,则好善恶不善,勿能已矣。"[①]黄怀信《汇校集释》:"言在上者若思以德泽民,则老百姓便怀土而重迁;在上者若思以刑临民,则老百姓便思惠而他徙。"章炳麟《广论语骈枝》以为"君子小人,谓在位与庶民也",欠妥。若"怀德"为对在位者的要求,则"怀土"、"怀惠"为对庶民的要求。但后者是庶民已存在的状态,无所谓要求。

---

① 王向荣《论语二十讲》,中华书局1937年版。

（七）子谓子贱："君子哉若人！鲁无君子者，斯焉取斯？"（《公冶长》）

【考释】《吕氏春秋·察贤》："宓子贱治单父，弹鸣琴，身不下堂，而单父治。"《韩诗外传》（八）："子贱治单父，其民附。"可知孔子弟子宓子贱是官员，第一个"君子"指宓子贱，为有德的在位者。第二个"君子"为宓子贱学习的榜样，也宜理解为有德的在位者。包咸《章句》："如鲁无君子，子贱安得取此行而学行之。"

（八）子谓子产："有君子之道四焉：其行己也恭，其事上也敬，其养民也惠，其使民也义。"（《公冶长》）

【考释】"有君子之道四焉"是赞评子产的修养和政治质量。《史记·循吏列传》记："子产者，郑之列大夫也。郑昭君之时，以所爱徐挚为相，国乱，上下不亲，父子不和。大宫子期言之君，以子产为相。为相一年，竖子不戏狎，斑白不提挈，僮子不犁畔。二年，市不豫。三年，门不夜关，道不拾遗。四年，田器不归。五年，士无尺籍，丧期不令而治。治郑二十六年而死，丁壮号哭，老人儿啼，曰：'子产去我死乎！民将安归？'"李贽《四书评》："不但称赞子产而已，欲他人亦为子产也。"徐英《会笺》："有此四者，可以治国而安天下，故曰君子之道。"则"君子"指兼有德位者无疑。

（九）子华使于齐，冉子为其母请粟。子曰："与之釜。"请益。曰："与之庾。"冉子与之粟五秉，子曰："赤之适齐也，乘肥马，衣轻裘。吾闻之也：君子周急不继富。"（《雍也》）

【考释】"吾闻之也"，说明下文的"君子周急不继富"是古语。在孔子之前，"君子"一般指有地位者。从冉有能独立决定"与之粟五秉"的行为看，也属于有地位者。故这里的"君子"宜指有道德的在位者。戴望《论语注》："君子行权以救急，不急而与为继富也。"

（十）子曰："质胜文则野，文胜质则史，文质彬彬，然后君子。"（《雍也》）

【考释】《礼记·表记》："子曰：虞夏之质，殷周之文，至矣。虞夏之文，不胜其质；殷周之质，不胜其文。"即孔子所理想的君子是历史文化的继承者，则其宜为有道德的在位者。徐天璋《实测》"言必如此始称德位者"，是。后人多从修养上言，如王向荣《论语二十讲》："此处君子，乃德育而兼有美育之意。"这是从后代需要而作的解释，也极有意义。

（十一）曾子有疾，孟敬子问之，曾子言曰："鸟之将死，其鸣也哀；人之将死，其言也善。君子所贵乎道者三：动容貌，斯远暴慢矣；正颜色，斯近信矣；出辞气，斯远鄙倍矣。笾豆之事，则有司存。"（《泰伯》）

【考释】孟敬子是鲁国大夫孟武伯的儿子仲孙捷的谥号，是鲁国的执政大臣之一。"君子所贵乎道者三"为曾子对孟敬子的教诲，讲的是在位者重礼义，民众就会以礼相应。如此，"君子"为有修养的在位者无疑。何晏《集解》引郑玄曰："此道，谓礼也。动容貌，能济济跄跄，则人不敢暴慢之也。正颜色，能矜庄严栗，则人不敢欺诈之也。出辞气，能顺而说，则无恶戾之言入于耳也。"朱熹《集注》认为"动容貌，斯远暴慢矣"等是"修身之要"，但也强调其"为政之本"，故此"君子"也必然居上位。

（十二）君子不以绀緅饰，红紫不以为亵服。当暑，袗絺绤，必表而出之。缁衣，羔裘；素衣，麑裘；黄衣，狐裘。亵裘长，短右袂。必有寝衣，长一身有半。狐貉之厚以居。去丧，无所不佩。非帷裳，必杀之。羔裘玄冠不以吊。吉月，必朝服而朝。（《乡党》）

【考释】此指有修养的在位者无疑,其衣饰表明修养有度。皇侃《义疏》:"'君子'者,自士以上。"李零说:"此篇各章,全是围绕礼,讲士君子在各种场合,穿啥戴啥,吃啥喝啥,坐卧行走,言谈举止,怎么才算得体。"[①]邢昺《注疏》、朱熹《集注》、刘宝楠《正义》等认为"'君子'谓孔子",于义也通,但当时的孔子肯定也属于在位者。若周游列国,困厄于陈、蔡时,仅一介布衣,当无此等服饰。

(十三)子路、曾晳、冉有、公西华侍坐。子曰:"以吾一日长乎尔,毋吾以也。居则曰:'不吾知也!'如或知尔,则何以哉?"子路率尔对曰:"千乘之国,摄乎大国之间,加之以师旅,因之以饥馑;由也为之,比及三年,可使有勇,且知方也。"夫子哂之。"求!尔何如?"对曰:"方六七十,如五六十,求也为之,比及三年,可使足民。如其礼乐,以俟君子。"(《先进》)

【考释】冉有说"如其礼乐,以俟君子",该"君子"为兼有德位者无疑。不赘述。

(十四)棘子成曰:"君子质而已矣,何以文为?"子贡曰:"惜乎,夫子之说君子也!驷不及舌。文犹质也,质犹文也。虎豹之鞟犹犬羊之鞟。"(《颜渊》)

【考释】何晏《集解》引郑玄曰:"旧说云:棘子成,卫大夫。""夫子",皇侃《义疏》:"谓呼子城为夫子也。"刘宝楠《正义》:"当时称大夫皆为夫子也。"如此,"君子"当是指有道德的在位者。盖孔子倡导礼仪,棘子成不以为然,认为像他这样的在位者有道德内质就行了。皇侃《义疏》:"譬于君子,所以贵者,政以文华为别,今遂若使质而不文,则何以别于君子与众人乎?""贵"指地位,"君子"与"众

---

① 李零《丧家狗——我读〈论语〉》,山西人民出版社 2007 年版,第 190 页。

人"相对,显然也指"君子"为有道德的在位者。

(十五)子曰:"君子成人之美,不成人之恶。小人反是。"(《颜渊》)

【考释】朱熹《集注》:"成者,诱掖奖劝以成其事也。"钱穆《新解》:"成者,诱掖奖劝以助成之。""成人之美",一般只有在位者才可行,故"君子"宜为有德的在位者。《谷梁传·隐公元年》:"《春秋》成人之美,不成人之恶。"《说苑·君道》:"哀公曰:'善哉!君子成人之美,不成人之恶。微孔子,吾焉得闻斯言哉!'"可为证。

(十六)曾子曰:"君子以文会友,以友辅仁。"(《颜渊》)

【考释】李世熊《经正录》引刘源渌《冷语》曰:"文者,礼乐法度刑政纲纪之文。"其"文"有关于政治,"仁"又指示修养一面,则这里的"君子"应该指兼有德位者。徐天璋《实测》:"君子,有德位者。"是。许多学者认为其讲修养之道。例如孔安国《训解》:"友以文德合也。友有相切磋之道,所以辅成己之仁。"黄怀信《汇校集释》:"文谓文德、文雅。以文会友,言会友不以鄙俗之道。"这是从后代需要出发的释读,也极有意义。

(十七)子路曰:"卫君待子而为政,子将奚先?"子曰:"必也正名乎!"子路曰:"有是哉,子之迂也!奚其正?"子曰:"野哉,由也!君子于其所不知,盖阙如也。名不正,则言不顺;言不顺,则事不成;事不成,则礼乐不兴;礼乐不兴,则刑罚不中;刑罚不中,则民无所措手足。故君子名之必可言也,言之必可行也。君子于其言,无所苟而已矣。"(《子路》)

【考释】这章子路与孔子的问答有关于"政",则"君子"当指有德的在位者。皇侃《义疏》:"云'故君子名之必可言也'者,既民无所措手足,由于名之不正,故君子为政者宜正其名,必使顺序而可言也。"徐天璋《实测》认为"君子指卫为政者。惟其不知正名,所以不合于礼而失之也",此误。孔子所言是针对卫国执政者不知正名,但是话语中的"君子"则是知正名的,孔子以君子的正名之道批评卫国的执政者。

(十八)子曰:"君子和而不同,小人同而不和。"(《子路》)

【考释】这里的"君子"一般认作为有道德修养的人。例如何晏《集解》:"君子心和,然其所见各异,故曰不同。小人所嗜好者则同,然各争利,故曰不和。"邢昺《注疏》:"此章别君子小人志行不同之事也。"朱熹《集注》:"和者无乖戾之心,同者有阿比之意。"但是在春秋时期,"和"、"同"更多是在位者的表现。王夫之《笺解》:"'和'、'同',以任国事、议国政言。"《左传·昭公二十年》记:"齐侯至自田,晏子侍于遄台,子犹驰而造焉。公曰:'唯据与我和夫!'晏子对曰:'据亦同也,焉得为和?'公曰:'和与同异乎?'对曰:'异。和如羹焉,水火醯醢盐梅,以烹鱼肉,燀之以薪,宰夫和之,齐之以味,济其不及,以泄其过。君子食之,以平其心。君臣亦然。君所谓可而有否焉,臣献其否以成其可;君所谓否而有可焉,臣献其可以去其否。是以政平而不干,民无争心。故诗曰:"亦有和羹,既戒既平。鬷嘏无言,时靡有争。"先王之济五味,和五声也,以平其心,成其政也。声亦如味,一气,二体,三类,四物,五声,六律,七音,八风,九歌,以相成也;清浊,小大,短长,疾徐,哀乐,刚柔,迟速,高下,出入,周疏,以相济也。君子听之,以平其心。心平,德和。故诗曰:"德音不瑕。"今据不然。君所谓可,据亦曰可;君所谓否,据亦曰否。若以水济水,谁能食之?若琴瑟之专壹,谁能听之?同之不可也如是。'"如此,把"君子"认作为有道德修养的在位者也通达。

(十九)子曰:"君子易事而难说也。说之不以其道,不说

也;及其使人也,器之。小人难事而易说也。说之虽不以道,说也;及其使人也,求备焉。"(《子路》)

【考释】"器之",何晏《集解》:"度材而任官也。"朱熹《集注》:"谓随其材器而使之也。"戴望《论语注》:"因才而使之。"故而"君子"为有德的在位者无疑。刘宝楠《正义》:"'君子'、'小人',皆谓居位者。""小人"居位,即无德的在位者,则相对的"君子"自兼有德位。

(二十)南宫适问于孔子曰:"羿善射,奡荡舟,俱不得其死然。禹稷躬稼而有天下。"夫子不答。南宫适出,子曰:"君子哉若人!尚德哉若人!"(《宪问》)

【考释】"南宫适",《史记·孔子弟子列传》作"南宫括"。何晏《集解》引孔安国曰:"适,南宫敬叔,鲁大夫。"则"君子"指有德的在位者无疑。戴望《论语注》:"言若此人宜在高位为君子,知有天下,以德服天下,不以力服也。"

(二十一)子曰:"君子耻其言而过其行。"(《宪问》)

【考释】邢昺《注疏》:"此章勉人使言行相副也。君子言行相顾,若言过其行,谓有言而行不副,君子所耻也。""其言"当与社会政治有关,所以特别不能虚夸。如此,"君子"当指有道德修养的在位者。徐天璋《实测》认为"此章下皆志子贡之事,耻言过行其为子贡勉也明焉",可备一说。后人认为是讲君子修养,乃接受的需要,也合理。

(二十二)子路问君子。子曰:"修己以敬。"曰:"如斯而已乎?"曰:"修己以安人。"曰:"如斯而已乎?"曰:"修己以安百姓。修己以安百姓,尧舜其犹病诸?"(《宪问》)

【考释】孔子答以"修己以安百姓",则"君子"当然指有德的在位者。黄式三《后案》:"君子,上位之君子也。"刘宝楠《正义》:"君子,谓在位者也。"甚是。

(二十三)子曰:"君子疾没世而名不称焉。"(《卫灵公》)

【考释】《左传·襄公二十四年》记叔孙豹言:"太上有立德,其次有立功,其次有立言。虽久不废,此之谓不朽。"此"三不朽"即君子追求的"名"。其中"立德"、"立功"者必有爵位,"立言"在当时也非私家著述,因此这里的"君子"宜为兼有德位者。这章讲有德的在位者担忧自己不被后世称道。许多学人认为这里指道德修养。例如邢昺《注疏》:"此章劝人修德也。"另《史记·孔子世家》:"子曰:'弗乎弗乎,君子病没世而名不称焉。吾道不行矣,吾何以自见于后世哉?'乃因史记作《春秋》。"也可佐证。但是,若纯为有道德修养者,其至上境界当非"疾没世而名不称",当时达巷党人就赞颂孔子"博学而无所成名"(《子罕》),而孔子自己也说过"人不知而不愠"、"不患人之不己知"(《学而》)。故而理解为兼有德、位者更妥。

(二十四)子曰:"君子矜而不争,群而不党。"(《卫灵公》)

【考释】这里的"君子"可理解为有德者,也可理解为有德的在位者。但从《论语·述而》陈司败曰"吾闻君子不党",《国语·晋语》"事君者比而不党"等材料看,似以理解为有德的在位者更妥。徐天璋《实测》以为"此亦孔子论晏平仲也",可备一说。

(二十五)子曰:"君子不以言举人,不以人废言。"(《卫灵公》)

【考释】"举人",举荐人,任用人。这只是在位者才可能。故这里的"君子"也指有德的在位者无疑。邢昺《注疏》:"此章言君子用人,取其善节也。"陆陇其《四书困勉录》:"此君子用人听言之道。"

(二十六)子曰:"君子不可小知而可大受也,小人不可大受而可小知也。"(《卫灵公》)

【考释】"大受"是接受大任的意思,故可知这里的"君子"属于有德有才的在位者。《朱子文集·答张敬夫》:"一事之能否不足以尽君子之蕴,故不可小知。任天下之重而不惧,故可大受。"王夫之《笺解》:"此为任用人者而言。当以大事任君子,不可以小人之小有才愈于君子,而付之以所不受也。"

(二十七)宰我问:"三年之丧,期已久矣。君子三年不为礼,礼必坏;三年不为乐,乐必崩。旧谷既没,新谷既升,钻燧改火,期可已矣。"子曰:"食夫稻,衣夫锦,于女安乎?"曰:"安。""女安,则为之!夫君子之居丧,食旨不甘,闻乐不乐,居处不安,故不为也。今女安,则为之!"(《阳货》)

【考释】"礼"、"乐"是礼乐制度,即社会政治的形式。"君子三年不为礼,礼必坏;三年不为乐,乐必崩。"此"君子"能作用于礼乐政治,当然属于有德的在位者。另,《史记·仲尼弟子列传》记"宰我为临菑大夫",可推知其志趣也在做有德的官员。皇侃《义疏》:"君子,人君也。人君化物,必资礼乐,若有丧三年,则废于礼乐。礼乐崩坏,则无以化民。"第一个"君子"作"人君"讲,也通。但第二个"君子",应泛指有德的在位者。

(二十八)周公谓鲁公曰:"君子不施其亲,不使大臣怨乎不以。故旧无大故,则不弃也。无求备于一人!"(《微子》)

【考释】何晏《集解》引孔安国曰:"鲁公,周公之子伯禽,封于鲁也。"此"君子"专指好的国君,属于兼有德位者范畴。

(二十九)子夏之门人问交于子张。子张曰:"子夏云何?"对曰:"子夏曰:'可者与之,其不可者拒之。'"子张曰:"异乎吾所闻:君子尊贤而容众,嘉善而矜不能。我之大贤与,于人何所不容?我之不贤与,人将拒我,如之何其拒人也?"(《子张》)

【考释】这条语录,子夏和子张所讲的"交"性质不同。皇侃《义疏》引郑玄云:"子夏所云,伦党之交也。子张所云,尊卑之交也。"王阳明《传习录》:"子夏是言小子之交,子张是言成人之交。"故王夫之《四书训义》称"若子张之所闻,乃君子驭臣民、柔远人之道,而非所论于交友",甚是。如此,"君子"当指兼有德位者。

(三十)子贡曰:"纣之不善,不如是之甚也。是以君子恶居下流,天下之恶皆归焉。"(《子张》)

【考释】"是以",表示上下句的因果逻辑关系。前句讲"纣之不善",皇侃《义疏》:"纣者,殷家无道君也。"则下句中的"君子"应该指有德的在位者。黄怀信《汇校集释》注"君子"为"正人",不妥,因为当时的普通人不至于与"天下"相关。

(三十一)子贡曰:"君子之过也,如日月之食焉;过也,人皆见之;更也,人皆仰之。"(《子张》)

【考释】王闿运《论语训》:"劝诱在位者,以改过为美。"显然,在位者更可能"过也,人皆见之"。《孟子·公孙丑》:"古之君子,其过也,如日月之食,民皆见之,及其更也,民皆仰之。"可佐证。黄怀信《汇校集释》:"旧注及今人之本皆以'君子'如字解为人格君子,此君子岂得人皆见仰之?"所言甚是。但以为"君子,谓君主、国君。

国君乃一国人所共仰,故有过则如日月之有食,天下人皆见。改之人亦见而敬,故曰仰之",则所指狭隘了些,似以有德的在位者为妥。牛泽群按:"君子指位言,否则不能人皆见、仰。"①没有认识到其兼有道德,欠周。

(三十二)陈子禽谓子贡曰:"子为恭也,仲尼岂贤与子乎?"子贡曰:"君子一言以为知,一言以为不知,言不可不慎也。夫子之不可及也,犹天之不可阶而升也。夫子之得邦家者,所谓立之斯立,道之斯行,绥之斯来,勤之斯和。其生也荣,其死也哀,如之何其可及也?"(《子张》)

【考释】"其生也荣,其死也哀",可知此对话在孔子逝世之后。陈子禽做过单父(山东单县南)宰。子贡兼有道德和社会地位,《史记·仲尼弟子列传》谓"常相鲁、卫",《货殖列传》记其"结驷连骑束帛之币以聘诸侯,所至,国君无不分庭与之抗礼"。子贡颂扬孔子的话,有"得邦家者"等语。何晏《集解》引孔安国曰:"得邦家,谓为诸侯及卿大夫。言孔子为政,其立教则无不立,道之则莫不兴行,安之则远者来至,动之则莫不和睦。"故在这一语境下的"君子",理解为兼有德位者为妥。

(三十三)子张问于孔子曰:"何如斯可以从政矣?"子曰:"尊五美,屏四恶,斯可以从政矣。"子张曰:"何谓五美?"曰:"君子惠而不费,劳而不怨,欲而不贪,泰而不骄,威而不猛。"子张曰:"何谓惠而不费?"子曰:"因民之所利而利之,斯不亦惠而不费乎?择可劳而劳之,又谁怨?欲仁得仁,又焉贪?君子无众寡,无小大,无敢慢,斯不亦泰而不骄乎?君子正其衣冠,尊其瞻视,俨然人望而畏之,斯不亦威而不猛乎?"子张曰:"何谓四恶?"子曰:"不教而杀谓之虐;不戒视成谓之暴;慢令

---

① 牛泽群《论语札记》,北京燕山出版社2003年版,第529页。

致期谓之贼；犹之与人也，出纳之吝谓之有司。"(《尧曰》)

【考释】这章孔子所答，针对"何如斯可以从政矣"的问题，邢昺《注疏》："此章论为政之理也。"此"君子"又"惠而不费，劳而不怨，欲而不贪，泰而不骄，威而不猛"，则为兼有德位者无疑。

三 "君子"泛指有道德者

使"君子"一词脱离在上位的意义，着重指称具有道德修养的人，是孔子对于中国文化思想史的贡献之一。如余英时所言："就整个方向说，孔子以来的儒家是把'君子'尽量从古代专指'位'的旧义中解放了出来，而强调其'德'的新义。"①"君子"是社会的精英，其由有爵位者到有道德者的转移，表示中国文化的文明进步，也意味着建立了与政统相对应的道统的社会基础。不过，孔子从道德视角指称的"君子"其内涵也有差异，有的是泛指，即与"小人"相对；有的是特指，即那些道德修养低于"圣人"、"仁人"，还有现实理性、考虑生活问题的人。这里先排列泛指有道德修养的"君子"，共36处。

（一）子曰："学而时习之，不亦说乎？有朋自远方来，不亦乐乎？人不知而不愠，不亦君子乎？"(《学而》)

【考释】"人不知"的"人"，可以指一般的他人，皇侃《义疏》："谓凡人也。"也可以指官员。阮元《揅经室集》："'人不知'者，世之天子诸侯皆不知孔子，而道不行也。"《左传·庄公十年》记："公曰：'衣食所安，弗敢专也，必以分人。'对曰：'小惠未遍，民弗从也。'"杜预注："分公衣食，所惠不过左右，故曰未遍。""人"即"左右"，即

---

① 余英时《儒家"君子"的理想》，载《现代儒学的回顾与展望》，生活·读书·新知三联书店2004年版，第275页。

官员。但无论是他人还是官员,不了解自己,都不愠怒、怨恨,当然是有道德修养的人。皇侃《义疏》:"君子,有德之称也。"朱熹《集注》:"君子,成德之名。"杨树达《疏证》:"不知而不愠,则为德性坚定之人矣。"①是。

(二)仪封人请见,曰:"君子之至于斯也,吾未尝不得见也。"从者见之。出曰:"二三子何患于丧乎?天下无道也久矣,天将以夫子为木铎。"(《八佾》)

【考释】仪邑的封人请求拜见孔子,理由是"君子"到了这个地方,他都拜见过。皇侃《义疏》:"既欲见孔子,而恐诸弟子嫌我微贱不肯为通闻,故引我恒例以语诸弟子,使为我通也。"当时的孔子没有官位,故这里的"君子"只是指道德高尚的人。邢昺《注疏》:"言往者有德之君子至于我斯地也。"朱熹《集注》:"君子,谓当时贤者。"是。

(三)子曰:"富与贵,是人之所欲也,不以其道得之,不处也。贫与贱,是人之所恶也,不以其道得之,不去也。君子去仁,恶乎成名?君子无终食之间违仁,造次必于是,颠沛必于是。"(《里仁》)

【考释】这章讲"君子"要有崇高的道德理想。其即使"贫与贱"也坚守道德信仰,可知无关于官位。皇侃《义疏》:"言人所以得他人呼我为君子者,正由我为有仁道故耳。若舍去仁道,傍求富贵,则于何处更得成君子之名乎?"邢昺《注疏》:"唯行仁道乃得君子之名。"朱熹《集注》:"言君子所以为君子,以其仁也。"是。

(四)子曰:"君子喻于义,小人喻于利。"(《里仁》)

---

① 杨树达《论语疏证》,上海古籍出版社2006年版。

【考释】一种观点认为讲道德修养。例如皇侃《义疏》:"君子所晓于仁义,小人所晓于财利。"并引范宁云:"弃货利而晓仁义则为君子,晓货利而弃仁义则为小人也。"另一种观点认为"君子"为在位者。焦循《雕菰楼文集》:"孔子此言正欲君子之治小人者知小人喻于利。"俞樾《平议》:"古书言君子、小人大都以位而言,汉世师说如此。后儒专以人品言君子小人,非古义矣。"但是,若界定此"君子"为在位者,则相对的"小人"为小民。如此,意义难以周全。因为地位低的人有的也明白道义,地位高但无道德的人也只求私利。由此看,这里的"君子"泛指有道德者更妥。

(五)子曰:"君子欲讷于言而敏于行。"(《里仁》)

【考释】邢昺《注疏》:"此章慎言贵行也。言君子但欲迟钝于言,敏疾于行,恶时人行不副言也。"即指示"君子"为有道德修养者。在孔子的认识中,有道德修养的人往往不善言辞。例如《学而》:"巧言令色,鲜矣仁。"《颜渊》:"仁者,讷也。"

(六)子谓子夏曰:"汝为君子儒!无为小人儒!"(《雍也》)

【考释】此"君子"有三解。一指有道德,即孔子勉励子夏成为有道德理想的儒生。何晏《集解》:"孔曰:'君子为儒,将以明道。'"王夫之《笺解》:"盖天下自有一种'小人儒',以儒为利,曲学阿世,自无真识真修。君子于道,自见其不可不学,求之必至,自处必严。"二指有地位,即为官员做儒师。《史记·孔子弟子列传》:"孔子既没,子夏居西河教授,为魏文侯师。"黄怀信《汇校集释》:"言当给君子做师儒,勿为小人做师儒。君子学道艺有所用,小人学道艺无所用也。"三是认为"君子"、"小人"以地域分。《左传·昭公二十七年》:"左司马沈尹戌帅都君子。"杜预注:"都君子,在都邑之士。"俞樾《平议》:"古人之辞,凡都邑之士谓之君子。"由此引申为学识阔大与否。刘宝楠《正义》:"君子儒,能识大而可大受;小人儒,则但务卑近而已。君子、小人,以广狭异,不以邪正分。"程树德《集释》:"此君子、小人以度量规模之大小言。"徐英《会笺》:"君子儒者,志其大者而为上达耳。小人儒者,志其小者而为下达耳。君子儒,通天人之故,而达性命之理。小人儒,习章句之学,而详笾豆之事。此君子小人不必为贤不肖对称也。"这三种说法都有影响。但是第二种说法与孔子"有教无类"(《卫灵公》)的思想相违,第三种说法似就后代章句之儒的现象而言,故"君子"以理解为有道德修养者为宜。

(七)陈司败问昭公知礼乎,孔子曰:"知礼。"孔子退,揖巫马期而进之,曰:"吾闻君子不党,君子亦党乎?君取于吴,为同姓,谓之吴孟子。君而知礼,孰不知礼?"巫马期以告。子曰:"丘也幸。苟有过,人必知之。"(《述而》)

【考释】何晏《集解》:"司败,官名,陈大夫。"程树德《集释》:"余考孔子于定公十四年自郑至陈,居三岁,复于哀二年自卫如陈,皆在陈侯稠时,屡主司城贞子家。司败之问,盖孔子在陈时也。"这里的"君子"是陈司败对孔子而言,此时孔子无官位,则指有道德修养者无疑。

(八)子曰:"文,莫吾犹人也。躬行君子,则吾未之有得。"(《述而》)

【考释】"躬行君子",指做有道德修养的君子。邢昺《注疏》:"此章记夫子之谦德也。"朱熹《集注》:"皆自谦之词。"

(九)子曰:"君子坦荡荡,小人长戚戚。"(《述而》)

【考释】这里的"君子"应为有道德者。皇侃《义疏》:"坦荡荡,心貌宽旷无所忧患也,君子内省不疚故也。"邢昺《注疏》:"此章言君子、小人心貌不同也。"朱熹《集注》引程子曰："君子循理,故常舒泰。"或有认为指有道德的在位者,例如戴望《论语注》："君子利及天下,故坦荡荡;小人利切身家,故长戚戚。圣王在上政教平、仁爱洽,使民生者不怨,死者不恨,纯太平之世也。"似欠妥,理由同"君子喻于义,小人喻于利"条。

（十）曾子曰："可以托六尺之孤,可以寄百里之命,临大节而不可夺也,君子人与？君子人也！"（《泰伯》）

【考释】"君子人与？君子人也！"可译为:是君子一样的人吗？是君子一样的人！邢昺《注疏》："言能此已上之事,可以谓之君子人也。'与'者,疑而未定之辞。审而察之,能此上事者,可谓君子,无复疑也,故又云'君子人也'。""此章论君子之德也。"显然,这里的"君子"指道德修养而言,且与"仁人志士"一样。刘宝楠《正义》以为"'君子'者,卿大夫之称",未妥。"可以托六尺之孤,可以寄百里之命",当然是卿大夫,故而张居正《别裁》说："受托孤之责者,不但保卫其国家,又必养成其令德。受寄命之任者,不但安定其社稷,又必抚辑其民人。"但是,这里"君子人"中的"君子"是修饰辞,特指其有高尚的品德。潘维成《集笺》："言此为君子一流人,所谓齐同乎君子之道者也。"杨联陞也说到："君子作为用言之时,似乎限于'有德之人'。"[①]若以刘宝楠解,"君子人与？君子人也"译为:"是卿大夫一样的人吗？当然是卿大夫一样的人！"全无意义。

（十一）子欲居九夷。或曰："陋,如之何？"子曰："君子居之,何陋之有？"（《子罕》）

---

① 杨联陞《跋周法高先生〈上古语末助词"与"（欤）之研究〉兼论〈论语〉中"君子"一词之词性》,载《中国语文札记》,中国人民大学出版社2011年版,第209—210页。按:用言,即一般的动词或形容词。

【考释】"九夷",司马贞《史记索隐》说"属楚之夷也",王夫之《稗疏》说"东方九小国耳",刘宝楠《正义》说"谓朝鲜",众说不同,但为远离政治经济文化中心的偏陋处无疑。"欲居九夷",显然与在位无关,此"君子"肯定指有道者。何异孙《十一经问对》认为"箕子受封于朝鲜,能推道训俗,教民礼义田蚕,至今民饮食以笾豆为贵,衣冠礼乐与中州同,以箕子之化也。君子居之,指箕子言,非孔子自称为君子"。但没有史料证明孔子知道箕子居住在朝鲜的情况,且足以得出"何陋之有"的结论。徐英《会笺》:"予谓君子即孔子自拟,不必指箕子居高丽事。"此合理。

(十二)子曰:"论笃是与,君子者乎?色庄者乎?"(《先进》)

【考释】这条语录有两种理解:一是并列式结构,讲善人的三方面素质。何晏《集解》:"论笃者,谓口无择言。君子者,谓身无鄙行。色庄者,不恶而严,以远小人。言此三者皆可以为善人。"二是层进式结构,后两句追问。朱熹《集注》:"言但以其言论笃实而与之,则未知其为君子者乎?为色庄者乎,言不可以言貌取人也。"钱穆《新解》:"若但许可其言论之笃实,则不知其果为君子,抑是色庄之徒。色庄,犹言色厉,外容庄严,而心实不然。"但无论哪种理解,"君子"都是泛指有修养者。

(十三)司马牛问君子。子曰:"君子不忧不惧。"曰:"不忧不惧,斯谓之君子已乎?"子曰:"内省不疚,夫何忧何惧?"(《颜渊》)

【考释】司马牛所问"君子",可能指怎样做有道德修养的人,也可能指怎样做有道德修养的在位者,但孔子回答的只是前者,因为着重强调了"内省"。皇侃《义疏》:"内省,谓反自视己心也。"故而王夫之《笺解》说:"不忧不惧,是君子善养其和平之衷、刚大之气,不以得失累其心,不以福祸移其志,卓然立于万物之定体。"陆陇其

《讲义》注:"君子所以异于人者,以其心常泰然。世间可忧可惧之事最多,而不能以累君子之心。"

(十四)司马牛忧曰:"人皆有兄弟,我独亡。"子夏曰:"商闻之矣:死生有命,富贵在天。君子敬而无失,与人恭而有礼。四海之内,皆兄弟也——君子何患乎无兄弟也?"(《颜渊》)

【考释】司马牛是桓魋之弟,桓魋为人很坏,在宋国犯上作乱,失败后全家出逃。司马牛逃到了鲁国,断绝了与桓魋的关系,故而说没有兄弟。此可知这里子夏所言的"君子"与爵位无关,只是有道德修养的人。"敬而无失,与人恭而有礼",也是就修养而言。皇侃《义疏》:"敬而无失,是广爱众也。君子自敬己身,则与物无失者也。云'与人恭而有礼'者,此谓恭而亲仁也。"

(十五)子曰:"君子泰而不骄,小人骄而不泰。"(《子路》)

【考释】"泰",安舒义。"小人"若从地位言,不会有"骄而不泰"的情形,则其一定指道德修养差的人。如此,相对应的"君子"当为有德者。邢昺《注疏》:"此章论君子、小人礼貌不同之事也。"

(十六)子曰:"君子上达,小人下达。"(《宪问》)

【考释】"君子"与"小人"相对。"小人"若指地位言,显然与孔子的教育思想相违,因为孔子的弟子有一些出身低贱,后来也没有官位,但都"上达"。例如《史记·孔子弟子列传》记原宪"亡在草泽中",公冶长"在累绁之中","颜路贫"。《游侠列传》记公晳哀"间巷人也,终身空室蓬户,褐衣疏食不厌"。裴骃《史记集解》记"子路,卞之野人"。由此看,"君子"当指有道德者。皇侃《义疏》:"上达者,达于仁义也。下达,谓达于财利,所以与君子反也。"王夫之《笺解》:"全在君子、小人立品立心上分别。"黄怀信《汇校集释》:"此君子、小人以人格别。"甚是。

（十七）子曰："君子道者三，我无能焉：仁者不忧，知者不惑，勇者不惧。"子贡曰："夫子自道也。"（《宪问》）

【考释】"仁者不忧，知者不惑，勇者不惧"，是修养的三方面内容。子贡又说"夫子自道也"，修养的宗旨更明确。因此这里的"君子"宜指有道德修养者。朱熹《集注》："自责以勉人也。"钱穆《新解》："不忧、不惑、不惧，人人皆由以成德。"是。

（十八）在陈绝粮，从者病，莫能兴。子路愠见曰："君子亦有穷乎？"子曰："君子固穷，小人穷斯滥矣。"（《卫灵公》）

【考释】"子路愠见"，在"在陈绝粮"的境况中，孔子没有职位，故子路所问、孔子所答的"君子"也只指有道德修养者无疑。

（十九）子曰："君子义以为质，礼以行之，孙以出之，信以成之。君子哉！"（《卫灵公》）

【考释】这一章讲君子的行为修养。何晏《集解》引郑玄曰："义以为质，谓操行。孙以出之，谓言语。"陆陇其《讲义》："这一章就处事上见君子学问之精。"黄怀信《汇校集释》："皆指与人相交之事。"都是合理的解释。此"君子"或在位，或平凡，都有德行，故泛指有德者。另，"君子义以为质"，定州简本无"君子"二字，陆德明《释文》所从古本也无。不少学者认为此二字衍文。其实，《论语》语录多为口语，"君子"重复，乃口语特征。

（二十）子曰："君子病无能焉，不病人之不己知也。"（《卫灵公》）

【考释】此句意：担忧自己没有能力，不担忧别人（或官员）不了解自己。"人"指官员，也可泛指他人。故而此"君子"宜理解为尚未出仕的有道德修养者。邢昺《注疏》："此章戒人修己也。"

（二十一）子曰："君子求诸己，小人求诸人。"（《卫灵公》）

【考释】若从地位言，"小人"应该"求诸人"。这里表示贬义，则"小人"是从道德上言。如此，相对的"君子"也当为有道德修养者，指通过自我要求来提高素质。皇侃《义疏》："君子自责己德行之不足，不责人也。"王夫之《笺解》："求诸己，必己之尽道；求诸人，望人之厚己。合观之，其品愈见。"甚是。

（二十二）子曰："君子谋道不谋食。耕也，馁在其中矣；学也，禄在其中矣。君子忧道不忧贫。"（《卫灵公》）

【考释】"学也，禄在其中矣"，意思是：学习礼义，能出仕做事，也就有俸禄了。戴望《注》："学则怀德，行道艺以待取，虽不谋食，亦自无馁矣。"钱穆《新解》："学以谋道，亦有禄仕之获。"黄怀信《汇校集释》："学固不能直接得食，但学成而仕，可以得俸禄。"由此可知，这里的"君子"尚未出仕，只是有道德修养者。

（二十三）孔子曰："求！君子疾夫舍曰欲之而必为之辞。丘也闻有国有家者，不患寡而患不均，不患贫而患不安。盖均无贫，和无寡，安无倾。夫如是，故远人不服，则修文德以来之。既来之，则安之。今由与求也，相夫子，远人不服，而不能来也；邦分崩离析，而不能守也；而谋动干戈于邦内。吾恐季孙之忧，不在颛臾，而在萧墙之内也。"（《季氏》）

【考释】这一章，冉有为自己和子路辅助季氏进攻颛臾国辩解，孔子站在儒家道德政治理想的高度加以驳斥，表现了道统对政统的制约和指导。因此这里的"君子"应该指有德者。

（二十四）陈亢问于伯鱼曰："子亦有异闻乎？"对曰："未也。尝独立，鲤趋而过庭。曰：'学诗乎？'对曰：'未也。''不学诗，无以言。'鲤退而学诗。他日，又独立，鲤趋而过庭。曰：'学礼乎？'对曰：'未也。''不学礼，无以立。'鲤退而学礼。闻斯二者。"陈亢退而喜曰："问一得三：闻诗，闻礼，又闻君子之远其子也。"（《季氏》）

【考释】"陈亢"是陈子禽，"伯鱼"是孔子的儿子孔鲤。陈亢原以为孔子教育儿子的内容与一般不同，但伯鱼的回答使他有意外之喜。这里，"学诗"、"学礼"为了提高修养，"君子"是否在位无关紧要，仅泛指有道德文化修养的人。

（二十五）子贡曰："君子亦有恶乎？"子曰："有恶：恶称人之恶者，恶居下流而讪上者，恶勇而无礼者，恶果敢而窒者。"（《阳货》）

【考释】皇侃《义疏》引江熙曰："君子，即夫子也。"邢昺《注疏》："君子，谓夫子也。"此不可定。但可知这里的"君子"也指有道德修养者。黄怀信《汇校集释》："君子，以人品言，泛指，非谓夫子。"较合理。

（二十六）子路曰："不仕无义。长幼之节，不可废也；君臣之义，如之何其废之？欲洁其身，而乱大伦。君子之仕也，行其义也。道之不行，已知之矣。"（《微子》）

【考释】"君子之仕，行其义也。""仕"为担任官职。王夫之《笺解》："出而求用即是仕。"这里的"君子"没有出仕，只指有道德修养者无疑。《笺解》还认为"'君子之仕也'四句，是说孔子"，从语境上看也合理。

（二十七）子夏曰："君子有三变：望之俨然，即之也温，听其言也厉。"（《子张》）

【考释】"俨然"、"温"、"厉"，都是修养表现。该"君子"可能在位，可能在野，但为有道德修养者无疑。故邢昺《注疏》："此章论君子之德也。"朱熹《集注》记程子认为"他人俨然则不温，温则不厉，惟孔子全之"，黄怀信《汇校集释》"疑指夫子"，可备一说。

四 "君子"指称兼有道德和生活理性者

在《论语》中，"君子"还有一个特定的意义指向，即指称有道德修养又有生活理性的人。这个意义的"君子"与"圣人"、"仁人"相并列，但是道德境界相对不如。"圣人"指极少数道德圆满、功业辉煌的政治领袖，如尧、舜、禹。"仁人"也就是"志士"，他们没有赫赫的文功武治，但大公无私，为民族和社会利益不惜奉献生命，如谭嗣同等。而"君子"，也是具有道德信仰的人，能够恪守人生信条，但是还考虑种种现实的因素，权衡利弊得失，不及"仁人"那样具有自我牺牲精神。牛泽群说："孔子广义称之为君子者乃包括仁人、圣人，而狭义者其标准并不高。"①正是。《论语》中的若干语录，虽然没有出现"君子"一词，但明示这样的"君子"意义。例如《公冶长》的"宁武子，邦有道则知，邦无道则愚"，宁武子在国家政治清明时就聪明，在国家政治昏乱时就装得愚蠢，正是有道德又有理性的君子的践行。这个意义指向的"君子"出现 14 处，后代多有忽略。其实，从社会道德教化和践行的普遍可行性而言，兼有道德和生活

---

① 牛泽群《论语札记》，北京燕山出版社 2003 年版，第 381 页。

理性的"君子"别具意义,尤值得重视①。

(一)宰我问曰:"仁者,虽告之曰'井有仁焉',其从之也?"子曰:"何为其然也。君子可逝也,不可陷也;可欺也,不可罔也。"(《雍也》)

【考释】宰我问仁者是否一往无前、勇于牺牲。何晏《集解》引孔安国曰:"宰我以为仁者必济人于患难,故问有仁人堕井,将自投下从而出之不乎,欲极观仁者忧乐之所至也。"孔子回答"不可陷也"、"不可罔也"。朱熹《集注》:"陷,谓陷之于井。罔,谓昧之以理之所无。仁者虽切于救人,而不私其身,然不应如此之愚也。"李充《集注》:"若理有不可,不宜陷于不智,故不可诬罔自投下也。"显然,这里的"君子"不但有道德信仰,而且具备生活理性,不能被欺骗。

(二)子曰:"圣人,吾不得而见之矣;得见君子者,斯可矣。"(《述而》)

【考释】皇侃《义疏》:"君子之称,上通圣人,下至片善。今此上云不见圣,下云得见君子,则知此之君子,贤人以下也。"这里"君子"的境界低于已成己成物的"圣人",可推知其有为个人考虑的生活理性。故《韩诗外传》(卷三)记:"是笃厚君子,未及圣人也。"王肃《义说》:"此谓圣人与君子异也。然德足君物,皆称君子,亦有德之通称。"其认识到这条语录中"君子"与"圣人"意义有异,但是不理解《论语》中"君子"除了泛指有道德义之外还有特指兼有道德和

---

① 陈大齐《孔子学说》(中山书局1964年版)也认为"圣人"、"仁人"、"君子"表达了不同层次的个人道德成就,"圣人"最高,"仁人"其次,"君子"列第三位。但是,其没有系统分析《论语》中"君子"意义的多重性,也没有阐明这一层"君子"意义的特质。

生活理性义。

（三）子曰："君子而不仁者有矣夫，未有小人而仁者也。"（《宪问》）

【考释】"小人"若从地位上指称，则句意不能成立，因为平民中也有仁爱之心。如此，"小人"是从道德上指称无疑，则相对的"君子"当也是指称有德者。但是，纯粹的有德者不会是"不仁者"。这里合理的解释是其指称有道德又有生活理性的人，即当其现实理性的考虑时，或不能如仁者一样无私无畏。孔安国《训解》："虽曰君子，犹未能备。"余英时说："此章的'君子'与'小人'显指德，不指位，似乎'君子'也不必然都能达到'仁者'的地步。"[1]即是这个意思。前人或以"君子"为有道德修养者，或以在位者讲，都泥迂难通。韩愈《笔解》说："'仁'当为'备'字之误也。岂有君子而不仁者乎？"如此改动，也是不明这里的"君子"为有道德又有理性者之故。

（四）子曰："不在其位，不谋其政。"曾子曰："君子思不出其位。"（《宪问》）

【考释】"思不出其位"，显然有遵循现实原则的考虑，是一种生活理性。皇侃《义疏》："云'子曰'云云者，诫人各专己职，不得滥谋图他人之政也。云'曾子曰'云云者，君子思虑当己分内，不得出己之外而思他人事。""君子"这样的思虑显然是现实理性的表现。牛泽群说："'不在其位'之位，具体，乃政之位；'思不出其位'之位，抽象，包容。'其'非指君子而是'思'，故位为思之位，恰宜之畛域、境

---

[1] 余英时《儒家"君子"的理想》，载《现代儒学的回顾与展望》，生活·读书·新知三联书店2004年版，第279页。

界。'思不出其位',即勿空想、幻想、脱离实际意义之谓。"①甚是。

（五）子曰："直哉史鱼！邦有道,如矢;邦无道,如矢。君子哉蘧伯玉！邦有道,则仕;邦无道,则可卷而怀之。"(《卫灵公》)

【考释】"蘧伯玉"与"史鱼"不同。《孔子家语·困誓》记："史鱼病将卒,命其子曰:'吾在卫朝不能进蘧伯玉,退弥子瑕,是吾为臣不能正君也,生而不能正君,则死无以成礼,我死,汝置尸牖下,于我毕矣。'其子从之。灵公吊焉,怪而问焉,其子以其父言告公,公愕然失容曰:'是寡人之过也。'于是命之殡于客位。进蘧伯玉而用之,退弥子瑕而远之。孔子闻之曰:'古之列谏之者,死则已矣,未有若史鱼死而尸谏,忠感其君者也,不可谓直乎。'"何晏《集解》引孔安国曰："卫大夫史鳅有道无道行直如矢,言不曲也。"史鱼的表现,可谓"志士仁人,无求生以害仁,有杀身以成仁"(《卫灵公》)。而蘧伯玉"邦无道,则可卷而怀之"。《左传·襄公十四年》记："孙文子如戚,孙蒯入使。公饮之酒,使大师歌《巧言》之卒章。大师辞,师曹请为之。公使歌之,遂诵之。蒯惧,告文子。文子曰:'君忌我矣,弗先。必死。'并帑于戚而入,见蘧伯玉曰:'君之暴虐,子所知也。大惧社稷之倾覆,将若之何?'对曰:'君制其国,臣敢奸之?虽奸之,庸如愈乎?'遂行,从近关出。"《襄公二十六年》又记:"公使子鲜。子鲜不获命于敬姒,以公命与宁喜言,曰:'苟反,政由宁氏,祭则寡人。'宁喜告蘧伯玉,伯玉曰:'瑗不得闻君之出,敢闻其入?'遂行,从近关出。"何晏《集解》引包咸曰："谓不与时政,柔顺不忤于人。"皇侃《义疏》："国若无道则韬光匿智而怀藏,以避世之害也。"显然,蘧伯玉比史鱼更多理性的考虑,避免不必要的牺牲。故而这里的"君子"为兼有道德和理性的人。崔适《足征记》以为前人所注的蘧伯玉"卷而怀之"是"为刘歆所误,乃歆之厚诬伯玉也",

---

① 牛泽群《论语札记》,北京燕山出版社 2003 年版,第 396 页。

并说:"事君者安则食其禄,危则避其难,而犹得称为君子,则全躯保妻子之臣,于计得矣,岂非害义之大旨?"①这也是不明白《论语》中的"君子"另有兼道德和生活理性一义。

(六)子曰:"君子贞而不谅。"(《卫灵公》)

【考释】孔安国《训解》:"贞,正也。谅,信也。"朱熹《集注》:"贞,正而固也。谅则不择是非,而必于信。"即"贞"表现为坚定的信仰,"不谅"是不拘泥于小信,根据现实情况处理。皇侃《义疏》:"君子机变无常,若为事苟合道,得理之正,不必存于小信,自经于沟渎也。"皇侃《义疏》:"此章贵正道而轻小信也。"可知此"君子"有道德也有现实理性。《左传·昭公七年》"子产为丰施归州田",杜预注"子产贞而不谅",徐天璋《实测》以为"指管仲之类",甚合理,管仲和子产都兼有道德信仰和现实理性。

(七)孔子曰:"君子有三戒:少之时,血气未定,戒之在色;及其壮也,血气方刚,戒之在斗;及其老也,血气既衰,戒之在得。"(《季氏》)

【考释】"戒",即理性的约制。朱熹《集注》:"随时知戒,以理胜之,则不为血气所使也。"强调"三戒",即强调生活的理性、道德修养的理性。王闿运《论语训》以为孔子对在位君子而言,恐非。因为"三戒"不是针对着行政活动。

(八)孔子曰:"君子有三畏:畏天命,畏大人,畏圣人之言。小人不知天命而不畏也,狎大人,侮圣人之言。"(《季氏》)

---

① 崔适《论语足征记》,林庆彰主编《民国时期经学丛书》第1编第51册影印民国五年北平北京大学排印本,文听阁图书有限公司2008年版,第25、27页。

【考释】"畏大人",戴望《注》:"大人,谓天子、诸侯为政教者。"程树德《集释》:"凡在上位者皆谓之大人。""畏圣人之言",皇侃《义疏》:"圣人之言,谓五经典籍,圣人遗文也。"由此可知,这里"君子"的身份地位和道德境界低于"大人"、"圣人"。张鼎谓"即有位而德不足"①,是。而"畏"又是基于对个人有限性的认识,包含理性的素质。朱熹《集注》:"畏者,严惮之意也。知其可畏,则其戒谨恐惧自有不能已者,而付畀之重可以不失矣。"罗振玉《讲义》:"君子谨遵当世之制,不敢稍有违越。"②因此,这里的"君子"也应为兼有道德和理性的人。

(九)孔子曰:"君子有九思:视思明,听思聪,色思温,貌思恭,言思忠,事思敬,疑思问,忿思难,见得思义。"(《季氏》)

【考释】"思"必然是理性的。"九思",是表示多方面的、反复的思考。邢昺《注疏》:"此章言君子有九种之事当用心思虑,使合礼义也。"黄式三《后案》:"君子九思,日用迭起循生,无动静无内外,而必省察之以求其当。"梁大章还认为"'九思'是'君子思不出其位'的注脚"③,也是合理的解释。因此,这里的"君子"当为兼有道德和理性的人。

(十)佛肸召,子欲往。子路曰:"昔者由也闻诸夫子曰:'亲于其身为不善者,君子不入也。'佛肸以中牟畔,子之往也,如之何?"(《阳货》)

---

① 张鼎《春晖楼论语说略》"畏大人"条,林庆彰主编《民国时期经学丛书》第1编第51册影印周国昌等排印《春晖楼丛书》本,文听阁图书有限公司2008年版,第58页。
② 罗振玉《金州讲习会论语讲义》,林庆彰主编《民国时期经学丛书》第1编第51册影印《辽居杂著·乙编》丛书本,文听阁图书有限公司2008年版,第19页。
③ 转引自王向荣《论语二十讲》,中华书局1937年版,第300页。

【考释】"亲于其身为不善者",即危险之人、危险之地。"君子不入",则为理性的考虑,与《泰伯》篇"危邦不入,乱邦不居"意同。皇侃《义疏》"言人有才智,宜佐时理务"、朱熹《集注》引张敬夫曰"知人之智也",甚是。

(十一)子夏曰:"虽小道,必有可观者焉;致远恐泥,是以君子不为也。"(《子张》)

【考释】"可观",焦循《补疏》:"谓可以相观而善。""致远恐泥",皇侃《义疏》:"致,至也。远,久也。泥,谓泥难也。小道虽一往可观,若持行事,至远经久,则恐泥难不能通也。"这里可见"君子"对"小道"利益与否的理性思考,并非只是简单化的排斥,则君子为兼有道德和理性的人无疑。

(十二)子游曰:"子夏之门人小子,当洒扫应对进退,则可矣,抑末也。本之则无,如之何?"子夏闻之曰:"噫!言游过矣!君子之道,孰先传焉?孰后倦焉?譬诸草木,区以别矣。君子之道,焉可诬也?有始有卒者,其惟圣人乎!"(《子张》)

【考释】子夏答"譬诸草木,区以别矣",指出"君子"与"圣人"有别。"君子"只能从生活小事做起,假如一开始就教诲大道,则会倦怠,接受不了;只有"圣人",才能始终不倦地追求大道。皇侃《义疏》引熊埋说:"唯圣人有始有终,学能不倦,故可先学大道耳。自非圣人,则不可不先从小起也。"这里"君子"的境界低于"圣人",当特指兼有道德和理性的人。

(十三)孔子曰:"不知命,无以为君子也。"(《尧曰》)

【考释】"知",知道、了解、明白的意思。"命",个人不能把握的生命规迹。李泽厚《今读》记:"即人力所不能控制、难以预测的某种外在的力量、前景、遭遇或结果。所以说,'命'是偶然性,'不知命,无以为君子也',就是说不懂得、不认识外在力量的这种非可掌握的偶然性(及其重要),不足以为'君子'。"李零注:"命是天命,在人事之上,最不可测。"① "知命",就是认识到个人的有限性,不是主观努力就一定可以达到目的的。皇侃《义疏》:"若不知而强求,则不成为君子之德。"显然,这是理性从容的人生态度,可知这里的"君子"特别要求兼有现实理性。《韩诗外传》(六)记:"子曰:'不知命,无以为君子也。'言天之所生,皆有仁义礼智顺善之心。不知天之所以命生,则无仁义礼智顺善之心。无仁义礼智顺善之心,谓之小人。"后学多据此把这章的"君子"理解为道德纯粹的人,当也为有意义的阐释。

(作者单位:浙江科技学院中文系)

---

① 李零《丧家狗——我读〈论语〉》,山西人民出版社2007年版,第336页。

先秦文献中的"太一"概念及相关问题

白 奚

1993年湖北荆门郭店楚墓出土战国竹简《太一生水》,引发了人们对这篇文献中的宇宙生成论的研究热情,也引发了人们对"太一"这个传世文献中原本就经常出现的概念的重视和研究。本文拟对传世先秦文献中的"太一"概念进行初步的梳理,并对由此涉及的某些学术问题进行讨论,力图对这些问题的研究有所推进。

一 "太一"与"道"——作为哲学的终极概念

"太一"是中国上古文化中一个十分重要的概念,从存世文献的记载来看,大致在三个不同的意义上被使用:一为宗教意义上的太一神,是人们祭祀崇拜的至上天神;一为天文学意义上的星官,是位于天极位置上的星名即北极星;一为哲学意义上的终极概念,是宇宙的原始状态或宇宙生成万物的起点,在这个意义层面上约略与老子的"道"同义。显然,这三种意义的"太一"必定存在着一个孰先孰后的问题。关于这个问题,笔者赞同王中江先生的观点,他认为:"哲学上的'太一'是首先出现的,其他意义上的'太一'是一种借用和转用。"[①]王中江并从汉语词汇形成的角度对"一"、

---

① 王中江《简帛文明与古代思想世界》,北京大学出版社2011年版,第37页。

"大"、"太"、"太一"的意义和演变进行了详细的考察,论证了关于"太一"最早是作为哲学概念出现并作为天神和星官意义上的"太一"之思想背景的观点。

作为哲学意义上的最高概念或终极概念的"太一",传世文献始见于《庄子·天下》篇,概括关尹、老聃的学术思想"建之于常无有,主之以太一",说的是该派学说的思想主旨和最高哲学范畴。《吕氏春秋·大乐》篇曰"万物所出,造于太一,化于阴阳",表达的是对万物起源的看法。此外,《荀子》《韩非子》《淮南子》《文子》《鹖冠子》《礼记》《楚辞》《史记》《汉书》等典籍中都出现了"太一"一词。这些典籍中的"太一",有的是在哲学意义上使用的,也有的是在宗教祭祀或天文学意义上使用的,也有二种或二种以上意义兼而有之的。特别是在汉代,宗教祭祀和天文学两种意义的"太一"大多混合使用,这种情况占大多数,单纯从哲学意义讲"太一"的大概只有《淮南子》的某些篇章了。考察从先秦到两汉典籍中"太一"出现的情况可以看出,"太一"一词在先秦时期更为具有哲学意味,很多典籍都从哲学的层面上讲"太一",汉代以后就很少有人探讨"太一"的哲学意义了。因而,我们探索"太一"的哲学意义,先秦的存世典籍是主要的材料依据。

"太一",郭店竹简图版原本作"大一",整理者确定为"太一"。古文字"太"与"大"可以通用,故"太一"乃是"大一"的另一种写法。从汉语词汇发展变化的角度来看,"大一"("太一")是由"一"和对其起修饰作用的"大"("太")组成的一个复合词,不过,这并不是一般意义上的"大"和"一",而是经过了高度的哲学抽象或哲学意义上的"大"和"一",透过"大一"("太一")一词,我们可以看到先民对世界进行哲学思考的努力及其结果。"大"("太")与"一"都有哲学抽象之"终极"意义,"太"与"一"组成的"太一"概念,可以说是古人在"终极"意义上对事物进行哲学抽象所能达到的极致了。

最早对"大"和"一"进行哲学思考的是老子。《老子》中分别对"大"和"一"这两个概念进行了具有开创性的、充分的哲学思辨,赋予了它们高度抽象的哲学含义即"终极"的意义,并以此展开了关于"道"的哲学理论。老子哲学体系的最高范畴是"道","道"具有绝对、惟一、永恒、终极等作为哲学最高范畴所必须具有的基本特性。为了更好地阐明"道"的以上特性,老子常用"一"和"大"来对"道"进行描述,或者直接用"一"和"大"作为"道"的代名词。老子对"大"和"一"的哲学抽象,是他开创的"道"论的重要组成部分。这样的哲学思辨在老子之前是从来没有过的,老子的理论贡献是突破性的,一举将中国古代哲学的思辨程度提升到一个相当高的、后人难以超越的水平。老子哲学的贡献也是开创性的,他为中国古代文化的发展开辟了一个具有很高起点的哲学思辨传统,此后两千多年中国哲学的发展都受益于老子的哲学。

《老子》中虽然没有出现"大一"或"太一"的概念,但由于分别对"一"和"大"这两个重要概念进行了充分的、卓有成效的哲学思辨,可以说由这两个单独的概念组合成一个独立的"大一"("太一")概念,已经是水到渠成了。在后来的传世文献中,"大一"("太一")便频频出现了。

《太一生水》的成文年代虽然难以精准地确定,但其作为战国时期的佚籍应是没有疑问的。《太一生水》中的"太一"同样也是一个终极性的形上概念,其哲学抽象的程度与《庄子》相当。楚简《太一生水》的整理者认为,"太一"就是"道":"太一,在此为道的代称。"①这样的论断是正确的,《太一生水》中有几处对"太一"的描述可以证明这一点。如"周而或始"一语,很容易使人联想起《老子》第二十五章的"周行而不殆",这是对"道"永恒运动的特性的描述;"以己为万物母"、"以己为万物经"的表述,明显同于《老子》第二十五章的"可以为天地母"和第五十二章的"天下有始,以为天下母"。"道亦其字也"一句,则明确地点出了"太一"就是"道"。有趣的是,《太一生水》的作者在这里也是把"太一"说成是"道"的"字",

---

① 《郭店楚墓竹简·太一生水释文注释》,文物出版社1998年版,第125页。

而不是"道"的"名",这同《老子》第二十五章的"吾不知其名,强字之曰道"的表述和用意完全相同,作者同老子一样,也认为具有最高抽象性的"道"不同于任何具体的万物,它是不可"名"的,只能有"字"而不能有"名"。"名"是正式的名称,"字"则只是表字,是别名或代名词,而非正式的名称。这清楚地表明了《太一生水》的作者对"道"与具体万物的根本区别在于其独具的形上性这一关键问题有着自觉的、明确的认识,显然是继承了老子哲学思辨的思想成果,《太一生水》同《老子》的思想承续关系是十分明显的。

二 "太一"概念在战国时期的发展演变

战国时期,"太一"作为表示终极、惟一、最高、绝对、本体等意义的哲学概念,已经是较为普遍的事情了,而以《庄子》中的用例同《老子》的"大"和"一"意义最为接近。

《庄子·天下》概述关尹、老聃之学"建之以常无有,主之以太一",此处的"太一"应该是关尹学说的核心概念,而关尹据称是老子弟子,或为老子后学。成玄英《庄子疏》曰:"太者广大之名,一以不二为称。言大道旷荡,无不制围,括囊万有,通而为一,故谓之太一也。"盖关尹以"太一"来发挥老子的"道"论。《庄子·天下》篇述惠施之学,提到了"至大无外,谓之大一"的命题,就是受益于老子哲学的思辨成就。"大一"就是"至大",大到"无外"即没有边界,亦即今所谓无限大;与"大一"相对的是"小一","小一"就是"至小",小到"无内"即不可分,亦即今所谓无限小。无论是"大一"还是"小一",都是对"一"的哲学抽象,都是对"一"的终极性思考。这清晰地表明此处的"大一"是建立在"大"和"一"的哲学抽象之上的组合概念。《庄子·徐无鬼》也提到了"大一":"知大一,知大阴……大一通之,大阴解之。"郭象注曰:"大一,道也。"成玄英疏则解"大一"为"天",解"大阴"为地。无论这里的"大一"是"道"还是"天",其实都是对"大一"的形上性的表达,"大一"是一个高度抽象的、最高的本体,它可以对宇宙万物和社会人生的一切问题提供终极性的解释和解决。《庄子·列御寇》有"太一形虚"之语,并列出现的还有"太初",都是对宇宙初始状态的描述。《庄子》中"大一"("太一")的这些用例都是在形上之哲学意义上使用的,乃是接续了老子思想的理论脉络。

《吕氏春秋·大乐》是一篇以道家关于"道"的哲理阐发音乐理论的文章,其中借助了"太一"概念,其言曰:"道也者,至精也,不可为形,不可为名,强为之,谓之太一。"这里的"至精",言其至微也;"强为之",毕沅认为"之"字后脱漏一"名"字,甚是。"道"因其至精至微而不可为形不可为名,强为之名,乃可以谓之"太一"。作者在这里无论从思想理论上还是从行文措辞上都完全是模仿《老子》,可以说是《老子》思想的照搬,不同的只有一点:直接把"太一"作为"道"的别名,说出了《老子》尚未说出的话。从《老子》对"大"、"一"的形上诠释到《吕氏春秋》把"道"直接等同于"太一",在哲学理论发展的脉络上来看,可以说是一脉相承、水到渠成的,是道家的"道论"的历史发展。以这种"道论"的视角来考察《大乐》篇全文,我们就可以得到一种全景式的理解和把握。在作者那里,"道"作为宇宙万物的总根源,既是天道也是人道,音乐作为人道之重要内容,也必须以大道为法则。不仅如此,《大乐》名曰讨论音乐,其用意却在政治,音乐的道理最后也落实在"圣人之治"上。《大乐》开篇曰:"音乐之所由来者远矣。生于度量,本于太一。太一出两仪,两仪出阴阳。阴阳变化,一上一下,合而成章。"下文又说:"万物所出,造于太一,化于阴阳。萌芽始震,凝氵寒以形。形体有处,莫不有声。声出于和,和出于适。和适先王定乐,由此而生。"该篇把音乐的产生看成是同万物一样,皆"本于太一"、"造于太一",合于阴阳的变化节律,这同《太一生水》的宇宙万物生成论是一致的,属于同一个理论发展层次,只是该篇受到了儒家思想的影响,融入了《易传》的"两仪"观念。

与《吕氏春秋》相比,约略同时的《鹖冠子》[①]中的"太一"("泰一")则要复杂得多。《鹖冠子·泰鸿》中同时出现了"太一"和"泰一",古文"太"、"泰"通用,因而"太一"应即"泰一"也,不过在该篇中似乎又有不同所指。其言曰:"中央者,太一之位,百神仰制焉。""中央"在篇中是相对于东方、西方、南方、北方而言的,显然指的是方位,即"太一之位"。天的中央即天极,亦即北极,居中央之位的"太一"就是北极星。这个"太一"同时又是帝星,"百神仰制焉",是宗教意义上的太一神,是人们祭祀崇拜的至上天神。可见在《鹖冠子》中,天文学意义上的"太一"和宗教崇拜意义上的"太一"已经出现,并已经混用。与《鹖冠子》的"太一"相近的是《韩非子·饰邪》中的"太一",该篇在论证占卜结果不灵验时提到的"太一"与王相、摄提、岁星、荧惑等星官并列,没有《鹖冠子》中的宗教崇拜的意义。《韩非子》与《鹖冠子》的成书年代基本重合,可见在战国末期,"太一"作为天文学上的星官之名,其使用已经很普遍。《鹖冠子·泰鸿》中的"泰一"是一个至高的天神形象,其开篇曰:"泰一者,执大同之制,调泰鸿之气,正神明之位者也,故九皇受傅。""泰鸿"即"鸿蒙","鸿蒙"在秦汉时指构成天地万物之元气,谓之"泰鸿",是为了加强语气,指元气之始。"执大同之制",谓"泰一"作为至上神,拥有最高的权威,天下皆同之。"正神明之位",是指确定天地间各路神明之尊卑贵贱之位。"九皇"即"三皇"中与"天皇"、"地皇"并列之"人皇",传说称"人皇九头"分长天下九州,一曰人皇兄弟九人分长九州。"九皇受傅"是说九皇皆以"泰一"为辅相。《泰鸿》篇记载的是九皇之长泰皇与泰一关于"天地人事,三者孰急"的问答,泰一虽然是至上神,但并不直接管理人间之事,而是作为泰皇的辅相出现,他的话是泰皇治理天下的指导思想。《鹖冠子·博

[①] 关于《鹖冠子》,自唐代柳宗元始多有人疑其为伪书,时下学界则多认为其书不伪,其成书年代为战国晚期至秦统一之前。可参看黄怀信《鹖冠子汇校集注》"前言",中华书局 2004 年版;孙福喜《鹖冠子研究》第二、第五章,陕西人民出版社 2002 年版。

选》篇有这样的话:"帝者与师处,王者与友处,亡主与徒处。""帝者"是智慧最高、成就最高的统治者,对有道之人以最高的师礼相待,据此,泰一既是泰皇的辅相,同时也是泰皇之师,拥有帝王之师的身份。"泰一"是人格神,而居于中央之位的"太一"乃是天文学上的星官,二者显然不能混为一谈,这大概就是同一篇中同时出现了"太一"和"泰一"的缘由。泰一在同泰皇的对答中,涉及的内容甚为丰富,包括天地、神明、日月、四时、精神、阴阳、五行、五方、五色、五音、六律、二气、三光、四则、六合、八风、八极、刑德、度数、仁义、道、德、浑沌等等,涉及儒家、道家、阴阳五行家、法家、名家、天文、数术等诸多学说,可以说是囊括了当时已有的全部学术思想和知识领域。这些思想都明显地带有战国末期的时代特色,很多内容都是《太一生水》的时代还没有出现或还没有充分展开的,明显地晚于《太一生水》。

"太一"在战国晚期道家的另一重要著作《文子》中也多有出现。其《自然》篇曰:"天气为魂,地气为魄,反之玄妙,各处其宅,守之勿失,上通太一,太一之精,通合于天。"这里的"太一"既不是天文学意义上的星官,也不是宗教崇拜意义上的天神,亦不是终极意义上的宇宙本原,而是一个能够"通合于天"、沟通天人之际的独立存在。这段文字中的"天气"、"地气"、"各处其宅,守之勿失"、"太一之精"等概念和表述,很容易使人联想到《管子》一书中《内业》等篇中的精气理论。不同的是,《内业》等篇讨论的主题是人的思维、智慧等生命和精神现象,《自然》篇讨论的则是"圣人之道",是圣人如何遵循自然之道从而治理好天下。可见,"太一"概念在《自然》篇中已经转换了话题,由此前的《鹖冠子》等讨论宇宙终极性的问题转为集中讨论政治问题。这虽然偏离了"太一"原本的理论方向,但也可以反映出战国晚期学术思想发展的一个明显的趋势,那就是思想家们关注的问题都在向政治问题这一方向集中,已有的所有学术思想都逐渐成为服务于现实政治需要的思想资源。

这样的理论转向,在《文子》的《下德》篇有更明确的表述。其言曰:

先秦文献中的"太一"概念及相关问题

　　帝者体太一,王者法阴阳,霸者则四时,君者用六律。体太一者,明于天地之情,通于道德之论,聪明照于日月,精神通于万物,动静调于阴阳,喜怒和于四时,覆露皆道,溥洽而无私,蜎飞蠕动,莫不依德而生,德流方外,名声传于后世。法阴阳者,承天地之和,德与天地参,光明与日月并照,精神与鬼神齐灵,戴圆履方,抱表寝绳,内能理身,外得人心,发号施令,天下从风。则四时者,春生夏长,秋收冬藏,取与有节,出入有量,喜怒刚柔,不离其理,柔而不脆,刚而不折,宽而不肆,肃而不悖,优游委顺,以养群类。其德含愚而容不肖,无所私爱也。用六律者,生之与杀也,赏之与罚也,与之与夺也,非此无道也。伐乱禁暴,兴贤良,废不肖,匡邪以为正,攘险以为平,矫枉以为直,明于施舍,开塞之道,乘时因势,以服役人心者也。帝者体阴阳即侵,王者法四时即削,霸者用六律即辱,君者失准绳即废,故小而行大,即穷塞而不亲,大而行小即狭隘而不容。

　　粗略看来,这里的帝者、王者、霸者和君者都是以正面的形象出现的,"体太一"、"法阴阳"、"则四时"、"用六律"都是很高的行为标准,但细看下去就会发现,这四个不同的层级其实是一个由高到低的等级排列。其中的"帝者"是最高的等级,"体太一"也是最高的行为标准,"帝者"既不像"王者"那样"发号施令,天下从风",也不像"霸者"那样"含愚而容不肖",更不像"君者"那样赏罚与夺、"伐乱禁暴"以"服役人心"。赅而言之,"帝者"不去做那些具体琐碎的行政事务,他只须"体太一"即可,"体太一"也就是"体道"。有趣的是,《下德》的作者还对"以大行小"即高级的统治者去做较低一级统治者该做的事提出了警告,"帝者"只能是"体太一",而不能像"王者"那样去"法阴阳",去做那些具体的政务,否则就是降低了标准,就会受到侵凌。

三 《文子》的成书年代问题——由"太一"引发的思考

《文子》一书,历代多有人认为是伪书,因其文字与《淮南子》多有雷同而被认为是抄袭了《淮南子》。1973年河北定州八角廊出土了一部残缺的竹简《文子》,其入葬年代大约为西汉文帝时期,1995年整理完毕公布于世后,引起了学界广泛重视。竹简《文子》公布后,对《文子》抄袭《淮南子》的旧说构成了很大的冲击,不少学者都改变了原有的观点。虽然竹简《文子》的文字同传世本《文子》有较大差异,竹简《文子》的出土尚不能证明传世本《文子》为真,但至少可以证明最迟在西汉早期就有《文子》一书在流传,这对于证明传世本《文子》为真的观点是有利的。笔者以为,《淮南子》其书同《吕氏春秋》一样,都是集腋成裘之作,乃杂取各家之说编辑而成,其思想大多非原创,该书袭取当时在社会上流传的《文子》之可能性很大,若说有人袭取《淮南子》而成《文子》一书,这种可能性则是较小的。汉初流传的《文子》很可能有不同的版本,其中的一个版本有幸流传至今,即今本《文子》。但这部《文子》在后来的流传过程中,有好事者依己意加工改动,并大量加上了"老子曰"这样的字眼以增强其权威性,这大概就是今本不同于竹简本的原因之一。

《文子》一书的中心思想,是将老子的"道论"应用于指导政治活动,讲述有道之圣人或得道之帝王应如何治理国家。《文子》的这一中心思想是道家学派在战国时期十分流行的一种理论倾向,也可以说是战国时期的道家学派最为关注的理论领域。为了突出"道"在社会政治活动中的指导意义,他们提出了一种根据"得道"或"体道"的程度来为政治人物划分等级的理论。《黄帝四经·称》篇曰:"帝者臣,名臣,其实师也;王者臣,名臣,其实友也;霸者臣,名臣也,其实〔宾也;危者〕臣,名臣也,其实庸(佣)也;亡者臣,名臣也,其实虏也。"《战国策·燕策》中记载了郭隗在答燕昭王问时说到:"帝者与师处,王者与友处,霸者与臣处,亡国与役处。"《鹖冠子·博选》亦曰:"帝者与师处,王者与友处,亡主与徒处。"这些材料说明此种说法在当时社会上有比较普遍的流传,而列国君主也已接受了这样的说法。这里列出的是君臣关系的不同类型,同时也区分了君主的不同等级,越是开明的君主就越是礼贤下士、尊贤与能。这种情况也反映了战国时期知识分子阶层(当时称为"士")的重要性空前提高,他们对于国家的安危治乱起着举足轻重的作用,社会地位的提高使得他们对自身价值的评估不断提升,他们不再满足于"臣下"这样的传统定位,而是以帝王之师友自居,对列国君主也随之提出了相应的要求。

这种把统治者区分为不同等级的情况在《文子》中也存在,前引《下德》篇中就有帝者、王者、霸者、君者四个等级序列。值得注意的是,在《文子》中,帝者、王者、霸者的等级序列并没有变,但却把这种关系上升到哲学的理论层面,从"道"或"太一"、"元气"、天地阴阳的高度来论说。其《道德》篇曰:

> 夫道,无为无形,内以修身,外以治人;功成事立,与天为邻,无为而无不为,莫知其情,莫知其真,其中有信。天子有道,则天下服、长有社稷;公侯有道,则人民和睦、不失其国;士庶有道,则全其身、保其亲;强大有道,不战而克;小弱有道,不争而得;举事有道,功成得福;君臣有道,则忠惠;父子有道,则慈孝;士庶有道,则相爱;故有道则和,无道则苛。由是观之,道之于人,无所不宜也。夫道者:小行之,小得福;大行之,大得福;尽行之,天下服;服则怀之。故帝者,天下之适也;王者,天下之往也。不适不往,不可谓帝王。故帝王不得人不能成,得人失道亦不能守。夫失道者,奢泰骄佚,慢倨矜傲,见余自显自明,执雄坚强,作难结怨,为兵主,为乱者。小人行之,身受大殃;大人行之,国家灭亡,浅及其身,深及子孙。夫罪莫大于无道,怨莫深于无德,天道然也。

这段话可以说是战国道家发挥老子的道论于社会政治领域,讲述天道和人道的一致性和治国之"道"最为详尽的文字了。其中提到的"帝者"乃"天下之适","王者"乃"天下之往","适"与"往"同义,因而"帝者"和"王者"在这段文字中没有区别,故而合称"帝王"。《微明》篇中与此相似,也没有将"帝者"和"王者"加以区分,而是合称为"帝王"并与"霸王"相对:"帝王富其民,霸王富其地,危国富其吏。"但是在《文子》的其他篇章中,"帝者"则是高于"王者"的最高等级。如《自然》篇曰:"帝者贵其德,王者尚其义,霸者通于理。"虽然"德"、"义"、"理"都有很高的道德价值,但在这里由于分属于不同等级的统治者,因而事实上也就分出了上下等次,以"德"为最高,"义"次之,"理"又次之。在《上仁》篇中,这一区分得到了进一步的彰显:"道之言曰:芒芒昧昧,因天之威,与天同气。同气者帝,同义者王,同功者霸,无一焉者亡。"①在这段文字中,"功"指的是武功、武力,为霸者所崇尚;"义"指的是仁义等道德观念,为王者所崇尚;"气"指的不是普通的气,而是"元气",即构成万物的基本材料或曰万物创生时之最初存在状态,为帝者所崇尚。"芒芒昧昧"即恍惚、鸿蒙、浑沌,指的是天地未形之初始状态,最初是被用来描述"道"的形上特质,战国时多用来形容天地剖判之原始宇宙,在《黄帝四经》《庄子》《鹖冠子》等道家著作中比较多见。

从以上讨论可见,在《文子》中,"道"、"天"、"气"(元气)、"太一"都是同一层级的概念,"帝"由于"体太一"、"与天同气",所以可谓体道者,因而就是最高明的统治者。又因为"道"与"德"在道家那里具有同等的价值,"万物莫不尊道而贵德",所以我们便可明白《自然》篇中的"帝者贵其德"的"德"也就是"道",从而便同"尚其义"、"同义"的"王者"拉开了差距。而"王者"只能达到仁义等道德价值的层面,而不能上升到最高本体之"道"的层面,故而低于体道的"帝者"。至于只知道依仗武力的"霸者",那就更是等而下之了。

从《道德》篇的"帝者"与"王者"不分,到《微明》篇的"帝王"与"霸王"相区别,再到《自然》篇、《下德》篇和《上仁》篇的"帝者"、"王

---

① 同书《符言》篇有相似语句:"道曰:芒芒昧昧,从天之威,与天同气。无思虑也,无设储也……"

者"、"霸者"依次下降的等级序列,我们可以看到,《文子》一书中对同一描述对象有不同的、难于一致的说法,这些不同的说法有的属于一般的政论,有的则加上了明显的哲学论证,显然并不处于同一个理论水平上。该书各篇的思想主旨并不很明确,在内容上多有重复之处。因而我们据此可以认为,《文子》一书也并非是成于一人之手,应该是由一个有着共同师承关系的学术群体在一个不太长的时段中联手完成的。这个学术群体应该称为文子学派,乃是传承战国早期之老子弟子文子的思想,其学术思想随社会变化而与之俱进,不断增加新的内容,并与百家之学互相激荡,至战国晚期乃最终编撰成书。

我们认为《文子》成书于战国晚期,还有一个论据,战国中期流行的士人争当王者师友的情况在《文子》中已不复存在,同样是在讲"帝者"、"王者"和"霸者"的区别,已不再纠缠于他们是与师处、与友处还是与臣处、与徒处、与役处等等,而是上升到"道"、"天"、"气"、"义"等抽象层面来分析,这反映的正是战国晚期君主高度集权、士人地位下降的实际情况。

上面我们引用的《上仁》篇的"道之言曰:芒芒昧昧,因天之威,与天同气"这一段话托名"老子曰",雷同的语句也出现在《吕氏春秋·应同》,作:"黄帝曰:'芒芒昧昧,因天之威,与元同气。'"如何看待这两条如此雷同的材料的先后关系呢?笔者认为,比较合理的解释是,《文子》一书成书在《吕氏春秋》之前,包括这段话在内的材料为集腋成裘的后者所选用,并辗转变成了"黄帝曰","与天同气"也变成了"与元同气"①。《上仁》篇这段话同样也出现在《淮南子·泰族》篇,作:"黄帝曰:'芒芒昧昧,因天之威,与元同气。'"同《吕氏春秋·应同》竟然一字不差!如果单看《文子》和《淮南子》二书,我们很难断定谁抄的谁,但同样的文字也出现在早于《淮南子》的《吕氏春秋》中,这又该如何解释呢?笔者以为,除非我们假定《文子》《吕氏春秋》和《淮南子》中的相同语句有着一个共同的、更

---

① 高诱注:"同元气也。"

早的来源,否则就只能解释为《吕氏春秋》和《淮南子》中这段完全相同的文字都是来自《文子》,因为我们不可能设想《文子》是抄的《吕氏春秋》。从这条材料看,《文子》一书更可能是成书于战国晚期,它是集腋成裘式的著作《吕氏春秋》和《淮南子》的一个重要的材料来源。

(作者单位:首都师范大学)

《汉志·诸子略·农家》通考

司马朝军

《神农》二十篇。六国时,诸子疾时怠于农业,道耕农事,托之神农。师古曰:"刘向《别录》云:疑李悝及商君所说。"

【通考】

存佚著录:今亡佚。《隋书·经籍志》《旧唐书·经籍志》《新唐书·艺文志》等已不著录,早已亡佚。辑本有马国翰所辑《神农书》,见《玉函山房辑佚书》子编农家类,马国翰序曰:"《汉志》农家、兵阴阳家、五行家、杂占家、经方家、神仙家并有神农书,大抵皆依托为之,今其书并佚。考《开元占经》载有《八谷生长》一篇,差为完具,又数引《神农占》。《管子》《淮南子》《汉·食货志》等书或引神农之数,或引神农之法,或引神农之教。《艺文类聚》引《神农求雨书》。得有篇目可称者凡六,其他佚文散句时见传注所引,并据辑录,不可区别,统入农家。"孙启治等曰:"师古引《别录》云:'疑李悝及商君所说。'按《别录》亦推测之词,故班《志》不从其说。李悝、商鞅皆用事者,如有撰述以促耕农,则具名而颁其书无不可,何事隐名而托之神农邪?此书盖六国时习农家者所为,不尔则集古农家之言,而托之神农耳。其书久佚,《开元占经》引有《八谷生长》篇、《神农占》佚文,《艺文类聚》一百引有《神农求雨书》,又《管子》《淮南子》《汉书》《路史》等引有神农之教、神农之法、神农之数,大体皆古农家言,马氏以不能区分孰为《汉志》所载之旧,故统辑为一集。"

学术源流:宋王应麟《汉艺文志考证》卷七曰:"《孟子》'有为神

农之言者许行'。《食货志》晁错引神农之教曰:'有石城十仞、汤池百步、带甲百万,而亡粟,弗能守也。'《吕氏春秋》引神农之教曰:'士有当年而不耕者,则天下或受其饥矣;女有当年而不绩者,则天下或受其寒矣。'《管子》引神农之教曰:'一谷不登,减一谷。谷之法十倍。'《氾胜之书》亦引'神农之教',《刘子》引'神农之法'。《淮南子》曰:'世俗之人,多尊古而贱今,故为道者必托之于神农、黄帝而后入说。'"清章学诚(1738—1801)《校雠通义》卷三曰:"农家托始神农,遗教绪言,或有得其一二,未可知也。《书》之《无逸》,《诗》之《豳风》,《大戴记》之《夏小正》,《小戴记》之《月令》,《尔雅》之《释草》,《管子》之《牧民》篇,《吕氏春秋·任地》诸篇,俱当用裁篇别出之法,冠于农家之首者也。神农、野老之书,既难凭信,故经言不得不详。"清沈钦韩(1775—1831)《汉书艺文志疏证》卷二曰:"许行为神农之言,其遗教尚矣。《管子·揆度》篇:'神农之数曰:一谷不登,减一谷,谷之法什倍。二谷不登,减二谷,谷之法再什倍。夷疏满之,无食者予之陈,无种者贷之新。'《文子》《吕览》并称神农之教曰:'士有当年而不耕者,天下或受其饥矣。女有当年而不绩者,则天下或受其寒矣。'晁错引神农之教曰:'石城十仞,汤池百步,带甲百万,而无粟,弗能守也。'此间有古训,不必尽六国时也。《齐民要术》《种谷》第三氾胜之曰:'溲种法,神农复加之骨汁、粪汁。'"清姚振宗(1842—1906)《汉书艺文志条理》卷二曰:"刘向《别录》曰:'疑李悝及商君所说。'王氏《考证》:'《孟子》有为神农之言者许行,《食货志》晁错引神农之教,《吕氏春秋》《管子》《氾胜之书》亦引神农之教,《淮南子》引神农之法。'顾炎武《日知录》曰:'《孟子》:有为神农之言。注:史迁所谓农家者流也。仁山金氏曰:太史公六家同异无农家,班固《艺文志》分九流,始有农者流,《集注》偶误,未及改。'严可均《全上古文编》曰:'《汉·艺文志》农家有《神农》二十篇,案仓颉造字在黄帝时,前此未有文字,神农之言皆后人追录。晁错所引显是六国时语,即《六韬》及《管子》《文子》所载,亦不过谓神农之法相传如是,岂谓神农手撰之文哉?'……按《吕氏春秋》六月纪:'是月也,不可以兴土功,不可以起兵动众。无举大事,无发令而干时,以妨神农之事。水潦盛昌,命神农,将巡功。举大事则有天殃。'高诱曰:'无发干时之令畜聚人功,以妨害神农耘耨之事。'又曰:'昔炎帝神农能殖嘉谷,神而化之,号为神农。后世因名其官为神农,巡行堰亩修治之功。于此时,或举大事妨害农事,禁戒之,云有天殃之罚。'按此则神农亦古官名,故本志叙云出于农稷之官。"陈朝爵(1876—1939)《汉书艺文志约说》卷二曰:"神农《易》曰《连山》,《连山》首《艮》,《艮》象止。农者,安土重迁。黄帝《易》曰《归藏》,《归藏》首《坤》,《坤》性吝啬。其理皆通转交络。是农亦原于道,其托之神农宜矣。"刘咸炘(1896—1932)《子疏》定本卷上〈农家第六〉:"《墨子·鲁问》篇云:鲁之南鄙人有吴虑者,冬陶夏耕,自比于舜,墨子闻而见之。吴虑谓子墨子曰:义耳,义耳,焉用言之哉!子墨子曰:子之所谓义者,亦有力以若人,有财以分人乎?吴虑曰:有。墨子又曰:翟以不若诵先王之道而求其说,通圣人之言而察其辞,上说王公大人,次说匹夫徒步之士。王公大人用吾言,国必治;匹夫徒步之士用吾言,行必修。故翟以为虽不耕而食饥,不织而衣寒,功贤于耕而食之、织而衣之者也。张纯一谓吴虑盖农家,以处士横议,道路曲辩,病农已甚,故其言如此。是也。《管子·地员》《吕览》《上农》《任地》《辩土》《审时》,皆古农书。农家凡三派:一为许行之徒,近于墨者。一为计然、范蠡,权家之用农者。一为李悝、商鞅,法家之用农者。"叶长青(1902—1948)《汉书艺文志问答》:"农家首列《神农》,其书托始何时?……托始于战国时矣。"张舜徽(1911—1992)《汉书艺文志通释》卷三曰:"法家论治,首重耕战,不特李悝、商鞅然也。而二人言之尤兢兢。刘氏疑此书为二人所说,是已。人情贵远贱近,尊古卑今。故先秦诸子之言道术者,必高远其所从来,托荒古不可知之人以传其书。《淮南子·修务》篇,已揭斯大例矣。征之载籍,若《孟子》'有为神农之言者许行',《汉书·食货志》'晁错引神农之教',《吕氏春秋》《管子》《氾胜之书》亦引神农之教,《淮南子》引神农之法。即以《汉志》而论,如《诸子略》农家,《兵书略》阴阳家,《数术略》五行家、杂占家,《方技略》经方家、神仙家,并有神农书,皆托古也。"

《野老》十七篇。六国时,在齐、楚间。应劭曰:"年老居田野,相民耕种,故号野老。"

【通考】

存佚著录:今亡佚。《隋书·经籍志》《旧唐书·经籍志》《新唐书·艺文志》等已不著录,早已亡佚。辑本有马国翰所辑《神农书》,见《玉函山房辑佚书》子编农家类,马国翰序曰:"考《吕氏春秋》载《上农》《任地》《辨土》《审时》四篇,家宛斯先生《绎史》云:'盖古农家野老之言,而吕子述之。'兹据补录。书中称后稷语古奥精微,其论得时失时,形色情状,洵非老农不能道。以此劳民劝相,洵堪矜式,宜吕氏宾客取载多篇也。"孙启治等曰:"其书久佚,诸书亦不见征引。马骕《绎史》谓《吕氏春秋》所载《上农》《任地》《辩士》《审时》四篇盖古农家野老之书,马国翰即据以辑出此四篇。按马骕所谓'农家野老'盖泛称,马氏指为《汉志》之《野老书》,纯为臆测,羌无实据。王时润亦采录此四篇,而题为《古农家言》,似较审慎。又近人夏纬英谓此四篇乃取之古《后稷》农书,见《〈吕氏春秋·上农〉等四篇校释》。"

学术源流:清沈钦韩(1775—1831)《汉书艺文志疏证》卷二曰:"《御览》六百十张显《逸民传》叙之,然所谓野老,特叙录不显其名耳。按《隋志》梁有《陶朱公养鱼法》,《唐志》有《范子计然》十五卷,范蠡问,计然答。《货殖传》裴骃按《范子》曰:'计然者,葵丘濮上人,姓辛氏,字文子,其先晋国亡公子也。尝南游于越,范蠡师事之。'颜师古《货殖传》注云:'其书则有《万物录》,著五方所出。'见《皇览》及晋《中经簿》。高氏《子略》曰:'卷十有二,极阴阳之变,穷历数之微。其言之妙者有曰:圣人之变,如水随形。'《御览》四百一亦引之,《意林》亦云并阴阳历数之言。则颜师古所云言万物五方所出,特其一篇,彼剿闻而未见其书也。今其书已亡,《越绝书·计倪内经》《外传枕中》二篇,与越王言阴阳之数、天地之图,即从《范子》书中采取耳。《枕中》篇,《齐民要术》引作《范子》。计然之书,彰灼于汉,必非伪造,然《史记》著之而《汉志》遗之,不知野老之即计然也。"清姚振宗(1842—1906)《汉书艺文志条理》卷二曰："应劭《汉书集解》曰：'年老居田野，相民耕种，故号野老。'袁淑《真隐传》：'野老，六国时人，游齐、楚间，年老隐居，著书言农家事，因以为号。'《文心雕龙·诸子》篇：'逮及七国力政，俊乂蜂起。孟轲应儒以磬折，庄周述道以翱翔，墨翟执俭粗之教，尹文课名实之符，野老治国于地利，驺子养政于天文，承流而枝附者不可胜算。'"张舜徽(1911—1992)《汉书艺文志通释》卷三曰："此乃六国时人述农耕之事，而托名野老以传其书。野老为谁？未可实指。犹道家《老成子》《郑长者》之类耳。此十七篇书，亦未必出一人之手。马国翰辑佚书，但据马骕《绎史》所云'盖古农家野老之言而吕子不韦述之'一语，即迻录《吕氏春秋·士容论》中《上农》《任地》《辩土》《审时》四篇，合为一卷，题曰《野老书》，非也。《绎史》所云'野老'，乃泛指老农言，非《汉志》之'野老'也。如此辑佚，由于无识。"

今按《汉书·艺文志》农家次列《野老》十七篇，自注"六国时，在齐、楚间"，应劭曰："年老居田野，相民耕种，故号野老。"王应麟曰："《真隐传》：'六国时人。游秦、楚间，年老隐居，掌劝为务。著书言农家事，因以为号。'"此有齐、楚间与秦、楚间之别。许子自楚至滕，滕国亦为齐、楚间方圆五十里之一小国，《野老》可能为许子一派后学所著，而其学派可能常活动于齐、楚间。《野老》已佚，亦不见于他书所称引，其书内容无从所知，而清代藏书家马国翰先生以《吕氏春秋》中《上农》《任地》《辩土》《审时》辑为《野老》佚文。而陈仲子亦主不恃人而食，身织屦，妻辟纑，其术近于许子之道，但其避世态度与许子不同，陈仲齐人，避世居于于陵，又拒绝楚国聘其为相，陈仲子亦活动于齐、楚间，其年事稍晚于许子，陈仲子出于贵族但又不恃人而食之作风，亦可能与许子一派有关。（见《神农之言为墨学流变考》）

《宰氏》十七篇。不知何世。

【通考】

存佚著录：今亡佚。《隋书·经籍志》《旧唐书·经籍志》《新唐书·艺文志》等已不著录，早已亡佚。

作者情况：叶长青（1902—1948）《汉书艺文志问答》："问：'《宰氏》十七篇，班氏自注"不知何世"，家德辉（即叶德辉——引者注）谓即计然，审否？'答：'班氏《人表》明列计然四等，岂有自注不知何世之理？班氏之时已不知何世，吾辈后班氏二千年，何必强作解人乎？'"

学术源流：清姚振宗（1842—1906）《汉书艺文志条理》卷二曰："郑樵《氏族略》：'宰氏，姬姓，周卿士宰周公之后，又有宰孔者，皆周太宰，以官为氏。仲尼弟子宰予。'又曰：'宰氏氏，《范蠡传》云：范蠡师计然，姓宰氏，字文子，葵邱濮上人。'按宰氏氏者，郑以为复姓，恐不然。马国翰《范子计然》辑本序曰：'计然者，据本书葵邱濮上人，姓辛，字文子。案郑樵《氏族略》宰氏注引《范蠡传》：范蠡师事计然，姓宰氏，字文子。意者辛为宰字之误。《汉志》农家《宰氏》十七篇，或即计然欤？贾思勰《齐民要术》尝引之。'案'计然姓辛，字文子，葵邱濮上人'，见马总《意林》。北魏李暹注道家《文子》书，误以计然之姓氏、里籍为文子，前人辩之已详。兹马氏据《氏族略》疑'辛'为'宰'字之误，以为即计然之书。案晋《中经簿》有计然《万物录》三卷，《唐·艺文志》农家首载《范子计然》十五卷，反覆推寻马氏之说，亦颇近似。"陈朝爵（1876—1939）《汉书艺文志约说》卷二引叶德辉曰："《史记·货殖传》裴骃《集解》云：'计然者，葵邱濮上人。姓辛氏，字文子，其先晋国亡公子。尝南游于越，范蠡师事之。'《元和姓纂》十五海、宰氏姓下引《范蠡传》云：'陶朱公师计然，姓宰氏，字文子，葵邱濮上人。'据此，则唐人所见《集解》本，是作宰氏。宰氏即计然，故农家无计然书。《志》云不知何世。盖班所见，乃后人述宰氏之学者，非计然本书也。"又曰："李暹注《文子》云：'姓辛，号曰计然。本受业于老子。'是计然即道家之学。"张舜徽（1911—1992）《汉书艺文志通释》卷三亦曰："后人述其学而托之宰氏，盖非出于一手、成于一时，故班氏不能定其为何世之作也。"

《董安国》十六篇。汉代内史,不知何帝时。

【通考】

存佚著录:今亡佚。《隋书·经籍志》《旧唐书·经籍志》《新唐书·艺文志》等已不著录,早已亡佚。

作者情况:清姚振宗(1842—1906)《汉书艺文志条理》卷二曰:"本书《百官公卿表》:内史,周官,秦因之,掌治京师。景帝二年分置左内史。右内史,武帝太初元年更名京兆尹,左内史更名左冯翊。又曰:'孝文十四年,内史董赤。'案《表》所载汉内史并在景帝元二年之前,其后即分为左、右内史。而文帝十四年有内史董赤,疑赤字安国,赤心奉国,义亦相应。安国殆亦如氾胜之教田三辅作此书欤?"张舜徽(1911—1992)《汉书艺文志通释》卷三曰:"汉文帝时,行重农之策,安国掌治京畿,编述农书以为民倡,事极可能,惜其书亦早亡。"

《尹都尉》十四篇。不知何世。

【通考】

存佚著录:今亡佚。《隋书·经籍志》《旧唐书·经籍志》等均不著录,《新唐书·艺文志》子部农家类著录"《尹都尉书》三卷"。辑本有马国翰所辑《尹都尉书》一卷,见《玉函山房辑佚书》子编农家类,马国翰序曰:"考《氾胜之书》曰:验美田至十九石,中田十三石,薄田一十石。尹泽取减,法神农。尹泽,疑都尉之名,意其为汉成帝以前人也。其书《隋志》不著录,《唐志》三卷,今佚。《艺文类聚》《太平御览》并引刘向《别录》云《尹都尉书》有《种瓜》篇,《种芥》《葵》《蓼》《薤》《葱》诸篇。今所传《齐民要术》备载其法,据补得六篇云。"清姚振宗(1842—1906)《汉书艺文志条理》卷二曰:"马氏据《氾胜之书》以为尹泽,近得其似。"

学术源流:宋王应麟《汉艺文志考证》卷七引《北史》萧大圜云:"获菽寻氾氏之书,露葵征尹君之录。"清沈钦韩(1775—1831)《汉书艺文志疏证》卷二曰:"《唐志》《尹都尉书》三卷。《齐民要术·种谷》篇氾胜之曰:'区种,验美田至十九石,中田十三石,薄田一十石。尹泽取减法。'似尹都尉名泽也。《御览》九百八十刘向《别录》曰:'《尹都尉书》有《种芥》《葵》《蓼》《薤》《葱》诸篇。'"清姚振宗(1842—1906)《汉书艺文志条理》卷二曰:"刘向《别录》曰:'《尹都尉书》有《种瓜》篇,有《种蓼》篇,有《种芥》《葵》《薤》《葱》诸篇。'又曰:'都尉有《种葱书》。'诸辑本此下又有云:'曹公既与先生言,细人觇之,见其拔葱。'按此乃类事者取魏武昭烈事,转写误连为一条,而讹"先主"为"先生"耳,今不取。《唐书·艺文志》:'《尹都尉书》三卷。'"张舜徽(1911—1992)《汉书艺文志通释》卷三曰:"《艺文类聚》卷八二、《太平御览》卷九七八、九八〇并引刘向《别录》云:'《尹都尉书》有《种瓜》篇,有《种蓼》篇,有《种芥》《葵》《薤》《葱》诸篇。'可知其书分事类物,各有专篇记载其种植之法。其后北魏贾思勰之《齐民要术》,实沿其例,特致详于园圃艺蓏之法。顾其书取材广博,《尹都尉书》特其搜采之一耳。其后辑佚书者,若马国翰但辑录《齐民要术》中《种瓜》《葵》《芥》《蓼》《薤》《葱》诸条,成为一卷,名曰《尹都尉书》,岂有当乎?"

《赵氏》五篇。不知何世。

【通考】

存佚著录:今亡佚。《隋书·经籍志》《旧唐书·经籍志》《新唐书·艺文志》等已不著录,早已亡佚。

学术源流:清沈钦韩(1775—1831)《汉书艺文志疏证》卷二曰:"疑即赵过教田三辅者。《齐民要术》《耕田》第一崔寔《政论》曰:'赵过教民耕殖法,三犁共一牛,一人将之,下种挽耧,皆取备焉。日种一顷,至今三辅犹赖其利。'"清姚振宗(1842—1906)《汉书艺文志条理》卷二曰:"本书《食货志》:'武帝末年,悔征伐之事,乃封丞相为富民侯。下诏曰:方今之务,在于力农。以赵过为搜粟都尉。过能为代田,一晦三甽。岁代处,故曰代田,古法也。师古曰:"甽或作甽。代,易也。"后稷始甽田一,以二耜为耦,广尺深尺曰甽,长终亩。一亩三甽,一夫三百甽,而播种于三甽中。苗生叶以上,稍耨陇草,因隤其土以附苗根。故其《诗》曰:或芸或芋,黍稷拟拟。芸,除草也。芋,附根也。言苗稍壮,每耨辄附根,比盛暑,陇尽而根深,能风与旱,故拟拟而盛也。其耕耘下种田器,皆有便巧。率十二夫为田一井一屋,故亩五顷,用耦犁,二牛,三人,一岁之收常过缦田亩一斛以上,师古曰:"缦田,谓不为甽者也。"善者倍之。过使教田太常、三辅,苏林曰:"太常主诸陵,有民,故亦课田种也。"太农置工巧奴与从事,为作田器。二千石遣令长、三老、力田及里父老善田者受田器,学耕种养苗状。民或苦少牛,亡以趋泽,故平都令先按下文先当为光。教过以人挽犁。过奏光以为丞,教民相与庸挽犁。师古曰:"庸,功也。"率多人者田日三十亩,少者十三亩,以故田多垦辟。过试以离宫卒田其宫壖地,课得谷皆多其旁田亩一斛以上。令命家田三辅公田,又教边郡及居延城。是后边城、河东、弘农、三辅、太常民皆便代田,用力少而得谷多。'《齐民要术》卷一:'武帝以赵过为搜粟都尉,教民耕殖,其法三犁共一牛,一人将之,下种挽耧,皆取备焉。日种一顷,至今三辅犹赖其利。'按《食货志》及《齐民要术》所载,则此赵氏明是赵过。过又善于制器,武、昭时人也,而班氏注云'不知何世',岂别有其人耶?然其著闻者无过于过,此注及前《董安国》注'不知何帝时',《尹都尉》注'不知何时',疑皆非班氏本文。题曰'赵氏'者,或其子姓及吏士为之,不尽出于过手欤?"叶长青(1902—1948)《汉书艺文志问答》:"班氏自注有所谓'不知何世'及'不知何帝时'。夫'不知何世'者,当指春秋或战国之时;'不知何帝时'者,专指汉代,义例本明。赵过,汉人,不得谓为不知何世也。"张舜徽(1911—1992)《汉书艺文志通释》卷三曰:"赵过于武帝末为搜粟都尉,创为代田之法,一亩三甽,岁代处,故曰代田。教民耕殖,其法三犁共一牛,一人将之,下种挽耧,皆取备焉。制为耧车,并改进其他耕耘之具,远近赖其利。事迹详《汉书·食货志》及《齐民要术》卷一。赵过实为汉代最著名之农学家,《汉志》著录之《赵氏》五篇,实指赵过无疑。特其人身任官职,劳于治事,未必有暇著书。此编殆亦他人所记而益以后出之事,由于纪述多杂,故班氏不能定其为何世也。"

《氾胜之》十八篇。成帝时为议郎。师古曰:"刘向《别录》云:使教田三辅,有好田者师之,徙为御史。氾音凡,又音敷剑反。"

【通考】

存佚著录:今亡佚。《隋书·经籍志》著录:"《氾胜之书》二卷,汉议郎氾胜之撰。"《旧唐书·经籍志》著录:"《氾胜之书》二卷,氾胜之撰。"《新唐书·艺文志》著录:"《氾胜之书》二卷。"《崇文总目》《宋史·艺文志》已不著录。陈朝爵(1876—1939)《汉书艺文志约说》卷二引周寿昌曰:"《文献通考》无其书,殆亡于宋末。"《氾胜之》之辑本有六种:其一为洪颐煊所辑《氾胜之书》二卷,见《经典集林》;其二为宋葆淳所辑《汉氾胜之遗书》一卷,见道光本《昭代丛书》癸集萃编;其三为马国翰所辑《氾胜之书》二卷,见《玉函山房辑佚书》子编农家类,其序曰:"今无传本,散见贾思勰《齐民要术》中,辑录犹得十四篇。又从《黍稷》篇别出《种稗》,从《种谷》篇别出《区田法》,为篇十六。又从《文选注》《艺文类聚》《御览》所引缀为《杂篇》上下,十八篇之书犹完。依《隋志》分为二卷,书言树艺之法亲切详明,郑康成注《礼》亟引之。贾公彦谓汉时农书,氾胜为上,洵不虚也。"其四为杜文澜所辑《氾胜之书》,见《古谣谚》卷三十七;其五为顾观光所辑《氾胜之书》,见《武陵山人遗稿·古书逸文》;其六为王仁俊所辑《氾胜之书》一卷,见《经籍佚文》。张舜徽(1911—1992)《汉书艺文志通释》卷三曰:"其书早亡,马国翰、洪颐煊、宋葆淳诸家均有辑本,洪书较胜,在《经典集林》中。"孙启治等曰:"今佚,唯散见于《齐民要术》,而唐、宋类书及《文选》李善注亦引之。马国翰据《齐民要术》采摭,以类归为十六篇,并据诸书所引校其文字,又杂采诸书得数节,合为杂篇附后。洪颐煊采自《要术》者与马辑相当。按'稗既堪水'一节,自'酒甚美'以下《要术》原作注文,洪氏据《尔雅翼》所引订为正文。又'验其美田至十九石'一节,马辑文多于洪辑。至二家杂采他书者,则洪辑'取雪汁渍原蚕矢',此节马氏已于注中引之。'秔稻,秋稻'、'种土不可厚'、'一年大豆有千万粒'四节为马所无,马辑'吴王濞开茱萸沟'、'农事惰'二节为洪所无。顾观光所采与洪辑大体相当,文字间亦互有详略。宋葆淳仅录《要术》所载,唯末附《文选》注所引一节而已。按宋辑漫无编次,大抵仅'荞麦'一节未见洪、马二辑,其余不出二家之外。杜文澜从宋辑录出二节,又采《尔雅翼》引一节,皆韵文。王仁俊仅采《尔雅翼》引一节。"

作者情况:清姚振宗(1842—1906)《汉书艺文志条理》卷二曰:"刘向《别录》曰:'使教田三辅,有好田者师之,徙为御史。'《太平御览·资产部·氾胜之书》曰:'卫尉前上蚕法,今上农法,民事人所忽略,卫尉勤之,可谓忠国爱民之至。'按此似当时诏书褒美之文,又似《别录》中语。氾胜之与刘中垒同时,当中垒典校诸子时,适会其上农法,故云'今'。因并其前所上蚕法合为一编。郑樵《氏族略》云'《农书》十二篇',审是,则《蚕法》六篇,共十八篇。然久远无征,莫得而详矣。《晋书·食货志》:太兴元年诏曰:'昔汉遣轻车使者氾胜之督三辅种麦,而关中遂穰。'《广韵》二十九凡'氾'字注:'氾,又姓,出敦煌、济北二望。'皇甫谧云:'本姓凡氏,遭秦乱,避地于氾水,因改焉。汉有氾胜之撰书,言种植之事。子辑为敦煌太守,子孙因家焉。'……郑樵《氏族略》:'氾氏,周大夫,食采于氾,因以为氏。汉有氾胜之,为黄门侍郎,撰《农书》十二篇。'"

学术源流:宋王应麟《汉艺文志考证》卷七曰:"皇甫谧云:'本姓凡氏,遭秦乱,避地于氾水,因改焉。胜之撰书,言种植之事。子辑,为敦煌太守。'《隋》《唐》有《氾胜之书》二卷。《月令》注:'农书曰:土长冒橛,《国语注》引'春土冒橛'。陈根可拔,耕者急发。'《正义》云:'先师以为《氾胜之书》。'《周礼·草人》注:'化之使美,若氾胜之术也。'疏云:'汉时农书有数家,《氾胜》为上。'"清沈钦韩(1775—1831)《汉书艺文志疏证》卷二曰:"《齐民要术》:'《氾胜之书》曰:凡耕之本在于趣时,和土,务粪泽,早锄获。春冻解,地气始通,土一和解。夏至,天气始暑,阴气始盛,土复解。夏至后九十日,昼夜分,天地气和。以此时耕田,一而当五,名曰膏泽,皆得时功。春地气通,可耕坚硬强地黑垆土,辄平摩其块以生草;草生复耕之;天有小雨复耕和之,勿令有块以待时。所谓强土而弱之也。春候地气始通:椓橛木长尺二寸,埋尺,见其二寸;立春后,土块散,土没橛,陈根可拔。此时二十日以后,和气在,即土刚。以此时耕,一而当四;和气去,耕,四不当一。杏始华荣,辄耕轻土弱土。望杏花落,复耕。耕辄蔄之。草生,有雨泽,耕重蔄之。土甚轻者,以牛羊践之。如此则土强。此谓弱土而强之也。慎无旱耕。须草生,至可种时,有雨即种土相亲,苗独生,草秽烂,皆成良田。此一耕而当五也。不如此而旱耕,块硬,苗、秽同孔出,不可锄治,反为败田。秋无雨而耕,绝土气,土气坚垎,名曰腊田。及盛冬耕,泄阴气,土枯燥,名曰脯田。脯田与腊田,皆伤田,二岁不起稼,则一岁休之。冬雨雪止,辄以蔄之,掩地雪,勿使从风飞去;后雪复蔄之,则立春保泽,冻虫死,来年宜稼。得时之和,适地之宜,田虽薄恶,收可亩十石。'又有区种九谷法曰:'汤有旱灾,伊尹作为区田。'《后书·刘恺传》:'永平中,以郡国牛疫,通使区种增耕。'《御览》八百二十三亦多引《氾胜之书》,然不出《齐民要术》所引也。"张舜徽(1911—1992)《汉书艺文志通释》卷三曰:"《晋书·食货志》记载太兴元年,诏曰:'昔汉遣轻车使者氾胜之督三辅种麦,而关中遂穰。'可知其人重本兴农,为后世所尊慕。著书言播种树艺耕耘之法,至为详明。郑玄注《礼》,即引用之。《周礼》草人注:'化之使美,若氾胜之术也。'贾公彦《疏》云:'汉时农书有数家,氾胜为上。'是其书在唐以前早有定评。故北魏贾思勰撰《齐民要术》,采其说为最多。《汉志》但以'氾胜之'三字标题,《隋志》于其下益一'书'字,陆德明《尔雅释文》称之为《氾胜之种植书》,李善《文选注》又改题为《氾胜之田农书》,皆异名也。"

《王氏》六篇。 不知何世。

【通考】

存佚著录：今亡佚。《隋书·经籍志》《旧唐书·经籍志》《新唐书·艺文志》等已不著录，早已亡佚。

学术源流：清姚振宗(1842—1906)《汉书艺文志条理》卷二曰："王氏未详。按氾胜之已在成帝时，此列于其后，大抵亦与氾氏同时。若又在其后，则已将汉末，《七略》亦不及载矣。而班氏注云'不知何世'，亦疑是后人语，非班氏本文。"张舜徽(1911—1992)《汉书艺文志通释》卷三曰："今本《汉志》所列诸书次第，恐久经传钞，难免前后颠倒错乱，似未可据以立论。不然，此下尚有《蔡癸》一篇，乃宣帝时人，何以独列于末耶？如原本次第未乱，则此王氏之时，当不甚晚。无征不信，阙疑可也。"

《**蔡癸**》一篇。宣帝时，以言便宜，至弘农太守。师古曰："刘向《别录》云：邯郸人。"

【通考】

存佚著录：今亡佚。《隋书·经籍志》《旧唐书·经籍志》《新唐书·艺文志》等已不著录，早已亡佚。马国翰所辑《蔡癸书》一卷，见《玉函山房辑佚书》子编农家类，辑本序曰："考贾思勰《齐民要术》引崔寔《政论》有'赵过教民耕殖，其法三犁共一牛'云云。而《太平御览》引作'宣帝使蔡癸校民耕事'，文正同。盖癸书述赵过法而崔寔引之也。又《汉书·食货志》详言赵过代田之法，后次以'蔡癸以好农，使劝郡国，至大官'。知当日校民耕殖，不外代田也。兹据采补，附录《汉志》，俾有征考。农圃小道，亦具见师承如此。"孙启治等曰："《齐民要术》载崔寔《政论》，述赵过教民耕种之法，与《太平御览》引宣帝使蔡癸教民耕植之文正同。马氏以为癸书盖述赵过之法，而崔氏之《政论》所载乃从癸书引之，因据《政论》录出，并采《食货志》所载赵过代田之法为附录。"

学术源流：宋王应麟《汉艺文志考证》卷七曰："《食货志》：'宣帝时，蔡癸以好农，使劝郡国，至大官。'《太平御览》崔元始《正论》

曰:'宣帝使蔡癸校民耕相,三犁共一牛,一人持之,下种、挽搂皆取备焉。一日种顷田。'"清沈钦韩(1775—1831)《汉书艺文志疏证》卷二曰:"《御览》八百二十二崔元始《正论》曰:'宣帝使蔡葵教民耕田,三犁共一牛,一人持之,下种挽搂,皆取备焉。一日种一顷。'"清姚振宗(1842—1906)《汉书艺文志条理》卷二曰:"刘向《别录》曰:'邯郸人。'本书《食货志》曰:'宣帝即位,用吏多选贤良,百姓安土,岁数丰穰。五凤中,蔡癸以好农使劝郡国,至大官。'师古曰:'为使而劝郡国也。'《太平御览·资产部》:崔元始《正论》曰:'宣帝使蔡癸校民耕植,三犁共一牛,一人持之,下种挽搂,皆取备焉,日种一顷也。'……按此列成帝时氾胜之之后者,或其人后氾胜之卒,而其书亦后出,或所言皆赵过诸人之成法,故置之末简欤?"张舜徽(1911—1992)《汉书艺文志通释》卷三曰:"《汉书·食货志》云:'宣帝即位,用吏多选贤良,百姓安土,岁数丰穰。五凤中,蔡癸以好农,使劝郡国,至大官。'此一篇之书,盖即其巡行郡国,教民耕种,劝课农桑之文也。"

右农九家,百一十四篇。

【通考】

家篇数目:清姚振宗(1842—1906)《汉书艺文志条理》卷二曰:"此篇家数、篇数并不误。"张舜徽(1911—1992)《汉书艺文志通释》卷三曰:"今计家数、篇数,悉与此合。"

农家者流,盖出于农稷之官。播百谷,劝耕桑,以足衣食,故八政一曰食,二曰货。孔子曰:"所重民食。"师古曰:"《论语》载孔子称殷汤伐桀告天辞也。言为君之道,所重者在人之食。"此其所长也。及鄙者为之,以为无所事圣王,师古曰:"言不须圣王,天下自治。"欲使君臣并耕,悖上下之序。师古曰:"悖,乱也,音布内反。"

【通考】

《新论·九流》曰:"农者,神农、野老、宰氏、汜胜之类也。其术在于务农,广为垦辟,播植百谷,国有盈储,家有蓄积,仓廪充实,则礼义生焉。然而薄者,若使王侯与庶人并耕于野,无尊卑之别,失君臣之序也。"

《隋书·经籍志》曰:"农者,所以播五谷,艺桑麻,以供衣食者也。《书》叙八政,其一曰食,二曰货。孔子曰:'所以重民食。'《周官》冢宰以九职任万民,其一曰三农生九谷;地官司稼掌巡邦野之稼,而辨穜稑之种,周知其名与其所宜地,以为法而悬于邑闾是也。鄙者为之,则弃君臣之义,徇耕稼之利,而乱上下之序。"张舜徽(1911—1992)《汉书艺文志通释》卷三谓《隋志》"此论实本《汉志》而补申之,可以互证"。

《崇文总目·农家类叙》曰:"农家者流,衣食之本原也,四民之业,其次曰农。稷播百谷,勤劳天下,功炳后世,著见书史;孟子聘列国,陈王道,未始不究耕桑之勤。汉兴,劭农勉人,为之著令。今集其树艺之说,庶取法焉。"

明焦竑(1540—1620)《国史经籍志·农家叙》曰:"圣王播百谷,劝耕稼,以足衣食,非以务地利而已。人农则朴,朴则易用,易用则边境安而主势尊。人农则少私义,少私义则公法立。人农则其产复,其产复则重流徙,而无贰心。天下无贰心,即轩辕几蘧之理不过也。今大江以南,土沃力勤,甲于寓内;而洿卤瘠空,西北为甚,雨泽不时,辄倚耜而待槁,霪潦一至,龙蛇鱼鳖且据卑隰而宫之,岂独天运人事有相刺戾哉!斯民皆窳偷惰,而教率之者疏耳。古有农官,颛董其役,而田野不辟则有让,播殖之宜,蚕缲之节,如《管子》《李悝》之书多具之,惜不尽传,姑列其见存者于篇。"

《四库全书总目·子部农家类叙》曰:"农家条目,至为芜杂。诸家著录,大抵辗转旁牵,因耕而及《相牛经》,因《相牛经》及《相马经》《相鹤经》《鹰经》《蟹录》至于《相贝经》,而《香谱》《钱谱》相随入矣。因五谷而及《圃史》,因《圃史》而及《竹谱》《荔支谱》《橘谱》至于《梅谱》《菊谱》,而唐昌《玉蕊辨证》《扬州琼花谱》相随入矣。因蚕桑而及《茶经》,因《茶经》及《酒史》《糖霜谱》至于《蔬食谱》,而《易牙遗意》《饮膳正要》相随入矣。触类蔓延,将因四民月令而及算术、天文,因田家五行而及风角、鸟占,因《救荒本草》而及《素问》《灵枢》乎?今逐类汰除,惟存本业,用以见重农贵粟,其道至大,其义至深,庶几不失《豳风》无逸之初旨。茶事一类,与农家稍近,然龙团凤饼之制,银匙玉碗之华,终非耕织者所事,今亦别入谱录类,明不以末先本也。"

清文廷式(1856—1904)《纯常子枝语》卷四曰:"(实斋)又云:农家托始神农,《书》之《无逸》《诗》之《豳风》《大戴记》之《夏小正》《小戴记》之《月令》《尔雅》之《释草》《管子》之《牧民篇》《吕民春秋·任地》诸篇,俱当用裁篇别出之法,冠于农家之首者也。余按:今时实斋所见者仅此,若汉时古籍具存其言农事者当数倍于此,必皆裁篇别出,务求详尽,则近于类书,非目录家之学也。"

蔡元培(1868—1940)《中国伦理学史·农家》曰:"周季农家之言,传者甚鲜。其有关于伦理学说者,唯许行之道。唯既为新进之徒陈相所传述,而又见于反对派孟子之书,其不相,所不待言,然即此见于孟子之数语而寻绎之,亦有可以窥其学说之梗略者,故推论焉。……许行对于政治界之观念,与庄子同。其称神农,则亦犹道家之称黄帝,不屑齿及于尧舜以后之名教也。其为南方思想之一支甚明。孟子之攻陈相也,曰:'陈良,楚产也。悦周公、仲尼之道,北学于中国,北方之学者,未能或之先也。'又曰:'今也南蛮鴂舌之人,非先王之道,子倍子之师而学之。'是即南北思想不相容之现象也。然其时,南方思潮业已侵入北方,如齐之陈仲子,其主义甚类许行。仲子,齐之世家也。兄戴,盖禄万钟。仲子以兄之禄为不义之禄而不食之,以兄之室为不义之室而不居之,避兄离母,居于於陵,身织屦,妻辟𬬻,以易粟。孟子曰:'仲子不义,与之齐国而弗受。'又曰:'亡亲戚君臣上下。'其为粹然南方之思想无疑矣。"

章太炎(1869—1936)《诸子学略说》曰:"农家诸书,世无传者。《氾胜之书》时见他书征引,与贾思勰之《齐民要术》、王桢之《农书》

义趣不异。若农家止于如此,则不妨归之方技,与医经、经方同列。然观《汉志》所述云:'鄙者为之,以为无所事圣王,欲使君臣并耕,悖上下之序。'则许行所谓神农之言,犹有存者。《韩非·显学》篇云:'今世之学士语治者,多曰与贫穷地,以实无资。'是即近世均地主义,斯所以自成一家欤?"

陈朝爵(1876—1939)《汉书艺文志约说》卷二曰:"姚明煇曰:'鄙者,如孟子所载许行是。'案,许行并耕之说,为事理所必不能行。孟子辟之,已无可复立。……顾其说标揭平民化,最使人心醉,是其与许行本论甚合也。然一考其行政,实则专制集权,刑法苛厉,有十百于君主时代者。然则班氏论鄙者并耕之说,无事王治,悖上下之序者,但即其所标揭之名论之。其实彼之为政,仍尊无二上,而使亿万人屈伏乎其下,何尝欲悖上下之序哉!"

吕思勉(1884—1957)《先秦学术概论》曰:"土地任人私占;一切事业,皆任人私营;交易赢绌,亦听其自然,官不过问。此在后世,习以为常。在古代则视为反常之事。故言社会生计者,欲将盐铁等业,收归官营,人民之借贷,由官主之,物价之轻重,亦由官制之也。此为农家言之本义。"

江瑔(1888—1917)《读子卮言》第四章《论诸子之渊源》曰:"推之于农家出于农稷之官,亦与诸家同。此可见九流之学,皆渊源于史官,在后世虽支分派别,在古代实同出一源。至若九流之外,若小说家,若兵家,亦莫不皆然。"《读子卮言》第十六章《论农家非言农事》:"班氏述《志》,以农家列于小说家之前,而次于八家之后者,其亦以其学卑卑无足道,与小说家相去无几耶?窃以为不然。彼农家者,盖假'农'之名以发阐其学之理,而于耕稼农桑之事绝无与焉者也。……考班氏即叙录诸子,复总而论之,谓'诸子十家,其可观者九家而已',其下文复数称'九家'而不及于'小说',是可知农家之学与彼八家同称'九流'。虽九家相较,不无得失盛衰之可言,而其各引一端,崇其所善,为当世之所重则一,非彼'道听途说'之小说家所可比拟。此其证一也。古者诸子争鸣,成学派,后世按类教授,因有学科。学科与学派异。学科有形,而学派无形,有形者有定，无形者无定。诸子百家之学皆无形而非有形者也，如儒家之仁义，道家之虚无，阴阳家之谈天，法家之严刻，名家之坚白异同，墨家之兼爱，从衡家之辩才，杂家之横议，皆超然立论于物外，无形象之可言。惟无形，故其道高而莫能名，可以互相诘难而不可屈，宗之者为同派，非之者为异派，亦惟无形，因而无定。故儒可变为八，墨可变为三，老、庄之后可变为申、韩。若今日之学科，则均无此焉。是则凡学派必无形，亦必无形而后可以成学派，诸子皆同，农家讵能独异？若农家专详农事，则为有形之具，以此教人，只可如今日之学科，又奚足以成派乎？此其证二也。农所以裕民食，虽为立国之大本，然此特农夫之事，其业甚微。且古代淳朴，机器理化之学未明，一切耕稼之术，获刈之具，均历世相延，安于钝拙，无学之可言，与彼远西之农学列为专科，相去奚啻天壤！故樊迟学稼，贻老农之诮；百亩不易，惟农夫是忧。盖以此为小人之事，非大人所宜为也。《周礼》记考工，史公传货殖，而农则无闻，是士、工、贾皆有学，而农则无学，其来已久矣。若农家专详农事，则农夫所优为，学士不屑道，又奚足以成一家之学，而行之于当代耶？此其证三也。古者诸子之学，必以其所倡之事，先行之于其躬，以为天下法，斯其学可得而行。若农家专详农事，则以耕为业者也。以耕为业则必居有常处，以从事于田亩，而不能弃田亩而他徙。然许行为农家之魁，乃自楚之滕，不常厥居，一似欲周流天下，栖栖而不敢息者。滕文公只与之一廛而为氓，并未闻与之百亩而使之耕。彼以耕为业，今则失其所耕，彼岂能负郭外之田与身俱行哉？是则许行以农家倡，而彼并未汲汲于农事也。况孟子言'其徒数十人，皆捆屦织席以为食'，捆屦织席，何与于耕？是农家之徒亦未尝以耕为业也。许行为农家之魁，其徒宗农家之学，均未以耕为重，则意不在于农事可知矣。此其证四也。农家之学不传于后代，班《志》所录其数廑九家，惟《氾胜之》十八篇、《蔡癸》一篇为汉时人，去之未远，因以尚知其姓氏年代。《董安国》十六篇只知为汉代内史，已云不知何帝时。其《神农》二十篇，《野老》十七篇，只知为六国时，又不知为何人所作。其余若《宰氏》十七篇，《尹都尉》十四篇，《赵氏》五篇,《王氏》六篇,则俱云'不知何世',其失据莫考诸家,未有若是之甚者,盖其学之断绝亦已久矣。然自神农以来,数千载之间未尝一日无农,何以农家之学反断绝耶？是则农家与农事截然为二,故农家之学不能与农事俱传,其理犹显然易见。此其证五也。况班《志》于所录农家九种外,别有农事之书。如《神农教田相土耕种》十四卷,则言耕稼种植之事也。又《种树臧果相蚕》十三卷,则言树藏蚕桑之事也。此均为农事最要之书,乃不列于《诸子略》之农家,而列于《数术略》之杂占。又如《请雨止雨》二十六卷,《泰壹杂子候岁》二十二卷,《子赣杂子候岁》二十六卷,此言水旱岁时,亦与农事相关者也,亦列于杂占中。班《志》分类录书,本于刘《略》,刘氏亦必有所承。倘俱言农事,则不宜分而为二；今别录农事之书列于农家之外,则农家所言断非农事,汉人已知之,犹可为颠扑不移之确据。此其证六也。凡此六证,历历可指,学者当晓然于农家之学其宗旨别有所在,于稼穑农桑之事绝无与焉矣。然则农家之宗旨果安在耶？窃考汉、魏以后,农家失传,只字不存于后世,后世之所谓农家,非古之所谓农家也。惟《孟子》略载许行之言,粗存其梗概,尚不失农家之真,今欲知其宗旨,当以此为据。盖农家者以君臣并耕为宗,而欲均贫富,齐劳逸,以平上下之序,而齐天下之物者也。孟子辟诸家之学,虽词或失于当,然均能深知诸家之宗旨之所在,握要而道之。如于墨则曰兼爱,于杨则曰为我,皆足隐括其学。今于许行,亦云'与民并耕而食,饔飧而治',此即农家宗旨之所在也。然农家之学虽揭橥'并耕'以为宗,而其意实不在此,非必有君臣并耕之事也。彼之意实欲借'并耕'之说,使君臣上下平其序,而万物得其大齐。……孟子于辨论之间亦或有一二附益之词,然知农家最真者亦究莫孟子若也。孟子而后,汉人去古未远,亦颇知之,故班氏误《志》,列农书于农家之外。彼盖知农家之学所言者道农事之书所言者术,术即古之所谓器,不能与道并论,故归农书于数术,不敢以杂农家而同科也。后世不明农家之旨,泥其名而不究其学,乃咸以《齐民要术》诸书列于农家,不特失农家之真,不亦乱班氏之旧耶？……窃按其言某家出于某官,亦本古人之言,而下所云云，则大失农家之真。班氏之意，以为农家之旨在于播百谷、劝农桑，而其末流乃变而谆君臣上下之序，其言适与农家相反。彼岂知农家之旨不专在于播百谷、勤农桑，而君臣并耕、上下谆序亦即农家之本旨之所在，而非由于末流之所变乎？许行为农家之巨魁，君臣并耕之论即起于许行，《孟子》所载昭然可据，何得云鄙者为之？是可见农家初出，即以君臣并耕为宗，不过借播百谷、劝农桑以发阐其所学耳。若以播百谷、劝农桑为农家之所长，则与《教田相土耕种》《种树臧果相蚕》诸书有何区别？班氏奚为分而录之？不亦自谆其例耶？此盖战国以后，君权日张，民气愈蹙，惟儒家上天下泽、法家尊君抑民之说得传于世，其次则道家清净无为亦无害于时君，得以稍延其绪。农家欲齐齐万物，夷天子之尊下与农民等，最为时君所忌，在战国之世已不能大行，厥后吕政刘彻，复几经遏抑，迄于东汉，已荡灭无余，故班氏所录九家，仅存空名，而不知其何世，遂强以私意辟测之，而不知其非也。班氏如此，无怪乎后世学者益淆杂而不能分矣。"

叶长青（1902—1948）《汉书艺文志问答》："问：'本志《农家叙》谓"农家者流，盖出于农稷之官"，后稷之为官名，固知之矣，神农之为官名，可得闻乎？'答：'《吕氏春秋·六月纪》高诱注："昔炎帝为神农，能殖嘉，神而化之，号为神农，后世因名其官为神农。"是也。'"

高华平《先秦诸子与楚国诸子学》曰："尽管农家学派的思想与先秦诸子中的道、墨、法、阴阳等家有某些相同或相近之处，但这并不足以否定'农家'作为一个独立学派的存在，更不能因此而怀疑'农家'与上古'农稷之官'的渊源关系。农家不仅与墨、道、法诸家在思想主张上有相近之处，而且与儒家、阴阳家等其他诸子学派也可以找到某些共同点。如儒家的经典《尚书·洪范》中叙'八政'：'一曰食，二曰货。'《周礼》中又有'三农生九谷'，司稼'掌巡邦野之稼'等说，这都说明儒家也有重农的主张。阴阳家'敬顺昊天'，'敬授民时'；而农家也认为'凡农之道，厚（候）为之宝'，'举事慎阴阳之和，种树节四时之适，无早晚之失、寒温之灾，则入多'。但这同样并不表示农家与儒家或阴阳家有渊源关系,而只是如班固在《汉志》的自注中所云,反映了'六国时,诸子疾时怠于农耕,故而道耕农事'的史实而已。至于作为先秦诸子之一的农家,则如《汉书·艺文志》所言,是一个源远流长、有着自己的思想体系的独立的学术派别。"

今按《汉书·艺文志》在介绍先秦秦汉学术流派时,把农家作为当时诸子百家中的一家。农家的著作共9种,其中《神农》20篇和《野老》17篇系"六国时"作品。他们和其他学派一样,有自己的关于政治和社会的主张,同时又以系统地阐述农业科学技术原理而见长。农家的著作,应该包括这两方面内容,可称之为早期的农书。实际上,把农业科学技术或有关问题作为主要内容或主要内容之一的著作不限于《汉书·艺文志》中所提到的几种。这些农书或农学文献的出现,使传统的农业科学技术第一次有了文字的系统总结,从而成为中国传统农学形成的重要标志之一。从《汉书·艺文志》的叙述看,先秦农家可以分为两派:一派其学说的内容带有"官方农学"的色彩;另一派学说则带有"鄙者农学"或"平民农学"的色彩。无论是带有"官方农学"色彩的农家,还是带有"鄙者农学"色彩的农家,其学说均应包括两个方面,一方面是关于社会政治的主张,另一方面是关于农业科学技术的知识。《吕氏春秋·士容》中有《上农》《任地》《辩土》《审时》四篇,《上农》谈农业政策思想,其他三篇谈农业科学技术,从其内容分析,当系取材于以《后稷》命名的农书,其中官方农学的色彩甚浓,应属前一派的农家。《孟子·滕文公上》谈到当时"有为神农之言者许行",主张"贤者与民并耕而食,饔飧而治",则属后一派的农家。从孟子和许行学说的信奉者陈相的辩论中,可以窥见许行学说的有关内容,一是主张人人参加生产劳动,反对剥削,反对有脱离生产劳动的管理者;二是主张统一市场价格,反对商业剥削与欺诈。这些主张鲜明地反映了当时备受封建国家和商人高利贷者层层剥削的小生产者(主要是个体小农)的处境和愿望,和《汉书·艺文志》所说的"及鄙者为之,以为无所事圣王,欲使君臣并耕,悖上下之序",若合符节。

这一派学者亲自参加农业劳动,对农业科学技术应有所总结,《汉书·艺文志》所载六国时农书《神农》和《野老》,大概就是这一派的著作,里面应有农学方面的内容,可惜原书已经亡佚。(见《农家的出现与先秦时期的农学文献》)

(作者单位:上海社会科学院历史所)

《吕氏春秋》的阴阳五行思想*

俞林波

先秦诸子有阴阳家,阴阳家是阴阳五行家的简称,其思想是阴阳五行思想,具体内容主要包括二个方面:"四时教令"思想、"五德终始"思想。《汉书·艺文志》曰:"阴阳家者流,盖出于羲和之官,敬顺昊天,历象日月星辰,敬授民时,此其所长也。"①"敬顺昊天"、"敬授民时"概括的是阴阳五行家的"四时教令"思想,如白奚先生所说:"以'敬顺昊天'、'敬授民时'为宗旨的'四时教令'思想,是阴阳五行学说的主要内容,舍此便不得称之为阴阳五行家。"②邹衍是阴阳五行家的代表人物,邹衍创造了"五德终始"学说,邹衍的著作有《五德终始》,《汉书·艺文志》著录邹衍《邹子终始》五十六篇③。《史记·封禅书》载"齐威、宣之时,驺子之徒论著终始五德之运",刘宋裴骃《集解》引如淳曰:"今其书有《五德终始》。五德各以所胜为行。"④如淳是三国时人,当时见邹衍《五德终始篇》,指出其内容是:五德按照五行相胜的顺序来运行。这概括的是阴阳五行家的"五德终始"思想。另外,阴阳家五行家的思想还包括"机祥

---

* 本文为作者主持的国家社会科学基金青年项目"《吕氏春秋》学史"(项目编号:15CZW031)阶段性成果。
① 班固《汉书》,中华书局1962年版,第1734页。
② 白奚《邹衍四时教令思想考索》,《文史哲》2001年第6期,第66页。
③ 班固《汉书》,中华书局1962年版,第1733页。
④ 司马迁《史记》,中华书局1959年版,第1369页。

符应"思想。

先秦阴阳五行家的著作多已亡佚,《吕氏春秋》作为先秦诸子思想的集大成之作保存了阴阳五行家珍贵的思想材料,可以帮助我们深入研究阴阳五行家的"四时教令"思想、"五德终始"思想、"机祥符应"思想。

一 "四时教令"思想

《吕氏春秋》是先秦诸子思想的集大成之作,"四时教令"思想至《吕氏春秋》也是集大成。《吕氏春秋》的"四时教令"思想保存在《十二纪》每纪的首篇,十二纪纪首组成一年十二个月的"月令"。《礼记·月令》正义引郑玄《三礼目录》曰:"名曰'月令'者,以其记十二月政之所行也,本《吕氏春秋》十二月纪之首章也,以礼家好事抄合之。"[①]我们赞同郑玄的看法,认为《礼记·月令》成书在《吕氏春秋》之后。《吕氏春秋》的"四时教令"思想无论在形式上还是在内容上都集先秦阴阳五行家"四时教令"思想之大成,检《吕氏春秋》十二纪纪首易见。

阴阳与五行的合流是"四时教令"思想发展过程中极其重要的一环,因为在阴阳与五行合流之后,"四时教令"思想不但具有以阴阳变化理论为基石的内容,而且具有了以五行相生理论为基石的形式。在阴阳与五行的合流上,即在四时与五行的配对上,《吕氏春秋》选择的模式是来自于《管子·四时》,而不是邹衍。

四时与五行相配对其实就是偶数与奇数相配对,四时需要增加一个东西凑成"五"与"五行"相配。"四"与"五"怎样配对?这是阴阳与五行合流的重要问题,也是"四时教令"具有完美形式的关键,先秦学者进行了多个尝试。《管子·幼官》在春、夏、秋、冬四时节之外增设了一个"五和时节"来与土德相配,并将其置于"中"这

[①] 孔颖达《礼记正义》,中华书局1980年版,第1352页。

一方位①。《管子·幼官》增设的"五和时节"在一年之中不属于春、夏、秋、冬任何一季,在现实之中是不存在的,它所占据的日数是零,只是用来搭配五行"土"的虚设。《管子·四时》是在"东方曰星"、"南方曰日"、"西方曰辰"、"北方曰月"的行列中增设了一个"中央曰土"来对应"土德"②。《管子·四时》将"中央土"设置在一年四季的夏、秋之间,这样就形成了春、夏、土德、秋、冬与木、火、土、金、水的对应。在此,土德扮演着重要的角色,发挥的是"实辅四时"的作用。"中央土"虽然发挥着重要作用,也能与"东方星"、"南方日"、"西方辰"、"北方月"构成一个序列,但是,"土德"在春、夏、土德、秋、冬这一序列中总显得不协调,同时,"中央土"与"五和时节"一样在现实中不占有时日也只是用来搭配"五行"的虚设。邹衍为四时与五行的配对设计的方案是在春、夏、秋、冬四季增设了一个"季夏",《周礼·夏官·司爟篇》郑司农注引《邹子》佚文曰:"春取榆柳之火,夏取枣杏之火,季夏取桑柘之火,秋取柞楢之火,冬取槐檀之火。"③邹衍的方案形成了春、夏、季夏、秋、冬与木、火、土、金、水的对应。邹衍所增设的"季夏"与"五和时节"、"中央土"是不同的,"季夏"是夏季的第三个月,是现实的存在。"季夏"是时令,可以融入春、夏、秋、冬,并在名称上取得一致,这是邹衍所增设的"季夏"的优点。但是,邹衍的这一处理方法存在一个很大的缺陷,那就是与木、火、土、金、水所对应的时令的日数是不平衡的,春是三个月、夏是二个月、季夏是一个月、秋是三个月、冬是三个月。

《吕氏春秋》是在春、夏、秋、冬四季的中间季夏、孟秋之间增设了一个"中央土",《吕氏春秋·季夏》篇的末尾曰:"中央土:其日戊己。其帝黄帝。其神后土。其虫倮。其音宫。律中黄钟之宫。其数五。其味甘。其臭香。其祀中溜。祭先心。天子居太庙太室,

---

① 宋翔凤《管子校注》,中华书局2004年版,第135页。
② 宋翔凤《管子校注》,中华书局2004年版,第847页。
③ 孙诒让《周礼正义》,中华书局1987年版,第2396页。

乘大辂,驾黄骝,载黄旗,衣黄衣,服黄玉,食稷与牛。其器圜以揜。"① 《吕氏春秋》增设"中央土"的方案与《管子·四时》设计的方案一样。可以说,在"四时"与"五行"的配对上,《吕氏春秋》选择的模式是《管子·四时》增设的"中央土",而不是邹衍增设的"季夏"。"中央土"是独立的,没有融入时令,不属于春、夏、秋、冬任何一季,不占有时日,是虚设。虽然增设"中央土"也存在弊端,但是这些弊端是"四时"与"五行"进行配对很难处理的问题,是偶数与奇数配对存在的困境。《吕氏春秋》选择增设"中央土"也是不得已之举。

《吕氏春秋》虽然在阴阳与五行的合流上选择了《管子·四时》的处理方案,但是在时令的布局上却没有选择《管子·四时》和邹衍所采取的春、夏、秋、冬四季的布局模式,而是采取了孟春、仲春、季春、孟夏、仲夏、季夏、孟秋、仲秋、季秋、孟冬、仲冬、季冬十二月的布局模式。《吕氏春秋》记载了每个月的星象、气象、物候并制定了每个月的教令,继承的是《夏小正》十二月的布局模式②。与《夏小正》相比,《吕氏春秋》是发展更加完善的"月令"。《吕氏春秋》选择十二月的布局模式是《吕氏春秋》的"四时教令"思想丰富发展的必然要求。随着社会的发展,至战国末期,人们观察世界、认识世界的水平进一步提高,人们将阴阳五行思想应用于社会政治的水平也逐步提高,于是,越来越多的内容被拉入了"四时教令"思想,以至于每个月都有能构成系统的丰富内容。在这样的情况下,春、夏、秋、冬四季的布局模式已经不能容纳如此庞大的内容,所以,《吕氏春秋》不得不采取十二月的布局模式。

二 "五德终始"思想

"五德终始"思想是邹衍的创造,是一种循环的历史观,它的理论基础是五行相胜思想和天人感应思想。"五德终始"的五德是指

---

① 陈奇猷《吕氏春秋新校释》,上海古籍出版社 2002 年版,第 315 页。
② 王聘珍《大戴礼记解诂》,中华书局 1983 年版,第 24—47 页。

土德、木德、金德、火德、水德。历史上的每一个朝代都对应着五德中的一德,而五德是终始转移变动不已的,这决定了朝代的兴衰更替。五德转移是按照五行相胜的顺序进行的,即土德→木德→金德→火德→水德→土德的顺序。然而,一个朝代属于五德中的哪一德?邹衍怎么来判断?这涉及玑祥符应思想,邹衍就是通过现实中出现的玑祥符应来判断一个朝代属于五德中的哪一德的。

邹衍的"五德终始"思想被完整地保存在了《吕氏春秋》之中。《吕氏春秋·应同》曰:

> 凡帝王者之将兴也,天必先见祥乎下民。黄帝之时,天先见大螾大蝼,黄帝曰"土气胜",土气胜,故其色尚黄,其事则土。及禹之时,天先见草木秋冬不杀,禹曰"木气胜",木气胜,故其色尚青,其事则木。及汤之时,天先见金刃生于水,汤曰"金气胜",金气胜,故其色尚白,其事则金。及文王之时,天先见火,赤乌衔丹书集于周社,文王曰"火气胜",火气胜,故其色尚赤,其事则火。代火者必将水,天且先见水气胜,水气胜,故其色尚黑,其事则水。水气至而不知,数备,将徙于土。[①]

这段文字很好地体现了邹衍"五德终始"思想,具体地说,历史是按照五行相胜的顺序循环发展的,木德战胜土德,金德战胜木德,火德战胜金德,水德战胜火德,土德再战胜水德,然而,每一"德"的判断都由"天"通过自然界的奇异现象给出昭示:土德,"天先见大螾大蝼";木德,"天先见草木秋冬不杀";金德,"天先见金刃生于水";火德,"天先见火赤乌衔丹书集于周社";水德,"天且先见水气胜"。

顾颉刚先生根据上引《吕氏春秋·应同》篇的记载提出了两个比较有意思的问题:《吕氏春秋》作于秦八年(前239),"那时东、西周都亡了,火德已销尽了,灭火者(秦)之为水德已可确定了,为什

---

① 陈奇猷《吕氏春秋新校释》,上海古籍出版社2002年版,第682页。

么这部书里还只说'代火者必将水'呢?为什么水德的符应还不肯出来呢?"顾颉刚先生的回答是:"这个问题,以我猜测,或有下列的情形。一、《吕氏春秋》钞录《邹子终始》之文,未加润色。二、那时六国未灭,秦虽灭周,尚未成一统之功,那时人对于天子的观念和商、周人不同,一定要统一了所有的土地才算具备了天子的资格,看《禹贡》的分列九州五服可知,故《吕氏春秋》不即以灭周的秦为水德,亦不为秦寻出水德的符应。"①

顾颉刚先生猜测认为:"《吕氏春秋》钞录《邹子终始》之文,未加润色。"我们认为这个猜测是合理的。《吕氏春秋》成书时,秦已经灭掉了周,并且吕不韦就是在坚信秦定能统一天下的心态下主持编撰《吕氏春秋》的,依照邹衍的"五德终始"思想推断,秦是水德是很容易得出的结论,也是显而易见的。然而,《吕氏春秋》却没有指明水德是谁,只是交代"代火者必将水"。这说明本段文字应当不是《吕氏春秋》的作者对当时实际情况的描写,只是把邹衍的理论抄来而没有联系实际情况进行修改。《吕氏春秋》保存了邹衍"五德终始"思想的原貌。

三 "机祥符应"思想

机祥符应思想的理论基础是天人感应思想,即古人认为上天是有意志的,能对人间的社会活动做出积极的反应,具有惩恶扬善的功能。上天通过什么来向人间传达其意志?通过自然现象。上天通过自然界所出现的奇异现象向人间传达信息,来表达对人间社会活动的态度。君王做的不好,上天就会警告他,人间就会出现凶恶的奇异现象,即凶兆;君王做的好,上天就会褒奖他,人间就会出现吉祥的奇异现象,即吉兆。这就是机祥符应思想。

《吕氏春秋·应同》曰:"类固相召,气同则合,声比则应。……

---

① 顾颉刚《五德终始说下的政治与历史》,《清华学报》1930年第1期,第84页。

无不皆类其所生以示人。故以龙致雨,以形逐影。师之所处,必生棘楚。祸福之所自来,众人以为命,安知其所。夫覆巢毁卵,则凤凰不至;刳兽食胎,则麒麟不来;干泽涸渔,则龟龙不往。物之从同,不可为记。"①天人一体,天人可以相互感应,人类覆巢毁卵、刳兽食胎、干泽涸渔,则天之祥瑞诸如凤凰、麒麟、龟龙不会出现。同样的,君王施行善政、善待百姓,上天褒奖他就会把祥瑞降临人间,出现吉兆;君王施行恶政、虐待百姓,上天惩戒他就会把凶恶之象降落人间,出现凶兆。善政能召来吉兆,善与吉在一起;恶政则召来凶兆,恶与凶在一起,这就是同类相召,故《吕氏春秋·应同》曰:"成齐类同皆有合,故尧为善而众善至,桀为非而众非来。《商箴》云'天降灾布祥,并有其职',以言祸福人或召之也。"②反过来,如果上天把不祥的征兆降落人间,那么就意味着君王从政不善,多有恶行。《吕氏春秋》很重视凶兆对君王的警示作用,《明理篇》从"其云"、"其日"、"其月"、"其星"、"其气"、"其妖孽"等方面列举了众多预示祸灾的凶兆③。

《吕氏春秋》认为机祥符应是可以通过人为努力来改变的。自然界所出现的奇异现象承载的是上天对人间君王的统治措施所作的评价,吉兆是褒奖,凶兆是警示。吉兆预示着该君王的统治措施要继续保持,凶兆则预示着该君王的统治措施需要改革。《吕氏春秋·制乐》曰:"成汤之时,有谷生于庭,昏而生,比旦而大拱,其吏请卜其故。汤退卜曰:'吾闻祥者福之先者也,见祥而为不善则福不至;妖者祸之先者也,见妖而为善则祸不至。'于是早朝晏退,问疾吊丧,务镇抚百姓,三日而谷亡。故祸兮福之所倚,福兮祸之所伏,圣人所独见,众人焉知其极。"④"祥者福之先者也,见祥而为不善则福不至;妖者祸之先者也,见妖而为善则祸不至",即吉兆是福之先导,吉兆出现而做恶事,福就不会再来了;凶兆是祸之先导,

---

①② 陈奇猷《吕氏春秋新校释》,上海古籍出版社2002年版,第683页。
③ 陈奇猷《吕氏春秋新校释》,上海古籍出版社2002年版,第362页。
④ 陈奇猷《吕氏春秋新校释》,上海古籍出版社2002年版,第350页。

凶兆出现而做善事,祸也就不会再来了。吉兆与凶兆,福与祸是可以相互转化的,也就是"祸兮福之所倚,福兮祸之所伏"。转化的条件是人的主观能动性。

《吕氏春秋·制乐》记载周文王也通过发挥自己的主观能动性转移了一场祸灾,《吕氏春秋》相信通过人为努力可以改变机祥符应,所以,《吕氏春秋》如此记载周文王的"止殃翦妖"①。《吕氏春秋》甚至认为只要君王有行善之心就可以转移祸灾,并不一定要采取具体的措施。《吕氏春秋·制乐》记载宋景公的时候出现了"荧惑在心"的凶兆,宋景公担心百姓,主动独自来承担祸灾,最终宋景公有这样的行善爱民之心感动上天,结果"是夕荧惑果徙三舍"②,躲过了灾祸。

《吕氏春秋》认为通过人为努力可以改变机祥符应,而所载多为把祸灾改变为福瑞的事例。《吕氏春秋》这样记载好像并不怀疑,我们认为《吕氏春秋》这样做并不一定就深信不疑,而是另有深意。这一做法暗示了《吕氏春秋》是希望君王能够广施善政把祸转化为福,行善爱民。这是《吕氏春秋》的期待,并且《吕氏春秋》指出通过人为努力是可以转祸为福的。

(作者单位:济南大学文学院)

---

① 陈奇猷《吕氏春秋新校释》,上海古籍出版社2002年版,第350页。
② 陈奇猷《吕氏春秋新校释》,上海古籍出版社2002年版,第351页。

谈谈《吕氏春秋》"十二纪"之"三秋"思想
——兼论杂家与中国文学观念的确立

汪春泓

《吕氏春秋》一书,《汉书·艺文志》列之于杂家,先秦学术呈现杂糅特点,这是大势所趋。《汉志》总结杂家:"杂家者流,盖出于议官。兼儒、墨,合名、法,知国体之有此,见王治之无不贯,此其所以长也。"通观九流十家,对杂家评价尤高,师古曰:"王者之治,于百家之道无不贯综。"认为最高政治形态,当博综百家,体现杂家之特点,关于《汉志》推崇杂家,颜氏心领神会。

因此,在学术和政治两端,有必要审视春秋战国以来,诸子学百家争鸣,以至归趋杂家之发展大势。

一 杂家代表人物之特殊身份与立场

《汉志》统计杂家二十家四百三篇,其中唯有《吕氏春秋》和《淮南》内外篇,影响深远。此二书之作者,吕不韦和刘安均身份特殊,在《史记》中,吕氏专章列传,他编撰《吕氏春秋》,足以不朽。关于此书缘起,盖秦国子楚"质子"于赵,其人"奇货可居",吕不韦倾身结交,当子楚继位,成为庄襄王,吕氏任丞相。《史记·吕不韦列传》记载:"吕不韦乃使其客人著所闻,集论以为八览、六论、十二纪,二十余万言。"号曰《吕氏春秋》。在简帛时代,诸子某派若以一人之力,难以博览群书,更无缘亲历朝政,则很难拥有成为杂家的条件。然则《吕氏春秋》之成书,一则寄托了吕氏政治哲学,可以成为政治教科书;另则《吕氏春秋》超越诸子各派之局面,其内容熔铸进君臣相辅相成的全面思考,意图遏制君权,思想更趋圆融。王国维《屈子文学之精神》概括春秋以前道德政治上的思想可以分为帝王和非帝王两派①,由于吕氏出自商贾,又晋身秦国政坛,所以,显然《吕氏春秋》不可以两派来简单划分,吕氏既看到了集权的恶果,又意识到无法可依同样荼毒生灵,身为丞相,吕氏既要维护王权,避免混乱,又深谙民生之多艰,故而《吕氏春秋》统合帝王派和非帝王派,即使尚无民主概念,但是《吕氏春秋》却竭力平衡社会各种声音,此在战国末期,可谓非吕氏者莫办也!

至于《淮南子》,其主编为淮南王刘安,他是汉高祖刘邦之孙,相类于《吕氏春秋》之于秦国,《淮南子》之在汉朝,亦堪称巨著。正因为身为藩王,能"招致宾客方术之士数千人",刘安抵制景、武帝收紧专制之桎梏,则与《吕氏春秋》精神相通。以致东汉王充《论衡·书解》云:"或曰:……吕不韦作《春秋》,举家徙蜀;淮南王作道书,祸至灭族。"②两书一样,其主旨抗衡王权,实属超越帝王派,非帝王派偏颇之作!

《汉志》来源于刘向、刘歆父子,可以认为,《吕氏春秋》《淮南子》传世,曾经向、歆之手,作为杂家的《吕氏春秋》《淮南子》得以流传,向、歆功不可没!

同时,按照《汉书·楚元王传》,楚元王后人多担任宗正之职,子孙数代,见证朝廷之纷争,向、歆的身份、机缘确亦与吕氏、刘安相仿佛。按《汉志》叙述,向、歆父子校书,所分担书籍为经传、诸子及诗赋,尤其最后,刘歆"总群书而奏其《七略》",由他统领编纂,总成一切,向、歆遍稽群籍,经眼六略,故而在文献领域,视野广阔,知行相须;并且,《汉书·元帝纪》记录宣帝所谓:"汉家自有制度,本以霸王道杂之……"在现实层面,历事三主(宣、元、成三朝)的刘向,与贵幸于哀、平帝以及莽新之朝的刘歆,他们曾身陷纷争,对宣

---

① 《静庵文集续编》,《王国维遗书》第五册,上海书店出版社 2011 年版,第 312 页。
② 黄晖撰《论衡校释》卷第二十八,中华书局 1990 年版,第 1154 页。

帝"以霸王道杂之",自然心有戚戚焉。在政治与学术之间,政治恢恑憰怪,人性善恶多端,向、歆体悟至深,此启迪向、歆趋向于杂家一途,自然就是杂家人物,甚至杂家名称就是他们所发明。扬雄《法言·问神》《法言·渊骞》[①],对吕不韦和刘安颇有微词,此缘于向、歆推崇杂家,而扬雄则忧患此道之兴,会颠覆儒家,令思想、学术无所依归,而扬雄抨击此二者,也佐证几乎与他同时代的向、歆,乃杂家思维的推毂者。

关于淮南王狱,向、歆父子殊为留意,《汉书·楚元王传》记述,淮南王败后,刘向父亲刘德获得淮南王枕中《鸿宝苑秘书》。在整理《淮南》内外篇时,向、歆倾注心力。按《汉书·淮南王传》,淮南王之著述计有若干云云,此既与《汉志》记载相吻合,而且对刘安名山事业,叙录更加全面,董理这些文献,向、歆堪称淮南之功臣,班彪、班固不过承袭而已。

《汉书·楚元王传》述及刘歆继承刘向未竟之业,曰:"歆乃集六艺群书,种别为《七略》。"在六艺与群书之间,不画地为牢,对于学术,向、歆均兼包并蓄,反对"专己守残",向、歆总结《六经》与诸子之间的关系曰:"《易》曰:'天下同归而殊涂,一致而百虑。'……若能修六艺之术,而观此九家之言,舍短取长,则可以通万方之略矣。"此揭示君臣风云际会,可遇而不可求,因此,昏主暴君,世之常态,士人不免曲学阿世,此导致越处高层,越远离常识。因此,制礼作乐,皓首穷经,有时也要反顾乡野纯朴,避免食古不化,甚或人性迷失,以达成朝野、阶级以及精英与世俗之间的平衡。按照《汉志》排列次序:儒、道、阴阳、法、名、墨、纵横、杂、农、小说共十家,历来儒、道颉颃,虽道不同,却属学术之大宗,二者伯仲之间;杂家列第八,效用微妙,地位特殊;而列第九之农家,其政治色彩较淡,与前边诸家有别;至于列于第十的小说家,《汉志》则忽略不计。因此,在向、歆意识里,杂家可以整合前边七家,是七家长期发展,相互博

---

① 汪荣宝撰,陈仲夫点校《法言义疏》,中华书局1987年版,第163、431页。

弈、融合,舍短取长,最终形成之意识形态,亦是整个春秋、战国学术发展之结晶! 然则杂家可谓后出转精者也。李源澄《读吕氏春秋》辨析既有司马谈之论道家,何以《汉志》再立一杂家,"其畛安在"①? 实际上,《汉志》之道家,其中黄老偏于刑名,而庄老则主张无为,前者重君权,后者尊臣权,都不无偏颇,而杂家则弥缝其间,建构起折中的政治哲学。

因此,唯有杂家,灵动不居,因地制宜,协和八方,它为治国确立方向。按汉初马王堆汉墓简帛内容,尤其藏于轪侯、长沙国丞相利仓之子墓中文献,所关乎政治者,就有杂合各家的特征②。所以,从《吕氏春秋》到《淮南子》,中间有马王堆之类文献为之衔接,杂家存在着一条不间断的学术传承链,向、歆对此推崇备至。

二 诸子融汇于杂家之内在逻辑

诸子蜂起,百家争鸣,然相互之间,犹舍短取长,见贤思齐,杂家涌现,自有其内在动因,另则由于杂家身份特殊,在立场上兼顾儒、道等,也就是平衡帝王派及非帝王派,所以,超越显学之杂家乃时代产物,而杂家应运而生,在历史进程里,亦有其内在之逻辑。高诱《吕氏春秋序》曰:"然此书所尚,以道德为标的,以无为为纲纪,以忠义为品式,以公方为检格,与孟轲、孙卿、淮南、扬雄相表里也,是以著在《录》《略》……家有此书,寻绎案省,大出诸子之右。"③所谓"大出诸子之右",意指以《吕氏春秋》《淮南子》为代表,杂家从诸子各家摄取精华,以滋养自身,最终它兼收各家之长,且祛除众家之短,所以具备超越诸子之特质。

---

① 林庆彰、蒋秋华主编,黄智明、袁明嵘编辑《李澄源著作集》,"中研院"文哲所 2008 年版,第 453 页。
② 参阅裘锡圭主编《长沙马王堆汉墓简帛集成》,中华书局 2014 年版。
③ 吕不韦著,陈奇猷校注《吕氏春秋新校释》,上海古籍出版社 2002 年版,第 2 页。

刘知几《史通·自叙》云："昔汉世刘安著书,号曰《淮南子》。其书牢笼天地,博极古今,上自太公,下至商鞅。其错综经纬,自谓兼于数家,无遗力矣。然自《淮南》已后,作者绝无。"①此"兼于数家"之说,也窥见《淮南子》整合各家之特点,继《吕氏春秋》之后,《淮南子》亦成绝响。

诸子竞争,学以致用,关于儒、法孰优孰劣?《论语·为政》云:"子曰:'道之以政,齐之以刑,民免而无耻;道之以德,齐之以礼,有耻且格。'"②其间比较儒、法两家,在孔子看来,以德礼施政,较诸以政刑弹压,儒家高明于法家,然而孔子并不摒弃政刑③。

《左传·隐公五年》载,臧僖伯谏曰:"……君,将纳民于轨、物者也……不轨不物,谓之乱政。乱政亟行,所以败也。"④杨伯峻注曰:"物之本义为杂色牛……引申之,凡杂色亦可曰物,此物采之物字即是其义。"世事纷繁,作为君主,揆正法度,辨明主次,建立是非标准,以令社会有序,就是其职责;《左传·隐公十一年》又云:"君子谓郑庄公:'失政刑矣。政以治民,刑以正邪。既无德政,又无威刑,是以及邪。邪而诅之,将何益矣!'"⑤此言政刑是政治底线,若德政阙如,又威刑全无,定会陷国家于混乱;《左传·隐公十一年》记述:"君子谓郑庄公:'于是乎有礼。礼,经国家,定社稷,序民人,利后嗣者也。'"⑥若以礼治国,则比纯然法治,其运作更加和谐,此言道出政刑和德礼,乃为政治之一体两面,儒表法里,呼之欲出,亦

---

① 刘知几著,浦起龙通释,王煦华整理《史通通释》,上海古籍出版社2009年版,第270页。

② 刘宝楠撰,高流水点校《论语正义》,中华书局1990年版,第41页。在《礼记·缁衣》篇亦有相近的记载。

③ 屈原《惜往日》曰:"奉先功以照下兮,明法度之嫌疑。国富强而法立兮,属贞臣而日娭。"屈原《九章》,见洪兴祖撰,白化文等点校《楚辞补注》,中华书局1983年版,第149页。屈原虽然同情民生,却在治国方略上倾向法治,置法度于不顾,此种超现实学派不合时宜。

④ 《春秋左传注》,第41页。

⑤⑥ 《春秋左传注》,第76页。

佐证孔子上述思考,乃属春秋社会之思潮。

《史记·屈原列传》记载:"夫天者,人之始也。"当古人追终溯极,也就是道,往往援天以为据。即使《论语·卫灵公》有云:"子曰:'道不同,不相为谋。'"①《论语·里仁》云:"子曰:'朝闻道,夕死可矣。'"②《论语·泰伯》云:"子曰:'笃信好学,守死善道……'"③各家所言之道,大抵与天相关联,或云天道。孔子很少谈论死亡,然而一涉及"道",孔子却愿以命相抵,闻道可死,可见"道"之重要。《老子》二十五章云:"道大,天大,地大,王大。域中有四大,而王处一。人法地,地法天,天法道,道法自然。"④此说似乎道在天之上,但实际上,天道和自然是同一个概念。《老子》强调"道"不可言说,可望而不可及。然而它却是世界本体,也是万物法则,绝非人力所能掌控。至于人之能事,《论语·泰伯》云:"子曰:'大哉!尧之为君也。巍巍乎!唯天为大,唯尧则之。'"⑤天就是道,二者属二而一关系,人必须以天为则。人立身处世,唯当敬天爱人,令人道合乎天道。而关于天人之际,诸子莫衷一是,以致歧见纷纭。

陈奇猷《〈吕氏春秋〉成书的年代与书名的确立》指出:"但细读全书,很自然地会注意到,阴阳家的学说是全书的重点,这从书中阴阳说所据的地位与篇章的多寡可以证明。"⑥为了更具说服力,吕不韦亦将其理论建立在阴阳家基础上,而天、天道或阴阳构成其立说之根据。

《管子·任法》曰:"故法者,天下之至道也,圣君之实用也。"⑦虽立于《汉志》道家类,然而作为齐法家代表,《管子》重法,却也高

---

① 《论语正义》,第641页。
② 《论语正义》,第146页。
③ 《论语正义》,第303页。
④ 朱谦之撰《老子校释》,中华书局1984年版,第102页。
⑤ 《论语正义》,第308页。
⑥ 《吕氏春秋新校释》,第1886页。
⑦ 《管子校注》,第906页。

擎天或道,申明其法,亦折射天道之辉光。按《汉志》道家类三十七家,其中书名与黄帝相关者就有五家(包括《力牧》,力牧,黄帝相)。张舜徽《周秦道论发微》评论道家黄帝、老子并称是极其荒唐的①。此说有误,众所周知,黄老道德之术托名于黄帝,正体现黄老之学亦有其刚的一面,颇著刑名家之色彩,长期以来由于缺失黄帝书这一环节,令学界不甚了解黄老之义。

唐兰撰《马王堆出土〈老子〉乙本卷前古佚书的研究》,他考证此佚书即列于《汉志》道家类之《黄帝四经》,其说已为学界大多数学者所认同,但是,此文亦有待商榷,譬如唐兰指此书:"从思想方法上说,大体上是继承老子而加以发挥的。老子属于道家,但这本书实际上是法家。"②他忽略了《汉志》之道家类,正以刑名家、道法家——即"黄老道德之术"——为主流,老子属于道家,而《黄帝四经》符合前汉主流道家之概念,因此,自然也属于道家。

《左传·僖公二十三年》云:"楚子曰:'天将兴之,谁能废之!违天必有大咎。'"③违天必咎!《老子道德经河上公章句》注释"侯王若能守之,万物将自宾"曰:"侯王若能守道无为,万物将自宾服,从于德也。"④在天、人之间,侯王守道以治国。《黄帝四经》第一篇《经法》一《道法》云:"道生法。"⑤此表明法的理论,似乎出自侯王,实际上,乃建筑于道之本体,是从道生发出来。

故而,《黄帝四经》第二篇《十六经》之二《观》有曰:"春夏为德,秋冬为刑。先德后刑以养生。姓生已定,而适(敌)者生争,不谌不定。凡谌之极,在刑与德。刑德皇皇,日月相望,以明其当,而盈无

---

① 张舜徽著《周秦道论发微》,中华书局1982年版,第17页。
② 载《考古学报》1975年第1期,第7—27页。
③ 《春秋左传注》,第409页。
④ 王卡点校《老子道德经河上公章句》,中华书局1993年版,第130页。
⑤ 余明光校注《黄帝四经今注今译》,岳麓书社1993年版,第3页。

匡。"①此将自然四季与人的活动相对应,"天地之大德曰生"②,然而,又谓"一阴一阳之谓道"③,所以"春夏为德,秋冬为刑",这是治道两端,相反相成,犹如日月之相望。《越绝书》卷第三记载:"越王勾践欲伐武王阖卢,范蠡谏曰:'……人道不逆四时者,言王者以下,至于庶人,皆当和阴阳四时之变,顺之者有福,逆之者有殃。'"④此观念根深蒂固,然而如何判断顺逆福殃? 亦决定学派之性质。

而尚法或者用兵,显然属于"秋冬为刑"之范畴,至战国中后期,法家风头甚健。郑良树《商鞅及其学派》之《自序》谈到:"在法家的系统里,商鞅是相当特别的一位大政治家……因此,商鞅与其说是法家人物,不如说是兼有法家、兵家及一部分农家的三重性格及特色的人物。"⑤此说甚确,推行严刑峻法,以及注重农战,商鞅助秦崛起,厥功甚伟! 然而申韩或者申商,作为法家者流,一旦撇开天道,失去约束,以致扬雄《法言·问道》讽之曰:"申、韩之术,不仁之至矣,若何牛羊之用人也?"⑥指其学视人民若草芥。此令法家缺陷毕现,故而马王堆帛书之《九主》篇就要防止纯法家思维,然整理者指此篇"充满法家色彩",就值得商榷,《九主》云:"伊尹对曰:'主法天,佐法地,辅臣法四时,民法万物,此谓法则。'"⑦所以即使尚法,也不可失去天地四时万物之依托,否则人为所欲为,一定造成灾祸。而此所谓"法家",它杂糅天道至上原则,从道生法而论,黄与老之衔接,正属于《汉志》之道家。钱穆《国史大纲》第三编《秦汉之部》第八章《统一政府文治之演进》谈及贾谊《陈政事疏》云:"尤要者在教育太子……尊礼大臣……阐扬文教……转移风

---

① 余明光校注《黄帝四经今注今译》,岳麓书社1993年版,第98页。
② 《周易系辞下》,中华书局1980年影印《十三经注疏》本,第86页。
③ 《周易系辞上》,第78页。
④ 李步嘉撰《越绝书校释》,武汉大学出版社1992年版,第72页。
⑤ 郑良树著《商鞅及其学派》,上海古籍出版社1989年版,第4页。
⑥ 《法言义疏》,第130页。
⑦ 《长沙马王堆汉墓简帛集成》第四册,第97页。

俗……其议论渐渐从法律刑赏转到礼乐教化,此即由申、韩转入儒家。"①

王叔岷《法家三派重势之慎到》指出:"慎到之学,法家而杂糅道、名、儒三家。岷颇疑其由道家转入法家……"②儒道名法之杂糅,是社会治理之需要,其中各家孰轻孰重?孰先孰后?似难以分辨。譬如儒家之《荀子》,产生时间稍早于《吕氏春秋》,在其儒家表面,已融进法家等元素。贺昌群《论王霸义利之辨》云:"中国文化的基本精神,表面上是儒家的思想,实际上则为儒道法三家所笼罩。儒家的王道,道家的无为,法家的循名责实,信赏必罚,这三者是构成中国政治社会的三位一体的基本要素,中国古来第一流的政治家,莫不兼有这三种精神,如果缺少一种,或偏重一种,未有不失败的。"③此说大体正确。总之,杂糅、融合,此是战国后期诸子学之总态势。

三 《吕氏春秋》的兵刑农战之说

日本工藤元男著《睡虎地秦简所见秦代国家与社会》第四章《睡虎地秦简〈日书〉的基础性研究》有指:"传世文献中的二十八宿系统有《吕氏春秋·有始览》《淮南子·天文》等系统和《史记·律书》等系统,一般认为后者沿用前者,曾侯乙墓出土的漆木衣箱也属于前一系统,但名称和用字有若干不同。"④人世对应二十八星宿,属于空间概念;而《吕氏春秋》之"十二纪"则属于时间概念,宋

---

① 钱穆著《国史大纲》,商务印书馆1996年版,第143页。
② 王叔岷著《先秦道法思想讲稿》十三,中华书局2007年版,第191页。
③ 此文收于《贺昌群史学论著选》,中国社会科学出版社1985年版,第155页。
④ 工藤元男著,广濑熏雄、曹峰译《睡虎地秦简所见秦代国家与社会》,上海古籍出版社2010年版,第122页。按《周月》《时训》两篇,在黄怀信等撰《逸周书汇校集注》之卷六,上海古籍出版社2007年版。

代王谠《唐语林》卷二云:"《月令》,今人依陆德明说,云是《吕氏春秋》'十二纪'之首,后人删合为之,非也。盖出于《周书》第七卷《周月》《时训》两篇。蔡邕、《玉篇》云:'周公作。'是《吕纪》自采于《周书》,非《戴礼》取于《吕纪》,明矣。"①按《文心雕龙·诸子》篇:"《礼记·月令》,取乎《吕氏》之纪。"说在陆德明之前,王说此见甚确,说明《吕氏春秋》之"十二纪",实源出于《逸周书》。故而吕不韦非但如陈奇猷上述所指,全书依托阴阳家学说,而且更将学说安顿在一个渊源有自的时空系统中,以增强可信度,此正是尊天道之体现。

《史记·商君列传》指《商君书》为"开塞耕战书",原因在于商鞅"相秦不以百姓为事"!此种以百姓为达成君王目的之工具的思想,实与战国以来民本思潮存在着尖锐对立!

《尚书·梓材》云:"王惟德用和怿,先后迷民。"②

《中庸》云:"执其两端,用其中于民,其斯以为舜乎。"③

《郭店楚简》之《教》(原题"成之闻之")有曰:"上不以其道,则民从之也难。是以民可敬导也,而不可掩也……"④

《国语·周语》上第四《厉王说荣夷公》中芮良夫曰:"夫王人者,将导利而布之上下者也……"⑤

社会稳定,人伦和谐是基础,而治国者与民同乐,这是为政之核心。逆民而动,商鞅虽能令秦国其兴也勃焉,却会导致其亡也忽焉。吕不韦深察此点,所以《吕氏春秋》正以《商君书》等为论敌,虽然《吕氏春秋》之《仲秋纪》云:"申严百刑,斩杀必当。"⑥但与商鞅

---

① 王谠撰,周勋初校证《唐语林校证》,中华书局1987年版,第164页。
② 孔安国传,孔颖达正义,黄怀信整理《尚书正义》,上海古籍出版社2007年版,第567页。
③ 朱熹撰《四书章句集注》,中华书局1983年版,第20页。
④ 李零著《郭店楚简校读记》(增订本),中国人民大学出版社2007年版,第158页。
⑤ 《国语集解》,第13页。
⑥ 《吕氏春秋新校释》,第426页。

截然不同,吕氏法治要为秦国拨乱反正,令之重回民本轨道①。《左传·桓公六年》记载随国季梁所言:"所谓道,忠于民而信于神也。"又云:"夫民,神之主也,是以圣王先成民而后致力于神。"②显然反对竭泽而渔,滥用民力。

四季之秋,关乎戎兵、征讨、法制、决狱和刑戮,此反映于《吕氏春秋》"十二纪"之"三秋"部分,此充分呈现吕氏之思想、立场,亦最能说明吕氏之本质。

《吕氏春秋》"孟春纪"之《贵公》云:"天下非一人之天下也,天下之天下也。"③吕氏重视民心向背。《吕氏春秋》"季秋纪"之《顺民》曰:"先王先顺民心,故功名成。"④《吕氏春秋》"季秋纪"之《精通》云:"圣人南面而立,以爱利民为心,号令未出而天下皆延颈举踵矣……"⑤《吕氏春秋》"十二纪"《季春纪》曰:"是月也……无或作为淫巧,以荡上心。"⑥时令对应人的行为,意在节制君上淫欲,足见吕氏防遏君权的用心。

关于《吕氏春秋》"十二纪"《孟秋纪》曰:"孟秋之月,日在翼,昏斗中,旦毕中……始用刑戮……是月也,以立秋。先立秋三日……天子乃命将帅,选士厉兵,简练桀俊;专任有功,以征不义;诘诛暴慢,以明好恶;巡彼远方。是月也,命有司……"⑦据此可知天地肃杀,人事亦然,法禁生于天道之谓也,然则吕氏之刑法乃为民生消除害群之马。

"十二纪"之"三秋"谈兵论法,贯穿民本思想之主线,《吕氏春秋》"孟秋纪"之《荡兵》曰:"民之有威力,性也……兵诚义,以诛暴

---

① 《吕氏春秋》之"六论"之《无义》直接斥责公孙鞅之不义。《吕氏春秋新校释》,第1501页。
② 《春秋左传注》,第111页。
③ 《吕氏春秋新校释》,第45页。
④ 《吕氏春秋新校释》,第484页。
⑤ 《吕氏春秋新校释》,第513页。
⑥ 《吕氏春秋新校释》,第124页。
⑦ 《吕氏春秋新校释》,第380页。

君而振苦民,民之说也,若孝子之见慈亲也……中主犹若不能有其民,而况于暴君乎?"①在吕氏看来,兵,须冠以"义"字,其作用"乃以诛暴君而振苦民",制止暴君挟权势以压迫人民,此是何等清醒的认识!《吕氏春秋》"仲秋纪"之《论威》曰:"敌慑民生,此义兵之所以隆也。"②义兵之兴起,唯用于保护人民!

《吕氏春秋》"孟秋纪"之《振乱》曰:"当今之世,浊甚矣!黔首之苦,不可以加矣!天子既绝,贤者废伏,世主恣行,与民相离,黔首无所告诉。世有贤主秀士,宜察此论也,则其兵为义矣……夫攻伐之事,未有不攻无道而罚不义也。攻无道而伐不义,则福莫大焉,黔首利莫厚焉。"③黔首之苦,罄竹难书!《吕氏春秋》"孟秋纪"之《禁塞》云:"此七君者,大为无道不义……以至于今之世,为之愈甚,故暴骸骨无量数,为京丘若山陵。"④对于百姓痛苦,吕氏感同身受,统治者若能体恤,尚可转危为安,否则义兵所指,作威作福者必遭灭顶之殃!

《国语·周语》上第一《穆王将征犬戎》记述祭公谋父谏曰:"……先王之于民也,懋正其德而厚其性,阜其财求而利其器用……商王帝辛大恶于民,庶民不忍,欣戴武王,以致戎于商牧。"⑤可见孟子所谓"杀一独夫"的观点,是时人之共识,吕氏德不孤矣。

《吕氏春秋》"孟秋纪"之《禁塞》曰:"兵苟义,攻伐亦可,救守亦可。"⑥正义之师,战无不胜!

《吕氏春秋》"孟秋纪"之《怀宠》曰:"先发声出号曰:'兵之来也,以救民之死。子之在上无道,据傲荒怠,贪戾虐众,恣睢自用

---

① 《吕氏春秋新校释》,第388页。
② 《吕氏春秋新校释》,第435页。
③ 《吕氏春秋新校释》,第398页。
④ 《吕氏春秋新校释》,第407页。
⑤ 徐元诰撰,王树民、沈长云点校《国语集解》,中华书局2002年版,第2页。
⑥ 《吕氏春秋新校释》,第406页。

也,辟远圣制,謷丑先王,排訾旧典,上不顺天,下不惠民,征敛无期,求索无厌,罪杀不辜,庆赏不当。若此者,天之所诛也,人之所仇也,不当为君……'故克其国不及其民,独诛所诛而已矣。"①此正是一篇讨伐暴君之檄文,民贵君轻,义正辞严!

《文心雕龙·诸子》篇曰:"吕氏鉴远而体周,淮南采泛而文丽。"刘勰深谙两者之间一脉相承的关系,按《淮南子》虽然在编撰立场上祖述《吕氏春秋》,然而却是依照道家主旨来结撰全书。其《淮南子·时则训》一篇,近乎《吕氏春秋》"十二纪";然则《吕氏春秋》"十二纪"之"三秋"部分,穿插关于兵、法的思想,而《淮南子·时则训》意在约束天子行为,至于用兵、尚法等理念,则在《兵略训》《主术训》等篇中作深广的阐述。

《淮南子·主术训》曰:"法者,天下之度量而人主之准绳也。"②在法面前,主张人人平等,此与法家之"法治"迥然不同。

《淮南子·兵略训》曰:"兵之胜败,本在于政。"③兵,不过是政治之延续。《淮南子·兵略训》曰:"刑,兵之极也,至于无刑,可谓极之矣……因民之欲,乘民之力,而为之去残除贼也。故同利相死,同情相成,同欲相助。顺道而动,天下为向;因民而虑,天下为斗……故明王之用兵也,为天下除害,而与万民共享其利,民之为用,犹子之为父,弟之为兄,威之所加,若崩山决塘,敌孰敢当!"④其中法天道、法四时、因民欲、除残贼,这正是兵存在的意义和作用,兵顺应民心,则"天下为向",势不可挡⑤!《淮南子·兵略训》指武王伐纣,势如破竹,其原因乃:"乘时势,因民欲而取天下。"⑥

---

① 《吕氏春秋新校释》,第417页。
② 张双棣撰《淮南子校释》,北京大学出版社1997年版,第965页。
③ 《淮南子校释》,第1561页。
④ 《淮南子校释》,第1551页。
⑤ 《史记·吴王濞列传》记述,吴王派遣其中大夫应高前往胶西王处策反,应高形容藩国之形势和命运:"同恶相助,同好相留,同情相成,同欲相趋,同利相死。"
⑥ 《淮南子校释》,第1569页。

周武王取胜,更印证民心决定大势之所趋!

《淮南子·兵略训》曰:"古之用兵者,非利土壤之广而贪金玉之略,将以存亡继绝,平天下之乱,而除万民之害也……故圣人之用兵也,若栉发耨苗,所去者少,而所利者多。杀无罪之民而养无义之君,害莫大焉。殚天下之财而赡一人之欲,祸莫深焉……今乘万民之力而反为残贼,是为虎傅翼,曷为弗除!"①此秉承《吕氏春秋》挞伐《商君书》,上述刘知几《史通·自叙》指《淮南子》博极古今:"上自太公,下至商鞅。"刘安最憎恶申商,《淮南子·说山训》曰:"公孙鞅以刑罪。"②在刘安看来,立君、用兵,其目的是利民,而无义之君祸害人民,故而消除暴君,理所应当!

《淮南子·兵略训》曰:"故霸王之兵,以论虑之,以策图之,以义扶之,非以亡存也,将以存亡也。故闻敌国之君有加虐于民者,则举兵而临其境,责之以不义,刺之以过行。"③霸王之兵,天下为己任,担负跨境伸张正义的职责。而因民之欲,乘民之力,这是其举兵准则,与上述《吕氏春秋》扫荡"上不顺天,下不惠民"者,可谓同声共气,此表明不把一己强加于万民之上,相形之下,儒家礼乐教化之使命感,拔擢众生之超越感,以及所滋生权力的傲慢,至杂家,顿化作谦卑和包容。在这点上,杂家对儒法等学派构成挑战,甚至形如水火。

四 杂家与中国文学观念之确立

《汉书·艺文志》之《诗赋略》是杂家思想的产物,杂家呈示人性各个层面和侧面,是人性复杂之展现,也是人性蕴含无限可能之参照,此恰与"精骛八极,心游万仞"之文心相通。陈澧《东塾读书记》卷十二《诸子书》曰:"商鞅、韩非,皆欲人畏惧而自祸其身……

---

① 《淮南子校释》,第1541页。
② 《淮南子校释》,第1708页。
③ 《淮南子校释》,第1545页。

谈谈《吕氏春秋》"十二纪"之"三秋"思想

《吕氏春秋》可取者,曰:'凡生之长也,顺之也。使生不顺者,欲也,故圣人必先适欲。'高诱云:'适,犹节也。'(《重己》)"①对此,陈奇猷指:"适犹今语'合适',不过分。"实际上与高诱解释并无分别。《吕氏春秋》肯定人性、人情及人欲,此属于人之生命本质,不可剥夺。按《吕氏春秋》"仲春纪"之《贵生》②,认同老庄,视一己之身体、生命高于治国、平天下,因此,贵生就是重视自我,人反观自身,比放眼天下更重要。《吕氏春秋》"孟春纪"之《重己》云:"有慎之而反害之者,不达乎性命之情也。不达乎性命之情,慎之何益?……故圣人必先适欲。"而所谓"达乎性命之情",意指顺从人性之遂长,相反,扭曲、戕害人性,则令人生失去意义。《吕氏春秋》"孟秋纪"之《荡兵》云:"性者所受于天也,非人之所能为也,武者不能革,而工者不能移。"此与《郭店楚简》第四组简文(儒家文献)所谓"性自命出,命自天降"③,完全一致。然则人性天赋,在尊天道原则下,人性凛然不可侵犯,并且必须尊重其差异性独特性,每一个体均由其人性主导下,达成其生命历程,实现生命价值。《吕氏春秋》"季春纪"之《尽数》云:"天生阴阳寒暑燥湿,四时之化,万物之变,莫不为利,莫不为害。圣人察阴阳之宜,辨万物之利以便生,故精神安乎形,而年寿得长焉。"④圣人善于全生尽年,此亦保障人民共享之权利。

承先启后,《吕氏春秋》亦关注人性问题,《论语·阳货》云:"子曰:'性相近也,习相远也。'"⑤其说最为高妙。而战国中期《孟子·告子》篇谈人性善,至于战国后期《荀子·性恶》篇则以为人性本恶。前者是要人优入圣域,后者则化性起伪,要以礼法置换人的天性,令人符合其所标举的道德规范。总之,在儒法等所设置的政

---

① 陈澧撰《东塾读书记》,第 227 页。
② 《吕氏春秋新校释》,第 76 页。
③ 《郭店楚简校读记》(增订本),第 136 页。
④ 《吕氏春秋新校释》,第 138 页。
⑤ 《四书章句集注》,第 176 页。

治架构中,臣依附君权而存在,具有从属性,却无独立性,因此,其人性亦被转移为社会性,更多与政治场域相关联,自然就扼杀个性,阻碍个人化抒情之生产。《淮南子·俶真训》曰:"若夫墨、杨、申、商之于治道,犹盖之无一橑,而轮之无一辐;有之可以备数,无之未有害于用也。"①遣荡一切违背人性之学说,而以《吕氏春秋》《淮南子》为主的杂家,则在一定程度上解构了峻切的君臣关系,臣民并非天然地为君王所主宰,杂家令人成为具备独立意识之个体,拥有性情和自由,即使不能彻底摆脱君尊臣卑,然而,臣民却作为主体,被凸显于政治版图之中。《吕氏春秋》"仲秋纪"之《简选》云:"顺民所喜。"②民之要求,不应归于寂灭,而是最强音。《淮南子·说山训》曰:"仁义之不能大于道德也,仁义在道德之包。"③其所谓道德,当以老庄为指归,统治者"太上,不知有之",人民则自适其适,仁义等儒家教化则归于无谓,人纯然以其天性感受世界,七情六欲,自然而然,坦荡而正大。因此,《汉书·艺文志》之《诗赋略》云:"春秋之后,周道寖坏。聘问歌咏不行于列国,学《诗》之士逸在布衣,而贤人失志之赋作矣。"身为杂家之向、歆,对于个体化情感流露,抱持理解之同情,因此,作为魏阙之下的聘问歌咏,以至江海之上布衣之士作赋,上述叙述道出了这两者之间巨大的变迁,而正由于君臣关系松弛甚至解纽,布衣回归真正的布衣,令士人返归内心和私我,这才代表抒情文学之出现。故此,《文心雕龙·明诗》篇:"人禀七情,应物斯感;感物吟志,莫非自然。"至刘勰,对于情在文章写作中的主导地位,已经有清晰认识。杂家虽然借鉴《庄子》《老子》,然而《庄子》适性,却"至人无己",无己则忘情,若推流溯源,先秦诸子中,宽以待情者,则断断乎以杂家为首,因此,杂家可谓抒情文学之滥觞者。《诗赋略》之杂赋就有:"《杂中贤失意赋》十二篇,《杂思慕悲哀赋》十六篇。"惜乎其文不传,但是其作品当以宣

---

① 《淮南子校释》,第172页。
② 《吕氏春秋新校释》,第446页。
③ 《淮南子校释》,第1666页。

泄作者内心苦闷为主,极具抒情特质。

《吕氏春秋》"仲春纪"之《情欲》云:"天生人而使有贪有欲。欲有情,情有节。圣人修节以止欲,故不过行其情也。故耳之欲五声,目之欲五色,口之欲五味,情也。"①认为只要不放纵情欲,人的欲望不应该禁止,否则人属非人也。《吕氏春秋》"孟春纪"之《本生》云:"始生之者,天也;养成之者,人也。能养天之所生而勿撄之谓天子……靡曼皓齿,郑、卫之音,务以自乐,命之曰伐性之斧。"②人天相养,若不陷于声色过度,则可称为天子。《吕氏春秋》"孟夏纪"之《尊师》云:"故凡学也,非能益也,达天性也。能全天之所生而勿败之,是谓善学。"③进一步肯定天性不可败坏,明确人所谓善学,乃指尽量维护其天性不失而已。《吕氏春秋》"仲夏纪"之《适音》云:"心必和平然后乐……夫乐有适,心亦有适。人之情,欲寿而恶夭,欲安而恶危,欲荣而恶辱,欲逸而恶劳。四欲得,四恶除,则心适矣。四欲之得也,在于胜理,胜理以治身则生全矣,生全则寿长矣。胜理以治国则法立,法立则天下服矣。故适心之务在于胜理。"④天道偏乎虚,天理则近于实,人欲寿安荣逸,此属人之常情,无可厚非,此将人世俗欲望揭示出来,并加以肯定,故而天理不灭人欲,反映作者对于普遍人性之尊重。《吕氏春秋》"季夏纪"之《音初》云:"凡音者,产乎人心者也。感于心则荡乎音,音成于外而化乎内,是故闻其声而知其风,察其风而知其志,观其志而知其德……故曰乐之为观也深矣。"⑤认为音产生于人心,进而闻声、察风、观志,其一并而谓之乐,此乃当地风俗盛衰之表征,也是世俗社会之实录,其价值无可估量。《诗赋略》所云:"自孝武立乐府而采歌谣,于是有代赵之讴,秦楚之风,皆感于哀乐,缘事而发,亦可以

---

① 《吕氏春秋新校释》,第86页。
② 《吕氏春秋新校释》,第21页。
③ 《吕氏春秋新校释》,第208页。
④ 《吕氏春秋新校释》,第275页。
⑤ 《吕氏春秋新校释》,第338页。

观风俗,知厚薄云。"在《诗赋略》中,向、歆载录这些作品,岂止出乎史家责任感,更带有文学欣赏之热忱!《文心雕龙·乐府》篇:"暨武帝崇礼,始立乐府,总赵、代之音,撮齐、楚之气,延年以曼声协律,朱、马以骚体制歌。"通览一代文章,是在广袤沃土里诞生。

而最动人心弦者,四季之中当数秋季,《吕氏春秋》"孟秋纪"曰:"孟秋之月,日在翼,昏斗中,旦毕中……凉风至。白露霜。寒蝉鸣。鹰乃祭鸟。"此白描式记录,带有人对于秋天真切的感受,以及此种视觉、听觉感受所引发的心理反应。至西晋潘岳《秋兴赋》曰:"蝉嘒嘒以寒吟兮,鹰飘飘而南飞。"①《文心雕龙·物色》篇:"春秋代序,阴阳惨舒,物色之动,心亦摇焉……情以物迁,辞以情发。"人既属社会成员,又是自然之子,大自然四季代序,天人感应,外界变化作用人心,人的情感随着景物变迁而感动,而此种感动又导致抒情文学之萌生。《淮南子·说山训》曰:"见一叶落而知岁之将暮……故桑叶落而长年悲也。"②在秋景中,从桑叶沃若以至落矣,人联想到衰败、死亡,深感美好之短促,在自然面前,人如此脆弱,感伤的情感也一发而不可收。因此,宋玉《九辩》云:"悲哉!秋之为气也!萧瑟兮,草木摇落而变衰。"③陆机《文赋》云:"悲落叶于劲秋。"此远比"喜柔条于芳春"更具感发之兴味,悲秋于是成为文学的酵素!潘岳《秋兴赋》云:"嗟秋日之可哀兮,谅无愁而不尽。"④则将秋日里人的愁思描写得更加细致入微。

《淮南子·原道训》曰:"吾所谓得者,性命之情处其所安也。"⑤所谓"性命之情"就是人之性情,"处其所安"就指不遭扭曲,而顺其自然。既然性与命天注定,然则其所生之好恶,就是情感趋

---

① 《六臣注文选》,中华书局1987年版,第249页。
② 《淮南子校释》,第1714页。
③ 洪兴祖撰,白化文等点校《楚辞补注》,中华书局1983年版,第182页。
④ 刘禹锡《秋声赋》云:"异宋玉之悲伤,觉潘郎之么么。"卞孝萱校订《刘禹锡集》卷第一,中华书局1990年版,第18页。
⑤ 《淮南子校释》,第111页。

向,亦不容强行转变,此同样肯定人庸常之情感,亦有抒发的需求,此乃所谓人之常情,属于天赋权利,此亦为文学生长大开方便之门。《吕氏春秋》"季秋纪"之《精通》曰:"钟子期叹嗟曰:'悲夫,悲夫!心非臂也,臂非椎非石也,悲存乎心而木石应之,故君子诚乎此而谕乎彼,感乎己而发乎人,岂必强说乎哉?'"①心心相印,则以情感人,此乃文学产生之前提。《淮南子·缪称训》曰:"文者,所以接物也,情系于中而欲发外者也。以文灭情则失情,以情灭文则失文。文情理通,则凤麟极矣,言至德之怀远也……春女思,秋士悲,而知物化矣。"②许慎《说文解字》曰:"文,错画也,象交文。"人与外物相接触,如《庄子》所谓"与物相刃相靡",总而言之,人有别于动物,所产生各种情感,或文字或声音,"情往似赠,兴来如答",这就是文③,唯有真情方能令人具有对事物的对证点,且发生共鸣,因而,文与情必须达成平衡,而此间,真情表达是关键。《文心雕龙·情采》篇由此引申为:"昔诗人什篇,为情而造文;辞人赋颂,为文而造情。"表彰诗人写景抒情,其练字、章句等,均达到经典高度,为后世所不可企及者也,也阐明真情在文章写作中的决定性地位,若无病呻吟,不如无文,然则"春女思,秋士悲",属于普遍人性之抒发,换言之,乃物化作用人心的共同反应,几乎出自生命本能,因而,方成为文学的永恒主题。《淮南子·齐俗训》又曰:"礼者,体情制文者也。"④究其本质,礼亦出自人情,所谓过犹不及,所以礼亦须遵守体情制文原则,情则贯通礼和文,非但不应遏制情,并且要体情,也就是尊重人情,暗含不存在有悖人情之理的意思,情与礼,或情与理,均必须达成平衡。

缘此,杂家正是抒情文学的助推者,作为杂家,向、歆父子就拥

---

① 《吕氏春秋新校释》,第514页。
② 《淮南子校释》,第1063页。
③ 《文心雕龙·情采》篇概况为:"故立文之道,其理有三:一曰形文,五色是也;二曰声文,五音是也;三曰情文,五性是也。"
④ 《淮南子校释》,第1151页。

有特殊的文学观。关于《七略》之《六艺略》之《诗》,向、歆总结道:"故哀乐之心感,而歌咏之声发。"肯定其抒情性,已经为与后边《诗赋略》相衔接埋下伏笔,《诗赋略》最后总结道:"自孝武立乐府而采歌谣,于是有代赵之讴,秦楚之风,皆感于哀乐,缘事而发,亦可以观风俗,知厚薄云。"呼应了《诗》之"故哀乐之心感",前后勾连,无懈可击。

所以,文学产生、发展的前提条件是:把人当人看待,不拔高,也不贬低,更非视人为被管束的黔首和被奴役的工具,《诗赋略》概念,大致就根基于杂家人性论,而尊天道,又令中国文学起初就与天地自然存在不解之缘,如《文心雕龙》重《比兴》,讲《物色》,就承继着抒情与四季、万物相关连之传统;向、歆受杂家影响,尊重民间生态,于是民间之"感于哀乐,缘事而发"者,向、歆绝不排斥,反而视作此是人民心声,展现众生百态,具有存世和传世的价值。

《文心雕龙》文体论首列《明诗》《乐府》及《诠赋》三篇,乃神会《汉书·艺文志》之《诗赋略》思想之安排,通乎文章之性情者,向、歆以杂家角度开创了《诗赋略》之先河,此属最通文章性情之三体,居于文章各体极其重要的地位。《文心雕龙·诠赋》篇:"原夫登高之旨,盖睹物兴情。"《诗赋略》云:"传曰:'不歌而诵谓之赋,登高能赋可以为大夫。'"刘勰显然将上述文字作了改造,凸显其抒情性质。

故而,可以认为从杂家之《吕氏春秋》《淮南子》,以至向、歆父子,直至刘勰《文心雕龙》,真正确立了中国抒情文学之路径,为文章学之最关乎性情者,也即近乎后世所谓文学,开辟了道路!

(作者单位:香港岭南大学)

论《吕氏春秋》对先秦诸子百家的学术批评

高华平

《吕氏春秋》一书,自《汉书·艺文志》以来,在历代目录书中皆被隶之杂家,且被视为先秦杂家著作的一个标本。《汉书·艺文志》"序"杂家曰:

> 杂家者流,盖出于议官。兼儒、墨,合名、法,知国体之有此,见王治之无不贯,此其所长也。及荡者为之,则漫羡而无所归心。

《汉书·艺文志》著录的先秦杂家著作,共八家二〇三篇。但这些先秦杂家著作,除"《吕氏春秋》二十六篇(班固自注:'秦相吕不韦辑智略士作。')"流传至今之外,其余皆已亡佚。故今人论先秦杂家之思想,实多有赖于是书。

只是《汉书·艺文志》既未对《吕氏春秋》的思想特点作任何说明,其"序"杂家学说之言,似乎也存在着某种模糊不清之处。如它虽然指出了杂家有"兼儒、墨,合名、法,知国体之有此,见王治之无不贯"的"所长",但却并未指出其相应的"所短"之所在;而是转而批评杂家中有一部分"荡者为之,则漫羡而无所归心"。仿佛杂家的"所短"并非是所有杂家本身所具有的,而只是在其中的一部分"荡者"那里才存在。这就无形中将杂家分成了所谓"荡者"和"中正者"两派,给人的印象是,只有杂家中部分"荡者"的著作才存在"漫羡而无所归心"的问题,其他的杂家著作皆是"中正者"之"所为",自然就都是"兼儒、墨,合名、法,知国体之有此,见王治之无不贯"的"所长"了。

具体到《吕氏春秋》一书,《汉书·艺文志》也只是说它是"秦相吕不韦辑智略士作",同样并未对其思想特点作出任何说明。那么,帮吕不韦辑《吕氏春秋》一书的那些人,是杂家中的"荡者"还是"中正者"呢?如果他们都是些"荡者"的话,那《吕氏春秋》一书自然就是"漫羡而无所归心"之作了;如果他们都是"中正者"的话,则《吕氏春秋》无疑就是一部"兼儒、墨,合名、法,知国体之有此,见王治之无不贯"的著作了。因为班固在《汉书·艺文志》的自注中已将帮吕不韦辑《吕氏春秋》那些人称为"智略士",故他们即使不能算是杂家中的"中正者",显然也是不能划入"荡者"之列的。这也就是说,我们今天在研究《吕氏春秋》一书时,首先应该给《吕氏春秋》定下一个总的基调,即《吕氏春秋》一书并不是一部"漫羡而无所归心"之书,而是一部"兼儒、墨,合名、法,知国体之有此,见王治之无不贯"的杂家著作。

一 《吕氏春秋》的主导思想和基本原则

《吕氏春秋》既是一部"兼儒、墨,合名、法"而有所"体"、有所"贯"的杂家著作,那接下来的问题,就应该是探究其所"体"和所"贯"之所在了。对于这一点,历代论者除了一部分以之为"荡者为之"的"漫羡而无所归心"之作而对它置之不理之外,大部分研究者都曾进行过认真的探讨,并得出了各不相同的结论。有人认为《吕氏春秋》的思想"较诸子为醇正,大抵以儒家为主"(《四库全书总目》卷一一七);有人认为此书"以道德为标的",因而属于道家思想;又有人认为此书"大约宗墨氏之学,而缘饰以儒书"(卢文弨《抱经堂文集》卷十《书吕氏春秋后》);还有人认为此书之义例"因四时之序以配人事",属于"古者天人之学",即阴阳家言。要之,《吕氏春秋》在历代虽隶之杂家,具有"兼"、"合"百家之学的特点,但它实则是有其一贯之"体"——即有其"中心思想"或指导原则的。当

论《吕氏春秋》对先秦诸子百家的学术批评

然,在以上诸说中,影响最大的,是《吕氏春秋》的主导思想属道家和阴阳家二说。东汉高诱《吕氏春秋序》曰:

> ……然此书所尚,以道德为标的,以无为为纲纪,以忠义为品式,以公方为检格,与孟轲、荀卿、淮南、扬雄相表里也,是以著在《录》《略》。

对于高诱《吕氏春秋序》中的这段话,人们存在不同的解读。高氏曰"以道德为标的,以无为为纲纪,以忠义为品式,以公方为检格"云云,"道德"、"无为"固然属于道家思想,但"忠义"、"公方"则似更接近于儒家观点。故高氏接着又说,《吕氏春秋》"与孟轲、荀卿、淮南、扬雄相表里也"。孟轲、荀卿属儒家,世所周知;《汉书·艺文志》虽将《淮南子》隶之杂家、扬雄隶之儒家,但后世多以道家视之[①]。可见,高诱之言实际仍应该是说《吕氏春秋》思想乃"兼儒、道"的意思。现代郭沫若在《十批判书》中曾批判吕不韦说《吕氏春秋》对于先秦诸子有一个基本原则,即"对各家虽然兼收并蓄,但却有一定的标准,主要的是对于儒家、道家采取尽量摄取的态度"[②]。这显然也是由高诱之说而来。但当代有些学者对高诱之说又有不同理解。他们认为高诱概括的道德、无为、忠义、公方等几个方面,实际只是"吕不韦(在)要求编写者们以天、地、人统一的思想来'纪治乱存亡'"而已。这和整个《吕氏春秋·八览》的内容一样,"主要(是)讲君主应该做什么……是从君道的角度供君主治国平天下以参考"。所以,他们得出结论说:"《吕氏春秋》是新道家,是以'黄老'为名号的新道家。"[③]

《吕氏春秋》的主导思想属阴阳家之说,则以近人余嘉锡、陈奇

---

① 案《汉书·艺文志》以《扬雄所序三十八篇》入儒家,但其《太玄》《法言》及辞赋,道家思想实浓。
② 郭沫若《十批判书》,东方出版社1996年版,第423页。
③ 熊铁基《秦汉新道家》,上海人民出版社2001年版,第219—261页。

猷为代表。余嘉锡在《四库提要辨证》一书中,力辨《四库总目提要》所谓《吕氏春秋·十二纪》夏言乐、秋言兵之外,"其余绝不晓"之说为误,认为其"十二纪以第一篇言天地之道,而以四篇言人事(其实皆言天人相应),以春为喜气而言生,夏为乐气而言养,秋为怒气而言杀,冬为哀气而言死,所谓春生夏长秋收冬藏也"。此乃"古者天人之学也",正合阴阳家思想①。随后,陈奇猷进一步发扬此说,更明确地指出:

> 吕不韦之指导思想为阴阳家,其书之重点亦是阴阳家说……今观《吕氏春秋》书,《十二纪》每纪之首篇,《八览》首览首篇,《六论》首论首篇,以及《明理》《精通》《至忠》《见长》《应同》《首时》《召类》等篇,皆是阴阳家说,与《史》《汉》所指阴阳家特点正合。其《十二纪》,每纪间以他文四篇,大抵春令言生,夏令言长,秋令言杀,冬令言死,盖配合春生夏长秋收冬藏之义,正是司马谈所指阴阳家重四时大顺、天道大经之旨。其他各篇流露阴阳之说者,比比皆是。尤以《序意》篇吕不韦自明其作书之旨云:"凡《十二纪》者,所以纪治乱存亡也,所以知寿夭吉凶也",点明其书之要,乃纯阴阳家之说,益可证吕不韦是崇尚阴阳家说的。②

那么,《吕氏春秋》一书的主导思想究竟是先秦的杂家、道家,还是阴阳家呢?又该如何理解先秦道家与杂家及其代表作《吕氏春秋》对先秦诸子百家之学的"兼"、"采"、"撮"、"合"呢?它们之间的异同,特别是其差异又何在呢?我们认为,这恐怕不能离开《吕氏春秋》的文本来寻找答案。

在《吕氏春秋》一书中,最能表明其编撰者本人的学术思想及其对先秦诸子百家取舍态度的,莫过于该书中的《序意》和《不二》

---

① 余嘉锡《四库提要辨证》,艺文印书馆1965年版,第814、812页。
② 陈奇猷《吕氏春秋集释》,学林出版社1995年版,第1890页。

论《吕氏春秋》对先秦诸子百家的学术批评

两篇。《序意》篇开头曰"维秦八年,岁在涒滩,秋,甲子朔,朔之日,良人请问十二纪"云云,表明该书成书于秦始皇八年(前239年)。接着,吕氏自叙其著书的宗旨及思想原则曰:

> 尝得学黄帝之所以诲颛顼矣,爰有大圜在上,大矩在下,汝能法之,为民父母。盖闻古之清世,是法天地……上揆之天,下验之地,中审之人,若此则是非可不可无所遁矣。

对吕不韦的这段"自序",以前的学者也存在不同的理解:主张《吕氏春秋》属阴阳家观点的论者认为,吕不韦说自己"尝得学黄帝之所以诲颛顼矣","当出于《汉志》阴阳家著录的《黄帝泰素》二十一篇","本是阴阳家学说之一部分",所谓"上法大圜,下法大矩"和"上揆之天,下验之地,中审之人",亦正是阴阳家言四时大顺之学也①。主张《吕氏春秋》的主导思想属道家者认为,吕不韦《序意》中既言"得学黄帝之所以诲颛顼矣",又提出所谓"法天地"之说,此实即老子所谓"人法地,地法天,天法道,道法自然"之意,说明"吕不韦自己表述的主导思想,简言之就是'法天地'三字",也就"是以'黄老'为名号的新道家"②。

但在我看来,以上两种理解,虽然都有一定道理,但却也都是各有偏颇的。问题的关键在于,我们到底应该如何理解《吕氏春秋》一书中念兹在兹的"道"字,它与先秦诸子各家各派之所谓"道"有何联系与区别。《吕氏春秋·不二》篇曾举"天下之豪士十人",以见各人所持之"道"的不同,曰:"老聃贵柔,孔子贵仁,墨翟贵廉(孙诒让曰:"《尔雅·释诂》邢疏引《尸子·广泽篇》'墨子贵兼','廉'疑即'兼'之借字。"),关尹贵清,子列子贵虚,陈骈贵齐,阳生贵己,孙膑贵势,王廖贵先,兒良贵后。"指出了各家学术思想的差异。但这只是问题的一个方面。因为先秦诸子之学本是在当时

---

① 陈奇猷《吕氏春秋集释》,学林出版社1995年版,第1888页。
② 熊铁基《秦汉新道家》,上海人民出版社2001年版,第219—221页。

"百家争鸣"的学术背景下产生的,他们的学术宗旨又都是司马谈《论六家之要指》所说的"皆所以为治也",故各家的思想主张又不能不有异中之同。如阴阳家本是羲和之官"敬顺昊天,历象日月星辰,以授民时"的产物,属于依"天道"而行人事之学,但如果依《汉书·艺文志》而言,"实际上阴阳家与儒、道、墨、法、农等诸子学派也都具有学术思想上的许多共同点。如《汉志》称儒家为'顺阴阳,助教化者也'。道家的老庄以为'万物负阴而抱阳,冲气以为和'(《老子》第四十二章);'阴阳相照相盖相治,四时相代相生相杀'(《庄子·则阳》)。即认为世界都是阴阳之气变化的产物。墨家'顺四时而行,是以非命'(《汉书·艺文志》);而《管子·四时》则说:'阴阳者,天地之大理也;四时者,阴阳之大经也。'这即是说,墨家所谓'顺四时而行',也就是'顺阴阳而行'的意思。而农家'播五谷,劝农桑',法家奖励耕战,也要求'举事慎阴阳之和,种树节四时之适,无早晚之失,寒温之灾'。可见诸子思想皆与阴阳家学说有其相通之处"[①]。学者或以《吕氏春秋·序意》所谓"法天地","上揆之天,下验之地,中审之人"云云,为阴阳家以天地之道而配人事的思想原则,或以之为道家"法自然之道"而行事的思想原则。应该说,这些都是有一定道理的。

只是我们若从先秦诸子之学各自的差异来看,尽管诸子百家可谓皆是"以道自任者",但他们各自理解和秉持的"所以为治也"的"道",彼此却又是似是而非和各有畛域的。《吕氏春秋》所主张和作为其思想原则的那个"道",与阴阳家"因阴阳之大顺"以配人事的"天道"、或老庄"人法地,地法天,天法道,道法自然"的"自然无为之道",其实皆是并不完全相同的。

与阴阳家学说相比较来看,《吕氏春秋》不仅其"四时寄政"、"五行生克"等说全与阴阳家学说相同,而且其对邹衍"五德终始"之说更是深信不疑,甚至可能超出了一般阴阳家,故其中急切地告

[①] 高华平《先秦诸子与楚国诸子学》,北京师范大学出版社2016年版,第235—236页。

诫秦王政以水德代周的必然性和紧迫感。《应同篇》曰：

> ……凡帝王者之将兴也，天必先见祥乎下民。……及文王，天先见火，赤鸟衔丹书集于周社，文王曰"火气胜"。火气胜，故其色尚赤，其事则火。代火者必将水，天且先见水气胜。水气胜，故其色尚黑，其事则水。水气胜而不知，数备，将徙于土。天为者时，而不助农于下。……祸福之所自来，众人以为命，安知其所！

但《吕氏春秋》又并不完全盲从或照搬阴阳家的"天道"，不把天地之道当成为决定一切的绝对力量，而是在主张"适时"或"治身与治天下者必法天地也"（《召类》）的同时，强调人的能动性，强调人修德行和"知义理"，从而达到消灾化祸、变祸为福的目的。故其《尽数》篇曰"今世上卜筮祷祠，故疾病愈来"；而《制乐》篇举成汤、文王和宋景公三人修德化灾之事，力证"人德"可以影响、甚至改变"天道"之"自然"：

> ……故成汤之时，有谷生庭，昏而生，比旦而大拱。其吏请卜其故，汤退卜者曰："吾闻祥者福之先，见祥而为不善，则福不至；妖者祸之先者也，见妖而为善，则祸不至。"于是早朝晏退，问疾吊丧，务镇抚百姓，三日而谷亡。

> 周文王立国八年，岁六月，文王寝疾五日而地动，东西南北不出国郊。百吏皆请曰："臣闻地之动，为人主也。"群臣皆恐，曰："请移之。"文王曰："若何其移之也？"对曰："兴事动众，以增国城，其可移乎！"文王曰："不可。夫天之见妖也，以罚有罪也。我必有罪，故天以此罚我也。今故兴事动众，以增国城，是重吾罪也，不可。"文王曰："昌也请改行重善以移之，其可以免乎！"于是，谨其礼秩皮革以交诸侯，饬其辞令弊帛以礼豪士，颁其爵列等级田畴以赏群臣，无几何，疾乃止。文王即

位八年而地动,已动之后四十三年,凡文王立国五十年而终。

宋景公之时,荧惑在心。公惧,召子韦而问焉,曰:"荧惑在心,何也?"子韦曰:"荧惑者,天罚也;心者,宋之分野也,祸当于君。虽然,可移于宰相。"公曰:"宰相所与治国家也,而移死焉,不祥。"子韦曰:"可移于民。"公曰:"民死,寡人将谁为君乎?宁独死。"子韦曰:"可移于岁。"公曰:"岁害则民饥,民饥必死。为人君而杀其民以自活也,其谁以我为君乎?是寡人之命固尽已,子无复言矣。"子韦还走,北面载拜曰:"臣敢贺君。天之处高而听卑,君有至德之言三,天必三赏君。今昔荧惑其徙三舍,君延年二十一岁。"公曰:"子何以知之?"对曰:"有三善言必有三赏,荧惑必三徙舍,舍行七赏,舍行七星,星一徙当七年,三七二十一,臣故曰君延年二十一岁矣。臣请伏于陛下以伺候之,荧惑不徙,臣请死。"公曰:"可。"是昔荧惑果徙三舍。

由《吕氏春秋·制乐》所记成汤、周文王、宋景公三人的事迹来看,它实际并不认为自然"天道"对人事有绝对的决定作用。"阴阳寒暑燥湿,四时之化,万物之变",本身是客观的存在,"不长一类","不私一物","不阿一人",可谓"至公","莫不为利,莫不为害"(《尽数》《贵公》),人之"治身"必须无条件的遵从"天道","圣人察阴阳之宜,辨万物之利以便生,故精神安乎形,而年寿得长焉"(《尽数》)。但在人的社会活动方面,特别是"治世"方面,则不然。人在社会活动领域,自然"天道"虽然仍然发挥着某种感应或警示功能,却并不能对人发生"顺之者昌,逆之者亡"的决定作用。只要人们如成汤、周文王、宋景公那样"明理"、"修德",照样可以逢凶化吉、转祸为福。从这个意义上讲,《吕氏春秋》对阴阳家"牵于禁忌,拘于小数,舍人事而任鬼神"的偏颇,甚至其"五行相生相克"和"五德终始"之说,实际上都进行了理性的批判和修正的,从而使自己与阴阳家的思想和学说划清了界线①。

与道家学说比较来看,尽管如郭沫若所云,在《吕氏春秋》书中"道家颇占势力","书中每称引《庄子》,有好些辞句与《庄子》书完全相同"②,可以说《吕氏春秋》对道家学说吸取最多。但《吕氏春秋》思想中的所谓"道",与道家之所谓"道"却是并不完全相同的。《吕氏春秋·不二》篇,是该书中对先秦诸子作出全面批评之作,在该篇所举出的先秦诸子之"天下之豪士"中,可以明确归为道家学派的,即有老聃、关尹、子列子、田骈(《汉书·艺文志》入"道家")、阳生(杨朱)等五人,占到了整整一半之多。这还不包括《史记·孟子荀卿列传》中作为稷下黄老道家人物而叙述的尸子等人。《吕氏春秋·重言》曰:"故圣人听于无声,视于无形,詹何、田子方③、老聃是也。"所标举以为"圣人"者,与其他学派的"圣人"没有任何交叉,皆道家中人。故《吕氏春秋》书中屡引老子、庄子、列子、子华子等先秦道家学者之言,可见其对道家态度之一斑。

先秦道家学派,《汉书·艺文志》共著录有三十七家九百九十三篇,首列"《伊尹》五十一篇",其次有"《太公》二百三十七篇"、"《鬻子》二十二篇"、"《筦子》(颜师古曰:"筦,读与管同。")八十六篇"等。近代学者蒙文通等人,以为先秦道家其实可分为南北两派;陈奇猷则据《吕氏春秋》诸篇引伊尹学说及其行事,认为先秦道家存在所谓伊尹学学派。我在经过细致梳理先秦道家发展历史后,发现先秦道家殆可分为三派,即以老庄代表的南方道家,以杨朱为代表的北方道家和以稷下学派为代表的"黄老道家"④。杨朱

---

① 案:陈来《古代思想文化的世界:春秋时代的宗教、伦理与社会思想》(北京大学出版社 2017 年版)中有类似的观点,可以参看。

② 郭沫若《十批判书》,东方出版社 1996 年版,第 446 页。案:《吕氏春秋》引《老》《庄》的情况,可参看牟钟鉴《〈吕氏春秋〉与〈淮南子〉思想研究》,人民出版社 2013 年版,第 22—25 页。

③ 案:韩愈《送王秀才序》中有庄子师田子方之说。

④ 高华平《由詹何看先秦道家思想的发展演变》,《哲学研究》2013 年第 9 期。

道家一派,蒙文通又曾以为"杨氏之学,源于列御寇,而下开黄老"①。我也曾认同此说。但从《吕氏春秋》所引述的道家学说来看,杨朱之学应该是以"为身与治国"、"治身"与"治世"为一致的道家学说,而当源于上古伊尹之学。

伊尹之书,《汉书·艺文志》除道家著录的"《伊尹》二十二篇"外,"小说家"又著录有"《伊尹说》二十七篇"。但二书皆已亡佚,后人辑佚,不过采先秦两汉古籍中有关伊尹言行事迹,裒为一帙。伊尹学说虽佚,然赖《吕氏春秋》之《先己》《本味》诸篇而得以存其真。《吕氏春秋·先己》篇载:

> 汤问于伊尹曰:"欲取天下若何?"伊尹对曰:"欲取天下,天下不可取。可取,身将先取。"

同书《本味》篇又载:

> 汤得伊尹,祓之于庙,爝以爟火,衅以牺猳。明日,设朝而见之,说汤以至味。汤曰:"可对而为乎?"对曰:"君之国小,不足以具之,为天子然后可具。夫三群之虫,水居者腥,肉玃者臊,草食者膻,臭恶犹美,皆有所以。凡味之本,水最为始。五味三材,九沸九变,火为之纪……非先为天子,不可得而具。天子不可强为,必先知道。道者,止彼在己,己成而天子成,天子成则至味具。故审近所以知远也,成己所以成人也,圣人之道要矣,岂越越多业哉!"

以往的学者多因《本味》篇所记与《孟子》中所谓"伊尹以割烹要汤"近似,故疑其乃《汉志》小说家"《伊尹说》二十七篇(班固自注:'其语浅薄,似依托也。')"中之一篇,陈奇猷更因而进一步分所谓"伊尹学派"为二:一曰道家之伊尹学派,一曰小说家之伊尹学

---

① 蒙文通《古学甄微》,巴蜀书社1987年版,第267页。

派,《先己》所载为道家伊尹学派,《本味》所记则为小说家之伊尹学派①。我在《先秦的"小说家"与楚国的小说》一文中曾说,如果从文体学的角度来看,先秦诸子著作实际只有两大类,即"经"和解"经"的"经说"、"经解"等。而先秦诸子中的"小说家"主要是从著作文本形式而非是从其思想内容上对它的一个分类②。因此,认为传承伊尹学说的所谓"伊尹学派",可分为"道家之伊尹学派"和"小说家之伊尹学派",这一说法是不可取的。先秦实际只有一个伊尹学派,即道家之伊尹学派;如果这一学派中的某些学说不是以书面的形式("镂之金石"、"琢之盘盂"或"著于竹帛")而是以"口说流传"的形式("街谈巷语,道听途说者之所造也")传承,则被归入到了所谓"小说家之伊尹学派"。《孟子·万章上》之"伊尹以烹割要汤",《吕氏春秋·本味》之"有侁氏以伊尹媵女",等等,皆是其例。如果从思想内容来看,则这两个所谓"伊尹学派"实际并无区别:不论"道家之伊尹学派"还是"小说家之伊尹学派",都具有一个共同的思想特点,即它们都不一般地谈论"治国",而是以为"治国必先治身",由"治身"而通向"治国"——具体来说,是由"具至味"以"治身"(养生),然后由己及人、由近及远,推论治国平天下之道。《吕氏春秋·情欲》曰:"古之人治身与治天下者,必法天地也。"可见,"治身"与"治国家天下"是相通的,都必须以天地之道为准的。故《吕氏春秋·先己》曰:"昔者,先圣王成其身而天下成,治其身而天下治。故善响者不于响于声,善影者不于影于形,为天下者不于天下于身。"此后,杨朱学派中的詹何、子华子等人由"治身"("贵己"、"尊生"和养生)而"治国"的思路,与所谓"伊尹学派"学说正是一脉相承的,而儒家思、孟学派的推己及人之说,亦应多少受其影响。《吕氏春秋》书中既对道家老子、关尹、列子、阳朱、田骈等人的学说有精到的概括(见《不二》篇),全书又多引道家老子、子华子、

---

① 陈奇猷《吕氏春秋集释》,学林出版社1995年版,第724页。
② 高华平《先秦的"小说家"与楚国的小说》,《文学评论》2016年第1期。

庄子、列子、詹何等人之言，足见其对道家之学的重视。如《吕氏春秋·制乐》曰："故祸兮福之所倚，福兮祸之所伏，圣人独见，众人焉知其极。"此乃引《老子》第五十八章而稍加变化，所明为祸福对立转化之义。同书《乐成》曰："大智不形，大器晚成，大音希声。"此不言引《老子》，但与《老子》第四十一章所谓"大方无隅，大器晚成，大音希声，大象无形"略同。同书《君守》曰："故曰：'不出于户而知天下，不窥于牖而知天道。其出弥远者，其知弥少。'"见于《老子》第四十七章。同书《行论》引《诗》曰："将欲毁之，必重累之；将欲踣之，必高举之。"与《老子》第三十六章"将欲翕之，必固张之；将欲弱之，必固强之；将欲废之，必固兴之；将欲夺之，必固与之"相类似。这些地方，虽也涉及"道"的无言无形的特性，但并不是为了论证其虚无恍惚；虽也涉及"德"的无为，但并不是为了否定仁义礼智。故《吕氏春秋》言"道"之"无形"和"无象"，只是为了阐明君道之"无得"、"无识"与"无事"（《君守》），只是为了论证"至智去智，至仁忘仁，至德不德"的"君人南面之术"（《任数》）。可以说，《吕氏春秋》对先秦道家的各个学派的学术思想都有接受、扬弃和发展：它对老庄道家的"道德"本体论学说、事物相互对立转化和"达于性命之情"的观点，都有继承和吸收，但扬弃了其中过于虚无和消极的成分，而朝黄老道家或"道法家"（"法道家"）的方向发展了，故与杨朱学派的观点更为接近[①]。故近人顾实等将《吕氏春秋》之《本生》《重己》《贵生》《情欲》《尽数》《先己》诸篇，皆视为杨朱遗说[②]。而在现存先秦诸子著作中，《吕氏春秋》一书中引杨朱学派中詹何、子华子之说，亦为最多。特别是子华子之说，先后为《吕氏春秋》之《贵生》《先己》《审为》《诬徒》《知度》《明理》所引，使《汉志》无一字言及的子华子之学，几有端绪可寻，功莫大焉。

---

① 案：清人多以杨朱属黄老，近人蒙文通著《杨朱学派考》发扬之，以为稷下黄老学派尽属杨朱之学。如从各派各人之学术差异看，此说或有不妥，但若以诸家皆重"为国（治国）"言，则此说亦为有见。

② 顾实《杨朱哲学》，岳麓书社2010年版，第45页。

由此可见,《吕氏春秋》一书所持之"道",既非阴阳家的天地之道,也非先秦道家各派的"治身"和"治国"之道,而是属于其自身所特有的"兼"采百家而不专主、不滞留于某一家的杂家之"道"——《吕氏春秋》称之为"圜道"。以往学者皆只注意到《吕氏春秋·序意》所谓"法天地"之说,并以之为源于《老子》"人法地,地法天,天法道,道法自然",而以之属黄老道家,实际上《吕氏春秋》的"圜道",并不等于道家的"天地自然之道",二者乃似是而非。《圜道》开篇曰:

> 天道圜,地道方,圣王法之,所以立上下。何以说天道之圜也?精气一上一下,圜周复杂,无所稽留,故曰天道圜。何以说地道之方?万物殊类殊形,皆有分职,不能相为,故曰地道方。主执圜,臣处方,方圆不易,其国乃昌。

接着,《圜道》又历数了"圜道"的各种表现:"日夜一周",生物的"萌"、"生"、"长"、"成"、"衰"、"杀"、"藏","云气西行","水泉东流","帝无常处",人之九窍"一不留处",圣之法令"瀸于民还周复归",等等。并且说,以此"圜道"治五音,"音皆调均";以此治事,"主无不安";"以此治国,国无不利"。初看起来,《吕氏春秋》的"圜道"似乎只是指"天道"或"自然之道",即所谓"天道圜",但进一步考察则会发现,《吕氏春秋》的"圜道"实际是包含"天、地、人"而言的。它既是《吕氏春秋》所认定的世界运动的总规律,也是其评判世界一切事物的总原则,毫无疑问即是该书的主导思想。所谓"地道方",其实是说,若静止地看,地上的方物"殊类殊形,皆有分职,不能相为";而如果从"还周复杂"或"还周复归"的角度来看,则万事万物无一不是处于"无所稽留"、循环往复的运动之中。那么世上事物,特别是人事也表现出"圜道"呢?许维遹《吕氏春秋集释》引俞樾解"以言不刑蹇,圜道也"曰:"然则'不刑蹇'者,不踬碍也。盖引黄帝而言而释之曰:'帝无常处者,以言不踬碍也,是圜道也。'

《应同篇》引《商箴》而释之曰:'以言祸福人或召之也。'文法并同。"[①]可见,《吕氏春秋》中地上方物人事也遵循"圜道",主要是指其"不蹶碍","不留处",用《老子》中的话说,这叫事物的"伏"、"倚"或"复",用《应同》篇的话说,即是"类固相召,气同则合,声比则应"。简言之,则是事物永不停留的、周而复始、循环往复的存在法则。《老子》曾言"反者,道之动"(第四十章),又云"万物并作,吾以观复"(第十六章)。所言似乎也是一种循环往复、周而复始的"圜道"。但《老子》的这种循环往复的"自然之道",实际更接近于阴阳家的"阴阳之道",而《吕氏春秋》的"圜道",其实是与之有别的。其一,《老子》的"反复"之道为纯粹的"自然之道",人于此"道"只能俯首听命、一味顺应;而《吕氏春秋》的"圜道"则是同时也强调了人的主动性的,认为人如能积极"为善"、"积德",也可以影响、甚至改变"天道"的运行轨迹。如上文引《制乐》篇中的成汤、周文王、宋景公之例,即是如此。其二,《老子》的自然"反"、"复"之道,虽强调一任"自然",但其实仍是有所"滞留"的——"滞留"于其本身的"柔道"(所谓"老聃贵柔"),对儒家的仁义之道就予以了明确的批判与否定;而《吕氏春秋》的"圜道",则对先秦的诸子百家一视同仁,皆既有吸引、肯定,也有批判与扬弃——用它自己的话说,叫"无所稽留"或"一无留处"。所以,我认为,《吕氏春秋》一书的主导思想和指导原则,既不可能是阴阳家思想,也不可能是道家或黄老道家学说,而只能是坚持"圜道"的杂家思想。从学派的归属来说,吕不韦编撰《吕氏春秋》因为兼采各家学说,故《吕氏春秋》属于《汉书·艺文志》中的杂家。

二 "兼儒、墨"——《吕氏春秋》对儒、墨的学术批评

作为杂家的《吕氏春秋》对儒、墨的基本态度,即《汉书·艺文志》所谓"兼儒墨"。而这里所谓"兼",在我看来,不仅是如《荀子》

---

① 许维遹《吕氏春秋集释》,中华书局2009年版,第80页。

所说的"君子贤而能容罢,知而能容愚,博而能容浅,粹而能容杂"(《荣辱》)的兼容并包之术,而且还至少包含还有这样两个层面的意思:一是它对儒家、墨家两个学派同时都既有肯定、吸收,也有否定和摒弃、批判和继承两个方面;二是说它对儒、墨两家所涉及的思想观念和价值观念等,进行了综合或重新整合,以形成为既与儒、墨思想密切相关,又与其并不完全相同的思想内涵。

就对儒家思想的肯定、吸收和否定、扬弃而言,《吕氏春秋》吸收儒家思想的显例,当属《大乐》《侈乐》《适音》《古乐》《音律》《音初》诸篇对儒家《乐论》思想的继承。此外,《吕氏春秋》对儒家源于孔子的仁义忠信等观念和思孟学派的"五行"学说及荀子"明分使群"、隆礼重法的思想,也都有明显的继承和发展。《吕氏春秋·去私》以孔子之言称赞祁黄羊为"至公"、《先己》篇由孔子之言发挥出"修身"然后"治天下"之理、《尊师》篇以孔子之"学而不厌,诲人不倦"而见师道之可尊、《高义》篇以孔子见齐景公不受廪丘之养而称颂孔子"取舍不苟"、"动必缘义,行必诚义",等等,皆可见其对儒家价值观的肯定与吸收①;《劝学》篇又曰:"先王之教,莫荣于孝,莫显于忠。忠孝,人君人亲之所甚欲也。"《孝行览》曰:"凡为天下,治国家必务本而后末……务本莫贵于孝。"这些显然是对孔子"文、行、忠、信"和孔门弟子"孝弟(悌)也者,其为道之本与"(《论语·学而》)以及《孝经》所谓"以孝事君则忠"思想的继承。此外,《吕氏春秋·顺民》曰:"先王先顺民心,故功名成,大以德得民心,以立大功名者,上世多有之矣。失民心而立功名者,未之曾有也。"这与孟子所谓"得民心者得天下,失民心者失天下"之说,应该具有某种继承关系。《荀子·王制》和《非相》等篇曾说:人之"力不若牛,走不若马,而牛马为用",因为"人能群,彼不能群";而人之所以"能群",则在于人之有"礼义"、"明分"、"能辨",即所谓"明分使群"。无独有偶,《吕氏春秋·恃君览》亦有类似言论:

---

① 案:此点前人已多有所论。

> 凡人之性，爪牙不足以自守卫，肌肤不足以扞寒暑，筋骨不足以从利辟害，勇敢不足以却猛禁悍，然且犹裁万物，制禽兽，服狡虫，寒暑燥湿弗能害，不唯先有其备，而以群聚邪。群之可聚也，相与利之也。利之出于群也，君道立也。

初看上去，《吕氏春秋》把人"何以能群也"的原因归结为"相与利之也"，似乎与《荀子》将之归结为"分"、"义"或"礼义"有所不同。但实际上，《荀子》说明"分"、"义"何以能行时，同样也是着眼于"利"的。冯友兰说《荀子》将"人何以能群"，"归结为'和则一，一则多力，多力则强，强则胜物，故宫室可得而居'。则仍从功利主义立论"①。正指明了这一点。从另一方面看，虽然《吕氏春秋》认为"群之可聚也"的基础，在"相与利之也"，但其所谓"利"却仍然是礼义名分的"利"，即是植根于"分"与"义"的。故《吕氏春秋·恃君览》在论"利之出于群也，君道立也"之后，又充分阐明了"昔太古尝无君矣，其民聚生群处，知母不知父，无亲戚兄弟夫妻男女之别，无上下长幼之道，无进退揖让之礼，无衣服履带宫室畜积之便，无器械舟车城郭险阻之备"等君臣上下之"礼义"不明之患；而《吕氏春秋·处方》则曰："凡为治必先定分……君臣、父子、夫妇六者当位……同异之分，贵贱之别，长少之义，此先王之所慎，而治乱之纪也。"这就与《荀子》一样，根本上都是将"何以能群"的目的和基础，最终归结为名分和礼义的。故汪中《补遗吕氏春秋序》谓《吕氏春秋》一书"《劝学》《尊师》《诬徒》（一作《诋役》）《善学》（一作《用众》）四篇，皆教学之方，与《学记》表里。《大乐》《侈乐》《适音》（一作《和音》）《古乐》《音律》《音初》《制乐》皆论乐。《艺文志》言刘向校书，别得《乐记》二十三篇。今《乐记》有其一篇，而其他篇名载在《别录》者，惟见于《正义》所引。按本书《适音》篇，《乐记》载之。疑刘

---

① 冯友兰《中国哲学史》（上），重庆出版社 2009 年版，第 246 页。

向所得,亦有诸子同于河者献王者。凡此诸篇,则六艺之遗文也"①。

《吕氏春秋》虽然对儒家思想肯定、吸收和赞扬最多,以至于学者多以为该书"大抵以儒家为主",但它对儒家实际也是有批评和否定的。如《至公篇》在比较孔子和老子二人评论楚人"遗弓"一事后说:"故老聃则至公矣。"这种"在孔子之外另增加老聃之举",实则是"把老聃置于孔子之上",是在"以老子来贬抑孔子"②;同时也等于批评了孔子的心胸还不够广大,尚未达到真正的"至公"。又如,《吕览·审应览》记"孔思请行"时与鲁君"鸟骇则举"的对话后,说:"凡鸟之举也,去骇从不骇。去骇从不骇未可知也,去骇从骇则鸟曷为举矣? 孔思之对鲁君也亦过矣。"又显然是在批评孔思之言未能"名"、"实"相符,有"妄言"之嫌。《吕氏春秋·有度》曾说:"孔墨之弟子徒属充满天下,皆以仁义之术教导于天下,然无所行,教者术犹不能行,又况于所教?"这里虽是合孔、墨而言,但实际上和《韩非子·五蠹》一样,也主要是针对天下之圣人孔子的,即所谓"仲尼天下圣人也,修行明道以明海内,海内说其仁美其义,而为服役者七十人"(《韩非子·五蠹》)。不同的是,《韩非子》是在以其"势"论批评孔子"仁义"之说的难以实行;而《吕氏春秋》则沿孟子批评告子"仁内义外"的思路,认为"仁义"皆属内在道德实践的德目,而批评孔门后学的以外胜内为"不通性命之情矣"。

就《吕氏春秋》对墨家思想的态度而言,历代学者的认识似有较大出入。一种观点认为,《吕氏春秋》是完全肯定墨家的,故此书"大约宗墨氏之学,而缘饰以儒术",以至于可以说,其书虽"成之者非一人",但"其墨者多也"。另一种观点则相反,认为《吕氏春秋》"可谓尽了反对墨家的能事",不仅口头反对墨家的"非攻"、"偃兵"、"非乐"、尊天明鬼,而且在其反对名辩的"苛察"时,"反对的当

---

① 汪中撰,李金松校笺《述学校笺》(下),中华书局2014年版,第535—536页。
② 高华平《先秦的"小说家"与楚国的小说》,《文学评论》2016年第1期。

然也不止名家，就是墨家后学的辩者之流也是在所反对之列的"。而其所采取的"尚贤"、"节用"、"兼爱"的观点，因其实际内容近于儒而异于墨，故可谓"是儒家的，而并非墨家的"①。当然，也有一种比较客观、公允的折中之说，认为《吕氏春秋》对于墨家的态度，前后确"有抵牾者，《振乱》《禁塞》《大乐》三篇，以墨者之非攻、救守及非乐为过；而《当染篇》全取《墨子》，《应言篇》司马喜事，则深重墨氏之学"②。

事实上，《吕氏春秋》对墨家学说正是既有吸收、继承，也有批评和扬弃的。《吕氏春秋》对墨家学说的吸收、继承，如《当染》篇吸取了墨家的"所染"思想，而《应言》篇则将难墨者"非攻"的司马喜驳得哑口无言，显然也是对墨家的肯定。《去私》篇称墨者钜子腹"忍所私以行大义"，《节丧》《安乐》宣扬墨者"节葬"、"尚俭"之旨，《高义》称"子墨子游公尚过于越"而拒越王江浦书社三百里之封，《上德》赞墨者钜子等死阳城君之义，《爱类》记"墨子能以术"御荆免宋之难，等等，亦皆是其对墨者学说的肯定、吸收或继承。

正如汪中所指出的，《吕氏春秋》对墨家思想的批评和扬弃，主要集中于《振乱》《禁塞》《大乐》等篇对墨家"非攻"、"偃兵"、"非乐"等观点的批判上。在《墨子》中，《非攻》上、中、下三篇及《公输》《鲁问》《耕柱》诸篇，都有明确的"非攻"思想，从道德的"不义"，给国家和人民生产生活造成的巨大损失，以及对鬼神宗庙造成的破坏等多方面论证了侵略和兼并战争的危害，表达了强烈的"非攻"或反战倾向。《吕氏春秋》则与之针锋相对，其中《荡兵》《振乱》《禁塞》《怀宠》四篇，可以说完全是站在《墨子·非攻》诸篇中"饰战者"的立场上对墨家"非攻"思想的批驳。《吕氏春秋》以上诸篇首先认为，兵战自古即有，"攻战"只是一种客观的存在，具有正、负两方面

---

① 郭沫若《吕不韦与秦王政的批判》，《十批判书》，东方出版社 1996 年版，第 438—446 页。
② 汪中《补遗吕氏春秋序》，汪中撰，李金松校笺《述学校笺》（下），中华书局 2014 年版，第 535—536 页。

的功效,关键在于如何使用,绝不可因噎废食。如果攻战者是"攻无道而伐不义","则福莫大焉,黔首利莫厚焉"(《振乱》)。相反,倒是墨者所持的"救守"之术,则完全是不辨是非的:"夫救守之心,未有不守无道而救不义也。""救守者"开始也许只是"以说"——欲以言说打动统治者,但在言说不行的情况下,则"必反之兵矣",走向"非攻"和"偃兵"的反面,同样借助于兵战(《禁塞》)。所以,《吕氏春秋》说墨家"非攻"、"偃兵"的思想,如果以"义"和"理"来进行评判,就会发现它并不合"义理";而如果从当时的社会现实来看,更可以说对它应给予了无情的否定:"故义兵至,则邻国之民归之若流水,诛国之民望之若父母,行地滋远,得民滋众,兵接刃而民服若化。"(《怀宠》)

应该说,《吕氏春秋》和《墨子》对兵战的态度,虽都标榜从"义理"出发,但结论却是完全相反的。其主要原因,乃是因为二者所处的时代和立场不同。墨子既站在小生产者立场上,所处的又是春秋战国之际——周朝虽然已是礼崩乐坏,但周天子还是名义上的"天下共主";而吕不韦所处的战国末期,时代已提出通过战争实现国家统一的必然要求,吕不韦又以相国之重,"号称仲父"(《史记·吕不韦列传》),故他必然会为当时秦国发动的兼并战争进行辩护,而斥山东诸国的"救守"之举为"与义理反"。同样,墨子站在小生产者的立场上主张"节用"、"节葬"和"非乐",吕不韦却完全是从"南面君人"的角度来看待墨家的这些思想主张的。如《墨子》论"厚葬久葬"之弊有"以厚葬久丧者为政",此不可求"禁止大国之攻小国也"和不可"以干上帝鬼神之福"两项,而《吕氏春秋》之《节丧》《安死》等篇则仅言及其奢侈浪费和炫富而使死者不得安身。可见,《吕氏春秋》即使在采用墨家的观点时,对其也作了某些修正。而《吕氏春秋·大乐》《侈乐》《适音》《古乐》"不仅接受了公孙尼子的《乐论》的音乐理论,有时还把它扩张了,在这儿同时还尽了反对墨家的能事"[①]。《吕氏春秋·大乐》篇曰:"凡乐,天地之和,阴阳

---

① 郭沫若《十批判书》,东方出版社1996年版,第441页。

之调也。始生人者天也，人无事焉……世之学者有非乐者矣，安由出哉？"把墨家"非乐"的一切理由从根本上推翻了。

当然，正如上文所指出的，《吕氏春秋》对儒、墨两家的批判和继承，更主要的还表现在所谓"兼儒、墨"的一个"兼"字上。这个"兼"字，一是表层的综合，将儒、墨两家合并而论；二是深层的整合，将儒、墨两家的某些核心观点加以融会贯通，创造出一些《吕氏春秋》所独有的、与儒墨二家既有联系又有区别的思想观念。表层的综合，如《吕氏春秋》之《当染》《顺说》《高义》《尊师》《博志》《有度》《下贤》等，或将儒、墨并列，或将孔丘、墨翟并提而称"孔、墨"，即是如此。此时的儒、墨或孔、墨，正如《韩非子·显学》篇中的"世之显学，儒、墨也"，不过是以"儒、墨"并称而指代当时社会的学者或"文学之士"。深层的整合，则可以说是对儒、墨二家思想的批判、继承与发展。如儒、墨都谈"仁"、"义"和"仁义"，《吕氏春秋》则在此基础上有其新的发展。儒家孔子的思想以"仁"著称，即《吕氏春秋·不二》所谓"孔子贵仁"。孔子又曾以"克己复礼为仁"、"仁者爱人"、"刚毅木讷近仁"、恭、宽、信、敏、惠等多种品德为"仁"，可见孔子是把"仁"分成了若干层次的：第一个层次，"是把人当人看，把人的生命视为万物中最可宝贵者"；第二层次，"是'克己复礼为仁'"；第三层次，也是"最高的层次，是以上众多品德的集合"——"已超凡脱俗，转识成智，达到了'圣人'的境界"[①]。孔子也讲"义"，所谓"君子义以为上"（《论语·阳货》），"君子义以为质，礼以行之"（同上，《卫灵公》），"见义不为，无勇也"（同上，《为政》），"见得思义"（同上，《季氏》）。但孔子并未对"义"有更多的说明，故后人谓"孔子所谓'义'即道德原则之义……泛指道德的原则"[②]。孔子之后，儒家的孔门七十子及其弟子已开始把"仁"、"义"对举。

[①] 高华平《楚简文字与先秦思想文化》，中国社会科学出版社2016年版，第60—62页。

[②] 张岱年《中国古典哲学概念范畴要论》，中国社会科学出版社1987年版，第161页。

相传为子思所作的《中庸》和《表记》《礼运》等篇,即有其例。《中庸》曰:"仁者人也,亲亲为大;义者宜也,尊贤为大。"《表记》曰:"仁者天下之表也,义者天下之制也。"《礼运》曰:"义者,艺之分、仁之节也……仁者,义之本也。"此后,《孟子》一书遂如朱熹《孟子序说》所云:"仲尼只说一个仁字,孟子开口便说仁义。"似乎"仁义"已"是当时人的常用辞语"。故有学者推测"以'仁义'并举,可能始于孔门再传弟子"①。《墨子》是现有文献中最早"将仁义相连并举的"②,且《墨子》一书有对"仁"、"义"的严密界定。《墨子·经上》:"仁,体爱也";"义,利也。"《墨子·经说上》曰:"仁,爱民者,非为民用也,不若爱马者,若明";"义,志以天下为芬(分),而能能利之,不必用。"这里墨家所谓"仁,体爱也",主要是指"墨家爱人纯由情出,豪无所为,不若爱马者为其驰也";所谓"义,利也"或"义,志以天下为芬(分),而能能利之,不必用",是说"义"者,而有志于天下之内"能善利之也"③。可见,墨家所谓"仁",虽与儒家的"仁者爱人"或"仁者人也"有共同之处,但墨家之所谓"仁义"则与儒家明显有别。这种区别主要有二:一是儒家的"仁",在孔子那里已是有区分为若干层次的(见前述),到孟子那里更有"仁与亲与爱的层次"④;即使就"仁"皆为"仁爱"之义而言,儒、墨之"仁爱"也是有别的。这就是人们常说的儒家的"仁爱"为等差之爱,而墨者的仁爱乃为"兼爱"。《吕氏春秋·不二》篇所谓"孔子贵仁,墨子贵廉(兼)",实际是指出了二者在"仁爱"上的不同。二是儒家"仁"、"义"("仁义")观虽也划分"仁"、"义"为二种德目,将二者视为人之内心的固有性情,但其实更重视"仁";把"仁"作为人的所有道德的基础和原则,而把"义"作为道德行为的具体原则,含有"对于人们行为的裁制、节制"

---

①④ 张岱年《中国古典哲学概念范畴要论》,中国社会科学出版社1987年版,第163页。

②③ 吴毓江《墨子校注》,中华书局1993年版,第490页。

或"规范"之义①,甚而有《礼运》所谓"仁者义之本也"或某种"仁内义外"的倾向。——《孟子》书中以"仁内义外"为告子之说,并对之进行了猛烈的抨击,但我认为,客观地看,无论是《中庸》的"仁者人也,亲亲为大;义者宜也,尊贤为大",还是孟子自己的"亲亲仁也,敬长义也",其实际都说明暗含着某种人我、内外分别的意思。赵岐注《孟子》称行告子为"兼治儒墨道者",似亦将"仁内义外"视为儒、墨"仁义"观所共有。与之不同,墨家的"仁义"既明确主张"仁"为人之内心所自出而"义"为人所作出的"利他"之举,故有明确的"仁内义外"之意;另一方面,由于墨子学说重实用功利的出发点,故不论墨子所主张的"仁"还是其主张的"义",都是以"利"为宗旨的。《墨子·非命》上、中、下三篇皆提出了对事物的价值评判的所谓"三表法"——"上本之古者圣王之事","下原察百姓耳目之实","发以为刑政,观其中国家人民之利"(《非命》上,《非命》中、下"三表"顺序有时倒置)。胡适认为,《墨子》的"三表法","第一表和第二表是同样的意思,第三表说的是现在和将来的实际应用,第一表说的是过去的实际应用"②。但如果更准确一点来说,墨子"三表法"所注重的,应该是观其中"国家人民之利"的一个"利"字。《墨子》中论"兼爱"、"非攻"、"非乐"、"节用"、"节葬",其出发点和归宿无不在这个"利"字上。《兼爱中》曰:"子墨子言曰:仁人之所以为事者,必兴天下之利,除天下之害,以此为事者也。"可见,其一切行为主张的出发点,确在一个"利"字,其所谓"兼相爱",其实也就是"交相利"。故墨家之"仁义",实际也就是所谓"爱"和"利",而其落脚点既在一个"义"字上,亦在一个"利"字上。故《墨子》有《贵义》之篇,其"非攻"、"非乐"、"节用"、"节葬",亦常责他人以"不义"。如《非攻上》曰:"杀一人谓之不义……杀十人十重不义……杀百人百重不义……今至大为不义攻国,则弗知而非,从而誉之,谓之也。

---

① 张岱年《中国古典哲学概念范畴要论》,中国社会科学出版社 1987 年版,第 164—165 页。

② 胡适《中国哲学史大纲》,学林出版社 1997 年版,第 118 页。

情不知其不义也……"而何以知其"不义也"? 则曰:"以亏人自利也。"

《吕氏春秋》既以孔、墨或儒、墨对举,对儒、墨两家进行了外在形式上的初步整合,接下来必然要从思想观念上对二者做出更深层的整合,提出一种与儒、墨原有思想既有联系又有区别的新思想。《吕氏春秋》中的"仁"、"义"或"仁义"观,可以说就是它对先秦儒、墨两家既有思想观念批评、继承和扬弃的产物。《吕氏春秋·论威》曰"古之君民者,仁义以治之,爱利以安之,忠信以导之",即以"仁义"为治国之首术,与儒、墨的"仁治"观点已十分相近。同书《爱类》论"仁"曰:"仁于他物,不仁于人,不得为仁。不仁于他物,独仁于人,犹若为仁。仁也者,仁乎其类者也。"《吕氏春秋·爱士》记赵简子杀爱骡而救阳城胥渠之事曰:

> 赵简子有两白骡而甚爱之。阳城胥渠处广门之官,夜款门而谒曰:"主君之臣胥渠有疾,医教之曰:'得白骡之肝,病则止,不得则死。'"谒者入通,董安于御于侧,愠曰:"嘻!胥渠也,期吾君骡,请即刑焉。"简子曰:"夫杀人以活畜,不亦不仁乎? 杀畜以活人,不亦仁乎?"于是召庖人杀白骡,取肝以与阳城胥渠。

《吕氏春秋》此处所赞扬的赵简子之"仁",显然即是其"仁也者,仁乎其类者也"仁爱观的具体化,与儒家"仁者爱人"或"仁者人也"同调,而源于孔子的"厩焚。子退朝,曰:'伤人乎'? 不问马"(《论语·乡党》)的思路,合于孟子所谓"君子之于物也,爱之而弗人"之义(《孟子·尽心上》)。《吕氏春秋·论威》又论"义"曰:

> 义也者,万事之纪也,君臣上下之所由起也,治乱安危过胜之所在也。

上文我们曾举《礼记·丧服四制》中的"贵贵尊尊,义之大者也"、《中庸》中的"义者,宜也,尊贤为大"和《孟子·尽心上》中的"敬长,义也"等等,作为儒家论"义"内涵之例。《吕氏春秋·论威》此处论"义",将义与君臣上下亲疏联系起来,显然与上引儒家思孟所谓"义者宜也"、"敬长义也"之说相近,"都肯定了人与人的差别"①。但这并非《吕氏春秋》"仁"、"义"或"仁义"之说的全部,故《爱类》篇接着又说:"故仁人之于民也,可以便之,无不行也";所为皆"所以见致民利也","其于利民一也"。这也就是说,在《吕氏春秋》中,所谓"仁"、"义"或"仁义",其实都是"古之君民者,仁义以治之,爱利以安之"的"爱利"。"仁"是这样,"义"是这样,"仁义"亦是这样。故《爱类》篇记赵简子"夫杀人以活畜,不亦不仁乎? 杀畜以活人,不亦仁乎"之言后,同时又说:"救之义也。"即把"仁爱"当作利民的"义举"。而《无义》篇则修正《论威》篇对"义"的定义说:"故义者,百事之始(高诱注:"始,首也。")也,万利之本也,中智之所不及也。"也把"义"由儒家的肯定"人与人的差别"向墨家的"义,利也"的方向进行了反拨。故《高义》篇曰:"君子之自行也,动必缘义,行必诚义。"《用民》篇曰:"凡用民,太上以义,其次以赏罚。"《应同》《召类》二篇皆曰:"凡兵之用也,用于利,用于义。"以至于清人卢文弨有"《吕氏春秋》一书,大约宗墨氏之学,而缘饰以儒术"之说。实际上,可以说《吕氏春秋》的"仁"、"义"或"仁义"观念,既是儒家和墨家的,又不是儒家或墨家的,而是属于自己所独有的。它对儒、墨两家的"仁"、"义"或"仁义"观都有所吸收和继承,又作了双向的扬弃,进行了深层的整合。它在儒家"由然而至"的"仁爱"本心中,加进了功利的内容,又在墨家纯功利的"义"中,注入了"尊贤"、"敬长"等肯定人与人的差别的内涵。这就使《吕氏春秋》的"仁义"观,变成了一种以"利"为基础,而又是本出于本然之爱的、可以量化评价的范畴。

---

① 张岱年《中国古典哲学概念范畴要论》,中国社会科学出版社 1987 年版,第 165 页。

三 "合名、法"——《吕氏春秋》对名家和法家的批评

《吕氏春秋》的"合名、法",就是对先秦名家学说和法家学说进行的批判地整合。

名家,即名辩家,先秦诸子著作多称"辩者",亦称"察士"。《汉书·艺文志》曰:"名家者流,盖出于礼官。古者名位不同,礼亦异数。孔子曰:'必也正名乎!名不正则言不顺,言不顺则事不成。'此其所长也。及謷者为之,则苟钩鈲析乱而已。"《汉书·艺文志》的这段话,既说明了名家的源流,也说明了名家的特点。——用孔子的话说,叫做"正名",但在"謷者"那里,则是"苟钩鈲析乱而已"。此亦即司马谈在《论六家之要指》中所说的:"名家苛察缴绕。"因为孔子的"正名",是"有政治意义"的①,而孔子又是主张"为邦以礼"(《论语·子路》)的,所以《汉书·艺文志》就把"礼官"当作名家的源头,并且说:"古者名位不同,礼亦异数。"似乎名家是专门考究"名位"与"礼数"关系的,而那些"苛察缴绕"或"苟钩鈲析乱而已"的所谓"謷者",倒似乎应该被赶出"名家"之列。但这只是班固的一面之辞。实际上,先秦时期的那些著名的名家人物,如公孙龙、兒说、田巴、桓团,乃至惠施之类,个个都是在抽象的名实关系上"苛察缴绕"的,如果将这一帮人赶出了名家之列,也就可能真如有些学者所论,先秦的确是没有所谓名家了。

法家,先秦时多称为"法术之士",汉代始有法家之名。《汉书·艺文志》曰:"法家者流,盖出于理官,信赏必罚,以辅礼制。《易》曰'先王以明罚法',此其所长也。及刻者为之,则无教化,去仁爱,专任刑法而欲以致治,至于残害至亲,伤恩薄厚。"这段话,一是说明了法家出于"理官",二是说法家"信赏必罚",严格执法,亦即有司马谈《论六家要指》所谓"法家不别亲疏,不殊贵贱,一断于

---

① 张岱年《中国古典哲学概念范畴要论》,中国社会科学出版社 1987 年版,第 222 页。

法"之义。

《吕氏春秋》对于名家和法家的学术批评,也主要是表现为两个方面,一是分别对名家和法家学术思想的继承和扬弃,二是将名家思想和法家思想的相关内容互相补充,加以整合,形成一种与二者互相联系,但又并不等同的"名法"学说——这就是所谓"合名、法"。

《吕氏春秋》对名家学说肯定和继承的,主要是名家对"名辩"的重视及由此而形成的名实相符、形名耦合的"正名"思想。先秦名家的著作,《汉书·艺文志》著录有"《邓析》二篇"、"《惠子》一篇"、"《尹文子》一篇"、"《公孙龙子》十四篇"等多种,但由于邓析其人之时代既早于孔、老诸子,其时诸子"九流十家"尚未形成,故前人皆曰"邓析只以教人讼为事,盖古代一有名讼师也"①,并不是真正的"辩者",更非所谓"名家"。而传世《邓析》竟"误以'无厚'为无恩泽也",其"伪迹故显然易见"②。《尹文子》一书,今存本分为《大道上》《大道下》二篇,其《大道上》云:"有形者必有名,有名者未必有形……故名以检(或作"验")形,形以定名;名以定事,事以检(或作"验")名。"诚为名家之说。但因其中所论"多法家口吻",故学者仅以今本《公孙龙子》六篇为先秦残存,而以《尹文子》为其同《邓析》一样,"是伪书"③。所以,今天考察名家的思想特点,最可信据的,自然是《公孙龙子》残存六篇了。在《公孙龙子》残存六篇中,尽管涉及"白马非马"、"指不至,至不绝"、"坚白离"、"二无一"等众多命题,但其探讨的中心问题,实不出"名实论"之囿,而其目的仍在"正其名也"。《公孙龙子·名实论》有曰:

> 天地与其所产焉,物也。物以物其所物而不过焉,实也。实以实其所实不旷焉,位也。……正其所实者,正其名

---

① 冯友兰《中国哲学史》(上),重庆出版社2009年版,第164页。
② 蒋伯潜《诸子通考》,岳麓书社2010年版,第372页。
③ 蒋伯潜《诸子通考》,岳麓书社2010年版,第270—273页。

也。……夫名,实谓也,知此之非此(原无"此"字,依俞樾说补)也,知此之不在此也,则不谓也。知彼之非彼也,知彼之不在彼也,则不谓也。

《吕氏春秋》曰:"正名审分,是治之辔也。"(《审分览》)又曰:"凡君子之说也,足以言贤者之实,不肖者之充而已矣,足以喻治之所悖、乱之所由起而已,足以知物之情,人之所获以生而已矣。"(《正名》)"名正则治,名丧则乱","凡乱者,刑名不当也"。治国"能以其出为之入,以其言为之名,取其实以责其名,则说者不敢妄言,而人主之所执其要矣"(《审应览》)。而《应言篇》称惠子之"言无所用者为美也",则显然有为名家辩护之意。这些都与名家一样,强调了"名言"或"名辩"的重要意义和价值,即是对名家思想的肯定,也是对名家思想的继承。不仅如此,因为当时学术界对有关名言与形物复杂关系的思维活动已有相当深入的认识,如《易·系辞上》曰"言不尽意"、《庄子》说"语所贵者,意也"(《天道》);"言者所以在意,得意而忘言"(《外物》);《墨子》讲"循致闻而得其意,心之察也";"执所言而意得见,心之辨也"(《经上》)。"以名举实,以辞抒意"(《小取》)。《荀子》更进一步说:"辞也者,兼异实之名以论一意也。"确定了名实与辞意的关系。故《吕氏春秋》讨论名实关系,并不如惠施、公孙龙等人那样只是局限于形名的耦合,而是注意到在事物概念(名)的形成过程中,有人的主观活动参与其间,即有一个"辞(词)与意的关系问题"。故曰"言者,谓之属也"(《精谕》);"言者,以谕意也";"夫辞者,意之表也,鉴其表而弃其意,悖"(《离谓》)。而竟有道家"至言去言"、"得其意则舍其言矣"(同上,《精谕》《离谓》)之趣。

当然,尽管《吕氏春秋》对惠施、公孙龙"正名"思想观点,持肯定和继承的态度,但其"正名"思想的直接来源却并非是惠施和公孙龙等人,而应该是稷下学派中的宋钘、尹文等人。《庄子·天下篇》叙宋钘、尹文之学曰"见侮不辱,救民之斗,禁攻寝兵,救世之战",又说"接万物以别宥为始"云云。《汉书·艺文志》以"《尹文子》一篇"入名家,以"《宋子》十八篇"入小说家。可见,二人学术之"杂"。《尹文子·大道上》曰:"名者,正形者也。形由名正,则名不可差。……故形名者不可不正也。"这说明宋、尹的名家思想是重在"由名正形"的"正名",而其起点则在"别宥"。故《吕氏春秋》在《正名》之前则有《去宥》一篇,曰:"凡人必别宥然后知,别宥则能全其天矣。"《吕氏春秋·正名》虽与《荀子》中之《正名》篇名相同,但却并不如《荀子·正名》那样热衷于讨论"制名"的原由、方法和意义,也并不如《荀子·正名》那样对宋钘等人的"见侮不辱"、"圣人不爱己"、"杀盗非杀人"等名辩论题予以严正的批驳,而是在批评"可不可而然不然,是不是而非不非"等"淫说"的同时,为"东方之辩士"尹文等辩护,称其与齐湣王之论为"见刑名异充而声实异谓也"。以至于使后世学者认为此篇与《去宥》"正是一组",两篇"盖即料子、宋钘、尹文等流派之说也",或"即尹文后学之作也"①。

《吕氏春秋》对名家的批评,主要针对其"妄言"和诡辩。如田诎对魏昭王的所谓"为圣易"(《审应》)、赵惠王问公孙龙的所谓"兵不可偃乎"之说(同上)的批评等等。故《吕氏春秋》之《离谓》《淫辞》诸篇,明确地将"辩者"的所谓辩说斥之为"淫辞"或"桥言"②。而《吕氏春秋》之所以如此,并不是因为名家学者(辩者)过于注重于名实之辩或辩名析理,恰恰因为所谓"坚白之察,无厚之辩外矣"(《君守》),亦即《吕氏春秋·正名》所说的"形名不当",或《离谓》《淫辞》等篇所谓的"言意相离"或"言心相离"。因为名言、论辩、辩说的目的,都不是为名辩而名辩,或做某种无意义的概念游戏,而是为了"明理",为了"谕意",或"谕心"也。故《吕氏春秋》诸篇又正

---

① 陈奇猷《吕氏春秋集释》,学林出版社1995年版,第1014、1021页。案:《尸子·广泽》有"料子贵别宥"一说,前人多以"料子"即是宋(钘)子,"别宥"为宋、尹之说。

② 陈奇猷曰:"'桥',盖以同音假为'窾'。《韩非子·难二》曰:'语言辩,听之说,不度于义,谓之'窾言'……此所谓'桥言',即《淫辞》所谓'淫辞'也。高训'桥'为'戾','戾'者,乖诈之意,乖曲之言与窾言义亦相近。"(《吕氏春秋集释》,第1184页)

面论"名"、"辩"、"议"、"说"曰"名固不可不相分,必由其理"(《功名》);"凡君子之说也,非苟辩也,士之议也,非苟语也,必中理然后说,必当义然后议"《尊师》);"所贵于辩者,为其由所论也"(《当务》);并从反面阐明了名、言、辩、论"不当"的危害:"辩而不当论,大乱天下者也"(《当务》);"凡乱者,刑名不当也"(《正名》);"言意相离,凶也。乱国之俗,甚多流言,而不顾其实,务以相毁,务以相誉,毁誉成党,众口熏天,贤不肖不分,以此治国,贤主犹惑之也,又况乎不肖者乎……此所以欲治而愈乱也"(《离谓》);"言心相离,言行相诡,不祥莫大焉"(《淫辞》)。正是基于这些理由,《吕氏春秋》一书对"形名不当"、"言意相离"或"言心相离"的"淫辞"诡辩,是予以坚决的批评和反对的。

《吕氏春秋》对先秦法家思想也是既有肯定、继承,也有否定和扬弃的。《吕氏春秋》肯定和继承的,主要是法家与黄老道家或"道法家"("法道家")相关的思想。

《汉书·艺文志》把法家的源头上溯于"理官",其著录的法家著作,则以"《李子》三十二篇(班固自注:'名悝,相魏文侯富国强兵。')"为始。但根据我自己的研究,先秦法家实应以吴起为开祖[①],只是《汉书·艺文志·诸子略》中的"法家类"并未著录吴起的著作,吴起的著作《汉志·兵书略》中的"兵权谋"类有"《吴起》四十八篇",可惜已经亡佚了。自《宋史·艺文志》起,则有"《吴子》三卷"。学者认为此书"辞意淫浅,殆非原书"[②]。先秦法家著作保存基本完整的,是《汉书·艺文志》中著录的《商君书》和《韩非子》,其次则是《慎子》和《申子》,各有部分遗存。近代学者蒙文通曾合有关文献而考察先秦法家之流变,认为先秦法家之义尽于法、术、势三者,"(知)法者商子之所立,而慎子承之,又益之以言势;势者慎子之所立,而申子承之,又益之以言术;韩非则直承之而已。其《韩

---

① 参见高华平《先秦诸子与楚国诸子学》,第186—194页。
② 张舜徽《汉书艺文志通释》,第375页。

非子》书言术者大半,于法与势亦略言之"①。先秦法家思想的演变,自慎到、申不害为之一变,大略为"商君言法",而慎到、申不害"遂合于黄老之义"而言势、言术。《史记·孟子荀卿列传》说"慎到,赵人……学黄老道德之术"。《史记·老庄申韩列传》又说"申子(不害)之学本于黄老而主刑名",韩非"喜刑名法术之学,而其本归于黄老",正指出了诸人法家思想"因道全法",偏于术、势的历史特点。在《吕氏春秋》中对法家的法、术、势思想,也基本与《韩非子》相近,最重论"术",其次是论"势",于"法"则偶一论及而已。从《吕氏春秋》论"法"的言论来看,它对法的重要性和严格执法的行为是基本肯定的。所谓"家无怒笞,则竖子婴儿之有过也立见;国无刑罚,则百姓之悟相侵也立见……故怒笞不可偃于家,刑罚不可偃于国"(《荡兵》)。"先王之法曰:'为善者赏,为不善者罚,古之道也,不可易。'"(《禁塞》)都肯定了法的重要性。而且,《吕氏春秋》对法家"信赏必罚","不别亲疏,不殊贵贱,一断于法"(司马谈《论六家之要指》)思想观点也是认同的。《吕氏春秋·贵信》说:"赏罚不信,则民易犯法,不可使令。"同书《直谏》载葆申以楚文王荒淫废政而坚决对其执行笞刑,则是对法不别亲疏,不殊贵贱,一断于法的肯认之例;而《贵卒》又赞扬吴起遇害前"伏王尸"而使加害者"尽加重罪,逮三族",以为其反映敏捷。这实际也是对吴起废绝"礼治",推行法治之"变法"内容的肯定。但《吕氏春秋》并不是无条件地赞成使用刑罚等法制手段治国,也不把赏罚当成圣人治国的最高境界,而是明确反对严刑峻法。《用民》篇说:"凡用民,太上以义,其次以赏罚。"又说:"不得其道,而徒多其威,威愈多,民愈不用……威亦然,必有所托,然后可行。恶乎托? 托于爱利。爱利之心谕,威乃可行。威太甚则爱利之心息,爱利之心息而徒行威,身必咎矣,此殷、夏之所以绝也。"明确赞成儒、墨的"爱利"而反对法家的严威。《吕氏春秋》对包括吴起、申不害等法家人物的言行多有记载,且多以正面和肯定之笔出之,但对以"言法"著称的商鞅之言

---

① 蒙文通《古学甄微》,巴蜀书社1987年版,第289—292页。

行的记叙则仅有两例,且一例以"无义"斥之(《无义》)。由此可见,《吕氏春秋》对完全与儒、墨之"仁义"、"爱利"绝缘的"徒法",是何其的厌恶和反感啊!

对于先秦法家的"势论"和"术论",《吕氏春秋》则有更多的肯定与继承。《吕氏春秋》对先秦法家"术"论和"势"论的肯定和继承,主要是通过对此前慎到、申不害观点的吸收和转述来实现的。《韩非子·定法》篇曾说:"申不害言术而公孙鞅为法。"又著《难势》一篇以申述慎到的"势"论。然《荀子·解蔽》则曰:"慎子蔽于法而不知贤,申子蔽于势而不知知(智)。"班固《汉书·艺文志》将申不害、慎到皆著于法家,且于"《慎子》四十二篇"之后自注:"名到,先申、韩,申、韩称之。"可知,申不害既言"术",亦言"势",而此二者"均取则于慎子也"①。根据蒙文通的研究,慎到之学既重"术",又重"势",但从哲学思想的层面来讲,实可以"因循"二字概括之——"因循固慎子思想之核心"。《庄子·天下篇》言慎到之学曰:"'公而不党,易而无私,决然无主,趣物而不两,不顾于虑,不谋于知,于物无择,与之俱往。'此正任物因性之说,平其私,私识则智无由公之说也。故主乎'弃知去己,而缘于不得已,泠汰于物,以为道理'。'不师智虑,不知前后,魏然而已矣。推而后行,曳而后往,若飘风之还,若羽之旋。''夫无知之物,无建己之患,无用知之累,动静不离于理。'此皆因物循理之说也。'椎拍辊断,与物宛转',是皆因循之义。""《管子·心术》《内业》,义合于慎到,实……有取于慎子",遂"合因循、虚无为一说",而成其"静因之道"也②。在《吕氏春秋》中有《贵因》一篇,其辞有曰:"三代所宝莫如因,因则无敌。"又曰:"夫审天者,察列星而知四时,因也。推历者,视日月而知晦朔因也。禹之裸国,裸入衣出,因也。墨子见荆王,锦衣吹笙,因也。孔子道弥子瑕见釐夫人,因也。……故因则有功,专则拙。因者无敌。"蒙文通以《御览》七百六十八引《慎子》"行海者坐而至越"云

---

① 郭沫若《十批判书》,东方出版社1996年版,第350页。
② 以上参见蒙文通《古学甄微》,巴蜀书社1987年版,第250—252页。

云,与《吕氏春秋·贵因》中"如秦者立而至,有车也"一段文辞相类似,故而认为"即此《贵因》之文,即本之慎到"。并进而认为,《吕氏春秋·贵因》之次篇《察今》及之前二篇《顺说》《不广》,"并皆论因","似亦取之《慎子》",或"似亦慎子一派之说"。故包括《吕氏春秋·审分览》之《任数》《知度》《慎势》诸篇,"皆依慎之义,合因循、虚无为一说,固精于《贵因》者也"[①]。

不过,如果从政治学说的角度来看,《吕氏春秋》所继承和肯定的,似主要是慎到的重"势"思想和申不害将法家与名家思想结合而提出的"督名审实"、"循名责实"的观点。《吕氏春秋》的《慎势》一篇,上文说蒙文通从"因循"的角度,说明该篇乃"依慎子之义"的作品;而郭沫若则因为《慎势》"开首就说:'失之数,求之乎信,则疑矣。失之乎势,求之乎国,危。'前一句与《韩非子·难二》引申子的话相同",故推断"下一句也应该是申子的话",并"疑心这《慎势》一篇,整个是申子的文章";即以此篇同《任数》一样,都是要让君主任术数而"不讲信义"的[②]。但我认为,《吕氏春秋》中这篇《慎势》论述的中心,仍是在一"势"字上,其开首前一句"失之乎数,求之乎信,疑"和后一句"失之乎势,求之乎国,危",从文法学上讲是"对文",应该是互文见义的,重点都在说明"势"之不可"失"。故其下文接着说:"吞舟之鱼,陆处则不胜蝼蚁。权钩则不能相使,势等则不能相并,治乱齐则不能相正,故小大、轻重、少多、治乱不可不察,此祸福之门也。"这与《韩非子·难势》引"慎子曰:飞龙乘云,腾蛇游雾,云罢雾霁,而龙蛇与蚯蛇同矣,失去乘也"同义。故《慎势》全文的核心观点和结论是:"位尊者其教受,威立者其奸止,此畜人之道也。"强调的正是"势"的重要性。故可以说,这是《吕氏春秋》对以慎到为代表的先秦法家"势"论观点的吸收和继承。从某种意义上来讲,上文所讲的慎到的"因循"、《吕氏春秋》此处所讲的"威势",实际上都属于法家"术"论的范围,都是法家所讲的君主驭臣

---

① 蒙文通《古学甄微》,巴蜀书社1987年版,第252页。
② 郭沫若《十批判书》,东方出版社1996年版,第248—350页。

的"治国之术"。"因循"是一种"术","乘势"是一种术,"循名责实"或"督名审实"也是一种"术"。故《吕氏春秋》中同一篇《慎势》,蒙文通以之为"本之慎到",所述为"因循之义";而郭沫若则认为这一篇"整个是申子的文章",是在"言术"。申不害是以黄老道家的"清静无为"之说为理论根据,将慎到的"因循"、"乘势"的"势"论和名家"循名责实"的"正名"理论结合起来,形成为其"为人君者操契以责其名"、"君设其本,臣操其末;君治其要,臣行其详;君操其柄,臣事其常"(《群书治要》卷三十六引《申子·大体》)的"术"论。故申子又说:"昔者尧之治天下也以名,其名正则天下治;桀之治天下也亦以名,其名倚而天下乱。是以圣人贵名之正也。"但《吕氏春秋》继承申子此论时,却对之有所发展,即它将申子的"正名"或"督名审实",当成了人主治天下的第一要务。如《吕氏春秋·审分览》曰:"有道之主,其所以使群臣者亦有辔。其辔何如？ 正名审分,是治之辔已。故按其实而审其名,以求其情;听其言而察其美,无使放悖。夫名多不当其实,而事多不当其用者,故人主不可以不审名分也……故至治之务,在于正名。名正则人主不忧劳矣。"《审应览》曰:"凡主有识,言不欲先,人唱我和,人先我随,以其出为之入,以其言为之名。取其实以责名,则说者不敢妄言,而人主之所执其要矣。"《知度篇》曰:"故有道之主,因而不为,责而不诏,去想去意,静虚以待,不伐之言,不夺之事,官使自司,以不知为道,以奈何为实。"《分职》篇曰:"夫君也者,处虚素而无智,故能使众智也;智反无能,故能使众能也;能执无为,故能使众为也。无智、无能、无为,此君之所执也。"等等。由此可见,《吕氏春秋》比申子之"言术"更多,也更注重"术"。

《吕氏春秋》这种将黄老道家之"道法"与法家的"术"、"势"结合,将法家的法治思想与名家的"正名"或"督名审实"、"循名责实"之"术"合一的行为,无论是从思想内容还是思想方法上来说,都是一种"合名法"。从此,中国哲学思想史上的名、法两家几乎已不可分离。说到法家,你必须联系到其使用的名家的"审核名实"或"循名责实"之"术";说到名家,你也不能不提到"循名责实"在君主治

· 511 ·

国驭臣时的运用,而"刑名家"或"名法家"之称亦由此而生也。

四 《吕氏春秋》对从农家、纵横家、小说家的学术批评

先看农家。

《汉书·艺文志》叙农家曰:"农家者流,盖出于农稷之官。播百谷,劝农桑,以足衣食。……及鄙者为之,以为无所事圣王。欲使君臣并耕,悖上下之序。"章太炎已指出,"农家诸书",并不如贾思勰之《齐民要术》或王桢之《农书》,仅叙农业生产技术,几如方技,"与医经经方同列"①。因为诸子百家皆"务为治者也"(司马谈《论六要要指》),故农家之学当同时兼后来之所谓农业技术和由"上(尚)农"而发生出的治国之道二者。《吕氏春秋》中的《上农》《任地》《辨土》《审时》四篇,学者向来皆以为是先秦农家的作品,但比较《汉书·艺文志》所载农家著作就会发现,先秦农家原本是分为"神农之教"和"后稷之教"二派的,二者虽都"重农",但"神农之教"侧重于从理论上说明"上农"的必要性,极端者竟如"为神农之言者"许行之类,"以为无所事圣王,欲使君臣并耕而食";而"后稷之教"则更多地侧重于农业技术方面,而形成为如《汉志》中的《氾胜之书》这类"农书"。《吕氏春秋》对先秦农家的批评继承,一是表现为对先秦农家侧重于"神农之教"和侧重于"后稷之教"两派的综合;二是表现为它似乎对农家思想中"后稷之教"更为偏重,为我国大量保存了先秦有关农业生产技术的内容——这与《墨子》一书大量保存先秦自然科学的成果意义同样重大;三是它虽然也赞同农家的"上农",但其出发点和指导思想却不是农家的"一夫不耕,或受之饥;一女不织,或受之寒";而是法家的"民农则朴,朴则易用,易用则边境安,主位尊;民农则重,重则少私议,少私议则公法立,力专一"(《上农》)。因此,它虽不如孟子和韩非子那样强烈地反对"君臣并耕而食",但却认为"同异之分","贵贱之别,长少之义,此

---

① 章太炎《诸子学略说》,广西师范大学出版社 2010 年版,第 23 页。

先王所慎,而治乱之纪也"(《处方》)。故所谓"天子亲率诸侯耕,帝籍田,大夫士皆有功业"(《上农》),亦只能被理解在礼仪的范围之内。从《汉书·艺文志》来看,《汉志》著录的先秦农家著作,确定无疑的实只有二种:"《神农》二十九篇(班固自注:'六国时,诸子疾时怠于农业,道家农耕事,托之神农。')"、"《野老》十七篇(班固自注:'六国时,在齐楚间。')",另有"《宰氏》十七篇",尽管后人(如叶德辉等)以宰氏为陶朱公范蠡之师计然①,但并无确证。故当如班固自注所云:"不知何世。"而从《汉志》所录之寥寥数种可确定的先秦农家著作来看,其内容也只是"托之神农,道农耕事"而已,很难说有什么具体的耕种技术和方法。直到汉代的"《氾胜之书》十八篇"之类,才真正是"著书言播种树艺之法"②。因此可以说,《吕氏春秋》一方面继承了"神农之教"之"上农"的思想,认为"古先王之所以导其民者,先务于农";更多的则是《汉志》中所没有的先秦农家"后稷之教"——即有关具体农业耕作技术的内容。《上农》《任地》《辨土》《审时》四篇既反复引"后稷曰",篇中又详述各种依据土地、季节进行耕作的技术,故后代学者研究认为:"《吕氏春秋》的《上农》四篇,大致取材于后稷农书。《任地》一开始,就用'后稷曰'的口气提出十项问题,以下则是解答。但是《任地》一篇并没有解答明白,而是在《辨土》《审时》两篇中作了补充和申论,才算解答完成。由此可见,《任地》《辨土》《审时》三篇,都是后稷农书上的东西。所以我们可以认为,《吕氏春秋》的《上农》等四篇大致都是取材于后稷农书的。不过,在《吕》书的编辑中有所割裂和增减而已。"③《吕氏春秋》这种对先秦农家思想内容的取舍,一方面固然是当时的思想时代背景所致——秦王朝政治和思想文化的专制和独尊已基本形成,不可能允许大肆鼓吹诸子学派中那种"君臣并耕而食"的思想主张(看看《韩非子》中的相关内容即可推知);另一方

---

①② 张舜徽《汉书艺文志通释》,华中师范大学出版社2004年版,第336页。
③ 陈奇猷《吕氏春秋校释》(下),学林出版社1995年版,第1711页。

面则也可能是由于《吕氏春秋》的编撰者们对先秦农家中夸夸其谈所谓因"上农"而"君臣并耕而食"的主张失去了兴趣,故而基本不摄取这方面的内容,而只叙述其中关于农业生产技术方面的"后稷之教"。从此以后,中国目录书中所著录的农家著作,亦基本只是前朝的"农书",而不见先秦农家宣扬自己政治哲学的著作。

其次,看纵横家。

纵横之义,《韩非子·五蠹》曰:"从(纵)者,合众弱以攻一强也,而衡者,事一强以攻众弱也。"因为战国中后期秦国最为强大,已有吞并六国、统一天下之势,故此时的所谓"纵横",已变得非常具体:六国南北联合以西向抗秦,谓之"合纵"(即"纵");秦国联合六国中之一部分而对六国各个击破,则谓之"连横"(即"横")。应该说,纵横家都是当时的一些外交家或政客,本没有多少学术思想,而只有一些政治主张或策略。

《吕氏春秋》的编撰者们所处的位置与时代,是强秦统一中国的前夜,吕不韦更是秦国攻伐六国、统一天下政策的参与制定者,故他们对纵横家思想的取舍是不言而喻的——尽管《吕氏春秋》一书中并未见直接对纵横家的评论,而且其中有关纵横家的事迹也十分稀少。但就是在这些极为稀少的材料中,仍可见其对纵横家态度的蛛丝马迹。在上文论《吕氏春秋》对墨家"非攻"之说的批评时我们曾说,《吕氏春秋·孟秋纪》之《荡兵》《振乱》《禁塞》《怀宠》诸篇,对墨家所谓"非攻"、"偃兵"之说及救助弱小国家的"救守之心,实际上都是否定的,《吕氏春秋》说"古圣王有义兵而无偃兵"(《荡兵》),"夫救守之心,未有不守无道而救不义也。守无道而救不义,则祸莫大焉,为天下之民害莫深焉"(《禁塞》),即是其例。而如果从总是强大的一方取"攻伐"态势而弱小的一方取"救守"态势的角度来看,《吕氏春秋》对"攻伐"和"救守"的态度,实际也可以看成是其对"纵横家"的态度——它对秦国"攻伐"弱小诸侯国的行为是极力辩护、强调其合理性的;而对众弱小国互相救助而反击秦国的行为,则是完全取一种反对和批判的态度的。这种评价不是一种简单的"同情弱者"的态度,而是以"道"、"义"和"利"、"害"为价值尺度对之加以评判。故《振乱》曰:"夫攻伐之事,未有不攻无道而罚不义也。攻无道伐不义,则福莫大焉,黔首利莫厚焉。禁之者,是息有道而伐有义也……故乱天下黔首者,若论为大。"《禁塞》曰:"兵苟义,攻伐亦可,救守亦可;兵不义,攻伐不可,救守亦不可。……故大乱天下者,在于不取义而疾取救守。"尤为显例。

在《吕氏春秋》一书中,偶尔也有关于纵横家言行的记录。如《吕氏春秋·不侵》记"孟尝君为(纵)",但却遭到公孙弘的劝阻,曰:"意者秦王帝王之主也,君恐不得为臣,何暇从(纵)而难之。"《报更》篇更明确称赞主张"连横"的纵横家张仪对东周小国以德相报,使其名誉大盛,其言略曰:

> 张仪,魏氏之余子也,将西游于秦,过东周……(东周)昭文君送而资之。至于秦,留有间,(秦)惠王说而相之。张仪所德于天下者,无若昭文君。周,千乘也,重过万乘,令秦惠王师之。逢泽之会,魏王尝为御,韩王为右,名号至今不忘,此张仪之力也。

这里所记载的张仪有情有义,与《战国策》及《史记·张仪列传》等书中欺诈无信的形象,几有天壤之别;而东周昭文君的收获,更无异向世人昭示结交张仪这类主张"合纵"的纵横家及与强交好的好处会是何其之大!而《吕氏春秋》此篇也显示出其编撰者们对纵横家的评判,与当时哪怕属于秦国主流意识形态的法家,也是并不相同的。《吕氏春秋》明显有偏向于"连横"一派的倾向,而法家则对"合纵"、"连横"二派一概予以反对和否定。《韩非子·五蠹》曰:"今人臣之言衡者皆曰:'不事大则遇敌受祸矣。'事大未必有实,则举国而委,效玺而请兵矣。献国则地削,效玺则名卑;地削则国削,名卑则政乱矣。事大为衡未见其利也,而亡地乱政矣。人臣之言从(纵)者皆曰:'不救小而伐大则失天下。失天下则国危,国危而主卑。'救小未必有实,则起兵而敌大矣。救小未必能存,而交大未必不有疏,有疏则为强国制矣。出兵则军败,退守则城拔。救小为从(纵)未见其利,而亡地败军矣。"可见,法家对纵横家的态度与《吕氏春秋》是完全不同的。

再次,来看看小说家。

即使对于先秦诸子"九流"之外的"小说家",《吕氏春秋》也是有所批评和继承的。

《汉书·艺文志》著录的先秦"小说家"著作,有"《伊尹说》二十七篇"、"《鬻子说》十九篇"、"《周考》七十六篇"、"《青史子》五十七篇"、"《务成子》十一篇"、"《宋子》十八篇"、"《天乙》三篇"、"《黄帝说》四十篇"等。但因诸书皆早亡佚,后人因无以论《吕氏春秋》吸收、改造及评判"先秦小说家"的情况。但《吕氏春秋·孝行览·本味》一篇记汤与伊尹甚详,历代学者多以为此篇当即《汉书·艺文志》所载"《伊尹说》二十七篇"中之一篇,《孟子》书中所谓"伊尹以割烹要汤"亦属此篇①。在上文我们讨论《吕氏春秋》与先秦道家的关系时曾经指出,《吕氏春秋》之所以引述"小说家"《伊尹说》的内容,乃是因为伊尹学说与《吕氏春秋》书所推崇的杨朱学派以"为身"与"为国"、"治身"与"治世"一致的学说相契合,杨朱之学当源于上古伊尹之学的缘故。而如果从《吕氏春秋》对"小说家"思想的批判继承关系来看,则《吕氏春秋·本味》对"小说家"著作《伊尹说》的大篇幅详细的转述和编入,也正反映了《吕氏春秋》对作为"街谈巷语,道听途说者之所造也"的"小说家"的重视,即它并不以之为"刍荛狂夫之说"而视为"德之弃也",而是以为"虽小道,必有可观者焉"(《汉书·艺文志》)。可见,它对"小说"这一民间的"文学"形式也是十分欣赏,并予以了充分的继承和吸收的。《吕氏春秋》一书各篇中,差不多都记载有一些为史书或其它传世文献所没有(或传闻异辞)的传说故事,这些也说明《吕氏春秋》对"小说家"的态度是一贯的,即采取一种尽量继承和摄取的态度。当然,《吕氏春秋》对"小说家"之"小说"的这种继承和摄取,也是有自己的原

---

① 张舜徽《汉书艺文志通释》,华中师范大学出版社2004年版,第339页。

则和选择的,即《察传》篇所谓"凡闻言必熟论,其于人必验之以理"。这也就是说,它认为"小说"不必求事实的"真实",但必须要求"合理",必须合乎事物发展的逻辑,合乎人类思维的理性。从某种意义上讲,这也是中国文学批评史上关于"小说"真实观的最早论述。

以上是我们就《吕氏春秋》一书对先秦诸子的学术批评所作的梳理。通过这一梳理,我们不难看出,《吕氏春秋》对先秦诸子"九流十家"的思想,实际上都是既有继承、吸收,也有批评和扬弃的。《吕氏春秋》虽"循阴阳之大顺",但却并非如有的学者所说的那样,是以阴阳家思想为指导,故而可归之于阴阳家的;《吕氏春秋》虽要"法天地",主张"无为而治"的君人南面之术,但也并非有的学者所说的那样,可归入道家或黄老道家。它实际是主张"天圆地方"——包括先秦诸子百家在内的万事万物,既是"皆有分职,不能相为",而又是"还周复始"、"一不欲留"的。此之谓"圜道"(《圜道》)。故《吕氏春秋》对儒、墨、道、法、阴阳、农、杂、纵横,乃至小说家的思想,皆既有肯定、吸收,也有批评和扬弃。它对诸子百家的思想,虽也主张"假人之长以补其短"的"用众",但却并不主张人为地"取长补短",而是更重视"时"、"遇"(《首时》《遇合》)。从这个意义上讲,《吕氏春秋》一书的指导思想和原则,就是它自己提出的"圜道"。它不属于儒、墨、道、法、阴阳中的任何一家,只属于"兼儒、墨,合名、法"的杂家。

(作者单位:暨南大学文学院)